SAAB 9-5
Gör-det-själv handbok

A K Legg LAE MIMI och Peter T Gill

(SV4171-288-1AN2/4156-288-1AN2)

Modeller som behandlas

Sedan och kombi, inklusive specialmodeller
2,0 liters (1985cc) & 2,3 liters (2290cc) 4-cylindriga bensinmotorer
Behandlar INTE modeller med 3,0 liters V6-motor eller dieselmotor

En bok i **Haynes serie Gör-det-själv handböcker**

ISBN: **978 0 85733 944 7**

Haynes Group Limited
Haynes North America, Inc

www.haynes.com

Ansvarsfriskrivning

Det finns risker i samband med fordonsreparationer. Förmågan att utföra reparationer beror på individuell skicklighet, erfarenhet och lämpliga verktyg. Enskilda personer bör handla med vederbörlig omsorg samt inse och ta på sig risken som utförandet av bilreparationer medför.

Syftet med den här handboken är att tillhandahålla omfattande, användbar och lättillgänglig information om fordonsreparationer för att hjälpa dig få ut mesta möjliga av ditt fordon. Den här handboken kan dock inte ersätta en professionell certifierad tekniker eller mekaniker. Det finns risker i samband med fordonsreparationer.

Den här reparationshandboken är framtagen av en tredje part och är inte kopplad till någon enskild fordonstillverkare. Om det finns några tveksamheter eller avvikelser mellan den här handboken och ägarhandboken eller fabriksservicehandboken, se fabriksservicehandboken eller ta hjälp av en professionell certifierad tekniker eller mekaniker.

Även om vi har utarbetat denna handbok med stor omsorg och alla ansträngningar har gjorts för att se till att informationen i denna handbok är korrekt, kan varken utgivaren eller författaren ta ansvar för förlust, materiella skador eller personskador som orsakats av eventuell felaktig eller utelämnad information.

Innehåll

DIN SAAB 9-5

Reparationer vid vägkanten

Veckokontroller

UNDERHÅLL

Rutinunderhåll och service

Innehåll

REPARATIONER OCH RENOVERING

Motor och tillhörande system

Kraftöverföring

Bromsar och fjädring

Kaross och utrustning

REFERENSER

Förhoppningsvis kommer handboken att vara till stor hjälp när du försöker klara av arbetet på egen hand. När det gäller enklare arbeten kan det till och med gå fortare att utföra dem själv, än att boka tid på en verkstad och åka dit två gånger för att lämna och hämta bilen. Och kanske viktigast av allt, en hel del pengar kan sparas genom att man undviker de avgifter verkstäder tar ut för att kunna täcka arbetskraft och omkostnader.

Handboken innehåller illustrationer och beskrivningar som förklarar de olika komponenternas funktion och utformning. De olika åtgärderna är illustrerade med fotografier och beskrivs tydligt steg för steg.

Hänvisningar till "vänster" eller "höger" avser vänster eller höger för en person som sitter i förarsätet och tittar framåt.

Saab 9-5 lanserades år 1997 som Saabs nya stora bil. Liksom 9-3, som i grund och botten är en 900, är 9-5 baserad på samma chassi som Opel Vectra och konkurrerar med modellerna i BMW 5-serien, Mercedes E-klass och Audi A6. Den fanns ursprungligen som en fyrdörrars sedanmodell med turboladdade 2,0- och 2,3-liters motorer med balansaxlar och 16 ventiler. Modellen med V6-motor på 3,0 liter (behandlas inte i den här handboken) lanserades i februari 1998 och fanns i utförande med automatväxellåda och anti-spinnsystem. Kombimodellen lanserades i november 1998.

Som standard är bilen försedd med servostyrning, ABS-bromsar, fjärrmanövrerat centrallås, fram- och sidokrockkuddar vid både förar- och passagerarsätet, elektriska fönsterhissar och speglar samt luftkonditionering. Som tillval finns elektrisk taklucka, elektriska framsäten, läderklädsel och CD-växlare.

Bilen finns med 5-växlad manuell växellåda eller 4-växlad automatväxellåda där växellådan är placerad till vänster om motorn. I september 2001 byttes automatväxellådan ut mot en 5-växlad.

Alla modeller är framhjulsdrivna och har individuell hjulupphängning runt om, med fjäderben, gasfyllda stötdämpare och spiralfjädrar.

Det är relativt okomplicerat att underhålla och reparera en Saab 9-5, eftersom den är utformad för att ha så låga driftkostnader som möjligt. De flesta komponenter som behöver regelbunden tillsyn är lätt åtkomliga.

Din handbok till Saab 9-5

Syftet med den här handboken är att hjälpa dig få så stor glädje av din bil som möjligt och den kan göra det på flera sätt. Med hjälp av handboken kan du avgöra vad som behöver åtgärdas på din bil (även om du väljer att låta en verkstad utföra arbetet). Boken innehåller information om rutinunderhåll och service och föreslår logiska arbetssätt och diagnosmetoder när slumpmässiga fel uppstår.

Tack till...

Tack till Draper Tools Limited, som tillhandahållit en del av verktygen, samt till alla i Sparkford som hjälpte till att producera den här boken.

Vi är mycket stolta över tillförlitligheten i den information som ges i den här boken. Biltillverkarna gör dock ibland ändringar i konstruktion och utformning under pågående tillverkning om vilka vi inte alltid informeras. Författarna och förlaget kan inte ta på sig något ansvar för förluster, materiella skador eller personskador till följd av felaktig eller ofullständig information i denna bok.

Projektbil

Den bil som använts för detta projekt och som syns på flera av fotografierna, är en 2001 års Saab 9-5 Aero kombi med 2,3 liters bensinmotor med turbo och automatväxellåda.

Att arbeta på din bil kan vara farligt. Den här sidan visar potentiella risker och faror och har som mål att göra dig uppmärksam på och medveten om vikten av säkerhet i ditt arbete.

Allmänna faror

Skållning

• Ta aldrig av kylarens eller expansionskärlets lock när motorn är het.

• Motorolja, automatväxellådsolja och styrservovätska kan också vara farligt varma om motorn just varit igång.

Brännskador

• Var försiktig så att du inte bränner dig på avgassystem och motor. Bromsskivor och -trummor kan också vara heta efter körning.

Lyftning av fordon

• Vid arbete nära eller under ett lyft fordon, använd alltid extra stöd i form av pallbockar eller använd ramper. ***Arbeta aldrig under en bil som endast stöds av en domkraft.***

• När muttrar eller skruvar med högt åtdragningsmoment skall lossas eller dras, bör man lossa dem något innan bilen lyfts och göra den slutliga åtdragningen när bilens hjul åter står på marken.

Brand och brännskador

• Bränsle är mycket brandfarligt och bränsleångor är explosiva.

• Spill inte bränsle på en het motor.

• Rök inte och använd inte öppen låga i närheten av en bil under arbete. Undvik också gnistbildning (elektrisk eller från verktyg).

• Bensinångor är tyngre än luft och man bör därför inte arbeta med bränslesystemet med fordonet över en smörjgrop.

• En vanlig brandorsak är kortslutning i eller överbelastning av det elektriska systemet. Var försiktig vid reparationer eller ändringar.

• Ha alltid en brandsläckare till hands, av den typ som är lämplig för bränder i bränsle- och elsystem.

Elektriska stötar

• Högspänningen i tändsystemet kan vara farlig, i synnerhet för personer med hjärtbesvär eller pacemaker. Arbeta inte med eller i närheten av tändsystemet när motorn går, eller när tändningen är på.

• Nätspänning är också farlig. Se till att all nätansluten utrustning är jordad. Man bör skydda sig genom att använda jordfelsbrytare.

Giftiga gaser och ångor

• Avgaser är giftiga. De innehåller koloxid vilket kan vara ytterst farligt vid inandning. Låt aldrig motorn vara igång i ett trångt utrymme, t ex i ett garage, med stängda dörrar.

• Även bensin och vissa lösnings- och rengöringsmedel avger giftiga ångor.

Giftiga och irriterande ämnen

• Undvik hudkontakt med batterisyra, bränsle, smörjmedel och vätskor, speciellt frostskyddsvätska och bromsvätska. Sug aldrig upp dem med munnen. Om någon av dessa ämnen sväljs eller kommer in i ögonen, kontakta läkare.

• Långvarig kontakt med använd motorolja kan orsaka hudcancer. Bär alltid handskar eller använd en skyddande kräm. Byt oljeindränkta kläder och förvara inte oljiga trasor i fickorna.

• Luftkonditioneringens kylmedel omvandlas till giftig gas om den exponeras för öppen låga (inklusive cigaretter). Det kan också orsaka brännskador vid hudkontakt.

Asbest

• Asbestdamm kan ge upphov till cancer vid inandning, eller om man sväljer det. Asbest kan finnas i packningar och i kopplings- och bromsbelägg. Vid hantering av sådana detaljer är det säkrast att alltid behandla dem som om de innehöll asbest.

Speciella faror

Flourvätesyra

• Denna extremt frätande syra bildas när vissa typer av syntetiskt gummi i t ex O-ringar, tätningar och bränsleslangar utsätts för temperaturer över 400 °C. Gummit omvandlas till en sotig eller kladdig substans som innehåller syran. *När syran väl bildats är den farlig i flera år. Om den kommer i kontakt med huden kan det vara tvunget att amputera den utsatta kroppsdelen.*

• Vid arbete med ett fordon, eller delar från ett fordon, som varit utsatt för brand, bär alltid skyddshandskar och kassera dem på ett säkert sätt efteråt.

Batteriet

• Batterier innehåller svavelsyra som angriper kläder, ögon och hud. Var försiktig vid påfyllning eller transport av batteriet.

• Den vätgas som batteriet avger är mycket explosiv. Se till att inte orsaka gnistor eller använda öppen låga i närheten av batteriet. Var försiktig vid anslutning av batteriladdare eller startkablar.

Airbag/krockkudde

• Airbags kan orsaka skada om de utlöses av misstag. Var försiktig vid demontering av ratt och/eller instrumentbräda. Det kan finnas särskilda föreskrifter för förvaring av airbags.

Dieselinsprutning

• Insprutningspumpar för dieselmotorer arbetar med mycket högt tryck. Var försiktig vid arbeten på insprutningsmunstycken och bränsleledningar.

Varning: Exponera aldrig händer eller annan del av kroppen för insprutarstråle; bränslet kan tränga igenom huden med ödesdigra följder

Kom ihåg...

ATT

• Använda skyddsglasögon vid arbete med borrmaskiner, slipmaskiner etc, samt vid arbete under bilen.

• Använda handskar eller skyddskräm för att skydda händerna.

• Om du arbetar ensam med bilen, se till att någon regelbundet kontrollerar att allt står väl till.

• Se till att inte löst sittande kläder eller långt hår kommer i vägen för rörliga delar.

• Ta av ringar, armbandsur etc innan du börjar arbeta på ett fordon - speciellt med elsystemet.

• Försäkra dig om att lyftanordningar och domkraft klarar av den tyngd de utsätts för.

ATT INTE

• Ensam försöka lyfta för tunga delar - ta hjälp av någon.

• Ha för bråttom eller ta osäkra genvägar.

• Använda dåliga verktyg eller verktyg som inte passar. De kan slinta och orsaka skador.

• Låta verktyg och delar ligga så att någon riskerar att snava över dem. Torka upp olje- och bränslespill omgående.

• Låta barn eller husdjur leka nära en bil under arbetets gång.

Följande sidor är tänkta att vara till hjälp vid hantering av vanligt förekommande problem. Mer detaljerad information om felsökning finns i slutet av boken, och beskrivningar av reparationer finns i bokens olika huvudkapitel.

Om bilen inte startar och startmotorn inte går runt

- ☐ Om det är en modell med automatväxellåda, kontrollera att växelväljaren står i läge P eller N.
- ☐ Öppna motorhuven och kontrollera att batterifästena är rena och sitter fast ordentligt.
- ☐ Slå på strålkastarna och försök starta motorn. Om strålkastarljuset försvagas mycket under startförsöket är batteriet troligen urladdat. Lös problemet genom att använda startkablar (se nästa sida) och en annan bil.

Om bilen inte startar trots att startmotorn går runt som vanligt

- ☐ Finns det bensin i tanken?
- ☐ Finns det fukt i elsystemet under motorhuven? Slå av tändningen och torka bort synlig fukt med en torr trasa. Spraya vattenavstötande medel (WD-40 eller liknande) på tändningens och bränslesystemets elektriska kontaktdon som visas nedan. Kontrollera särskilt tändspolens kontaktdon.

A Kontrollera att batterikablarna är ordentligt anslutna.

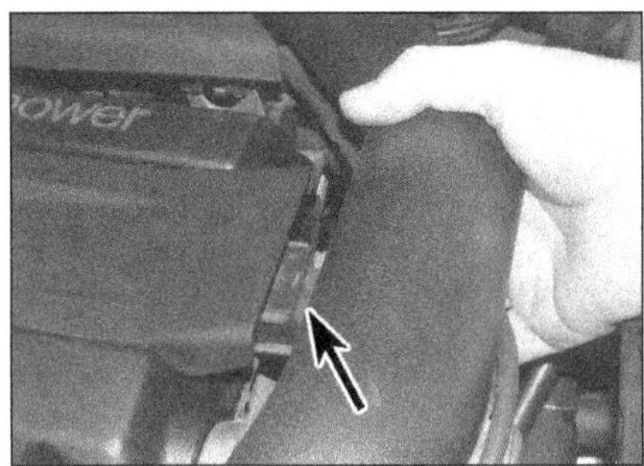

B Kontrollera att tändningskassettens kablage är ordentligt anslutet.

C Kontrollera att luftflödesmätarens kablage är väl anslutet.

Kontrollera att alla elektriska kopplingar sitter ordentligt (med tändningen avstängd) och spraya dem med vattenavstötande medel av typen WD-40 om problemet misstänks bero på fukt.

D Kontrollera att motorkabelhärvans multikontakter sitter fast ordentligt.

E Kontrollera att alla säkringar i motorrummet är hela.

Starthjälp

HAYNES TiPS *Start med startkablar löser problemet för stunden, men det är viktigt att ta reda på vad som orsakar batteriets urladdning.*

Det finns tre möjliga orsaker:

***1** Batteriet har laddats ur på grund av upprepade startförsök eller på grund av att strålkastarna lämnats påslagna.*

***2** Laddningssystemet fungerar inte som det ska (generatorns drivrem lös eller trasig, generatorkablarna eller själva generatorn defekt)..*

***3** Batteriet är defekt (elektrolytnivån är låg eller batteriet är utslitet).*

Tänk på följande när en bil startas med hjälp av ett laddningsbatteri:

✔ Se till att tändningen är avslagen innan laddningsbatteriet ansluts.

✔ Kontrollera att all elektrisk utrustning (strålkastare, värme, vindrutetorkare etc.) är avslagen.

✔ Observera eventuella säkerhets- anvisningar på batteriet.

✔ Kontrollera att laddningsbatteriet har samma spänning som det urladdade batteriet i bilen.

✔ Om batteriet startas med startkablar från en annan bil, får bilarna INTE VIDRÖRA varandra.

✔ Se till att växellådan är i neutralläge (eller i parkeringsläge om det är en automatväxellåda).

1 Anslut den ena änden av den röda startkabeln till den positiva (+) polen på det urladdade batteriet.

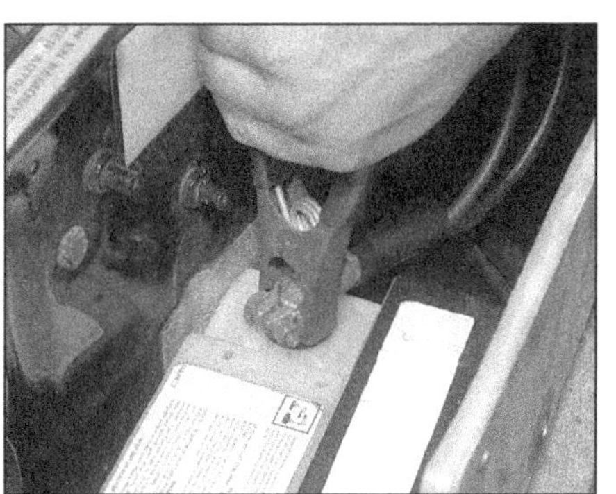

2 Anslut den andra änden av den röda startkabeln till den positiva (+) polen på laddningsbatteriet.

3 Anslut den ena änden av den svarta startkabeln till den negativa (-) polen på laddningsbatteriet.

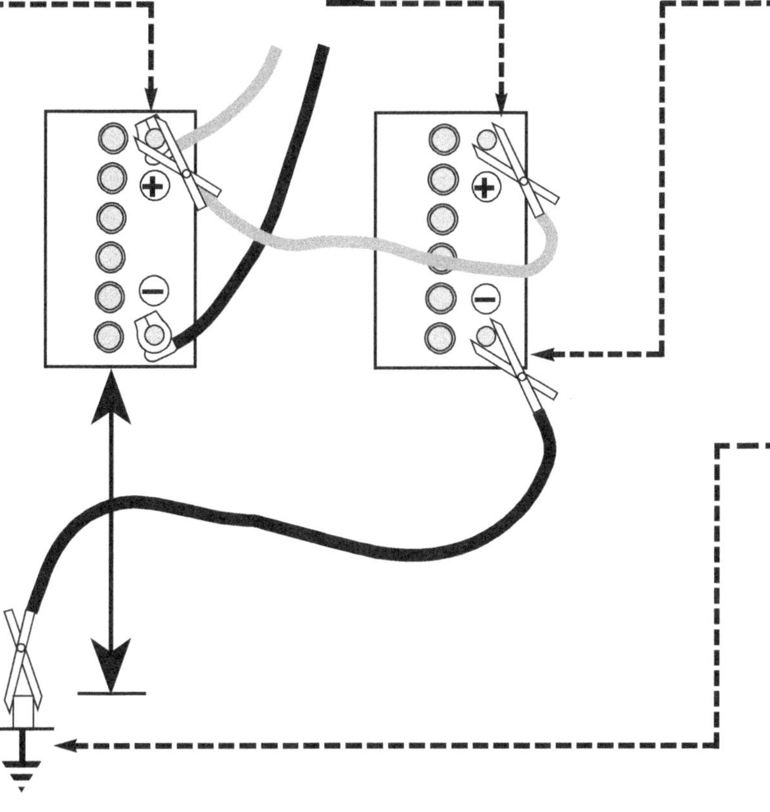

4 Koppla den andra änden av den svarta startkabeln till en bult eller fästbygel, långt från batteriet, i den bil som ska startas.

5 Se till att startkablarna inte kommer i kontakt med fläkten, drivremmarna eller någon annan rörlig del i motorn.

6 Starta motorn med laddningsbatteriet och låt den gå på tomgång. Slå på strålkastarna, bakrutevärmen och värmefläktsmotorn. Koppla sedan loss startkablarna i omvänd ordning mot anslutningen. Slå av strålkastarna etc.

Att hitta läckor

Pölar på garagegolvet (eller där bilen parkeras) eller våta fläckar i motorrummet tyder på läckor som man måste försöka hitta. Det är inte alltid så lätt att se var läckan är, särskilt inte om motorrummet är mycket smutsigt. Olja eller andra vätskor kan spridas av fartvinden under bilen och göra det svårt att avgöra var läckan egentligen finns.

Varning: De flesta oljor och andra vätskor i en bil är giftiga. Vid spill bör man tvätta huden och byta indränkta kläder så snart som möjligt

Lukten kan vara till hjälp när det gäller att avgöra varifrån ett läckage kommer och vissa vätskor har en färg som är lätt att känna igen. Det är en bra idé att tvätta bilen ordentligt och ställa den över rent papper över natten för att lättare se var läckan finns. Tänk på att motorn ibland bara läcker när den är igång.

Olja från sumpen

Motorolja kan läcka från avtappningspluggen . . .

Olja från oljefiltret

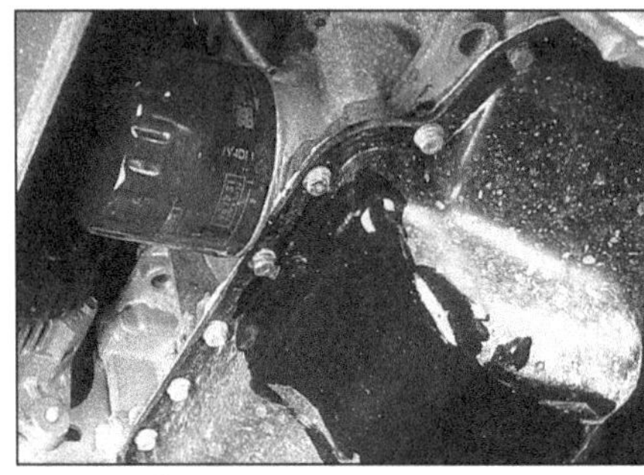

. . . eller från oljefiltrets packning.

Växellådsolja

Växellådsolja kan läcka från tätningarna i ändarna på drivaxlarna.

Frostskydd

Läckande frostskyddsvätska lämnar ofta kristallina avlagringar liknande dessa.

Bromsvätska

Läckage vid ett hjul är nästan alltid bromsvätska.

Servostyrningsvätska

Servostyrningsvätska kan läcka från styrväxeln eller dess anslutningar.

Bogsering

När ingenting annat hjälper kan du behöva bli bogserad hem – eller kanske är det du som får hjälpa någon annan. Bogsering längre sträckor bör överlåtas till en verkstad eller en bärgningsfirma. När det gäller kortare sträckor går det utmärkt att låta en annan privatbil bogsera, men tänk på följande:

☐ Använd en riktig bogserlina – de är inte dyra. Fordonet som bogseras bör ha en skylt med texten BOGSERING i bakrutan.

☐ Slå alltid på tändningen när bilen bogseras, så att rattlåset släpper och blinkers och bromsljus fungerar.

☐ Fäst bogserlinan i de befintliga bogseringsöglorna och ingen annanstans. Den främre bogseringsöglan ingår i bilens verktygssats och skruvas fast i hålet i mitten av kryssrambalken; dra åt öglan med fälgkorset. Den bakre bogseringsöglan är fast monterad i mitten under den bakre stötfångaren.

☐ Lossa handbromsen och lägg växeln i friläge innan bogseringen börjar.

☐ Tänk på följande vid bogsering av modeller med automatväxellåda (undvik att bogsera bilen om du är tveksam, eftersom felaktig bogsering kan leda till skador på växellådan):

a) Bogsera endast bilen framlänges.
b) Växelväljaren måste vara i läget N.
c) Fordonet får bogseras i högst 30 km/tim och inte längre än 50 km.

☐ Observera att du behöver trycka hårdare än vanligt på bromspedalen när du bromsar eftersom servon bara fungerar när motorn är igång. På samma sätt behöver du använda mer kraft än vanligt för att vrida på ratten.

☐ Föraren av den bogserade bilen måste vara noga med att hålla bogserlinan spänd hela tiden för att undvika ryck.

☐ Försäkra er om att båda förarna känner till den planerade färdvägen innan ni startar.

☐ Bogsera aldrig längre sträcka än nödvändigt och håll lämplig hastighet (högsta tillåtna hastighet vid bogsering är 30 km/tim). Kör försiktigt och sakta ner mjukt och långsamt innan korsningar.

Hjulbyte

***Varning:** Byt aldrig hjul om du befinner dig i en situation där du riskerar att bli påkörd av ett annat fordon. Försök att stanna i en parkeringsficka eller på en mindre avtagsväg om du befinner dig på en väg med mycket trafik. Håll uppsikt över passerande trafik när du byter hjul – det är lätt att bli distraherad av arbetet med hjulbytet.*

Förberedelser

- ☐ Vid punktering, stanna så snart det är säkert för dig och dina medtrafikanter.
- ☐ Parkera om möjligt på plan mark där du inte hamnar i vägen för annan trafik.
- ☐ Använd varningsblinkers om det behövs.
- ☐ Använd en varningstriangel (obligatorisk utrustning) för att göra andra trafikanter uppmärksamma på bilens närvaro.
- ☐ Dra åt handbromsen och lägg i ettan eller backen (P på automatväxellåda).
- ☐ Blockera det hjul som sitter diagonalt mot det hjul som ska tas bort – några stora stenar kan användas till detta.
- ☐ Om underlaget är mjukt, använd t.ex. en plankstump för att sprida tyngden.

Hjulbyte

1 Reservhjul, domkraft och verktyg för demontering av hjul finns under en lucka i bagageutrymmet.

2 Skruva loss fästmuttern och lyft fram reservhjulet. Lägg reservhjulet under bilen som en skyddsåtgärd om domkraften skulle ge vika. Notera att reservhjulet är av kompakttyp.

3 Dra loss eventuell hjulsida från hjulet. På aluminiumfälgar, använd det medföljande plastverktyget för att ta bort kapseln från den låsbara hjulbulten, sätt sedan dit adaptern.

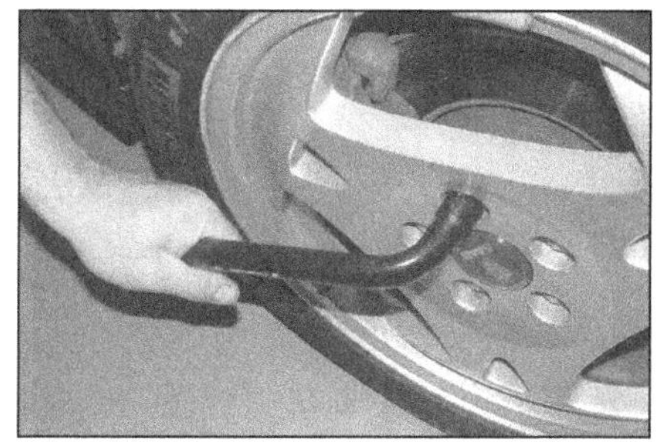

4 Lossa alla hjulbultar ett halvt varv innan du hissar upp bilen.

5 Placera domkraften under de förstärkta stödpunkterna närmast det hjul som ska bytas (vid urtagen under tröskeln). Vrid handtaget tills domkraftens bas vidrör marken direkt under tröskeln. Hissa upp bilen tills hjulet är fritt från marken.

6 Skruva ur bultarna och ta bort hjulet från bilen. Placera det borttagna hjulet under bilen i stället för reservhjulet, som en skyddsåtgärd om domkraften skulle ge vika.

7 Montera reservhjulet, skruva i hjulbultarna och dra åt dem något med hjälp av fälgkorset.

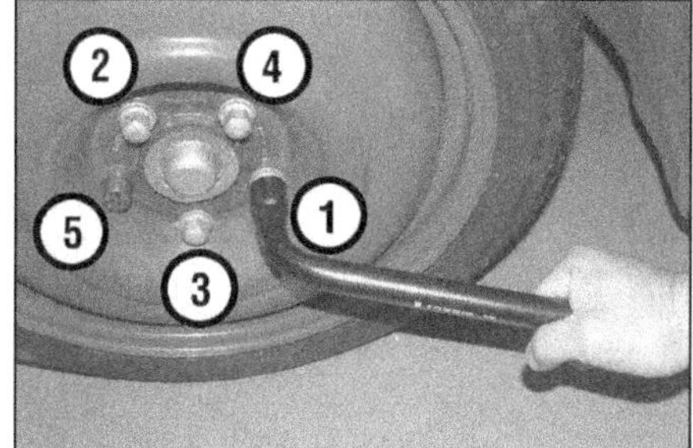

8 Sänk ner bilen och dra åt bultarna ordentligt, i diagonal ordningsföljd. Ta bort hjulblockeringen. Observera att hjulbultarna ska dras åt till angivet moment så snart som möjligt.

Slutligen...

- ☐ Lägg tillbaka domkraft och verktyg på sin rätta plats.
- ☐ Kontrollera lufttrycket i det nymonterade däcket. Om det är lågt eller om en tryckmätare inte finns tillgänglig, kör långsamt till närmaste bensinstation och kontrollera/justera trycket.
- ☐ Byt ut eller låt reparera det trasiga däcket så snart som möjligt, så att du inte blir strandad om du får en ny punktering.

***Varning:** Kör aldrig fortare än 70 km/tim med reservhjulet monterat – se din bilhandbok för ytterligare information.*

Inledning

Det finns ett antal mycket enkla kontroller som endast tar några minuter i anspråk, men som kan bespara dig mycket besvär och stora kostnader.

Dessa *veckokontroller* kräver inga större kunskaper eller specialverktyg, och den korta tid de tar att utföra kan visa sig vara väl använd:

☐ Att hålla ett öga på däckens lufttryck och skick förebygger inte bara att de slits ut i förtid utan det kan också rädda liv.

☐ Många motorhaverier orsakas av elektriska problem. Batterirelaterade fel är särskilt vanliga och genom regelbundna kontroller kan de flesta av dem förebyggas.

☐ Om bilen får en läcka i bromssystemet kanske den upptäcks först när bromsarna slutar att fungera. Vid regelbundna kontroller av bromsvätskenivån uppmärksammas sådana fel i god tid.

☐ Om olje- eller kylvätskenivån blir för låg är det t.ex. betydligt billigare att laga läckan direkt, än att bekosta dyra reparationer av de motorskador som annars kan uppstå.

Kontrollpunkter i motorrummet

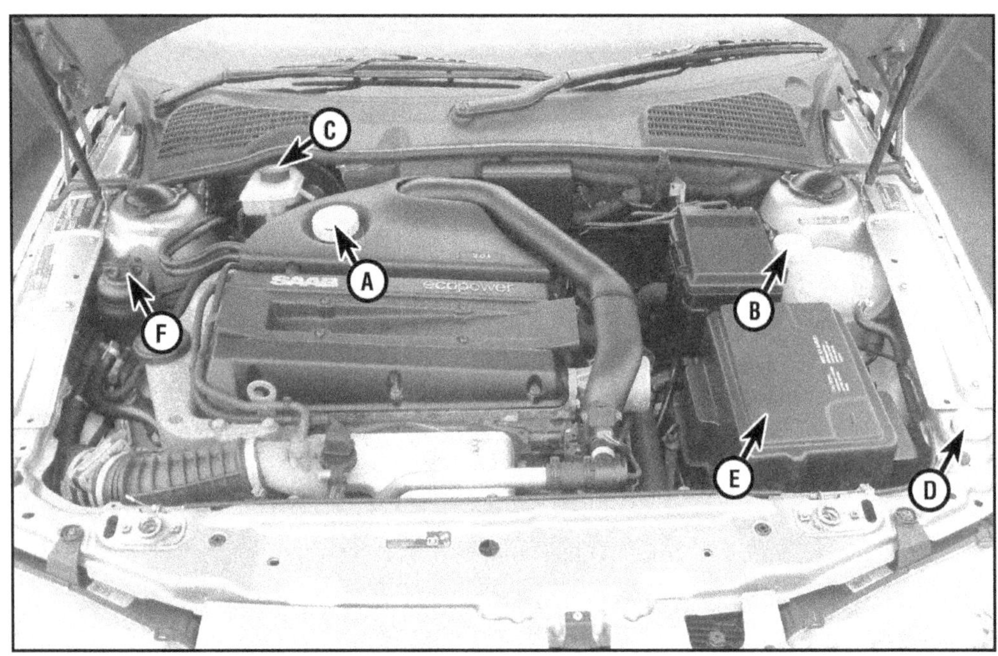

◀ 2,0 liters motor

A *Påfyllningslock och oljemätsticka för motorolja*
B *Kylvätskebehållare (expansionskärl)*
C *Bromsvätskebehållare*
D *Spolarvätskebehållare*
E *Batteri*
F *Behållare för servostyrningsvätska*

◀ 2,3 liters motor

A *Påfyllningslock och oljemätsticka för motorolja*
B *Kylvätskebehållare (expansionskärl)*
C *Bromsvätskebehållare*
D *Spolarvätskebehållare*
E *Batteri*
F *Behållare för servostyrningsvätska*

Motoroljenivå

Innan du börjar

✔ Se till att bilen står på plan mark.
✔ Oljenivån måste kontrolleras innan bilen körs, eller tidigast 5 minuter efter det att motorn har stängts av.

Om oljenivån kontrolleras direkt efter det att bilen har körts, kommer en del av oljan att vara kvar i den övre delen av motorn. Detta ger felaktig avläsning på mätstickan.

Korrekt oljetyp

Moderna motorer ställer höga krav på oljans kvalitet. Det är mycket viktigt att man använder en lämplig olja till sin bil (se *Smörjmedel och vätskor*).

Bilvård

● Om oljan behöver fyllas på ofta bör bilen kontrolleras med avseende på oljeläckor. Lägg ett rent papper under motorn över natten och se om det finns fläckar på det på morgonen. Finns där inga läckor kan det hända att motorn bränner olja.

● Oljenivån ska alltid vara någonstans mellan oljestickans övre och nedre markering (se bild 3). Om oljenivån är för låg kan motorn ta allvarlig skada. Oljetätningarna kan gå sönder om man fyller på för mycket olja.

1 Mätstickan sitter fast i oljepåfyllningslocket baktill till höger på motorn (se *Kontrollpunkter i motorrummet* på sidan 0•10). Skruva loss locket och dra ut mätstickan.

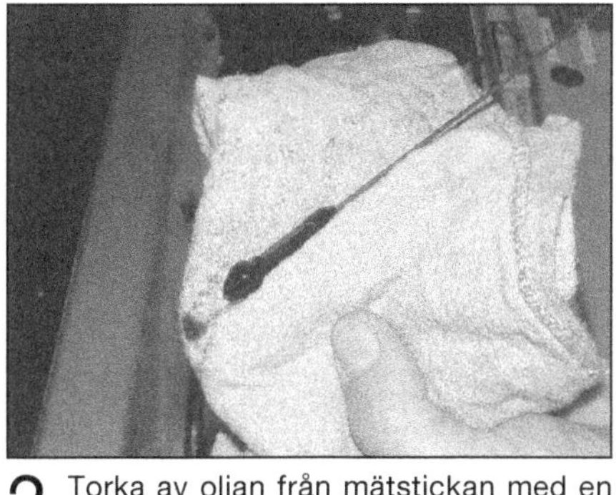

2 Torka av oljan från mätstickan med en ren trasa eller en bit papper. Sätt i den rena mätstickan i röret och dra åt locket. Dra sedan ut stickan igen.

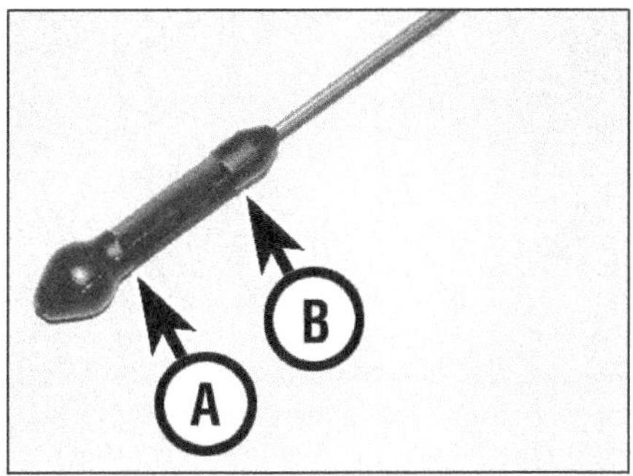

3 Kontrollera oljenivån på mätstickans ände, som ska vara mellan det övre märket (B) och det nedre märket (A). Det skiljer ungefär en liter olja mellan min- och maxnivån.

4 Vid påfyllning av olja, använd gärna en tratt eller en kanna med pip för att undvika spill. Häll i oljan långsamt och kontrollera på mätstickan så att behållaren fylls med rätt mängd. Fyll inte på för mycket. Sätt tillbaka och skruva åt påfyllningslocket.

Kylvätskenivå

Varning: Skruva aldrig av expansionskärlets lock när motorn är varm, eftersom det finns risk för brännskador. Låt inte behållare med kylvätska stå öppna eftersom vätskan är giftig.

Bilvård

● Ett slutet kylsystem ska inte behöva fyllas på regelbundet. Om kylvätskan behöver fyllas på ofta har bilen troligen en läcka i kylsystemet. Kontrollera kylaren samt alla slangar och fogytor efter stänk och våta märken och åtgärda eventuella problem.

● Det är viktigt att frostskyddsvätska används i kylsystemet året runt, inte bara under vintermånaderna. Fyll inte på med enbart vatten, då sänks koncentrationen av frostskyddsvätska.

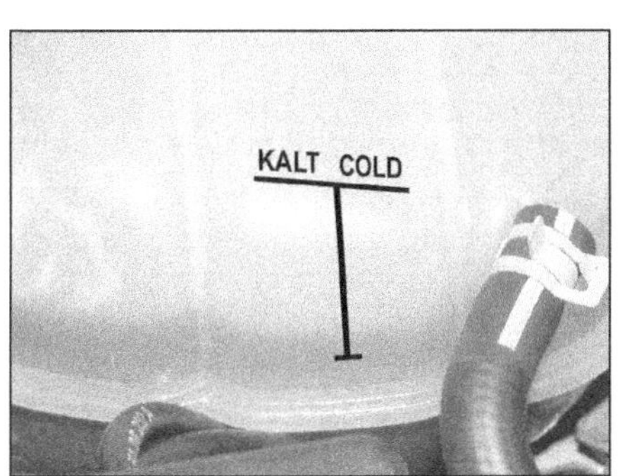

1 Kylvätskenivån varierar med motorns temperatur. När motorn är kall ska kylarvätskans nivå ligga i nivå med eller något över markeringen KALT/COLD på sidan av tanken. När motorn är varm stiger nivån.

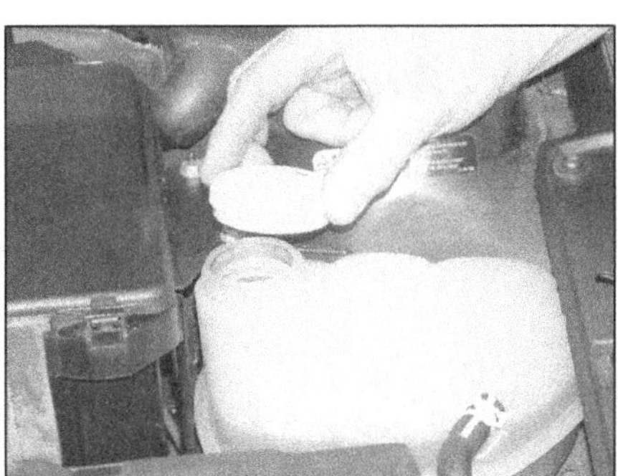

2 Vänta med att fylla på kylvätska **tills motorn är kall**. Skruva försiktigt loss locket till expansionskärlet, för att släppa ut övertrycket ur kylsystemet, och ta bort det.

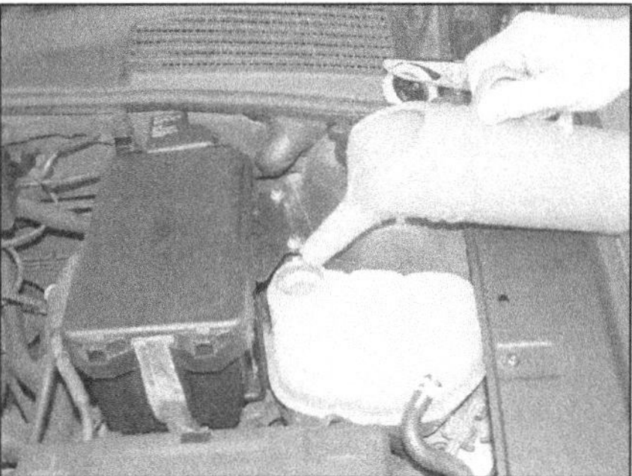

3 Fyll på kylvätska genom att hälla en blandning av vatten och frostskyddsvätska i expansionskärlet. En tratt hjälper till att minimera spill. Sätt tillbaka locket och dra åt ordentligt.

Broms- och kopplingsvätskenivå

Varning:

- ***Var försiktig vid hantering av bromsvätska – den kan skada dina ögon och bilens lack.***
- ***Använd inte vätska ur kärl som har stått öppna en längre tid. Bromsvätska drar åt sig fukt från luften vilket kan försämra bromsegenskaperna avsevärt.***

- ***Se till att bilen står på plan mark.***
- ***Nivån i vätskebehållaren sjunker en aning allt eftersom bromsklossarna slits. Nivån får dock aldrig sjunka under MIN-markeringen.***

Säkerheten främst!

- Om bromsvätskebehållaren måste fyllas på ofta har bilen fått en läcka i bromssystemet. Detta måste undersökas omedelbart.
- Vid en misstänkt läcka i systemet får bilen inte köras förrän bromssystemet har undersökts. Ta aldrig några risker med bromsarna.

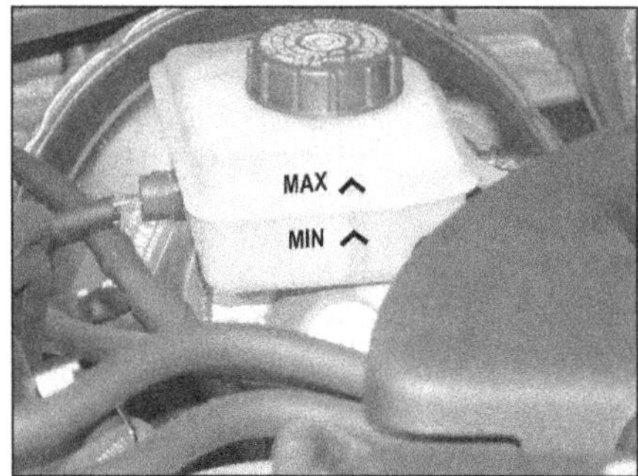

1 MAX- och MIN-markeringarna finns på framsidan av behållaren, som sitter baktill och till höger i motorrummet. Vätskenivån måste alltid hållas mellan dessa två markeringar.

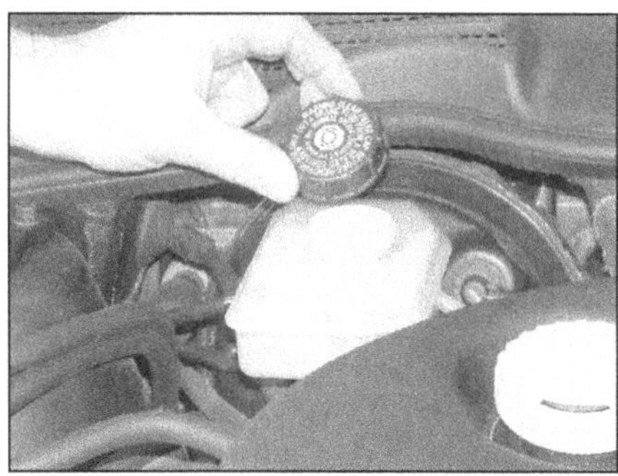

2 Om vätska behöver fyllas på, torka först av området runt påfyllningslocket för att förhindra att bromssystemet förorenas. Skruva loss locket och lägg det på en trasa.

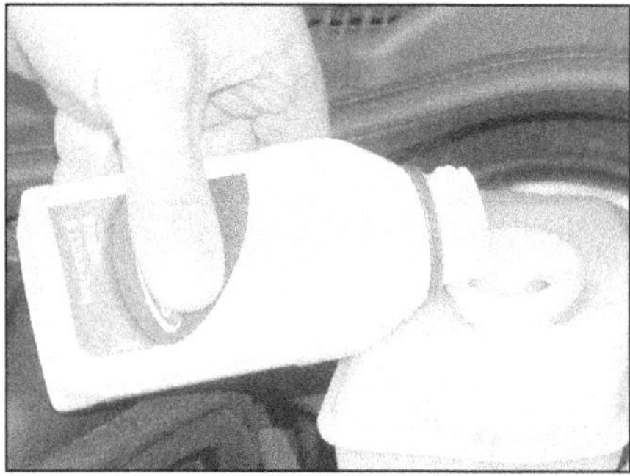

3 Fyll på vätska försiktigt. Var noga med att inte spilla på intilliggande komponenter. Använd endast rekommenderad bromsvätska. Om olika typer blandas kan systemet skadas. När vätskenivån är återställd, skruva på locket och torka bort eventuellt spill.

Spolarvätskenivå

- Spolarvätskekoncentrat rengör inte bara rutan, utan fungerar även som frostskydd så att spolarvätskan inte fryser under vintern. Fyll inte på med enbart vatten, eftersom spolarvätskan då späds ut för mycket och kan frysa.

- Kontrollera att vindrute- och bakrutespolarna fungerar. Justera munstyckena med en nål om det behövs. Rikta strålen på en punkt något över mitten av den del av rutan som torkarbladet sveper över.

Använd aldrig kylvätska i spolarsystemet. Det kan missfärga eller skada lacken.

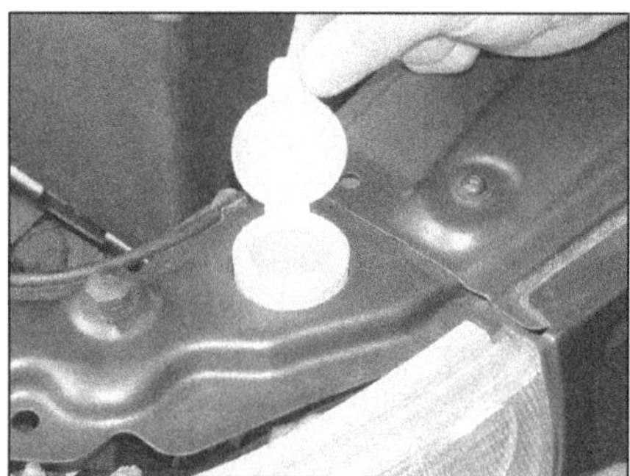

1 Spolarvätskebehållaren för vindrutans, strålkastarnas och (i förekommande fall) bakrutans spolarsystem är placerad till vänster i motorrummets främre del.

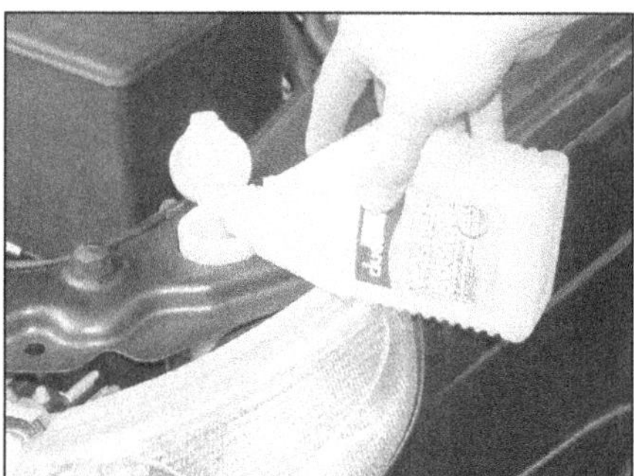

2 När behållaren fylls på, tillsätt spolarvätskekoncentrat enligt rekommendationerna på flaskan.

Däck – skick och tryck

Det är viktigt att däcken är i bra skick och att de har rätt tryck. Om ett däck går sönder vid hög hastighet kan det vara väldigt farligt.

Däckens slitage påverkas av körstil – hårda inbromsningar och accelerationer eller tvära kurvtagningar leder till högt slitage. Generellt sett slits framdäcken ut snabbare än bakdäcken. Axelvis byte mellan fram och bak kan jämna ut slitaget, men om detta är effektivt kan du komma att behöva byta ut alla fyra däcken samtidigt!

Ta bort spikar och stenar som fastnat i däckmönstret så att de inte orsakar punktering. Om det visar sig att däcket är punkterat när en spik tas bort, sätt tillbaka spiken för att märka ut platsen för punkteringen. Byt sedan omedelbart ut det punkterade däcket och lämna in det till en däckverkstad för reparation.

Kontrollera regelbundet däcken med avseende på skador i form av rispor eller bulor, särskilt på däcksidorna. Skruva loss däcken med jämna mellanrum för att rengöra dem invändigt och utvändigt. Undersök hjulfälgarna efter rost, korrosion eller andra skador. Lättmetallfälgar skadas lätt om man kör på trottoarkanten vid parkering. Stålhjul kan också bli buckliga. Om ett hjul är svårt skadat är ett hjulbyte ofta den enda lösningen. Nya däck ska balanseras när de monteras men de kan också behöva balanseras om i takt med att de slits ut eller om motvikten på hjulfälgen ramlar av. Obalanserade däck slits ut snabbare än balanserade och orsakar dessutom onödigt slitage på styrning och fjädring. Vibrationer är ofta ett tecken på obalanserade hjul, särskilt om vibrationerna förekommer vid en viss hastighet (oftast runt 70 km/tim). Om vibrationerna endast känns genom styrningen är det troligen bara framhjulen som behöver balanseras. Om vibrationerna däremot känns i hela bilen är det antagligen bakhjulen som är obalanserade. Balansering av hjul ska utföras av en lämpligt utrustad verkstad.

1 *Mönsterdjup - visuell kontroll*

Originaldäcken har slitagevarningsband (B), som blir synliga när däcken slitits ner till ungefär 1,6 mm. En trekantig markering på däcksidan (A) anger bandens placering.

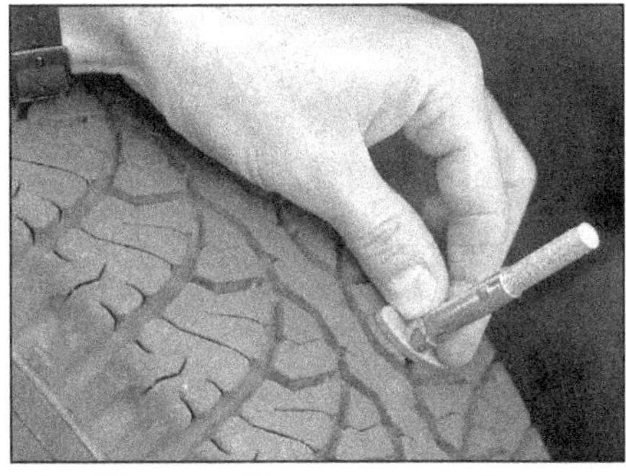

2 *Mönsterdjup - manuell kontroll*

Mönsterdjupet kan också kontrolleras med hjälp av en enkel och billig mönsterdjupsmätare.

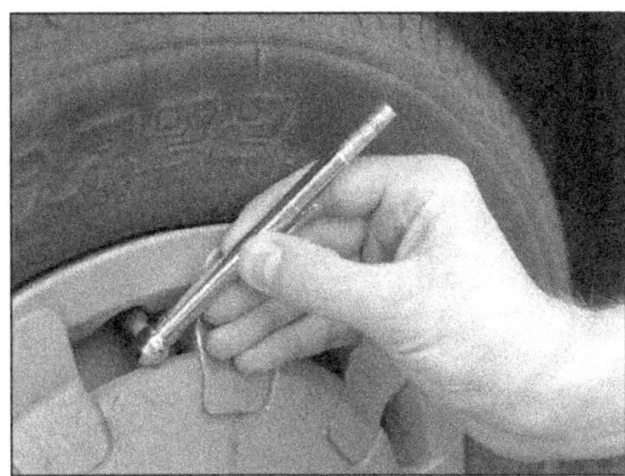

3 *Däcktryck – kontroll*

Kontrollera däcktrycket regelbundet när däcken är kalla. Justera inte däcktrycket omedelbart efter det att bilen har använts, det kommer att resultera i felaktigt tryck.

Däckslitage

Slitage på sidorna

Lågt däcktryck (slitage på båda sidorna)
Är trycket i däcken för lågt kommer däcket att överhettas på grund av för stora rörelser och mönstret kommer att ligga an mot underlaget på ett felaktigt sätt. Det bidrar till sämre väggrepp och betydande slitage och risken för punktering på grund av upphettning ökar.
Kontrollera och justera trycket
Felaktig cambervinkel (slitage på en sida)
Reparera eller byt ut fjädringsdetaljer
Hård kurvtagning
Sänk hastigheten!

Slitage i mitten

För högt däcktryck
För högt lufttryck orsakar snabbt slitage av mittersta delen av däcket, dessutom sämre väggrepp, stötigare gång och risk för stötskador i korden.
Kontrollera och justera trycket

Om däcktrycket ibland måste ändras till högre tryck avsett för maximal lastvikt eller ihållande hög hastighet, glöm inte att minska trycket efteråt.

Ojämnt slitage

Framdäcken kan slitas ojämnt på grund av felaktig hjulinställning. De flesta däckåterförsäljare och verkstäder kan kontrollera och justera hjulinställningen till en låg kostnad.
Felaktig camber- eller castervinkel
Reparera eller byt ut fjädringsdetaljer
Defekt fjädring
Reparera eller byt ut fjädringsdetaljer
Obalanserade hjul
Balansera hjulen
Felaktig toe-inställning
Justera framhjulsinställningen
Observera: *Den fransiga ytan i mönstret, ett typiskt tecken på toe-slitage, kontrolleras bäst genom att man känner med handen över ytan.*

Torkarblad

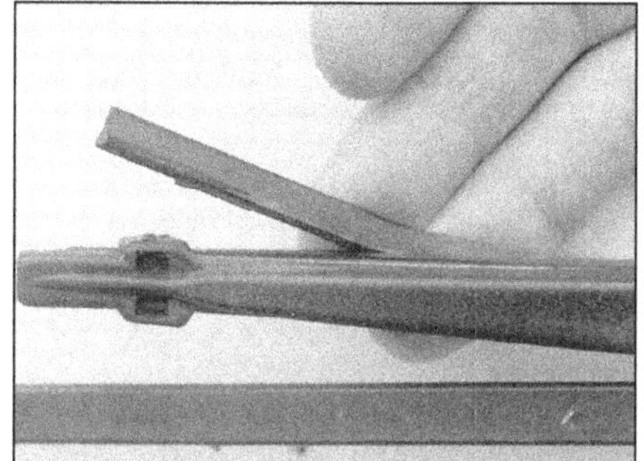

1 Kontrollera torkarbladens skick. Byt dem om de är spruckna eller visar tecken på slitage, eller om området på rutan är kladdigt. För bästa resultat bör du byta torkarblad en gång per år.

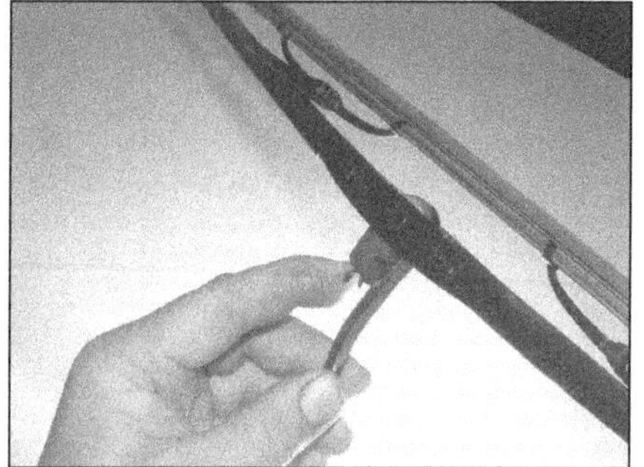

2 Ta bort ett torkarblad genom att lyfta upp armen från rutan helt tills det tar stopp. Rotera bladet 90° och kläm ihop låsklämman. Ta därefter bort torkarbladet från armen. När du monterar ett nytt blad, se till att bladet fäster ordentligt i armen och att det är korrekt riktat.

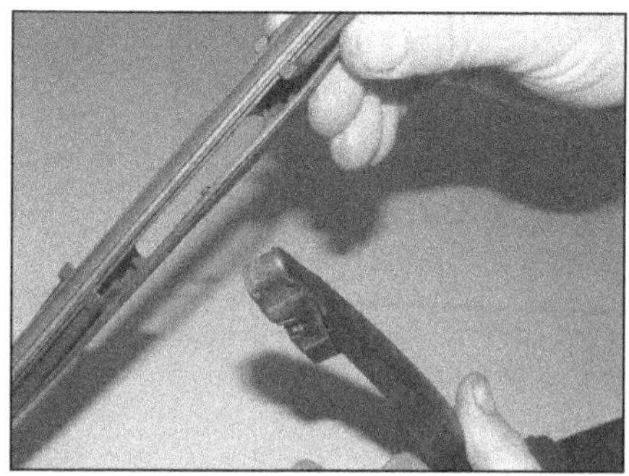

3 Om du har en kombimodell, kom ihåg att även kontrollera bakrutetorkaren. Torkarbladet är fastklämt på armen.

Batteri

Varning: Läs säkerhetsföreskrifterna i Säkerheten främst! (i början av handboken) innan något arbete utförs på batteriet.

✔ Se till att batterilådan är i gott skick och att klämman sitter ordentligt. Rost på plåten, hållaren och batteriet kan tas bort med en lösning av vatten och bikarbonat. Skölj noggrant alla rengjorda delar med vatten. Alla rostskadade metalldelar bör först målas med en zinkbaserad grundfärg och därefter lackeras.

✔ Kontrollera regelbundet (ungefär var tredje månad) batteriets skick enligt beskrivningen i kapitel 5A.

✔ Om batteriet är urladdat och det behövs starthjälp för att starta bilen, se *Starthjälp*.

1 Batteriet sitter framtill och till vänster i motorrummet, och skyddas av en kåpa. Från årsmodell 2002 sitter batteriet med polerna parallellt med vänster framskärm, medan de i tidigare modeller är parallella med motorrummets tvärbalk. Batteriets utsida ska kontrolleras regelbundet med avseende på sprickor och andra skador.

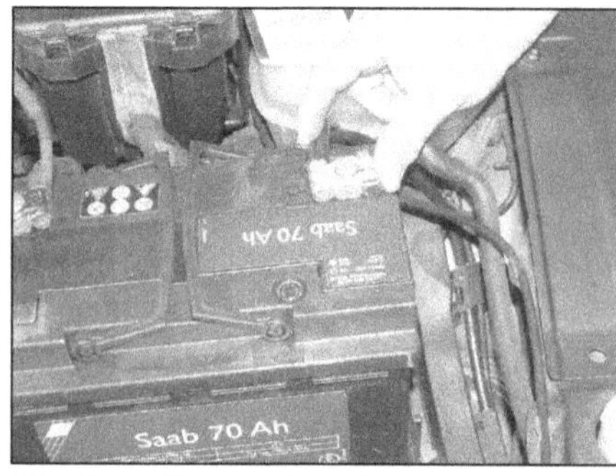

2 Kontrollera att batteriets kabelklämmor sitter ordentligt för bästa ledareffekt. Det ska inte gå att rubba dem. Kontrollera även kablarna beträffande sprickor och skadade ledare.

Korrosion på batteriet kan minimeras genom att lite vaselin stryks på batteriklämmorna och polerna när de har dragits åt.

3 Om korrosion finns, ta bort kablarna från batteripolerna, rengör dem med en liten stålborste och sätt tillbaka dem. Hos en biltillbehörsbutik kan man köpa ett särskilt verktyg för rengöring av batteripoler. . . . .

4 . . . och kabelklämmor.

Elsystem

✔ Kontrollera att alla yttre lampor samt signalhornet fungerar. Se lämpliga avsnitt i kapitel 12 om någon krets inte fungerar. Byt ut säkringen om det behövs.

✔ Se över alla tillgängliga kontaktdon, kablar och kabelklämmor så att de sitter ordentligt och inte är skavda eller skadade.

Om du måste kontrollera blinkers och bromsljus ensam, backa upp mot en vägg eller garageport och slå på ljusen. Det reflekterade skenet visar om de fungerar eller inte.

1 Om enstaka blinkers, bromsljus, eller strålkastare inte fungerar beror det antagligen på en trasig glödlampa. Se kapitel 12 för mer information. Om båda bromsljusen är ur funktion är det möjligt att kontakten är defekt (se kapitel 9).

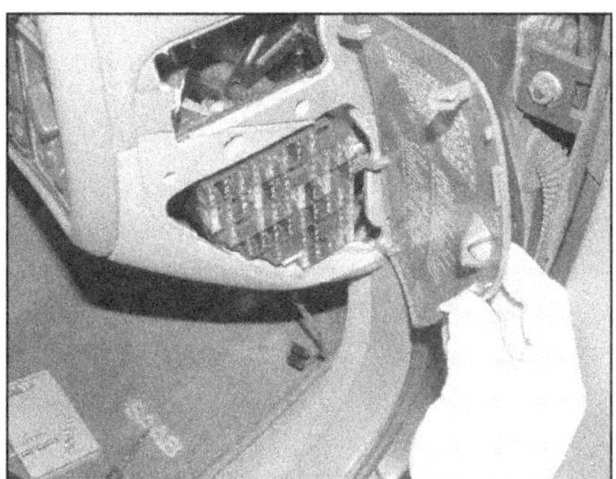

2 Om mer än en blinkers eller strålkastare inte fungerar har troligen en säkring gått eller ett fel uppstått i kretsen (se kapitel 12). Huvudsäkringarna sitter under en lucka i änden av instrumentbrädan. Övriga säkringar och reläer sitter till vänster i motorrummet.

3 Om en säkring måste bytas, ta loss den med det bifogade verktyget. Sätt i en ny säkring av samma strömstyrka (finns att köpa i biltillbehörsbutiker). Om säkringen går upprepade gånger, försök hitta orsaken med hjälp av informationen i kapitel 12.

Smörjmedel och vätskor

Motor	Saab Turbo motorolja eller helsyntetisk, Long Life Mobil 1 enligt GM-LL-A-025, viskositet 0W30
Kylsystem	Endast Saab original kylvätska/frostskyddsvätska
Manuell växellåda	Saab växellådsolja MTF 0063
Automatväxellåda	Saab automatväxelolja 3390 (mineraloljebaserad) för automatväxellåda eller Dexron III ATF
Servostyrningsvätska	Saab servostyrningvätska CHF 11S
Bromsvätska	Hydraulvätska enligt DOT 4

Däcktryck (kalla däck)

Observera: *De angivna trycken gäller originaldäck och kan ändras om däck av andra fabrikat eller typ monteras. Hör med däcktillverkaren eller försäljningsstället vilka tryck som ska användas.*

Däckstorlek	Fram	Bak
195/65 R15 91Q:		
1 till 3 personer, max 160 km/tim	2,4 bar	2,4 bar
4 till 5 personer, max 160 km/tim	2,6 bar	2,6 bar
205/55 R16 91Q och 215/55 R16 93Q:		
1 till 3 personer, max 160 km/tim	2,4 bar	2,4 bar
4 till 5 personer, max 160 km/tim	2,6 bar	2,6 bar
205/65 R15 94V:		
1 till 5 personer, max 160 km/tim	2,3 bar	2,1 bar
1 till 5 personer, mer än 160 km/tim	2,8 bar	2,6 bar
215/55 R16 93V:		
1 till 5 personer, max 160 km/h	2,4 bar	2,2 bar
1 till 5 personer, över 160 km/tim	2,9 bar	2,7 bar
225/45 R17 94 WXL:		
1 till 5 personer, max 190 km/tim	2,5 bar	2,4 bar
1 till 5 personer, över 190 km/tim	3,0 bar	2,9 bar
T115/70 R16 (kompakt reservhjul)	4,1 bar	4,1 bar

Kapitel 1
Rutinunderhåll och service

Innehåll

Svårighetsgrader

Enkelt, passar novisen med lite erfarenhet 	**Ganska enkelt,** passar nybörjaren med viss erfarenhet 	**Ganska svårt,** passar kompetent hemmamekaniker 	**Svårt,** passar hemmamekaniker med erfarenhet 	**Mycket svårt,** för professionell mekaniker 

Smörjmedel och vätskor

Se slutet av *Veckokontroller* på sidan 0•16

Volymer

Motorolja	
Alla motorer (avtappning och återfyllning med filterbyte)	4,0 liter
Total torrmängd inklusive motoroljekylare	5,4 liter
Skillnad mellan oljemätstickans MAX- och MIN-markeringar	1,0 liter
Kylsystem	7,4 liter
Växellåda	
Manuell:	
Avtappning och påfyllning	1,5 liter
Torr	1,8 liter
Automatisk:	
Avtappning och påfyllning	3,5 liter
Torr (inklusive momentomvandlare och kylare)	7,0 liter
Bromssystem	
Systemvolym	0,9 liter
Bensintank	68,0 liter
2,0 och 2,3 liters Ecopower modeller	75,0 liter
2,3 liters Aero HOT modeller	70,0 liter
Servostyrning	
Systemvolym	1,3 liter

Kylsystem

Frostskyddsblandning*:	
50 % frostskydd	Skydd ner till -37 °C
55 % frostskydd	Skydd ner till -45 °C

* **Observera:** *Kontrollera kylmedelstillverkarens senaste rekommendationer.*

Tändsystem

Tändföljd	1 – 3 – 4 – 2	
Tändstift:	**Typ**	**Elektrodavstånd**
Alla motorer	Bosch FR 5 DP 222	1,0 mm

Bromsar

Minsta tjocklek på främre bromsklossbelägg	5,0 mm vid service (varningssignal vid 3,0 mm)
Minsta tjocklek på bakre bromsklossbelägg	5,0 mm

Däcktryck

Se slutet av *Veckokontroller* på sidan 0•16

Åtdragningsmoment

	Nm
Automatväxellådans avtappningsplugg	40
Hjulbultar	110
Manuell växellåda, avtappnings-, nivå- och påfyllningspluggar	50
Motoroljesumpens avtappningsplugg	25
Tändstift	28

Underhållsintervallen i denna handbok är angivna efter förutsättningen att du utför arbetet på egen hand. Dessa uppfyller tillverkarens minimikrav på underhållsintervall för bilar som körs dagligen. Om bilen alltid ska hållas i absolut toppskick bör vissa moment utföras oftare. Vi rekommenderar regelbundet underhåll eftersom det höjer bilens effektivitet, prestanda och andrahandsvärde.

Om bilen körs på dammiga vägar, ofta används till att dra släp/husvagn, körs mycket i kösituationer eller korta körsträckor, bör intervallen kortas av.

Om bilen är ny ska service utföras av auktoriserad verkstad så att garantin ej förverkas.

Var 400:e km eller en gång i veckan

☐ Se *Veckokontroller*

Var 10 000:e km

☐ Motorolja och filter - byte (avsnitt 3)

Observera: *Täta olje- och filterbyten är bra för motorn. Vi rekommenderar oljebyten efter den körsträcka som anges här, eller två gånger om året om körsträckan är kortare.*

Vid 10 000 km och därefter var 20 000:e km

☐ Servicemätare - återställning (avsnitt 4)
☐ Slangar och vätskor - läckagekontroll (avsnitt 5)
☐ Styrning och fjädring - kontroll (avsnitt 6)
☐ Handbroms - kontroll och justering (avsnitt 7)
☐ Säkerhetsbälten - kontroll (avsnitt 8)
☐ Krockkuddar - kontroll (avsnitt 9)
☐ Strålkastarinställning - kontroll (avsnitt 10)
☐ Servostyrningsvätskans nivå - kontroll (avsnitt 11)
☐ Landsvägsprov (avsnitt 12)

Var 20 000:e km

Observera: *Intervallen på 20 000 km börjar vid 30 000 km, det vill säga de infaller vid 30 000 km, 50 000 km, 70 000 km och så vidare.*

☐ Frostskyddsvätskans koncentration - kontroll (avsnitt 13)
☐ Automatväxellådans oljenivå - kontroll (avsnitt 14)
☐ Drivknutar och damasker - kontroll (avsnitt 15)
☐ Avgassystem - kontroll (avsnitt 16)
☐ Bromsklosslitage - kontroll (avsnitt 17)
☐ Gångjärn och lås - smörjning (avsnitt 18)
☐ Dräneringsslangar för luftkonditionering - kontroll (avsnitt 19)
☐ Pollenfilter - byte (avsnitt 20)
☐ Drivrem - kontroll (avsnitt 21)
☐ Tändstift (endast motor B205E) - byte (avsnitt 22)

Var 40 000:e km

Observera:*Intervallen på 40 000 km börjar vid 50 000 km, det vill säga de infaller vid 50 000 km, 90 000 km, 130 000 km och så vidare.*

☐ Manuell växellåda, oljenivå - kontroll (avsnitt 23)
☐ Luftfilter - byte (avsnitt 24)
☐ Tändstift (alla utom motor B205E) - byte (avsnitt 25)

Vart 3:e år

☐ Kylvätska - byte (avsnitt 26)

Observera: *Serviceintervallen grundas på tid* ***och*** *antal körda mil. Kylvätskan måste bytas vart tredje år* ***eller*** *var 80 000:e km, vilket som inträffar först.*

Var 100 000:e km

Observera: *Intervallen på 100 000 km börjar vid 110 000 km, det vill säga de infaller vid 110 000 km, 210 000 km och så vidare.*

☐ Bränslefilter - byte (avsnitt 27)
☐ Drivrem - byte (avsnitt 28)
☐ Automatväxellådans olja - byte (avsnitt 29)

Vart 4:e år

☐ Bromsvätska - byte (avsnitt 30)

Motorrummet på en modell med 2,3 liters bensinmotor med turbo

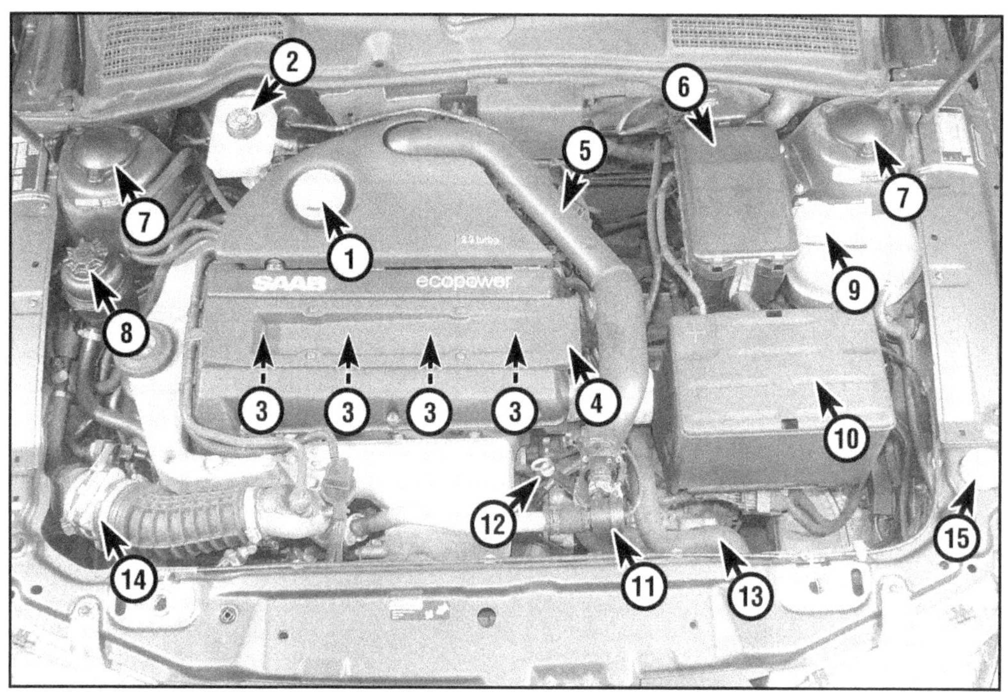

1. *Påfyllningslock och oljemätsticka för motorolja*
2. *Bromsvätskebehållare*
3. *Tändstift (dolda)*
4. *Tändspolar (en för varje tändstift)*
5. *Luftintag för turboaggregat*
6. *Säkringsdosa*
7. *Främre fjäderbenets övre fäste*
8. *Behållare för servostyrningsvätska*
9. *Expansionskärl för kylvätska*
10. *Batteri*
11. *Bypassventil för turbokontroll*
12. *Mätsticka för automatväxellådans olja*
13. *Kylarens övre slang*
14. *Luftflödesmätare för bränsleinsprutningssystem*
15. *Vindrutans spolarvätske-behållare, påfyllningslock*

Främre underrede

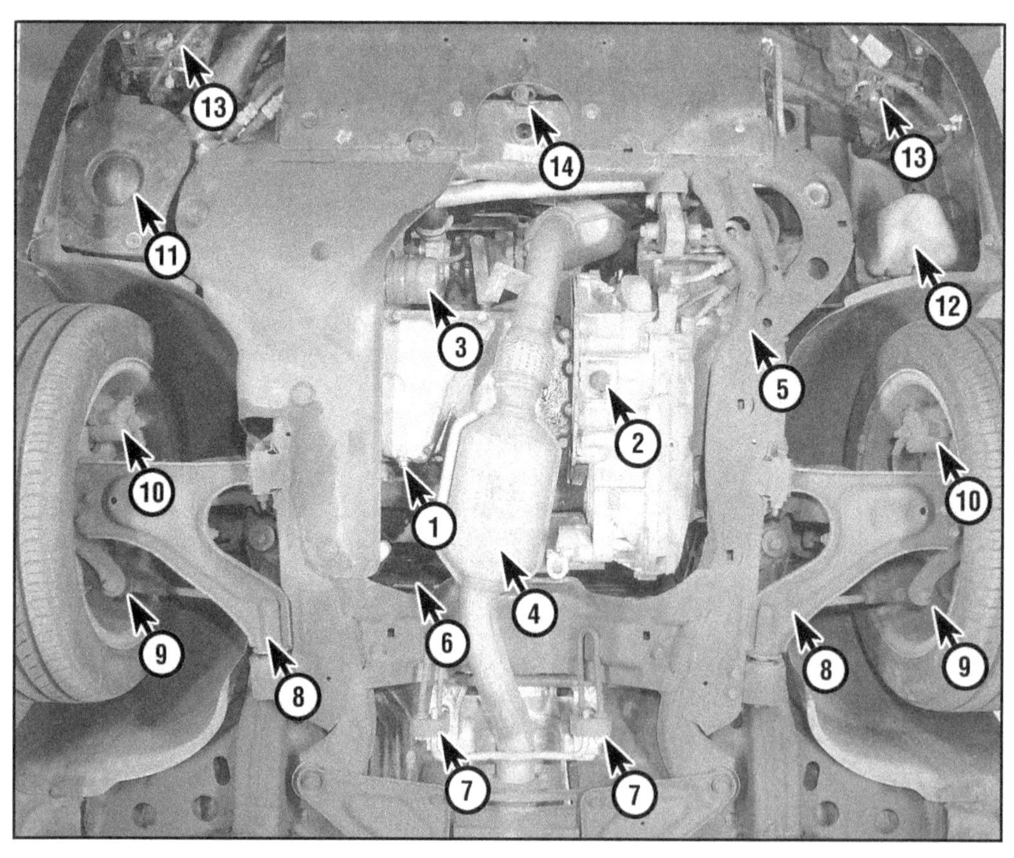

1. *Avtappningsplugg för motorolja*
2. *Avtappningsplugg för automatväxellådsolja*
3. *Motoroljefilter*
4. *Främre avgasrör*
5. *Framfjädringens/motorns kryssrambalk*
6. *Styrväxel*
7. *Gummifästen för avgassystem*
8. *Framfjädringens länkarmar*
9. *Styrstagsändar*
10. *Främre bromsok*
11. *Luftfilterhus*
12. *Spolarvätskebehållare för vindruta*
13. *Främre dimljus*
14. *Plats för främre bogseringsögla*

Bakre underrede

1 *Bakfjädringens tvärbalk*
2 *Bakre krängningshämmare*
3 *Nedre tvärlänk för bakfjädring*
4 *Bromsslangar*
5 *Handbromsvajrar*
6 *Bränsletank*
7 *Bakfjädringens länkarmar*
8 *Bakre fjäderben/ stötdämpare*
9 *Bakre ljuddämpare och avgasrör*

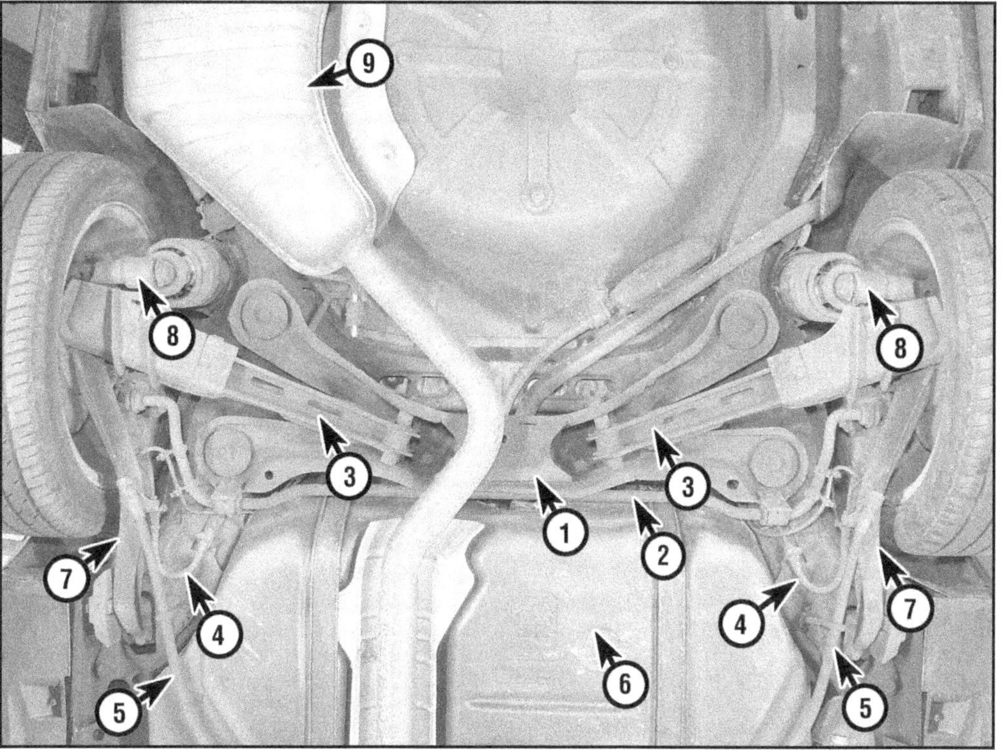

1 Allmän information

1 Syftet med det här kapitlet är att hjälpa hemmamekanikern att underhålla sin bil så att den ger bästa möjliga säkerhet, driftekonomi, livslängd och prestanda.
2 Kapitlet innehåller ett underhållsschema samt avsnitt som i detalj behandlar posterna i schemat. Bland annat behandlas åtgärder som kontroller, justeringar och byte av delar. På de tillhörande bilderna av motorrummet och underredet visas de olika delarnas placering.
3 Underhållsschemat för tid/körsträcka och de följande avsnitten ger dig ett tydligt underhållsprogram som bidrar till att bilens tjänstgöring blir både lång och säker. Underhållsplanen är heltäckande, så om man väljer att bara utföra vissa delar av den vid de angivna tidpunkterna, kan inte samma goda resultat garanteras.
4 Ofta kan eller bör flera åtgärder utföras samtidigt på bilen, antingen för att den åtgärd som ska utföras kräver det eller för att delarnas läge gör det praktiskt. Om bilen av någon anledning hissas upp kan t.ex. inspektion av avgassystemet utföras samtidigt som styrning och fjädring kontrolleras.
5 Det första steget i underhållsprogrammet består av förberedelser innan själva arbetet påbörjas. Läs igenom relevanta avsnitt, gör sedan upp en lista på vad som behöver göras och skaffa fram verktyg och delar. Om problem dyker upp, rådfråga en specialist på reservdelar eller vänd dig till återförsäljarens serviceavdelning.

2 Rutinunderhåll

1 Om underhållsschemat följs noga från det att bilen är ny och om vätske- och oljenivåerna och de delar som är utsatta för stort slitage kontrolleras enligt denna handboks rekommendationer, hålls motorn i bra skick och behovet av extra arbete minimeras.
2 Ibland går en motor dåligt på grund av bristande underhåll. Risken för detta ökar om bilen är begagnad och inte har fått tät och regelbunden service. I sådana fall kan extra arbeten behöva utföras, utöver det normala underhållet.
3 Om motorn misstänks vara sliten ger ett kompressionsprov (se kapitel 2A) värdefull information om de inre huvudkomponenternas skick. Ett kompressionsprov kan användas för att avgöra omfattningen på det kommande arbetet. Om provet avslöjar allvarligt inre slitage, är det slöseri med tid och pengar att utföra underhåll på det sätt som beskrivs i detta kapitel om inte motorn först renoveras (kapitel 2B).
4 Följande åtgärder är de som oftast behövs för att förbättra prestandan hos en motor som går dåligt:

I första hand

a) Rengör, kontrollera och testa batteriet (Veckokontroller och kapitel 5A).
b) Kontrollera alla motorrelaterade vätskor (Veckokontroller).
c) Kontrollera drivremmens skick och spänning (avsnitt 21).
d) Byt ut tändstiften (se avsnitt 22 och 25).
e) Kontrollera luftfiltrets skick och byt vid behov (se avsnitt 24).
f) Byt ut bränslefiltret (se avsnitt 27).
g) Kontrollera att samtliga slangar är i gott skick och leta efter läckor (se avsnitt 5).

5 Om ovanstående åtgärder inte har någon inverkan ska följande åtgärder utföras:

I andra hand

a) Kontrollera laddningssystemet (kapitel 5A).
b) Kontrollera tändsystemet (kapitel 5B).
c) Kontrollera bränslesystemet (kapitel 4).

3.4 Motoroljans avtappningsplugg

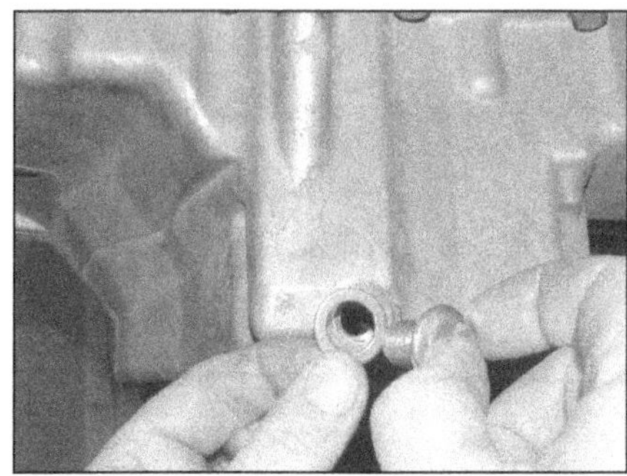
3.6 Byt ut brickan till oljesumpens avtappningsplugg om det behövs

3.8 Ta bort oljefiltret

Var 10 000:e km

3 Motorolja och filter – byte

1 Täta oljebyten är det bästa förebyggande underhåll en hemmamekaniker kan ge en motor eftersom begagnad olja blir utspädd och förorenad med tiden, vilket medför att motorn slits ut i förtid.

2 Innan du påbörjar arbetet, plocka fram alla verktyg och allt material som behövs. Se även till att ha gott om rena trasor och tidningar till hands för att torka upp eventuellt spill. Helst ska motoroljan vara varm, eftersom den då rinner ut lättare och mer avlagrat slam följer med. Se dock till att inte vidröra avgassystemet eller andra heta delar vid arbete under bilen. Använd handskar för att undvika skållning och för att skydda huden mot irritationer och skadliga föroreningar i begagnad motorolja.

3 Dra åt handbromsen. Lyft upp framvagnen och ställ den på pallbockar (se *Lyftning och stödpunkter*).

4 Oljeavtappningspluggen sitter framtill på oljesumpen. Lossa pluggen ungefär ett halvt varv. Ställ behållaren under avtappningspluggen och skruva ur pluggen helt. Ta vara på packningen **(se bild)**.

Håll pluggen intryckt i oljesumpen medan den skruvas loss för hand de sista varven. Dra sedan snabbt bort pluggen så att oljan rinner ner i kärlet, inte ner i din ärm!

5 Ge den gamla oljan tid att rinna ut, och observera att det kan bli nödvändigt att flytta behållaren när oljeflödet minskar.

6 Torka av avtappningspluggen med en ren trasa när all olja har runnit ut. Kontrollera att tätningsbrickan är i gott skick och byt ut den om det behövs **(se bild)**. Rengör området runt avtappningspluggens öppning, sätt tillbaka pluggen och dra åt den till angivet moment.

7 Placera behållaren under oljefiltret, som sitter baktill på motorblocket. Du kommer åt oljefiltret underifrån.

8 Lossa filtret med ett oljefilterverktyg om det behövs, och skruva sedan loss det för hand **(se bild)**. Töm oljan från det gamla oljefiltret i behållaren och kasta filtret.

9 Torka bort all olja, smuts och slam från filtrets tätningsyta på hållaren med en ren trasa.

10 Applicera ett tunt lager ren motorolja på det nya filtrets tätningsring, och skruva det sedan på plats på motorn. Dra åt filtret ordentligt, men endast för hand – använd **inte** något verktyg. Torka av filtret och oljesumpens avtappningsplugg.

11 Ta bort behållaren med gammal olja och verktygen under bilen. Sänk sedan ner bilen.

12 Ta bort oljepåfyllningslocket och dra ut oljemätstickan från påfyllningsröret. Fyll motorn med olja av rätt klass och typ (se *Smörjmedel och vätskor*). En oljekanna med pip eller en tratt kan hjälpa till att minska spillet. Häll i hälften av den angivna mängden först, och vänta sedan några minuter tills oljan har samlats i sumpen. Fortsätt fylla på små mängder i taget till dess att nivån når det nedre märket på mätstickan. Ytterligare 1,0 liter tar upp nivån till mätstickans övre märke. Sätt i oljestickan och sätt tillbaka locket.

13 Starta motorn och låt den gå några minuter. Leta efter läckor runt oljefiltrets packning och oljesumpens avtappningsplugg. Det kan ta ett par sekunder innan oljetryckslampan släcks när motorn startas första gången efter ett oljebyte. Detta beror på att oljan måste få cirkulera runt i kanalerna och det nya filtret innan trycket byggs upp.

14 Stäng av motorn och vänta ett par minuter så att oljan får rinna tillbaka till sumpen. När oljan har cirkulerat i motorn och fyllt filtret, kontrollera nivån igen och fyll på vid behov.

15 Ta hand om den använda motoroljan på ett säkert sätt, i enlighet med rekommendationerna i referensavsnittet.

Efter 10 000 km och därefter var 20 000:e km

4 Servicemätare – återställning

1 En servicemätare finns monterad i Saabs informationsdisplay (SID) på instrumentbrädan. När det börjar bli dags för nästa service ger mätaren utslag. När bilen har servats nollställs servicemätaren för hand. **Observera:** *Mätaren återställs automatiskt när meddelandet har visats 20 gånger.* Du kan när som helst återställa mätaren med Saabs diagnostikverktyg.

2 Tryck ner och håll kvar "CLEAR"-knappen (som sitter längst till vänster) på SID-panelen i 8 sekunder och släpp den sedan. Displayen ska visa "CLEARED" de första fyra sekunderna och sedan visa "SERVICE" de återstående fyra sekunderna. En ljudsignal hörs under tiden. Servicemätaren är sedan återställd.

5 Slangar och vätskor – läckagekontroll

Kylsystem

Varning: Läs informationen i "Säkerheten främst!" och kapitel 3 innan du tar loss någon av komponenterna i kylsystemet.

1 Undersök noggrant kylarens och värmeenhetens kylvätskeslangar. Byt ut alla slangar som är spruckna, svullna eller visar tecken på åldrande. Sprickor syns bättre om man klämmer på slangen. Var extra noga med slangklämmorna som håller fast slangarna vid kylsystemets komponenter. Slangklämmor som har dragits åt för hårt kan punktera slangarna med läckor i kylsystemet som följd.
2 Undersök alla delar av kylsystemet (slangar, fogytor etc.) och leta efter läckor. Om några läckor förekommer måste den trasiga komponenten eller dess packning bytas ut enligt beskrivningen i kapitel 3 **(se Haynes tips)**.

Bränslesystem

Varning: Läs föreskrifterna i "Säkerheten främst!" och i kapitel 4A innan du tar loss någon av bränslesystemets komponenter.

3 Bränsleläckor kan vara svåra att hitta om inte läckaget är omfattande och därför syns tydligt. Bränsle tenderar att förångas snabbt vid kontakt med luft, särskilt i ett varmt motorrum. Små droppar kan försvinna innan själva läckan hittas. Låt bilen stå över natten om du misstänker att det finns ett bränsleläckage i motorrummet och kallstarta sedan motorn med motorhuven öppen. Metallkomponenter krymper en aning vid kyla och gummitätningar och slangar stelnar, så eventuella läckor blir lättare att hitta när motorn värms upp från kallstart.
4 Undersök alla bränsleledningar vid anslutningarna till insprutningsbryggan, bränsletrycksregulatorn och bränslefiltret. Undersök alla bränsleslangar av gummi längs hela deras längd med avseende på sprickor och andra skador. Leta efter läckor i de veckade skarvarna mellan gummislangarna och metalledningarna. Undersök anslutningarna mellan bränsleledningarna av metall och bränslefiltrets hus. Kontrollera även området runt bränslespridarna efter tecken på O-ringsläckage.
5 Ställ upp bilen på pallbockar för att kunna leta efter läckor mellan bränsletanken och motorrummet (se *Lyftning och stödpunkter*). Undersök bensintanken och påfyllningsröret efter hål, sprickor och andra skador. Anslutningen mellan påfyllningsröret och tanken är speciellt kritisk. Ibland läcker ett påfyllningsrör av gummi eller en slang beroende på att slangklämmorna är för löst åtdragna eller att gummit åldrats.
6 Undersök noga alla gummislangar och metallrör som leder från tanken. Leta efter lösa anslutningar, åldrade slangar, veck på rör och andra skador. Var extra uppmärksam på ventilationsrör och slangar som ofta är lindade runt påfyllningsröret och kan bli igensatta eller böjda så att det blir svårt att tanka. Följ bränsletillförsel- och returledningarna till den främre delen av bilen och undersök dem noga efter tecken på skador eller rost. Byt ut skadade delar vid behov.

Motorolja

7 Undersök området kring kamaxelkåpan, topplocket, oljefiltret och oljesumpens fogytor. Tänk på att det med tiden är naturligt med en viss genomsippring i dessa områden. Sök efter tecken på allvarligt läckage som orsakats av fel på packningen. Motorolja som sipprar från botten på kamkedjekåpan eller balanshjulskåpan kan vara tecken på att vevaxelns eller växellådans ingående axels oljetätningar läcker. Om ett läckage påträffas, byt den defekta packningen eller tätningen enligt beskrivning i relevant kapitel i denna handbok.

Automatväxellådsolja

8 Kontrollera slangarna som går till växellådans oljekylare, som är inbyggd i kylaren. Leta efter slitage som orsakats av korrosion och efter skador som orsakats av att slangarna har släpat i marken eller av stenskott. Automatväxellådans olja är en tunn, ofta rödfärgad olja.

Servostyrningsvätska

9 Undersök slangen mellan vätskebehållaren och servostyrningspumpen samt returslangen från kuggstången till vätskebehållaren. Kontrollera även högtrycksslangen mellan pumpen och kuggstången.
10 Undersök varje slang noga. Leta efter slitage som orsakats av korrosion och efter skador som orsakats av att slangarna har släpat i marken eller av stenskott.
11 Var extra noga med veckade anslutningar och området runt de slangar som är fästa med justerbara skruvklämmor. Liksom automatväxellådsolja är servostyrningsvätskan tunn och ofta rödfärgad.

Luftkonditioneringens köldmedium

Varning: Läs föreskrifterna i "Säkerheten främst!" och i kapitel 3 vad gäller riskerna med att ta loss komponenter i luftkonditioneringssystemet.

12 Luftkonditioneringssystemet är fyllt med ett flytande köldmedium som förvaras under högt tryck. Om luftkonditioneringssystemet öppnas och tryckutjämnas utan specialutrustning kommer köldmediet omedelbart att förångas och blanda sig med luften. Om vätskan kommer i kontakt med huden kan den orsaka allvarliga frostskador. Dessutom innehåller köldmediet ämnen som är skadliga för miljön. Därför får det inte släppas ut okontrollerat i atmosfären.
13 Misstänkt läckage i luftkonditioneringssystemet ska omedelbart överlåtas till en Saabverkstad eller en luftkonditioneringsspecialist. Läckage yttrar sig genom att köldmedienivån i systemet sjunker stadigt.
14 Observera att vatten kan droppa från kondensatorns dräneringsrör under bilen omedelbart efter det att luftkonditioneringssystemet har använts. Detta är normalt och behöver inte åtgärdas.

Kylvätskeläckage visar sig vanligen som vita eller rostfärgade porösa avlagringar i området runt läckan.

Broms- och kopplingsvätska

Varning: Läs föreskrifterna i "Säkerheten främst!" och i kapitel 9 vad gäller riskerna med att hantera bromsvätska.

15 Undersök området runt bromsrörens anslutningar vid huvudcylindern efter tecken på läckage, enligt beskrivningen i kapitel 9. Kontrollera området runt bromsvätskebehållarens botten efter läckage som orsakats av defekta tätningar Undersök även bromsrörens anslutningar vid den hydrauliska ABS-enheten.
16 Om uppenbar vätskeförlust föreligger men inget läckage kan upptäckas i motorrummet, lyft upp bilen på pallbockar och undersök bromsoken samt underredets bromsledningar (se *Lyftning och stödpunkter*). Vätskeläckage från bromssystemet är ett allvarligt fel som kräver omedelbart åtgärdande.
17 Hydraulvätskan till bromsarna/kopplingen är giftig och har en vattnig konsistens. Ny hydraulvätska är i det närmaste färglös, men den mörknar med ålder och användning.

Oidentifierade vätskeläckage

18 Om det finns tecken på att vätska av någon sort läcker från bilen, men det inte går att avgöra vilken sorts vätska det är eller var den kommer ifrån, parkera bilen över en stor bit ren kartong över natten. Förutsatt att kartongbiten är placerad på någorlunda rätt ställe kommer även mycket små läckor att synas på den. Detta gör det lättare både att avgöra var vätskan kommer ifrån samt att, med hjälp av vätskans färg, identifiera den. Tänk på att vissa läckage bara visar sig när motorn är igång!

Vakuumslangar

19 Bromssystemet är hydraulstyrt men bromsservon förstärker kraften på bromspedalen med hjälp av det vakuum som motorn skapar i insugsgrenröret. Vakuumet leds till servon genom en bred slang. Läckor från slangen minskar bromsarnas effektivitet och kan även påverka motorn.

20 Några av komponenterna under motorhuven, särskilt avgasreningens komponenter, drivs av vakuum från insugsröret via smala slangar. En läcka i vakuumslangen innebär att luft kommer in i slangen (i stället för att pumpas ut från den), vilket gör läckan mycket svår att upptäcka. Ett sätt är att använda en bit vakuumslang som ett slags stetoskop. Håll den ena änden mot (men inte i!) örat och den andra änden på olika ställen runt den misstänkta läckan. När slangens ände befinner sig direkt ovanför vakuumläckan hörs ett tydligt väsande ljud genom slangen. Motorn måste vara igång vid en sådan här undersökning, så var noga med att inte komma åt heta eller rörliga komponenter. Byt ut alla vakuumslangar som visar sig vara defekta.

6 Styrning och fjädring - kontroll

Framfjädring och styrning

1 Ställ framvagnen på pallbockar (se *Lyftning och stödpunkter*).

2 Undersök spindelledernas dammskydd och styrväxelns damasker. De får inte vara skavda, spruckna eller ha andra defekter. Slitage på någon av dessa delar gör att smörjmedel läcker ut och att smuts och vatten kan komma in, vilket snabbt sliter ut spindellederna eller styrväxeln.

3 Kontrollera servostyrningens vätskeslangar och leta efter tecken på skavning och åldrande och undersök rör- och slanganslutningar efter oljeläckage. Leta även efter läckor under tryck från styrväxelns gummidamask, vilket indikerar trasiga tätningar i styrväxeln.

4 Ta tag i hjulet upptill och nedtill och försök rucka på det **(se bild)**. Ett ytterst litet spel kan märkas, men om rörelsen är stor krävs en närmare undersökning för att fastställa orsaken. Fortsätt rucka på hjulet medan en medhjälpare trycker på bromspedalen. Om spelet försvinner eller minskar markant är det troligen fråga om ett defekt hjullager. Om spelet finns kvar när bromsen är nedtryckt rör det sig om slitage i fjädringens leder eller fästen.

6.4 Kontrollera om det föreligger slitage i navlagren genom att ta tag i hjulet och försöka vicka på det

5 Fatta sedan tag i hjulet på sidorna och försök rucka på det igen. Märkbart spel beror antingen på slitage i hjullager eller styrleder. Om den yttre styrleden är sliten är det synliga spelet tydligt. Om den inre styrleden misstänks vara sliten kan detta kontrolleras genom att man placerar handen över kuggstångens gummidamask och tar tag om styrstaget. Om hjulet ruckas kommer rörelsen att kännas vid den styrleden om den är sliten.

6 Leta efter glapp i fjädringsfästenas bussningar genom att bända mellan relevant komponent och dess fästpunkt med en stor skruvmejsel eller ett plattjärn. En viss rörelse är att vänta eftersom bussningarna är av gummi, men eventuellt större slitage visar sig tydligt. Undersök även synliga gummibussningar, leta efter bristningar, sprickor eller föroreningar i gummit.

7 Ställ bilen på marken och låt en medhjälpare vrida ratten fram och tillbaka ungefär en åttondels varv åt vardera hållet. Det ska inte finnas något, eller bara ytterst lite, spel mellan rattens och hjulens rörelser. Om spelet är större ska de leder och fästen som beskrivs ovan kontrolleras noggrant. Undersök också rattstångens kardanknutar efter slitage och undersök också själva styrväxeln.

8 Kontrollera att framfjädringens fästen sitter ordentligt.

Bakfjädring

9 Klossa framhjulen, lyft upp bakvagnen och ställ den på pallbockar (se *Lyftning och stödpunkter*).

10 Kontrollera att de bakre hjullagren, bussningarna och fjäderbens- eller stötdämparfästena (vilket som gäller) inte är slitna, med samma metod som för framvagnens fjädring.

11 Kontrollera att bakfjädringens fästen sitter ordentligt.

Stötdämpare

12 Leta efter tecken på oljeläckage runt stötdämpare eller från gummidamaskerna runt kolvstängerna. Om det finns spår av olja är stötdämparen defekt och måste bytas. **Observera:** *Stötdämpare ska alltid bytas parvis på samma axel.*

13 Stötdämparens effektivitet kan kontrolleras genom att bilen gungas i varje hörn. I normala fall ska bilen återta planläge och stanna efter en nedtryckning. Om den höjs och återvänder med en studs är troligen stötdämparen defekt. Undersök även om stötdämparens övre och nedre fästen visar tecken på slitage.

Löstagbar bogsertillsats

14 Rengör kopplingsstiftet och stryk lite fett på sätet. Kontrollera att tillsatsen enkelt kan monteras och låses korrekt på plats.

7 Handbroms - kontroll och justering

1 Klossa framhjulen. Lyft sedan upp bakvagnen och ställ den på pallbockar (se *Lyftning och stödpunkter*).

2 Lägg ur handbromsspaken helt.

3 Dra handbromsen till det 4:e hacket och kontrollera att båda bakhjulen är låsta när du försöker vrida dem för hand.

4 Vid behov av justering, se kapitel 9.

5 Sänk ner bilen.

8 Säkerhetsbälten - kontroll

1 Arbeta med ett säkerhetsbälte i taget, undersök bältesväven ordentligt efter revor eller tecken på allvarlig fransning eller åldrande. Dra ut bältet så långt det går och undersök väven efter hela dess längd.

2 Spänn fast bilbältet och öppna det igen, kontrollera att bältesspännet sitter säkert och att det löser ut ordentligt när det ska. Kontrollera också att bältet rullas upp ordentligt när det släpps.

3 Kontrollera att infästningarna till säkerhetsbältena sitter säkert. De är åtkomliga inifrån bilen utan att klädsel eller andra detaljer behöver demonteras.

4 Kontrollera att bältespåminnaren fungerar.

9 Krockkuddar - kontroll

1 Följande arbete kan utföras av en hemmamekaniker, men om elektroniska problem uppdagas är det nödvändigt att uppsöka en Saabverkstad som har den diagnostiska utrustning som behövs för avläsning av felkoder i systemet.

2 Vrid tändningsnyckeln till körläge (tändningens varningslampa på) och kontrollera att varningslampan för SRS (Supplementary Restraint System) lyser i 3 till 4 sekunder. Efter fyra sekunder ska varningslampan slockna som ett tecken på att systemet är kontrollerat och fungerar som det ska.

3 Om varningslampan inte släcks, eller om den inte tänds, måste systemet kontrolleras av en Saabverkstad.

4 Undersök krockkuddemodulen i ratten och på passagerarsidan och leta efter yttre skador. Undersök även framsätenas utsida där sidokrockkuddarna sitter. Kontakta en Saabverkstad vid synliga skador.

5 I säkerhetssyfte, se till att inga lösa föremål finns i bilen som kan träffa krockkuddemodulerna om en olycka skulle inträffa.

11.1 Behållare för servostyrningsvätska

11.3 Vätskenivåmarkeringar på mätstickan

10 Strålkastarinställning - kontroll

Se kapitel 12 för ytterligare information.

11 Servostyrningsvätskans nivå - kontroll

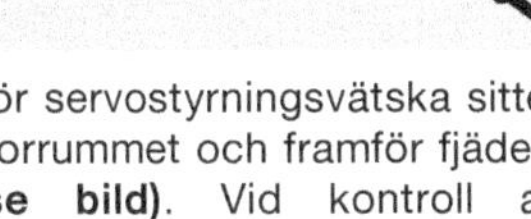

1 Behållaren för servostyrningsvätska sitter till höger i motorrummet och framför fjäderbenstornet **(se bild)**. Vid kontroll av vätskenivån ska motorn vara avstängd och framhjulen ska peka rakt fram.

2 Torka först av påfyllningslocket och området omkring det på behållaren. Skruva loss locket från behållaren och torka bort all vätska från mätstickan med en ren trasa.

3 Skruva på locket med handkraft och skruva sedan bort det igen och kontrollera vätskenivån på mätstickan. När motorn är kall vid en omgivningstemperatur på 20 °C ska vätskenivån ligga mellan den övre (MAX) och nedre (MIN) markeringen på mätstickan, helst nära MAX-markeringen **(se bild)**. Om motorn är varm kan nivån stiga något, men nivån får aldrig ligga under MIN-markeringen.

11.4 Påfyllning av servostyrningsvätska

4 Fyll på behållaren med angiven servostyrningsvätska (fyll inte på för mycket, **(se bild)**, sätt sedan tillbaka locket och vrid åt det.

12 Landsvägsprov

Instrument och elektrisk utrustning

1 Kontrollera funktionen hos alla instrument och den elektriska utrustningen.

2 Kontrollera att instrumenten ger korrekta avläsningar och slå på all elektrisk utrustning i tur och ordning för att kontrollera att den fungerar korrekt. Kontrollera att värmen, luftkonditioneringen och den automatiska klimatanläggningen fungerar.

Styrning och fjädring

3 Kontrollera om bilen uppför sig normalt med avseende på styrning, fjädring, köregenskaper och vägkänsla.

4 Kör bilen och var uppmärksam på ovanliga vibrationer eller ljud.

5 Kontrollera att styrningen känns positiv, utan överdrivet "fladder" eller kärvningar, lyssna efter missljud från fjädringen vid kurvtagning eller när du kör över gupp. Kontrollera att servostyrningen fungerar.

Drivlina

6 Kontrollera att motorn, kopplingen (manuell växellåda), växellådan och drivaxlarna fungerar. Kontrollera att visaren för turboladdningstryck går upp i det högre området vid kraftigt gaspådrag. Nålen kan korta ögonblick röra sig in på det röda området, men om detta händer ofta, eller under längre perioder, kan det vara något fel på turboladdningsmekanismen.

7 Lyssna efter ovanliga ljud från motorn, kopplingen (manuell växellåda) och växellådan.

8 Kontrollera att motorn går jämnt på tomgång och att den inte "tvekar" vid acceleration.

9 På modeller med manuell växellåda, kontrollera att kopplingen är mjuk och effektiv, att kraften tas upp mjukt och att pedalen rör sig korrekt. Lyssna även efter missljud när kopplingspedalen är nedtryckt. Kontrollera att alla växlar går i mjukt utan missljud, och att växelspaken går jämnt och inte känns onormalt inexakt eller hackig.

10 På modeller med automatväxellåda, kontrollera att alla växlingar är ryckfria och mjuka och att inte motorvarvtalet ökar mellan växlar. Kontrollera att alla växelpositioner kan väljas när bilen står still. Om problem föreligger ska dessa tas om hand av en Saab-verkstad.

11 Kör bilen långsamt i en cirkel med fullt utslag på ratten och lyssna efter metalliska klick från framvagnen. Utför kontrollen åt båda hållen. Om du hör klickljud är det ett tecken på slitage i drivknuten, se kapitel 8.

Bromssystem

12 Kontrollera att bilen inte drar åt ena hållet vid inbromsning, och att hjulen inte låser sig vid hård inbromsning.

13 Kontrollera att ratten inte vibrerar vid inbromsning.

14 Kontrollera att parkeringsbromsen fungerar ordentligt, utan för stort spel i spaken, och att den kan hålla bilen stilla i backe.

15 Testa bromsservon på följande sätt. Stäng av motorn. Tryck ner bromspedalen fyra till fem gånger, så att vakuumet trycks ut. Starta sedan motorn samtidigt som du håller bromspedalen nedtryckt. När motorn startar ska pedalen ge efter märkbart medan vakuumet byggs upp. Låt motorn gå i minst två minuter och stäng sedan av den. Om pedalen nu trycks ner igen ska ett väsande ljud höras från servon. Efter 4–5 upprepningar bör inget pysande höras, och pedalen bör kännas betydligt hårdare.

14.3a Dra ut mätstickan för automatväxellådans oljenivå

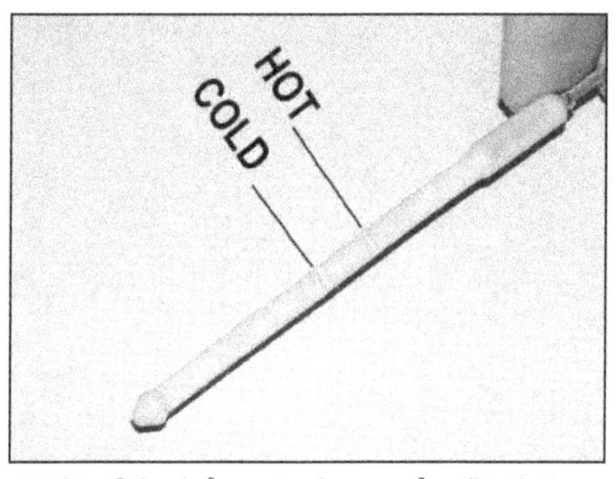

14.3b Oljenivåmarkeringar på mätstickan

15.2 Undersök drivaxeldamaskerna

Var 20 000:e km

13 Frostskyddsvätskans koncentration - kontroll

1 Kylsystemet ska fyllas med rekommenderad frost- och korrosionsskyddsvätska. Efter ett tag kan vätskekoncentrationen minska på grund av påfyllning (detta kan förstås undvikas om man alltid bara fyller på med kylmedelsblandning av korrekt koncentration) eller läckage. Om en läcka upptäcks måste den åtgärdas innan man fyller på mer kylvätska. Hur blandningsförhållandet mellan frostskyddsvätska och vatten ska vara beror på vädret. Blandningen bör innehålla minst 40 % och högst 70 % frostskyddsvätska. Läs blandningsdiagrammet på behållaren innan du fyller på med kylvätska. Du kan testa kylvätskan med en särskild provare, som kan köpas hos de flesta biltillbehörsbutiker. Använd frostskyddsvätska som motsvarar fordonstillverkarens specifikationer.

2 Ta bort locket från expansionskärlet. Motorn ska vara **kall**. Placera en trasa över locket om motorn är varm. Ta bort locket försiktigt, så att eventuellt tryck släpps ut.

3 Kylvätsketestare finns att köpa i tillbehörsbutiker. Dra upp lite kylmedel ur expansionskärlet och se efter hur många plastbollar som flyter i testaren. Oftast ska 2 eller 3 bollar flyta vid korrekt koncentration, men följ tillverkarens anvisningar.

4 Om koncentrationen är felaktig måste man antingen ta bort en del kylvätska och fylla på med frostskyddsmedel eller tappa ur den gamla kylvätskan och fylla på med ny av korrekt koncentration (se avsnitt 35).

14 Automatväxellådans oljenivå - kontroll

1 Kontrollera oljenivån med mätstickan som sitter på växellådans framsida, till vänster i motorrummet under batteriet.

2 Kör motorn på tomgång och lägg i "D" i ungefär 15 sekunder, lägg sedan i "R" och vänta ytterligare 15 sekunder. Gör om samma sak i läge "P" och låt motorn gå på tomgång.

3 Dra ut mätstickan ur röret och torka av det noggrant med en ren trasa eller pappershandduk. Stick in den rena mätstickan i röret och dra ut den igen. Observera oljenivån på mätstickans ände. Änden är försedd med markeringar för kall och varm olja **(se bilder)**. Följ markeringarna för varm olja om motorn har uppnått normal arbetstemperatur.

4 Fyll på olja i mätstickans rör om det behövs. **Observera:** *Fyll aldrig på så mycket att oljenivån går över det övre märket. Använd en tratt med en finmaskig sil för att undvika spill och för att inte smuts ska komma in i växellådan.* Observera att volymen mellan markeringarna MIN och MAX är 0,4 liter.

5 Efter påfyllning, ta en kort åktur med bilen så att den nya oljan får fördelas i systemet, kontrollera sedan oljenivån på nytt och fyll på vid behov.

6 Kontrollera att oljenivån alltid är korrekt. Om nivån tillåts sjunka under den nedre markeringen uppstår oljebrist som kan leda till allvarliga skador på växellådan.

15 Drivknutar och damasker - kontroll

1 Gummidamaskerna på drivaxeln spelar en viktig roll, eftersom de förhindrar att smuts och vatten kommer in i drivknutarna och skadar dem. Yttre föroreningar kan leda till att materialet åldras snabbare, och därför rekommenderar vi att du då och då tvättar gummidamaskerna med tvål och vatten.

2 Med bilens framvagn på pallbockar, vrid ratten till fullt utslag. Snurra sedan långsamt varje framhjul. Undersök skicket på de yttre drivknutarnas gummidamasker, och kläm ihop damaskerna så att vecken öppnas **(se bild)**. Leta efter sprickor eller tecken på att gummit åldrats, vilket kan göra att fettet läcker ut och att vatten och smuts kommer in i knuten. Kontrollera även damaskernas klamrar vad gäller åtdragning och skick. Upprepa dessa kontroller på de inre drivknutarna. Om skador eller slitage påträffas bör damaskerna bytas enligt beskrivningen i kapitel 8.

3 Kontrollera samtidigt de yttre drivknutarnas allmänna skick genom att hålla fast drivaxeln och samtidigt försöka vrida hjulen. Upprepa kontrollen för de inre drivknutarna genom att hålla fast oket på den inre drivknuten, samtidigt som du försöker rotera drivaxeln.

4 Varje märkbar rörelse i drivknuten är ett tecken på slitage i knuten eller drivaxelns splines, eller på lösa fästmuttrar till drivaxeln.

16 Avgassystem - kontroll

1 Med kall motor, undersök hela avgassystemet från motorn till det bakre avgasröret. Lyft upp bilen fram och bak om det behövs och ställ den säkert på pallbockar (se *Lyftning och stödpunkter*). Ta bort eventuella undre skyddskåpor, så att du kommer åt hela avgassystemet.

2 Kontrollera om avgasrör eller anslutningar visar tecken på läckage, allvarlig korrosion eller andra skador. Se till att alla fästbyglar och fästen är i gott skick, och att relevanta muttrar och bultar är ordentligt åtdragna. Läckage i någon fog eller annan del visar sig vanligen som en sotfläck i närheten av läckan.

3 Skaller och andra missljud kan ofta härledas till avgassystemet, speciellt till dess fästen och gummiupphängningar. Försök att rubba rör och ljuddämpare. Om det går att få delarna att komma i kontakt med underredet eller fjädringen, bör systemet förses med nya fästen. Man kan också skilja på fogarna (om det går) och vrida rören så att de kommer på tillräckligt stort avstånd.

17 Bromsklosslitage - kontroll

Främre bromsklossar

Observera: *Ett varningslarm finns för den yttre bromsklossen, som består av en* *metallremsa som kommer i kontakt med bromsskivan när belägget blir tunnare än 3,0 mm. Larmet ger ifrån sig ett skrapande missljud som varnar föraren att bromsklossarna är slitna* ***(se bild)****.*

1 Inled kontrollen av de främre bromsklossarna genom att dra åt handbromsen och lossa framhjulsbultarna. Lyft sedan upp framvagnen och stöd den på pallbockar (se *Lyftning och stödpunkter*). Demontera framhjulen.

2 Bromsklossens tjocklek kan snabbt kontrolleras via inspektionsöppningen på bromsokets framsida **(se bild)**. Mät tjockleken på bromsklossbelägget, exklusive stödplattan, med en stållinjal. Tjockleken får inte vara mindre än vad som anges i specifikationerna.

3 Om du tittar genom okets inspektionshål ser du endast slitaget på den **inre** bromsklossen. Vid en ingående kontroll ska bromsklossarna demonteras och rengöras. Då kan även bromsokets funktion kontrolleras, och bromsskivans skick kan kontrolleras på båda sidorna.

4 Om belägget på någon kloss är slitet till angiven minimitjocklek eller tunnare *måste alla fyra klossarna bytas*. Se kapitel 9 för mer information.

5 Avsluta med att montera tillbaka hjulen och sänka ner bilen.

Bakre bromsklossar

6 Inled kontrollen av de bakre bromsklossarna genom att klossa framhjulen. Lyft sedan upp bakvagnen och stöd den på pallbockar (se *Lyftning och stödpunkter*). Demontera bakhjulen.

7 Bromsklossens tjocklek kan kontrolleras via inspektionshålet på bromsokets baksida. Mät tjockleken på bromsklossbelägget, exklusive stödplattan, med en stållinjal. Tjockleken får inte vara mindre än vad som anges i specifikationerna.

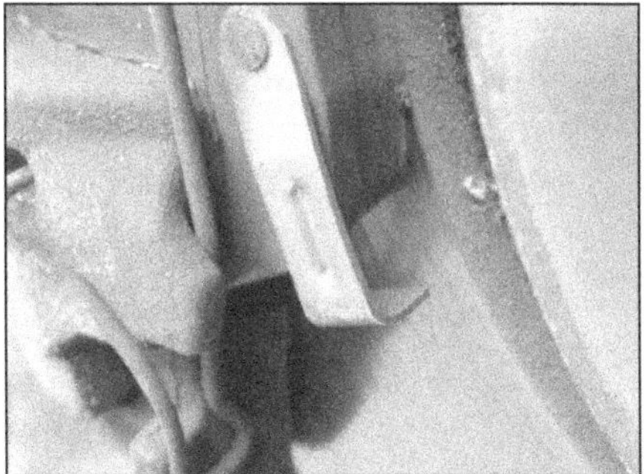

17.0 Varningsenhet på den yttre främre bromsklossen

8 Genom bromsokets inspektionshål kan man bara grovt uppskatta hur bromsklossarna ser ut. Vid en ingående kontroll ska bromsklossarna demonteras och rengöras. Då kan även bromsokets funktion kontrolleras, och bromsskivans skick kan kontrolleras på båda sidorna.

9 Om belägget på någon kloss är slitet till angiven minimitjocklek eller tunnare *måste alla fyra klossarna bytas*. Se kapitel 9 för mer information.

10 Avsluta med att montera tillbaka hjulen och sänka ner bilen.

18 Gångjärn och lås - smörjning

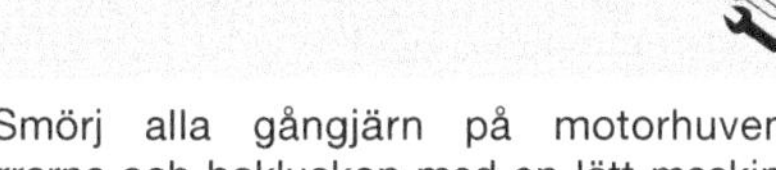

1 Smörj alla gångjärn på motorhuven, dörrarna och bakluckan med en lätt maskinolja.

2 Smörj försiktigt de två huvlåsen med lämpligt fett.

3 Kontrollera noga att alla gångjärn, spärrar och lås fungerar och är säkra. Kontrollera att centrallåssystemet fungerar.

4 Kontrollera skick och funktion hos motorhuvens/bakluckans stöttor, byt ut dem om de läcker eller inte förmår hålla motorhuven/bakluckan öppen.

19 Dräneringsslangar för luftkonditionering - kontroll

1 Arbeta under handskfacket och ta bort sidopanelen från filterhuset.

2 Ta bort ljudisoleringen från båda sidorna av värmeenheten.

3 Vik undan mattan från båda sidorna av mittkonsolen och ta bort isoleringen från passagerarsidan.

4 Lossa klämmorna och koppla loss båda dräneringsslangarna från värmeenhetens sida.

5 För bästa resultat kan du blåsa tryckluft genom dräneringsslangarna, men du kan också använda en tygtrasa. Rengör även rörändarna på värmeenheten.

6 Montering av slangarna sker i omvänd ordningsföljd.

20 Pollenfilter - byte

1 Demontera handskfacket enligt beskrivningen i kapitel 11.

2 Demontera sidopanelen/mattan från mittkonsolen enligt beskrivningen i kapitel 11. Klipp samtidigt av buntbanden som håller fast kabelhärvan i kåpan och kylarslangen i handskfacket.

3 Skruva loss skruvarna och ta bort kåpan som sitter över pollenfiltret **(se bilder)**.

4 Skjut loss pollenfiltret från huset **(se bild på nästa sida)**. Pilarna visar luftens flödesriktning genom filtret.

5 Kontrollera att det sitter en tätning upptill på filtret. Montera annars en passande tätning. I

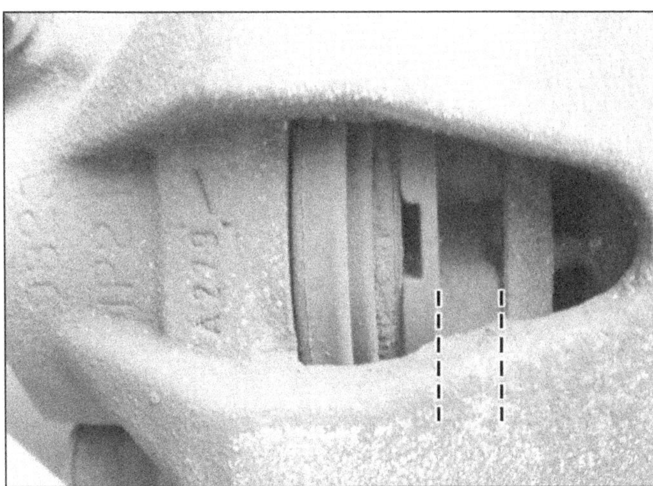

17.2 Den inre bromsklossens tjocklek kan mätas genom öppningen i det främre bromsoket

20.3a Lossa skruvarna . . .

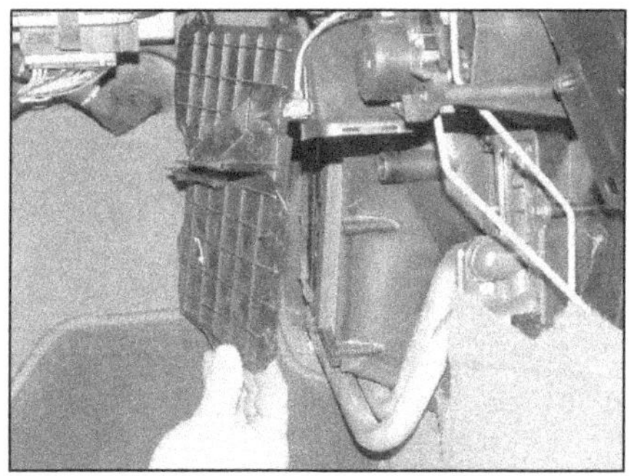

20.3b . . . och ta bort kåpan

20.4 Ta ut pollenfiltret från huset

modeller där luftkonditionering har eftermonterats bryter du av plasttapparna från filtertoppen.

6 Lossa klämmorna och koppla loss båda dräneringsslangarna från värmeenhetens sidor. För bästa resultat bör man rengöra slangarna med tryckluft, som du blåser genom dem, men du kan också använda en passande invändig borste. Rengör även rörändarna på värmeenheten.

7 Sätt tillbaka dräneringsslangarna och dra åt klämmorna. Montera sedan det nya pollenfiltret i omvänd ordning mot demonteringen.

21 Drivrem - kontroll

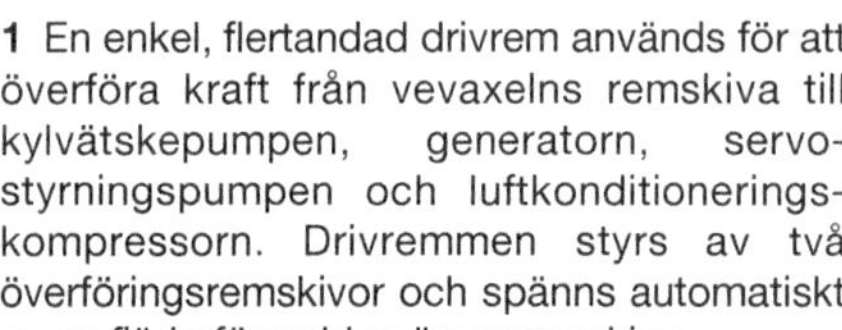

1 En enkel, flertandad drivrem används för att överföra kraft från vevaxelns remskiva till kylvätskepumpen, generatorn, servostyrningspumpen och luftkonditioneringskompressorn. Drivremmen styrs av två överföringsremskivor och spänns automatiskt av en fjäderförsedd spännarremskiva.

2 Dra åt handbromsen och lyft upp framvagnen på pallbockar för att lättare komma åt drivremmen (se *Lyftning och stödpunkter*). Ta bort det högra framhjulet, ta sedan bort den nedre delen av innerskärmen (plast) under det högra hjulhuset för att komma åt vevaxelns remskiva och drivremmen.

3 Kontrollera att markeringen överst på spännararmen (bakom och till höger om motorn) står mellan de två markeringarna på den fasta spännarens fästbygel. Om spännararmens markering ligger bakom den bakersta markeringen på fästbygeln är drivremmen uttänjd och bör bytas ut.

4 Tryck ner den främre delen av drivremmen mellan servostyrningspumpens och kompressorns remskivor och släpp sedan upp den. Kontrollera att den återgår till det spända läget. I så fall fungerar spännaren korrekt. Om spännaren inte kan röra sig fritt bör du ta loss och undersöka den. Byt ut den om det behövs.

5 Håll bulten till vevaxelns remskiva med en lämplig hylsnyckel, rotera vevaxeln så att drivremmen/remmarna kan undersökas efter hela sin längd. Kontrollera drivremmen med avseende på sprickor, revor, fransar eller andra skador. Leta också efter blankslitna fläckar och efter delning av remlagren. Byt ut remmen om den är utsliten eller skadad.

22 Tändstift (endast motor B205E) - byte

Observera: *Tändstiften bör bytas ut var 20 000:e km på modeller med B205E motor. På alla andra modeller bör de bytas ut var 40 000:e km.*

1 Det är av avgörande betydelse att tändstiften fungerar som de ska för att motorn ska gå jämnt och effektivt. Det är viktigt att tändstiften är av en typ som passar motorn. Om rätt typ används och motorn är i bra skick, ska tändstiften inte behöva åtgärdas mellan de schemalagda bytesintervallen.

2 Demontera tändningskassetten enligt beskrivningen i kapitel 5B.

⚠ ***Varning: När du tar bort tändningskassetten måste den hållas upprätt. Om kassetten har varit upp och nedvänd under en tid måste du låta den vara monterad ett par timmar innan du startar motorn***

3 Det är klokt att rengöra tändstiftsbrunnarna med ren borste, dammsugare eller tryckluft innan tändstiften tas bort, så att smuts inte kan falla ner i cylindrarna.

4 Skruva loss tändstiften med en tändstiftsnyckel eller passande hylsnyckel med förlängare. Håll hylsan rakt riktad mot tändstiftet – om den tvingas åt sidan kan porslinsisolatorn brytas av. När ett stift har skruvats ur ska det undersökas enligt följande:

5 En undersökning av tändstiften ger en god indikation av motorns skick. Om isolatorns spets är ren och vit, utan avlagringar, indikerar detta en mager bränsleblandning eller ett stift med för högt värmetal (ett stift med högt värmetal överför värme långsammare från elektroden medan ett med lågt värmetal överför värmen snabbare).

6 Om isolatorns spets är täckt med en hård svartaktig avlagring, indikerar detta att bränsleblandningen är för fet. Om tändstiftet är svart och oljigt är det troligt att motorn är ganska sliten, förutom att bränsleblandningen är för fet.

7 Om isolatorns spets är täckt med en ljusbrun eller gråbrun beläggning är bränsleblandningen korrekt och motorn sannolikt i god kondition.

8 Tändstiftets elektrodavstånd är av avgörande betydelse, eftersom ett felaktigt avstånd påverkar gnistans storlek och effektivitet negativt. Elektrodavståndet ska vara ställt till det som anges i specifikationerna.

9 Justera avståndet genom att mäta det med ett bladmått eller en trådtolk och sedan bända upp eller in den yttre elektroden tills du får till rätt avstånd. Centrumelektroden får inte böjas eftersom detta kan spräcka isolatorn och förstöra tändstiftet, om inget värre. Om bladmått används ska avståndet vara så stort att det rätta bladet precis ska gå att skjuta in. Observera att vissa modeller är utrustade med tändstift med flera elektroder – försök inte justera elektrodavståndet på den här typen av tändstift.

10 Specialverktyg för justering av elektrodavstånd finns att köpa i biltillbehörsbutiker, eller från tändstiftstillverkaren.

11 Innan tändstiften monteras, försäkra dig om att tändstift och gängor är rena och att gängorna inte går snett. Det är ofta väldigt svårt att sätta tändstift på plats utan att förstöra gängorna. Detta kan undvikas genom att man sätter en kort bit gummislang över änden på tändstiftet **(se Haynes tips)**.

12 Ta bort gummislangen (om du använt en sådan) och dra åt stiftet till angivet moment (se Specifikationer) med hjälp av tändstiftshylsan och en momentnyckel. Upprepa med de resterande tändstiften.

13 Montera tillbaka tändningskassetten enligt beskrivningen i kapitel 5B.

Det är ofta väldigt svårt att sätta tändstift på plats utan att sneddra gängorna. Undvik detta genom att sätta en kort bit gummislang över änden på tändstiftet.

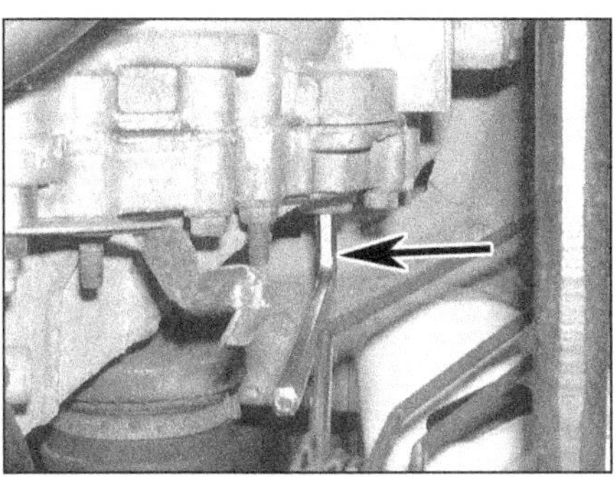
23.2 Lossa oljepluggen till växellådan med en insexnyckel

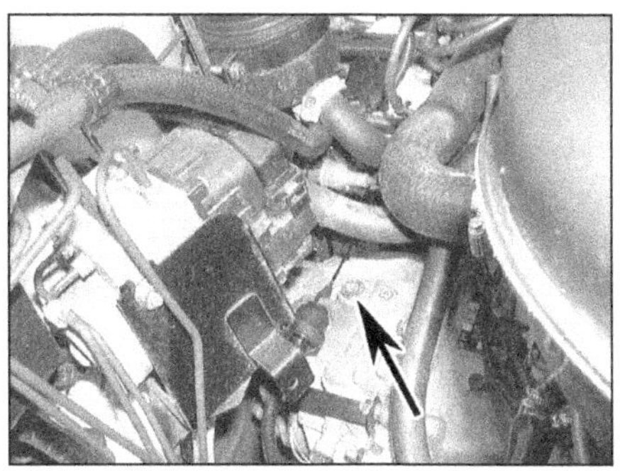
23.3a Växellådans påfyllningsplugg är placerad ovanpå växellådshuset

23.3b Skruva loss pluggen med en insexnyckel

Var 40 000:e km

23 Manuell växellåda, oljenivå - kontroll

***Observera:** En lämplig insexnyckel behövs för att kunna skruva loss den manuella växellådans påfyllnings- och nivåpluggar. Insexnycklar finns i de flesta bilbutiker och hos din Saabverkstad.*

1 Se till att bilen är parkerad på plant underlag. Rengör området runt nivåpluggen, som är placerad till vänster om differentialhuset bak på växellådan, bakom vänster drivaxel. Du kommer åt pluggen från motorrummet. Du kan också dra åt handbromsen och lyfta upp bilen på pallbockar (se *Lyftning och stödpunkter*). Observera att fordonet måste vara vågrätt; du måste alltså lyfta både fram- och bakvagn.

23.4 Fyll på växellådsolja

2 Skruva loss pluggen med en lämplig insexnyckel och rengör den med en trasa **(se bild)**. Oljenivån ska nå upp till nivåhålets nederkant. En skvätt olja samlas bakom pluggen och rinner ut när den tas bort. Det här behöver **inte** nödvändigtvis betyda att nivån är korrekt. Kontrollera nivån ordentligt genom att vänta tills oljan har sipprat klart och sedan använda en bit ren ståltråd, böjd i rät vinkel, som mätsticka.

3 Om olja behöver fyllas på, rengör ytan runt påfyllningspluggen, som är placerad ovanpå växellådshuset. Lossa pluggen och torka ren den **(se bilder)**.

4 Fyll på olja tills ett stadigt sipprande av olja kommer från nivåhålet **(se bild)**. Använd **enbart** den olja som specificerats. En tratt i påfyllningspluggens öppning gör det lättare att fylla på olja i växellådan utan att spilla.

5 När nivån är korrekt, montera och dra åt nivå- och påfyllningspluggarna till angivet åtdragningsmoment. Torka bort eventuellt spill.

24 Luftfilter - byte

1 Luftrenaren sitter i motorrummets främre högra hörn bakom stötfångaren, och luftintaget sitter i bilens framdel bakom kylargrillen. Du kommer lättare åt filtret om du drar åt handbromsen, lyfter upp framvagnen och ställer den på pallbockar (se *Lyftning och stödpunkter*). Lossa sedan skruven och dra den främre stötfångaren/spoilern åt sidan **(se bild)**.

2 Lossa skruvarna och ta bort kåpan och filtret från luftfilterhusets botten **(se bilder)**. Ta loss O-ringstätningen.

3 Lägg märke till hur filtret är monterat och ta sedan bort det från kåpan.

4 Rengör kåpans och husets insidor

5 Placera det nya filtret på kåpan och sätt fast kåpan, tillsammans med O-ringen, på husets botten. Sätt i skruvarna och dra åt dem.

6 Sänk ner bilen.

25 Tändstift (alla utom motor B205E) - byte

Se avsnitt 22.

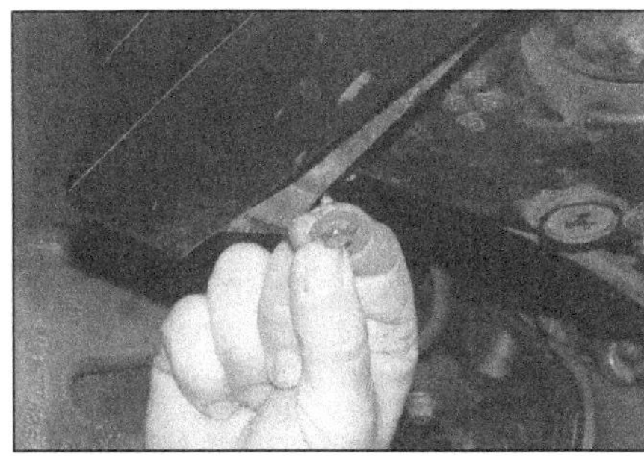
24.1 Ta bort skruven från den främre stötdämparen/spoilern och vik den åt sidan så kommer du åt lättare

24.2a Lossa skruvarna . . .

24.2b . . . och ta bort kåpan och luftfiltret

Vart 3:e år

26 Kylvätska - byte

Observera: *Serviceintervallen grundas på tid **och** antal körda mil. Kylvätskan måste bytas vart tredje år **eller** var 80 000:e km, vilket som inträffar först.*

⚠ ***Varning: Vänta tills motorn är helt kall innan arbetet påbörjas. Låt inte frostskyddsmedel komma i kontakt med huden eller lackerade ytor på bilen. Spola omedelbart bort eventuellt spill med stora mängder vatten.***

Tömning av kylsystemet

1 När motorn är helt kall kan expansionskärlets påfyllningslock tas bort. Vrid locket moturs och vänta tills allt återstående tryck försvunnit ur systemet, skruva sedan loss locket och ta bort det.
2 Där så är tillämpligt, ta bort motorns undre skyddskåpa och placera en lämplig behållare under kylarens vänstra sida.
3 Lossa avtappningspluggen på den nedre vänstra monteringstappen och låt kylvätskan rinna ner i behållaren. Fäst en bit slang vid avtappningspluggen om det behövs, för att leda vätskan till behållaren.
4 När vätskeflödet upphör, dra åt pluggen och montera den undre skyddskåpan, om så ät tillämpligt.
5 Om kylvätskan har tömts av någon annan anledning än byte kan den återanvändas (även om det inte rekommenderas), förutsatt att den är ren och mindre än två år gammal.

Spolning av kylsystem

6 Om kylvätskebyte inte utförts regelbundet eller om frostskyddet har spätts ut, kan kylsystemet med tiden förlora effektivitet på grund av att kylvätskekanalerna sätts igen av rost, kalkavlagringar och annat sediment. Kylsystemets effektivitet kan återställas genom att systemet spolas rent.
7 Kylaren bör spolas separat från motorn, för att förhindra förorening.

Kylarspolning

8 Lossa de övre och nedre slangarna och alla andra relevanta slangar från kylaren enligt beskrivningen i kapitel 3.
9 Stick in en vattenslang i det övre kylarinloppet. Spola rent vatten genom kylaren och fortsätt spola tills rent vatten kommer ut från kylarens nedre utsläpp.
10 Om det efter en rimlig tid fortfarande inte kommer ut rent vatten kan kylaren spolas ur med kylarrengöringsmedel. Det är viktigt att de bifogade anvisningarna följs noga. Om kylaren är svårt förorenad, ta bort kylaren och stick in slangen i det nedre utloppet och spola ur kylaren baklänges, sätt sedan tillbaka den.

Motorspolning

11 Demontera termostaten enligt beskrivning i kapitel 3, sätt sedan tillfälligt tillbaka termostatlocket. Om kylarens övre slang har kopplats loss, koppla tillbaka den tillfälligt.
12 Lossa de övre och nedre kylarslangarna från kylaren och stick in en vattenslang i den övre kylarslangen. Spola rent vatten genom motorn och fortsätt spola tills rent vatten kommer ut från kylarens nedre slang.
13 När spolningen är avslutad, montera tillbaka termostaten och anslut slangarna enligt beskrivning i kapitel 3.

Kylsystem - påfyllning

14 Kontrollera innan påfyllningen inleds att alla slangar och slangklämmor är i gott skick och att klämmorna är väl åtdragna. Observera att frostskydd ska användas året runt för att förhindra korrosion i motorn.
15 Se till att luftkonditioneringen (A/C) eller den automatiska klimatanläggningen (ACC) är avstängd. På så sätt hindrar man luftkonditioneringssystemet från att starta kylarfläkten innan motorn har uppnått normal temperatur vid påfyllningen.
16 Skruva av expansionskärlets lock och fyll systemet långsamt tills kylvätskenivån når MAX-markeringen på sidan av expansionskärlet.
17 Sätt tillbaka och dra åt expansionskärlets påfyllningslock.
18 Starta motorn och vrid upp temperaturen. Kör motorn tills den har uppnått normal arbetstemperatur (kylfläkten slås på och stängs av). Om du kör motorn med olika varvtal värms den upp snabbare.
19 Stanna motorn och låt den svalna, kontrollera sedan kylvätskenivån igen enligt beskrivningen i *Veckokontroller*. Fyll på mera vätska om det behövs, och sätt tillbaka expansionskärlets påfyllningslock. Sätt tillbaka stänkskyddet under kylaren.

Frostskyddsblandning

20 Frostskyddsmedlet ska alltid bytas regelbundet med angivna intervall. Detta är nödvändigt för att behålla frostskyddsvätskans egenskaper men även för att förhindra korrosion som annars kan uppstå då de korrosionshämmande ämnenas effektivitet försämras med tiden.
21 Använd endast etylenglykolbaserat frostskyddsmedel som är lämpat för motorer med blandade metaller i kylsystemet. Mängden frostskyddsvätska och olika skyddsnivåer anges i specifikationerna.
22 Innan frostskyddsmedlet hälls i ska kylsystemet tappas ur helt och helst spolas igenom. Undersök alla slangars skick och kontrollera att de sitter fast ordentligt.
23 När kylsystemet har fyllts med kylvätska är det en bra idé att sätta en etikett på expansionskärlet som anger frostskyddsmedlets typ och koncentration, samt datum för påfyllningen. All efterföljande påfyllning ska göras med samma typ och koncentration av frostskyddsvätska.
24 Använd inte motorfrostskyddsmedel i vindrutans/bakrutans spolarvätska, eftersom den skadar lacken. Spolarvätska bör hällas i spolarsystemet i den koncentration som anges på flaskan.

Var 100 000:e km

27 Bränslefilter - byte

⚠ ***Varning: Se föreskrifterna i avsnittet "Säkerheten främst!" i början av denna handbok innan något arbete utförs på bränslesystemet, och följ dem till punkt och pricka. Bensin är en ytterst brandfarlig vätska och säkerhetsföreskrifterna för hantering kan inte nog betonas.***

1 Bränslefiltret på alla modeller är monterat i anslutning till bränsletanken under bilens bakre del.
2 Tryckutjämna bränslesystemet enligt beskrivning i kapitel 4A.
3 Klossa framhjulen, lyft sedan med hjälp av en domkraft upp bakvagnen och stöd den på pallbockar (se *Lyftning och stödpunkter*).
4 Ta loss plastskyddet om ett sådant är monterat, rengör sedan områdena kring bränslefiltrets insugs- och utloppsanslutningar **(se bild)**.
5 Placera ett kärl, eller trasor, under filtret för att samla upp bensin som rinner ut.
6 Skruva loss banjokopplingsbultarna från filtrets ändar, håll fast kopplingen med en nyckel. Ta bort tätningsbrickorna **(se bilder)**.
7 Lossa fästklammerns fästskruv **(se bild)**.
8 Ta bort filtret från fästkonsolen och notera åt vilket håll pilmarkeringen på filterhöljet

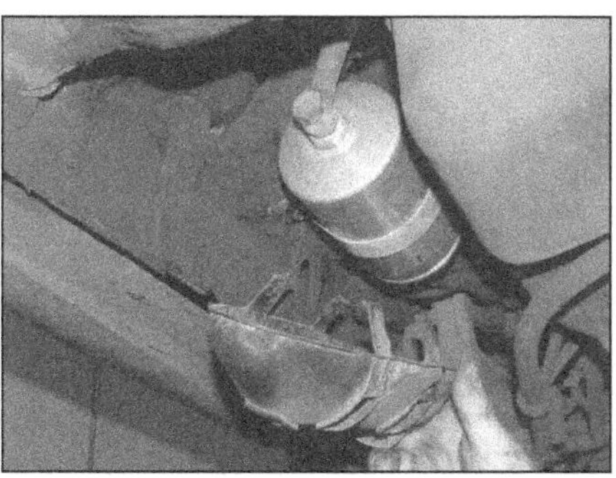
27.4 Ta bort plastskyddet från bränslefiltret

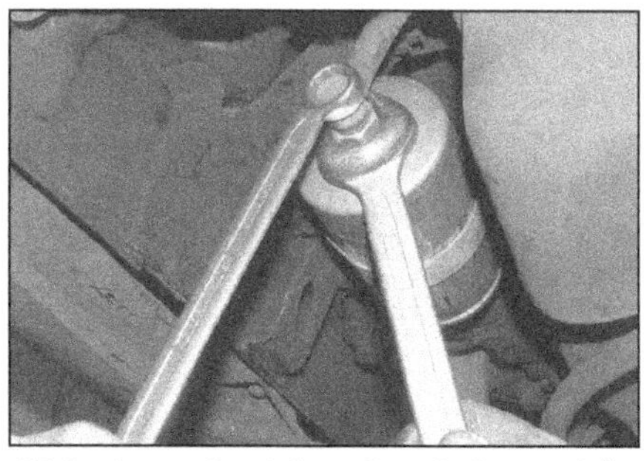
27.6a Lossa banjokopplingsbultarna från bränslefiltrets båda ändar med hjälp av två nycklar. . .

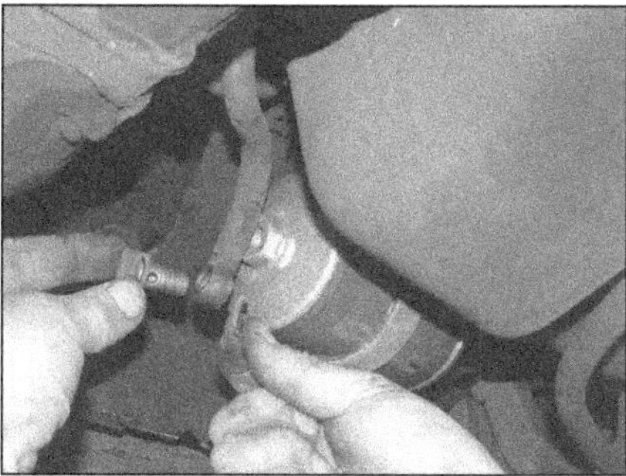
27.6b . . . och ta vara på tätningsbrickorna

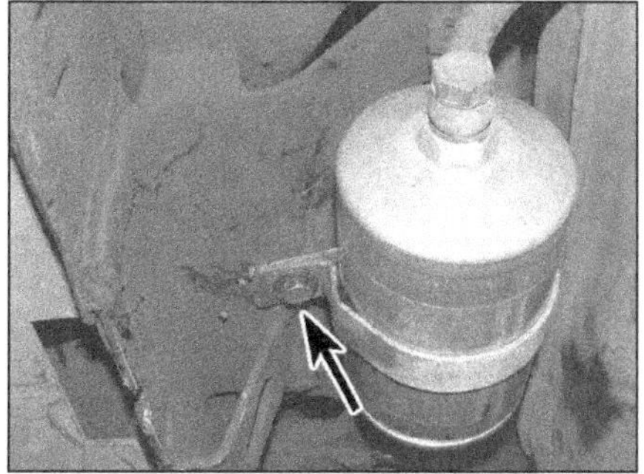
27.7 Lossa skruven . . .

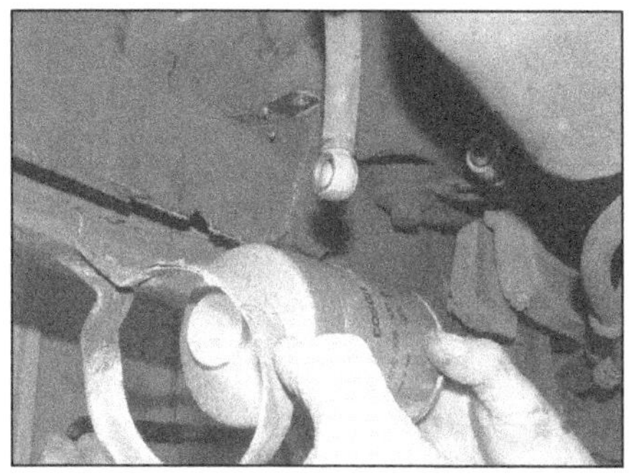
27.8 . . . och ta bort bränslefiltret

27.9 Se till att flödespilen på filterhöljet pekar mot utsläppet som leder till motorrummet

pekar, lossa fästklammern och dra bort filtret från bilen **(se bild)**.

9 Placera det nya filtret i fästklammern, montera det och dra åt fästskruven. Se till att flödespilen på filterhöljet pekar mot utsläppet som leder till motorrummet **(se bild)**.

10 Kontrollera tätningsbrickornas kondition och byt dem om det är nödvändigt.

11 Sätt tillbaka banjokopplingarna och slangarna vid filtrets ändar tillsammans med tätningsbrickorna. Dra åt bultarna ordentligt, håll kopplingarna med en nyckel.

12 Torka bort spilld bensin, sätt tillbaka plastskyddet och sänk ner bilen på marken.

13 Starta motorn och kontrollera att inget läckage förekommer vid filterslangarnas anslutningar.

14 Det gamla filtret ska kasseras på lämpligt sätt, och kom ihåg att det är ytterst lätt-antändligt.

28 Drivrem – byte

1 Dra åt handbromsen. Öppna motorhuven och lossa motorns toppkåpa (där en sådan finns) ovanför insugsgrenröret. Lossa sedan de två fästklämmorna och ta bort massluftflödesgivarens insugningsslang av gummi. Täck över givarens intag för att förhindra att smuts eller andra främmande föremål tränger in i insugskanalen **(se bild)**. Lyft upp framvagnen och ställ den på pallbockar (se *Lyftning och stödpunkter*). Ta bort höger framhjul. Skruva sedan loss fästskruvarna och demontera höger hjulhus och hjulhusfoder så att vevaxelns remskiva och drivrem blir åtkomliga. Skruva loss klämman som håller fast servostyrningsröret vid kryssrambalken alldeles nedanför vevaxelns remskiva.

2 Placera en garagedomkraft under motorn och hissa upp domkraften så att den precis lyfter motorn. Kontrollera att domkraftens lyftsadel inte ligger an mot undersidan av oljesumpen. Lägg en träkloss mellan sumpen och domkraftshuvudet. En alternativ metod är att placera en lyftbom över motorrummet och lyfta motorn i lyftöglan till höger om topplocket. Skruva loss motorns högra fästbygel från motorn och ta bort fästmuttern från ovansidan av motorfästet **(se bild)**.

28.1 Skruva loss fästskruvarna (se pilar) och ta bort massluftflödesgivarens insugningsslang av gummi . . .

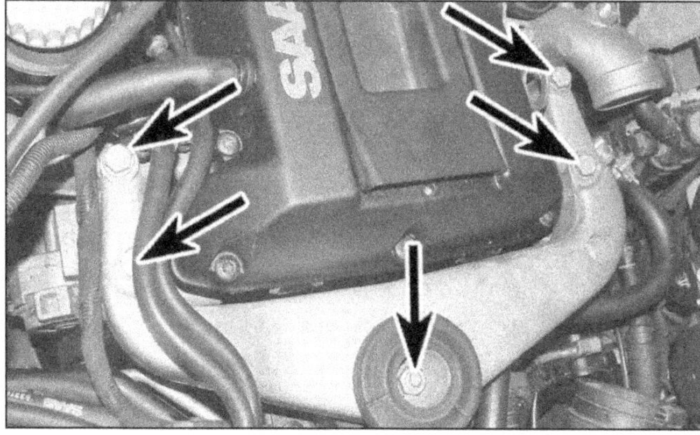
28.2 . . . lossa sedan motorns täckkåpa och demontera motorfästbygeln (se pilar vid mutter och bultar) för att komma åt drivremmen och spännaren (se pilar)

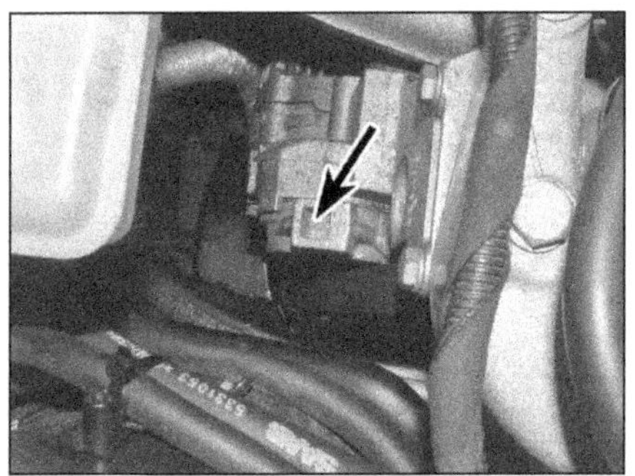
28.3a Tryck ihop och lås drivremsspännaren . . .

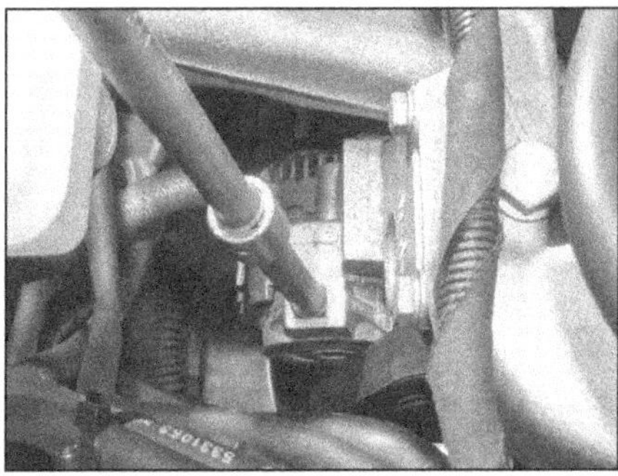
28.3b . . . med hjälp av ett rakt förlängningsskaft med 1/2" drivtapp i hålet i klacken ovanpå spännarens yttre (rörliga) del . . .

28.3c . . . och vrid spännaren mot fjäderspänningen tills hålet i stoppklacken ligger i linje med hålet i den inre (fasta) delen av spännaren. Trä igenom ett verktyg med 3 mm diam. för att låsa spännarenheten i läge

Ta bort motorfästbygeln och lossa servostyrningsslangen från dess fästklämma undertill.

28.5a Ta bort drivremmen från vevaxelns remskiva

3 Spännarremskivans fjäder måste nu pressas ihop och spärras. Stick in ett rakt förlängningsskaft med 1/2-tums drivtapp eller något liknande i det fyrkantiga hålet i klacken ovanpå spännarenhetens yttre (rörliga) del. Vrid spännaren medurs, mot fjäderspänningen, tills hålet i stoppklacken är i linje med motsvarande hål i den inre (fasta) delen av spännarenheten. Observera att spännarfjädern är mycket stark. Det krävs avsevärd kraft för att trycka samman den, men undvik att tvinga den för långt eller att låta den slå tillbaka av fjädertrycket, då går den sönder **(se bilder)**.

4 Håll spännaren i detta läge och trä en 3 mm insexnyckel (eller ett borrstål) genom resp. hål i stoppklacken och spännarenhetens inre (fasta) del **(se bild)**. Minska långsamt trycket på förlängningsskaftet och kontrollera att spännaren stannar i sitt låsta läge.

5 Ta av drivremmen från remskivorna **(se bild)**. Kontrollera remskivorna noga (särskilt spännaren och tomgångsskivorna) och byt alla som är skadade eller verkar ojämna eller ryckiga när de vrids runt **(se bild)**.

6 Vid återmontering, lägg drivremmen över alla remskivorna enligt bilden och var noga med att den räfflade sidan, om det finns en sådan, ligger an rätt mot remskivespåren **(se bild)**. **Observera:** *På vissa fordon är*

28.5b Undersök spännaren och tomgångsskivorna noga . . .

28.5c . . . och byt alla som är skadade eller roterar ojämnt eller ryckigt

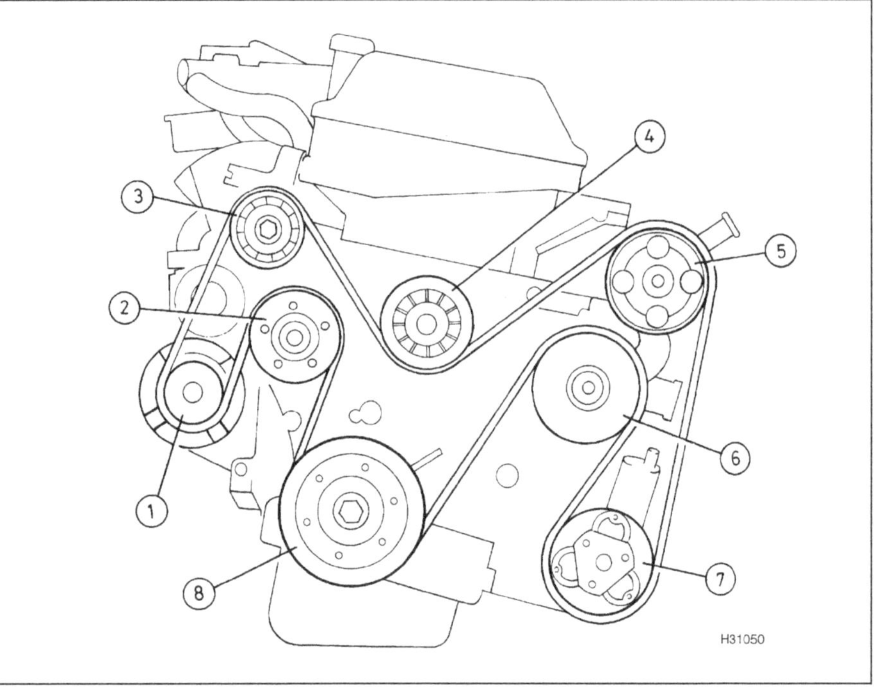

28.6 Korrekt pålagd drivrem

1 *Växelströmsgenerator*
2 *Spännare*
3 *Övre tomgångsremskiva*
4 *Nedre/mellanliggande tomgångsremskiva (där sådan finns)*
5 *Servostyrningspump*
6 *Kylvätskepump*
7 *Luftkonditioneringskompressor*
8 *Vevaxelns remskiva*

drivremmen kortare. Den går då rakt från den övre tomgångsskivan (3) till servostyrningspumpens remskiva (5). Den nedre, mellanliggande tomgångsskivan (4) saknas då.

7 Tryck samman spännarfjädern på samma sätt som beskrevs vid demonteringen. Ta bort låsverktyget och lösgör långsamt spännaren så att den åter kan trycka på drivremmen.

8 Kontrollera att drivremmen ligger rätt mot alla remskivorna. Sätt sedan tillbaka motorns högra fästbygel och fäst servostyrningsslangen i klämman på dess undersida. Dra åt muttern och bultarna till angivet moment (se kapitel 2A). Dra åt bulten som fäster klämman till servostyrningsslangen vid kryssrambalken ordentligt och sätt sedan tillbaka hjulhusfodret av plast med dess nederdel. Montera tillbaka hjulet och sänk ner bilen. Ta bort övertäckningen från massluftflödesgivaren och sätt tillbaka dess insugningsslang av gummi. Montera sedan tillbaka motorns toppkåpa på insugsgrenröret.

9 Avsluta med att starta motorn och låta den gå på tomgång några minuter. Detta gör att spännaren kan återta sin plats och fördela spänningen jämnt längs hela remmen. Stanna motorn och kontrollera än en gång att remmen sitter korrekt på alla remskivor.

29 Automatväxellådans olja - byte

1 Kör bilen en kort sträcka så att växellådan värms upp till normal arbetstemperatur. Parkera bilen över en smörjgrop eller hissa upp den och stöd den på pallbockar (se *Lyftning och stödpunkter*). Oavsett vilken metod som används, se till att bilen står plant så att oljenivån ska kunna kontrolleras senare.

2 Placera en lämplig behållare under växellådan, skruva bort avtappningspluggen och låt oljan rinna ner i behållaren **(se bild)**. Observera att det behövs en särskild adapternyckel för att skruva bort pluggen.

Varning: Oljan är mycket het, så vidtag försiktighetsåtgärder för att undvika skållning. Tjocka, vattentäta handskar rekommenderas.

3 När all olja har runnit ut, torka avtappningspluggen ren och sätt tillbaka den i växellådshuset. Montera en ny tätningsbricka om det behövs. Dra åt pluggen till angivet moment.

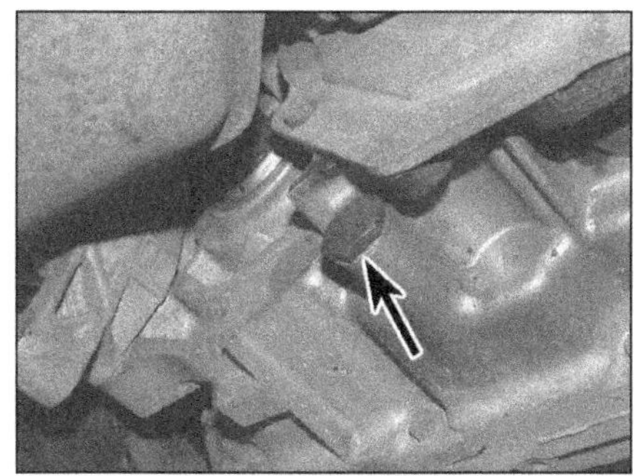

29.2 Automatväxellådans avtappningsplugg

4 Fyll på automatväxellådan med angiven mängd olja av rätt grad. Se avsnitt 14 och fyll upp till rätt nivå. Använd först mätstickans markeringar för låg temperatur, kör sedan en sväng med bilen. När oljan har nått arbetstemperatur, kontrollera oljenivån igen med mätstickans markeringar för hög temperatur.

Vart 4:e år

30 Bromsvätska - byte

Varning: Bromsvätska är farlig för ögonen och kan skada målade ytor, så var ytterst försiktig vid hantering av vätskan. Använd inte vätska som har stått i en öppen behållare en tid eftersom den drar åt sig fukt från luften. För mycket fukt kan orsaka farligt försämrad bromsverkan.

1 Metoden liknar den som används för luftning av bromssystemet som beskrivs i kapitel 9.

2 Arbeta enligt beskrivningen i kapitel 9 och öppna den första luftningsskruven i ordningen, pumpa sedan försiktigt på bromspedalen tills nästan all gammal bromsvätska har runnit ut ur huvudcylinderbehållaren. Fyll på bromsvätska upp till MAX-nivån och fortsätt pumpa tills endast den nya vätskan återstår i behållaren och ny vätska kan ses rinna ut från avluftningsskruven. Dra åt skruven och fyll på behållaren till max-markeringen.

Gammal bromsvätska är alltid mycket mörkare än ny vätska, vilket gör det enkelt att skilja dem åt.

3 Gå igenom resterande avluftningsskruvar i ordningsföljd och pumpa till dess att ny bromsvätska kommer ut ur dem. Var noga med att alltid hålla huvudcylinderbehållarens nivå över MIN-markeringen, annars kan luft tränga in i systemet vilket då kommer att förlänga arbetstiden avsevärt.

4 När du är klar, kontrollera att alla avluftningsskruvar är ordentligt åtdragna och att deras dammskydd sitter på plats. Skölj bort alla spår av vätskespill och kontrollera huvudcylinderbehållarens vätskenivå.

5 Kontrollera bromsarnas funktion innan bilen körs igen.

Kapitel 2 Del A: Reparationer med motorn kvar i bilen

Innehåll

Svårighetsgrader

Enkelt, passar novisen med lite erfarenhet 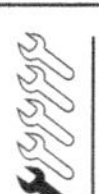

Ganska enkelt, passar nybörjaren med viss erfarenhet 

Ganska svårt, passar kompetent hemmamekaniker 

Svårt, passar hemmamekaniker med erfarenhet 

Mycket svårt, för professionell mekaniker 

Specifikationer

Motor (allmänt)

Beteckning:	
1985 cc motor	B205
2290 cc motor	B235
Cylinderdiameter	90,00 mm
Kolvslag:	
1985 cc motor	78,00 mm
2290 cc motor	90,00 mm
Vevaxelns rotationsriktning	Medurs (sett från fordonets högra sida)
Cylinder nr 1, placering	Vid motorns kamkedjesida
Kompressionsförhållande:	
B205	8,8 : 1
B235	9,3 : 1
Maximal kraft/vridmoment:	
B205	110 kW @ 5 500 varv per minut/240 Nm @ 1 800 varv per minut
B205 (med monterad tillbehörssats)	136 kW @ 5 500 varv per minut/300 Nm @ 3 500 varv per minut
B235E:	
1998–2000	125 kW @ 5 500 varv per minut/280 Nm @ 1 800 varv per minut
2000 och senare	136 kW @ 5 500 varv per minut/280 Nm @ 1 800 varv per minut
B235L	162 kW @ 5 500 varv per minut/310 Nm @ 2 500 varv per minut
B235R:	
2000	169 kW @ 5 500 varv per minut/350 Nm @ 1 900 varv per minut
2001 och senare	184 kW @ 5 500 varv per minut/370 Nm @ 1 900 varv per minut

Motorkoder

Observera: *Motorkoden är instämplad på framsidan av motorblocket, på sidan närmast växellådan.*

Tecken 1:	
B	Bensinmotor
Tecken 2 & 3:	
20	1985 cc
23	2290 cc
Tecken 4:	
5	4 cylindrar, rakt motorblock med 2 balansaxlar och dubbla överliggande kamaxlar med 4 ventiler per cylinder
Tecken 5:	
E	Motor med turbo och laddluftskylare, lättrycksturbo
L	Motor med turbo och laddluftskylare,steg 1
R	Motor med turbo och laddluftskylare,steg 2
Tecken 6:	
D	Saab 9-3
E	Saab 9-5
Tecken 7:	
A	Automatväxellåda
M	Manuell växellåda
Tecken 8 & 9:	
00	Vanlig motor
18	Motor som anpassats för automatväxellåda
19	Motor med oljekylare
20	Motor med diagnossystem OBD II
Tecken 10:	
W	1998
X	1999
Y	2000
1	2001
2	2002
3	2003
4	2004
5	2005
Tecken 11 till 16	Serienummer

Kamaxlar

Drift	Kedja från vevaxeln
Antal lager	5 på varje kamaxel
Kamaxellagrets axeltapp, diameter (yttre diameter)	28,922 till 28,935 mm
Lyft	8,31 mm
Axialspel	0,08 till 0,35 mm

Smörjsystem

Oljepump, typ	Kugghjulspump, driven från vevaxeln
Lägsta oljetryck vid 80 °C	2,5 bar vid 2 000 varv per minut, med 10W30 motorolja
Oljetryckslampans kontakt aktiveras vid	0,3 till 0,5 bar
Spel mellan pumpens yttre kugghjul och huset i kamkedjekåpan	0,03 till 0,08 mm
Den tryckreglerande ventilen öppnas vid	3,8 bar
Oljekylarens termostat öppnas vid	ca 105 °C

Åtdragningsmoment

	Nm
Avtappningsplugg för motorolja	25
Bakre motorfäste:	
Fästbygel till växellåda	84
Motorfäste till kryssrambalk	26
Fästmutter	26
Balansaxeldrev	22
Balansaxelns överföringskedjedrev	25
Bultar, motor till växellåda	70
Drivplatta	95
Främre motorfäste:	
Fästbygel till motor	47
Kardanstag till kaross	121
Kardanstag till fästbygel	47
Höger motorfäste:	
Bultar mellan motorfäste och skärm	47
Bultar mellan motorfäste och fästbygel	47
Mutter, fäste till fästbygel	105

Åtdragningsmoment (forts)

	Nm
Kamaxeldrev	63
Kamaxellagrens överfall	15
Kamaxelns kedjespännare, plugg	22
Kamkedjekåpa, bultar	22
Kamkedjespännare, hus	63
Kolvens kylmunstycke	18
Oljekylare, slanganslutningar	8
Oljekylningstermostat, plugg	60
Oljesump, bultar	22
Plugg för kamkedjespännare	22
Ramlageröverfall, bultar:	
Steg 1	20
Steg 2	Vinkeldra ytterligare 70°
Reducerventil för oljetryck, plugg	30
Svänghjul	80
Topplocksbultar:	
Steg 1	40
Steg 2	60
Steg 3	Vinkeldra ytterligare 90°
Ventilkåpa	15
Vevaxelns remskiva, bult	175
Vevstakslagrens överfall, bultar:	
Steg 1	20
Steg 2	Vinkeldra ytterligare 70°
Vänster växellådsfäste:	
Fästmutter	85
Motorfäste till kaross	60
Fästbygel till växellåda:	
Manuell	40
Automat	84

1 Allmän information

Hur detta kapitel används

Den här delen av kapitel 2 beskriver de reparationsåtgärder som kan utföras medan motorn är monterad i bilen. Om motorn redan har lyfts ut ur motorrummet och tagits isär på det sätt som beskrivs i del B, kan du bortse från anvisningarna för förberedande isärtagning i det här kapitlet.

Observera att även om det är möjligt att fysiskt renovera delar som kolvar/vevstakar medan motorn sitter i bilen, så utförs sällan sådana åtgärder separat. Normalt måste flera ytterligare åtgärder utföras (liksom rengöring av komponenter och smörjkanaler). Av den anledningen klassas alla sådana åtgärder som större renoveringsåtgärder och beskrivs i del B i det här kapitlet.

Del B beskriver demontering av motor/växellåda, samt tillvägagångssättet för de reparationer som kan utföras med motorn/växellådan demonterad.

Motorbeskrivning

Bilen har en rak fyrcylindrig motor med dubbla överliggande kamaxlar tvärmonterad fram. Den har 16 ventiler och växellåda på vänster sida. Saab 9-5 är utrustad med motorn 1985 cc eller 2290 cc, som har balansaxlar i motorblocket för att dämpa vibrationer. Alla motorer har bränsleinsprutning genom ett Saabtillverkat Trionic motorstyrningssystem.

Vevaxeln går genom fem ramlager. Tryckbrickor har monterats på det mittersta ramlagret (endast övre halvan) för styrning av vevaxelns axialspel.

Vevstakarna roterar på vågrätt delade lagerskålar. Kolvarna är fästa vid vevstakarna med flytande kolvbultar, som hålls kvar i kolvarna med hjälp av låsringar. Lättmetallkolvarna är monterade med tre kolvringar – två kompressionsringar och en oljekontrollring.

Motorblocket är av gjutjärn, och cylinderloppen utgör en del av motorblocket. Insugs- och avgasventilerna stängs med spiralfjädrar, och ventilerna själva löper i styrhylsor som är inpressade i topplocket. Ventilsätesringarna trycks också in i topplocket. De kan bytas ut separat allt eftersom de slits. Varje cylinder har fyra ventiler.

Kamaxlarna drivs av en enkelradig kamkedja och driver i sin tur de 16 ventilerna via hydrauliska ventillyftare. Med hjälp av hydrauliska kammare och en spännfjäder upprätthåller de hydrauliska ventillyftarna ett förbestämt spel mellan kamnocken och änden på ventilskaftet. Ventillyftare förses med olja från motorns smörjkrets.

Balansaxlarna roteras i motsatt riktning av en liten enkelradig kedja från ett drev i vevaxelns främre ände. Balansaxelkedjan styrs av två fasta styrskenor och ett överföringsdrev. Kedjan är placerad utanför kamaxelns kamkedja och dess spänning kontrolleras av en oljetrycksdriven spännare.

Smörjningen sköts av en dubbelroterande oljepump som drivs från den främre delen av vevaxeln och som är placerad i kamkedjekåpan. En avlastningsventil i kamkedjekåpan begränsar oljetrycket vid höga motorvarvtal genom att återföra överflödig olja till oljesumpen. Oljan sugs från sumpen genom en sil, passerar oljepumpen och tvingas genom ett yttre filter och en oljekylare och sedan in i motorblockets/vevhusets ledningar. Därifrån fördelas oljan till vevaxeln (ramlager), balansaxlarna, kamaxellagren och de hydrauliska ventillyftarna. Den smörjer även det vattenkylda turboaggregatet och kolvarnas kylmunstycken på vevhuset. Vevstakslagren förses med olja via inre utborrningar i vevaxeln medan kamnockarna och ventilerna stänksmörjs, liksom övriga motorkomponenter.

Reparationer med motorn kvar i bilen

Följande arbeten kan utföras med motorn monterad i bilen:

a) Kompressionstryck – kontroll.
b) Ventilkåpa – demontering och montering
c) Kamaxlarnas oljetätningar – byte.
d) Kamaxlar – demontering, kontroll och montering.
e) Topplock – demontering och montering.
f) Topplock och kolvar – sotning (se del B i detta kapitel).

g) Oljesump – demontering och montering.
h) Oljepump – demontering, renovering och montering
i) Vevaxelns oljetätningar – byte.
j) Svänghjul/drivplatta – demontering, kontroll och montering
k) Motor-/växellådsfästen – kontroll och byte

2 Kompressionsprov – beskrivning och tolkning

1 Om motorns prestanda sjunker eller om misständningar uppstår som inte kan hänföras till tändning eller bränslesystem, kan ett kompressionsprov ge en uppfattning om motorns skick. Om kompressionsprov görs regelbundet kan de ge förvarning om problem innan några andra symptom uppträder.
2 Motorn måste vara uppvärmd till normal arbetstemperatur, batteriet måste vara fulladdat och alla tändstift måste vara urskruvade (kapitel 1). Dessutom behövs en medhjälpare.
3 Koppla bort tändsystemet genom att lossa anslutningskontakten från den fördelarlösa tändningsenheten.
4 För att förhindra att oförbränt bränsle förs in i katalysatorn måste även bränslepumpen avaktiveras genom att relevanta säkringar och/eller reläer demonteras. Se kapitel 4A för mer information där så är tillämpligt.
5 Montera en kompressionsprovare i tändstiftshålet till cylinder nr 1. För att korrekta värden ska erhållas måste en provare av den typ som skruvas in i tändstiftsgängorna användas.
6 Låt medhjälparen trampa gaspedalen i botten och dra runt motorn med startmotorn. Efter ett eller två varv bör kompressionstrycket byggas upp till maxvärdet och sedan stabiliseras. Anteckna det högsta värdet.
7 Upprepa testet på återstående cylindrar och notera trycket i var och en.
8 Trycket i alla cylindrarna bör hamna på i stort sett samma värde. En tryckskillnad på mer än 2 bar mellan två cylindrar tyder på fel. Observera att kompressionen ska byggas upp snabbt i en väl fungerande motor. Om kompressionen är låg i det första kolvslaget och sedan ökar gradvis under följande slag, är det ett tecken på slitna kolvringar. Lågt tryck som inte stiger är ett tecken på läckande ventiler eller trasig topplockspackning (eller ett sprucket topplock). Avlagringar på undersidan av ventilhuvudena kan också orsaka dålig kompression.
9 Saab anger att det kompressionstryck som krävs är 12 bar för B205 (1985 cc) motorn och 14 bar för B235 (2290 cc). Cylindertryck under 10 bar för B205 eller 12 bar för B235 är inte godtagbart. Rådfråga en Saabverkstad eller annan specialist om du är tveksam till om ett avläst tryck är godtagbart.
10 Om trycket i en cylinder är mycket lägre än i de andra kan följande kontroll utföras för att hitta orsaken. Häll i en tesked ren olja i cylindern genom tändstiftshålet och upprepa provet.
11 Om tillförsel av olja tillfälligt förbättrar kompressionen är det ett tecken på att slitage på kolvringar eller lopp orsakar tryckfallet. Om ingen förbättring sker tyder det på läckande/brända ventiler eller trasig topplockspackning.
12 Lågt tryck i endast två angränsande cylindrar är med stor säkerhet ett tecken på att topplockspackningen mellan dem är trasig. Detta bekräftas om det finns kylvätska i motoroljan.
13 Om en cylinder har ett värde som är 20 % lägre än de andra cylindrarna, och motorns tomgång är något ojämn, kan en sliten kamnock på kamaxeln vara orsaken.
14 Efter avslutat prov, skruva i tändstiften och anslut tändsystem och bränslepump.

3 Övre dödpunkt för kolv nr 1 – inställning

1 ÖD-inställningsmärken finns ofta som en skåra i vevaxelns remskiva och en motsvarande upphöjning ingjuten i kamkedjans kåpa. ÖD-märken finns även på svänghjulet och den bakre oljetätningens hus – dessa kan användas om motorn har demonterats **(se bild)**. **Observera:** *När inställningsmärkena är i linje kommer kolv nr 1 (vid kamkedjans sida av motorn) och 4 (vid svänghjulets sida av motorn) att befinna sig vid den övre dödpunkten (ÖD), med kolv nr 1 i sitt kompressionsslag.*
2 Dra åt handbromsen och lyft upp framvagnen på pallbockar för att lättare komma åt bulten till vevaxelns remskiva (se *Lyftning och stödpunkter*). Ta bort det högra framhjulet, skruva loss skruvarna och ta bort inspektionskåpan från det högra hjulhusets innerskärm.
3 Sätt en hylsa på vevaxelns remskiva och vrid motorn tills ÖD-skåran i vevaxelns remskiva är i linje med skåran på kamkedjekåpan **(se bild)**. Kolv nr 1 (på kamkedjans sida av motorn) kommer att vara högst upp i sitt kompressionsslag. Kompressionen kan kontrolleras genom att man tar bort det första tändstiftet och känner efter komprimering med ett finger ovanför tändstiftshålet medan kolven närmar sig höjden av sitt slag. Avsaknad av tryck är ett tecken på att cylindern är i sitt avgasslag och därför ett vevaxelvarv ur linje.
4 Ta bort ventilkåpan enligt beskrivningen i avsnitt 4.
5 Kontrollera att ÖD-markeringarna på kamaxlarna är i linje med motsvarande ÖD-märken på kamaxellageröverfallen **(se bild)**. Vrid vevaxeln om det behövs för att placera märkena i linje.

4 Ventilkåpa – demontering och montering

Demontering

1 Öppna motorhuven och lossa kåpan från insugsröret. Skruva loss fästskruven (där så är tillämpligt) och koppla loss kablarna och vevhusventilationens rörbygel från den högra sidan av ventilkåpan **(se bild)**.
2 Koppla loss vevhusets ventilationsslang (och där så är tillämpligt vakuumslangen) och

3.1 ÖD-märken (vid pilarna) på svänghjulet och motorns fästplatta

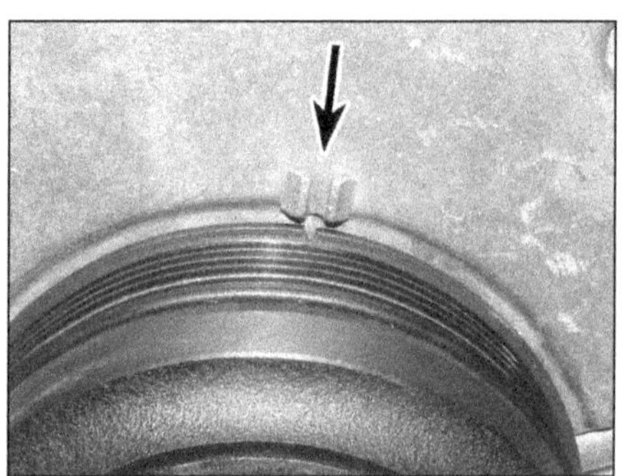

3.3 ÖD-märken (vid pilen) på kamkedjans kåpa och vevaxelns remskiva

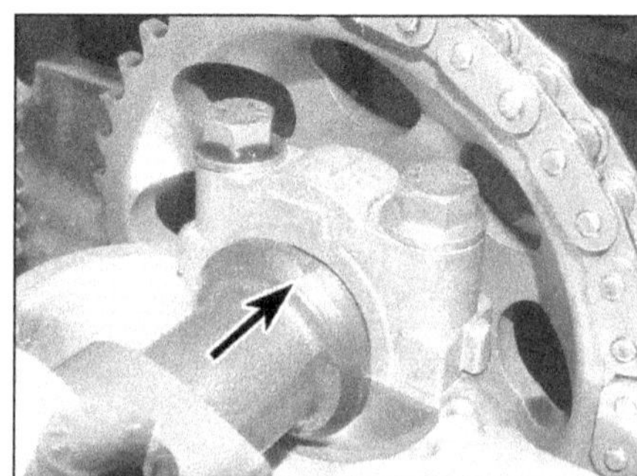

3.5 ÖD-märken (vid pilen) på kamaxeln och lageröverfallet

4.1 Skruva loss fästbulten (vid pilen) och koppla loss ventilröret

4.2 Koppla loss ventilationsslangen (vid pilen) från kåpan

4.3a Koppla loss kontaktdonet från tändningskassetten

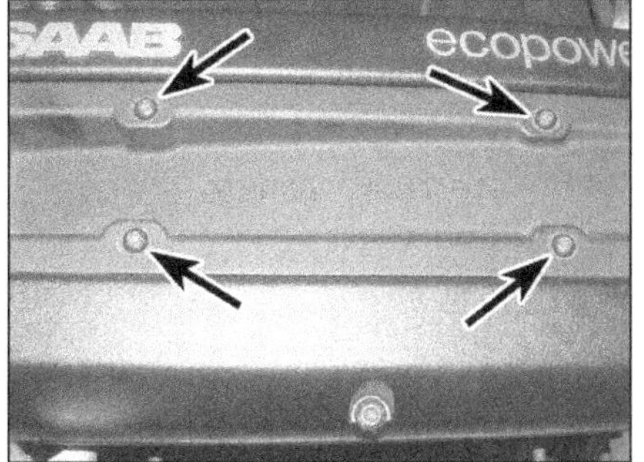

4.3.b Skruva loss fästskruvarna (vid pilarna)

4.5a Lägg ventilkåpans inre packning på plats . . .

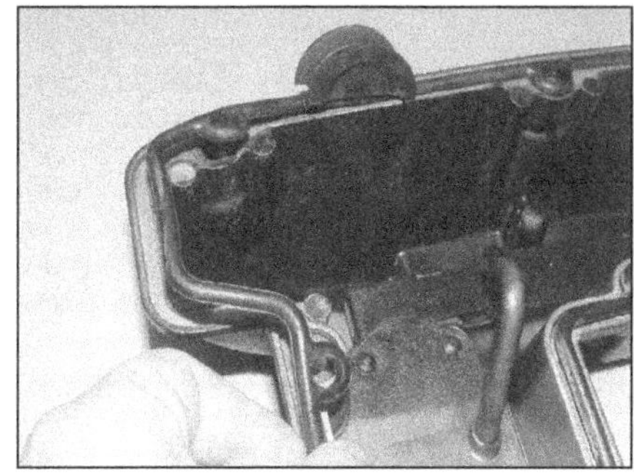
4.5b . . . och därefter den yttre packningen, se till att de hamnar korrekt i spåret

placera dem åt sidan **(se bild)**. **Observera:** *På senare modeller måste du öppna fästklämman för att kunna koppla loss slangen.*

3 Koppla loss kontaktdonet. Skruva sedan loss skruvarna och ta bort DI-kassetten (tändningskassetten) från mitten av ventilkåpan. Se kapitel 5B, avsnitt 3 om det behövs **(se bilder)**.

4 Skruva loss ventilkåpan och ta bort packningen. Knacka försiktigt på kåpan med handflatan för att få loss den om den sitter fast.

Montering

5 Rengör kontaktytorna på ventilkåpan och topplocket. Placera den nya packningen ordentligt i skåran i ventilkåpan. **Observera:** *Packningen har två delar, inre och yttre packning* ***(se bilder)****.*

6 Montera ventilkåpan och sätt tillbaka

4 5 6 7
13 14
12 8
3
1
16 15
11 10 9 2
H45043

4.6 Åtdragningsordning för ventilkåpans bultar

fästbultarna. Dra åt bultarna stegvis i rätt ordningsföljd **(se bild)** tills alla bultarna har dragits åt till angivet moment.

7 Återanslut slangen till vevhusventilationen (och i förekommande fall vakuumslangen) till ventilkåpan.

8 Montera DI-kassetten i mitten av ventilkåpan och dra åt skruvarna. Se kapitel 5B.

9 Montera motorns toppkåpa.

5 Kamaxlar och hydrauliska ventillyftare – demontering, kontroll och montering

Observera: *Följande beskrivning behandlar demontering och montering av kamaxlarna och de hydrauliska ventillyftarna med topplocket monterat i bilen. Vid behov kan arbetet utföras utanför bilen med topplocket demonterat från motorn. Om så är fallet, följ anvisningarna från och med punkt 8, när topplocket har demonterats.*

Demontering

1 Öppna motorhuven och rengör motorn runt topplocket.

2 Dra åt handbromsen, lyft med hjälp av en domkraft upp framvagnen och ställ den på pallbockar (se *Lyftning och stödpunkter*). Ta bort det högra framhjulet.

3 Lossa skruvarna och ta bort skärmlisten och hjulhusets innerskärm från den högra framskärmen.

4 Ta bort batterikåpan och koppla sedan loss batteriets minusledare. Flytta bort kabeln från batteripolen.

5 Demontera ventilkåpan enligt beskrivningen i avsnitt 4.

6 Sätt en hylsa på vevaxelns remskiva och vrid motorn tills ÖD-skåran i vevaxelns remskiva är i linje med upphöjningen på kamkåpan. Se avsnitt 3 för ytterligare information om det behövs. Kontrollera även att ÖD-märkena på kamaxlarnas kedjedrevsändar är i linje med motsvarande ÖD-märken på kamaxellageröverfallen.

7 Skruva loss bulten på överföringsdrevet och ta bort kamkedjespännaren. Använd en 27 mm hylsnyckel när du har tagit bort pluggen med fjäder och tryckstång.

8 Håll fast varje kamaxel med en nyckel på de plana punkterna på kamaxlarnas växelládsändar, skruva loss bultarna, dra bort kedjedreven och låt dem vila på kamkedjans styrningar. Observera att kedjedreven har utskjutande delar som passar in i urtagen i ändarna på kamaxlarna. Kamkedjan kan inte dras bort från vevaxelns kedjedrev eftersom det sitter en styrning under kedjedrevet.

9 Kontrollera att kamaxellageröverfallen och kamaxlarna är märkta för att underlätta återmonteringen. De har stämplar på kåpan – blanda inte ihop dessa när du monterar dem igen. 1 till 5 används för insugssidan och 6 till 10 för avgassidan **(se bild på nästa sida)**.

10 Skruva stegvis loss lageröverfallens bultar så att överfallen inte utsätts för onödiga påfrestningar av ventilfjädrarna. Se till att lageröverfallen närmast de öppna ventilerna tas bort sist för att undvika att kamaxeln

5.9 **Kamaxellageröverfallen är markerade efter position (pil vid lageröverfall nr 10)**

utsätts för onödiga påfrestningar. Ta bort bultarna helt och lyft bort överfallen, lyft sedan bort kamaxlarna från topplocket. Observera att lageröverfallets inre bultar (förutom i änden på kamkedjan) har svarta huvuden och utborrningar för oljematningen till de hydrauliska ventillyftarna. Se alltid till att du sätter tillbaka rätt bultar **(se bilder)**. Märk kamaxlarna noga för att underlätta återmonteringen.

11 Skaffa sexton små rena plastbehållare och märk dem med 1i till 8i (insug) och 1a till 8a (avgas). Alternativt, dela in en större behållare i sexton fack och märk dem på samma sätt för insugs- och avgaskamaxlarna. Använd en gummipipett eller en magnet för att dra upp de hydrauliska ventillyftarna i tur och ordning och placera dem i respektive behållare **(se bilder)**. **Förväxla inte** ventillyftarna med varandra. Förhindra att de hydrauliska ventillyftarna töms på olja genom att hälla ny olja i behållarna så att de täcks.

Varning: Var mycket noga med att inte repa loppen i topplocket när ventillyftarna dras ut.

Kontroll

12 Undersök kamaxellagrens ytor och kamnockarna efter tecken på slitage och repor. Byt ut kamaxeln om sådana tecken finns. Kontrollera att lagerytorna på kamaxellagrens axeltappar, lageröverfallen och topplocket är i gott skick. Om topplockets eller lageröverfallens ytor är mycket utslitna måste topplocket bytas ut. Om nödvändig mätutrustning finns tillgänglig kan slitage på kamaxellagrens axeltappar kontrolleras direkt och jämföras med de som anges i specifikationerna.

13 Mät kamaxelns axialspel genom att placera varje kamaxel i topplocket, montera kedjedreven och använda ett bladmått mellan kamaxelns främre del och ytan på topplockets främre lager.

14 Kontrollera de hydrauliska ventillyftarna med avseende på slitage, repor och punktkorrosion där de är i kontakt med loppen i topplocket. Ibland kan en hydraulisk ventillyftare låta konstigt när motorn är i gång och behöva bytas ut. Det är svårt att se om en ventillyftare har invändiga skador eller är sliten när den väl har demonterats. Om du är tveksam bör du byta ut hela uppsättningen ventillyftare.

15 Rengör de inre borrningarna på kamaxellageröverfallen så att oljan kan passera till de hydrauliska ventillyftarna.

Montering

16 Smörj loppen för de hydrauliska ventillyftarna i topplocket, placera dem sedan i sina ursprungliga lägen **(se bild)**.

17 Smörj lagerytorna på kamaxlarna i topplocket.

18 Placera kamaxlarna på sina rätta platser i topplocket så att ventilerna på cylinder nr 1 (kamkedjeänden) är stängda och ventilerna på cylinder nr 4 ”svänger”.

19 Inställningsmärkena i kamaxlarnas drevändar ska vara i linje **(se bild 3.5)**.

20 Smörj lagerytorna i överfallen, placera dem sedan på sina platser och sätt i fästbultarna. Dra åt bultarna stegvis till angivet moment. **Observera:** *Se till att de svarta oljetillförselbultarna sitter på rätt plats* ***(se bild 5.10b)***.

21 Kontrollera att varje kamaxel är i ÖD-läge – inställningsmärkena är placerade på den främre delen av kamaxlarna och ska vara i linje med märket på lageröverfallen – se avsnitt 3

22 Kontrollera att ÖD-skåran i vevaxelns remskiva är i linje med upphöjningen på kamkedjekåpan **(se bild 3.3)**.

23 Placera kedjedreven på kamaxlarna, montera först avgaskamaxelns drev och sedan insugskamaxelns. Skruva inte åt bultarna helt i det här stadiet. Kontrollera att kamkedjan är korrekt placerad på styrningarna och kedjedreven.

24 Montera kamkedjespännaren enligt beskrivningen i kapitel 2B.

25 Använd en hylsnyckel på vevaxelns remskiva och vrid motorn två kompletta varv

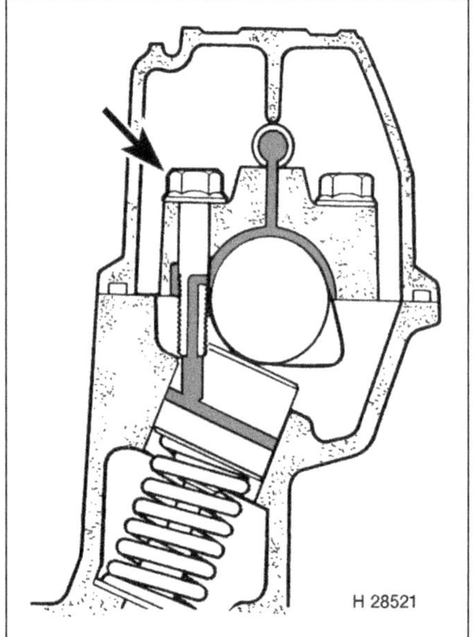

5.10a De inre bultarna till kamaxellagrens överfall (vid pilen) är ihåliga för att kunna förse de hydrauliska ventillyftarna med olja

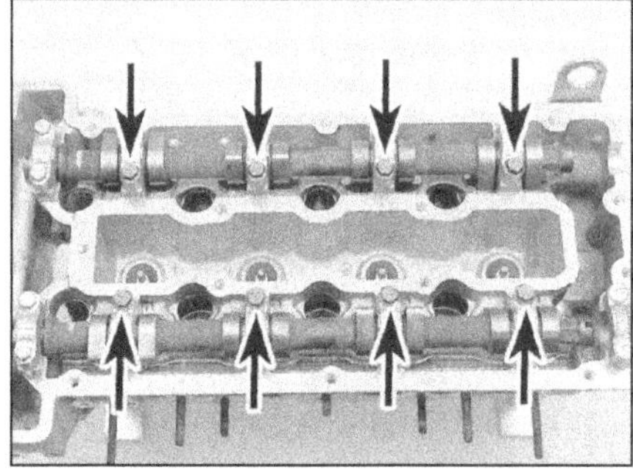

5.10b Lageröverfallens inre bultar, med svarta huvuden och borrningar för oljetillförsel

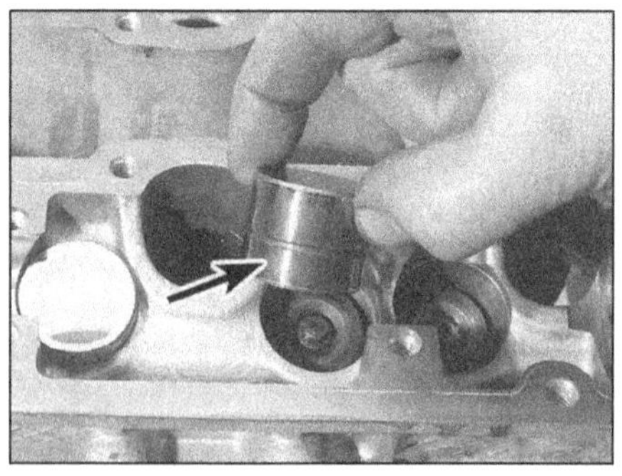

5.11a Demontering av en hydraulisk ventillyftare

5.11b Hydraulisk ventillyftare borttagen från topplocket. Lägg ventillyftaren i ett oljebad medan den är demonterad

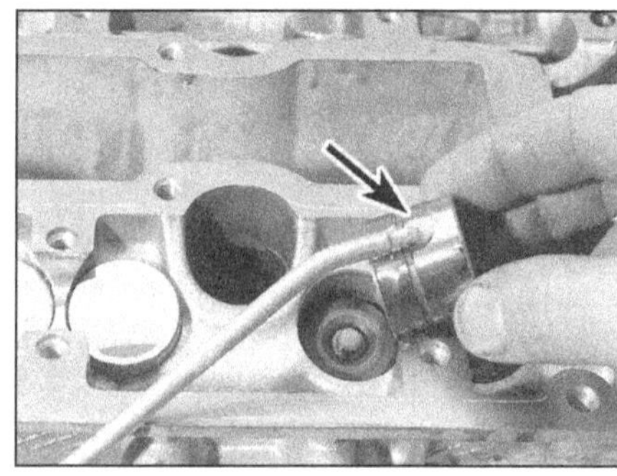

5.16 Olja in den hydrauliska ventillyftaren före montering

5.26 Dra åt kamaxeldrevets fästbultar. Håll kamaxeln stilla med hjälp av en skiftnyckel på de plana ytorna (vid pilen)

6.8 Koppla loss anslutningskontakten från laddluftsventilen

6.9 Lossa banjobulten till vevhusventilationsröret

medurs, kontrollera att inställningsmärkena fortfarande är korrekt inriktade.

26 Dra åt kamaxeldrevets fästbultar till angivet moment medan de hålls på plats med en skiftnyckel på de plana punkterna **(se bild)**.

27 Rengör kontaktytorna på ventilkåpan och topplocket. Montera ventilkåpan enligt beskrivning i avsnitt 4.

28 Montera inspektionskåpan eller DI-kassetten mitt på ventilkåpan och dra åt fästskruvarna.

29 Anslut slangen till vevhuset.

30 Montera skärmlisten och hjulhusets innerskärm under den högra framskärmen och dra åt fästskruvarna.

31 Montera höger framhjul och sänk ner bilen.

32 Återanslut batteriets minusledare och sätt tillbaka kåporna över batteriet och motorn.

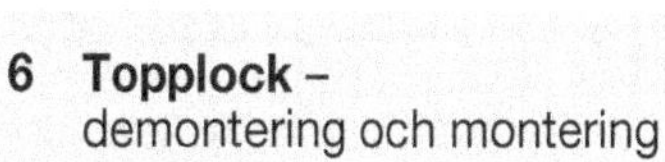

6 Topplock - demontering och montering

Demontering

1 Öppna motorhuven och rengör motorn runt topplocket. Kör motorn på tomgång och ta bort bränslepumpens säkring (fram till 2001 – säkring nr 19, fr.o. m. 2001 – säkring nr 15. Se kapitel 12 för exakt placering i din bilmodell).

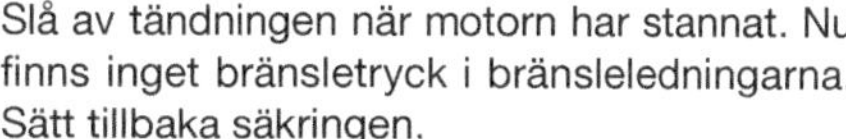

Slå av tändningen när motorn har stannat. Nu finns inget bränsletryck i bränsleledningarna. Sätt tillbaka säkringen.

2 Dra åt handbromsen och lyft med hjälp av en domkraft upp framvagnen och ställ den på pallbockar (se *Lyftning och stödpunkter*). Ta bort höger framhjul och ta bort den nedre motorkåpan.

3 Ta bort batterikåpan och koppla sedan loss batteriets minusledare. Flytta undan kabeln från batteripolen.

4 Skruva loss fästskruvarna och ta bort innerskärmen i höger hjulhus.

5 Tappa av kylsystemet enligt beskrivningen i kapitel 1.

6 Ta bort oljepåfyllningslocket/mätstickan och ta bort kåpan från insugsröret.

7 Stötta motorn under dess högra sida. Skruva loss fästbultarna och lossa det övre högra motorfästet från bilen. Mer information finns i avsnitt 13.

8 Ta bort luftflödesgivaren och gummislangen från motorrummet enligt beskrivningen i kapitel 4A, avsnitt 14. Dra undan gummikåpan och lossa anslutningskontakten från laddluftsventilen **(se bild)**. Lossa slangklämman och ta bort insugstrummorna mellan turboaggregatet och laddluftskylaren, och mellan laddluftskylaren och gasspjällshuset. Täck turboaggregatets port med en trasa för att hindra smuts från att tränga in.

9 Skruva loss banjobulten (eller öppna fästklämman på senare modeller) och koppla

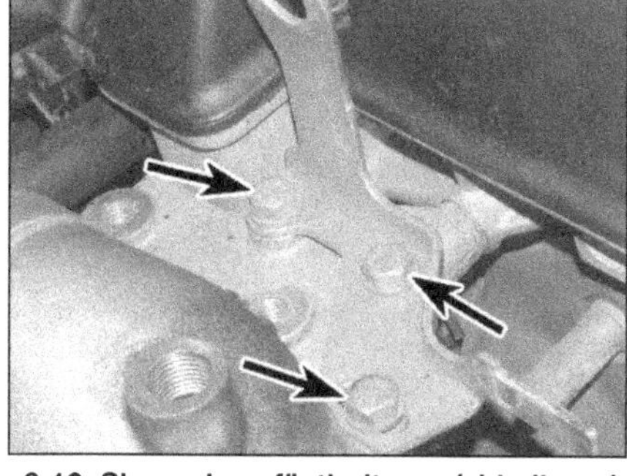
6.10 Skruva loss fästbultarna (vid pilarna) och ta bort motorlyftöglan

loss röret till vevhusventilationen från luftintaget **(se bild)**.

10 Skruva loss motorlyftöglan från topplockets främre högra sida **(se bild)**.

11 Ta bort laddluftsröret, bypassventilen och tryck-/temperaturgivarens kontaktdon. Koppla loss bypassventilens vakuumslang. Plugga igen gasspjällshuset och slangen vid laddluftskylaren **(se bilder)**.

12 Se kapitel 1 och ta bort drivremmen.

13 Demontera generatorn och flytta den åt sidan (se kapitel 5A), skruva sedan loss generatorns fästbygel från topplocket **(se bild)**.

14 Koppla loss kontaktdonet från temperaturgivaren på vänster sida av topplocket.

15 Lossa slangklämmorna och koppla loss kylvätskeslangarna från topplocket.

16 Skruva loss kåpan över gasspjällshusets

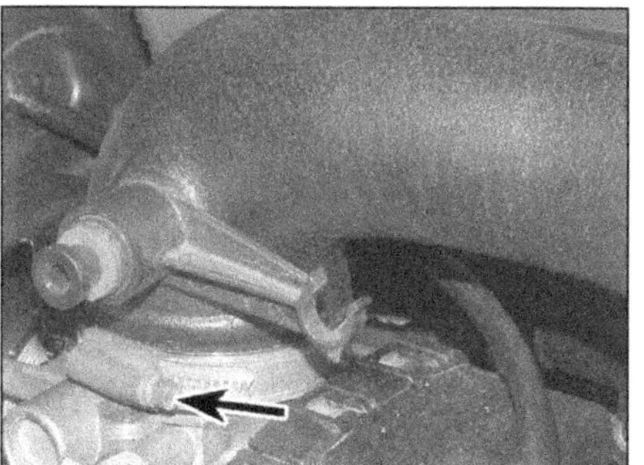
6.11a Lossa fästklämman (vid pilen) . . .

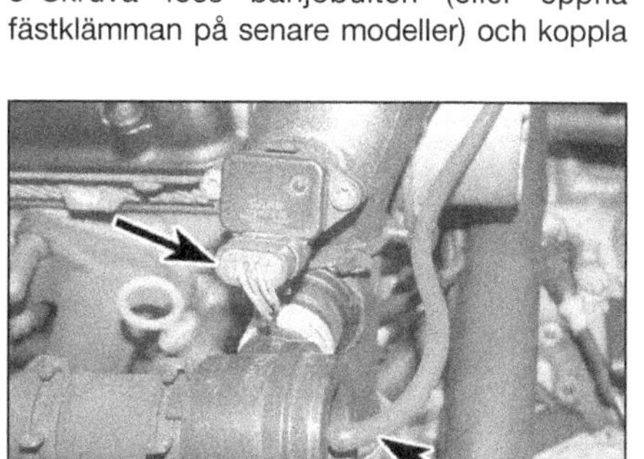
6.11b . . . och koppla sedan loss givarens kontaktdon och vakuumröret (vid pilarna)

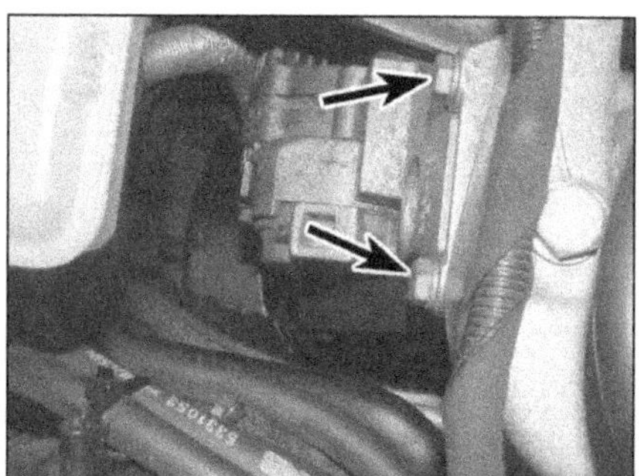
6.13 Skruva loss de övre fästbultarna på generatorns fästbygel (vid pilarna)

6.16 Ta bort kåpan över gasspjällets länksystem/vajer

6.19 Skruva loss de två fästbultarna på grenrörets stödbygel (vid pilarna)

arm och koppla loss gasvajern från gasspjällshuset **(se bild)**.

17 Skruva loss stödfästet och lossa röret till motorns oljemätsticka samt själva mätstickan från topplocket.

18 Lossa slangklämmorna och koppla loss slangarna från gasspjällshuset.

19 Under bilen, skruva loss grenrörets stödbygel på baksidan av motorn **(se bild)**.

20 Ta bort avgassystemets värmesköld enligt instruktionerna i kapitel 4A och skruva sedan loss det främre avgasröret från turboaggregatet.

21 Skruva loss servostyrningspumpen från dess fästen enligt beskrivningen i kapitel 10 och fäst den på sidan med hjälp av kabelband

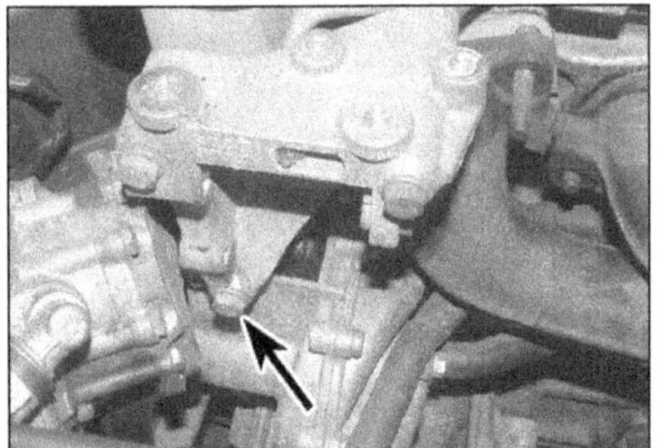

6.21 Ta bort den nedre fästbulten (vid pilen) från servostyrningspumpens fästbygel

av nylon eller liknande. Observera att du inte behöver koppla loss hydraulvätskeslangarna från pumpen. Skruva loss den nedre fästbulten på servostyrningspumpens fästbygel **(se bild)**.

22 Demontera motorns högra lyftögla från insugsröret och flytta kabelhärvans fäste åt sidan. Se kapitel 4A och ta bort insugsröret från topplocket.

23 Skruva loss ventilkåpan och ta bort packningen enligt beskrivningen i avsnitt 4. Knacka försiktigt på kåpan med handflatan för att få loss den om den sitter fast. Ta vid behov bort alla fyra tändstiften enligt beskrivningen i kapitel 1.

24 Använd en hylsa på vevaxelns remskiva, vrid motorn tills ÖD-markeringen på vevaxelns remskiva är i linje med inställningsmärket på kamkedjekåpan och kolv nr 1 (vid motorns kamkedjeände) är högst upp i sitt kompressionsslag. Se avsnitt 3 för ytterligare information om det behövs. Kontrollera även att ÖD-märkena i kamaxlarnas kedjedrevsändar är i linje med motsvarande ÖD-märken på kamaxellageröverfallen.

25 Håll kamaxlarna stadigt på plats med en skiftnyckel på de plana ytorna i den änden av axeln som är vänd mot svänghjulet/drivplattan, och lossa bultarna **(se bild 5.26)**. Ta inte bort dem än.

26 Skruva loss bulten på överföringshjulet och ta bort kamkedjespännaren **(se bild)**. Använd en 27 mm hylsnyckel när du har tagit bort pluggen med fjäder och tryckstång.

27 Skruva loss kamaxeldrevens fästbultar. Haka av dreven från kedjan och ta ut dem ur motorn. Fäst ett gummiband/buntband runt kedjestyrningarna så att inte kedjan hänger ner.

28 Skruva loss de två bultarna som fäster kamkedjekåpan i topplocket **(se bild)**.

29 Arbeta i **omvänd** ordningsföljd **(se bild 6.44)** och lossa stegvis de tio topplocksbultarna ett halvt varv i taget tills alla bultar kan skruvas loss för hand. Bultarna måste skruvas loss med en torxnyckel eftersom de har sex yttre räfflor.

30 När alla topplocksbultar har tagits bort, se till att kamkedjan är placerad så att den svängbara kedjestyrningen inte är i vägen för demontering av topplocket. Lyft av topplocket från motorblocket och placera det på en ren arbetsyta utan att skada fogytan. Ta hjälp av någon om det behövs – topplocket är mycket tungt. Om topplocket sitter fast, försök skaka det en aning för att lossa det från packningen – stick **inte** in en skruvmejsel eller liknande i packningsfogen, då skadas fogytorna. Topplocket sitter på styrstift, så försök inte få loss det genom att knacka det i sidled.

31 Ta bort packningen från motorblockets översida, lägg märke till styrstiften. Om styrstiften sitter löst, ta bort dem och förvara dem tillsammans med topplocket **(se bild)**.

6.26 Ta bort överföringshjulet och skruva sedan loss kamkedjespännaren (vid pilen)

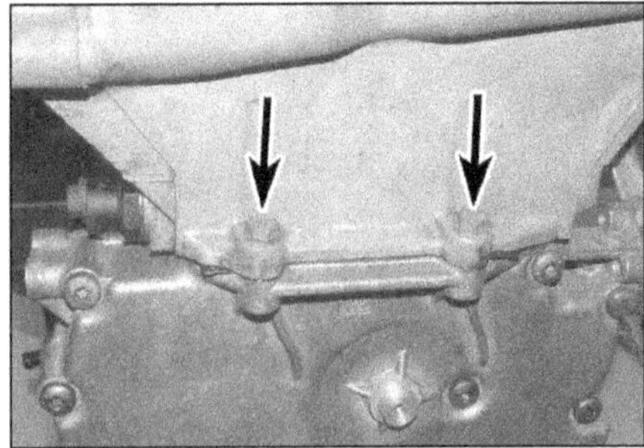

6.28 Skruva loss de två bultarna (vid pilarna) som håller fast kamkedjekåpan i topplocket

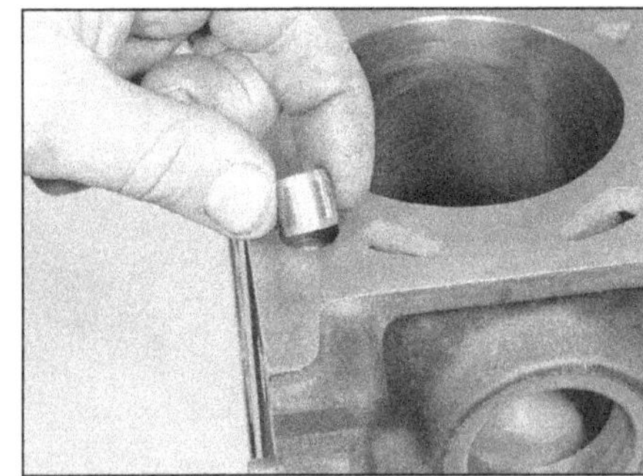

6.31 Ta bort topplockets styrstift

Kasta inte packningen – den kan behövas för identifiering.

32 Om topplocket ska tas isär för reparation ska kamaxlarna demonteras enligt beskrivningen i avsnitt 5.

Förberedelser för montering

33 Fogytorna mellan topplocket och motorblocket måste vara noggrant rengjorda innan topplocket monteras. Använd en skrapa av hårdplast eller trä för att ta bort alla packnings- och sotrester, rengör även kolvkronorna. Var mycket försiktig vid rengöringen, den mjuka lättmetallen skadas lätt. Se också till inte sot kommer in i olje- och vattenledningarna. Detta är särskilt viktigt för smörjsystemet, eftersom sot kan hindra oljetillförseln till motorns komponenter. Försegla vattenkanaler, oljekanaler och bulthål i motorblocket med tejp och papper. Lägg lite fett i glipan mellan kolv och lopp för att förhindra att sot tränger in. När sedan alla kolvar är rengjorda, använd en liten borste/pensel för att ta bort alla spår av fett och kol från öppningen. Torka sedan bort återstoden med en ren trasa. Rengör alla kolvar på samma sätt.

34 Undersök fogytorna på motorblocket och topplocket och leta efter hack, djupa repor och andra skador. Om skadorna är små kan de tas bort försiktigt med en fil, men om de är omfattande måste skadorna åtgärdas med en maskin eller de skadade delarna bytas ut.

35 Kontrollera topplockspackningens yta med en stållinjal om den misstänks vara skev. Se del B i detta kapitel om det behövs.

36 Kontrollera alltid skicket på topplocksbultarna, särskilt gängorna, när de skruvas loss. Rengör bultarna med lämpligt lösningsmedel och torka dem torra. Undersök varje bult efter tecken på synligt slitage eller skador, byt ut bultar om det behövs. Mät längden på alla bultarna och jämför med längden på en ny bult. Även om Saab inte anger att bultarna måste bytas rekommenderar vi att hela uppsättningen bultar byts ut om motorn har gått långt.

Montering

37 Om kamaxlarna har demonterats, montera dem enligt beskrivningen i avsnitt 5.

38 Rengör topplockets och motorblockets/vevhusets fogytor. Kontrollera att de två styrstiften är korrekt placerade på motorblocket.

39 Placera en ny topplockspackning på motorblockets yta och se till att den är placerad med rätt sida upp.

40 Kontrollera att varje kamaxel är i ÖD-läge – inställningsmärkena är placerade på den främre delen av kamaxeln och ska vara i linje med märkena på lageröverfallen – se avsnitt 3

41 Vrid vevaxeln ett kvarts varv bort från ÖD. Alla fyra kolvarna står nu en bit in i sina lopp och är inte i vägen när du sätter tillbaka topplocket.

42 Kontrollera att kamkedjan är korrekt placerad på kedjestyrningarna, sänk därefter försiktigt ner topplocket på motorblocket i linje med styrstiften.

43 Applicera lite fett på topplocksbultarnas gängor och på undersidan av bultskallarna. Sätt i bultarna och dra åt dem för hand.

44 Dra åt topplocksbultarna stegvis i rätt ordningsföljd. Använd en momentnyckel och dra åt topplocksbultarna till angivet moment för steg 1 **(se bild)**.

45 Dra åt topplocksbultarna till angivet moment för steg 2 i samma ordning.

46 När alla topplocksbultar är åtdragna till steg 2 ska de vinkeldras till steg 3 i samma ordningsföljd med en hylsa med förlängningsskaft. Använd ett vinkelmått under det här momentet för att garantera att bultarna dras åt korrekt **(se bild)**.

Om du inte har någon mätare kan du göra inställningsmarkeringar mellan bultskallen och topplocket med vit färg innan du drar åt. Markeringarna kan sedan användas för att kontrollera att bulten har vridits till rätt vinkel vid åtdragningen.

47 Rotera vevaxeln ett kvarts varv tillbaka till ÖD-läget (se avsnitt 3).

48 Sätt i och dra åt de två bultarna som fäster kamkedjekåpan på topplocket.

49 Kontrollera att de båda kamaxlarna är i linje vid sina respektive ÖD-lägen enligt beskrivningen i kapitel 3. Fäst kamaxeldreven i kamkedjan (enligt beskrivningen i kapitel 2B, avsnitt 10) och montera dreven på kamaxlarna, montera först insugsdrevet, sedan avgasdrevet. Skruva inte åt bultarna helt i det här stadiet. Kontrollera att kamkedjan är korrekt placerad på styrningarna och kedjedreven.

50 Montera kamkedjespännaren enligt beskrivningen i kapitel 2B, avsnitt 10.

51 Använd en hylsnyckel på vevaxelns remskiva och vrid motorn två kompletta varv medurs, kontrollera att inställningsmärkena fortfarande är korrekt inriktade.

52 Dra åt kamaxeldrevets fästbultar till angivet moment, håll fast kamaxlarna med en nyckel på de plana punkterna i den axelände som är vänd mot växellådan.

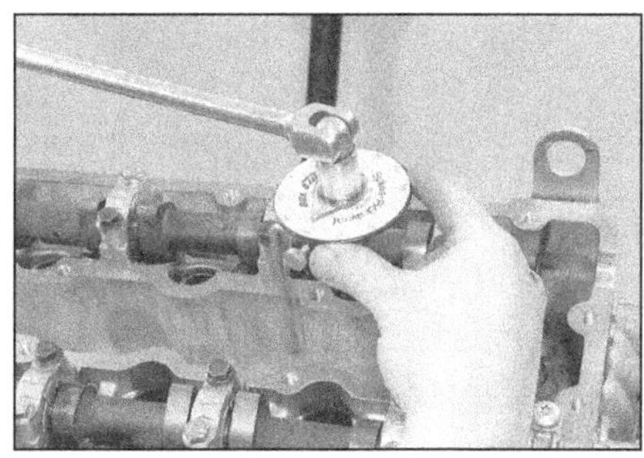

6.46 Använd ett vinkelmått för att dra åt topplocksbultarna till vinkeln för steg 3

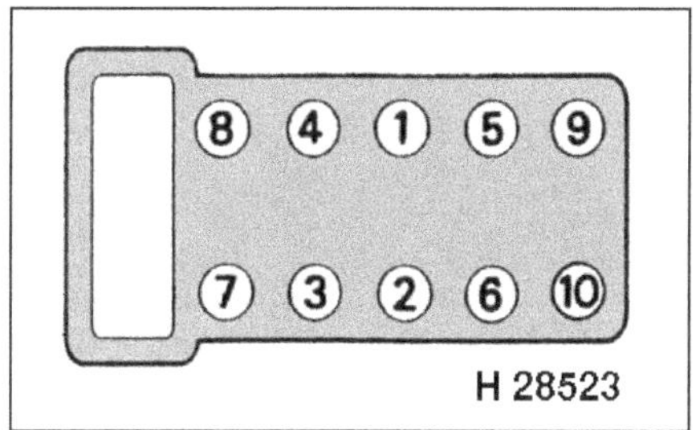

6.44 Topplocksbultarnas åtdragningsordning

53 Montera ventilkåpan enligt beskrivningen i avsnitt 4, montera sedan tändstiften enligt beskrivningen i kapitel 1.

54 Montera insugsröret enligt beskrivningen i kapitel 4A. Fäst motorns lyftöglor och kabelhärvans stödfäste på sina platser.

55 Återanslut kylvätskeslangarna för gasspjällshuset, termostathuset och kupévärmaren till respektive port på topplocket och dra åt slangklämmorna ordentligt.

56 Placera röret till motorns oljemätsticka intill topplocket och fäst det med fästskruven.

57 Återanslut vakuum- och vevhusventilationsslangarna till ventilkåpan.

58 Montera det främre avgasröret till turboaggregatet och dra åt bultarna till angivet moment enligt beskrivningen i kapitel 4A.

59 Montera servostyrningspumpen enligt beskrivningen i kapitel 10.

60 Sätt tillbaka generatorn enligt kapitel 5A och montera sedan drivremmen enligt beskrivningen i kapitel 1.

61 Montera insugstrumman och luftflödesmätaren enligt beskrivningen i kapitel 4A.

62 Sätt tillbaka turboaggregatets vevhusventilationsrör och montera sedan insugstrummorna mellan laddluftskylaren och gasspjällshuset.

63 Montera kåpan över insugsröret och sätt i oljepåfyllningslocket/mätstickan.

64 Återanslut batteriets minusledare och sätt tillbaka batterikåpan.

65 Montera mittpanelen under kylaren följt av högra hjulhusets innerskärm och skärmlist.

66 Montera höger framhjul och sänk ner bilen.

67 Fyll på kylsystemet (se kapitel 1).

68 Starta motorn och observera säkerhetsanvisningarna i kapitel 2B, avsnitt 23.

7 Oljesump – demontering och montering

Demontering

1 Dra åt handbromsen, lyft upp framvagnen och ställ den på pallbockar (se *Lyftning och stödpunkter*). Ta bort batterikåpan och koppla loss minusledaren.

2 Ta bort båda framhjulen. Skruva loss fästskruvarna och sänk ner den undre skyddskåpan under bilen

7.4 Modell med två lambdasonder – kontaktdon vid pilarna

3 Ta bort den övre motorkåpan och tappa av motoroljan. Rengör och sätt tillbaka oljepluggen och dra åt den till angivet moment. Ta bort oljemätstickan från röret och placera en ren trasa över påfyllningshalsen för att hindra att smuts kommer in. Om motorn närmar sig sitt serviceintervall, då oljan och filtret ska bytas ut, rekommenderas att även filtret tas bort och byts ut mot ett nytt. Efter återmontering kan motorn fyllas med ny olja. Se kapitel 1 för ytterligare information.

4 Koppla ur lambdasondens kontaktdon som sitter på ett fäste till vänster om topplocket **(se bild)**.

5 Skruva loss det främre avgasröret från turboaggregatet enligt beskrivningen i kapitel 4A. Skruva loss det främre röret från stödfästena och dra bort det från motorrummets undersida. **Observera:** *Den rörliga delen av avgasröret FÅR INTE utsättas för för hög belastning, eftersom det kan börja läcka och till slut gå av.*

6 Skruva loss fästbultarna och ta bort svänghjulets skyddsplåt från oljesumpens växellådssida **(se bild)**.

7 Där så är tillämpligt, koppla loss vevhusets ventilationsslang från baksidan av sumpen.

8 Skruva stegvis loss bultarna som håller fast oljesumpen i motorblocket. Låt en eller två bultar sitta kvar så att inte sumpen faller ner.

9 Ta sedan bort de kvarvarande bultarna och sänk ner oljesumpen på marken. Ta isär fogen mellan sumpen och vevhuset genom att slå till sumpen med handflatan.

10 Du kan behöva använda en hävarm

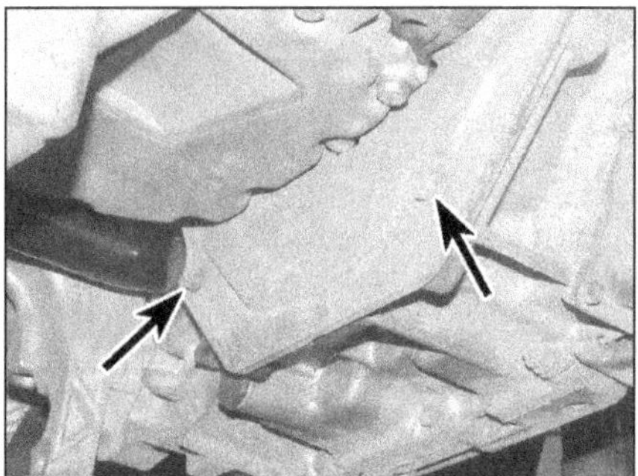

7.6 Skruva loss fästbultarna (vid pilarna) och ta bort skyddsplåten

mellan innerflygeln och vevaxelns remskiva för att flytta motorn till vänster så att oljesumpen kan tas bort.

11 Passa på att undersöka om oljepumpens pickup/sil är blockerad eller skadad medan oljesumpen är borttagen **(se bild)**.

Montering

12 Ta bort alla spår av tätningsmedel från motorblockets/vevhusets och oljesumpens fogytor, rengör sedan oljesumpen och motorn invändigt med en ren trasa.

13 Se till att oljesumpens och motorblockets fogytor är rena och torra, stryk därefter på ett tunt lager lämpligt tätningsmedel (ca 1 mm tjockt) på sumpens fläns **(se bild)**.

14 Passa in oljesumpen och montera fästbultarna, dra åt dem stegvis till angivet moment.

15 Se kapitel 4A och montera det främre avgasröret. Applicera lämpligt antikärvningsmedel på pinnbultarna mellan det främre avgasröret och turboaggregatet och dra åt pinnbultsmuttrarna till angivet moment. Montera fästbulten mellan det främre avgasröret och stödfästet och dra åt den ordentligt.

16 Sätt tillbaka svänghjulets skyddsplåt på oljesumpen.

17 Montera de främre skyddskåporna under framvagnen och dra åt fästskruvarna.

18 Montera framhjulen och sänk ner bilen.

19 Återanslut lambdasondens kontaktdon.

20 Fyll på motorn med rätt mängd olja av rätt kvalitet enligt beskrivningen i kapitel 1, rengör

därefter oljemätstickan/påfyllningslocket och montera det.

21 Starta motorn och låt den värmas upp. Undersök områdena runt oljesumpens fogytor efter tecken på läckage.

8 Oljepump – demontering, kontroll och montering

Demontering

1 Dra åt handbromsen och lyft med hjälp av en domkraft upp framvagnen på pallbockar (se *Lyftning och stödpunkter*). Ta bort det högra framhjulet.

2 Skruva loss fästskruvarna och ta loss hjulhusets innerskärm. Ta sedan loss servostyrningsröret från kryssrambalken.

3 Stötta motorn under dess högra sida. Skruva loss fästbultarna och lossa det övre högra motorfästet från bilen.

4 Ta bort drivremmen enligt beskrivningen i kapitel 1.

5 Lossa centrumbulten på vevaxelns remskiva. För att det ska gå måste vevaxeln hållas stilla med någon av följande metoder. På modeller med manuell växellåda, låt en medhjälpare trycka ner bromspedalen och lägga i 4:ans växel. Alternativt, ta bort svänghjulskåpan eller startmotorn enligt beskrivningen i kapitel 5A, för sedan in en flatbladig skruvmejsel genom växellådans svänghjulskåpa och haka fast den i startkransen för att hindra vevaxeln från att vrida sig. På modeller med automatväxellåda bör endast den senare metoden användas.

6 Ta bort vevaxelremskivans bult och dra bort remskivan och navet från änden av vevaxeln. Om de sitter fast kan du behöva bända lätt **(se bild)**.

7 Dra ut den stora låsringen och dra bort oljepumpskåpan från kamkedjekåpan. Observera att låsringen är hårt spänd och att det behövs en stor låsringstång för att trycka ihop den. Observera även inställningspilarna på kåpan och kamkedjekåpan **(se bilder)**.

8 Ta bort O-ringstätningen från spåret i kåpan **(se bild)**.

9 Notera hur vevaxelns oljetätning är

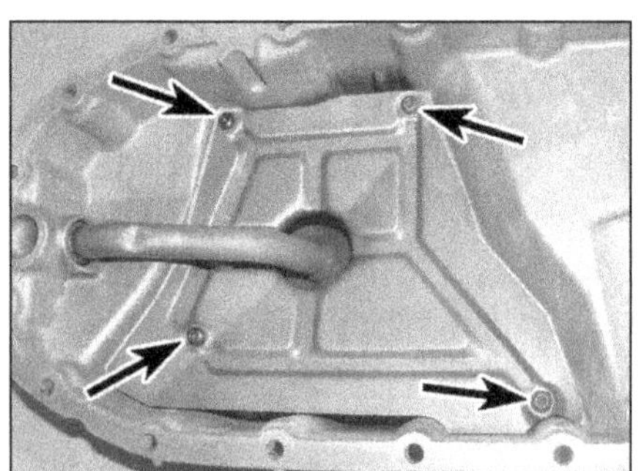

7.11 Skruva loss fästbultarna (vid pilarna) och ta bort oljepumpens pickup och sil

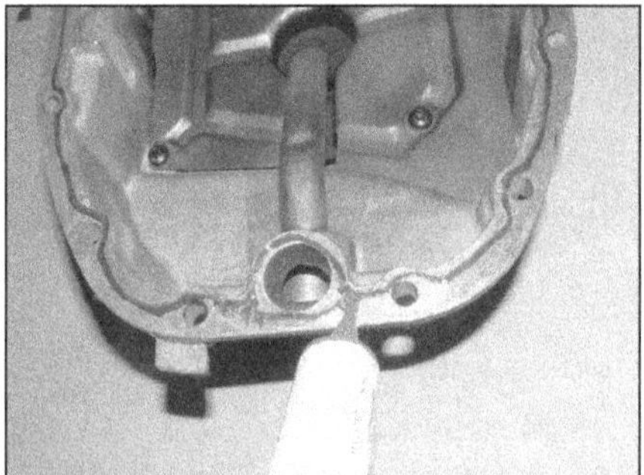

7.13 Lägg tätningsmedel på oljesumpens fläns

8.6 Ta bort vevaxelremskivans bult och därefter remskivan

8.7a Använd en låsringstång för att dra ut oljepumpskåpans låsring

8.7b Ta bort oljepumpskåpan från kamkedjekåpan

8.7c Inställningspilar på oljepumpskåpan

placerad i oljepumpskåpan, bänd sedan bort den med en skruvmejsel **(se bild)**.

Kontroll

10 Rengör pumpkugghjulens innerytor och märk dem med märkpenna för att underlätta placeringen vid återmonteringen. Det är viktigt att kugghjulen placeras i samma positioner på sina ursprungliga platser vid monteringen. Observera att det yttre kugghjulet är placeratså att stanshålet är riktat utåt.

11 Ta bort kugghjulen från kamkedjekåpan (oljepumpshuset) – kom ihåg att hålla ordning på monteringsmarkeringarna **(se bilder)**.

12 Skruva loss pluggen och ta bort avlastningsventilens fjäder och tryckkolv, notera åt vilket håll de är placerade **(se bild)**. Ta loss pluggens bricka.

13 Rengör komponenterna och kontrollera om de är slitna eller skadade. Undersök kugghjulen och huset efter tecken på slitage och repor. Använd ett bladmått och kontrollera avståndet mellan det yttre kugghjulet och kamkedjekåpan, se Specifikationer **(se bild)**. Vid kraftigt slitage måste hela pumpenheten bytas ut.

14 Undersök avlastningsventilens tryckkolv efter tecken på slitage eller skador och byt ut den om det behövs. Jämför avlastningsventilens fjäder med en ny fjäder för att se om den är sliten. Om du är tveksam bör den också bytas ut.

15 Vid tecken på smuts eller avlagringar i oljepumpen kan det vara nödvändigt att demontera oljesumpen (se avsnitt 7), och rengöra oljeupptagaren/silen.

16 Sätt i tryckkolven och fjädern i avlastningsventilen, montera därefter pluggen tillsammans med en ny bricka och dra åt pluggen.

17 Smörj kugghjulen med ny motorolja, placera dem sedan på sina ursprungsplatser i oljepumpshuset. Kugghjulen måste placeras med identifikationsmarkeringen utåt, se punkt 11.

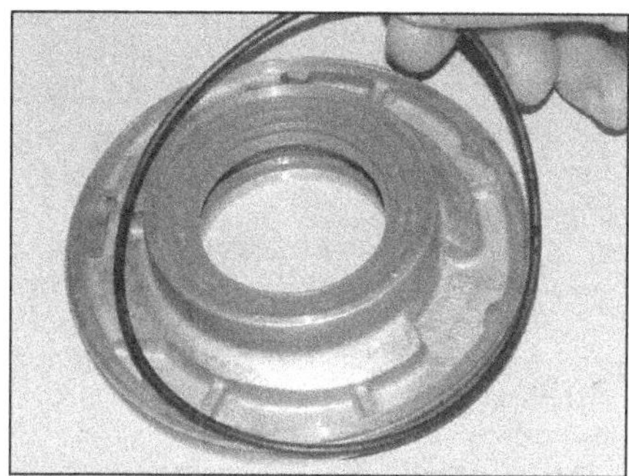

8.8 Ta bort O-ringstätningen från spåret i oljepumpskåpan

8.9a Använd ett skjutmått och kontrollera hur djupt vevaxelns oljetätning sitter i pumpkåpan . . .

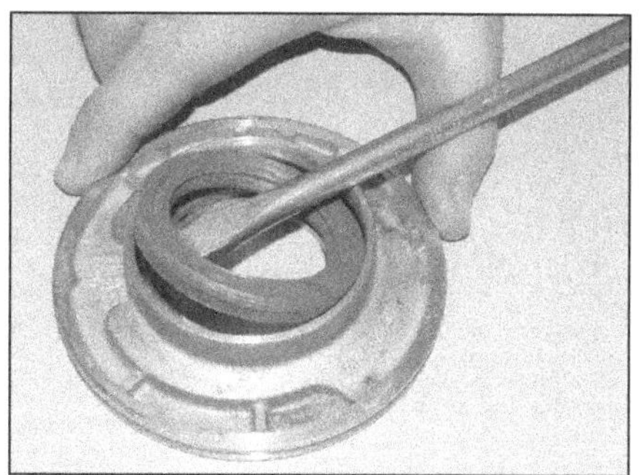

8.9b . . . innan du bänder ut oljetätningen från kåpan

8.11a Skruva loss det inre kugghjulet . . .

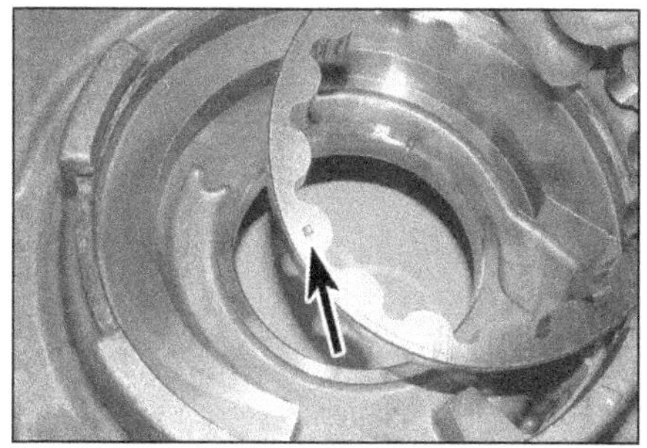

8.11b . . . och det yttre kugghjulet från kamkåpan. Notera att placeringsmarkeringen (vid pilen) är riktad utåt

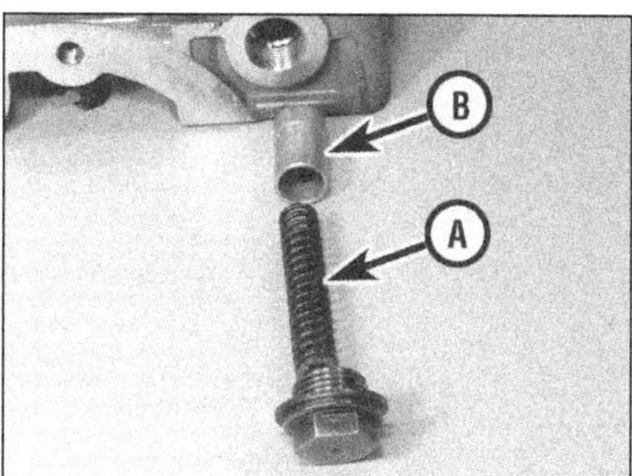

8.12 Skruva loss pluggen och ta bort avlastningsventilens fjäder (A) och tryckkolv (B)

8.13 Kontrollera spelet mellan oljepumpens yttre kugghjul och kamkåpan

8.18 **Montera en ny tätning till oljepumpens kåpa**

Montering

18 Rengör oljetätningens säte i pumpkåpan och montera en ny oljetätning i kåpan **(se bild)**. Se till att den placeras på tidigare noterat djup.

19 Montera en ny O-ringstätning och sätt in oljepumpen i kamkåpan, se till att inställningspilarna pekar mot varandra. Montera den stora låsringen i spåret så att fasningen är riktad utåt och öppningen är riktad nedåt.

20 Placera vevaxelns remskiva och nav på änden av vevaxeln. Sätt i mittbulten och dra åt den till angivet moment, håll fast vevaxeln på något av de sätt som beskrivs i punkt 5.

21 Montera drivremmen enligt beskrivningen i kapitel 1.

22 Montera hjulhusets innerskärm och skärmlisten och dra åt skruvarna.

23 Montera hjulet och sänk ner bilen.

24 Innan motorn startas, sätt tändsystemet ur drift genom att koppla loss tändningens kabelhärva till DI-kassetten (se kapitel 5B), ta sedan bort bränslepumpens säkring (se kapitel 12). Dra runt motorn på startmotorn tills oljetrycket är återställt och varningslampan för oljetrycket slocknar. Återanslut tänd- och bränslesystemen och kör motorn för att leta efter läckor.

9 Oljekylare och termostat – demontering och montering

Oljekylare/adapter

Demontering

1 En oljekylare/adapter sitter mellan oljefiltret och motorblocket. Om motorn närmar sig sitt serviceintervall, då oljan och filtret ska bytas ut, bör filtret tas bort och bytas ut mot ett nytt. Efter återmontering kan motorn fyllas med ny olja. Se kapitel 1 för ytterligare information.

2 Tappa ur motoroljan enligt beskrivningen i kapitel 1, sätt sedan tillbaka avtappningspluggen och dra åt den.

3 Hissa upp bilens framvagn och stöd den på pallbockar (se *Lyftning och stödpunkter*). Skruva loss fästskruvarna och ta bort den nedre kåpan/framspoilern.

4 Placera en behållare under oljekylaren, som sitter framtill i motorrummet på höger sida. Skruva loss anslutningarna från den övre och nedre delen av oljekylaren **(se bilder)**. Låt oljan rinna ner i behållaren.

5 Skruva loss fästbultarna och ta bort oljekylaren från motorrummet **(se bild)**.

Montering

6 Montering utförs i omvänd ordning, dra åt anslutningarna till angivet åtdragningsmoment. Fyll på med olja i motorn enligt beskrivningen i kapitel 1. Avsluta med att starta motorn och köra den på snabb tomgång i flera minuter så att oljan hinner fylla oljekylaren. Kontrollera oljenivån och fyll på med motorolja om det behövs enligt beskrivningen i *Veckokontroller*.

Termostat

Demontering

7 Termostaten för oljetemperatur sitter framtill på höger sida av oljefiltrets kylare/adapter.

8 Tappa ur motoroljan enligt beskrivningen i kapitel 1. Sätt sedan tillbaka avtappningspluggen och dra åt den.

9 Placera en behållare under termostaten och skruva ur pluggen, ta loss tätningen/brickan och låt den överflödiga oljan rinna ner i behållaren **(se bild)**.

10 Ta loss termostaten och fjädern från filteradaptern **(se bild)**.

Montering

11 Montera den nya termostaten i filteradaptern och se till att flänsen vilar i fördjupningen i huset.

12 Skjut in fjädern på plats och sätt tillbaka tätningen/brickan på pluggen, skruva in pluggen i filterhuset och dra åt till angivet moment.

13 Fyll på med olja i motorn enligt beskrivningen i kapitel 1. Avsluta med att starta motorn och köra den på snabb tomgång i flera minuter. Leta sedan efter tecken på läckage kring termostatpluggen. Kontrollera motoroljenivån och fyll på om det behövs (se *Veckokontroller*).

9.4a **Skruva loss oljerörets fästbult (vid pilen) . . .**

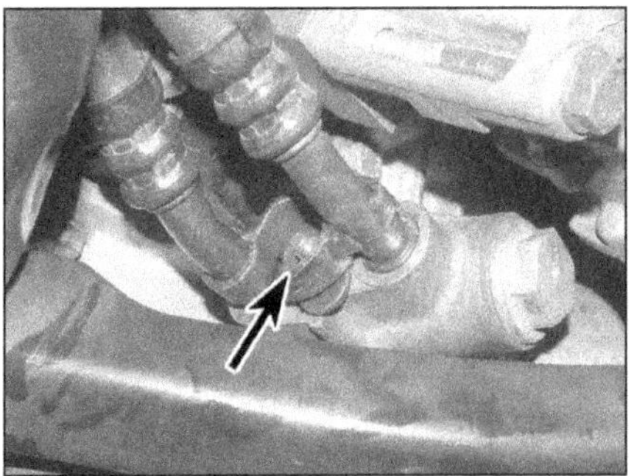

9.4b **. . . och oljerörets fästbygel och mutter (vid pilen) från oljekylaren**

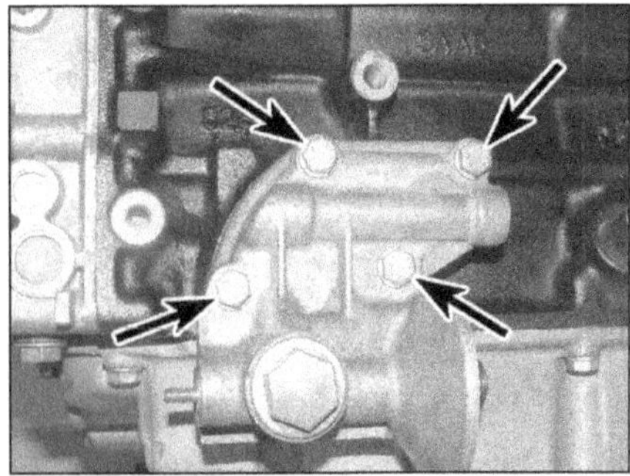

9.5 **Skruva loss fästbultarna (vid pilarna) och ta bort oljekylaren**

9.9 **Skruva loss pluggen för att komma åt termostaten**

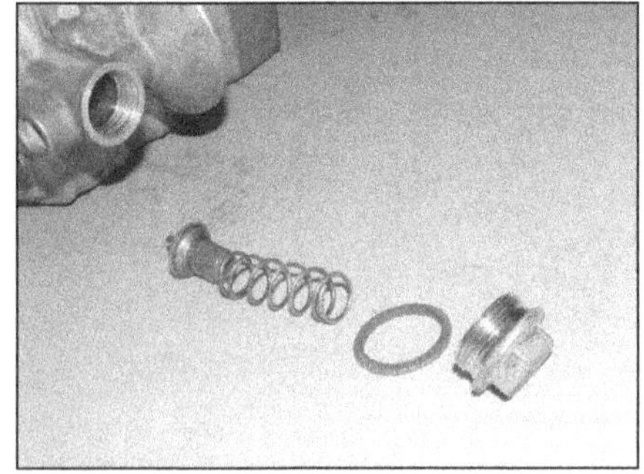

9.10 **Termostat, fjäder, tätningsbricka och fästbult/plugg**

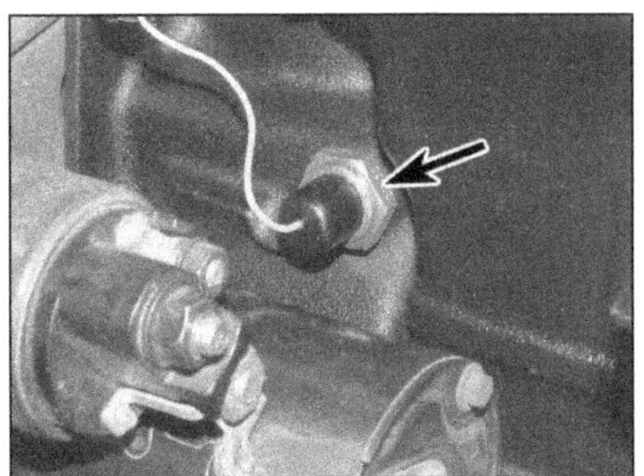

10.1 Oljetryckskontakten (vid pilen) är fastskruvad på baksidan av motorblocket

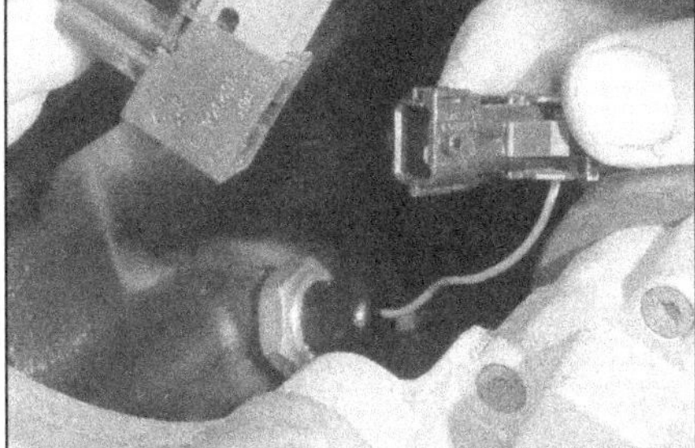

10.2 Lossa oljetryckskontaktens kablage

10.3 Använd en ringnyckel och ta bort oljetryckskontakten

10 Oljetryckslampans kontakt – demontering och montering

Demontering

1 Oljetryckskontakten sitter fastskruvad på baksidan av motorblocket, under insugsröret och bakom startmotorn **(se bild)**. Börja med att lyfta upp framvagnen och ställa den på pallbockar (se *Lyftning och stödpunkter*).
2 Följ kabeln bakåt från kontakten och koppla loss kontaktdonet **(se bild)**.
3 Lossa kontakten från motorblocket. En del olja kan rinna ut **(se bild)**. Om kontakten ska vara borttagen under en längre tid bör hålet tätas för att hindra smuts från att tränga in.

Montering

4 Rengör kontaktens och monteringshålets gängor. För inte in verktyg eller någon vajer i hålet längst ut på kontakten för att rengöra den, då kan de invändiga komponenterna skadas.
5 Sätt fast kontakten på motorblocket och dra åt ordentligt.
6 Återanslut kontaktdonet.
7 Starta motorn och kontrollera om läckage föreligger, sänk därefter ner bilen. Kontrollera motoroljenivån och fyll på om det behövs (se *Veckokontroller*).

11 Vevaxelns oljetätningar – byte

Höger oljetätning

***Observera:** Nedan beskrivs hur tätningen monteras på plats. Se avsnitt 8 för information om demontering av oljepumpens kåpa och byte av tätning utanför motorn.*

1 Dra åt handbromsen, lyft med hjälp av en domkraft upp framvagnen och ställ den på pallbockar (se *Lyftning och stödpunkter*). Ta bort höger framhjul. Skruva loss fästskruvarna och ta bort hjulhusets innerskärm. Om så är tillämpligt, ta loss servostyrningsröret från kryssrambalken.
2 Stötta motorn under dess högra sida. Skruva loss fästbultarna och lossa det övre högra motorfästet från bilen (se avsnitt 13).
3 Ta bort drivremmen enligt beskrivningen i kapitel 1.
4 Skruva loss och ta bort mittbulten från vevaxelns remskiva. För att det ska gå måste vevaxeln hållas på plats med någon av följande metoder. På modeller med manuell växellåda, låt en medhjälpare trycka ner bromspedalen och lägga i 4:ans växel. Alternativt, ta bort svänghjulets skyddsplåt enligt beskrivningen i kapitel 5A. För sedan in en flatbladig skruvmejsel genom växellådans svänghjulskåpa och spärra startkransen för att hindra vevaxeln från att vrida sig. På modeller med automatväxellåda bör endast den senare metoden användas.
5 Dra bort vevaxelns remskiva och nav från änden på vevaxeln. Använd försiktigt två hävarmar om remskivan eller navet sitter hårt.
6 Notera hur djupt oljetätningen sitter i huset och bänd sedan bort oljetätningen ur oljepumpshuset med hjälp av en skruvmejsel. Alternativt, stansa eller borra två små hål mitt emot varandra i tätningen. Skruva i självgängande skruvar i hålen och dra i skruvhuvudena med en tång för att få ut tätningen. Du kan även ta bort oljepumpens kåpa enligt beskrivningen i avsnitt 8 och ta bort oljetätningen på bänken **(se bilder i avsnitt 8)**.
7 Rengör sätet i oljepumpshuset, smörj sedan in kanterna på den nya oljetätningen med ren motorolja och placera den i huset. Se till att tätningens slutna ände är vänd utåt. Använd en lämplig rörformig dorn (t.ex. en hylsa) som bara ligger an mot tätningens hårda ytterkant, slå in tätningen på sin plats och se till att den sitter lika djupt som den gjorde före demonteringen.
8 Placera vevaxelns remskiva och nav på änden av vevaxeln. Sätt i mittbulten och dra åt den till angivet moment, håll fast vevaxeln på något av de sätt som beskrivs i punkt 4.
9 Montera drivremmen enligt beskrivningen i kapitel 1 och sätt sedan tillbaka motorfästet.
10 Sätt tillbaka hjulhusets innerskärm och skärmlisten och dra åt skruvarna.
11 Montera tillbaka hjulet och sänk ner bilen.

Vänster oljetätning

12 Demontera svänghjulet/drivplattan enligt beskrivningen i avsnitt 12.
13 Anteckna hur djupt tätningen sitter i huset. Stansa eller borra två små hål mitt emot varandra i tätningen. Skruva in självgängande skruvar i hålen och dra i skruvhuvudena med tång för att få ut tätningen. En alternativ metod är att bända ut tätningen med hjälp av en skruvmejsel.
14 Rengör oljetätningens säte, smörj därefter kanterna på den nya oljetätningen med ny motorolja och placera försiktigt tätningen på vevaxeländen.
15 Använd ett lämpligt ihåligt dorn som endast trycker på tätningens yttre kanter, driv in tätningen tills den sitter på samma djup som originaltätningen gjorde från början.
16 Torka av oljetätningen och montera sedan svänghjulet/drivplattan enligt beskrivningen i avsnitt 12.

12 Svänghjul/drivplatta – demontering, kontroll och montering

Demontering

1 Demontera växellådan enligt beskrivning i kapitel 7A eller 7B.
2 På modeller med manuell växellåda, demontera kopplingen enligt beskrivning i kapitel 6.
3 Hindra svänghjulet/drivplattan från att vrida sig genom att blockera startkranskuggarna med en bredbladig skruvmejsel eller liknande. Alternativt, sätt ihop svänghjulet/drivplattan med motorblocket/vevaxeln med en bult (använd kopplingens eller momentomvandlarens bulthål).
4 Skruva loss och ta bort fästbultarna, ta bort låsverktyget och demontera svänghjulet/drivplattan från vevaxelflänsen. Observera att enheten är monterad med en enkel låssprint och måste placeras korrekt.

Kontroll

5 På modeller med manuell växellåda måste svänghjulet bytas ut om fogytorna på svänghjulets koppling är kraftigt repade,

12.10 Stryk låsvätska på bultgängorna och dra åt dem till angivet moment

spruckna eller har andra skador. I vissa fall kan det vara möjligt att slipa ytorna – ta hjälp av en Saabverkstad eller en specialist på motorrenoveringar.

6 På modeller med automatväxellåda ska drivplattan undersökas på samma sätt.

7 Om startkransen är mycket sliten eller saknar kuggar kan den bytas ut, men det här jobbet måste överlåtas till en Saabverkstad eller en specialist på motorrenoveringar. Temperaturen som den nya startkransen måste värmas upp till för att kunna installeras är kritisk – om det inte görs korrekt förstörs kuggarnas härdning.

Montering

8 Rengör fogytorna på svänghjulet/drivplattan och vevaxeln. Rengör fästbultarnas gängor och gängorna i hålen på vevaxeln.

Om en lämplig gängtapp inte finns till hands, skär två skåror i gängorna på en gammal svänghjulsbult och använd denna till att rengöra gängorna.

9 Se till att styrstiftet är i rätt läge, lyft därefter upp svänghjulet och placera det på styrstiftet.

10 Applicera låsvätska på fästbultarnas gängor. Sätt i bultarna och dra åt dem till angivet moment, håll svänghjulet/drivplattan på plats med någon av metoderna som beskrivs i punkt 3 **(se bild)**.

11 På modeller med manuell växellåda, montera kopplingen enligt beskrivning i kapitel 6.

12 Montera växellådan enligt beskrivningen i kapitel 7A eller 7B.

13 Motorns/växellådans fästen - kontroll och byte

Kontroll

1 Lyft upp framvagnen och ställ den på pallbockar för att lättare komma åt (se *Lyftning och stödpunkter*).

2 Motorfästena finns på höger framsida, vänster sida av växellådan under batterihyllan, på baksidan av motorn och, på vissa modeller, på ett kardanstag på framsidan.

3 Kontrollera gummifästena för att se om de har spruckit, hårdnat eller släppt från metallen någonstans. Byt fästet vid sådana tecken på skador eller åldrande.

4 Kontrollera att fästenas bultar/muttrar är hårt åtdragna.

5 Använd en stor skruvmejsel eller ett bräckjärn och leta efter slitage i fästet genom att försiktigt försöka bända det för att leta efter fritt spel. Där detta inte är möjligt, låt en medhjälpare vicka på motorn/växellådan framåt/bakåt och i sidled, medan du studerar fästet. Ett visst spel är att vänta även från nya delar, medan ett större slitage märks tydligt. Om för stort spel förekommer, kontrollera först att muttrarna/bultarna är tillräckligt åtdragna, och om det behövs, byt sedan slitna komponenter enligt beskrivningen nedan.

Byte

Höger fäste

6 Dra åt handbromsen, lyft med hjälp av en domkraft upp framvagnen och ställ den på pallbockar (se *Lyftning och stödpunkter*). Ta bort det högra framhjulet.

7 Skruva ur skruvarna och ta bort den högra skärmlisten och hjulhusets innerskärm.

8 Ta bort fästskruvarna och lossa plastkåpan under motorn.

9 Placera en garagedomkraft under motorn och hissa upp domkraften så att den precis lyfter motorn. Se till att domkraften inte ligger mot undersidan av oljesumpen. Använd en träkloss mellan sumpen och domkraftshuvudet. En alternativ metod är att placera en lyftbom över motorrummet och lyfta motorn i lyftöglan till höger om topplocket.

10 Skruva loss bultarna som håller fast motorfästbygeln i motorn och fästmuttern ovanpå motorfästet **(se bild)**. Se till att inte belasta de andra motorfästena när detta utförs.

11 Ta bort motorfästbygeln från bilen genom att lossa servostyrningsslangen från fästklämman **(se bild)**. Skruva loss de tre fästbultarna och ta bort motorfästet från skärmpanelen.

12 Montera det nya fästet i omvänd arbetsordning, se till att bultarna/muttrarna dras åt till angivet moment.

Vänster fäste

13 Dra åt handbromsen, lyft med hjälp av en domkraft upp framvagnen och ställ den på pallbockar (se *Lyftning och stödpunkter*).

14 Ta bort batterikåpan och koppla sedan loss batteriets ledare (minusledaren först). För undan kablarna från batteripolerna.

15 Ta bort fästskruvarna och lossa plastkåpan under motorn.

16 Placera en garagedomkraft under växellådan och hissa upp domkraften så att den precis lyfter motorn och växellådan. På modeller med automatväxellåda, se till att domkraftshuvudet inte ligger an mot växellådans sump. Lägg en träkloss mellan sumpen och domkraftshuvudet. En alternativ metod är att placera en lyftbom över motorrummet och lyfta motorn i lyftöglan till vänster om topplocket.

17 Skruva loss fästmuttern och ta bort batteriet från bilen (koppla loss ventilationsslangen i förekommande fall). Skruva loss de fyra fästbultarna och ta bort batterihyllan från bilen **(se bild)**.

18 Skruva loss bultarna som håller fast fästbygeln för motorn/växellådan i karossen och mittmuttern från fästet **(se bild)**. Se till att växellådan har stöd och att inga andra motorfästen belastas.

19 Ta nu bort fästet från skärmen och

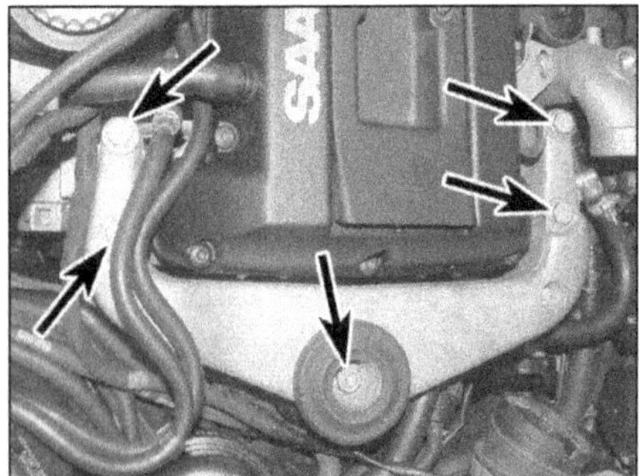

13.10 Skruva loss bultarna och muttern (vid pilarna) och ta bort motorfästbygeln

13.11 Ta loss servostyrningsslangen från fästklämman under motorfästet

13.17 Skruva loss fästbultarna (vid pilarna) och ta bort batterihyllan

13.18 Skruva loss bultarna, muttern och fästskruven (vid pilarna) och ta bort motorfästbygeln

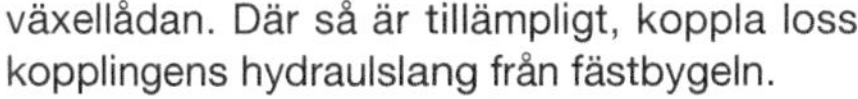

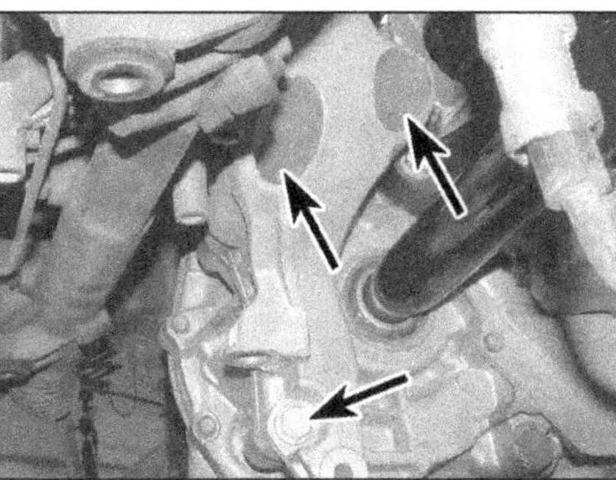

13.31 Skruva loss bultarna (vid pilarna – två övre bultar inuti huset) och ta bort den bakre motorfästbygeln

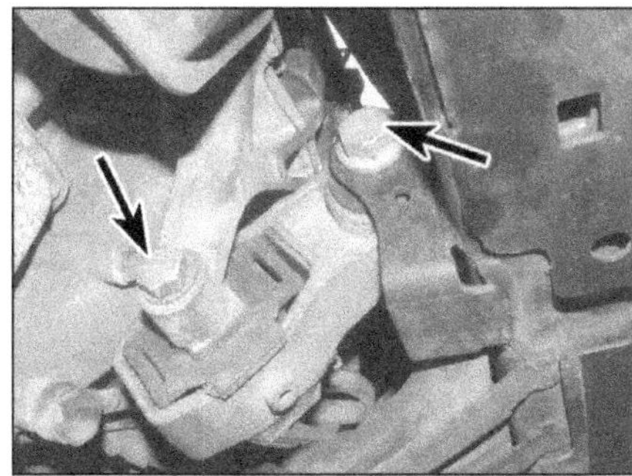

13.35 Skruva loss bultarna (vid pilarna) på det främre motorfästet/kardanstaget

växellådan. Där så är tillämpligt, koppla loss kopplingens hydraulslang från fästbygeln.

20 Vid behov kan växellådans fästbygel tas bort från växellådan genom att fästbultarna skruvas loss från växellådshuset.

21 Montera det nya fästet i omvänd ordning, se till att muttrarna dras åt till det moment som anges i specifikationerna.

Bakre fäste

22 Placera en lyftbom över motorrummet, i linje med fjäderbenstornen. Fäst lyftbommens arm i motorns lyftögla till vänster om topplocket. Höj lyftarmen så mycket att lyftbommen precis börjar lyfta motorn.

23 Ta bort batterikåpan och koppla sedan loss batteriets ledare (minusledaren först). För undan kablarna från batteripolerna. Ta bort motorns toppkåpa.

24 På modeller med manuell växellåda, ta bort staget för växlingens länksystem från den bakre motorfästbygeln.

25 Skruva loss den övre muttern och bultarna som håller fast det bakre motorfästet i kryssrambalken.

26 Haka loss bypassröret och -ventilen från turbointagsröret. Skruva loss fästbultarna och ta bort avgasgrenrörets värmesköld.

27 Koppla loss lambdasondens kablage från kontaktdonet som sitter på en fästbygel i den vänstra kanten av topplocket och ta bort eventuella buntband.

28 Se till att lyftbommen stöder motorn och växellådan helt, skruva sedan loss det bakre motorfästets mittbultar.

29 Lyft upp framvagnen och stöd den ordentligt på pallbockar (se *Lyftning och stödpunkter*). Demontera båda framhjulen.

30 Skruva loss det främre avgasröret från turboaggregatet enligt beskrivningen i kapitel 4A. Skruva loss det främre röret från stödfästena och dra bort det från motorrummets undersida. **Observera:** *Den rörliga delen av avgasröret FÅR INTE utsättas för för hög belastning, eftersom det då kan börja läcka och till slut gå av.*

31 Skruva loss motorfästbygeln från växellådshusets baksida och ta bort den och motorfästet från motorrummet **(se bild)**.

32 Montera det nya fästet i omvänd ordning, se till att muttrarna dras åt till det moment som anges i specifikationerna.

Främre fäste

33 Lyft upp framvagnen och stöd den ordentligt på pallbockar (se *Lyftning och stödpunkter*).

34 Ta bort fästskruvarna och lossa plastkåpan under motorn.

35 Skruva loss de två muttrarna och bultarna som håller fast kardanstagsfästet i växellådan och kryssrambalken **(se bild)**. Staget kan sedan tas ut ur bilen.

36 Vid behov kan växellådans fästbygel tas bort från växellådan genom att fästbultarna skruvas loss från växellådshuset.

37 Montera det nya fästet i omvänd ordning, se till att muttrarna dras åt till det moment som anges i specifikationerna.

Kapitel 2 Del B: Motor – demontering och renovering

Innehåll

Svårighetsgrader

Enkelt, passar novisen med lite erfarenhet 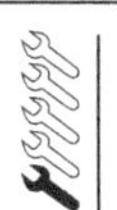	**Ganska enkelt,** passar nybörjaren med viss erfarenhet 	**Ganska svårt,** passar kompetent hemmamekaniker 	**Svårt,** passar hemmamekaniker med erfarenhet 	**Mycket svårt,** för professionell mekaniker

Specifikationer

Topplock

Höjd (nytt)	139,4 till 139,6 mm
Höjd (min)	139,0 mm
Spel mellan ventilstyrning och ventilskaft (max):	
Insug	0,17 mm
Avgas	0,22 mm

Ventiler

Huvuddiameter:	
Insug	33,0 mm
Avgas	29,0 mm
Skaftdiameter:	
Insug	4,970 till 4,985 mm
Avgas	4,950 till 4,965 mm
Ventilfjäder:	
Fri längd	57,1 till 60,1 mm
Monterad längd	37,5 mm
Ventillängd:	
Insug	107,30 mm
Avgas	107,84 mm

Motorblock

Cylinderlopp, diameter:	
Standard (A)	90,000 till 90,020 mm
Standard (B)	90,020 till 90,040 mm
Första överdimension	90,500 till 90,520 mm
Andra överdimension	91,000 till 91,020 mm

Balansaxlar

Axialspel	0,060 till 0,460 mm
Axeltapp, diameter:	
Större, inre	39,892 till 39,908 mm
Mindre, yttre	19,947 till 19,96 mm
Lager, diameter:	
Större, inre	39,988 till 40,043 mm
Mindre, yttre	20,0 till 20,021 mm
Lagerspel	0,080 till 0,151 mm

Kolvar

Observera: *Kolvens diameter mäts i rät vinkel mot kolvbultens hål, 11 mm från mantelns nedre del. Kolvens klassificering är stämplad på kronan.*

Kolvens diameter:	
AB	89,964 till 89,975 mm
B	89,975 till 89,982 mm
Första överdimension (+0,5 mm)	90,457 till 90,475 mm
Andra överdimension (+1,0 mm)	90,957 till 90,975 mm
Nominellt kolvspel (ny)	0,025 till 0,056 mm

Vevstakar

Längd (mitt till mitt):	
B205	159 mm
B235	153 mm

Vevaxel

Axialspel	0,08 till 0,34 mm
Lagertapp, maximal ovalitet	0,005 mm
Ramlagertapp, diameter:	
Standard	57,981 till 58,000 mm
1:a underdimension	57,731 till 57,750 mm
2:a underdimension	57,481 till 57,500 mm
Ramlagerspel	0,014 till 0,062 mm
Vevstakslagertapp, diameter:	
Standard	51,981 till 52,000 mm
1:a underdimension	51,731 till 51,750 mm
2:a underdimension	51,481 till 51,500 mm
Vevstakslagrets spel	0,020 till 0,068 mm

Kolvringar

Ändgap i cylindern:	
Övre kompressionsring	0,30 till 0,50 mm
Nedre kompressionsring	0,30 till 0,50 mm
Skrapring	0,75 till 1,00 mm
Sidspel i ringspår:	
Övre kompressionsring	0,035 till 0,080 mm
Andra kompressionsring	0,040 till 0,075 mm
Oljekontrollring	Ej tillämpligt

Åtdragningsmoment

Se kapitel 2A, Specifikationer

1 Allmän information

Denna del av kapitel 2 innehåller information om demontering av motorn och beskrivning av renovering av topplock, motorblock/vevaxel samt övriga komponenter i motorn.

Informationen sträcker sig från råd angående förberedelser inför renovering och inköp av nya delar till detaljerade beskrivningar steg-för-steg av hur man demonterar, kontrollerar, renoverar och monterar motorns inre komponenter.

Från och med avsnitt 8 bygger alla instruktioner på antagandet att motorn har tagits bort från bilen. Mer information om reparationer med motorn monterad, liksom demontering och montering av de externa komponenter som är nödvändiga vid fullständig renovering, finns i del A i det här kapitlet. Hoppa över de isärtagningsinstruktioner i del A som blir överflödiga när motorn väl har demonterats från bilen.

2 Motorrenovering – allmän information

Det är inte alltid lätt att bestämma när, eller om, en motor ska totalrenoveras eftersom ett antal faktorer måste tas med i beräkningen.

En lång körsträcka är inte nödvändigtvis ett tecken på att bilen behöver renoveras, lika lite som att en kort körsträcka garanterar att det inte behövs någon renovering. Förmodligen är servicefrekvensen den viktigaste faktorn. En motor som har fått regelbundna olje- och filterbyten och annat nödvändigt underhåll bör gå bra i flera tusen mil. En vanskött motor kan däremot behöva en renovering redan på ett tidigt stadium.

Onormalt stor oljeåtgång är ett symptom på att kolvringar, ventiltätningar och/eller ventilstyrningar kräver åtgärdande. Kontrollera att oljeåtgången inte beror på oljeläckage innan du drar slutsatsen att ringarna och/eller styrningarna är slitna. Utför ett kompressionsprov, enligt beskrivningarna i del A i detta kapitel, för att avgöra den troliga orsaken till problemet.

Kontrollera oljetrycket med en mätare som monteras på platsen för oljetryckskontakten och jämför det med det angivna värdet. Om trycket är mycket lågt är troligen ram- och vevstakslagren och/eller oljepumpen utslitna.

Minskad motorstyrka, hackig körning, knackningar eller metalliska motorljud, kraftigt ventilregleringsljud och hög bensinkonsumtion är också tecken på att en renovering kan behövas, i synnerhet om dessa symptom visar sig samtidigt. Om en grundlig service inte hjälper, kan en större mekanisk genomgång vara den enda lösningen.

En motorrenovering innebär att alla interna delar återställs till de specifikationer som gäller för en ny motor. Vid en renovering omborras cylindrarna (om det behövs) och kolvarna och kolvringarna byts ut. Nya ram- och vevlager brukar monteras. Om det behövs kan vevaxelns bytas ut eller slipas om för att återställa axeltapparna. Även ventilerna måste gås igenom, eftersom de vid det här laget sällan är i särskilt gott skick. Medan motorn renoveras kan man samtidigt renovera andra delar, t.ex. strömfördelaren (om tillämpligt), startmotorn och växelströmsgeneratorn. Slutresultatet bör bli en "så gott som ny" motor som kan gå många problemfria mil.

Observera: *Viktiga kylsystemsdelar, t.ex. slangar, termostat och vattenpump, ska också gås igenom i samband med att motorn renoveras. Kylaren ska kontrolleras noggrant så att den inte är tilltäppt eller läcker. Det är dessutom lämpligt att byta ut oljepumpen när motorn renoveras.*

Innan du påbörjar renoveringen av motorn bör du läsa igenom hela beskrivningen för att bli bekant med omfattningen av och förutsättningarna för arbetet. Att göra en renovering av en motor är inte svårt om alla instruktioner följs noggrant, om man har de verktyg och den utrustning som krävs och följer alla specifikationer noga. Däremot kan arbetet ta tid. Planera för att bilen kommer att stå stilla under minst två veckor, särskilt om vissa delar måste tas till en verkstad för reparation eller renovering. Kontrollera att det finns reservdelar tillgängliga och att alla nödvändiga specialverktyg och utrustning kan erhållas i förväg. Större delen av arbetet kan utföras med vanliga handverktyg, även om ett antal precisionsmätverktyg behövs för att avgöra om delar måste bytas ut. Ofta kan en verkstad åta sig att ansvara för inspektion av delar och ge råd om renovering och byten.

Observera: *Vänta alltid tills motorn är helt demonterad och tills alla delar (speciellt motorblocket/vevhuset och vevaxeln) har inspekterats, innan du fattar beslut om vilka service- och reparationsåtgärder som måste överlåtas till en verkstad. Skicket på dessa komponenter är avgörande för beslutet att renovera den gamla motorn eller att köpa en färdigrenoverad motor. Köp därför inga delar och utför inte heller något renoveringsarbete på andra delar, förrän dessa komponenter noggrant har inspekterats.* Generellt sett är tiden den största utgiften vid en renovering, så det lönar sig inte att betala för att sätta in slitna eller undermåliga delar.

Slutligen, den renoverade motorn kommer att få längsta möjliga livslängd med minsta möjliga problem om monteringen utförs omsorgsfullt i en absolut ren miljö.

3 Motordemontering – metoder och rekommendationer

Om motorn måste demonteras för renovering eller omfattande reparationsarbeten ska flera förebyggande åtgärder vidtas.

Det är mycket viktigt att man har en lämplig plats att arbeta på. Arbetsplatsen ska ha tillräckligt med arbetsutrymme och en plats att förvara bilen. Om en verkstad eller ett garage inte finns tillgängligt krävs åtminstone en fast, plan och ren arbetsyta.

Om motorrummet och motorn/växellådan rengörs innan motorn demonteras blir det lättare att hålla verktygen rena och välorganiserade.

En motorlyft eller ett linblock kommer också att behövas. Kontrollera att lyftutrustningen är gjord för att klara större vikt än motorns och växellådans gemensamma. Säkerheten är av högsta vikt, det är ett riskabelt arbete att lyfta motorn/växellådan ur bilen.

Om det är första gången du demonterar en motor bör du ta hjälp av någon. Det underlättar mycket om en erfaren person kan bistå med råd och hjälp. Många moment under arbetet med att demontera en motor kräver att flera uppgifter utförs samtidigt, något en ensam person inte klarar.

Planera arbetet i förväg. Skaffa alla verktyg och all utrustning som behövs innan arbetet påbörjas. Några av de verktyg som behövs för demontering och montering av motorn/växellådan på ett säkert och någorlunda enkelt sätt är (förutom en motorlyft) följande: En garagedomkraft, anpassad till en högre vikt än motorns, en komplett uppsättning nycklar och hylsor enligt beskrivningen i slutet av handboken, träblock och en mängd trasor och rengöringsmedel för att torka upp spill av olja, kylvätska och bränsle. Se till att du är ute i god tid om motorlyften måste hyras, och utför alla arbeten som går att göra utan den i förväg. Det sparar både pengar och tid.

Planera för att bilen inte kan köras under en längre tid. Vissa åtgärder bör överlåtas till en verkstad eftersom man inte kan utföra dessa åtgärder utan tillgång till specialutrustning. Verkstäder är ofta fullbokade, så det är lämpligt att fråga hur lång tid som kommer att behövas för att renovera eller reparera de komponenter som ska åtgärdas redan innan motorn demonteras.

Var alltid mycket försiktig vid demontering och montering av motorn/växellådan. Slarv kan leda till allvarliga skador. Planera i förväg och låt arbetet få ta den tid som behövs, då kan även omfattande arbeten utföras framgångsrikt.

Motorn och växellådan demonteras genom att de sänks ner under motorrummet.

4 Motor och växellåda – demontering, isärtagning och montering

Observera: *Motorn demonteras som en komplett enhet tillsammans med växellådan. Enheten sänks ner under motorrummet och lyfts ut under bilen. Motorn och växellådan kan sedan tas isär för renovering. Observera att det också är möjligt att demontera växellådan utan att demontera motorn – se kapitel 7A eller 7B.*

Demontering

1 Parkera bilen på fast, plant underlag. Klossa bakhjulen och dra åt handbromsen. Det kan vara bra att lossa framhjulsbultarna. Hissa upp framvagnen och ställ den på pallbockar (se *Lyftning och stödpunkter*).

2 Ta bort båda framhjulen och skruva loss hjulhusens innerskärmar och skärmlisterna för att komma åt motorrummet från båda sidor.

3 Skruva loss de undre kåporna från motorn och kylaren.

4 Tappa av kylvätskan enligt beskrivningen i kapitel 1. Spara kylvätskan i en ren behållare om den ska återanvändas.

Varning: Motorn måste vara kall innan kylvätskan tappas av.

5 När kylvätskan är tömd, dra åt avtappningspluggen ordentligt.

6 Ta vid behov bort motorhuven enligt beskrivningen i kapitel 11. Du kan även koppla loss stödstagen från motorhuven och fästa den i helt öppet läge.

7 Ta bort kåporna från motorns grenrör och batteriet och ta sedan bort batteriet enligt beskrivning i kapitel 5A.

8 Skruva loss batterihyllan från sidan av motorrummet och koppla loss jordkablarna mellan växellådan och karossen.

9 På modeller med automatväxellåda, koppla

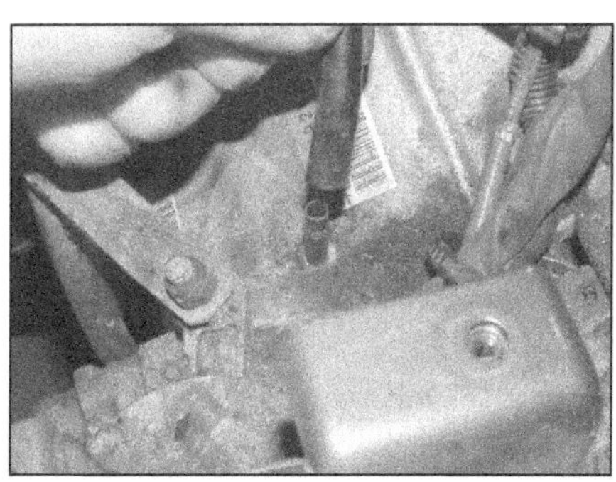
4.9 Koppla loss ventilationsslangen från automatväxellådan

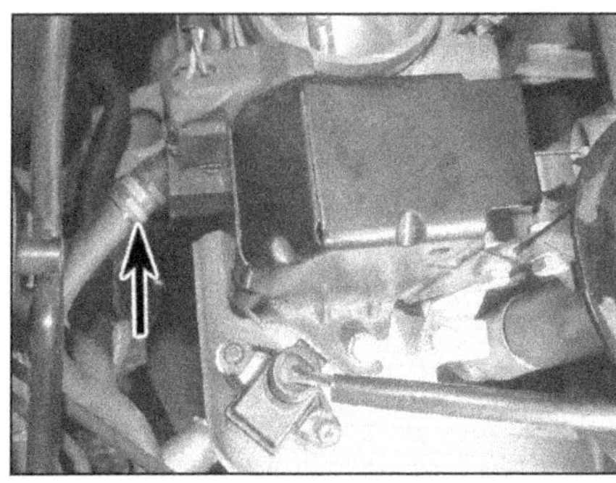
4.12 Koppla loss vakuumslangen (vid pilen) från baksidan av grenröret

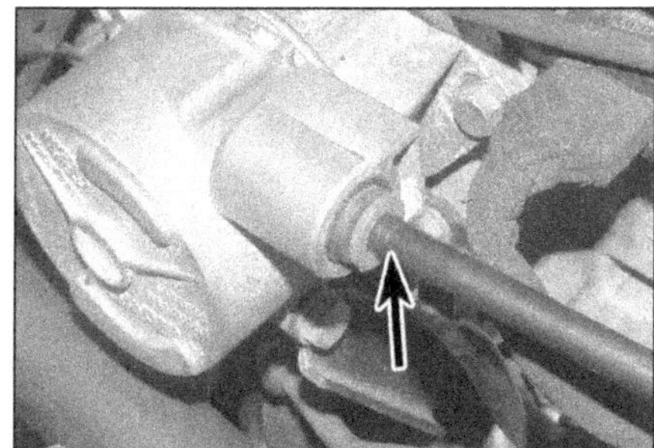
4.13a Tryck in den röda hylsan och dra loss vakuumslangen (vid pilen) från pumpen . . .

4.13b . . . och tryck sedan ner den röda hylsan och dra bort vakuumslangen från grenröret

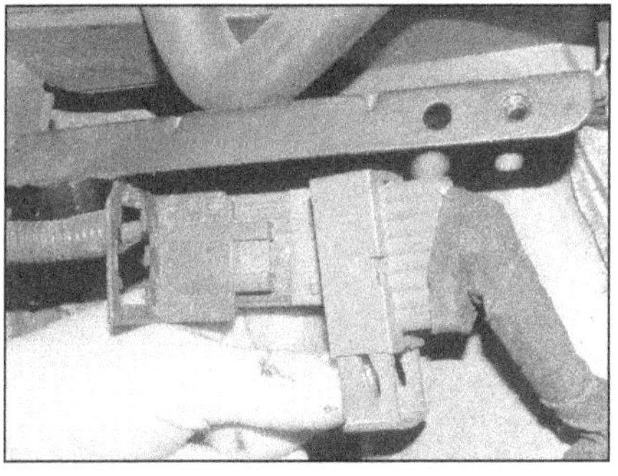
4.16 Koppla loss kablaget till automatväxellådans styrsystem

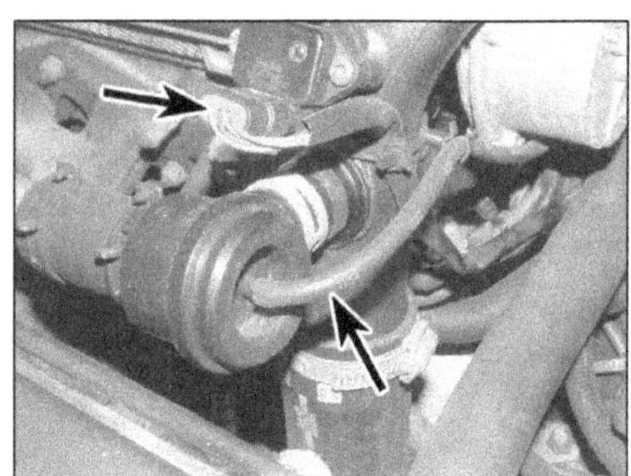
4.18 Koppla loss vakuumslangen och kontaktdonet (vid pilen)

loss ventilationsslangen från växellådan **(se bild)**. Plugga igen den öppna anslutningen för att förhindra att smuts tränger in.

10 På modeller med manuell växellåda, koppla loss kablaget från kontakten till backljuset, ovanpå växellådshuset.

11 Koppla loss gasvajern från gasspjällshuset enligt beskrivningen i kapitel 4A.

12 Lossa fästklämman och koppla loss kanisterrensventilens vakuumslang från grenröret **(se bild)**.

13 Tryck i förekommande fall in den röda hylsan och dra i bromssystemets vakuumslang för att koppla loss den från vakuumpumpen och grenröret **(se bilder)**. Se kapitel 9 för ytterligare information.

14 Koppla loss bränsletillförsel- och returslangen vid snabbanslutningarna enligt beskrivningen i kapitel 4A. Förslut båda ändarna av de öppna bränsleledningarna för att minimera läckaget och förhindra att smuts tränger in.

15 På modeller med manuell växellåda, lossa fästklämman och koppla loss anslutningen till kopplingsvätsketillförseln ovanpå växellådan. Sätt tillbaka fästklämman på anslutningen när du har kopplat loss den så att den inte kommer bort. Förslut båda ändarna av de öppna vätskeledningarna för att minimera läckaget och förhindra att smuts tränger in.

16 Koppla loss växelväljarvajern (modeller med automatväxellåda) eller axeln (manuell växellåda) på baksidan av växellådshuset. Se kapitel 7A eller 7B för mer information. På modeller med automatväxellåda, koppla även bort kabelhärvan till växellådans styrsystem vid de två flervalskontaktdonen på framsidan av batterihyllan **(se bild)**.

17 Lossa slangklämman och koppla loss kylsystemets övre slang från termostathuset och expansionskärlets slang på kanten av topplocket. Koppla även loss värmeslangarna från baksidan av motorn. Se kapitel 3 för ytterligare information.

18 Koppla loss vakuumslangen från bypassventilen framtill i motorrummet. Koppla sedan loss kontaktdonet från tryck-/temperaturgivaren **(se bild)**.

19 Skruva loss fästklämmorna och fästbulten och ta bort luftintagsröret från gasspjällshuset. Skruva sedan loss fästbulten från bypassröret och ta bort det från bilen **(se bilder)**.

20 Ta bort luftflödesgivaren och luftintagsslangen från bilen enligt beskrivningen i kapitel 4A, avsnitt 14.

21 Lossa slangklämman och koppla loss kylarens nedre slang från kylvätskepumpen. Se kapitel 3 för ytterligare information.

22 Ta bort torkararmarna och vindrutans nedre panel som täcker torkarmotorn enligt beskrivningen i kapitel 12.

23 Skruva loss de fyra fästmuttrarna och ta bort gummikåpan. Koppla sedan loss kontaktdonet från den elektroniska styrenheten. Dra bort gummimuffen från torpedväggen och lägg kabelhärvan ovanpå motorn. Ta bort kåpan över kablageanslutningen på torpedväggen och lossa eventuella fästklämmor/buntband **(se bilder)**.

24 Släpp efter på drivremmen och ta bort den från remskivorna. Se kapitel 1 för ytterligare information.

25 Koppla loss servostyrningspumpen från motorfästbygeln och fäst den i kylarens övre tvärbalk med remmar/buntband.

4.19a Skruva loss luftintagsrörets fästbult (vid pilen) . . .

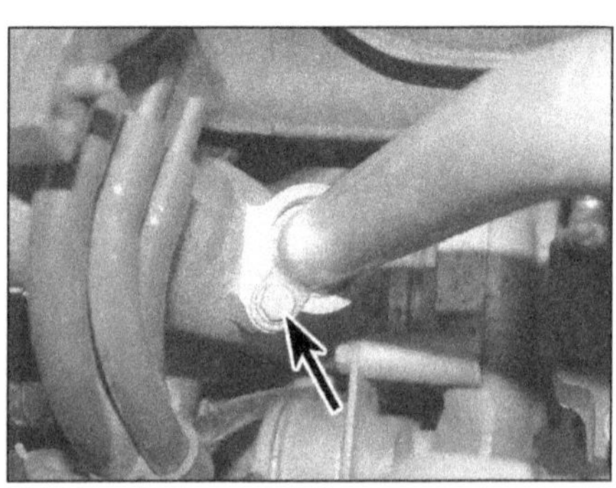
4.19b . . . och bypassrörets fästbult (vid pilen)

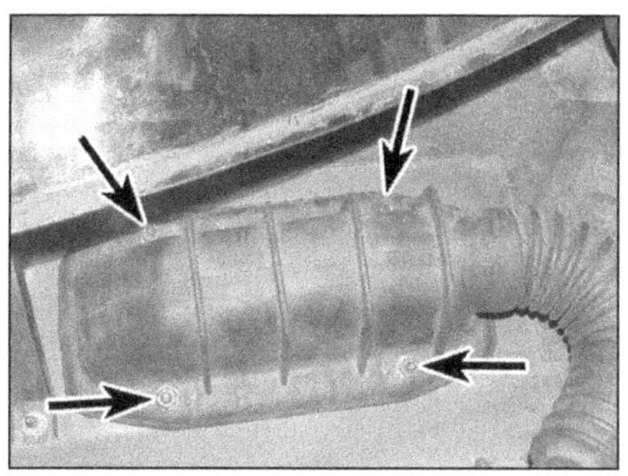

4.23a Ta bort de fyra fästmuttrarna (vid pilarna) . . .

4.23b . . . och lossa multikontakten från styrenheten

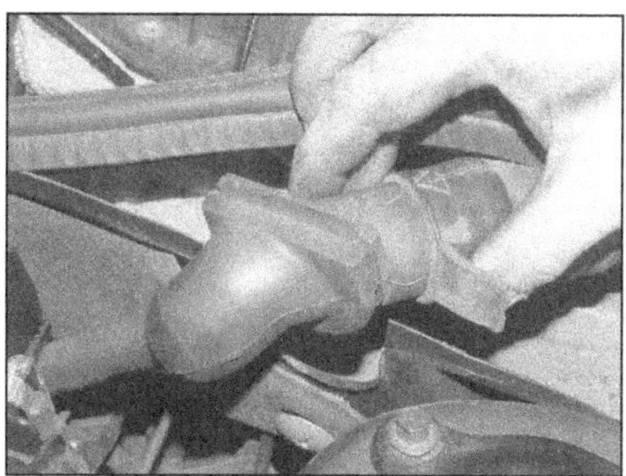

4.23c Dra loss kabelmuffen från torpedväggen

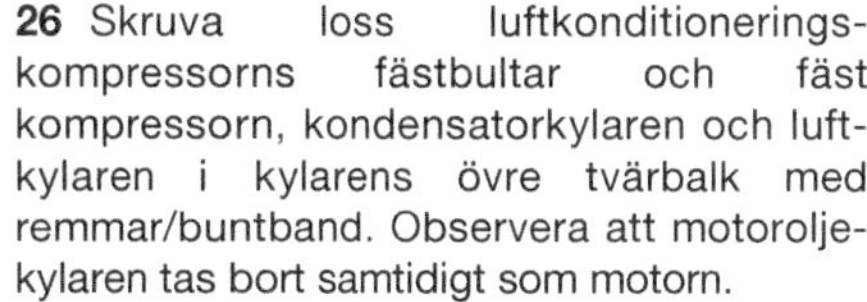

26 Skruva loss luftkonditioneringskompressorns fästbultar och fäst kompressorn, kondensatorkylaren och luftkylaren i kylarens övre tvärbalk med remmar/buntband. Observera att motoroljekylaren tas bort samtidigt som motorn.

27 Koppla loss luftkonditioneringskompressorns kontaktdon och lossa kopplingen på vakuumslangen som är ansluten till övertrycksventilen.

28 Skruva loss fästmuttern och koppla loss oljekylarens rör från oljefilterkåpan. Skruva sedan loss fästbultarna och ta bort motoroljekylaren inklusive kylarrör från bilen **(se bilder)**.

29 På modeller med automatväxellåda, koppla loss snabbanslutningarna från växellådans oljekylare. Täck över ändarna av de öppna vätskerören för att minimera läckaget och förhindra att smuts tränger in.

30 Placera en motorlyft över motorrummet. Fäst lyftarmen i lyftöglorna på båda sidor om topplocket. Du kan behöva ansluta en extra lyftögla till växellådan så att motorn/växellådan kan hållas rakt vid demonteringen. Hissa upp motorlyften tills den precis tar upp motorns/växellådans vikt.

31 Skruva loss de båda drivaxlarna enligt instruktionerna i kapitel 8.

32 Skruva loss den främre kryssrambalken enligt instruktionerna i kapitel 10.

33 Skruva loss och ta bort motorns/växellådans högra och vänstra fästen enligt beskrivningen i kapitel 2A, avsnitt 13.

34 Kontrollera en sista gång att alla komponenter som kan hindra demonteringen av motorn/växellådan är borttagna eller urkopplade. Se till att komponenter som växelväljarstaget, kopplingsvajern och gasvajern är uppfästa så att de inte kan skadas vid demonteringen.

35 Sänk långsamt ner motorn/växellådan från motorrummet och se till att enheten går fri från komponenterna på de omgivande panelerna. Var extra noga med att inte komma åt ABS-enheten eller kylaren. Ta hjälp av någon under det här momentet eftersom motorenheten kan behöva gungas eller vridas för att undvika karosspanelerna. Sänk ner enheten på marken och ta bort den från motorrummets undersida.

Isärtagning från växellådan

36 Om motorn ska tas isär, följ beskrivningen i kapitel 1, tappa av oljan och demontera oljefiltret om det behövs. Rengör och sätt tillbaka avtappningspluggen och dra åt den ordentligt.

37 Stöd motorn/växellådan på lämpliga träblock eller på en arbetsbänk (eller, om inget annat finns till hands, på en rengjord yta på garagegolvet).

38 Ta bort startmotorn enligt beskrivningen i kapitel 5A.

Modeller med manuell växellåda

39 Skruva loss bulten som håller fast turbooljerörets fästbygel i växellådan.

40 Skruva loss och ta bort svänghjulets skyddsplatta från undersidan av växellådans svänghjulskåpa.

41 Se till att både motorn och växellådan har stöd, skruva sedan loss bultarna som fäster svänghjulskåpan vid motorn enligt beskrivningen i kapitel 7A. Anteckna bultarnas respektive placeringar när de tas bort för att underlätta återmonteringen. Dra loss växellådan rakt ut från motorn. Var noga med att inte låta växellådans tyngd vila på den ingående axeln och kopplingslamellen.

4.23d Lossa kåpan från kablagets kontaktdon på torpedväggen

Modeller med automatväxellåda

42 Arbeta genom öppningen som uppstått efter demonteringen av startmotorn och skruva loss bultarna som fäster svänghjulet vid momentomvandlaren **(se bild)**. Vrid motorn med en hylsa på bulten till vevaxelns remskiva för att komma åt alla bultar.

43 Saabs mekaniker använder ett specialverktyg för att hålla momentomvandlaren kvar i växellådan medan växellådan skiljs från

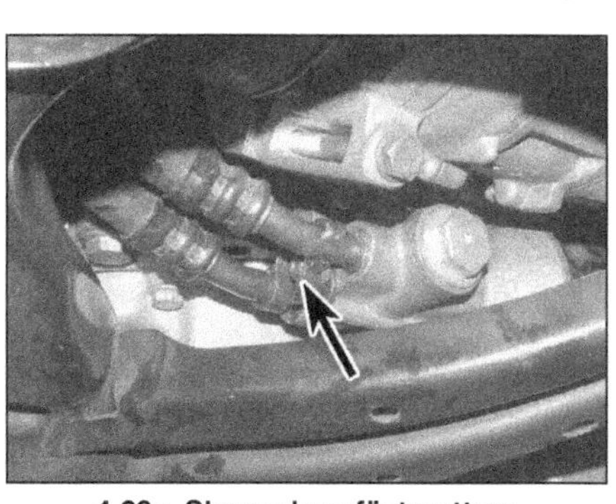

4.28a Skruva loss fästmuttern (vid pilen) . . .

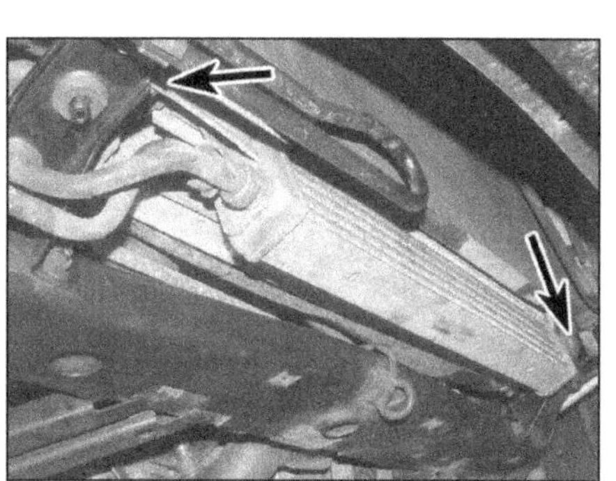

4.28b . . . och fästbultarna (vid pilarna)

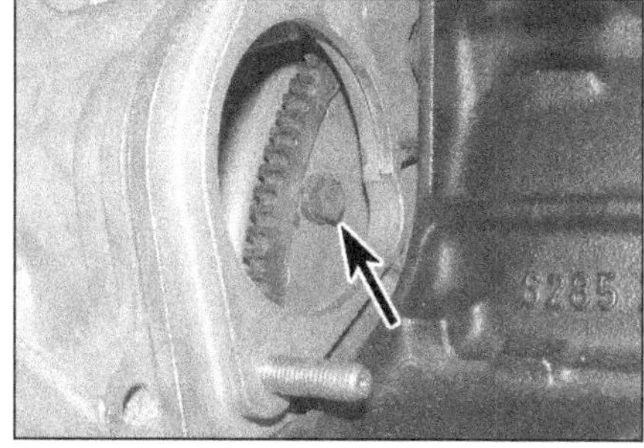

4.42 Skruva loss bultarna (här visas en) som fäster momentomvandlaren i svänghjulet

motorn. Verktyget är ganska enkelt och består av en platta som hakar i momentomvandlaren genom inställningshålet i växellådans överdel.

44 Stötta växellådans tyngd, helst med en lyftanordning.

45 Se till att både motorn och växellådan har stöd, skruva sedan loss bultarna som fäster svänghjulskåpan vid motorn. Anteckna bultarnas respektive placeringar när de tas bort för att underlätta återmonteringen. Dra bort växellådan rakt ut från motorn (se kapitel 7B för mer information). Se till att momentomvandlaren stannar i växellådans svänghjulskåpa, annars kan den falla ut och skadas.

Återanslutning till växellådan

Modeller med automatväxellåda

46 Passa försiktigt in växellådan mot motorn. Se till att momentomvandlaren inte tappar kontakten med växellådan. Använd specialverktyget som beskrivits tidigare (se kapitel 7B för inställningar och mer information).

47 Montera bultarna som fäster växellådan vid motorn och dra åt dem till angivet moment.

48 Ta bort specialverktyget. Sätt därefter i bultarna som fäster drivplattan vid momentomvandlaren och dra åt dem till angivet moment. Vrid motorn med hjälp av en hylsnyckel på vevaxelns remskiva.

Modeller med manuell växellåda

Varning: Om en ny slavcylinder har monterats till kopplingen eller om hydraulvätska har runnit ut från den befintliga slavcylindern, måste cylindern flödas och luftas INNAN växellådan monteras. Se kapitel 6 för mer information.

49 Stryk ett lager fett med hög smältpunkt på spårningen på växellådans ingående axel. Använd inte för mycket fett, då kan kopplingens lamell förorenas med fett.

50 Passa försiktigt in växellådan på motorn. Se till att växellådans tyngd inte hänger på de ingående axlarna när den kopplas ihop med kopplingslamellen. Montera bultarna som fäster växellådan vid motorn och dra åt dem till angivet moment.

51 Om så är tillämpligt, montera och dra åt bultarna som fäster turbooljerörets fäste vid växellådan.

Alla modeller

52 Montera den nedre skyddsplattan till växellådans svänghjulskåpa och dra åt bultarna.

53 Sätt tillbaka startmotorn enligt beskrivningen i kapitel 5A.

Montering

54 Montera motorn och växellådan genom att följa demonteringsanvisningarna i omvänd ordning. Tänk på följande:

a) Hissa upp motorn och växellådan till rätt läge i motorrummet, montera sedan de högra och vänstra motorfästena enligt beskrivningen i kapitel 2A.
b) Montera den främre kryssrambalken enligt beskrivningen i kapitel 10. Sätt tillbaka drivaxlarna enligt beskrivningen i kapitel 8.
c) Dra åt alla muttrar och bultar till angivet moment.
d) Byt alla kopparbrickor på de anslutningar där sådana finns.
e) Återanslut gasvajern enligt beskrivningen i kapitel 4A.
f) Återanslut tillförselröret till slavcylindern enligt beskrivningen i kapitel 6 och lufta sedan den hydrauliska kopplingen.
g) Kontrollera att alla kablar har återkopplats ordentligt och att alla skruvar och muttrar har dragits åt.
h) Fyll på motor och växellåda med olja av rätt grad och kvantitet, se kapitel 1.
i) Fyll på kylsystemet enligt beskrivningen i kapitel 1.
j) Kontrollera och fyll vid behov på servostyrningsvätska enligt beskrivningen i kapitel 1.

5 Motorrenovering – isärtagning

1 Det är betydligt enklare att demontera och arbeta med motorn om den placeras i ett portabelt motorställ. Sådana ställ går oftast att hyra i verktygsbutiker. Innan motorn monteras i stället ska svänghjulet/drivplattan demonteras så att ställets bultar kan dras ända in i motorblocket/vevhuset.

2 Om det inte finns något ställ tillgängligt går det att ta isär motorn om man pallar upp den på en rejäl arbetsbänk eller på golvet. Var noga med att inte välta eller tappa motorn om du jobbar utan ställ.

3 Om du ska skaffa en renoverad motor ska alla yttre komponenter demonteras först, så att de kan flyttas över till den nya motorn (på exakt samma sätt som om du skulle utföra en fullständig renovering själv). Normalt räknas följande komponenter till de yttre komponenterna, men för att vara på den säkra sidan bör du höra dig för där du köpte motorn:

a) Växelströmsgeneratorns fäste (kapitel 5A).
b) DI-kassett och tändstift (kapitel 1 och kapitel 5B).
c) Termostat och termostathus (kapitel 3).
d) Oljemätstickans rör.
e) Luftkonditioneringskompressorns fästkonsol (kapitel 3).
f) Bränsleinsprutningssystem och avgasreningens komponenter (kapitel 4A och 4B).
g) Alla elektriska kontakter och givare samt motorns kabelhärva.
h) Insugs- och avgasgrenrör (kapitel 4A).
i) Oljekylare (kapitel 2A).
j) Motorfästbyglar (kapitel 2A).
k) Svänghjul/drivplatta (kapitel 2A).

Var noga med att notera detaljer som kan vara till hjälp eller av vikt vid återmonteringen när de externa komponenterna demonteras från motorn. Anteckna monteringslägen för packningar, tätningar, distanser, stift, brickor, bultar och andra smådelar.

4 Om du får tag i en grundmotor (som består av motorblock/vevhus, vevaxel, kolvar och vevstakar), måste även topplocket och oljesumpen demonteras.

5 Om du planerar en omfattande renovering kan motorn demonteras och de invändiga delarna kan tas bort i följande ordning:

a) Insugs- och avgasgrenrör (kapitel 4A).
b) Topplock (kapitel 2A).
c) Kamkedja och balansaxelkedja, kedjedrev och spännare (avsnitt 10 och 11).
d) Svänghjul/drivplatta (kapitel 2A).
e) Balansaxlar (avsnitt 12).
f) Oljesump (kapitel 2A).
g) Kolvar/vevstakar (avsnitt 13).
h) Vevaxel (avsnitt 14).

6 Kontrollera att alla nödvändiga verktyg finns till hands innan demontering och renovering inleds. Se *Verktyg och arbetsutrymmen* för mer information.

6 Topplock – isärtagning

Observera: *Nya/renoverade topplock går att köpa från Saab och från specialister på motorrenovering. Tänk på att det krävs specialverktyg för isärtagning och inspektion, och att nya komponenter inte alltid går att få tag på med kort varsel. Ofta är det därför mer praktiskt och ekonomiskt för en hemmamekaniker att köpa ett renoverat topplock i stället för att ta isär, inspektera och renovera det ursprungliga topplocket.*

1 Ta bort topplocket enligt beskrivningen i del A och skruva sedan loss de externa delarna – höger motorfästbygel och motorns lyftöglor etc., beroende på modell.

2 Ta bort kamaxlarna och de hydrauliska ventillyftarna enligt beskrivningen i kapitel 2A, avsnitt 5.

3 Försök skaffa plastskydd till de hydrauliska ventillyftarnas lopp innan ventilerna demonteras. Vid användning av vissa ventilfjäderkompressorer kan loppen lätt skadas om kompressorn råkar glida av ventiländen.

Skydd till ventillyftarna kan köpas från en Saab-verkstad. Alternativt kan ett skydd tillverkas av en bit plast som skärs till av en diskmedelsflaska eller liknande.

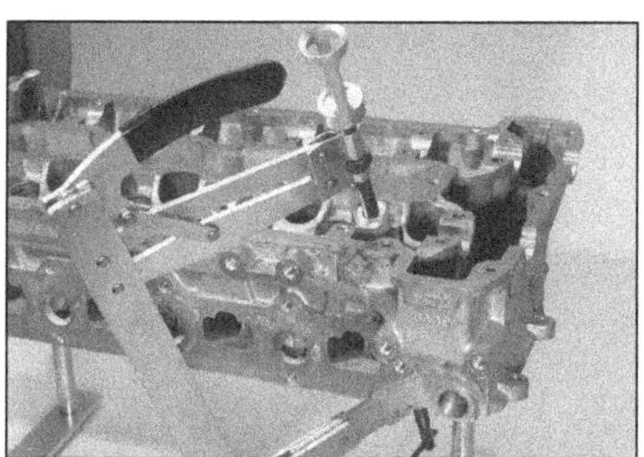
6.4a Använd en kompressor för att trycka ihop ventilfjädrarna så att knastren kan tas ut

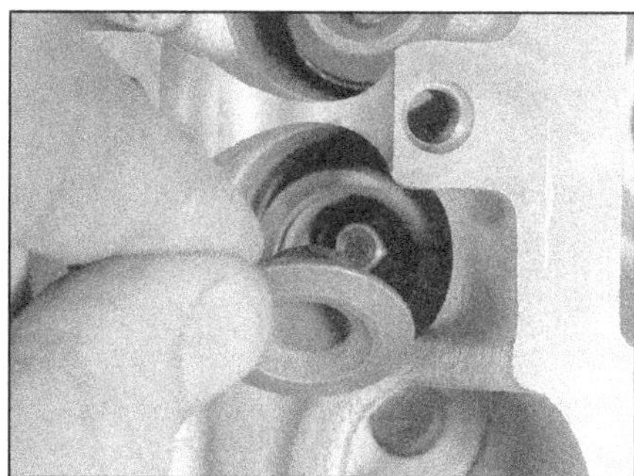
6.4b Ta loss fjäderhållaren . . .

6.4c . . . ventilfjädern . . .

6.4d . . . och sätet

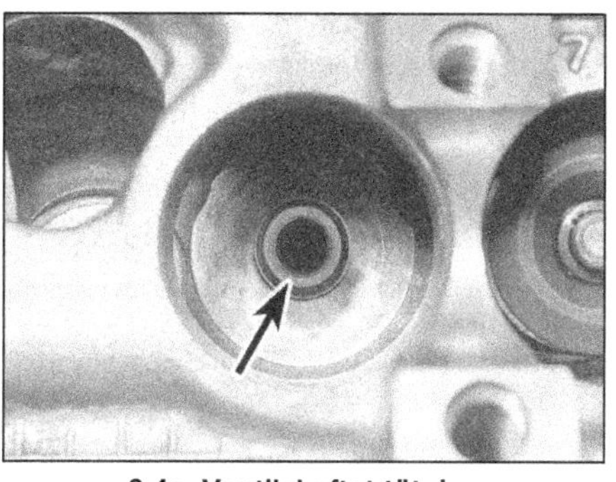
6.4e Ventilskaftet tätning

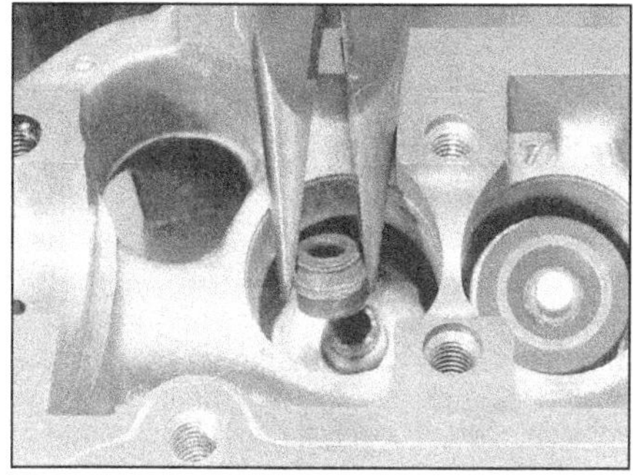
6.4f Ta bort ventilskaftstätningen

4 Placera skyddet i ventillyftarloppet, tryck sedan ihop ventilfjädern med en ventilfjäderkompressor tills knastren kan tas bort. Lossa kompressorn och lyft bort fjäderhållare, fjäder och säte. Dra försiktigt bort ventilskaftstätningen från styrningens ovansida med hjälp av en tång **(se bilder)**.

5 Om fjäderhållaren inte lossnar så att knastren syns när fjäderkompressorn är nedskruvad, knacka lätt ovanpå verktyget med en lätt hammare direkt över hållaren för att få loss den.

6 Ta bort ventilen genom förbränningskammaren.

7 Det är viktigt att alla ventiler förvaras tillsammans med respektive knaster, hållare, fjädrar och fjädersäten. Ventilerna bör även förvaras i samma ordning som de är placerade, om de inte är i så dåligt skick att de måste bytas ut. Om ventilerna ska återanvändas, förvara ventilkomponenterna i märkta plastpåsar eller andra små behållare **(se bilder)**. Observera att cylinder nr 1 är placerad närmast motorns kamkedjeände.

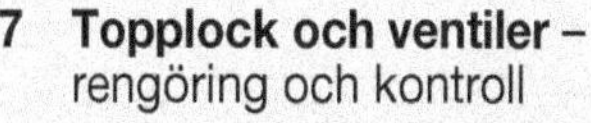

7 Topplock och ventiler – rengöring och kontroll

1 Om topplock och ventilkomponenter rengörs noga och sedan inspekteras blir det lättare att avgöra hur mycket arbete som måste läggas ner på ventilerna under motorrenoveringen. **Observera:** *Om motorn har blivit mycket överhettad har topplocket troligen blivit skevt – kontrollera noggrant om så är fallet.*

Rengöring

2 Skrapa bort alla spår av gamla packningsrester från topplocket.

3 Skrapa bort sot från förbränningskammare och portar, tvätta topplocket noggrant med fotogen eller lämpligt lösningsmedel.

4 Skrapa bort eventuella sotavlagringar från ventilerna, använd sedan en eldriven stålborste för att ta bort avlagringar från ventilhuvuden och skaft.

Kontroll

Observera: *Var noga med att utföra hela granskningsproceduren nedan innan beslut fattas om en verkstad behöver anlitas för någon åtgärd. Gör en lista över alla komponenter som behöver åtgärdas.*

Topplock

5 Undersök topplocket noggrant med avseende på sprickor, tecken på kylvätskeläckage och andra skador. Om topplocket är sprucket måste det bytas ut.

6 Använd en stållinjal och ett bladmått för att kontrollera att topplockets yta inte är skev **(se bild på nästa sida)**. Om topplocket är skevt kan det maskinslipas under förutsättning att det inte slipas ner till under den angivna höjden.

7 Undersök ventilsätena i förbränningskamrarna. Om de är mycket gropiga, spruckna eller brända måste de bytas ut eller fräsas om av en specialist på motorrenoveringar. Om de endast är lite gropiga kan det räcka med att slipa till ventilhuvuden

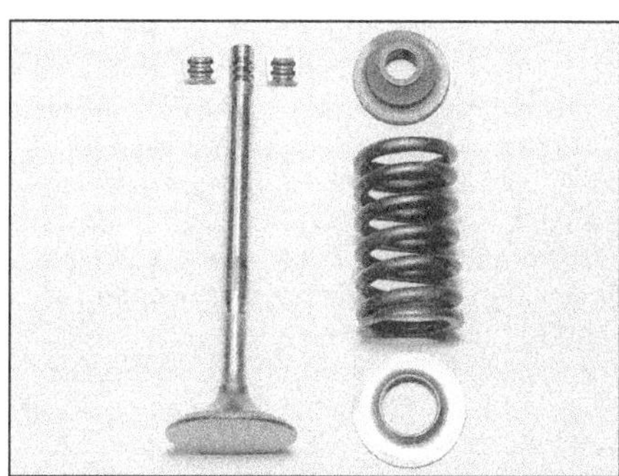
6.7a Ventilfjäderns komponenter

6.7b Placera ventilerna med tillhörande komponenter i varsin märkt plastpåse

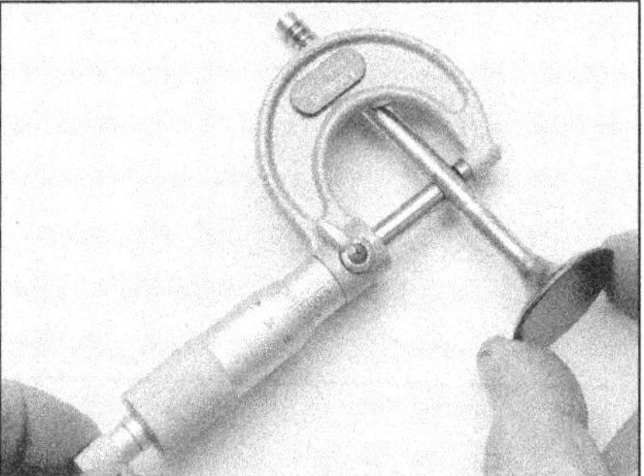

7.6 Kontrollera att topplockets yta inte är skev

och säten med fin ventilslipmassa enligt beskrivningen nedan. Observera att avgasventilerna har ett härdat ytterskikt, det går bra att slipa till dem med slipmassa, men de får inte maskinslipas.

8 Undersök om ventilstyrningarna är slitna genom att montera en ventil i taget och undersöka om de rör sig i sidled. En mycket liten rörelse kan accepteras. Om rörelsen är stor ska ventilen demonteras. Mät ventilskaftets diameter (se nedan) och byt ut ventilen om den är sliten. Om ventilskaftet inte är slitet måste slitaget sitta i ventilstyrningen, som i så fall måste bytas ut. Byten av ventilstyrningar bör överlåtas till en Saabverkstad eller till en specialist på motorrenoveringar eftersom de har tillgång till de speciella verktyg som behövs.

Ventiler

9 Undersök alla ventilhuvuden efter gropar, brännskador, sprickor och slitage. Kontrollera om ventilskaftet blivit spårigt eller slitet. Vrid ventilen och se efter om den verkar böjd. Leta efter gropar och kraftigt slitage på ventilskaftens spetsar. Byt ut alla ventiler som visar tecken på slitage och skador.

10 Om en ventil verkar vara i gott skick ska ventilskaftet mätas på flera punkter med en mikrometer **(se bild)**. Om diameterns tjocklek varierar märkbart på de olika mätställena är det ett tecken på att ventilskaftet är slitet. Då måste ventilen bytas ut.

11 Om ventilerna är i någorlunda gott skick ska de slipas in i sina säten för att garantera en smidig och gastät tätning. Om sätet endast

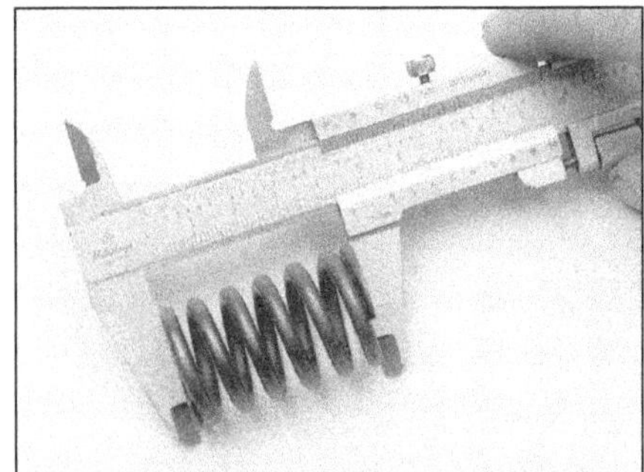

7.18 Kontrollera ventilfjäderns fria längd

7.10 Mät ventilskaftets diameter

är lite gropigt eller om det har frästs om ska det slipas in med slipmassa för att rätt yta ska erhållas. Grov ventilslipmassa ska *inte* användas, om inte ett säte är svårt bränt eller har djupa gropar. Om så är fallet ska topplocket och ventilerna undersökas av en expert som avgör om ventilsätena ska fräsas om eller om ventilen eller sätesinsatsen måste bytas ut (där det är möjligt).

12 Ventilslipning går till på följande sätt. Placera topplocket upp och ner på en bänk.

13 Smörj en aning ventilslipmassa (av rätt grovhet) på sätesytan och tryck ett sugslipningsverktyg över ventilhuvudet. Slipa ventilhuvudet med en roterande rörelse ner till sätet, lyft ventilen ibland för att omfördela slipmassan. Om en lätt fjäder placeras under ventilhuvudet blir arbetet lättare.

14 Om grov slipmassa används, arbeta bara tills ventilhuvudet och sätet får en matt, jämn yta, torka sedan bort den använda slipmassan och upprepa arbetet med fin slipmassa. När både ventilen och sätet fått en slät, ljusgrå, matt yta är slipningen färdig. *Slipa inte in* ventilerna längre än vad som är absolut nödvändigt, då kan sätet sjunka in i topplocket i förtid.

15 När samtliga ventiler har blivit inslipade ska *alla* spår av slipmassa försiktigt tvättas bort med fotogen eller annat lämpligt lösningsmedel, innan topplocket sätts ihop.

16 Ventilskaften måste sitta på ett visst djup under kamaxellagren för att de hydrauliska ventillyftarna ska fungera ordentligt. Det kan vara möjligt att få tag i ett kontrollverktyg från en Saabverkstad, men om det inte går kan kontrollen utföras med hjälp av stållinjaler. Kontrollera att måtten ligger mellan de angivna gränserna på bilden. Sätt in varje ventil i sin styrning och mäta avståndet mellan änden på ventilskaftet och kamaxellagrets yta **(se bild)**.

17 Om måttet inte ligger inom de angivna gränserna måste antingen ventilskaftets eller ventilsätets höjd åtgärdas. Om avståndet är kortare än det minsta angivna värdet måste längden på ventilskaftet minskas, och om avståndet överstiger det angivna värdet måste ventilsätet fräsas ur. Ta hjälp av en Saabverkstad eller en specialist på motorrenoveringar.

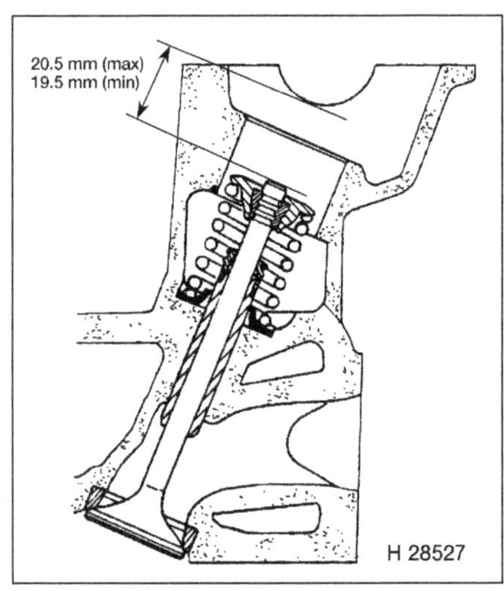

7.16 Kontrollera ventilskaftets placering i förhållande till kamaxellagrets yta

Ventilkomponenter

18 Granska ventilfjädrarna efter tecken på skada eller missfärgning, och mät deras fria längd **(se bild)**.

19 Ställ alla fjädrar på en plan yta och kontrollera att de är raka **(se bild)**. Om någon av fjädrarna är kortare än minimimåttet för fri längd, eller om de är skadade, skeva eller har förlorat sin spänning, ska alla fjädrarna bytas ut.

20 Byt ut ventilskaftens oljetätningar, oavsett synligt skick.

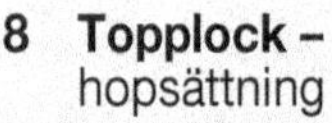

8 Topplock – hopsättning

1 Smörj in ventilskaften och montera ventilerna på sina ursprungliga platser **(se bild)**. Nya ventiler ska monteras där de slipades in.

2 Arbeta på den första ventilen och doppa den nya ventilskaftstätningen i ren motorolja. Placera den försiktigt över ventilen och på styrningen. Var noga med att inte skada tätningen när den förs över ventilskaftet. Använd en lämplig hylsa eller ett metallrör för

7.19 Kontrollera att ventilfjädrarna är raka

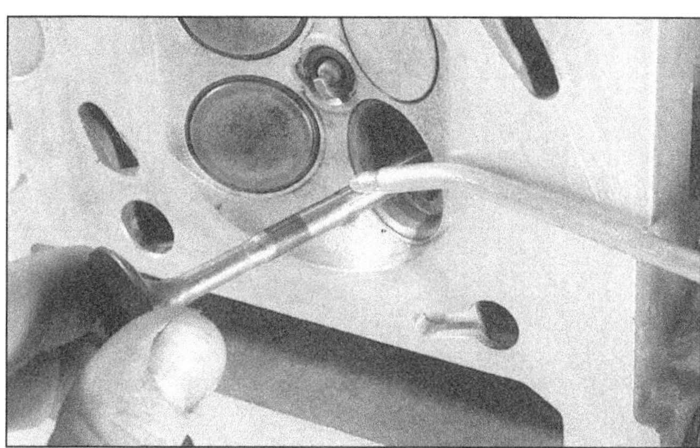

8.1 En ventil monteras i topplocket

8.2 Använd en hylsa för att montera ventilskaftstätningarna

att trycka fast tätningen ordentligt på styrningen **(se bild)**.

3 Montera en ventilfjäder och dess fjäderhållare, placera därefter plastskyddet i ventillyftarens lopp.

4 Pressa ihop ventilfjädern och placera knastren i fördjupningen i ventilskaftet. Lossa kompressorn och ta bort skyddet, upprepa sedan arbetet på de återstående ventilerna.

HAYNES TiPS

Använd lite fett för att underlätta monteringen av knastren på ventilskaften och håll dem på plats medan fjäderkompressorn släpps.

5 När alla ventiler är installerade, placera topplocket plant på en arbetsbänk och knacka på änden av varje ventilskaft med hammare och träblock, så att delarna sätter sig på plats.

6 Sätt tillbaka kamaxlarna och de hydrauliska ventillyftarna enligt beskrivningen i kapitel 2A, avsnitt 5.

7 Montera de externa komponenter som togs bort i avsnitt 6.

8 Topplocket kan nu monteras enligt beskrivningen i kapitel 2A.

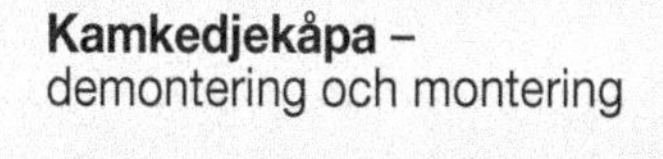

9 Kamkedjekåpa – demontering och montering

Observera: *Här beskrivs demontering av kamkedjekåpan där topplocket lämnas monterat. Ett annat sätt (där risken för att skada topplockspackningen är mindre) är att ta bort topplocket först enligt beskrivningen i kapitel 2A.*

Demontering

1 Skruva loss drivremmens spännare och överföringsremskiva **(se bilder)**.

2 Ta bort generatorn enligt beskrivningen i kapitel 5A. Skruva sedan loss fästbultarna och ta bort fästbygeln på baksidan av motorblocket **(se bild)**.

3 Skruva loss fästbultarna och ta bort servostyrningspumpens fästbygel och lyftögla från framsidan av topplocket.

4 Demontera vattenpumpen enligt beskrivningen i kapitel 3.

5 Låt en medhjälpare hålla i vevaxeln/svänghjulet genom att sticka in en spårskruvmejsel genom svänghjulskåpan och spärra startkransen för att förhindra att vevaxeln roterar. Lossa bulten till vevaxelns remskiva med hjälp av en lång hylsnyckel. Observera att bulten har dragits åt till ett mycket högt moment.

6 Skruva ut bulten till vevaxelns remskiva helt, för remskivan till vevaxeländen och ta bort den **(se bilder)**.

7 Demontera oljesumpen enligt beskrivningen i kapitel 2A, avsnitt 7.

8 Ta bort de två styrstiften (ett i det nedre vänstra hörnet och ett i det övre högra hörnet) i kamremskåpan genom att skära en invändig gänga i dem med en 3/8" UNC-gängtapp och

9.1a Skruva loss spännarens fästbult . . .

9.1b . . . och överföringsremskivans fästbult

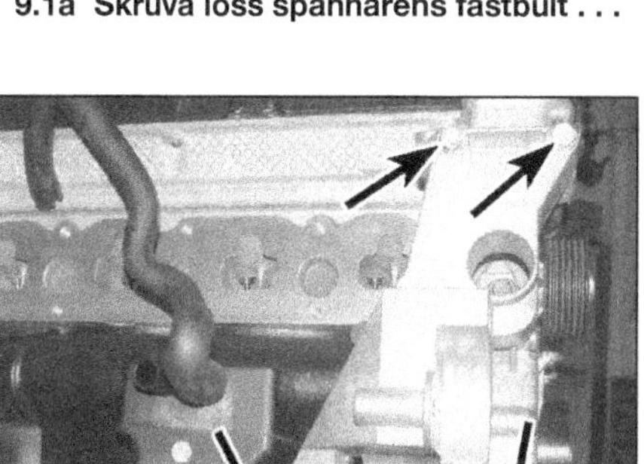

9.2 Skruva loss fästbygelns fästbultar (vid pilarna) . . .

9.6a Ta bort vevaxelremskivans bult . . .

9.6b . . . och lyft av remskivan från vevaxeln

9.8a Skär en invändig gänga i styrhylsan med en gängtapp

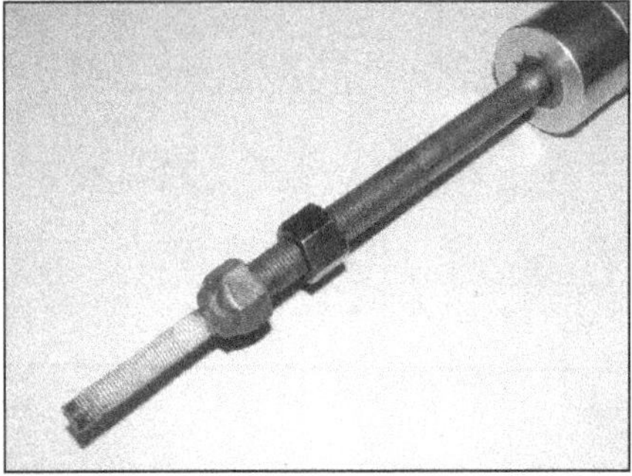
9.8b En bult i änden på en glidhammare

9.8c Använd glidhammaren för att dra loss styrhylsorna från kamremskåpan

9.9a Två övre bultar som håller fast kamkedjekåpan i topplocket

9.9b Ta loss kamkedjekåpan från motorn

dra ut dem med en glidhammare. En bult kan gängas in i styrhylsorna och sedan fästas i änden på en glidhammare **(se bilder)**.

9 Skruva loss bultarna som fäster kamkedjekåpan vid motorblocket och topplocket. Observera bultarnas position; de två övre bultarna på topplocket och de två nedre bultarna i sumpen är olika **(se bilder)**.

10 Dra bort kamkedjekåpan tillsammans med oljepumpen från vevaxelns ände. Var noga med att inte skada topplockspackningen. Dra försiktigt av kamkedjekåpan nedåt och utåt från motorblocket.

11 Rengör noggrant kamkedjekåpans, oljesumpens, topplockets och motorblockets kontaktytor och ta bort allt tätningsmedel. **Observera:** *Undersök topplockspackningens skick. Om den är skadad måste topplocket demonteras så att packningen kan bytas ut.*

12 Ta vid behov bort oljepumpen från kamkedjekåpan enligt beskrivningen i kapitel 2A, avsnitt 8.

Montering

13 Om så är tillämpligt, montera oljepumpen enligt beskrivningen i kapitel 2A, avsnitt 8.

14 Lägg en sträng tätningsmedel (Loctite 518 eller liknande), ca 1 mm tjock, på kamkedjekåpans flänsar och sätt försiktigt på kåpan på motorblocket **(se bild)**.

15 Sätt i kamkedjekåpans fästbultar inklusive de två övre topplocksbultarna, men dra inte åt dem än. Sätt tillbaka styrhylsorna **(se bild)** och dra sedan åt topplocksbultarna, även de två övre bultarna, till angivet moment.

16 Sätt tillbaka oljesumpen enligt beskrivningen i kapitel 2A, avsnitt 7.

17 Sätt remskivan på vevaxeln och sätt i remskivans bult. Dra åt bulten till angivet moment medan en medhjälpare håller vevaxeln på plats med en bredbladig skruvmejsel placerad i startkransen.

18 Montera vattenpumpen enligt beskrivningen i kapitel 3.

19 Sätt tillbaka fästbyglarna till generatorn och servostyrningspumpen och dra åt fästbultarna.

20 Montera generatorn enligt beskrivningen i kapitel 5A.

21 Sätt tillbaka drivremsspännaren och överföringsremskivan och dra åt bultarna.

10 Kamkedja och drev – demontering, kontroll och montering

Demontering

1 Ställ vevaxeln i ÖD-läge för cylinder nr 1 (motorns kamkedjeände) enligt beskrivningen i kapitel 2A, avsnitt 3.

2 Demontera kamkedjekåpan enligt beskrivningen i avsnitt 9. Ta även bort oljepumpens medbringare från vevaxeln **(se bild)**.

3 Balansaxlarna är inställda på ÖD, men eftersom de roterar dubbelt så snabbt som vevaxeln är de korrekt inställda även när de är inställda på nedre dödpunkt. Kontrollera att inställningsmärkena på axlarna är i linje med märkena på motorblockets/lagerhusets framsidoa. Observera att balansaxeldreven är markerade med "inlet" (insug) respektive "exhaust" (avgas), medan de främre lagrens markeringar är likadana. Eftersom lagren är monterade med enkla bultar är INL- och EXH-

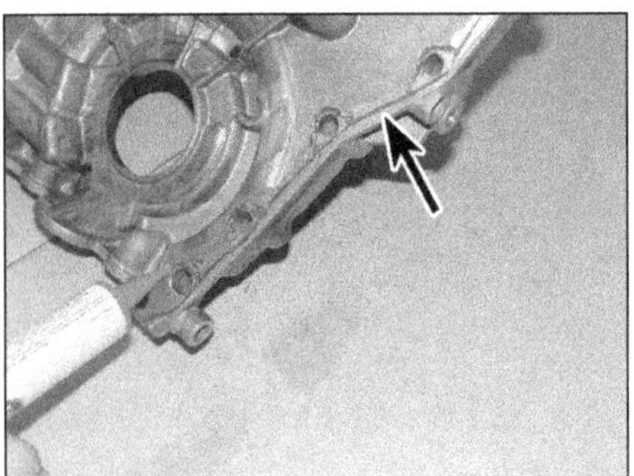
9.14 Applicera tätningsmedel (vid pilen) på kamkedjekåpans flänsar

9.15 Använd glidhammaren för att knacka in styrhylsorna i kamkedjekåpan

10.2 Demontera oljepumpens medbringare från vevaxeln

10.3a INL-markering på insugsbalansaxelns främre lager

10.3b EXH-markering på avgasbalansaxelns främre lager

10.4a Skruva loss bultarna (vid pilarna) och ta bort balansaxelkedjans övre styrning

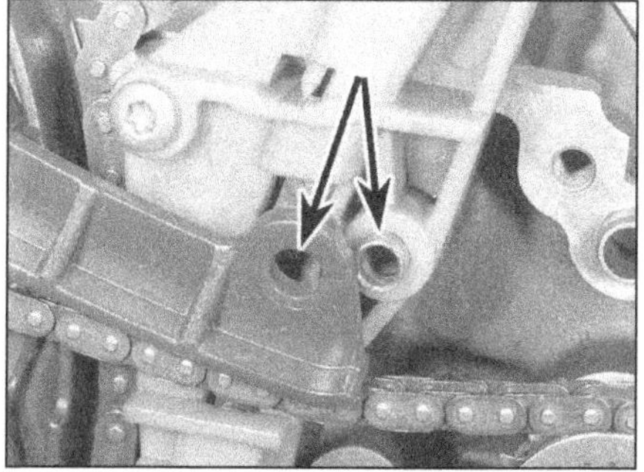
10.4b Observera hur den övre styrningen hakar i styrhylsan

10.4c Demontera balansaxelns kedjespännare . . .

10.4d . . . och sidostyrning

markeringarna alltid korrekt placerade ovanpå lagren **(se bilder)**.

HAYNES TiPS ***Märk kedjan och kedjedreven med inställningsmärken (små prickar med målarfärg fungerar utmärkt) för att garantera korrekt återmontering.***

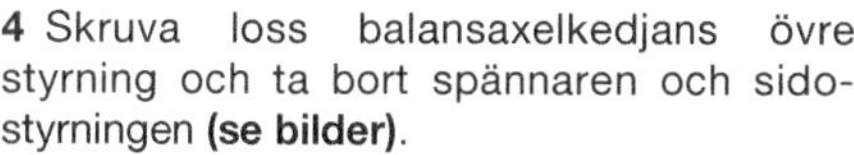
4 Skruva loss balansaxelkedjans övre styrning och ta bort spännaren och sidostyrningen **(se bilder)**.

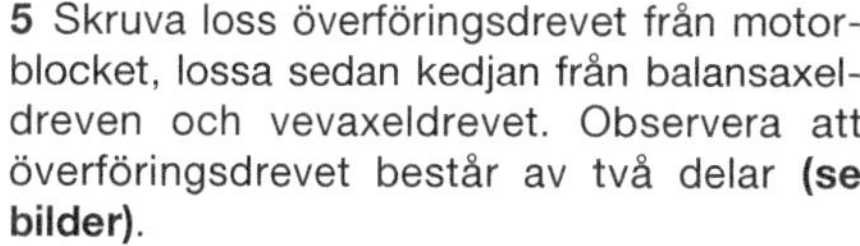
5 Skruva loss överföringsdrevet från motorblocket, lossa sedan kedjan från balansaxeldreven och vevaxeldrevet. Observera att överföringsdrevet består av två delar **(se bilder)**.

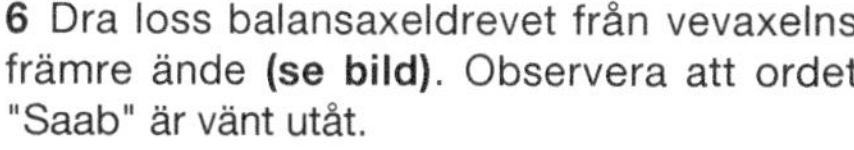
6 Dra loss balansaxeldrevet från vevaxelns främre ände **(se bild)**. Observera att ordet "Saab" är vänt utåt.

7 Skruva loss fästbultarna och ta bort kedjedreven från balansaxlarnas ändar. Håll fast dreven med ett oljefiltervektyg av kedjetyp eller liknande. Märk dreven så att de kan placeras korrekt vid återmonteringen.

8 Demontera ventilkåpan enligt beskrivning i avsnitt 4.

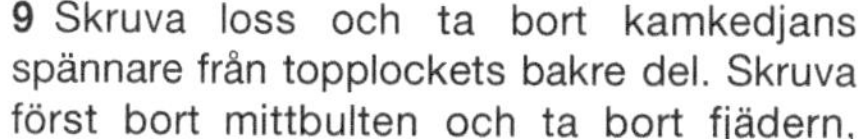
9 Skruva loss och ta bort kamkedjans spännare från topplockets bakre del. Skruva först bort mittbulten och ta bort fjädern,

10.5a Skruva loss . . .

10.5b . . . och ta bort överföringsdrevets fästbult (notera inställningsmarkeringarna mellan drevet och kedjan)

10.5c Ta sedan bort överföringsdrevet och balansaxelkedjan

10.5d Överföringsdrevet består av två delar

10.6 Demontera balansaxelns kedjedrev från vevaxelns främre del

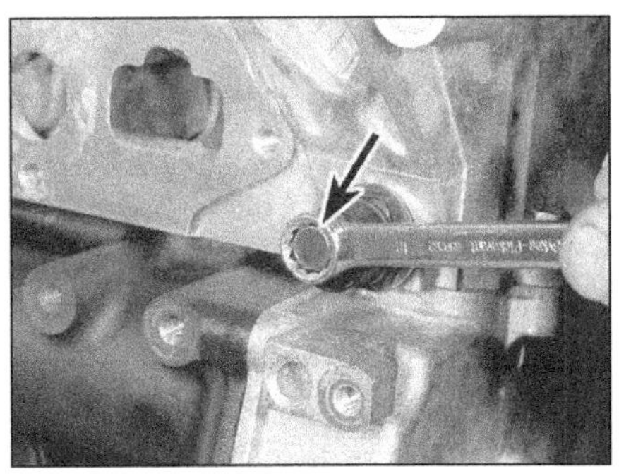

10.9a Skruva loss centrumbulten . . .

10.9b . . . och ta bort fjädern . . .

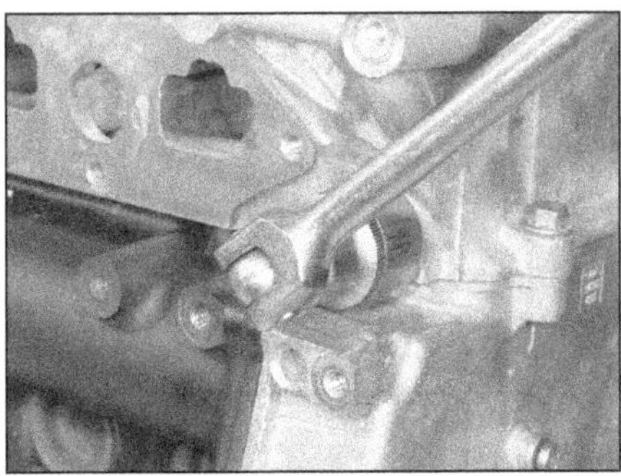

10.9c Skruva loss spännaren . . .

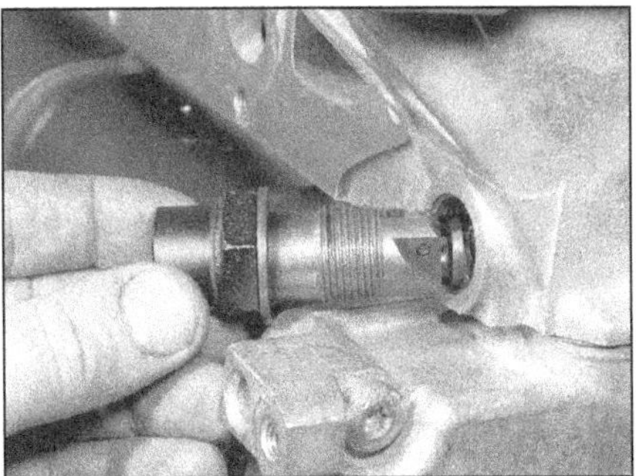

10.9d . . . och ta bort den från topplocket

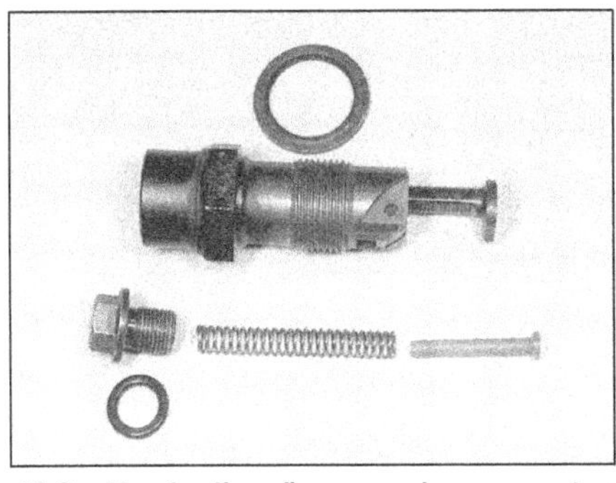

10.9e Kamkedjespännarens komponenter

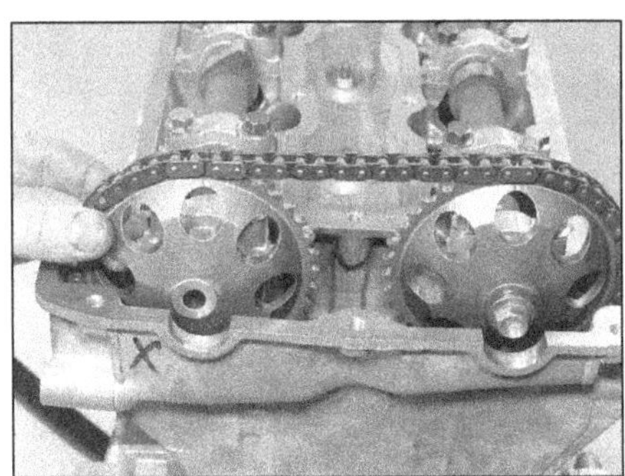

10.11 Demontera kedjedrevet från insugskamaxeln

skruva sedan loss spännaren och ta bort den från topplocket **(se bilder)**.

10 Håll varje kamaxel stadigt på plats med en skiftnyckel på de plana ytorna i den ände av kamaxeln som är vänd mot svänghjulet/ drivplattan. Lossa kamaxeldrevens fästbultar, men ta inte bort dem.

11 Skruva sedan loss bulten helt och dra bort drevet från änden på insugskamaxeln **(se bild)**. Håll fast kamkedjan med en hand och ta bort drevet från kedjan med den andra handen.

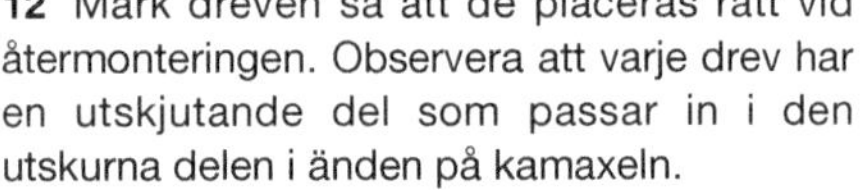

12 Märk dreven så att de placeras rätt vid återmonteringen. Observera att varje drev har en utskjutande del som passar in i den utskurna delen i änden på kamaxeln.

10.13a Ta bort fästbulten . . .

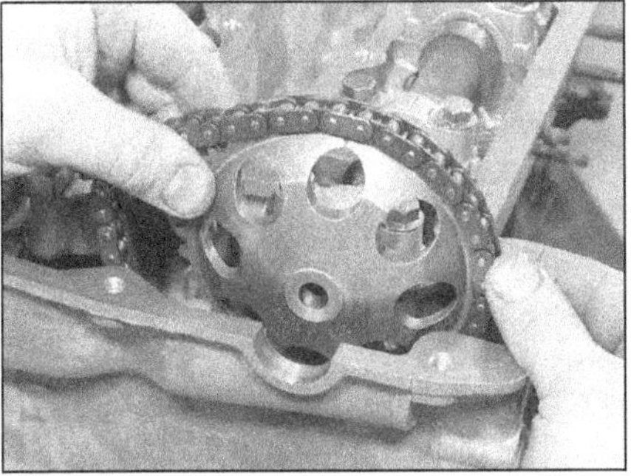

10.13b . . . och lossa kedjedrevet från kedjan

13 Skruva loss bulten och dra bort kedjedrevet från avgaskamaxelns ände, ta sedan loss det från kedjan **(se bilder)**.

14 Skruva loss bultarna och demontera kamkedjans styrning från motorblocket **(se bilder)**.

15 Skruva loss kamkedjans hållare från motorblocket, koppla sedan loss kamkedjan och ta bort drevet från änden av vevaxeln **(se bilder)**. Om det behövs, ta bort woodruffkilen från spåret i vevaxeln med hjälp av en skruvmejsel.

10.14a Skruva loss bultarna . . .

10.14b . . . och ta bort kamkedjans fasta styrning

10.15a Ta bort kamkedjans hållare (vid pilen) från motorblocket

10.15b Ta bort vevaxeldrevet från änden av vevaxeln

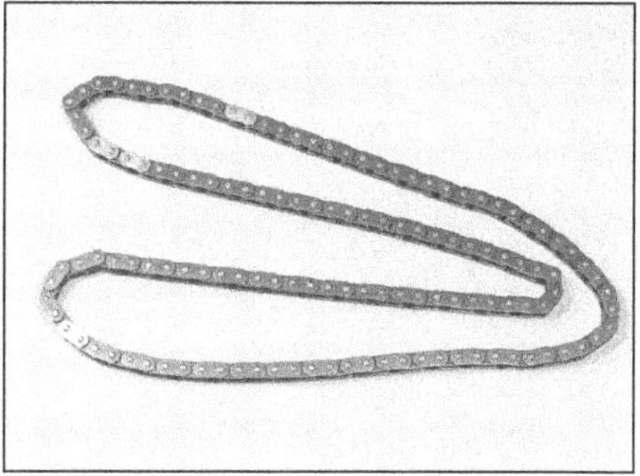

10.16 Kamkedjan demonterad från motorn

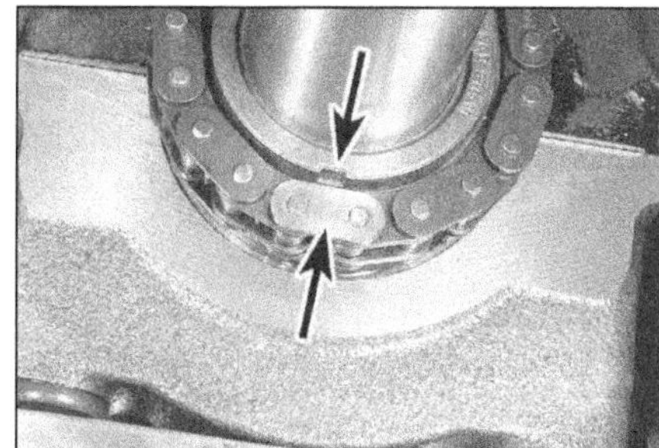

10.19a Om kamkedjan har ljusa länkar måste dessa passas in mot skåran i kedjedrevet (vid pilen)

Kontroll

16 Kamkedjan **(se bild)** (och i förekommande fall balansaxelkedjan) ska bytas ut om dreven är utslitna eller om kedjan är lös och bullrar när motorn körs. Det är lämpligt att byta kedjan varje gång motorn demonteras för renovering. Stiften på en kraftigt utsliten kedja kan blir spåriga. Undvik framtida problem genom att byta ut kedjan så fort den visar minsta tecken på slitage. Samtidigt bör kedjespännaren och styrningarna undersökas och vid behov bytas ut (se avsnitt 11).

17 Undersök kuggarna på vevaxelns kedjedrev, kamaxeldreven (och i förekommande fall, balansaxeldreven) efter tecken på slitage. Kuggarnas profil har formen av ett uppochnedvänt V. Om kuggarna är utslitna får den ena sidan av varje kugg en något konkav (krokig) form under spänning, i jämförelse med den andra sidan av kuggen (det vill säga den ena sidan av det inverterade V-tecknet är konkav i jämförelse med den andra). Om kuggarna verkar vara utslitna måste drevet bytas ut.

Montering

18 Placera woodruffkilen i spåret på vevaxeln. Knacka in kilen i spåret och se till att dess plana sida är parallell med vevaxeln.

19 Fäst kamkedjan i vevaxelns kedjedrev och placera vevaxeldrevet på änden av vevaxeln. Se till att det placeras korrekt över woodruffkilen. Om kamkedjan har ljusa länkar, placera den ensamma ljusa länken i kedjedrevets botten, i linje med skåran i drevet. Montera kedjehållaren och dra åt bultarna **(se bilder)**.

20 Placera kamkedjan i den fasta styrningen, montera sedan styrningen och dra åt bultarna.

21 Montera kedjedrevet på änden av avgaskamaxeln, sätt i bulten och dra åt den för hand. **Applicera inte** låsvätska på bultens gängor.

22 Kontrollera att vevaxeln och kamaxlarna fortfarande är i linje i ÖD-läge.

23 För kamkedjan upp genom topplocksöppningen och montera den på avgaskamaxelns kedjedrev. Se till att den är spänd mellan de två kedjedreven. Kontrollera att kedjan är korrekt placerad på styrningarna. Om kedjan har en ljus länk, se till att den är i linje med inställningsmärket.

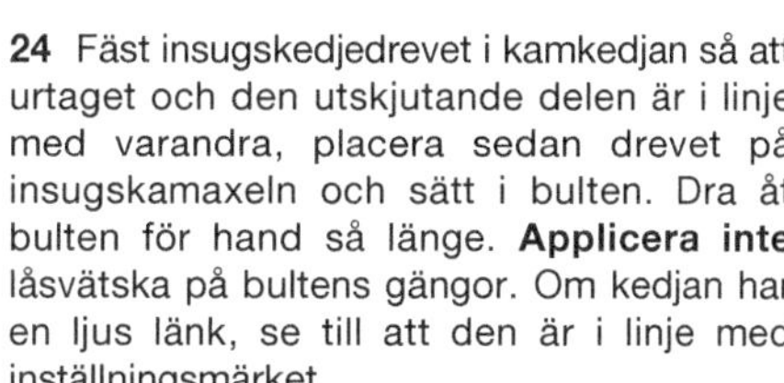

24 Fäst insugskedjedrevet i kamkedjan så att urtaget och den utskjutande delen är i linje med varandra, placera sedan drevet på insugskamaxeln och sätt i bulten. Dra åt bulten för hand så länge. **Applicera inte** låsvätska på bultens gängor. Om kedjan har en ljus länk, se till att den är i linje med inställningsmärket.

25 Justera kamkedjespännaren genom att trycka ner spärrhaken med en skruvmejsel, tryck sedan in tryckkolven hela vägen in i spännaren och lossa spärrhaken **(se bild)**. Kontrollera spännarbrickans skick och byt ut den om det behövs.

26 För in kedjespännaren i topplocket och dra åt den till angivet moment.

27 Sätt i fjädern och styrsprinten av plast i spännaren, montera pluggen tillsammans med en ny O-ring och dra åt till angivet moment. **Observera:** *På nya spännare hålls spännfjädern spänd med en sprint.* ***Försök inte*** *ta bort sprinten förrän spännaren har placerats i topplocket.* När motorn startas kommer eventuell slakhet att tas upp av det hydrauliska trycket.

28 Montera tillfälligt bulten till vevaxelns remskiva och vrid motorn medurs två hela varv. Kontrollera att inställningsmärkena fortfarande är i linje. Ta bort bulten till remskivan. Om kedjan har ljusa länkar kommer dessa inte längre att vara i linje med inställningsmärkena.

29 Dra åt kamaxeldrevets bult till angivet moment, håll kamaxlarna på plats med en skiftnyckel på de plana punkterna.

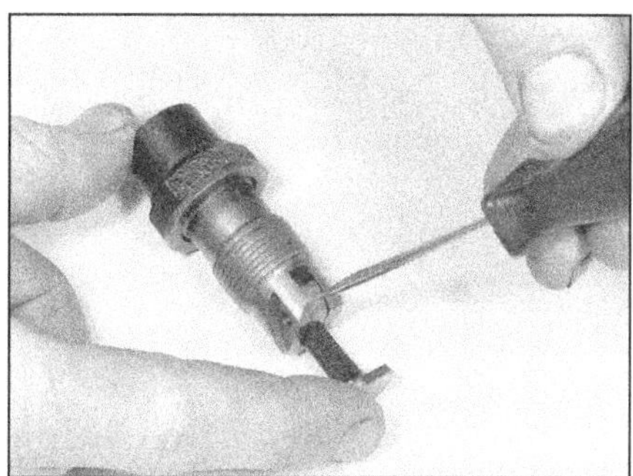

10.25 Justera kamkedjespännaren

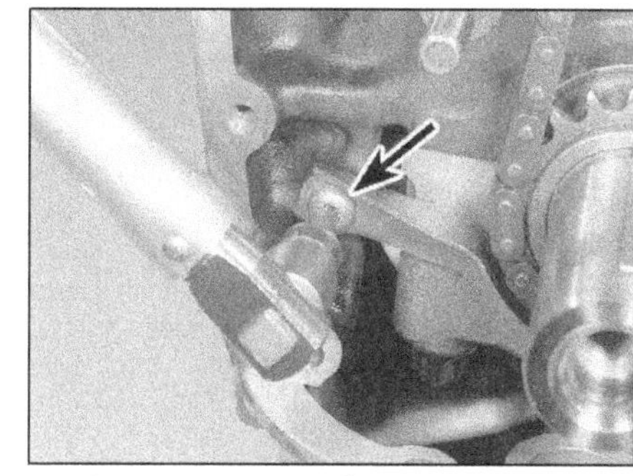

10.19b Kamkedjehållarens fästbultar dras åt

30 Montera ventilkåpan enligt beskrivning i avsnitt 4.

31 Montera kedjedreven på balansaxlarnas ändar och dra åt fästskruvarna.

32 Placera balansaxelns kedjedrev på vevaxelns framsida. Observera att ordet "Saab" ska vara vänt utåt.

33 Montera kedjan på dreven, se till att inställningsmärkena är korrekt inriktade **(se bild)**.

34 Montera överföringsdrevet på blockets framsida och dra åt fästbulten.

35 Montera sidostyrningen, spännaren och den övre styrningen på balansaxelkedjan **(se bild och Haynes Tips på nästa sida)**.

36 Rotera vevaxeln ett varv och kontrollera att balansaxeldreven fortfarande är korrekt inriktade.

37 Montera kamkedjekåpan enligt beskrivningen i avsnitt 5.

10.33 Balansaxelns inställningsmärken måste vara i linje innan kedjan monteras

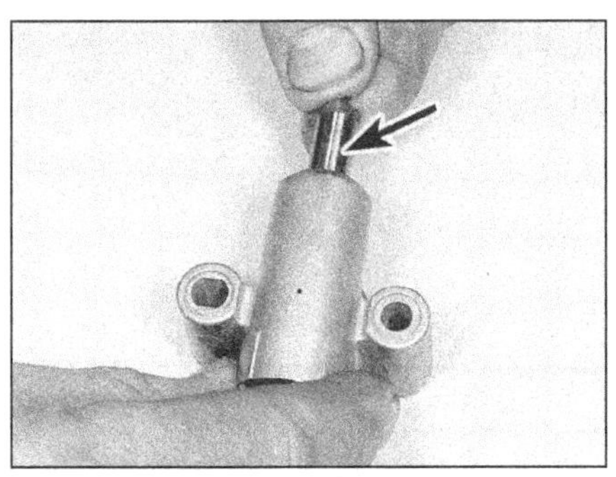
10.35 Tryck in kedjespännarens tryckkolv (vid pilen) och håll den på plats med ett buntband

11 Kamkedjans styrningar och spännare – demontering, kontroll och montering

Demontering

1 Demontera kamkedjan enligt beskrivningen i avsnitt 10. Observera att du även måste demontera den fasta styrningen och balansaxlarnas kedjestyrningar. Kamkedjan behöver inte tas bort från vevaxelns kedjedrev.

2 Skruva loss och ta bort den fasta kamkedjestyrningen och lossa den svängbara styrningen från sprinten på motorblocket **(se bild)**.

Kontroll

3 Granska kedjestyrningarna med avseende på skador och slitage, byt ut dem vid behov.

4 Rengör spännarens tryckkolv och hus och undersök dem med avseende på skador och slitage **(se bild)**. Du kan ta bort tryckkolven genom att trycka ner spärrhaken mot fjädern. Om tryckkolven eller huset uppvisar kraftiga repor ska hela spännaren bytas ut.

Montering

5 Placera den svängbara styrningen på tappen på motorblocket, montera därefter den fasta styrningen och dra åt fästbultarna.

6 Montera kamkedjan enligt beskrivning i avsnitt 10.

12 Balansaxlar – demontering, kontroll och montering

Demontering

1 Ställ vevaxeln i ÖD-läge för cylinder nr 1 (motorns kamkedjeände) enligt beskrivningen i kapitel 2A, avsnitt 3.

2 Demontera kamremskåpan enligt beskrivningen i avsnitt 9.

3 Balansaxlarna är inställda på ÖD, men eftersom de roterar dubbelt så snabbt som vevaxeln är de korrekt inställda även när de är inställda på nedre dödpunkt. Kontrollera att inställningsmärkena på axlarna är i linje med märkena på lagerfästena. Märk kedja och kedjedrev med lite färg för att garantera att de placeras korrekt vid återmonteringen. Observera att balansaxeldreven är markerade med "inlet" (insug) respektive "exhaust" (avgas), medan de främre lagrens markeringar är likadana. Eftersom lagren är monterade med enkla bultar är INL- och EXH-markeringarna alltid korrekt placerade ovanpå lagren. Se avsnitt 10 för mer information.

4 Skruva loss balansaxelns övre kedjestyrning och ta sedan bort spännaren och sidostyrningen (se bilder i avsnitt 10).

5 Skruva loss fästbulten och demontera överföringsdrevet från blocket.

6 Ta loss kedjan från balansaxeldreven och vevaxeldrevet.

7 Skruva loss lagrets fästbultar och dra bort balansaxlarna från motorblocket **(se bilder)**. Märk axlarna så att de placeras korrekt vid återmonteringen.

8 Sätt fast balansaxlarna i ett skruvstäd med buntade käftar, skruva sedan loss fästbultarna och demontera dreven från balansaxeländarna

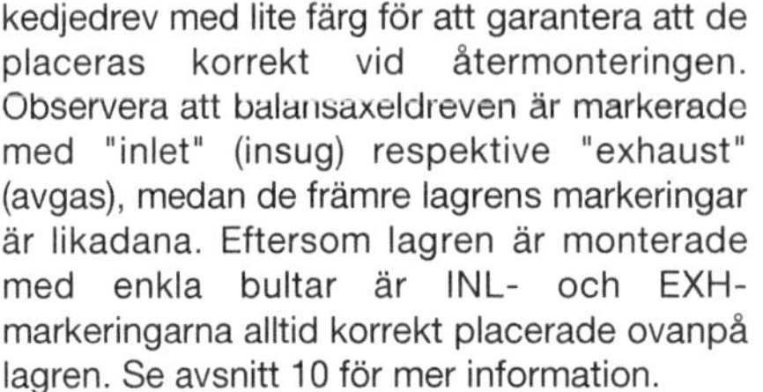
Håll spännarens tryckkolv intryckt med ett buntband innan den monteras. Klipp bort bandet efter monteringen.

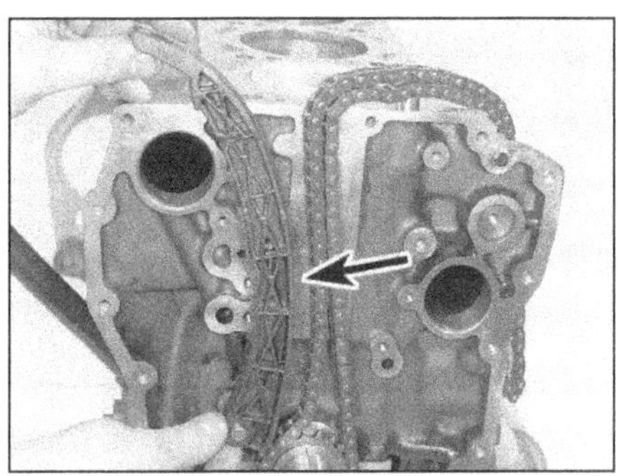
11.2 Lossa den svängbara styrningen från sprinten på motorblocket

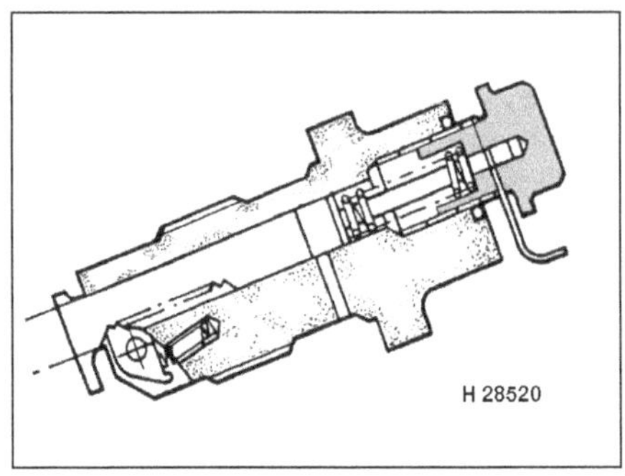

11.4 Genomskärning av kamkedjespännaren

12.7a Skruva loss lagrets fästbultar . . .

12.7b . . . och dra bort avgasbalansaxeln från motorblocket

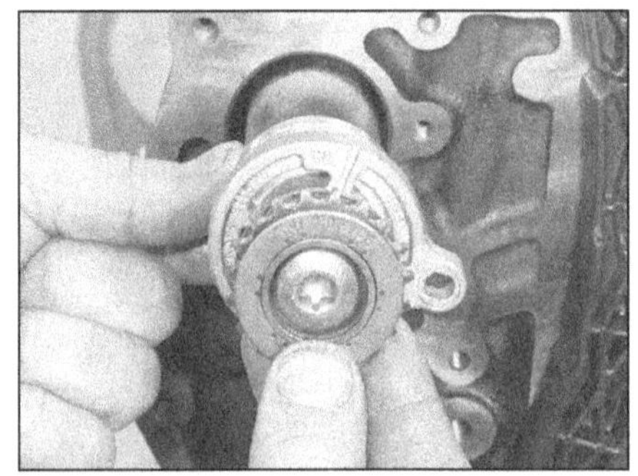
12.7c Insugsbalansaxeln tas bort från motorblocket

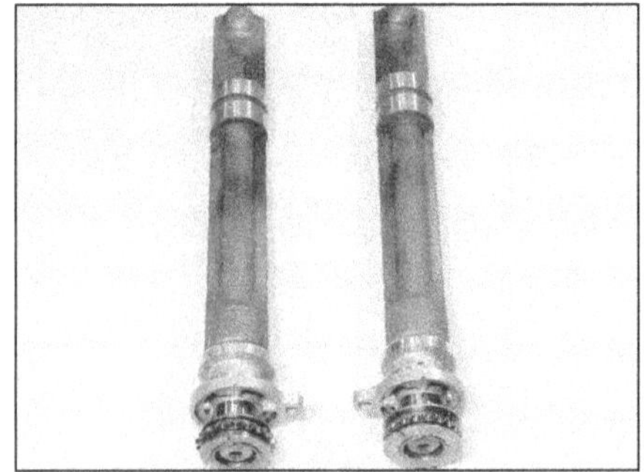
12.7d De två balansaxlarna demonterade från motorn

Kontroll

9 Rengör balansaxlarna och undersök lagertapparna efter slitage och skador. Lagren inuti motorblocket bör också undersökas. Kontakta en Saabverkstad eller en specialist på motorrenoveringar om de är påtagligt slitna eller skadade.

Montering

10 Montera dreven på balansaxeländarna och dra åt fästbultarna.
11 Smörj in lagertapparna med ren motorolja och montera balansaxlarna i ursprungsläget i motorblocket.
12 Placera balansaxelns kedjedrev på vevaxelns främre ände. Observera att ordet "Saab" ska vara vänt utåt.
13 Montera kedjan på dreven och montera överföringsdrevet på blockets framsida, kontrollera att alla inställningsmarkeringar är korrekt inriktade.
14 Montera sidostyrningen, spännaren och balansaxelkedjans övre styrning.
15 Rotera vevaxeln ett varv och kontrollera att balansaxeldreven fortfarande är korrekt inställda.
16 Montera kamkedjekåpan enligt beskrivningen i avsnitt 9.

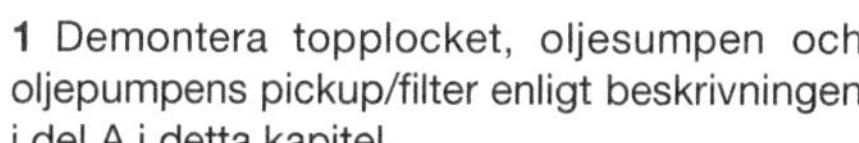

13 Kolvar och vevstakar – demontering

1 Demontera topplocket, oljesumpen och oljepumpens pickup/filter enligt beskrivningen i del A i detta kapitel.
2 Om något av cylinderloppen har en tydlig slitkant längst upp i loppet, måste denna tas bort med skrapa eller skavstål innan kolvarna demonteras, eftersom kolvarna annars kan skadas. Sådana här kanter är ett tecken på att cylinderloppen är mycket slitna.
3 Använd en hammare och körnare samt färg eller liknande och markera alla vevstakslagerkåpor med respektive cylindernummer på de flata ytorna. Om motorn har demonterats tidigare, leta efter redan befintliga märkningar. Observera att cylinder nr 1 sitter i motorns växellådsände (mot svänghjul/ drivplatta).

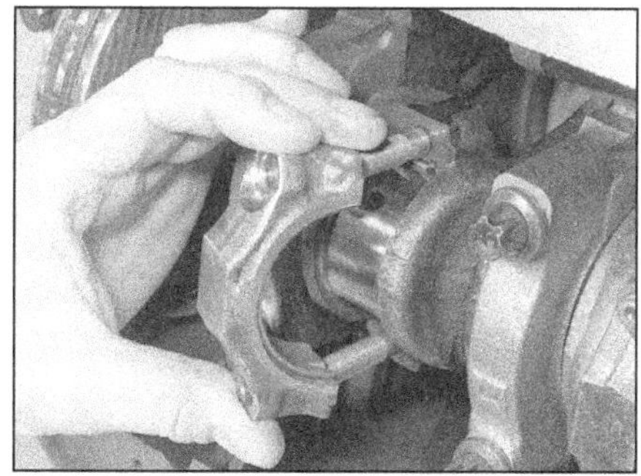

13.5a Ta bort vevstakslagrets överfall

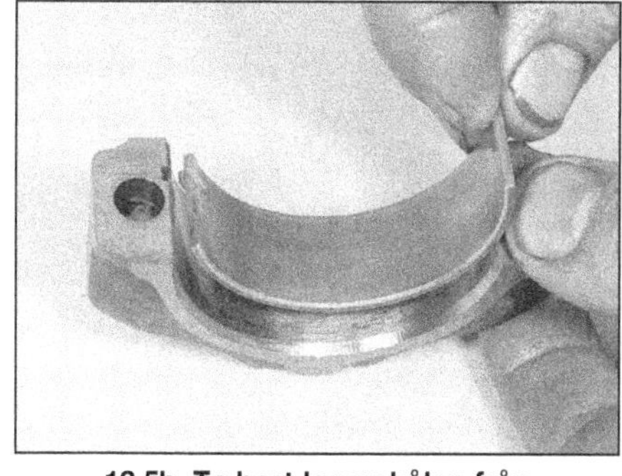

13.5b Ta bort lagerskålen från vevstakslagrets överfall

4 Vrid vevaxeln för att ställa cylindrarna 1 och 4 i nedre dödpunkten.
5 Skruva loss muttrarna från vevstakslageröverfallet till kolv nr 1. Ta bort överfallet och ta loss den nedre halvan av lagerskålen. Tejpa ihop lagerskålarna med lageröverfallet om skålarna ska återanvändas **(se bilder)**.
6 Tejpa över gängorna på vevstakens pinnbult för att undvika att vevaxelns lagertappar skadas.
7 Använd ett hammarskaft till att trycka upp kolven genom loppet och ta bort den från motorblocket. Ta loss lagerskålen och tejpa fast den på vevstaken så att den inte kommer bort.
8 Placera lageröverfallet löst på vevstaken och fäst det med muttrarna – på så sätt blir det lättare att hålla komponenterna i rätt ordning.
9 Ta bort kolv nr 4 på samma sätt.
10 Vrid vevaxeln 180° för att ställa cylindrarna 2 och 3 i nedre dödpunkten och demontera dem på samma sätt.

14 Vevaxel – demontering

1 Ta bort kamkedjan och kedjedrevet, oljesumpen och oljepumpens pickup/sil/överföringsrör samt svänghjulet/drivplattan enligt beskrivningarna i kapitel 2A.
2 Ta bort kolvarna och vevstakarna enligt beskrivningen i avsnitt 13. **Observera:** *Om inget arbete ska utföras på kolvarna eller vevstakarna är det ingen idé att ta bort topplocket eller trycka ut kolvarna ur cylinderloppen. Kolvarna ska då bara tryckas upp så långt i loppen att de är ur vägen för vevaxeltapparna.*
3 Kontrollera vevaxelns axialspel enligt beskrivningen i avsnitt 17, fortsätt därefter på följande sätt.
4 Skruva loss och ta bort vevaxelns oljetätningshus från änden av motorblocket. Observera hur styrstiften är placerade. Om styrstiften sitter löst, ta bort dem och förvara dem tillsammans med topplocket. Ta bort packningen.
5 Cylindernumren ska vara ingjutna på ramlageröverfallens underdelar **(se bild)**. Om de inte är det, numrera överfallen och vevhuset med en körnare på samma sätt som på vevstakarna och överfallen ovan.
6 Skruva loss och ta bort ramlageröverfallens fästbultar och ta bort överfallen tillsammans med lagerskålarna **(se bilder)**. Knacka loss lageröverfallen med en trä- eller kopparklubba om de sitter fast.
7 Ta bort lagerskålarna från överfallen, men förvara dem tillsammans och märk dem för att garantera korrekt placering vid monteringen **(se bild)**.
8 Lyft försiktigt upp vevaxeln från vevhuset **(se bild)**.
9 Ta bort de övre lagerskålarna från vevhuset och märk dem för att underlätta monteringen. Ta även bort tryckbrickorna på sidorna om

14.5 Ramlageröverfallen är numrerade från motorns kamkedjeände

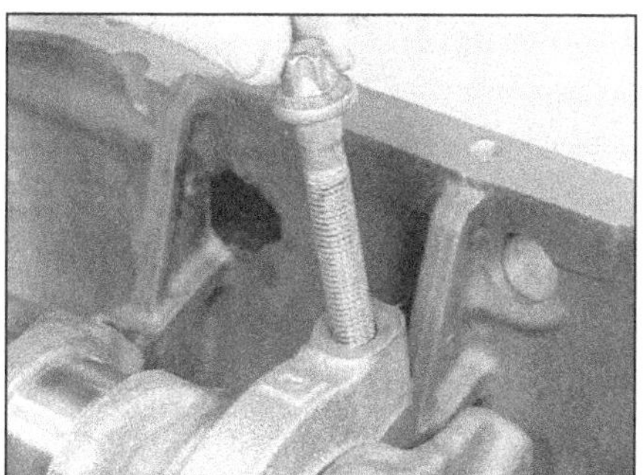

14.6a Skruva loss och ta bort ramlageröverfallets bultar . . .

14.6b . . . och ta bort ramlageröverfallet

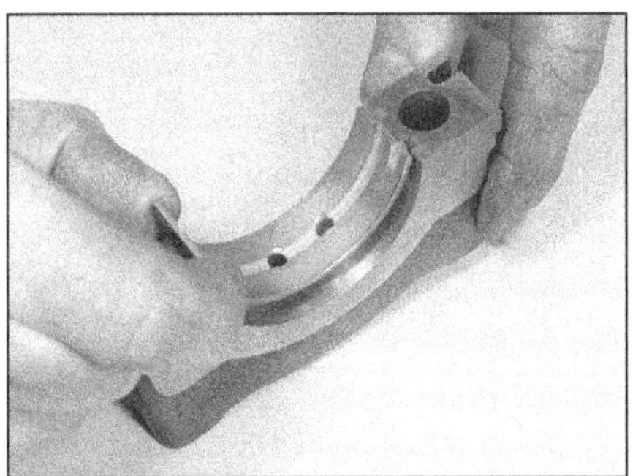
14.7 Ta bort ramlagerskålen från överfallet

14.8 Lyft bort vevaxeln från vevhuset

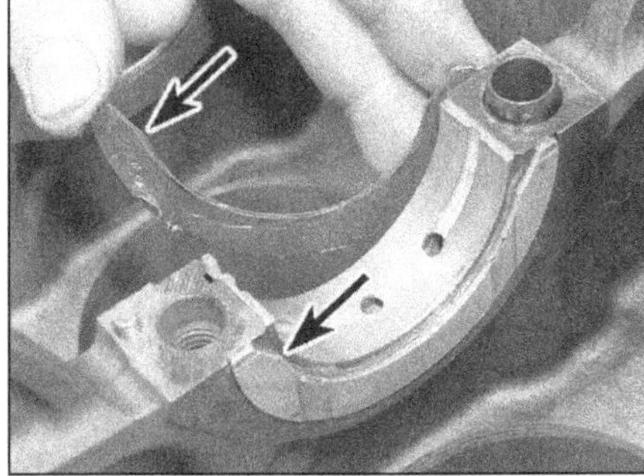
14.9a Ta bort tryckbrickorna (vid pilarna) . . .

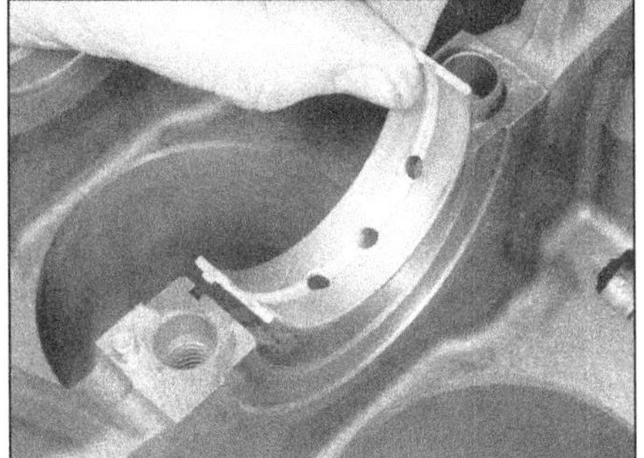
14.9b . . . och ramlagerskålarna

14.10 Skruvarna som fäster vevaxellägesgivarens magnetiska motstånd

ramlagret och förvara dem tillsammans med överfallet **(se bilder)**.

10 När vevaxeln är demonterad kan vevaxellägesgivarens magnetiska motstånd tas bort. Skruva loss skruvarna och dra bort motståndet över vevaxelns ände **(se bild)**. Observera att skruvarna är placerade så att det bara går att montera motståndet på ett sätt.

15 Motorblock/vevhus – rengöring och kontroll

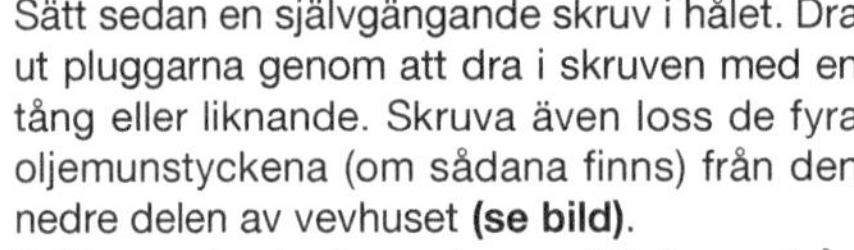

Rengöring

1 Ta bort alla yttre komponenter och elektriska kontakter/givare från blocket. Vid en grundlig rengöring bör hylspluggarna tas bort på följande sätt. Borra ett litet hål i pluggarna. Sätt sedan en självgängande skruv i hålet. Dra ut pluggarna genom att dra i skruven med en tång eller liknande. Skruva även loss de fyra oljemunstyckena (om sådana finns) från den nedre delen av vevhuset **(se bild)**.

2 Skrapa bort alla rester av tätningen från motorblocket/vevhuset, var försiktigt så att packnings-/tätningsytorna inte skadas.

3 Ta bort alla pluggar från oljekanalerna (där sådana förekommer). Pluggarna sitter oftast mycket hårt – de kan behöva borras ut och hålen gängas om. Använd nya pluggar när motorn monteras ihop.

4 Om motorblocket/vevhuset är mycket smutsigt bör det rengöras med ångtvätt.

5 Rengör alla oljehål och oljeledningar, spola de inre utrymmena med varmt vatten tills vattnet som kommer ut är rent. Torka noggrant och lägg ett tunt lager olja på alla fogytor för att hindra dem från att rosta. Rengör även cylinderloppen. Använd om möjligt tryckluft för att skynda på torkningen och blåsa rent i alla oljehål och kanaler.

Varning: Bär skyddsglasögon vid arbete med tryckluft.

6 Om motorblocket inte är så smutsigt går det bra att rengöra det med hett såpvatten och en hård borste. Var noggrann vid rengöringen. Oavsett vilken rengöringsmetod som används ska alla oljehål och kanaler rengöras mycket noga och alla komponenter torkas ordentligt. När motorblocket är rengjort ska cylinderloppen skyddas från rost på det sätt som beskrivs ovan.

7 Alla gängade hål måste vara rena för att garantera korrekta åtdragningsmoment vid återmonteringen. Rengör gängorna genom att skruva en gängtapp av rätt storlek i alla hålen för att ta bort rost, korrosion, tätningsmedel eller slam och för att reparera skadade gängor **(se bild)**. Använd om möjligt tryckluft för att få bort restprodukter ur hålen.

Ett bra alternativ till tryckluft är att spruta in en dimma av vattenavvisande smörjmedel i varje hål med den långa pip som vanligtvis medföljer.

Varning: Använd alltid skyddsglasögon när hålen rengörs på detta sätt.

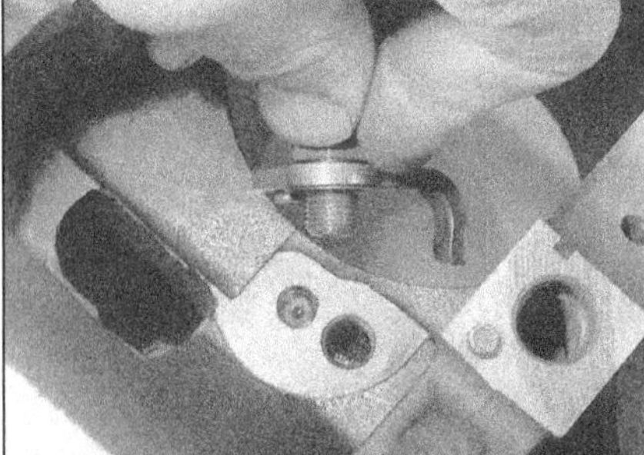
15.1 Ett oljemunstycke tas bort från vevhuset

15.7 Topplocksbultarnas hål i motorblocket rengörs med hjälp av en gängtapp

8 Lägg ett lager med tätningsmedel på de nya oljeledningspluggarna och montera dem i hålen på motorblocket. Dra åt dem ordentligt. Applicera ett lämpligt tätningsmedel på de nya hylspluggarna och slå dem på plats med en hylsnyckel. Montera i förekommande fall oljemunstyckena på vevhusets botten och dra åt dem.

9 Om motorn inte ska monteras ihop på en gång, täck över den med en stor plastpåse så att den hålls ren. Skydda alla fogytor och cylinderloppen enligt beskrivningen ovan för att förhindra rost.

Kontroll

10 Undersök motorblocket med avseende på sprickor och korrosion. Leta efter skadade

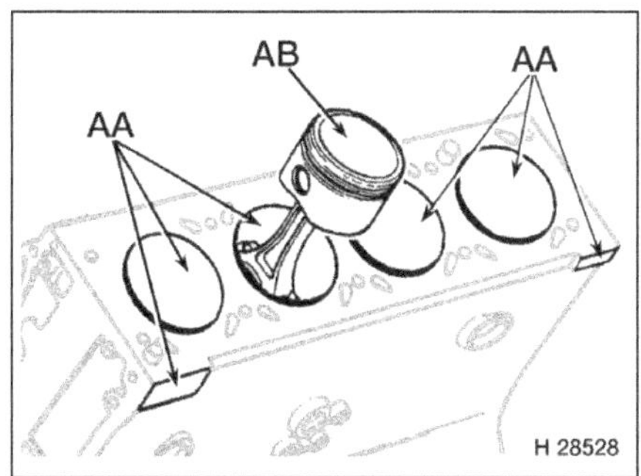

15.12a Placering av kolvens och cylinderloppets klassificeringskoder

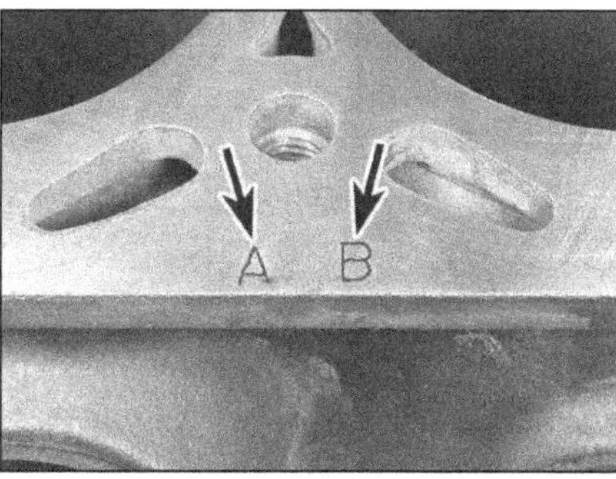

15.12b Cylinderloppets kod på framsidan av motorblocket

15.12c Kolvens kod på kolvkronan

gängor i hålen. Om det någon gång har förekommit vattenläckage i motorblocket bör en specialist på motorrenoveringar kontrollera motorblocket/vevhuset med särskild utrustning. Om du ser några skador måste de repareras om det är möjligt. Annars behövs ett nytt motorblock.

11 Kontrollera att cylinderloppen inte är slitna eller repiga. Kontrollera om det finns en slitkant längst upp i loppet. Det är i så fall ett tecken på att loppet är påtagligt slitet.

12 Cylinderloppen och kolvarna passas ihop och klassificeras enligt fem koder – AB, B, C, 1 (0,5 mm överstorlek) och 2 (1,0 mm överstorlek). Koden är stämplad på kolvkronorna och motorblockets framsida **(se bilder)**. Observera att alla klassificeringar kan förekomma i samma motorblock.

13 Slitage på cylinderloppen och kolvarna kan mätas med ett bladmått om kolven som ska kontrolleras skjuts in i sitt lopp utan kolvringar. Utför kontrollen med kolven nära toppen av loppet. Om glappet är större än det nominella (nya) värdet i specifikationerna bör en specialist på motorrenovering kontaktas för att avgöra om omborrning krävs.

16 Kolvar och vevstakar – kontroll

1 Innan kontrollen kan börja ska kolvarna/vevstakarna rengöras, och originalkolvringarna demonteras från kolvarna **(se bild)**.

2 Dra försiktigt bort de gamla ringarna från kolvarna. Använd två eller tre gamla bladmått för att hindra att ringarna fastnar i tomma spår **(se bilder)**. Var noga med att inte repa kolven med ringändarna. Ringarna är sköra och går sönder om de bänds ut för långt. De är också mycket vassa – skydda dina fingrar och händer. Observera att den tredje ringen innehåller en expander. Ta alltid bort ringarna från kolvens ovansida. Förvara varje ringuppsättning med tillhörande kolv, om de gamla ringarna ska återanvändas.

3 Skrapa bort alla spår av sot från kolvens överdel. En vanlig stålborste (eller finkornig smärgelduk) kan användas när de flesta avlagringar har skrapats bort.

4 Ta bort sotet från ringspåren i kolven med hjälp av en gammal ring. Bryt ringen i två delar (var försiktig så att du inte skär dig – kolvringar är vassa). Var noga med att bara ta bort sotavlagringarna – ta inte bort någon metall och gör inga hack eller repor i sidorna på ringspåren.

5 När avlagringarna har tagits bort, rengör kolven/vevstaken med fotogen eller annat lämpligt lösningsmedel och torka ordentligt. Se till att oljereturhålen i ringspåren är fria.

6 Om kolvarna och cylinderloppen inte är skadade eller påtagligt slitna, och om motorblocket inte behöver borras om, kan originalkolvarna monteras tillbaka. Normalt kolvslitage visar sig som jämnt vertikalt slitage på kolvens stötytor, och som att den översta ringen sitter något löst i sitt spår.

7 Gör en noggrann granskning av varje kolv beträffande sprickor kring manteln, runt kolvbultens hål och på ytorna mellan ringspåren.

8 Leta efter spår och repor på kolvmanteln, hål i kolvkronan och brända områden på kolvänden. Om manteln är repad eller nött kan det bero på att motorn har överhettats och/eller på onormal förbränning som orsakat för höga arbetstemperaturer. Kontrollera kyl- och smörjsystemen noga. Brännmärken på sidorna av kolvarna är tecken på att genomblåsning har ägt rum. Ett hål i kolvkronan eller brända områden i kanten av kolvkronan är tecken på att onormal förbränning (förtändning, tändningsknack) har ägt rum. Vid något av ovanstående problem måste orsakerna undersökas och åtgärdas, annars kommer skadan att uppstå igen. Orsakerna kan vara felaktig tändningsinställning och/eller felaktig bränsle-/luftblandning.

9 Punktkorrosion på kolven är tecken på att kylvätska har läckt in i förbränningskammaren och/eller vevhuset. Även här måste den bakomliggande orsaken åtgärdas, annars kan problemet bestå i den ombyggda motorn.

10 Vid behov kan kolvar köpas från en Saabverkstad.

11 Undersök varje vevstake noggrant efter tecken på skador, som t.ex. sprickor runt vevlager och kolvbultslager. Kontrollera att vevstaken inte är böjd eller skev. Det är högst otroligt att den är skadad, om inte motorn har skurit eller överhettats. En noggrann undersökning av vevstaken kan endast utföras av en Saabverkstad eller en motorreparatör med tillgång till nödvändig utrustning.

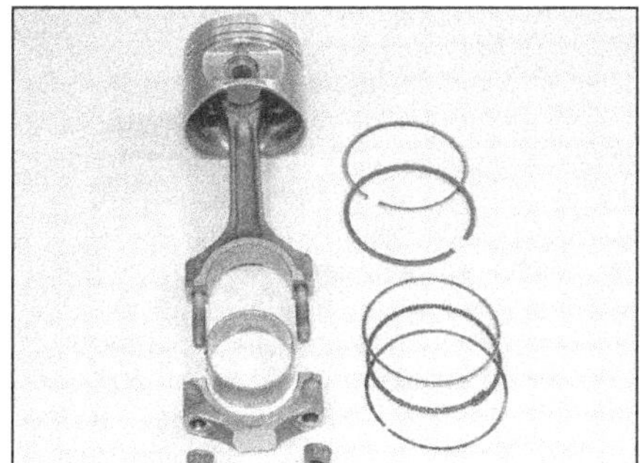

16.1 Kolvens/vevstakens komponenter

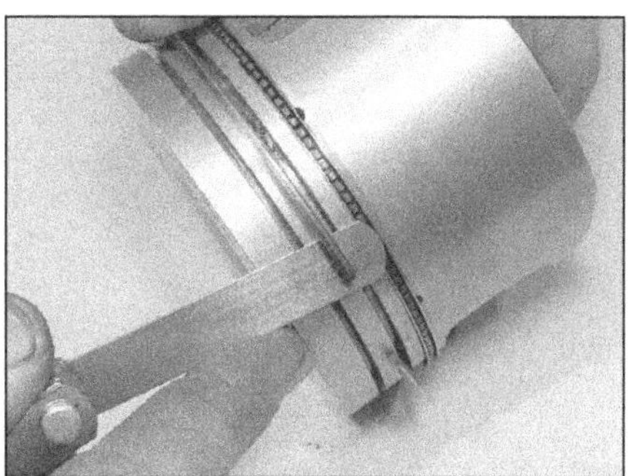

16.2a Ta bort kolvens kompressionsring med hjälp av ett bladmått

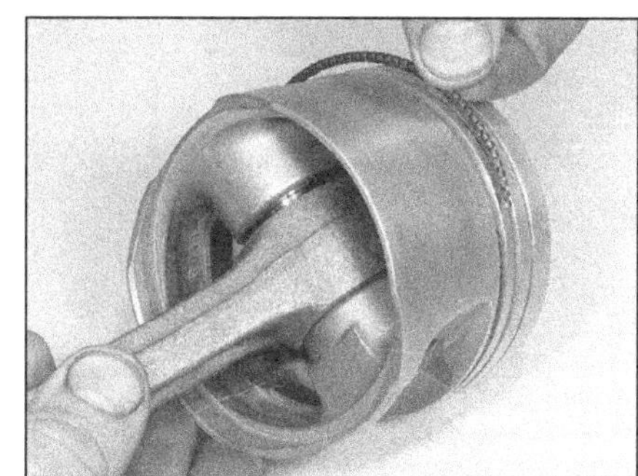

16.2b Ta bort oljekontrollringen

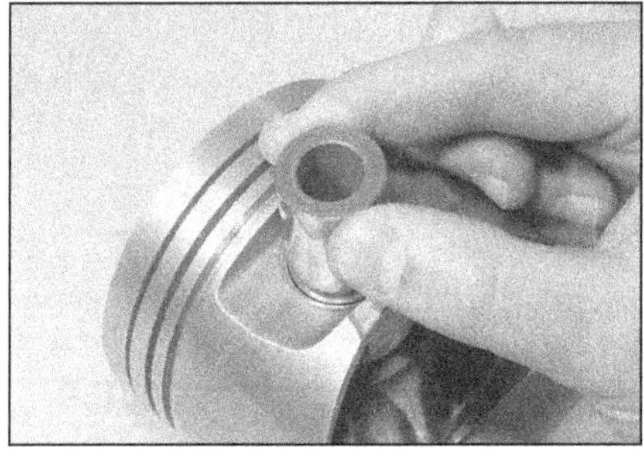

16.13a Bänd ut kolvbultens låsring . . .

16.13b . . . och dra sedan ut kolvbulten och ta bort kolven från vevstaken

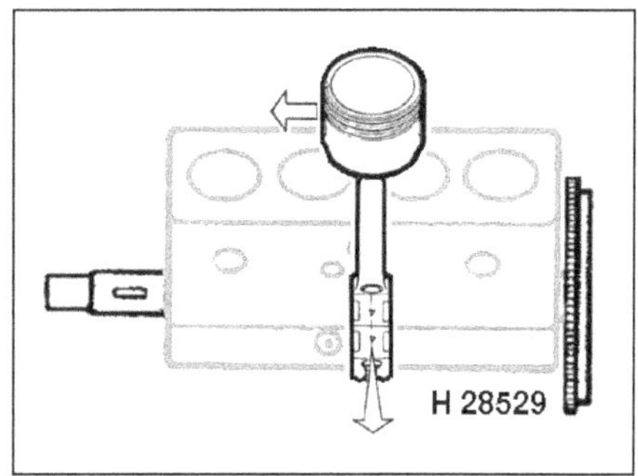

16.17 Förhållande mellan kolv och vevstake

12 Kolvbultarna är av flottörtyp, och hålls på plats med två låsringar. Kolvar och vevstakar kan separeras och monteras på följande sätt.

13 Använd en liten spårskruvmejsel, bänd bort låsringarna och tryck ut kolvbulten **(se bilder)**. Det ska räcka med handkraft för att ta bort kolvbulten. Märk kolven, kolvbulten och vevstaken för att garantera korrekt placering vid återmonteringen.

14 Undersök kolvbulten och kolvbultslagret efter tecken på slitage och skador. Slitage kan åtgärdas genom att både kolvbulten och bussningen byts ut. Demonteringen av bussningen ska dock överlåtas till en specialist. Pressverktyg behövs och den nya bussningen måste upprymmas noggrant.

15 Vevstakarna själva ska inte behöva bytas ut om inte motorn har skurit ihop eller om något annat större mekaniskt fel har uppstått. Undersök vevstakarnas inställning. Om vevstakarna inte är raka ska de överlåtas till en specialist på motorrenoveringar för en mer detaljerad kontroll.

16 Undersök alla komponenter och skaffa alla nya delar som behövs från en Saabverkstad. Om nya kolvar köps in levereras de med kolvtappar och låsringar. Låsringar kan även köpas separat.

17 Placera kolven så att hacket på kanten av kronan är riktat mot motorns kamkedjeände, och numren på vevstaken och vevstakslageröverfallet är riktade mot sidan på motorblocket. När du håller kolven i din hand med hacket riktat åt vänster ska numret på vevstaken vara riktat mot dig **(se bild)**. Smörj lite ren motorolja på kolvbulten. Skjut in den i kolven och genom vevstakens lillände. Kontrollera att kolven svänger fritt på vevstaken, fäst sedan kolvbulten i sitt läge med låsringarna. Se till att varje låsring sitter korrekt i sitt spår i kolven.

18 Mät kolvarnas diameter och kontrollera att de ligger inom gränsen för motsvarande loppdiametrar. Om avståndet mellan kolven och loppet är för stort måste motorblocket borras om och nya kolvar och ringar monteras.

19 Undersök fogytorna på vevstaksöverfallen och vevstakarna för att se om de har filats av i ett försök att jämna ut lagerslitage. Detta är inte sannolikt, men om så skulle vara fallet måste de defekta vevstakarna och överfallen bytas ut.

17 Vevaxel – kontroll

Kontroll av axialspel

1 Om vevaxelns axialspel ska kontrolleras, måste vevaxeln fortfarande vara monterad i motorblocket, men den ska kunna röra sig fritt (se avsnitt 14).

2 Kontrollera axialspelet med hjälp av en mätklocka som har kontakt med vevaxelns ände. Tryck vevaxeln helt åt ena hållet och nollställ mätklockan. Tryck vevaxeln helt åt andra hållet och mät axialspelet **(se bild)**. Resultatet kan jämföras med det angivna värdet och ger en fingervisning om huruvida tryckbrickorna måste bytas.

3 Om en mätklocka inte finns tillgänglig kan bladmått användas. Tryck först vevaxeln hela vägen mot motorns svänghjulsände, använd sedan bladmåttet för att mäta spelet mellan vevstakstapp nr 3 och ramlagrets mittersta tryckbricka **(se bild)**.

Kontroll

4 Rengör vevaxeln med fotogen eller annat lämpligt lösningsmedel och torka den. Använd helst tryckluft om det finns tillgängligt. Var noga med att rengöra oljehålen med piprensare eller liknande så att de inte är igensatta.

Varning: Bär alltid skyddsglasögon vid arbete med tryckluft.

5 Undersök ramlagertappar och vevlagertappar, leta efter ojämnt slitage, repor, gropar eller sprickor.

6 Slitage i vevstakslagren åtföljs av märkbara metalliska knackningar när motorn är igång (de märks särskilt tydligt när motorns varvtal ökar från lågt varvtal), samt en viss minskning av oljetrycket.

7 Slitage i ramlagren åtföljs av starka motorvibrationer och ett dovt ljud – som ökar i takt med att motorns varvtal ökar – samt minskning av oljetrycket.

8 Vid tecken på slitage bör du ta med vevaxeln till en specialist på motorrenoveringar som kan kontrollera lagertapparna. Ojämnheter (som följs av uppenbart lagerslitage) tyder på att vevaxeln måste slipas om (om möjligt) eller bytas ut.

9 Om vevaxeln har slipats om, kontrollera om det finns borrskägg runt vevaxelns oljehål (hålen är oftast fasade, så borrskägg bör inte vara något problem om inte omslipningen har skötts slarvigt). Ta bort eventuella borrskägg med en fin fil eller avskrapare, och rengör oljehålen noga enligt beskrivningen ovan.

10 Använd en mikrometer och mät ramlagertapparnas och vevlagertapparnas diameter, och jämför resultatet med värdena i Specifikationer **(se bild)**. Genom att mäta diametern på flera ställen runt varje axeltapp kan man avgöra om axeltappen är rund eller inte. Utför mätningen i båda ändarna av axeltappen, nära vevarmarna, för att avgöra

17.2 Vevaxelns axialspel kontrolleras med mätklocka

17.3 Vevaxelns axialspel mäts med hjälp av ett bladmått

17.10 Mät diametern på axeltappen till vevaxelns vevstakslager

om axeltappen är konisk. Jämför mätvärdena med de som anges i specifikationerna.

11 Kontrollera att oljetätningens fogytor i båda ändar av vevaxeln inte är slitna eller skadade. Om en tätning har slitit ett djupt spår i vevaxelytan måste en motorrenoveringsspecialist kontaktas. Det kan vara möjligt att reparera skadan, men annars måste vevaxeln bytas ut mot en ny.

18 Ram- och vevlager - kontroll

1 Även om ramlagren och vevstakslagren byts ut under motorrenoveringen, bör de gamla lagren behållas för närmare undersökningar eftersom de kan ge värdefull information om motorns skick. Lagerskålarna delas in efter tjocklek, graden på varje skål anges med en färgkod på skålen - skålarna kan även ha märken på stödplattorna **(se bild)**.

De tunnaste skålarna är röda – 0,005 mm tunnare än de gula.

Standardskålarna är gula (den enda storleken som finns i reservdelslagret).

De första skålarna med understorlek är blå – 0,005 mm tjockare än de gula.

2 Lagerfel kan uppstå på grund av bristande smörjning, förekomst av smuts eller andra partiklar, överbelastning av motorn eller korrosion **(se bild)**. Oavsett vad som orsakar lagerfelet måste det åtgärdas (där det går)

18.1 STD-markering på stödplattan på en vevstakslagerskål

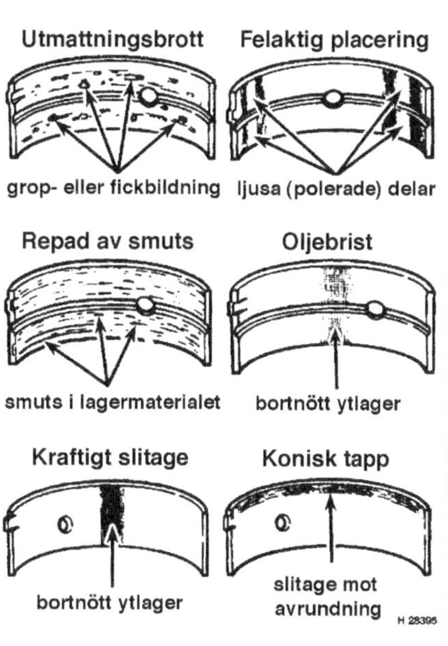

18.2 Typiska lagerbrott

innan motorn sätts ihop för att förhindra att felet uppstår igen.

3 När lagerskålarna ska kontrolleras, ta bort dem från motorblocket/vevhuset, ramlageröverfallen, vevstakarna och vevstakslageröverfallen. Lägg ut dem på en ren yta i samma ordning som de sitter placerade på motorn. Därigenom kan man se vilken vevaxeltapp som orsakat lagerproblemen. *Rör inte* lagerskålarnas känsliga ytor med fingrarna under kontrollen, då kan de repas.

4 Smuts och andra partiklar kan komma in i motorn på flera olika sätt. Smuts kan t.ex. finnas kvar i motorn från ihopsättningen, eller komma in genom filter eller vevhusventilationssystemet. Det kan hamna i oljan, och därmed tränga in i lagren. Metallspån från slipning och normalt slitage förekommer ofta. Slipmedel finns ibland kvar i motorn efter en renovering, speciellt om delarna inte rengjorts noga på rätt sätt. Sådana främmande föremål bäddas ofta så småningom in i det mjuka lagermaterialet och är lätta att upptäcka. Stora partiklar bäddas inte in i lagret, de repar eller gör hål i lagret och axeltappen. Det bästa sättet att förebygga den här orsaken till lagerhaveri är att rengöra alla delar noggrant och att hålla allting skinande rent vid hopsättningen av motorn. Att byta motorolja och filter ofta rekommenderas också.

5 Oljebrist har ett antal relaterade orsaker. Överhettning (som tunnar ut oljan), överbelastning (som tränger undan olja från lagerytan) och oljeläckage (på grund av för stora lagerspel, sliten oljepump eller höga motorvarv) kan orsaka problemet. Även igensatta oljekanaler, som vanligen beror på felinpassade oljehål i en lagerskål, stryper oljetillförseln till ett lager och förstör det. Om ett lagerhaveri beror på oljebrist, slits eller pressas lagermaterialet bort från lagrets stålstödplatta. Temperaturen kan stiga så mycket att stålplattan blir blå av överhettning.

6 Körstilen kan också påverka lagrens livslängd betydligt. Full gas från låga varv (segdragning) belastar lagren mycket hårt och tenderar att pressa ut oljefilmen. Dessa belastningar kan få lagren att vika sig, vilket leder till fina sprickor i lagerytorna (utmattning). Till sist kommer lagermaterialet att gå i bitar och slitas bort från stålplattan.

7 Kortdistanskörning leder till korrosion i lagren på grund av att den värme som bildas i motorn inte hinner bli tillräckligt hög för att få bort det kondenserade vattnet och de korrosionsframkallande ångorna. Dessa produkter samlas istället i motoroljan och bildar syra och slam. När oljan sedan leds till motorlagren angriper syran lagermaterialet.

8 Felaktig lagerinställning vid hopsättningen av motorn kommer också att leda till lagerhaveri. Hårt sittande lager ger otillräckligt lagerspel, vilket resulterar i att oljan inte kommer fram. Smuts eller främmande partiklar som fastnat bakom en lagerskål kan resultera i högre punkter på lagret, vilket i sin tur leder till haveri.

9 *Rör inte* vid lagerskålarnas lageryta med fingrarna vid monteringen. Du kan råka skrapa den känsliga ytan eller förorena den.

Lagerskålarna bör bytas ut vid varje motorrenovering. Allt annat är dålig ekonomi.

19 Motorrenovering – ordning vid hopsättning

1 Innan hopsättningen påbörjas, se till att alla nya delar och nödvändiga verktyg finns tillgängliga. Läs igenom hela monteringsordningen för att bli bekant med de arbeten som ska utföras, och för att kontrollera att du har allt material och all utrustning som kommer att behövas till hands. Förutom alla normala verktyg och annat material behövs gänglåsmassa. En lämplig sorts tätningsmedel krävs också till de fogytor som inte har några packningar.

2 För att spara tid och undvika problem bör hopsättningen av motorn utföras i följande ordningsföljd:

a) Vevaxel (avsnitt 21).
b) Kolvar/vevstakar (avsnitt 22).
c) Oljesump (kapitel 2A).
d) Balansaxlar (avsnitt 12).
e) Svänghjul/drivplatta (kapitel 2A).
f) Kamkedja och balansaxelkedja, kedjedrev och spännare (avsnitt 10 och 11).
g) Topplock (kapitel 2A).
h) Insugs- och avgasgrenrör (kapitel 4A).
i) Motorns yttre komponenter.

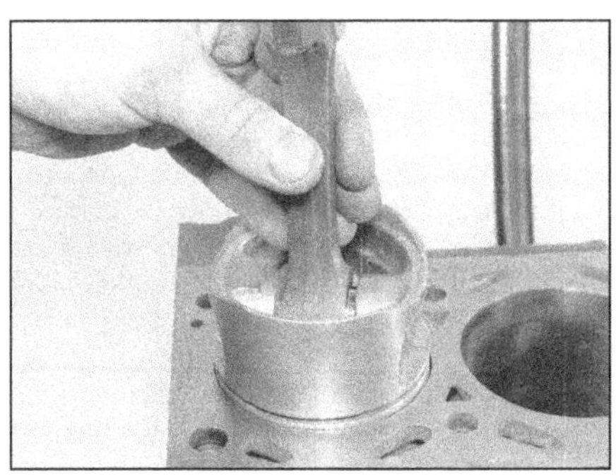

20.3 Tryck ner kolvringen i loppet med överdelen av en kolv

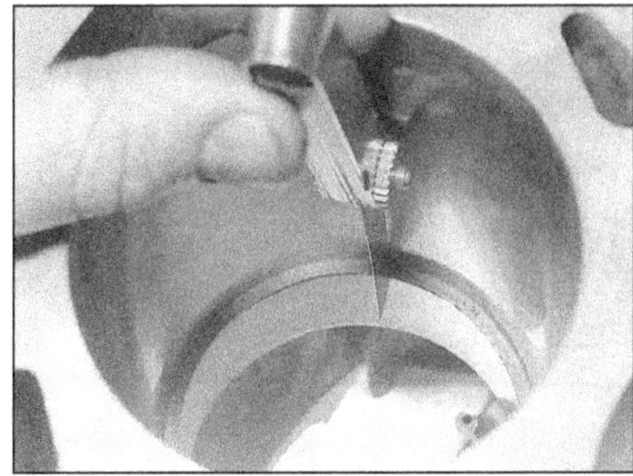

20.4 Mät kolvringens ändgap

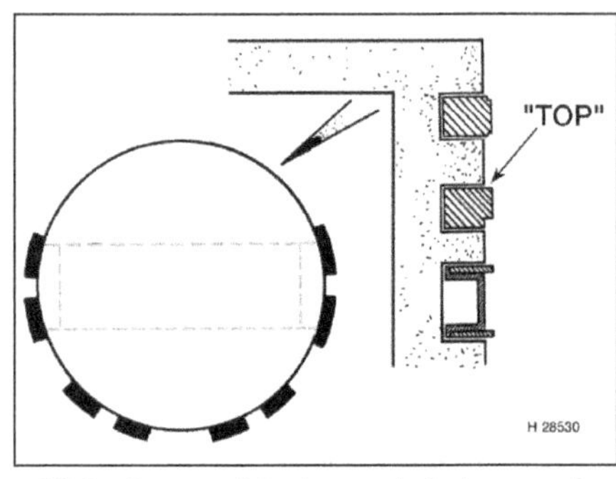

20.9 Genomskärning av kolvringar och placering av ändgapen

3 I detta skede ska alla motorkomponenter vara absolut rena och torra, med alla fel åtgärdade. Komponenterna ska läggas ut på en fullständigt ren arbetsyta (eller i separata behållare).

20 Kolvringar – montering

1 Innan nya kolvringar monteras ska deras ändgap kontrolleras på följande sätt.

2 Lägg ut kolvarna/vevstakarna och de nya kolvringarna så att ringarna matchas med samma kolv och cylinder såväl vid mätning av ändgapen som vid efterföljande hopsättning av motorn.

3 Montera den övre ringen i den första cylindern och tryck ner den i loppet med överdelen av kolven **(se bild)**. Då hålls ringen i rätt vinkel mot cylinderväggarna. Placera ringen nära cylinderloppets botten, vid den nedre gränsen för ringrörelsen. Observera att den övre ringen och den andra kompressionsringen är olika.

4 Mät ändgapet med bladmått och jämför de uppmätta värdena med siffrorna som anges i specifikationerna **(se bild)**.

5 Om gapet är för liten (inte troligt om äkta Saabdelar används), måste det förstoras, annars kommer ringändarna i kontakt med varandra medan motorn körs och omfattande skador kommer då att uppstå. Helst ska nya kolvringar med korrekt ändgap monteras. Som en sista utväg kan öppningen förstoras genom att ringändarna försiktigt filas ner med en fin fil. Fäst filen i ett skruvstäd med mjuka käftar, trä ringen över filen med ändarna mot filytan och rör långsamt ringen för att slipa ner kanterna. Var försiktig, kolvringar är vassa och går lätt sönder.

6 Med nya kolvringar är det inte troligt att öppningen är för stor. Om öppningen är för stor, kontrollera att du använder rätt ringar till just din motor.

7 Upprepa kontrollen av alla ringar i cylinder nr 1 och sedan av ringarna i de återstående cylindrarna. Kom ihåg att hålla ihop ringar, kolvar och cylindrar.

8 När ringarnas ändgap har kontrollerats, och eventuellt justerats, kan de demonteras på kolvarna.

9 Montera kolvringarna med samma teknik som användes vid demonteringen. Montera den nedre ringen (oljekontrollringen) först, och arbeta sedan uppåt. När oljekontrollringen monteras, sätt först in expandern, montera sedan de nedre och övre ringarna med ändgapen på den kolvsida som inte utsätts för tryck, med ungefär 60° emellan. Se till att den andra kompressionsringen monteras åt rätt håll med ordet TOP överst. Placera öppningarna på den översta och den andra kompressionsringen på motsatta sidor om kolven, ovanför kolvbultens ändar **(se bild)**.

Observera: *Följ alltid instruktionerna som medföljer de nya uppsättningarna med kolvringar – olika tillverkare kan ange olika tillvägagångssätt. Förväxla inte den övre och den andra kompressionsringen, eftersom de ser olika ut i genomskärning.*

21 Vevaxel – montering

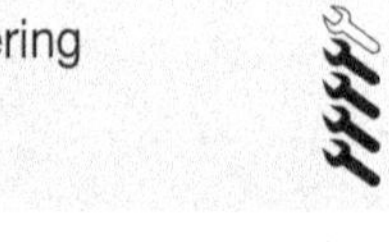

1 Montera vevaxellägesgivarens magnetiska motstånd om du har tagit bort det och dra åt skruvarna enligt beskrivningen i avsnitt 14.

2 Smörj in de övre tryckbrickorna med lite fett och stick in dem på var sida om den mittre ramlagerplatsen. Se till att oljerännorna på brickorna är vända utåt (bort från motorblocket).

3 Sätt fast varje lagerskål på sin plats och se till att fliken på skålen hakar i urtaget i sätet i motorblocket eller ramlageröverfallet. Var noga med att inte vidröra skålens lageryta med fingrarna. Om nya lagerskålar används ska allt skyddsfett först tvättas bort med fotogen. Torka rent skålarna och vevstakarna med en luddfri trasa. Smörj lagerskålarna i motorblocket/vevhuset med rikligt med ren motorolja **(se bild)**.

4 Sänk ner vevaxeln på sin plats så att vevstakstapparna för cylinder 2 och 3 är i övre dödpunkt. I det här läget är vevstakstapparna 1 och 4 i nedre dödpunkten och kolv nr 1 kan monteras. Kontrollera vevaxelns axialspel enligt beskrivningen i avsnitt 17.

5 Smörj de nedre lagerskålarna i ramlageröverfallen med ren motorolja. Se till att styrslikarna på skålarna hakar i spåren i överfallen.

6 Montera ramlageröverfallen på sina rätta platser och se till att de sitter åt rätt håll (spåren i motorblocket och överfallen för lagerskålarnas styrflikar måste vara på samma sida). Montera bultarna löst.

7 Dra stegvis åt ramlageröverfallets bultar till angivet moment.

8 Kontrollera att vevaxeln kan rotera fritt.

9 Montera kolvarna/vevstakarna på vevaxeln enligt beskrivningen i avsnitt 22.

10 Byt oljetätning i vevaxelns oljetätningshus innan det monteras, se beskrivningen i kapitel 2A. Driv in den i huset med hjälp av en träkloss och en hammare, eller använd en träkloss i ett skruvstäd **(se bilder)**.

11 Applicera ett lämpligt tätningsmedel på

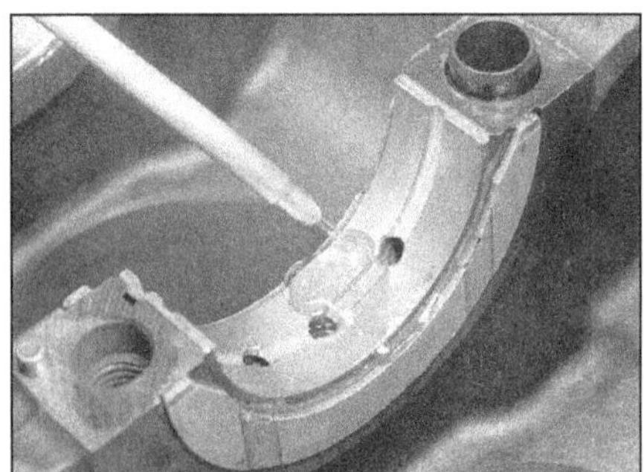

21.3 Smörj ramlagerskålarna

21.10a Vevaxelns oljetätning drivs in i huset

21.10b Vevaxelns oljetätning monteras med hjälp av en träkloss i ett skruvstäd

21.11a Tejp över änden på vevaxeln skyddar oljetätningen vid monteringen

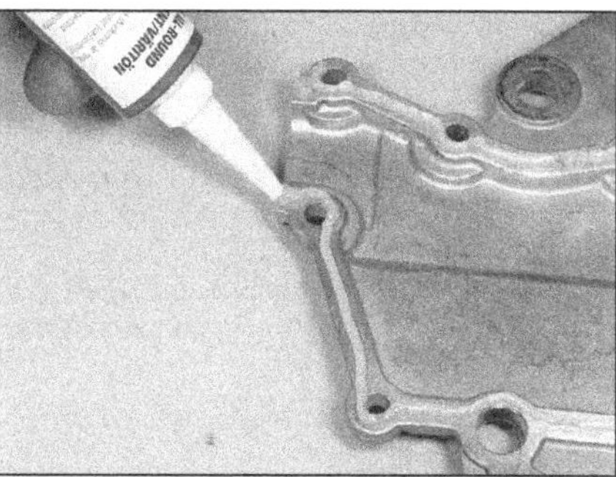
21.11b Lägg på tätningsmedel på oljetätningshuset

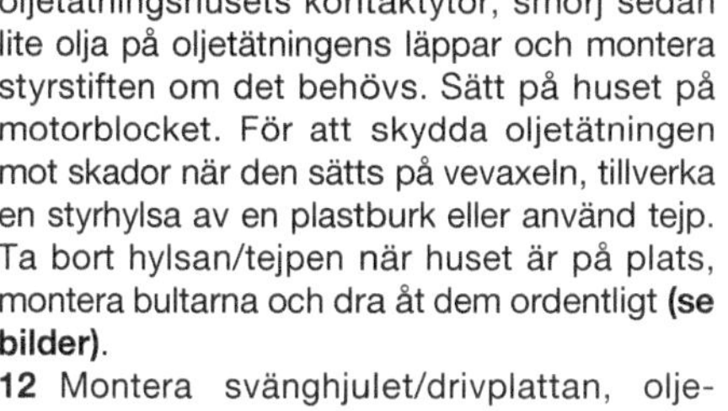
oljetätningshusets kontaktytor, smörj sedan lite olja på oljetätningens läppar och montera styrstiften om det behövs. Sätt på huset på motorblocket. För att skydda oljetätningen mot skador när den sätts på vevaxeln, tillverka en styrhylsa av en plastburk eller använd tejp. Ta bort hylsan/tejpen när huset är på plats, montera bultarna och dra åt dem ordentligt **(se bilder)**.

12 Montera svänghjulet/drivplattan, oljepickupen/silen/överföringsröret och oljesumpen enligt beskrivningen i kapitel 2A

13 Om topplocket har demonterats, montera det enligt beskrivningen i kapitel 2A.

14 Montera kamkedjan och kedjedrevet enligt beskrivningen i kapitel 2A.

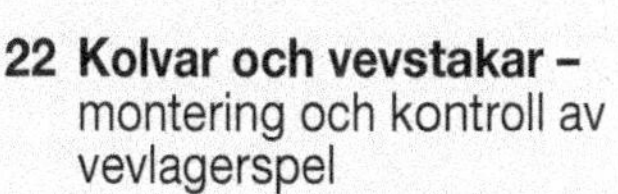

22 Kolvar och vevstakar – montering och kontroll av vevlagerspel

Kontroll av vevlagerspel

1 Ett sätt att kontrollera spelet är att montera tillbaka vevlageröverfallet på vevstaken innan kolvarna monteras i motorblocket, se då till att de sitter åt rätt håll med lagerskålarna i läge. Med överfallets fästmuttrar ordentligt åtdragna, använd en inre mikrometer eller ett skjutmått för att mäta den inre diametern på alla sammansatta lagerskålar. Om diametern på de motsvarande vevaxeltapparna mäts och sedan subtraheras från måttet på lagrens inre diameter, motsvarar skillnaden vevstakslagrets spel.

21.11c Montera oljetätningshuset (motorns fästplatta)

2 Ett annat, bättre sätt är att ta med delarna till en motorrenoverare som kan utföra en noggrannare kontroll.

Montering

3 Smörj in cylinderloppen, kolvarna, kolvringarna och lagerskålarna med ren motorolja och lägg ut varje kolv/vevstake på respektive plats på en ren och dammfri yta.

4 Tryck in lagerskålarna på sina platser och se till att skålarnas flikar hakar i urtagen på vevstaken och överfallet. Var noga med att inte vidröra skålens lageryta med fingrarna. Om de ursprungliga lagerskålarna används vid kontrollen måste de monteras på sina ursprungliga platser.

5 Börja med del nr 1. Placera vevstakstapp nr 1 längst ner i sitt kolvslag. Se till att kolvringarna fortfarande är utplacerade enligt

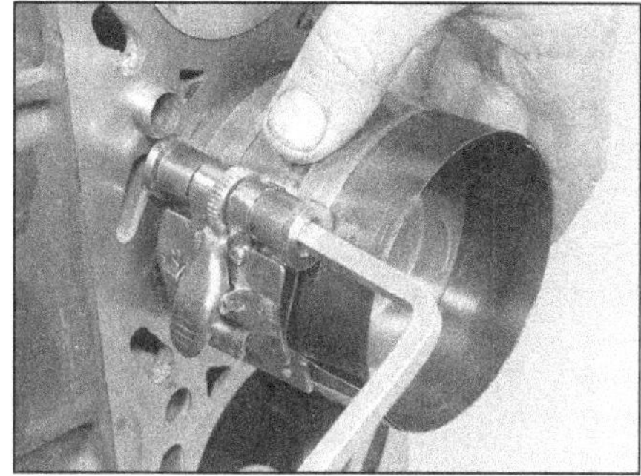
22.5 Kolvringskompressor monterad över kolvringarna

beskrivning i avsnitt 20, tryck därefter in dem i sina lägen med en kolvringskompressor **(se bild)**.

6 Sätt i kolven/vevstaken i cylinder nr 1. Var noga med att inte repa cylinderloppet. Se till att hacket eller pilen på kolvkronan pekar mot kamkedjesidan av motorn. Använd en träkloss eller ett hammarskaft på kolvkronan och knacka ner kolvenheten i cylinderloppet tills kolvkronan är i jämnhöjd med cylinderns överkant **(se bilder)**.

7 När vevstakstapp nr 1 befinner sig längst ner i sitt slag, för vevstaken över den medan du fortsätter att knacka på kolvtoppen med hammarskaftet.

8 Montera vevstakslageröverfallet, ta hjälp av märkena som gjordes vid demonteringen för att garantera att de monteras åt rätt håll. Dra åt överfallets muttrar till angivet moment **(se bild)**.

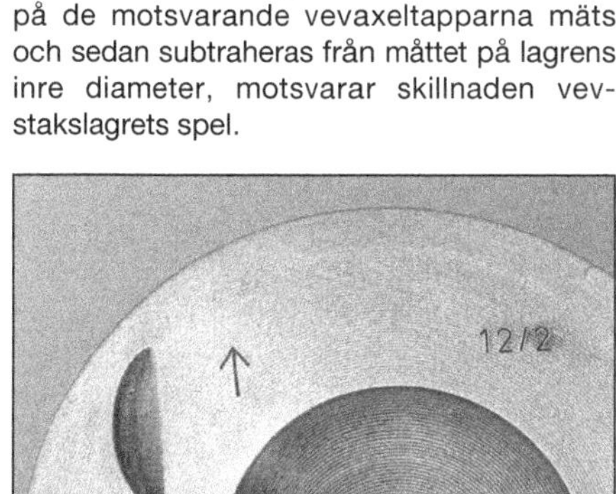

22.6a Pilen på kolvkronan måste peka mot motorns kamkedjeände

22.6b Använd ett hammarskaft för att knacka in kolven i cylinderloppet

22.8 Muttrarna till vevstakslagrets överfall dras åt

9 Vrid runt vevaxeln. Kontrollera att den kan vridas obehindrat. Viss styvhet är normalt om nya delar har monterats, men den ska inte kärva eller sitta hårt på några ställen.

10 Montera de tre återstående kolvarna/ vevstakarna på vevstakstapparna på samma sätt.

11 Sätt tillbaka oljepickupen/silen, oljesumpen och topplocket enligt beskrivningen i kapitel 2A.

23 Motor – första start efter renovering

1 När motorn är tillbaka i bilen, kontrollera noggrant motoroljenivån och kylvätskenivån. Kontrollera en sista gång att allt har återanslutits och att det inte ligger kvar några verktyg eller trasor i motorrummet.

2 Koppla loss anslutningskontakten från tändningskassetten (se kapitel 5B) och ta bort tändstiften.

3 Dra runt motorn med startmotorn tills oljetryckslampan slocknar. Montera tändstiften och återanslut tändningsmodulens kablage.

4 Starta motorn. Observera att det kan ta lite längre tid än vanligt eftersom bränslesystemets komponenter måste fyllas.

5 Låt motorn gå på tomgång och undersök om det förekommer läckage av bränsle, vatten eller olja. Bli inte orolig om det luktar konstigt eller ryker från delar som blir varma och bränner bort oljeavlagringar.

6 Om allt verkar bra, fortsätt att låta motorn gå på tomgång tills varmt vatten kan kännas cirkulera genom den övre slangen, stäng sedan av motorn.

7 Kontrollera oljan och kylvätskan igen efter några minuter enligt beskrivningen i *Veckokontroller* och fyll på om det behövs.

8 Topplocksbultarna behöver inte efterdras när motorn har körts efter hopsättning.

9 Om nya kolvar, ringar eller vevlager har monterats måste motorn behandlas som om den var ny och köras in de första 100 milen (ca). *Ge inte* full gas, och växla noga så att motorn inte behöver gå med låga varvtal. Vi rekommenderar att oljan och oljefiltret byts efter denna period.

Kapitel 3
Kyl-, värme- och ventilationssystem

Innehåll

Svårighetsgrader

Enkelt, passar novisen med lite erfarenhet 

Ganska enkelt, passar nybörjaren med viss erfarenhet 

Ganska svårt, passar kompetent hemmamekaniker 

Svårt, passar hemmamekaniker med erfarenhet 

Mycket svårt, för professionell mekaniker

Specifikationer

Allmänt

Expansionskärlets öppningstryck	1,4 till 1,5 bar

Termostat

Öppningstemperatur	89°C ± 2°C

Elektrisk kylfläkt

Tillslagstemperatur:	
Steg 1	100° ± 2°C
Steg 2	113° ± 2°C
Frånslagstemperatur:	
Steg 1	96° ± 1°C
Steg 2	109° ± 1°C

Temperaturgivare för kylvätska	Resistans (kOhm)	Spänning
Vid -30 °C	20 till 30	ca. 4,8
Vid -10 °C	7,0 till 11,4	ca. 4,5
Vid 20 °C	2,1 till 2,9	ca. 3,6
Vid 40 °C	1,0 till 1,3	ca. 2,7
Vid 60 °C	0,565 till 0,670	ca. 1,9
Vid 80 °C	0,295 till 0,365	ca. 1,2
Vid 90 °C	0,24 till 0,26	ca. 1,0
Vid 110 °C	0,14 till 0,16	ca. 0,65

Åtdragningsmoment	Nm
Elektrisk kylfläkt	8
Fäste för luftkonditioneringskompressor:	
M8-bultar	24
M10-bultar	40
Slang till luftkonditioneringskompressor	20
Stelt värmerör:	
Till turboaggregat	25
Till vattenpump	20
Till motorblock	10
Temperaturgivare för kylvätska	13
Termostathus	22
Vattenpump	22

1 Allmän information och föreskrifter

Allmän information

Kylsystemet är ett trycksystem och består av en vattenpump som drivs av drivremmen, en kylare med vattengenomströmning i horisontalled, en eldriven kylfläkt, en termostat, ett värmepaket samt anslutna slangar. Expansionskärlet är placerat till vänster i motorrummet.

Systemet fungerar enligt följande. Kall kylvätska i botten på kylaren passerar genom bottenslangen till vattenpumpen, därifrån pumpas kylvätskan runt i motorblocket och motorns huvudutrymmen. När cylinderloppen, förbränningsytorna och ventilsätena har kylts når kylvätskan undersidan av termostaten, som är stängd. Kylvätskan passerar genom värmepaketet och tillbaka till vattenpumpen. En mindre del av kylvätskan leds vidare direkt från topplocket genom gasspjällshuset, och ytterligare en del leds genom turboaggregatet.

När motorn är kall cirkulerar kylvätskan endast genom motorblocket, topplocket, gasspjällshuset, värmeenheten och turboaggregatet. När kylvätskan uppnår en angiven temperatur öppnas termostaten och kylvätskan passerar genom den övre slangen till kylaren. Under sin väg genom kylaren kyls vätskan av den luft som strömmar in när bilen är i rörelse, om det behövs används även den elektriska fläkten för att kyla vätskan. När kylvätskan har nått botten av kylaren är den nedkyld, och processen börjar om.

När motorn har normal arbetstemperatur expanderar kylvätskan, och lite av vätskan förpassas till expansionskärlet. Kylvätskan samlas i kärlet och återvänder till kylaren när systemet kallnar.

En tvåstegs elektrisk kylfläkt sitter baktill på kylaren och styrs av en termostat. När kylvätskan når en angiven temperatur slås fläkten igång. På modeller med luftkonditionering finns två tvåstegsfläktar.

Försiktighetsåtgärder

Varning: Försök inte ta bort expansionskärlets påfyllningslock eller på annat sätt göra ingrepp i kylsystemet medan motorn är varm. Risken för allvarliga brännskador är mycket stor. Om expansionskärlets påfyllningslock måste tas bort innan motorn och kylaren har svalnat helt (även om detta inte rekommenderas), måste övertrycket i kylsystemet först släppas ut. Täck locket med en tjock trasa för att undvika brännskador, skruva sedan långsamt bort locket tills ett pysande ljud hörs. När pysandet har upphört, vilket tyder på att trycket minskat, fortsätt att skruva loss locket tills det kan tas loss helt. Hörs ytterligare pysljud, vänta tills det försvinner innan locket tas av helt. Stå alltid så långt ifrån öppningen som möjligt, och skydda händerna.

Varning: Låt inte frostskyddsmedel komma i kontakt med huden eller lackerade ytor på bilen. Spola omedelbart bort eventuellt spill med stora mängder vatten. Lämna aldrig frostskyddsvätska i en öppen behållare eller i en pöl på garageuppfarten eller garagegolvet. Barn och husdjur kan dras till den söta lukten, och frostskyddsvätska kan vara livsfarligt att förtära.

Varning: Om motorn är varm kan den elektriska fläkten starta även om motorn inte är i gång. Var noga med att hålla undan händer, hår och löst sittande kläder från fläkten vid arbete i motorrummet.

Varning: Se även föreskrifter för arbete på modeller med luftkonditionering i avsnitt 10.

2 Kylsystemets slangar – demontering och byte

1 Antalet slangar, hur de är dragna och i vilket mönster varierar från modell till modell, men grundmetoden är densamma. Se till att ha nya slangar till hands, tillsammans med eventuella slangklämmor, innan arbetet inleds. Det är klokt att byta ut slangklämmorna samtidigt med slangarna.

2 Tappa ur kylsystemet enligt beskrivningen i kapitel 1, spara kylvätskan om den går att återanvända. Spruta lite smörjolja på slangklämmorna om de har börjat rosta.

3 Lossa och ta bort slangklämmorna från respektive slang.

4 Lossa samtliga ledningar, vajrar och andra slangar som är anslutna till den slang som skall demonteras. Anteckna gärna deras placering för att underlätta återmonteringen. Det är relativt enkelt att ta bort slangarna när de är nya, på en äldre bil kan de däremot ha fastnat vid utloppen.

5 Försök lossa slangar som sitter hårt genom att rotera dem innan de dras bort. Var noga med att inte skada rörändar eller slangar. Observera att in- och utloppsanslutningarna på kylaren är ömtåliga. Ta inte i för hårt för att dra loss slangarna.

6 Smörj in rörändarna med diskmedel eller lämpligt gummismörjmedel innan den nya slangen installeras. Använd inte olja eller smörjfett, det kan angripa gummit.

7 Montera slangklämmorna över slangändarna, sätt sedan fast slangen på röränden. Tryck slangen i rätt läge. När slangarna sitter på sina platser, för slangklämmorna på plats och dra åt dem.

8 Fyll på kylsystemet enligt beskrivningen i kapitel 1. Kör motorn och kontrollera att inget bränsleläckage förekommer.

9 Fyll på kylvätska om det behövs (se *Veckokontroller*).

3 Kylare – demontering, kontroll och montering

Observera: *Om orsaken till att kylaren demonteras är läckage, tänk på att mindre läckor ofta kan tätas med kylartätningsmedel med kylaren monterad.*

Demontering

1 Tappa av kylsystemet enligt beskrivningen i kapitel 1. Du behöver då ta bort stänkskyddet från kylarens undersida. Om kylvätskan är förhållandevis ny eller i gott skick, kan du tömma ut den i en ren behållare och återanvända den.

2 Lossa klämman och koppla loss den övre slangen upptill på kylarens vänstra sida.

3 Ta bort kylfläkten enligt beskrivningen i avsnitt 5.

4 På modeller med automatväxellåda är oljekylaren inbyggd i kylaren. Placera lämpliga behållare under kylaren och växellådan. Lossa sedan slangarna/rören mellan oljekylaren och växellådan och låt hydrauloljan rinna ut. Täta slang-/rörändarna med tejp eller pluggar och kasta O-ringarna/tätningarna.

5 Lossa klämman och koppla loss avluftningsslangen från kylaren.

6 Koppla loss kablaget från luftkonditioneringskompressorn.

7 Lossa klämman och koppla loss den nedre slangen, nedtill på kylarens högra sida. Om det inte går att komma åt klämman på kylaren, koppla loss slangen från kylvätskepumpen till höger om motorn.

8 Lossa de övre fästena och lyft kylaren från de nedre fästgummina. Var försiktig så att kylarflänsarna inte skadas. På modeller med motoroljekylare, lossa motoroljekylaren från kylargrillens nederdel.

Kontroll

9 Om kylaren har demonterats för att den misstänks vara igensatt, ska den spolas igenom bakvägen enligt beskrivningen i kapitel 1. Ta bort smuts och partiklar från kylarens flänsar med tryckluft eller en mjuk borste.

10 Om det behövs, kan en kylarspecialist utföra ett flödestest på kylaren för att ta reda på om den är igentäppt. En läckande kylare måste lämnas till en specialist för permanent lagning. Försök inte svetsa eller löda en läckande kylare. Demontera kylfläktens termostatbrytare innan kylaren lämnas in för reparation eller byte.

11 Kontrollera om kylarens övre och nedre fästgummin är i gott skick, och byt ut dem om det behövs.

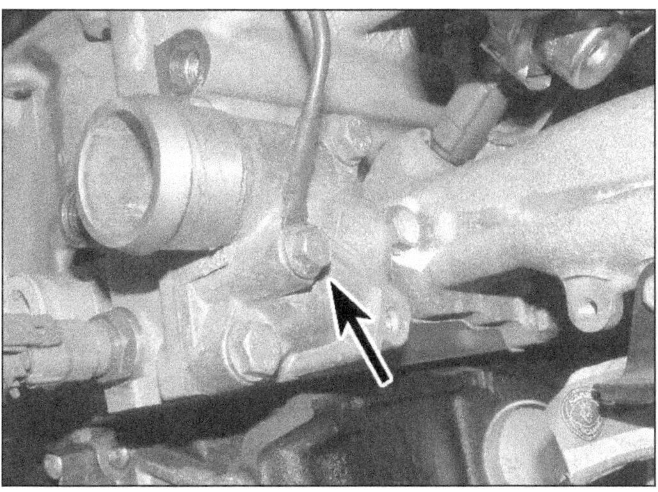
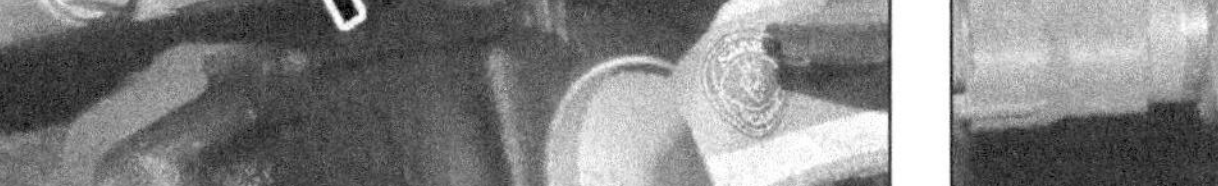

4.3 Jordkabel som är fastskruvad i termostathuset

4.5 Bultar till termostathuset

Montering

12 Anslut den nedre slangen innan du monterar tillbaka kylaren, och se till att fästklämman är åtkomlig när kylaren har satts på plats. På modeller med motoroljekylare, sätt tillbaka oljekylaren på kylargrillen och dra åt bultarna ordentligt.

13 Sänk ner kylaren i fästgummina och anslut de övre fästena.

14 Anslut kablaget till luftkonditioneringskompressorn.

15 Anslut avluftningsslangen och dra åt klämman.

16 På modeller med automatväxellåda, anslut rören/slangarna till oljekylaren. Använd nya O-ringar/tätningar och dra åt fästmuttrarna.

17 Montera tillbaka kylfläkten enligt beskrivningen i kapitel 5.

18 Återanslut den övre slangen och dra åt klämman.

19 Fyll på och lufta kylsystemet enligt beskrivningen i kapitel 1. Kontrollera automatväxellådans oljenivå och fyll vid behov på med olja enligt beskrivningen i kapitel 1.

20 Kontrollera slutligen att kylsystemet inte läcker.

4 Termostat demontering, kontroll och montering

Demontering

1 Tappa av kylsystemet enligt beskrivningen i kapitel 1. Du behöver då ta bort stänkskyddet från kylarens undersida. Om kylvätskan är förhållandevis ny eller i gott skick kan du tömma ut den i en ren behållare och återanvända den.

2 På vänstra änden av topplocket, lossa klämman och ta loss den översta slangen från termostathuset. Flytta slangen åt sidan.

3 Skruva loss bulten som håller fast jordkabeln på termostathuset och flytta kabeln åt sidan **(se bild)**.

4 Skruva loss slangstödfästet från termostathuset.

5 Skruva loss de övre och nedre fästbultarna och dra loss termostathuset och termostaten från topplocket **(se bild)**. På tidiga modeller behöver du bara lossa den övre bulten, eftersom husbultens hål är öppen i ena änden. Ta vara på tätningsringen.

Kontroll

6 En grov kontroll av termostaten kan utföras genom att man binder ett snöre i den och sänker ner den i en kastrull med vatten. Koka upp vattnet och kontrollera att termostaten öppnas. Om den inte öppnas måste den bytas.

7 Om du har en termometer till hands, använd denna till att fastställa termostatens exakta öppningstemperatur. Jämför siffrorna med angivna värden i specifikationerna. Öppningstemperaturen finns normalt angiven på termostaten.

8 En termostat som inte stängs när vattnet svalnar måste också bytas.

Montering

9 Rengör termostathusets och topplockets ytor.

10 Placera termostaten och tätningsringen i topplocket. Se till att ventilationshålet hamnar längst upp. Hålet används för att släppa ut luft ur systemet.

11 Montera termostathuset och dra åt bultarna till angivet moment.

12 Montera slangstödfästet och dra åt bultarna.

13 Montera jordkabeln och dra åt bulten.

14 Återanslut den övre slangen och dra åt klämman.

15 Fyll på och lufta kylsystemet enligt beskrivningen i kapitel 1.

5 Elektrisk kylfläkt - kontroll, demontering och montering

Kontroll

1 Kylfläktens strömförsörjning styrs av DICE-styrenheten (se kapitel 12). Modulen tar emot information om kylvätskans temperatur, luftkonditioneringstrycket, fordonshastigheten och yttertemperaturen. Modeller med luftkonditionering är försedda med två kylfläktar, som båda styrs av DICE-enheten.

2 Om fläkten inte verkar fungera, kontrollera först att anslutningskontakten i närheten av kylfläkten är intakt. Observera att Saabmekaniker använder ett elektroniskt testverktyg för att kontrollera om styrenheten har lagrat felkoder. Om det behövs bör en diagnoskontroll utföras på en Saabverkstad så att felet kan lokaliseras.

3 Om kablaget är i gott skick, kontrollera med en voltmeter att motorn matas med 12 volt när motortemperaturen anger det. Motorn kan undersökas genom att den kopplas bort från kabelnätet och ansluts direkt till en källa på 12 volt.

Demontering

4 Ta bort bypassröret och ventilen från topplockets vänstra sida. Observera att det sitter en O-ring på turboinsugsröret.

5 Koppla loss kablarna till kylfläkten/kylfläktarna från kylarens topp.

6 Lossa klämman som håller fast expansionskärlets ventilationsslang i motorrummets tvärbalk. På modeller med automatväxellåda måste du även ta bort kablarna/rören längst upp på fläktkåpan.

7 Skruva loss bultarna som fäster den elektriska kylfläkten på kylarens sidotankar. Det sitter en bult på var sida om fläkten.

8 Lyft kylfläkten något och lossa den från de nedre monteringshakarna. Flytta sedan enheten åt sidan och dra ut den ur motorrummet.

9 För att ta bort motorn och fläktbladen lossar du kåpan och kablaget. Lossa sedan fästskruvarna. Ta också bort motståndet om ett sådant finns.

Montering

10 Montering utförs i omvänd ordningsföljd, dra åt fästbultarna till angivet moment.

6 Temperaturgivare för kylvätska - kontroll, demontering och montering

Kontroll

1 Temperaturgivare för motorkylvätska sitter på termostathuset längst till vänster på topplocket. Givarens resistans varierar beroende på kylvätskans temperatur.

2 Testa givaren genom att koppla bort kablarna vid pluggen, koppla sedan en ohmmätare till givaren **(se bild)**.

3 Mät kylvätskans temperatur, jämför sedan resistansen med de uppgifter som anges i specifikationerna. Om värdena inte stämmer överens måste givaren bytas ut.

Demontering

4 Tappa av kylvätskan enligt beskrivningen i kapitel 1. Alternativt kan du montera den nya givaren omedelbart när du har tagit bort den gamla, eller också kan du sätta i en passande plugg i öppningen när givaren har tagits bort.

7.15 Vattenpumpen borttagen från motorn

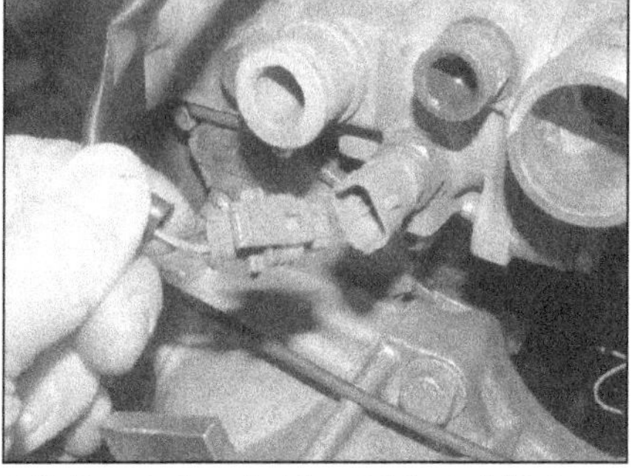

6.2 Koppla loss kablaget från kylvätskans temperaturgivare

Om du väljer det senare, lossa försiktigt påfyllningslocket på expansionskärlet, så att du utjämnar eventuellt tryck i kylsystemet. Dra sedan åt locket igen.

5 Med kablarna bortkopplade, skruva loss givaren och ta bort den från topplocket. Om du har den nya givaren till hands, sätt ett finger i öppningen så att ingen kylvätska försvinner från topplocket. Ta bort tätningsbrickan om sådan finns.

Montering

6 Stryk lite kopparfett på gängorna på den nya givaren. Sätt sedan i givaren och i förekommande fall en ny tätningsbricka. Dra därefter åt givaren till angivet moment.

7 Återanslut kablarna.

8 Fyll på kylsystemet enligt beskrivningen i kapitel 1. Om systemet inte har tömts helt, se *Veckokontroller*.

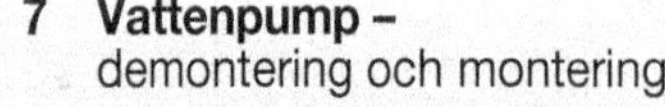

7 Vattenpump - demontering och montering

Demontering

1 Tappa av kylsystemet enligt beskrivningen i kapitel 1. Du behöver då ta bort stänkskyddet från kylarens undersida. Om kylvätskan är förhållandevis ny eller i gott skick, kan du tömma ut den i en ren behållare och återanvända den.

2 Ta bort kablaget från luftflödesgivaren framme till höger i motorrummet. Lossa sedan klämmorna och ta bort luftslangen tillsammans med luftflödesgivaren.

3 Demontera drivremmen enligt beskrivningen i kapitel 1.

4 Koppla loss vevhusventilationsslangen och ta bort den från turboaggregatets insugsrör och kamkåpan.

5 Koppla loss kablaget från turboaggregatets laddtrycksventil.

6 Skruva loss motorlyftöglan från topplocket.

7 Koppla loss slangarna från turbons övertrycksventil.

8 Koppla loss turboaggregatets bypassrör och ventil. Observera att det sitter en O-ring vid skarven till turboinsugsröret.

9 Skruva loss muttern och ta bort värmeskölden från avgasgrenröret.

10 Lossa snabbkopplingen vid vevhusventilationsslangen.

11 Ta bort turboaggregatets insugsrör och täck öppningen med tejp eller en plastpåse, så att inte damm och smuts kan komma in.

12 Ta bort servostyrningspumpen enligt beskrivningen i kapitel 10. Lossa dock inga vätskeslangar.

13 Lossa klämman och ta loss insugsslangen från vattenpumpen.

14 Lossa de två bultarna från motorblockets vänstra sida och ta bort den stela värmereturledningen från vattenpumpen. Ta vara på O-ringen i vattenpumpen. Lossa också bulten och ta bort hållaren till den stela värmereturledningen från turboaggregatet.

15 Skruva loss kylvätskepumpens tre fästbultar och lossa försiktigt pumpen från fästbygeln och anslutningsadaptern på motorblocket **(se bild)**.

16 Ta bort adaptern från motorblocket och kontrollera skicket på O-ringstätningarna. Vi rekommenderar att du byter tätningarna. Observera att adaptern på senare modeller är försedd med två inpassningsflikar med olika bredd, som sitter i vattenpumpen. Adaptern går bara att montera på ett sätt, vilket gör att den interna kanalen alltid är vänd åt rätt håll **(se bilder)**.

17 Vattenpumpen kan tas bort som en enhet eller också kan skovelhjulet/remskivan tas bort separat. Om de två delarna ska tas isär, markera först de två delarnas placering i

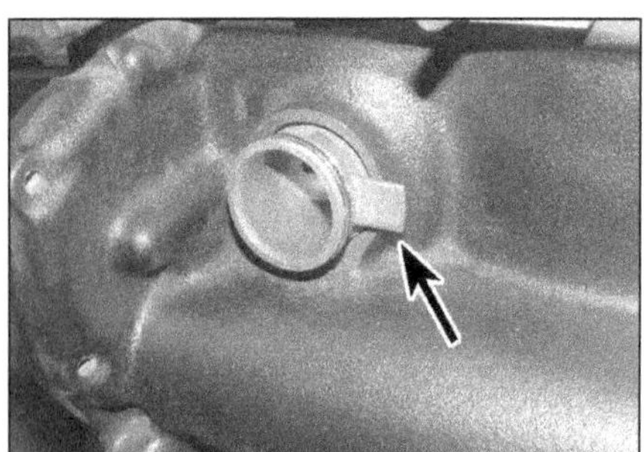

7.16a "Bred" inpassningsflik på adaptern, som sticks in i det "breda" urtaget på vattenpumpen

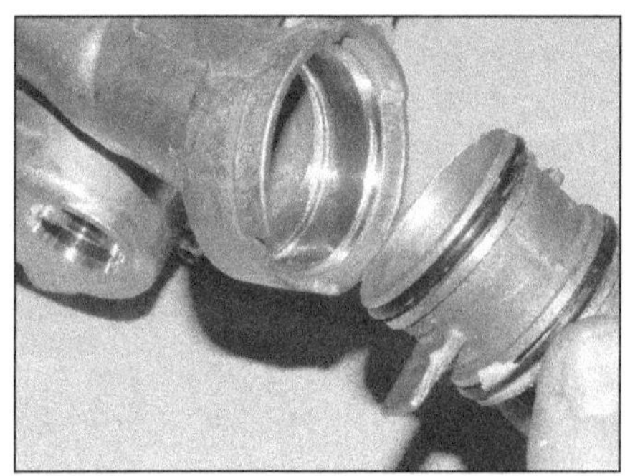

7.16b Adaptern skjuts in i urtagen i vattenpumpen

7.16c Ta loss O-ringstätningarna från adaptern

förhållande till varandra, skruva sedan loss bultarna och ta isär halvorna **(se bild)**.

Montering

18 När halvorna är skilda åt, rengör fogytorna och sätt ihop halvorna igen med en ny packning. Montera bultarna och dra åt ordentligt.

19 Montera adaptern på motorblocket tillsammans med nya O-ringar. Smörj lite vaselin på O-ringarna för att underlätta monteringen på motorblocket. På senare modeller, kontrollera adapterns läge noggrant.

20 Placera pumpen på adaptern, sätt sedan i bultarna och dra åt dem till angivet moment.

21 Sätt tillbaka de stela värmereturledningarna med en ny O-ring. Sätt även tillbaka rörhållaren. Dra åt fästbultarna till angivet moment.

22 Återanslut insugsslangen till vattenpumpen och dra åt klämman.

23 Montera servostyrningspumpen enligt beskrivningen i kapitel 10.

24 Sätt tillbaka turboaggregatets inloppsrör.

25 Återanslut snabbkopplingen till vevhusventilationsslangen.

26 Montera värmeskölden på avgasgrenröret.

27 Montera turboaggregatets bypassrör och ventil. Använd en ny O-ring vid skarven till turboinsugsröret.

28 Återanslut slangarna till turboaggregatets övertrycksventil.

29 Återmontera motorlyftöglan på topplocket och dra åt bulten.

30 Återanslut kablaget till turboaggregatets laddtrycksventil.

31 Återanslut vevhusventilationsslangen till turboaggregatets inloppsrör och kamkåpan.

32 Montera tillbaka drivremmen enligt beskrivningen i kapitel 1.

33 Montera tillbaka luftslangen och luftflödesgivaren samt kablaget.

34 Sätt tillbaka stänkskyddet under kylaren.

35 Fyll på och lufta kylsystemet enligt beskrivningen i kapitel 1.

7.17a Skruva loss bultarna . . .

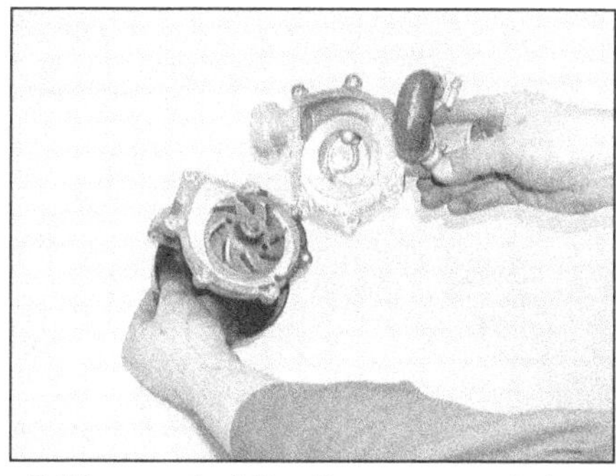

7.17b . . . och skilj vattenpumpens halvor åt

8 Värme- och ventilationssystem – allmän information

1 Det finns tre typer av värme-/ventilationssystem monterade – ett standardsystem MCC (Manual Climate Control), ett standardsystem med luftkonditionering (A/C) samt automatisk klimatkontroll ACC (Automatic Climate Control) som håller temperaturen inne i bilen vid ett angivet gradantal, oberoende av vilken temperatur det är utanför bilen **(se bild)**. Den enkla värme-/ventilationsenheten är lika för alla versioner och består av lufttrummor från den centralt placerade värmaren till en central ventil och två sidoventiler, samt en anslutning från botten av värmaren, genom mittkonsolen till de bakre fotbrunnarna. En värmefläkt med fyra lägen ingår.

2 Värme- och ventilationsreglagen sitter i mitten av instrumentbrädan. Vajerstyrda klaffventiler i luftfördelarhuset leder luften till de olika trummorna och ventilerna.

3 Kalluft kommer in i systemet genom grillen under vindrutan. Om det behövs förstärks luftflödet av kompressorn och flödar sedan genom de olika lufttrummorna i enlighet med kontrollernas inställningar. Gammal luft pressas ut genom trummor placerade baktill i bilen. Om varm luft behövs, leds den kalla luften över värmepaketet, som värms upp av motorns kylvätska.

4 På modeller med luftkonditionering kan man stänga av tillförseln av luft utifrån med ett återcirkuleringsreglage, och i stället låta luften i bilen återcirkulera. Den här möjligheten är

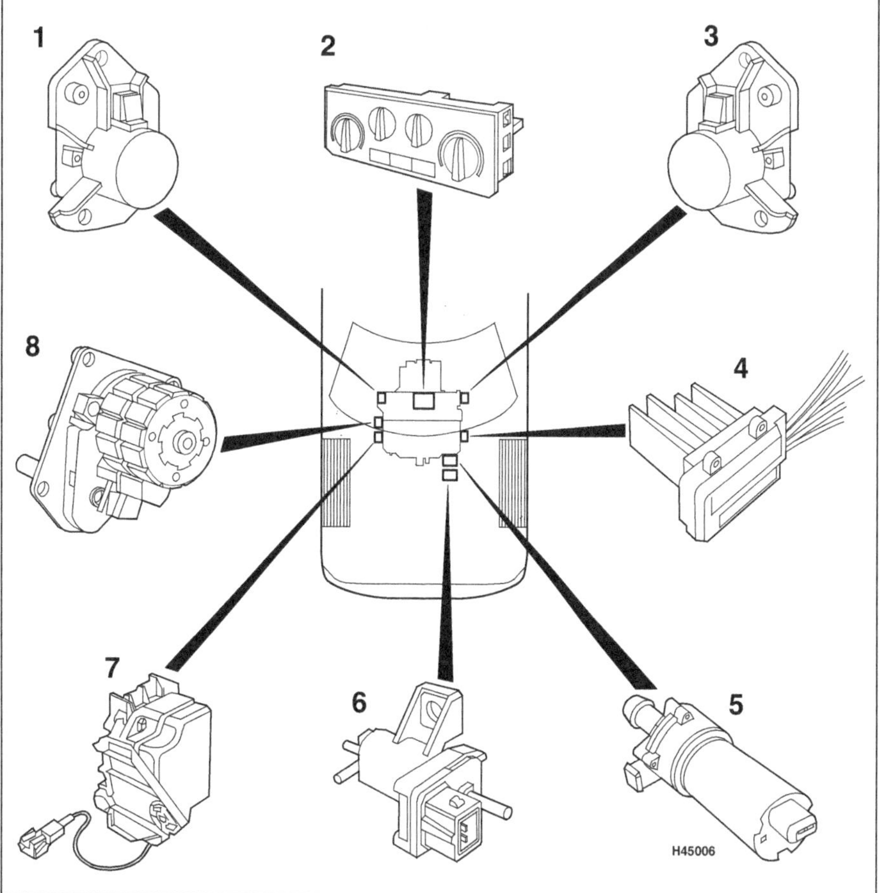

8.1 Standardsystem för värme/ventilation

1 Stegmotor för luftblandning, höger
2 Styrenhet
3 Stegmotor för luftblandning, vänster
4 Styrenhet för ventilationsfläkt
5 Cirkulationspump (endast vissa modeller)
6 Avstängningsventil för värmeväxlare
7 Motor för återcirkulering av luft
8 Stegmotor för luftfördelning

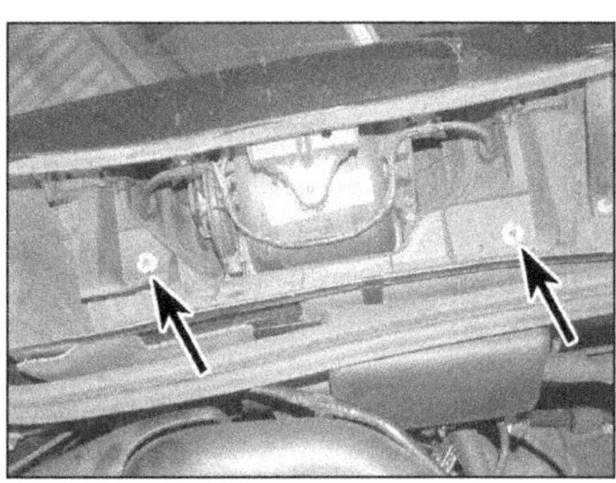

9.3a Skruva loss muttrarna . . .

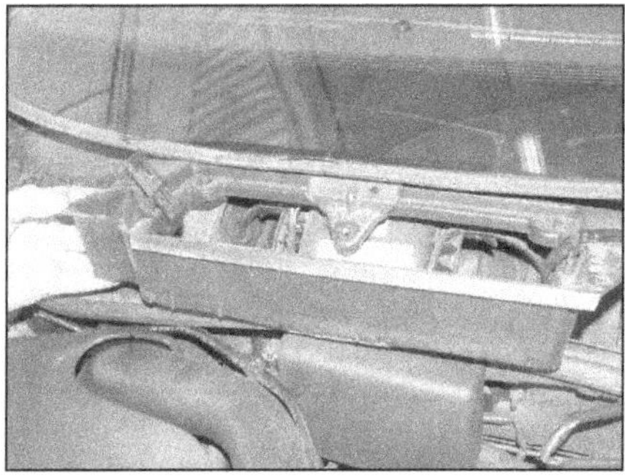

9.3b . . . och ta bort ramen som sitter runt fläktmotorn

9.3c Ta bort tätningsremsan från spåret

9.4 Ta bort fästbygeln till torkararmen . . .

9.5 . . . och ta bort kabelhärvan från fläktmotorkåpan

bra för att förhindra otrevlig lukt att tränga in i bilen utifrån, men den bör endast användas under kortare perioder eftersom den återcirkulerade luften i bilen snabbt blir dålig.

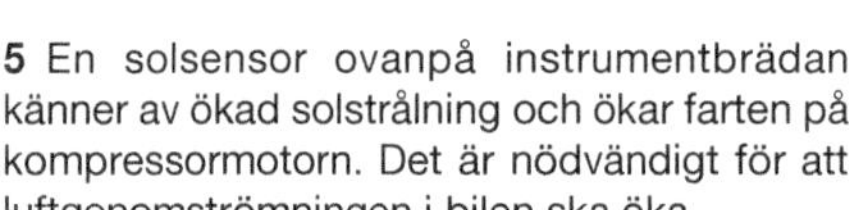

5 En solsensor ovanpå instrumentbrädan känner av ökad solstrålning och ökar farten på kompressormotorn. Det är nödvändigt för att luftgenomströmningen i bilen ska öka.

9 Värme- och ventilationssystemens komponenter – demontering och montering

Värmefläktens motor

1 Ställ in återcirkuleringsreglaget på OFF.

2 Demontera torkarmotorn och länksystemet enligt beskrivningen i kapitel 12.

3 Lossa muttrarna och snäpp loss ramen runt fläktmotorn. Om så behövs, ta bort tätningsremsan från spåret **(se bilder)**.

4 Skruva loss och ta bort torkararmarnas fästbygel **(se bild)**.

5 Lossa kabelhärvan från fläktmotorkåpan **(se bild)**.

6 Lossa skruvarna och ta bort fläktmotorkåpan genom att lyfta den åt ena sidan, samtidigt som du lossar kablaget **(se bilder)**.

7 Lyft ut fläktmotorn så mycket att du kan koppla loss kablaget. Klipp av buntbandet och frigör kablaget.

8 Dra bort fläktmotorn från torpedväggen. På högerstyrda modeller kan det hända att det inte finns tillräckligt med plats mellan vindrutan och motorrummets bakre panel. I så fall måste du tillfälligt dra panelen bakåt med spännband som du sätter mellan panelen och den främre tvärbalken **(se bild)**.

9 Monteringen utförs i omvänd ordning mot demonteringen. Se till att kablaget är ur vägen för fläkten innan du sätter tillbaka kåpan.

9.6a Skruva loss de övre skruvarna . . .

9.6b . . . och de nedre skruvarna . . .

9.6c . . . och ta bort fläktmotorns kåpa . . .

9.6d . . . samtidigt som du tar loss kablaget

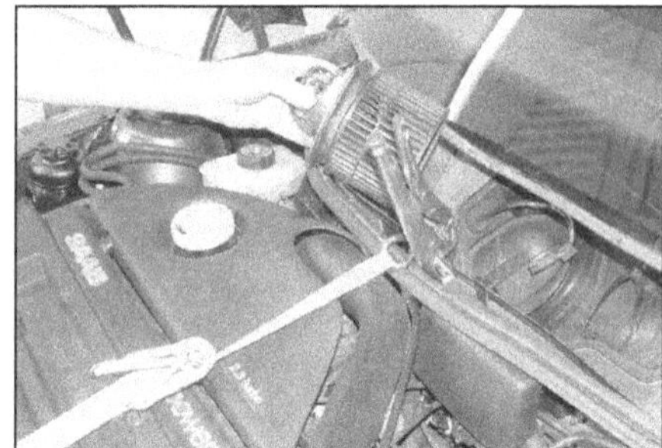

9.8 Panelen dras bakåt med ett spännband när värmefläktmotorn tas bort (högerstyrda modeller)

9.12 Ta bort konsolklädseln och packningsmaterialet

9.13a Lossa skruvarna . . .

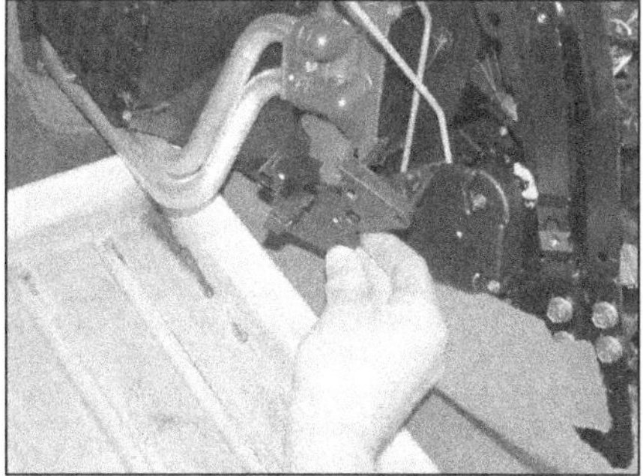
9.13b . . . och ta bort plastfästbygeln från värmepaketets sida

9.14a Skruva loss skruven i mitten . . .

9.14b . . . och ta bort klämplåten

9.14c Ta bort O-ringstätningarna

Värmepaket

10 Tappa av kylsystemet enligt beskrivningen i kapitel 1. Du behöver då ta bort stänkskyddet från kylarens undersida. Om kylvätskan är förhållandevis ny eller i gott skick kan du tömma ut den i en ren behållare och återanvända den.

11 Leta upp de två värmeslangarna baktill i motorrummet och ta bort dem från rören. Placera en behållare under rören för att samla upp utspilld kylvätska. Du får bort det mesta av kylvätskan om du blåser genom ett av rören. Då rinner kylvätskan ut genom det andra röret.

12 Demontera handskfacket och mittkonsolens sidoklädsel och packmaterial enligt beskrivningen i kapitel 11 **(se bild)**.

13 På högerstyrda modeller, lossa skruvarna och ta bort plastfästbygeln från värmepaketets sida **(se bilder)**. På vänsterstyrda modeller, ta bort luftmunstycket från luftkanalen till höger på värmeenheten, men låt tätningen sitta kvar.

9.15 Ta bort värmepaketet från värmeenheten

14 Lossa skruven i mitten och ta bort klämplåten. Dra sedan loss de två rören från värmepaketet. Ta vara på O-ringstätningarna och kontrollera deras skick. Byt ut dem om det behövs **(se bilder)**.

15 Lossa de fyra skruvarna och dra försiktigt ut värmepaketet från huset **(se bild)**.

16 Monteringen görs i omvänd ordning. Byt ut O-ringarna och fyll därefter på kylsystemet enligt beskrivningen i kapitel 1.

Värmeenhet

17 På modeller med luftkonditionering måste köldmediet tappas ut av ackrediterad verkstad.

Varning: Försök inte utföra det här arbetet på egen hand, det kan vara farligt, för att inte tala om olagligt.

18 Tappa av kylsystemet enligt beskrivningen i kapitel 1. Du behöver då ta bort stänkskyddet från kylarens undersida. Om kylvätskan är förhållandevis ny eller i gott skick kan du tömma ut den i en ren behållare och återanvända den.

19 Leta reda på de två värmeslangarna baktill i motorrummet och ta bort dem från rören. Placera en behållare under rören för uppsamling av utspilld kylvätska. Du får bort det mesta av kylvätskan om du blåser genom ett av rören. Då rinner kylvätskan ut genom det andra röret.

20 Demontera mittkonsolen och framsätena enligt beskrivningen i kapitel 11.

21 Vik undan mattan och ta bort luftkanalerna under framsätena.

22 Demontera instrumentbrädan enligt beskrivningen i kapitel 11.

23 Skruva loss muttrarna och ta bort värmeenhetens jordkablar från instrumentbrädans monteringsbalk. Lossa också muttrarna och ta bort kabelhärvans stöd från balken **(se bild)**. Klipp av buntbanden som håller fast kabelhärvan om det behövs.

24 Skruva loss muttrarna och ta bort skyddsröret.

25 Skruva loss muttrarna och ta bort knäskyddet på förarsidan.

26 Skruva loss relähållaren och lägg den åt sidan.

27 Ta bort rattstången enligt beskrivningen i kapitel 10.

28 Skruva loss och ta bort pedalfästbygeln,

9.23 Muttrar som håller fast kabelhärvan i tvärbalken

9.29 Sidofästbultar till instrumentbrädans monteringsbalk

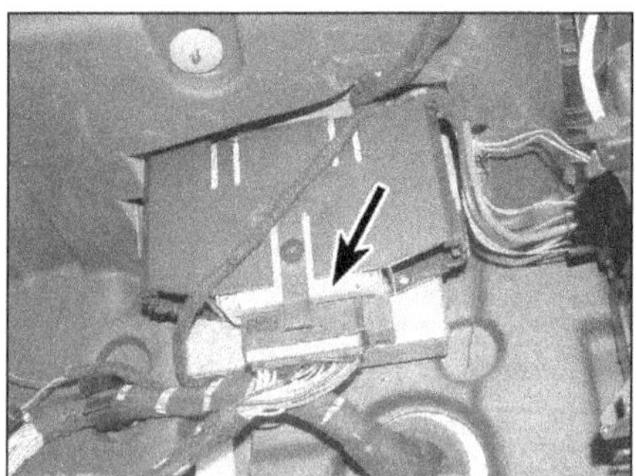

9.30a Koppla loss kablaget från automatväxellådans styrenhet, som sitter bredvid monteringsboxen för motorstyrningssystemets ECU

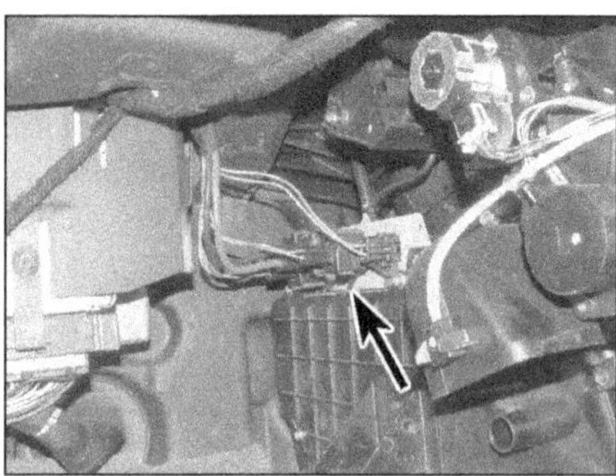

9.30b Koppla loss kablaget från värmeenhetens sida

de två stödstagen till instrumentbrädans monteringsbalk och det mittre fästet från balken.

29 Skruva loss monteringsbalken och dra ut den genom en av de främre dörrsöppningarna **(se bild)**.

30 På modeller med automatväxellåda, ta bort växellådans styrenhet från dess låda. Koppla ur det övre kablaget och därefter värmeenhetens kablage. Lägg enheten åt ena sidan **(se bilder)**.

31 I motorrummet, ta bort luftröret mellan laddluftkylaren och gasspjällshuset.

32 Ta bort ventilhållaren för turboaggregatets bypassventil från torpedväggen enligt följande. Ta bort kåpan, koppla loss kablaget och skruva loss hållaren.

33 Ta nu antingen bort värmepaketet enligt tidigare beskrivning, eller koppla loss de två rören från värmepaketet men låt det sitta kvar i värmeenheten.

34 Skruva loss expansionsventilen.

35 Koppla loss dräneringsslangarna från värmeenheten.

36 I motorrummet, lossa värmeenhetens tre fästbultar från torpedväggen.

37 Lägg tygtrasor på golvet i kupén så att eventuellt kylvätskespill sugs upp. Lyft sedan värmeenhetens bakre ände och dra den bakåt förbi växelväljarhuset. Ta ut den genom en av framdörrarna.

38 Montering utförs i omvänd ordningsföljd. Avsluta med att fylla på kylsystemet enligt beskrivningen i avsnitt 1. Låt en kvalificerad tekniker fylla på luftkonditioneringssystemet.

Manuell klimatanläggning (MCC)

39 Demontera ljudanläggningen enligt beskrivningen i kapitel 12.

40 Sätt in handen i radioöppningen och tryck ut reglageenheten. Den hålls på plats av plastflikar på båda sidorna.

41 Koppla loss kablaget och dra ut enheten från instrumentbrädan.

42 Om det behövs, ta bort reglagen genom att försiktigt dra loss dem. Lamphållarna kan också vridas loss från enhetens baksida.

43 Monteringen utförs i omvänd ordningsföljd mot demonteringen.

Automatisk klimatanläggning (ACC)

44 Demontera ljudanläggningen enligt beskrivningen i kapitel 12.

45 Sätt in handen i radioöppningen och tryck ut reglageenheten. Den hålls på plats av plastflikar på båda sidorna **(se bild)**.

46 Koppla loss kablaget och dra ut enheten från instrumentbrädan **(se bild)**.

47 Monteringen utförs i omvänd ordning, men kalibrera ACC-systemet genom att samtidigt trycka på knapparna AUTO och OFF när monteringen är klar.

Solsensor

48 Skjut solsensorkåpan (överst i mitten på instrumentbrädan) framåt så att den lossnar från instrumentbrädan **(se bild)**.

49 Koppla loss kablaget och ta bort stöld-skyddsdioden **(se bild)**.

50 Lägg kåpan på en arbetsbänk. Tryck in och vrid solsensorn moturs så att den lossnar från kåpan **(se bild)**.

51 Montering utförs i omvänd ordningsföljd.

9.45 Ta ut ACC-modulen . . .

9.46 . . . och ta loss kablaget

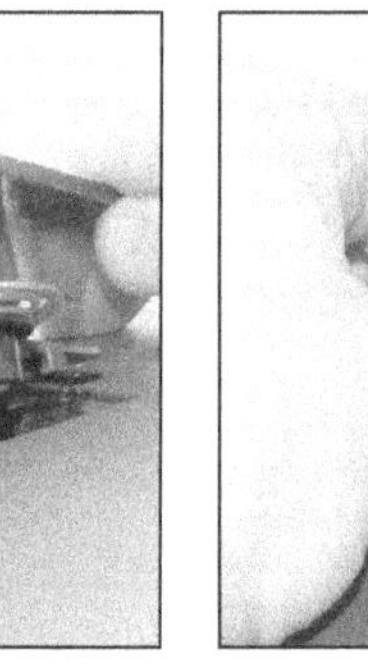

9.48 Skjut solsensorns kåpa framåt och lyft bort den från instrumentbrädan

9.49 Koppla loss ljusdioden och givarkablaget

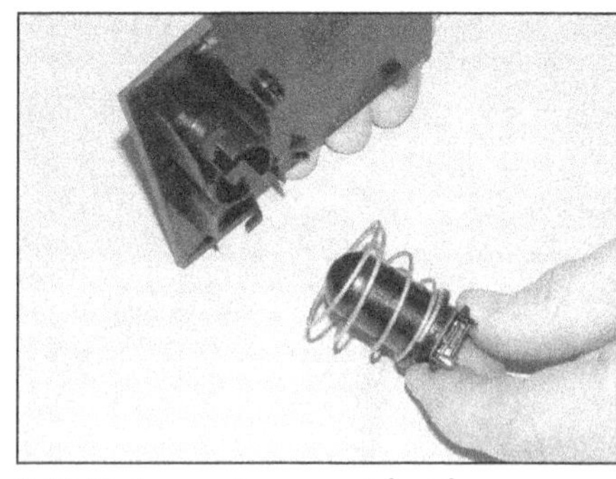

9.50 Ta loss solsensorn från kåpan genom att trycka in och vrida den

Avsluta med att kalibrera ACC-systemet genom att trycka på knapparna AUTO och OFF samtidigt.

Innertemperaturgivare

52 Ta försiktigt loss linsen i takkonsolen med en skruvmejsel.
53 Skruva loss skruven och ta bort givaren från klämmorna.
54 Koppla loss kablaget.
55 Monteringen utförs i omvänd ordningsföljd. Avsluta med att kalibrera ACC-systemet genom att trycka på knapparna AUTO och OFF samtidigt..

Blandluftgivare

Förarsidan

56 Ta bort den nedre panelen från instrumentbrädan, skruva loss skruvarna och ta bort datalänkkontakten. Koppla ur kablaget till golvbelysningen.
57 Dra ut givaren från luftkanalen som leder till panelens nedre del.
58 Demontera ljudanläggningen och reglagepanelen enligt beskrivningen i kapitel 12 och det här avsnittet.
59 Koppla loss den övre svarta kontakten. Anteckna givarstiftens positioner och ta bort dem från kontakten. **Observera:** *Man kan behöva klippa av ledningarna och sätta dit nya vid återmonteringen.*
60 Monteringen utförs i omvänd ordningsföljd, men kalibrera ACC-systemet genom att samtidigt trycka på knapparna AUTO och OFF när monteringen är klar.

Passagerarsidan

61 Ta bort handskfacket och mittkonsolens sidoklädsel enligt beskrivningen i kapitel 11.
62 Dra ut givaren från luftkanalen som leder till den nedre panelen
63 Demontera ljudanläggningen och reglagepanelen enligt beskrivningen i kapitel 12 och det här avsnittet.
64 Koppla loss den nedre grå kontakten. Anteckna givarstiftens positioner och ta bort dem från kontakten. **Observera:** *Man kan behöva klippa av ledningarna och sätta dit nya vid återmonteringen.*
65 Monteringen utförs i omvänd ordningsföljd, men kalibrera ACC-systemet genom att samtidigt trycka på knapparna AUTO och OFF när monteringen är klar.

Luftfördelarens stegmotor

66 Ta bort handskfacket och mittkonsolens sidopanel enligt beskrivningen i kapitel 11.
67 Skruva loss skruvarna och ta bort stegmotorn.
68 Koppla loss kablaget.
69 Monteringen utförs i omvänd ordningsföljd, men kalibrera ACC-systemet genom att samtidigt trycka på knapparna AUTO och OFF när monteringen är klar.

Luftblandarens stegmotor

Förarsidan

70 Ställ in luftblandarreglaget på MAX HEAT eller MAX COLD innan du börjar.
71 Ta bort instrumentbrädans nedre panel, skruva loss skruvarna och ta bort datalänkkontakten. Koppla ur kablaget till golvbelysningen.
72 Koppla loss kablaget.
73 Skruva loss skruvarna och ta bort luftblandarens stegmotor.
74 Monteringen utförs i omvänd ordning mot demonteringen, men när du monterar stegmotorn, håll i klaffen vid luftkanalen i golvet så att den inte lossnar ur fästet. När monteringen är klar, kalibrera ACC-systemet genom att samtidigt trycka på knapparna AUTO och OFF.

Passagerarsidan

75 Ställ in luftblandarreglaget på MAX HEAT eller MAX COLD innan du börjar.
76 Ta bort handskfacket och mittkonsolens sidoklädsel enligt beskrivningen i kapitel 11.
77 Koppla loss kablaget.
78 Skruva loss skruvarna och ta bort luftblandarens stegmotor.
79 Monteringen utförs i omvänd ordningsföljd. När monteringen är klar, kalibrera ACC-systemet genom att samtidigt trycka på knapparna AUTO och OFF.

Värmefläktmotorns styrenhet

Observera: *Följande delavsnitt beskriver hur du tar bort styrenheten på vänsterstyrda modeller. Proceduren är likartad för högerstyrda modeller.*
80 Styrenheten är placerad på värmeenhetens högra sida. Börja med att ta bort panelen under instrumentpanelen på förarsidan. Lossa därefter skruvarna och ta bort diagnostik/-datalänkkontakten och koppla loss kablaget till golvbelysningen.
81 Haka loss det inre vajerändsbeslaget längst upp på gaspedalen. Skruva sedan loss muttrarna och ta bort hela pedalenheten.
82 Demontera handskfacket enligt beskrivningen i kapitel 11.
83 Koppla loss de två främre anslutningskontakterna ovanför pollenfiltret. Lossa pluggarna från plattan och klipp av buntbandet.
84 Slå tillfälligt på tändningen, ställ in återcirkuleringsklaffen på OFF och slå sedan av tändningen igen.
85 Ta bort vindrutetorkararmarna (se kapitel 12) och ta bort gummitätningarna från spindlarna.
86 Dra loss tätningslisten baktill i motorrummet, skruva loss skruvarna och ta bort ventilkåpan genom att lyfta den i framkanten och dra loss den från de bakre fästklämmorna.
87 Ta bort torkarmotorn och länksystemet enligt beskrivningen i kapitel 12.
88 Lossa muttrarna och snäpp loss ramen som sitter runt fläktmotorn.
89 Skruva loss torkararmarnas fästbygel.
90 Lossa kabelhärvan från fläktmotorkåpan.
91 Skruva loss fläktmotorkåpan och lyft den åt sidan.
92 Lyft ut fläktmotorn så mycket att du kan lossa kablaget. Klipp av buntbandet och lossa kablaget.
93 Anteckna hur kabelhärvan sitter på styrenheten. Dra den sedan uppåt tillsammans med gummitätningen och klipp av buntbandet.
94 Skruva loss och ta bort styrenheten.
95 Monteringen utförs i omvänd ordning mot demonteringen.

10 Luftkonditioneringssystem – allmän information och föreskrifter

Allmän information

1 Luftkonditionering finns som tillval på alla modeller. Luftkonditioneringen kan sänka temperaturen inuti bilen och avfukta luften så att imma försvinner snabbare och komforten ökar.
2 Kyldelen av systemet fungerar på samma sätt som i ett vanligt kylskåp. Kylgas dras in i en remdriven kompressor och leds in i en kondensor i kylarens främre del, där sänks temperaturen och gasen omvandlas till vätska. Vätskan passerar genom en mottagare och en expansionsventil till en förångare där den omvandlas från vätska under högt tryck till gas under lågt tryck. Denna övergång medför en temperatursänkning, som kyler förångaren. Kylgasen återvänder till kompressorn och cykeln börjar om.
3 Luft som matas genom förångaren skickas vidare till luftfördelarenheten. Luftkonditioneringssystemet slås på med reglaget på värmepanelen.
4 Systemets uppvärmning fungerar på samma sätt som på modeller utan luftkonditionering.
5 Kompressorns arbete styrs av en elektromagnetisk koppling på drivremsskivan. Eventuella problem med systemet ska överlåtas till en Saabverkstad.

Föreskrifter

6 Det är viktigt att vidta försiktighetsåtgärder när man arbetar med luftkonditioneringssystemet. Om systemet av någon anledning måste kopplas loss ska detta överlåtas till en Saabverkstad eller till en kylsystemsspecialist.

Varning: Kylkretsen innehåller ett flytande köldmedium under tryck och det är därför farligt att koppla bort någon del av systemet utan specialistkunskap och nödvändig utrustning. Köldmediet kan vara farligt och får endast

hanteras av kvalificerade personer. Om köldmediet kommer i kontakt med huden kan det orsaka frostskador. Köldmediet är i sig inte giftigt, men det kan bilda en giftig gas vid kontakt med öppen låga (inklusive cigarrettglöd). Okontrollerat utsläpp av köldmediet är farligt och dessutom skadligt för miljön. Använd inte luftkonditioneringssystemet om det har låg köldmedienivå, eftersom kompressorn kan skadas.

11 Luftkonditioneringssystemets komponenter - demontering och montering

Varning: Försök aldrig öppna köldmediekretsen. Läs säkerhetsföreskrifterna i avsnitt 10.

1 Det enda arbete som kan utföras på ett enkelt sätt, utan att köldmediekretsen behöver kopplas loss, är byte av kompressorns drivrem, vilket beskrivs i kapitel 1. Allt annat arbete ska överlåtas till en Saabverkstad eller en specialist på luftkonditioneringssystem.

2 För att komma åt andra komponenter kan kompressorn skruvas loss och flyttas åt sidan, **utan** att slangarna kopplas loss, efter det att drivremmen har tagits bort.

3 Man kommer åt kondensorn om man tar bort grillen och båda strålkastarna.

Kapitel 4 Del A: Bränsle- och avgassystem

Innehåll

Svårighetsgrad

Enkelt, passar novisen med lite erfarenhet 

Ganska enkelt, passar nybörjaren med viss erfarenhet 

Ganska svårt, passar kompetent hemmamekaniker

Svårt, passar hemmamekaniker med erfarenhet 

Mycket svårt, för professionell mekaniker

Specifikationer

Systemtyp

Alla modeller	Saab Trionic SFi motorstyrningssystem

Givare för absolut tryck i insugsgrenröret (MAP)

Tryck:	**Spänning (cirka)**
-0,75 bar	0,9
-0,50 bar	1,3
0 bar	2,1
0,25 bar	2,5
0,50 bar	2,9
0,75 bar	3,3
Givarens matningsspänning	5 volt

Temperaturgivare för insugsluft

Temperatur (°C):	**Spänning (cirka)**
-30	4,5
-10	3,9
20	2,4
40	1,5
60	0,9
80	0,54
90	0,41
Givarens matningsspänning	5 volt

Gasspjällshus

Gasspjällsmotor – stift 10 och 5 vid 20 °C	1,13 ± 0,5 ohm
Lägesgivare 1 för gasspjäll:	
Stängd – stift 6 och 9	0,065 till 1,090 volt
Helt öppen – stift 6 och 9	3,930 till 4,775 volt
Lägesgivare 2 för gasspjäll:	
Stängd – stift 8 och 9	3,910 till 4,935 volt
Helt öppen – stift 8 och 9	0,025 till 1,070 volt

Kontakt på pedal

Pedallägesgivare 1:	
Uppsläppt – stift 1 och 9	3,990 till 4,645 volt
Helt nedtryckt – stift 1 och 9	0,400 till 1,055 volt
Pedallägesgivare 2:	
Uppsläppt – stift 3 och 9	0,355 till 1,010 volt
Helt nedtryckt – stift 3 och 9	3,945 till 4,600 volt

Vevaxelns lägesgivare:

Resistans (stift 1 och 2) vid 20 °C	860 ± 90 ohm

Bränsletrycksregulator

Tryck	3,0 ± 0,1 bar

Bränslespridare

Typ	Bosch EV6 E
Version	Munstycke med 4 hål
Munstyckets färgkod:	
1998/1999	
B205	grön
B205 (med inställningssats)	röd
B235	röd
2000:	
B205	grön
B205 (med inställningssats)	röd
B235	brun
2001 och senare:	
Alla motorer	brun
Resistans vid 20 °C	15,95 ± 0,8 ohm
Flödeskapacitet vid 3 bars bränsletryck:	
B205 (till och med 2000)	126 ± 5 ml/30 sekunder
B205 (2001 och senare)	176 ± 7 ml/30 sekunder
B235	176 ± 7 ml/30 sekunder
Maximal flödesskillnad mellan bränslespridare:	
B205 (till och med 2000)	10 ml
B235 (till och med 2000)	14 ml
B205/B235 (2001 och senare)	20 ml

Tomgångsventil:

Resistans vid 20 °C	8,0 ± 1 ohm
Bränslefiltrets kapacitet	0,6 liter

Bränslepump

Typ	Elektrisk, nedsänkt i bensintanken
Kapacitet vid 3,0 bar	700 ml/30 sek (minimum)
Resistans (ohm):	
Bränslenivågivare, fylld	425 ± 6,5
Bränslenivågivare, tom	50 ± 1,5

Turboaggregat

Typ:	
B205E	Garrett GT17
Tryck	0,40 ± 0,03 bar
B235E	Garrett GT17
Tryck	0,40 ± 0,03 bar
B235R	Mitsubishi TD04HL-15T-5
Tryck	0,45 ± 0,03 bar
B235R (305 hk)	Garrett TB28
Tryck	0.45 ± 003 bar
Förtryck för övertrycksventil (alla typer)	2,0 mm
Turboaxelns spel (axiellt)	0,036 till 0,091 mm

Bränslesystem

Systemtryck	3,0 bar
Residualtryck (efter 20 minuter)	2,3 bar (min)

Rekommenderat bränsle

2,0t och 2,3t	95 oktan blyfri
2,3 Turbo HOT (Aero) och 2,3T	98 oktan blyfri

Tomgångsvarvtal

Alla modeller	Styrs av ECU (ej justerbart)

Avgasernas CO-halt

Alla modeller	Styrs av ECU (ej justerbar)

Åtdragningsmoment

	Nm
Avgasgrenrör till topplock	25
Avgasgrenrör till turboaggregat	24
Avgassystemets fogmuttrar och bultar	22
Banjofästen för bränslefilter	21
Bränslepumpens fästring	75
Gasspjällshus till insugsgrenrör	8
Insugsgrenrör	24
Lambdasond	55
Muttrar, avgasgrenrör till turboaggregat	24
Temperaturgivare för kylvätska	13
Turboaggregat till avgasgrenrör	24
Värmesköld för avgassystem	20

1 Allmän information och föreskrifter

Bränsletillförselsystemet består av en bränsletank som sitter under bilens bakdel (med en nedsänkt elektrisk bränslepump), ett bränslefilter samt bränsletillförsel- och returledningar. Bränslepumpen matar bränsle till insprutningsbryggan, som fungerar som en behållare för de fyra bränslespridarna som sprutar in bränsle i insugssystemet. I tillförselledningen från pumpen till insprutningsbryggan sitter ett bränslefilter som sörjer för att bränslet som transporteras till bränslespridarna är rent. Filtret är monterat mitt emot bränsletanken.

Motorstyrningssystemet är av typen Saab Trionic. Mer information om hur det fungerar finns i andra avsnitt i den här handboken.

Ett farthållarsystem finns som standard på de flesta senare Saab-modeller och finns som tillval på tidigare modeller.

Turboaggregatet är vattenkylt. Laddtrycket styrs av Trionic-systemet.

Föreskrifter

Många av åtgärderna i det här kapitlet kräver att bränsleledningar kopplas bort, vilket kan leda till bränslespill. Se avsnitt 8 innan du börjar arbeta med bränslesystemet. Observera de varningar som finns i *Säkerhetens främst!* i början av denna handbok, och följ dem till punkt och pricka. Bensin är en ytterst brandfarlig vätska och säkerhetsföreskrifterna för hantering kan inte nog betonas.

2 Luftrenare - demontering och montering

Demontering

1 Demontera den främre grillen enligt beskrivningen i kapitel 11.

2 Ta bort höger strålkastare och blinkers enligt beskrivningen i kapitel 12.

3 Öppna fästklämman och ta bort insugsröret upptill på luftrenaren **(se bild 2.5)**.

4 Dra åt handbromsen, lyft med hjälp av en domkraft upp framvagnen och ställ den på pallbockar (se *Lyftning och stödpunkter*). Ta bort höger framhjul. Skruva loss fästskruvarna och ta bort hjulhusets innerskärm.

5 På bilens undersida, öppna fästklämman och ta loss insugsröret nedtill på luftrenaren **(se bild)**.

6 Skruva loss de nedre fästmuttrarna **(se bild)** och sänk ner luftrenaren under skärmen. **Observera:** *Man kan behöva lossa ett par fästskruvar från den främre stötfångarens högra sida för att kunna ta bort luftrenaren.*

7 Om så behövs, ta bort fästskruven/fästskruvarna och fästklämman till luftintagsröret **(se bild)**. Dra sedan undan luftintagsröret från kylarens framsida.

Varning: Kör inte motorn medan luftrenarhuset och/eller lufttrummorna är demonterade – trycket vid turboaggregatets insug kan öka mycket snabbt om motorn får gå snabbare än tomgångsvarvtal.

Montering

8 Monteringen utförs i omvänd ordningsföljd mot demonteringen. **Observera:** *Se till att stiftet överst på luftrenaren hamnar i hålet i den inre skärmen.*

3 Gasvajer - demontering och montering

Demontering

1 Inne i bilen, lossa fästskruvarna och dra ut instrumentbrädans nedre panel från förarens fotbrunn enligt beskrivningen i kapitel 11.

2.5 Lossa fästklämmorna (vid pilarna) och koppla loss insugsrören

2.6 Ta bort de nedre fästmuttrarna (vid pilarna) och dra ut luftrenarhuset

2.7 Skruva loss fästbulten (vid pilen) från luftintagsröret

3.2 Koppla loss innervajern (vid pilen) från gaspedalen

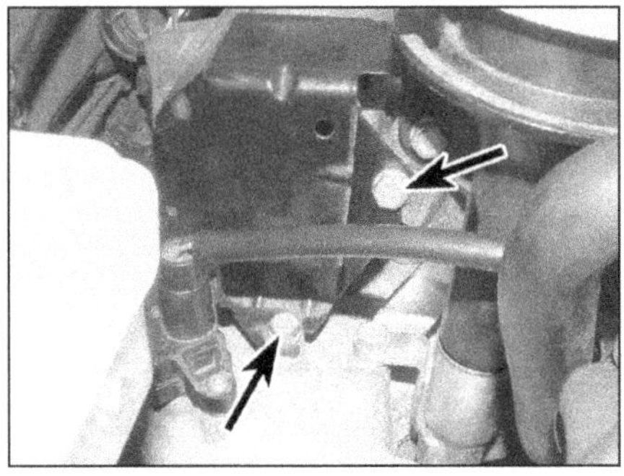
3.3a Skruva loss de två bultarna (vid pilarna) . . .

3.3b . . . och ta bort länksystemets kåpa

2 Håll i gaspedalen och skjut bussningen bakåt. Lossa vajern från gaspedalens topp **(se bild)**.
3 Arbeta under motorhuven och ta bort locket för oljepåfyllning/mätsticka. Lossa sedan och ta bort kåpan som sitter över motorn. Skruva loss fästbultarna och ta bort kåpan från gasspjällets länksystem **(se bilder)**.
4 Fäst ett snöre eller dylikt i gasvajerns ände inuti bilen, dra sedan in vajern i motorrummet. Ta loss snöret och låt det hänga kvar i torpedväggen – du kommer att använda det vid återmonteringen.
5 Vrid kvartscirkeln på gasspjällshuset och lossa innervajern.
6 Dra ut låsklämman (observera dess plats i spåren på hylsan) och lossa vajerhöljet från fästbygeln på gasspjällshuset **(se bild)**.

Montering

7 Stryk lite vaselin på gummibussningen (muffen) i torpedväggen, knyt fast snöret i gasvajern och dra tillbaka den genom torpedväggen.
8 Ta loss snöret och anslut vajern och bussningen till gaspedalen i bilen.
9 Montera vajerhöljet i fästbygeln på gasspjällshuset och säkra den med låsklämman i samma position som innan du tog bort den.
10 Återanslut innervajern till kvartscirkeln på gasspjällshuset. Om innervajern är för slak, flytta låsklämman längs spåren i vajerhöljets hylsa.
11 Montera den nedre panelen på instrumentbrädan i omvänd ordning mot demonteringen; se kapitel 11.
12 Sätt tillbaka motorkåpan och gasspjällskåpan i omvänd ordning mot demonteringen.

4 Gaspedal - demontering och montering

Demontering

1 Inuti bilen, lossa fästskruvarna och dra ut instrumentbrädans nedre panel från förarens fotbrunn enligt beskrivningen i kapitel 11.
2 Håll i gaspedalen och skjut bussningen bakåt. Lossa vajern från gaspedalens topp.
3 Skruva loss bultarna från pedalbygeln och ta bort pedalen **(se bilder)**.

Montering

4 Montera i omvänd ordning mot demonteringen och dra åt fästbultarna ordentligt. Om så behövs, justera gasvajern enligt beskrivningen i avsnitt 3, punkt 10.

5 Farthållare - beskrivning och byte av komponenter

Beskrivning

1 Med farthållaren kan föraren välja en hastighet och sedan släppa gaspedalen utan att tappa fart. Farthållaren justerar gasspjället automatiskt för att upprätthålla en konstant hastighet. Systemet avaktiveras när koppling eller bromspedal trycks ner, när neutralläget väljs (modeller med automatväxellåda) eller när farthållaren stängs av med hjälp av reglaget. Systemet har en minnesfunktion som gör det möjligt att återuppta en förvald hastighet om farthållaren tillfälligt sätts ur funktion med kopplingen eller bromspedalen.
2 När farthållaren är aktiv kan den förvalda hastigheten ökas eller minskas i små etapper med hjälp av farthållarens flerfunktionskontroll.
3 Om ett fel uppstår i farthållaren, kontrollera först att alla kablar sitter ordentligt. Ytterligare undersökningar bör överlåtas till en Saab-verkstad som har den nödvändiga diagnosutrustningen för att hitta felet snabbt.
4 Huvudkomponenterna i systemet är följande:

a) ***Elektronisk styrenhet (ECU):*** *Styrenheten känner av bilens hastighet via signaler från hastighetsmätaren på instrumentpanelen. Systemet fungerar inte i lägre hastigheter än 40 km/h. När farthållaren aktiveras på turbomodeller går en signal till motorstyrningssystemets ECU för att garantera mjukare kontroll av hastigheten. Styrenheten avgör vilken hastighet bilen ska ha med hjälp av en signal från ABS-systemets styrenhet.*
b) ***Reglage/kontakter:*** *Flerfunktionsreglaget för farthållaren sitter ihop med rattstångens vänstra brytarspak. Kontakter som är monterade bakom instrumentbrädan och som styrs av bromspedalen och kopplingen avaktiverar systemet när någon av pedalerna trycks*

3.6 Ta bort vajerhöljets klämma (vid pilen) som håller gasvajern i fästbygeln

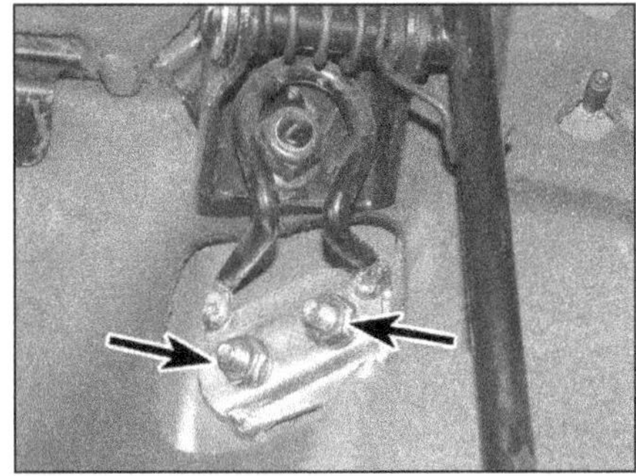
4.3a Skruva loss de två fästbultarna (vid pilarna) . . .

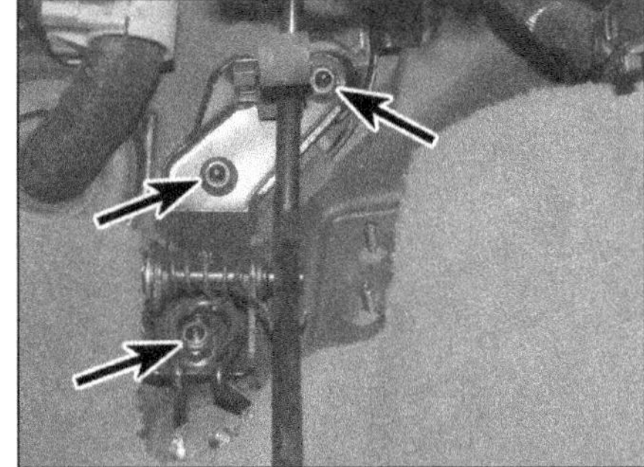
4.3b . . . och ta sedan bort gaspedalens tre fästmuttrar (vid pilarna)

ner. Av säkerhetsskäl är bromspedalens farthållarkontakt jordad genom bromsljusens glödlampor, via bromsljuskontakten – om kretsen är defekt fungerar inte farthållaren.

c) ***Indikeringslampa**: Indikeringslampan på instrumentpanelen lyser alltid när farthållaren är aktiverad.*

Byte av komponenter

Elektronisk styrenhet (ECU)

5 Farthållaren använder samma elektroniska styrenhet som motorstyrningssystemet. Information om demontering och montering finns i avsnitt 14 i det här kapitlet.

Flerfunktionsreglage

6 Information om demontering och montering finns i avsnitt 12, steg 4 i det här kapitlet.

Bromsljuskontakt

7 Se informationen i kapitel 9.

Pedalkontakter

8 Inuti bilen, lossa fästskruvarna och dra ut instrumentbrädans nedre panel från förarens fotbrunn enligt beskrivningen i kapitel 11.

9 Sträck in handen bakom instrumentbrädan och koppla loss kablaget från relevant kontakt.

10 Bänd försiktigt loss kontakten från fästbygeln.

11 Montera tillbaka kontakten genom att försiktigt bända ut kontaktens tryckkolv, tryck sedan ner broms-/kopplingspedalen. Montera kontakten i fästbygeln och släpp pedalen långsamt tills den kommer i kontakt med kontaktens tryckkolv. Återanslut kablaget ordentligt.

6 Blyfri bensin – allmän information och användning

Observera: *Informationen i det här kapitlet gäller i skrivande stund, och endast för bränsle som för närvarande säljs i Sverige. Om det finns behov av mer aktuell information, kontakta en Saabverkstad. Vid resor i andra länder, kontakta en bilorganisation (eller liknande) för råd om tillgänglig bensin och dess lämplighet för din bil.*

1 Bränsle som rekommenderas av tillverkaren finns angivet i avsnittet Specifikationer i början av detta kapitel.

2 RON och MON är olika teststandard. RON står för Research Octane Number (skrivs även RM), och MON står för Motor Octane Number (skrivs även MM).

3 Alla Saab 9-5 modeller som omnämns i den här handboken är avsedda att drivas med blyfri bensin med minst 91 oktan; 95 och 98 oktan blyfri bensin rekommenderas. Alla modeller är utrustade med katalysator och får **endast** köras på blyfri bensin. Blyad bensin får på inga villkor användas eftersom det förstör katalysatorn.

7 Motorstyrningssystem – allmän information

Motorstyrningssystemet Saab Trionic styr tre funktioner i motorn från en enda elektronisk styrenhet (ECU). De tre funktionerna är bränsleinsprutningssystemet, tändsystemet och turboaggregatets styrsystem för laddning. Information om de olika komponenterna i tändsystemet finns i kapitel 5B.

Trionic systemet styrs av en mikroprocessor som anpassar sig efter förutsättningarna och alltid förser bränslesystemet med rätt mängd bränsle för fullständig förbränning. Data från olika givare behandlas i motorstyrningssystemet för att avgöra hur länge bränslespridarna ska vara öppna för att exakt rätt mängd bränsle alltid ska sprutas in i insugsröret.

Systemet är av sekvenstyp, vilket innebär att bränsle sprutas in i enlighet med motorns tändningsföljd. Konventionella bränsleinsprutningssystem av sekvenstyp kräver en kamaxelgivare som arbetar tillsammans med vevaxelns lägesgivare för att avgöra vilken cylinder i ÖD-läge som är i kompressionsslag och vilken som är i sitt avgasslag. Trionicsystemet har ingen kamaxelgivare, utan avgör varje cylinders kolvslag genom att lägga en låg likströmsspänning över varje tändstift. När en cylinder är i sitt förbränningsslag och närmar sig ÖD orsakar spänningen en joniseringsström mellan tändstiftets poler och visar på så sätt vilken cylinder som står på tur för bränsleinsprutning och tändning. Sekvensstyrning av tändningsinställningen för att styra förbränningsslaget fungerar på samma sätt (se kapitel 5B).

När tändningen slås på manuellt och bränslepumpen är igång används alla bränslespridarna samtidigt en kort stund. Det minskar kallstarttiden.

Huvudkomponenterna i systemet är följande:

a) ***ECU**: den elektroniska styrenheten styr bränsleinsprutningssystemet, tändningen, farthållaren och turboaggregatet.*

b) ***Vevaxelns lägesgivare**: vevaxelns lägesgivare anger förser ECU med ett mätvärde för att denna ska kunna beräkna vevaxelns läge i förhållande till ÖD. Givaren aktiveras av en skiva med magnetiskt motstånd som roterar inuti vevhuset.*

c) ***Givare för absolut tryck i insugsgrenröret (MAP)**: MAP-givaren förser ECU med en spänning som står i proportion till trycket i insugsgrenröret.*

d) ***Givare för insugs- och laddluftens tryck/temperatur**: Givaren för lufttryck/temperatur består av en enhet som informerar ECU om trycket och temperaturen på luften i slangen mellan laddluftkylaren och gasspjällshuset.*

e) ***Motorns temperaturgivare för kylvätska**: Kylvätskans temperaturgivare informerar ECU om motorns temperatur.*

f) ***Luftflödesgivare**: Givaren sitter bakom den högra strålkastaren. Motorns belastning mäts med en luftflödesmätare av glödtrådstyp snarare än genom att mäta undertrycket i insugsröret. Mätaren innehåller en uppvärmd glödtråd som är monterad i flödet från luftintaget. Temperaturminskningen som orsakas i glödtråden på grund av luftflödet ändrar den elektriska resistansen, som sedan omvandlas till en variabel signal för avgiven effekt. Genom att mäta flödet av luftmassan snarare än luftvolymen kan man kompensera för skillnader i lufttryck, beroende på höjd över havet eller liknande. Observera att den här typen av mätning utesluter behovet av att mäta insugsluftens temperatur.*

g) ***Gasspjällets lägesgivare**: Gasspjällets lägesgivare informerar ECU om gasspjällsventilens läge.*

h) ***Laddtrycksventil**: Laddtrycksventilen (kallas även magnetventilen) sitter på en fästbygel framför topplocket. Den styr turboaggregatet. Under vissa förutsättningar (när växel nr 1 är ilagd) minskar laddtrycket.*

i) ***Bypassventil för laddtryck**: Bypassventilen sitter på fästbygeln för motorns kabelhärva på mellanväggen baktill i motorrummet. Den är en säkerhetsanordning som förhindrar att turboaggregatet skadas. Under vissa omständigheter när trycket ökar öppnas ventilen av undertrycket i insugsröret.*

j) ***Bränsletrycksregulator**: Regulatorn är ansluten i änden av insprutningsbryggan på insugsröret och upprätthåller ett bränsletryck på ca 3,0 bar.*

k) ***Bränslepump**: Bränslepumpen sitter i bensintanken. Pumphuset innehåller en separat matarpump som förser huvudpumpen med bubbelfritt bränsle under tryck.*

l) ***Bränslespridare**: Varje bränslespridare består av en solenoidstyrd nålventil som öppnas på kommando av ECU. Bränsle från insprutningsbryggan transporteras då genom bränslespridarens munstycke till insugsröret.*

m) ***Lambdasond**: Lambdasonden förser ECU med information om syreinnehållet i avgaserna (se kapitel 4B).*

n) ***EVAP kanisterrensventil**: Kanisterrensventilen öppnas när motorn startas för att tömma ut bränsle som samlats i kanistern. Systemet arbetar i korta perioder för att göra det möjligt för lambdasonden att kompensera för det extra bränslet (se kapitel 4B).*

o) ***Tändningskassett och tändstift**: Tändningskassetten (eller DI-kassetten) innehåller fyra tändspolar som är direkt anslutna till tändstiften (se kapitel 5B).*

9.2a Lyft upp mattan under baksätet . . .

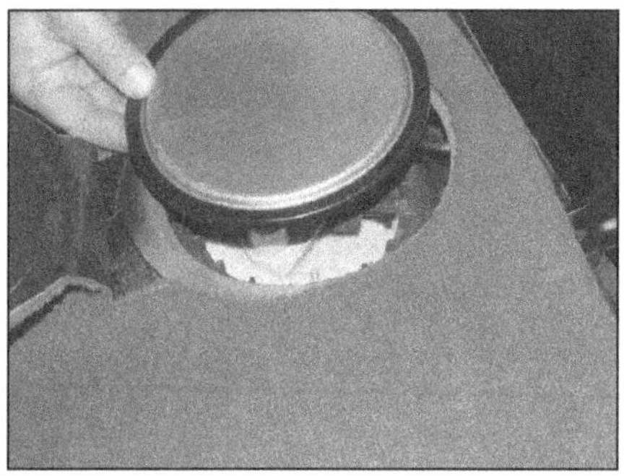
9.2b . . . och bänd loss bränslepumpkåpan

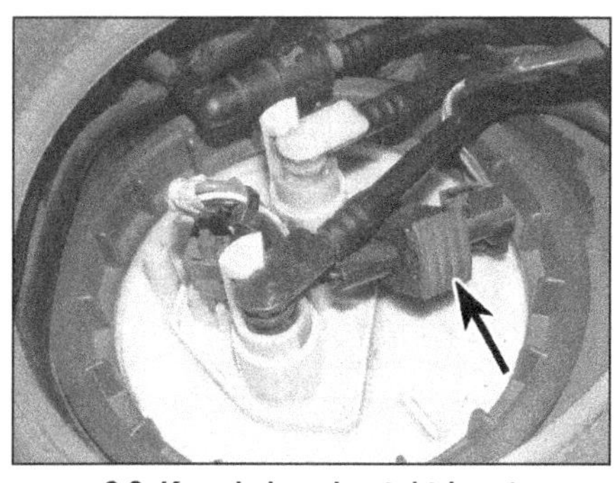
9.3 Koppla loss kontaktdonet (vid pilen)

p) *"Limp home"-solenoid: Solenoiden sitter baktill på gasspjällshuset. Om ett säkerhetsrelaterat fel uppstår i gasspjällsstyrningen går den över i "limp home"-läge. Lampan* ***Check Engine*** *tänds genast, och diagnosfelkoden måste raderas med diagnosverktyget.*

Varningslampan "Check Engine"

Om varningslampan "Check Engine" tänds bör du snarast lämna bilen till en Saab-verkstad. Då kan en fullständig test av motorstyrningssystemet utföras med hjälp av speciell elektronisk testutrustning för Saab.

8 Bränsletillförsel – föreskrifter och tryckutjämning

Observera: *Läs föreskrifterna i slutet av avsnitt 1 innan du fortsätter.*

Varning: Nedanstående procedur lättar endast på trycket i bränslesystemet – kom ihåg att bränsle fortfarande finns kvar i systemets komponenter och vidta lämpliga säkerhetsåtgärder innan någon del demonteras.

1 Det bränslesystem som avses i det här avsnittet omfattar en bränslepump fäst på tanken, ett bränslefilter, bränslespridare, insprutningsbrygga och en tryckregulator, samt de metallrör och slangar som är kopplade mellan dessa komponenter. Alla komponenter innehåller bränsle som är under tryck när motorn är igång och/eller när tändningen är påslagen.

Varning: Bränslet kan befinna sig under tryck ett tag efter det att tändningen har stängs av och systemet måste därför tryckutjämnas innan någon av ovanstående komponenter åtgärdas.

2 Öppna säkringsdosan som sitter bakom en platta till höger på instrumentbrädan (se *Veckokontroller*) och ta bort bränslepumpsäkringen (årsmodeller till och med 2001: säkring 19, årsmodeller efter 2001: säkring 15. Se kapitel 12 för exakt placering i din bilmodell).

3 Vrid tändningsnyckeln och dra igång motorn. Om den startar, låt den gå tills den stannar av sig själv, det bör inte ta mer än några sekunder. Försök starta den två gånger till för att garantera att allt övertryck har försvunnit.

4 Koppla loss batteriets minuspol, sätt sedan tillbaka bränslepumpens säkring.

5 Ställ en lämplig behållare under den anslutning som ska lossas. Var beredd med en stor trasa för att torka upp bränsle som hamnar utanför behållaren.

6 Lossa anslutningen eller muttern – långsamt för att undvika en plötslig tryckförändring. Linda trasan runt anslutningen för att hejda utsprutande bränsle. När trycket väl har lättats kan bränsleledningen lossas.

Klipp bort fingrarna från ett par gummihandskar och sätt fast dem över de öppna bränsleledningarna eller portarna med gummiband för att minimera bränslespill och för att hindra smuts från att komma in i bränslesystemet.

9 Bränslepump – demontering och montering

Varning: Läs föreskrifterna i avsnitt 8 och informationen i avsnittet "Säkerheten främst!" i början av den här handboken innan du börjar arbeta med några komponenter i bränslesystemet.

Observera: *På alla modeller innehåller bränslepumpen även bränslemätargivaren.*

Demontering

1 Utjämna trycket i bränslesystemet enligt beskrivningen i avsnitt 8. Koppla sedan loss batteriets minuskabel och lägg den på säkert avstånd från polen.

2 Lyft upp baksätet enligt beskrivningen i kapitel 11. Vik undan mattan och lossa bränslepumpskåpan från golvpanelen **(se bilder)**.

3 Koppla loss den övre anslutningskontakten. TA INTE BORT kontakten mitt ovanpå bränslepumpgivaren **(se bild)**.

4 Ta bort de två bränsleledningarna/backventilerna från bränslepumpen/givarenheten. Lossa försiktigt de gula fästhakarna med en skruvmejsel **(se bild)**. Placera sedan en trasa runt anslutningen för att samla upp eventuellt bränslespill. Notera noga hur bränsleledningarna sitter. Matningsledningen är vit, och returledningen är svart (den är också utmärkt på ovansidan av bränslepumpen/givarenheten).

5 Enheten är fäst med en fastskruvad ring. Saabmekaniker använder ett specialverktyg för att skruva bort ringen, men en kraftig rörtång som sticks in mellan tänderna på ringens inre kant går lika bra. Skruva loss och ta bort ringen **(se bild)**. Observera placeringspilarna på pumpen och tanken.

6 Lyft försiktigt bort pumpflänsen från bränsletanken. Låt bränsleöverskottet rinna ner i tanken. Vrid sedan pumpen medurs ungefär ett kvarts varv och dra loss den från

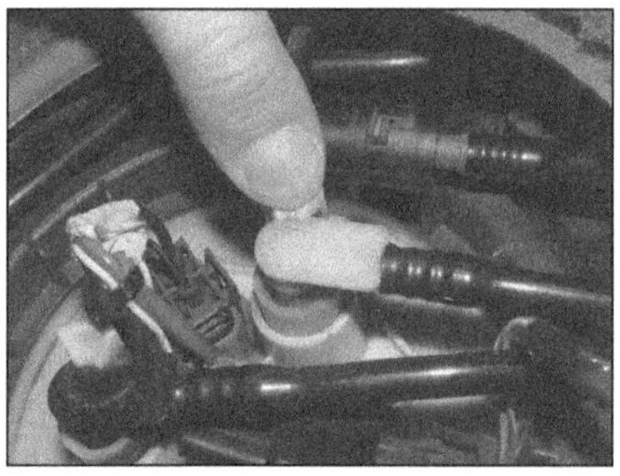
9.4 Koppla loss bränsleören från pumpen

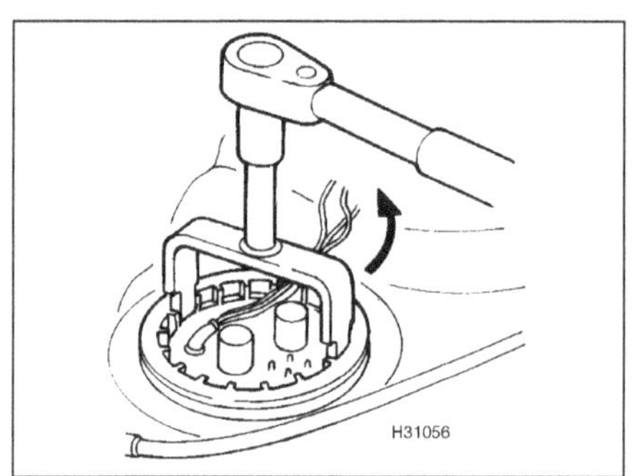

9.5 Skruva loss och ta bort låsringen från bränslepumpens ovansida

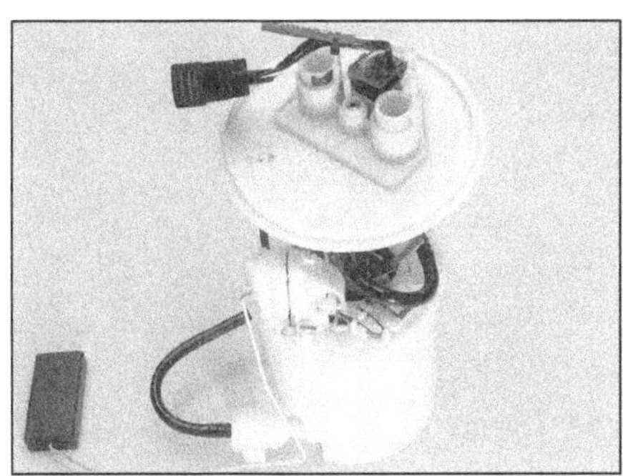

9.6 Bränslepumpen demonterad från bensintanken

bränsletanken **(se bild)**. Ha en stor trasa till hands, så att du kan torka upp eventuellt bränslespill. Ta loss O-ringstätningen från tanköppningen.

Montering

7 Montera en ny O-ringstätning i bränsletankens öppning, tryck ner den ordentligt i spåret.

8 Sänk ner bränslepumpen i bränsletanken och vrid den så att inställningsmärkena på bränslepumpen och tanken är i linje med varandra **(se bild)**.

9 Skruva på den stora låsringen av plast och dra åt den med samma metod som användes vid demonteringen. Stryk syrafritt vaselin på skruvgängorna.

10 Anslut bränsleledningarna på bränslepumpen/givarenheten på rätt sätt (se punkt 4). Monteringen utförs i omvänd ordningsföljd mot demonteringen.

11 Sätt tillbaka baksätet och återanslut sedan batteriets minusledare.

10 Bränslepumprelä - demontering och montering

Demontering

1 Bränslepumpreläet är placerat på reläbrädan bakom instrumentbrädan (se kapitel 12 för mer information).

2 Ta bort batterikåpan och koppla sedan loss batteriets minusledare. För undan kabeln från batteripolen.

3 Lossa fästena och koppla loss den nedre panelen från instrumentbrädan på förarsidan.

4 Ta bort fästskruven och ta ner säkringsplattan från instrumentbrädan.

5 Bränslepumpreläet är märkt med ett G och sitter i första spalten från vänster, tredje raden uppifrån **(se bild)**.

6 Ta tag i reläet och dra det rakt ut från reläplattan.

Montering

7 Monteringen utförs i omvänd ordning mot demonteringen. Se till att reläet trycks hela vägen in i sitt fäste.

11 Bränslemätargivare - demontering och montering

Bränslemätargivaren är inbyggd i bränslepumpen på alla modeller och den kan inte köpas separat. I avsnitt 9 finns information om hur du demonterar och monterar bränslepumpen.

12 Bränsletank - demontering, reparation och montering

Varning: Läs föreskrifterna i avsnitt 8 och informationen i avsnitten "Säkerheten främst" i början av boken innan du börjar arbeta med några komponenter i bränslesystemet.

1 Innan bensintanken tas bort bör den tömmas på bränsle. Eftersom bensintanken inte har någon avtappningsplugg bör bilen ha körts tills tanken är så gott som tom vid demonteringen.

Demontering

2 Utjämna trycket i bränslesystemet enligt beskrivningen i avsnitt 8. Koppla sedan loss batteriets minuskabel och lägg den på säkert avstånd från polen.

3 Lägg i ettans växel (manuell växellåda) eller Park (automatväxellåda) och klossa framhjulen ordentligt. Hissa upp bakvagnen och

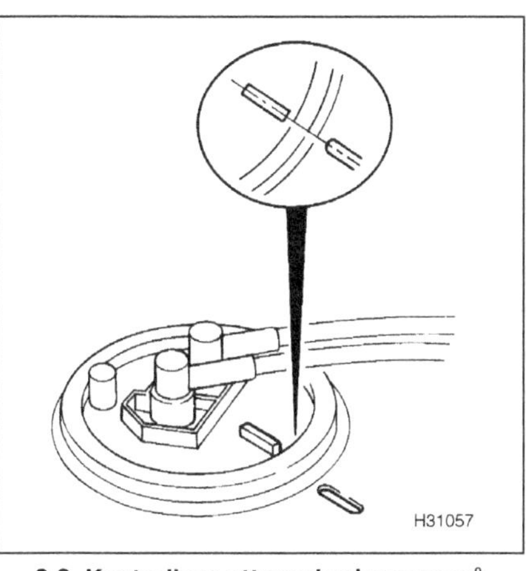

9.8 Kontrollera att markeringarna på bränslepumpen och tanken är i linje med varandra när bränslepumpen monteras

stöd den på pallbockar (se *Lyftning och stödpunkter*).

4 Genomför punkt 2 till 4 enligt beskrivningen i avsnitt 9 (bränslepumpdemontering) och ta bort bränsleledningarna och anslutningskablarna från bränslepumpen.

5 Ta bort avgassystemets bakre del enligt beskrivningen i avsnitt 20.

6 Lossa låsklämman och koppla loss rensröret.

7 Skruva loss fästbulten och lossa påfyllningsslangen från tanken **(se bild)**.

8 Lossa de två handbromsvajrarna från bakbromsarna enligt beskrivningen i kapitel 9.

9 Placera en garagedomkraft med träkloss över domkraftshuvudet mitt under bränsletanken. Höj domkraften så mycket att den precis börjar lyfta bränsletanken.

10 Skruva stegvis bort bultarna som fäster bränsletankens stödband vid monteringskonsolerna **(se bilder)**. Haka loss ändarna av de lossade stödbanden från respektive fäste.

11 Koppla loss återstående ventilationsslangar eller kablar som kan förhindra demonteringen av tanken.

12 Ta hjälp av en annan person för att sänka ner tanken på marken och ta bort den.

Reparation

13 Om tanken är förorenad med avlagringar eller vatten ska bränslepumpen demonteras

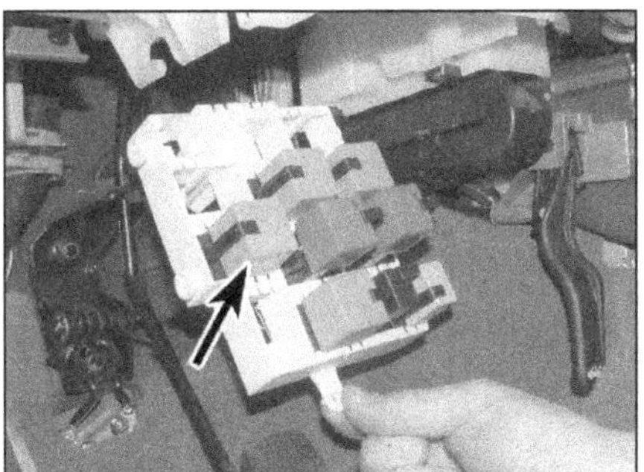

10.5 Bränslepumprelä (vid pilen)

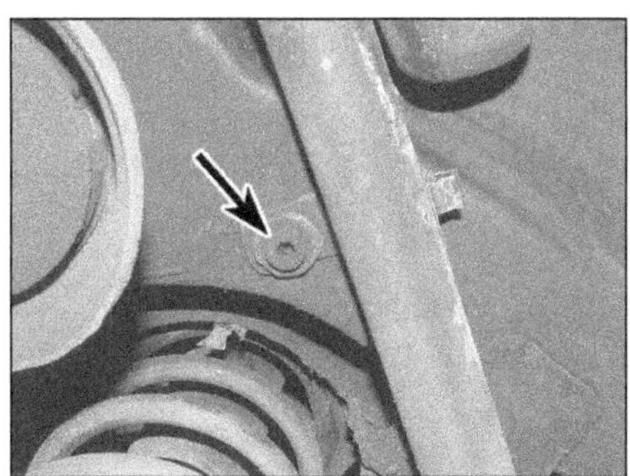

12.7 Skruva loss påfyllningsrörets fästbult (vid pilen)

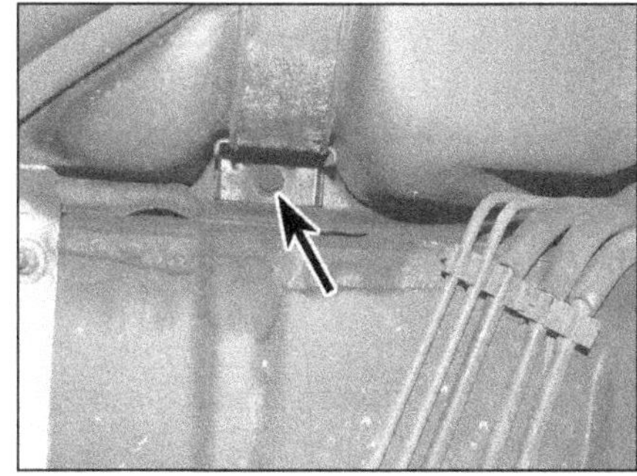

12.10a Lossa stegvis stödbandets ena bult . . .

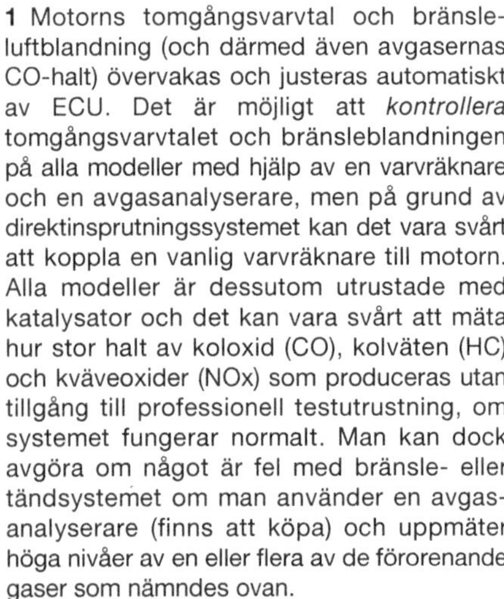

12.10b . . . och därefter den andra bulten, för att lossa bränsletanken

13.3 Diagnosuttag (vid pilen) under instrumentbrädan på förarsidan

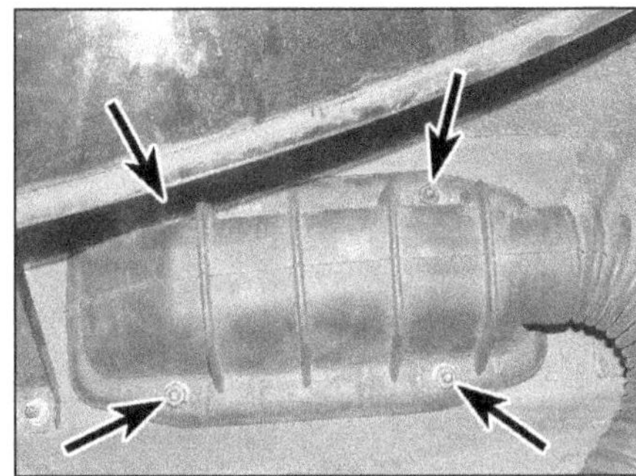

14.3 Skruva loss de fyra fästmuttrarna (vid pilarna)

och tanken sköljas ur med ren bensin. I somliga fall kan det vara möjligt att reparera små läckor eller mindre skador. Fråga en specialist innan du försöker laga bränsletanken.

Montering

14 Monteringen utförs i omvänd ordningsföljd mot demonteringen, och tänk på följande:

a) *Undersök O-ringarna vid bränsletillförsel- och returslangarnas snabbkopplingar ovanpå bränslepumpen.*

b) *Se till att alla bränsleledningar och ventilationsslangar är korrekt dragna och att de inte är veckade eller vridna.*

c) *Dra åt bensintankens stödband ordentligt.*

13 Motorstyrningssystem – felsökning

1 Motorns tomgångsvarvtal och bränsle-luftblandning (och därmed även avgasernas CO-halt) övervakas och justeras automatiskt av ECU. Det är möjligt att *kontrollera* tomgångsvarvtalet och bränsleblandningen på alla modeller med hjälp av en varvräknare och en avgasanalyserare, men på grund av direktinsprutningssystemet kan det vara svårt att koppla en vanlig varvräknare till motorn. Alla modeller är dessutom utrustade med katalysator och det kan vara svårt att mäta hur stor halt av koloxid (CO), kolväten (HC) och kväveoxider (NOx) som produceras utan tillgång till professionell testutrustning, om systemet fungerar normalt. Man kan dock avgöra om något är fel med bränsle- eller tändsystemet om man använder en avgasanalyserare (finns att köpa) och uppmäter höga nivåer av en eller flera av de förorenande gaser som nämndes ovan.

2 Om ett misstänkt fel uppstår i motorstyrningssystemet, kontrollera först att alla kontaktdon sitter som de ska och inte visar tecken på korrosion. Se till att felet inte beror på bristande underhåll – det vill säga att luftrenarfiltret är rent, att bränslefiltret har bytts ut tillräckligt ofta och att tändstiften och tillhörande komponenter är i gott skick. Kontrollera också att motorns ventilationsslang ligger fritt och att den är oskadad. Kontrollera slutligen att cylindrarnas kompressionstryck är korrekt, se kapitel 1, 2A och 5B för ytterligare information.

3 Om orsaken till felet fortfarande är okänd efter dessa kontroller måste bilen lämnas in till en Saabverkstad för undersökning. Det finns ett diagnosuttag i motorstyrningssystemets kabelnät där ett elektroniskt diagnosverktyg speciellt för Saab kan kopplas in. Verktyget kommer att identifiera de fel som registrerats av motorstyrningssystemets ECU genom att tolka de felkoder som finns lagrade i ECU-minnet. Verktyget gör det även möjligt att undersöka systemets givare och aktiverare utan att koppla loss dem eller ta bort dem från bilen. Detta minskar behovet av enskilda tester av alla systemets komponenter med vanlig testutrustning. Diagnosuttaget sitter under instrumentbrädan, på förarsidan **(se bild)**.

4 Om varningslampan "Check Engine" tänds bör du snarast lämna bilen till en Saabverkstad. Då kan en fullständig test av motorstyrningssystemet utföras med hjälp av speciell elektronisk testutrustning för Saab.

14 Motorstyrningssystemets komponenter – demontering och montering

Varning: Läs föreskrifterna i avsnitt 8 och informationen i avsnittet "Säkerheten främst" i början av boken innan du börjar arbeta med några komponenter i bränslesystemet.

Elektronisk styrenhet (ECU)

Demontering

1 Se till att tändningen är avstängd. Lossa batteriets minusledare och placera den på avstånd från batteriet.

2 Ta bort vindrutetorkarna och vindrutans nedre ventilpanel enligt beskrivningen i kapitel 12.

3 Lossa fästmuttrarna från ECU-kåpan bakom ventilpanelen **(se bild)**.

4 Lyft kåpan försiktigt, lossa låsspaken och koppla loss multikontakten från ECU **(se bild)**.

5 Lossa de två fästmuttrarna (använd gärna en magnetisk hylsnyckel) och dra ECU rakt uppåt och ut ur bilen **(se bild)**.

Montering

6 Monteringen utförs i omvänd ordningsföljd mot demonteringen. Se till att kabelnätets kontakt sitter fast ordentligt med låsarmen. Observera att om en ny ECU har monterats, så måste den under en period få "lära sig" motorns egenskaper medan bilen körs. Körbarhet, prestanda och bränsleekonomi kan komma att försämras något under den här perioden.

Givare för laddluftens tryck/temperatur

Demontering

7 Tryck/temperaturgivaren sitter i huvudluftintaget till gasspjällshuset.

8 Koppla loss kontaktdonet från givaren, skruva loss givaren från luftintaget och ta vara på tätningsbrickan **(se bild)**.

14.4 Koppla loss multikontakten från ECU

14.5 Skruva loss de två fästmuttrarna (vid pilarna) och dra ut styrenheten

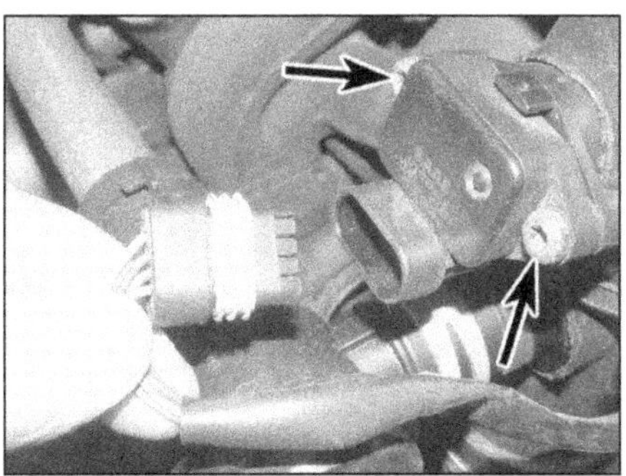
14.8 Koppla loss kontaktdonet och skruva loss de två fästskruvarna (vid pilarna)

14.10 Demontera motorns toppkåpa

14.11a Koppla loss kontaktdonet . . .

Montering

9 Monteringen utförs i omvänd ordning mot demonteringen, men kontrollera och byt tätningsbrickan om det behövs.

Givare för absolut tryck i insugsgrenröret (MAP)

Demontering

10 Lossa motorns toppkåpa som sitter över insugsröret **(se bild)**.

11 Koppla loss kontaktdonet. Ta sedan bort fästskruvarna och dra ut givaren ur insugsröret **(se bilder)**.

Montering

12 Monteringen utförs i omvänd ordning mot demonteringen, men kontrollera och byt tätningsbrickan om det behövs.

Luftflödesgivare

Demontering

13 Luftflödesgivaren sitter framme till höger i motorrummet, bakom den högra strålkastaren. Öppna de två fästklämmorna och dra ut insugsslangen av gummi ur bilen **(se bild)**.

14 Öppna slangklämman på insugsslangen och dra ut luftflödesgivaren. Observera åt vilket håll pilen på givaren är vänd. Pilen anger luftflödesriktningen **(se bilder)**.

15 Koppla loss kontaktdonet från givarens undersida när du tar bort den **(se bild)**.

Montering

16 Monteringen utförs i omvänd ordning mot demonteringen. Kontrollera att pilarna på givaren pekar i luftflödets riktning och att kontaktdonet sitter säkert.

Temperaturgivare för kylvätska

Demontering

17 Givaren är fastgängad i motorblockets vänstra sida. Se till att motorn är helt kall, släpp sedan ut trycket ur kylsystemet genom att ta bort expansionskärlets påfyllningslock och sedan sätta tillbaka det (se *Veckokontroller*).

18 För att komma åt lättare kan du behöva öppna slangklämmorna och ta bort luftintagsenheten från gasspjällshusets topp.

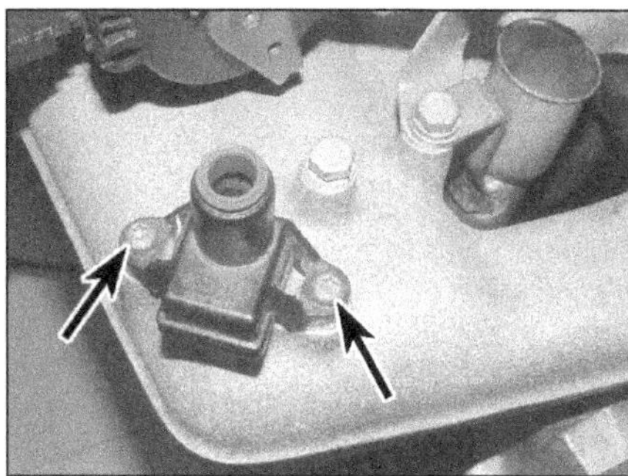
14.11b . . . och skruva sedan loss de två fästskruvarna (vid pilarna)

19 Koppla loss kontaktdonet från givaren **(se bild)**.

20 Skruva loss givaren från kylvätskehuset till vänster på topplocket. En del kylvätska kan rinna ut **(se bild på nästa sida)**.

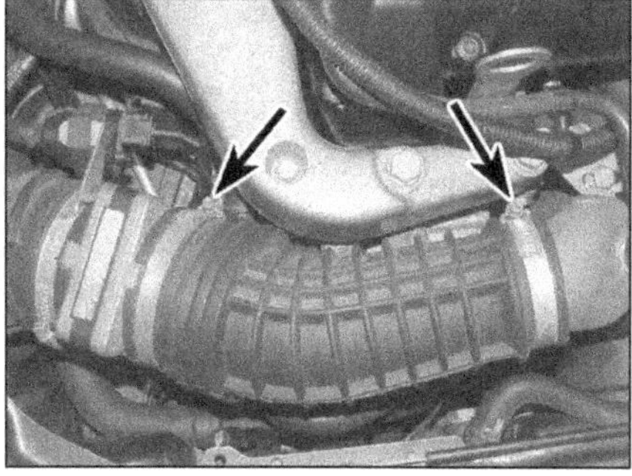
14.13 Lossa de två fästklämmorna (vid pilarna)

Montering

21 Rengör gängorna, sätt därefter in givaren i insugsröret och dra åt ordentligt. Använd en ny tätningsbricka om det behövs.

22 Se till att fästa kontaktdonet ordentligt.

14.14a Lossa slangklämman och dra ut luftflödesgivaren . . .

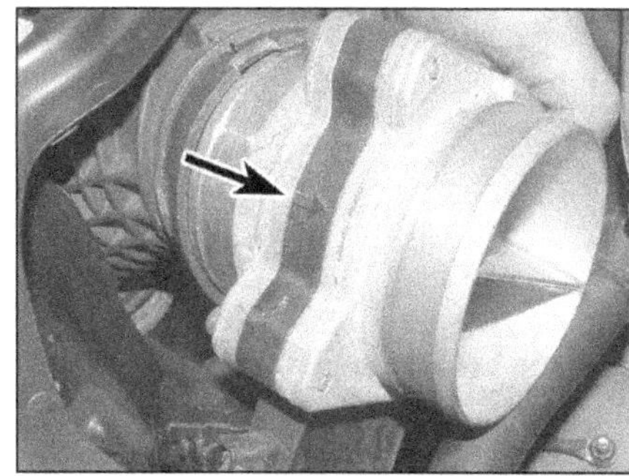
14.14b . . . och observera pilens riktning

14.15 Koppla loss kontaktdonet när du drar ut givaren

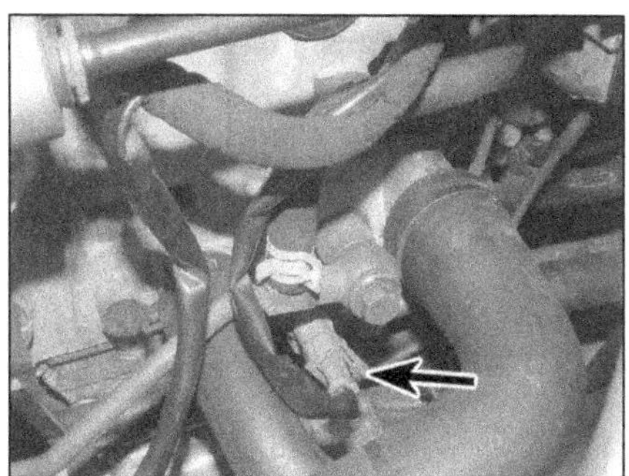
14.19 Koppla loss kontaktdonet (vid pilen) . . .

14.20 . . . och ta sedan bort givaren (vid pilen) från kylvätskehuset

14.24 Vevaxelgivaren sitter bakom en liten täckplåt på motorblockets främre del

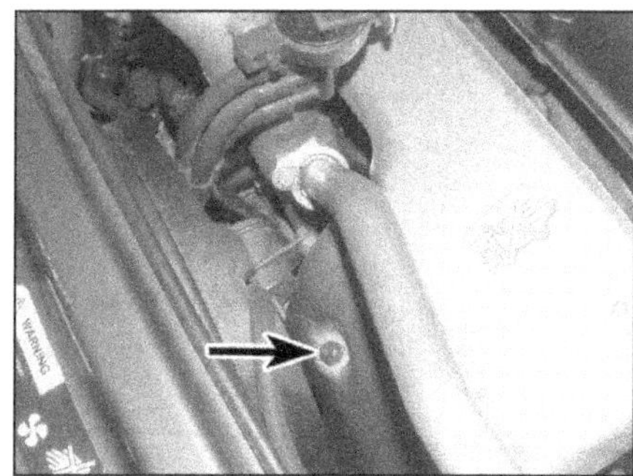

14.25a Skruva loss fästmuttern (vid pilen) och ta bort värmeskölden

23 Fyll på kylsystemet enligt beskrivningen i *Veckokontroller*.

Vevaxelns lägesgivare

Demontering

24 Vevaxelns lägesgivare sitter på motorblockets framsida i änden mot växellådan **(se bild)**.

25 Lossa fästmuttern och ta loss värmeskölden från avgasgrenröret. Lossa därefter fästbulten och ta bort täckplåten från givaren **(se bilder)**.

Varning: Avgassystemet och turboaggregatet kan vara mycket varma.

26 Dra bort givaren från dess plats på motorblocket **(se bild)**. Observera hur O-ringen sitter monterad och ta loss den. Rengör sätet i motorblocket.

27 Observera kabeldragningen runt topplockets vänstra ände och koppla loss kablaget vid kontaktdonet **(se bilder)**. Lossa hela kabeln från eventuella fästklamrar.

Montering

28 Monteringen utförs i omvänd ordningsföljd mot demonteringen, men se till att O-ringen placeras ordentligt i sätet. Dra åt givarens fästskruv ordentligt. Se till att kablarna hålls fast med klamrarna/kabelklämmorna på sina ursprungliga platser och att flervägskontakten återansluts ordentligt.

Gasspjällshus

Demontering

29 Se till att tändningslåset står i det avstängda läget (OFF). Se till att motorn är helt kall, släpp sedan ut trycket ur kylsystemet genom att ta bort och sedan sätta tillbaka expansionskärlets påfyllningslock (se *Veckokontroller*).

30 Lossa motorns toppkåpa från gasspjällshuset topp. Lossa därefter fästbultarna och ta bort kåpan från gasspjällets länksystem **(se bild)**.

31 Ta bort den nedre vakuumslangen från gasspjällshuset **(se bild)**.

32 Kläm ihop de två kylvätskeslangarna som är anslutna till gasspjällshuset. Lossa därefter slangklämmorna och ta bort slangarna **(se bilder)**.

33 Ta bort bypassluftslangen som sitter nedtill på gasspjällshusets framsida. Öppna fästklämman och ta bort slangen från gasspjällshusets baksida under "limp home"-solenoiden **(se bild)**.

34 Lossa fästbulten till turboaggregatets matningsrör från topplockets framsida. Öppna

14.25b Skruva loss fästskruven och ta bort givarens täckplåt

14.26 Dra ut givaren och ta vara på O-ringen

14.27a Kontaktdonets plats (vid pilen)

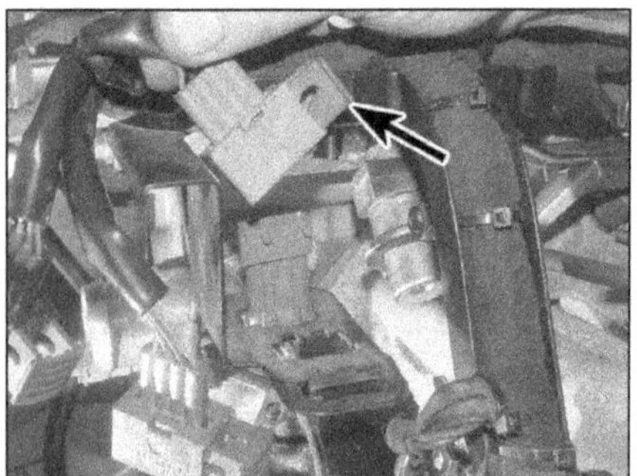

14.27b Dra ut låsklämman (vid pilen) för att koppla loss kontaktdonet

14.30 Skruva loss fästbultarna (vid pilarna) och ta bort kåpan

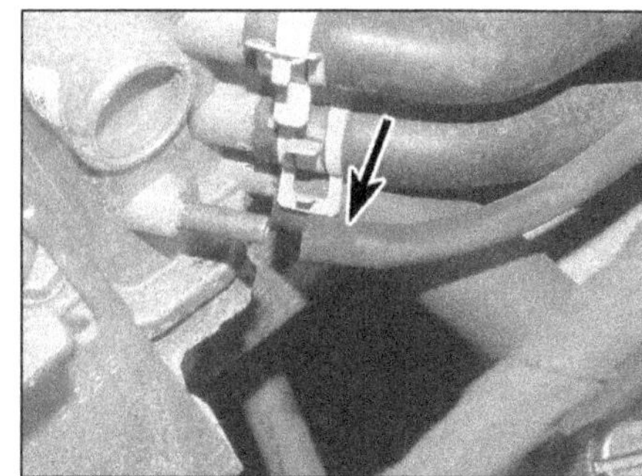

14.31 Koppla loss vakuumledningen (vid pilen)

14.32a Kläm ihop kylvätskeslangarna . . .

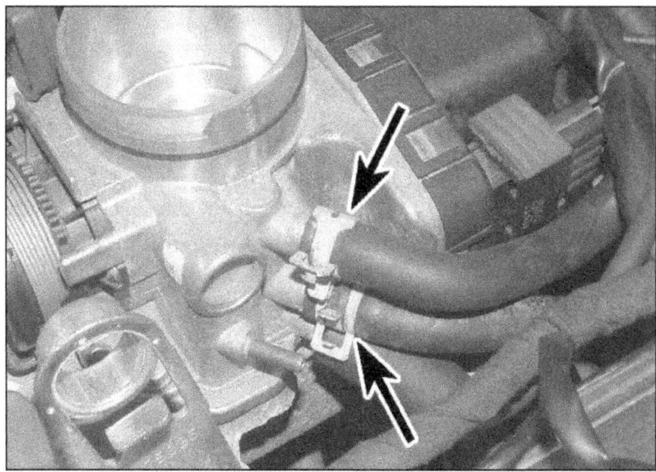

14.32b . . . lossa slangklämmorna (vid pilarna) och ta bort slangarna

fästklämman och lyft försiktigt bort matningsröret från gasspjällshusets topp **(se bilder)**.

35 Lossa innervajern från gasspjällslänksystemet. Ta bort gummikåpan och koppla loss kontaktdonet från "limp home"-solenoiden på gasspjällshusets baksida **(se bild)**.

36 Koppla loss 10-stiftskontakten från gasspjällshusets sida **(se bild)**.

37 Skruva loss de tre fästbultarna och ta bort gasspjällshuset från insugsröret **(se bild)**.

Montering

38 Montering utförs i omvänd ordning mot demonteringen. Byt ut tätningen om det behövs, och kontrollera att alla anslutningar sitter säkert.

Insprutningsbrygga, bränslespridare och tryckregulator

Demontering

39 Tryckutjämna bränslesystemet enligt beskrivningen i avsnitt 8. Se till att tändningslåset står i avstängt läge (OFF).

40 Lossa motorns toppkåpa som sitter över gasspjällshuset.

41 Koppla loss vevhusets ventilationsslang från ventilkåpan **(se bild)**. **Observera:** *På senare modeller måste du öppna fästklämman för att kunna koppla loss slangen.*

42 Skruva loss mätsticks-/påfyllningsröret från baksidan av topplocket och ta bort det

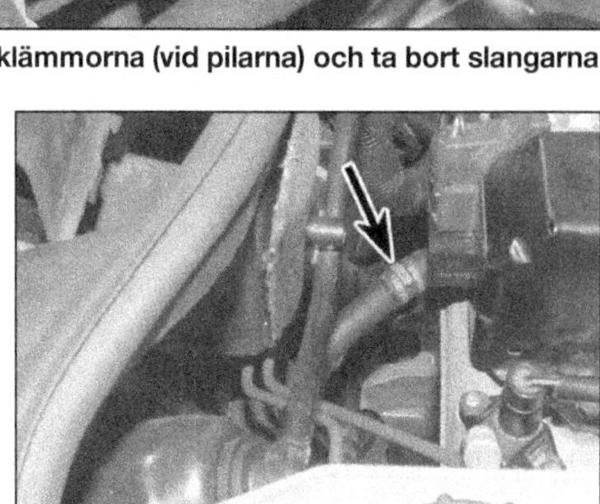

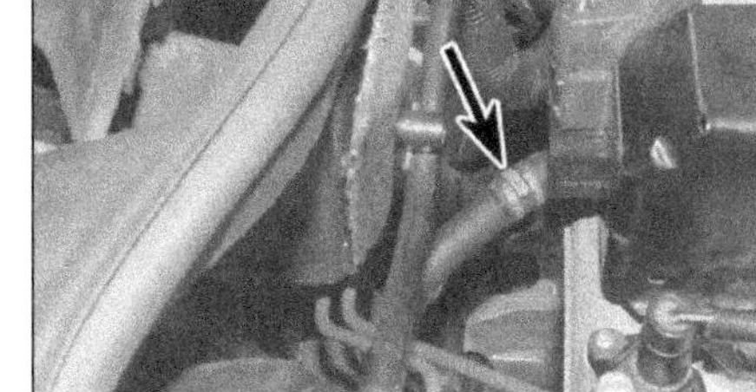

14.33 Koppla loss slangen (vid pilen) från baksidan av gasspjällshuset

14.34a Skruva loss fästbulten (vid pilen) . . .

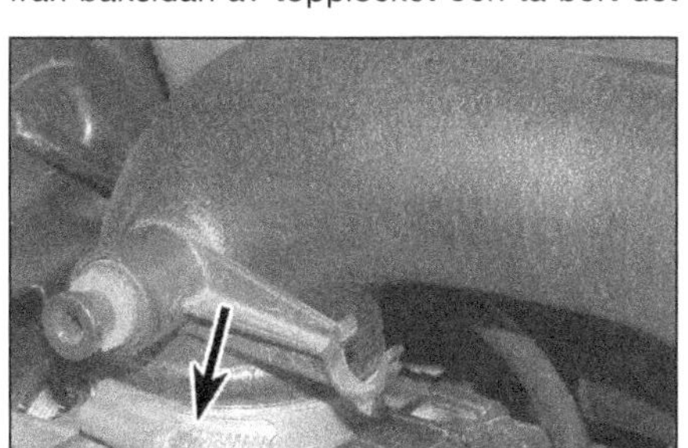

14.34b . . . och lossa fästklämman på luftinsugsröret

14.35 Koppla loss kontaktdonet från "limp home"-solenoiden

14.36 Dra ut låsklämman (vid pilen) för att koppla loss anslutningskontakten från gasspjällshuset

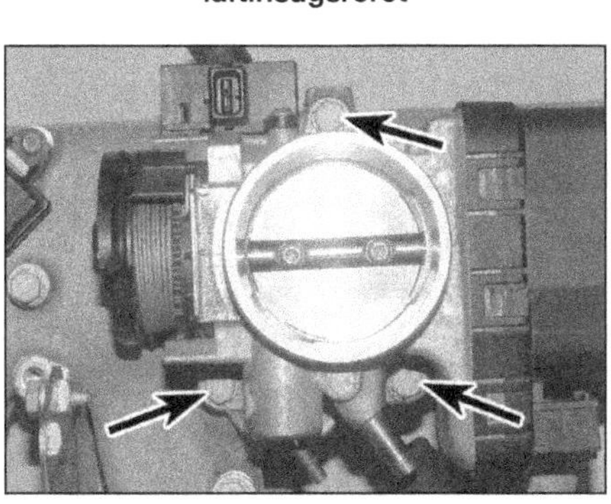

14.37 Skruva loss gasspjällshusets tre fästbultar (vid pilarna)

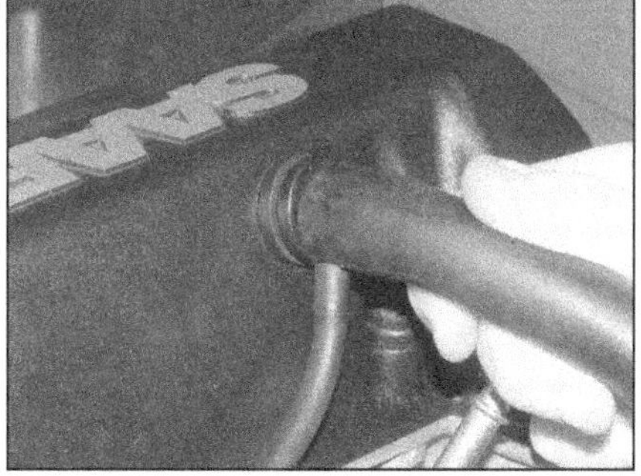

14.41 Koppla loss ventilationsslangen från ventilkåpan

14.42a Skruva loss fästbulten (vid pilen) . . .

14.42b . . . och dra ut oljepåfyllningsröret

14.43 En plasthylsa används till att lossa fästklämmorna på bränsleledningarna

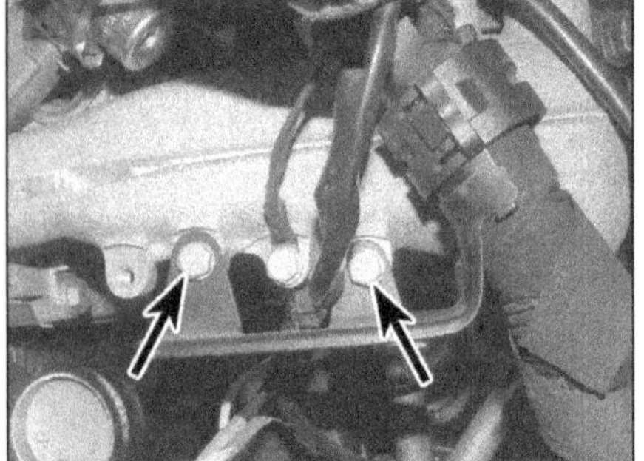
14.45a Skruva loss de två nedre fästbultarna (vid pilarna) . . .

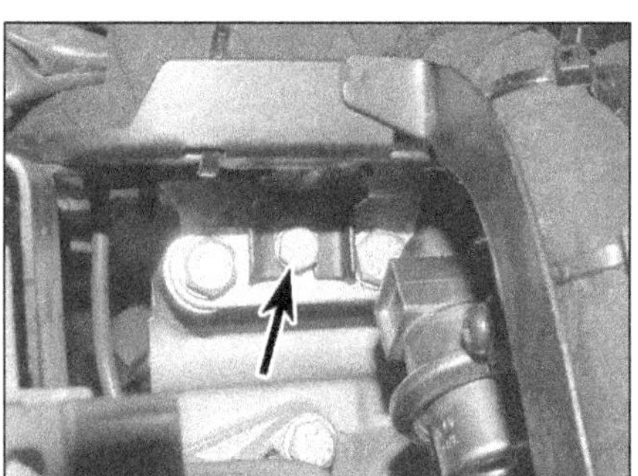
14.45b . . . och den övre fästbulten (vid pilen) från kabelhärvans styrning

(se bilder). Sätt en propp i röret så att smuts inte kommer in i motorn.

43 Se avsnitt 3 och koppla loss gasvajern från gasspjällshuset. Koppla loss bränsleledningarnas snabbkopplingar från bränsleinsprutningsbryggan. Sätt pluggar i bränsleledningarna så att smuts inte kommer in **(se bild)**.

44 Lossa fästbulten till turboaggregatets matningsrör från topplockets framsida. Öppna fästklämman och lyft försiktigt bort matningsröret från gasspjällshusets topp **(se bilderna 14.34a och 14.34b)**.

45 skruva loss bultarna som håller fast kabelstyrningen i topplockets/insugsrörets vänstra ände **(se bilder)**. För att komma åt bättre kan du lossa buntbanden och ta bort kabelhärvan från kabelstyrningen och sedan flytta kabelstyrningen åt sidan.

46 Öppna låsklämmorna och koppla loss kablaget från alla fyra bränslespridarna **(se bilder)**, ta loss eventuella buntband och flytta kabelhärvan åt sidan.

47 Ta bort de två bultarna som fäster insprutningsbryggan i topplocket **(se bild)**. Lägg en trasa under insprutningsbryggan för att suga upp den bensin som läcker ut när den tas bort.

48 Koppla loss vakuumslangen från bränsletrycksregulatorn och lyft sedan insprutningsbryggan från insugsröret tillsammans med bränslespridarna **(se bilder)**. Ta vara på O-ringstätningarna och kasta dem. Använd nya vid återmonteringen. Täpp till hålen i topplocket så att smuts inte kommer in i motorn.

49 Om det behövs, lossa metallklämman och ta bort bränsletrycksregulatorn från insprutningsbryggans vänstra ände **(se bild)**.

50 Ta loss spridarna från insprutningsbryggan genom att öppna fästklämmorna och dra loss dem från bryggan. Ta vara på O-ringstätningarna och kasta dem. Använd nya tätningar vid återmonteringen **(se bilder)**.

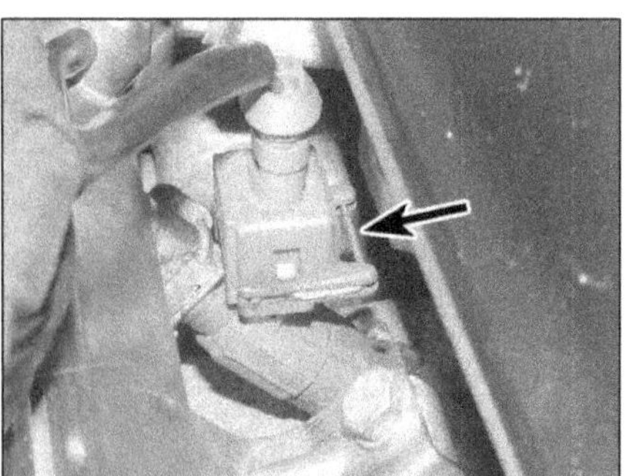
14.46a Tryck in fästklämman (vid pilen) . . .

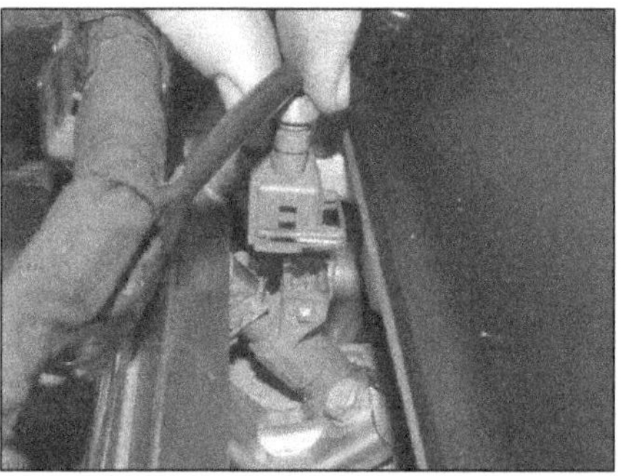

14.46b . . . och koppla loss kontaktdonet från bränslespridaren

14.47 Insprutningsbryggans fästbultar (vid pilarna)

14.48a Koppla loss vakuumslangen från regulatorn . . .

14.48b . . . dra sedan ut insprutningsbryggan från insugsröret

14.49 Skruva loss fästskruven (vid pilen) för att lossa regulatorn från insprutningsbryggan

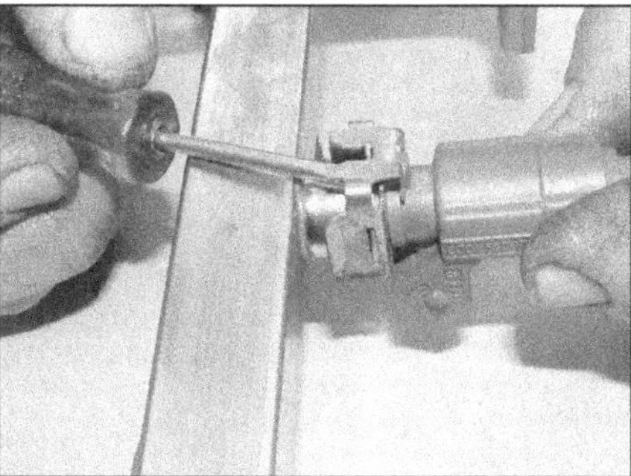
14.50a Bänd ut fästklämmorna . . .

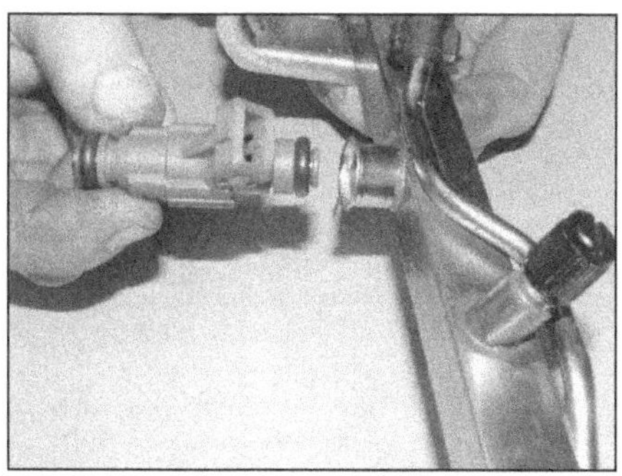
14.50b . . . och dra ut bränslespridarna från insprutningsbryggan

Montering

51 Monteringen utförs i omvänd ordning mot demonteringen. Fäst spridarna i insprutningsbryggan (använd nya O-ringar) och tryck sedan in bryggan tillsammans med spridarna i insugsröret. Smörj lite vaselin på O-ringstätningarna innan de monteras i insugsröret, så blir det lättare att få in bränslespridarna. Se till att alla kontakter sitter säkert. Kontrollera att O-ringstätningarna monteras ordentligt när turboinsugsröret monteras på gasspjällshuset.

Laddtrycksventil

Demontering

52 Ventilen sitter till höger på motorn och är monterad på en bygel på luftinsugsröret **(se bild)**.

53 Slå av tändningen. Koppla sedan loss kontaktdonet från ventilen **(se bild)**.

54 Märk slangarna som leder till ventilen för att hålla reda på deras korrekta placeringar, lossa sedan klämmorna och ta loss slangarna från ventilportarna **(se bild)**.

55 Skjut loss ventilen från de två styrstiften och ta bort den från motorrummet.

Montering

56 Monteringen utförs i omvänd ordningsföljd mot demonteringen. Det är av största vikt att slangarna ansluts till rätt portar på laddtrycksventilen.

Bypassventil för laddtryck

Demontering

57 Ta loss motorkåpan som sitter över gasspjällshuset. Ta sedan loss kåpan från kabelhärvan på torpedväggen **(se bild)**.

58 Skruva loss de två fästmuttrarna från fästbygeln **(se bild)**. Lyft sedan ventilens fästplatta och haka loss den från torpedväggen.

59 Koppla loss multikontakten från bypassventilen när du tar bort enheten **(se bild)**.

60 Märk vakuumslangarna som leder till ventilen för att hålla reda på deras korrekta placeringar, ta sedan loss slangarna från ventilhuset.

61 Borra bort de två nitarna och ta bort ventilen **(se bild på nästa sida)**.

Montering

62 Monteringen utförs i omvänd ordning mot demonteringen. Fäst bypassventilen i fästplattan med nya popnitar.

Limp home-solenoid

Demontering

63 Lossa den övre panelen på motorkåpan, ovanför insugsröret **(se bild 14.10)**.

14.52 Laddtrycksventil

14.53 Dra undan gummikåpan och lossa kontaktdonet

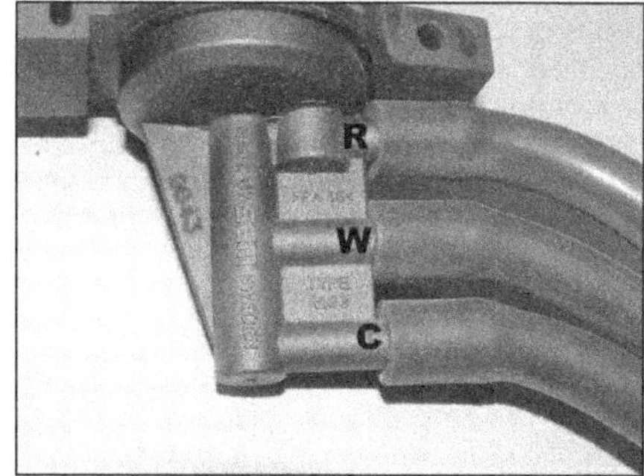

14.54 Observera markeringarna för slangar på ventilen

14.57 Lossa kåpan från motorns kabelhärva

14.58 Skruva loss de två fästmuttrarna (vid pilarna)

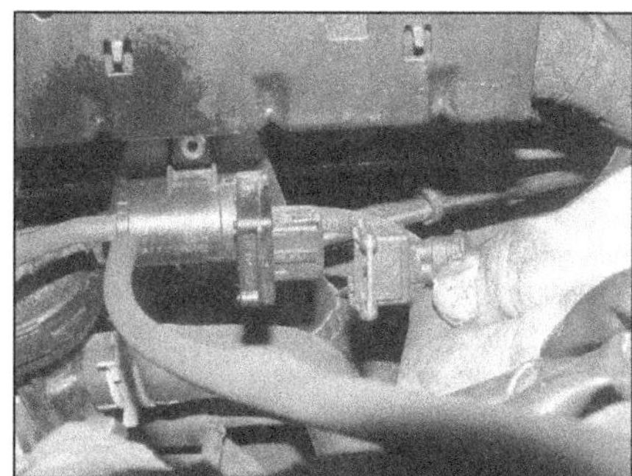
14.59 Koppla loss kontaktdonet från ventilen

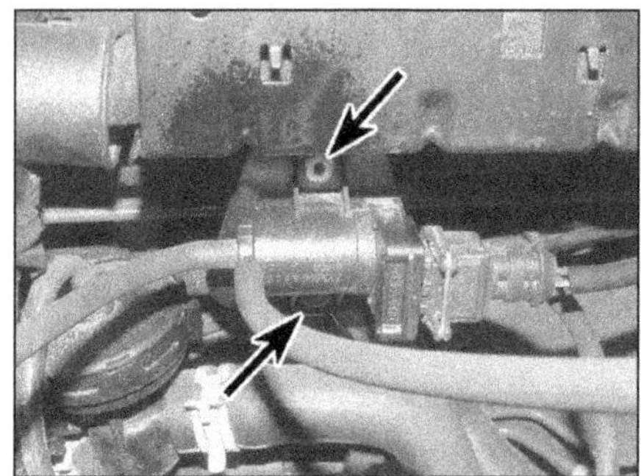

14.61 Borra ut de två nitarna (vid pilarna)

14.64a Koppla loss kontaktdonet från "limp home"-solenoiden (vid pilen) . . .

14.64b . . . och skruva sedan loss de två fästskruvarna (vid pilarna)

64 Dra undan gummiskyddet och koppla loss kontaktdonet från "limp home"-solenoiden. Ta bort fästskruvarna och dra bort givaren från gasspjällshuset **(se bilder)**.

Montering

65 Monteringen utförs i omvänd ordning mot demonteringen. Kontrollera tätningsbrickan och byt ut den om det behövs.

Lambdasond

66 Se informationen i kapitel 4B.

15 Turboaggregat – beskrivning och föreskrifter

Beskrivning

1 Turboaggregatet ökar motorns verkningsgrad och prestanda genom att höja trycket i insugsröret över atmosfäriskt tryck. I stället för att insugsluften sugs in i förbränningskammaren tvingas den dit under tryck. Det leder till en större ökning av laddningstrycket under förbränning och förbättrad bränsleförbränning, så att motorns termiska verkningsgrad ökar. Vid dessa förhållanden tillsätts extra bensin från bränsleinsprutningssystemet, i proportion till det ökade luftflödet.

2 Turboaggregatet drivs av avgaserna. Gasen flödar genom ett specialutformat hus (turbinhuset) där den får turbinhjulet att snurra. Turbinhjulet sitter på en axel och i änden av axeln sitter ännu ett vingförsett hjul, kompressorhjulet. Kompressorhjulet roterar i ett eget hus och komprimerar den ingående luften innan den går vidare till insugsröret.

3 Mellan turboaggregatet och insugsröret passerar den komprimerade luften genom en laddluftkylare. I laddluftkylaren, som sitter framför kylaren, kyls varm luft ner med kall luft från den främre grillen och elkylfläktarna. Insugsluftens temperatur stiger vid komprimeringen i turboaggregatet – laddluftkylaren kyler ner luften igen innan den når motorn. Eftersom kall luft har högre densitet än varm luft går det då att tvinga in en större luftmassa (med samma volym) i förbränningskamrarna, vilket resulterar i ytterligare ökning av motorns termiska verkningsgrad.

4 Laddtrycket (trycket i insugsröret) begränsas av en övertrycksventil (wastegate), som leder bort avgaser från turbinhjulet som reaktion på en tryckkänslig aktiverare. Övertrycksventilen styrs av motorstyrningssystemets ECU, via en elektronisk laddtrycksventil. ECU öppnar och stänger (modulerar) laddtrycksventilen flera gånger i sekunden, med resultatet att övertrycksventilen utsätts för grenrörets vakuum i en serie snabba pulser – pulsernas täthet beror i huvudsak på motorns varvtal och belastning. ECU känner av laddtrycket via insugsrörets tryckgivare, och använder laddtrycksventilen för att upprätthålla optimalt tryck under alla motorvarvtal. Om ECU upptäcker att förtändning ("spikning") sker, minskas laddtrycket så att motorn inte skadas. Se kapitel 5B för ytterligare information.

5 En bypassventil sitter monterad i luftflödet mellan turbokompressorns lågtrycks matning och högtrycks tillförsel. Denna gör det möjligt att avyttra överflödigt laddtryck i insugstrumman när gasspjället är stängt vid höga motorvarvtal (under motorbromsning eller inbromsning). Det förbättrar körbarheten genom att förhindra att kompressorn överstegras (och minskar turbofördröjningen), och genom att eliminera den överbelastning som annars skulle uppstå när gasspjället öppnas.

6 Turboaxeln trycksmörjs av ett oljematningsrör från huvudoljeledningarna. Axeln "flyter" på en dyna av olja och har inga rörliga lager. Ett dräneringsrör leder tillbaka oljan till sumpen. Turbinhuset är vattenkylt med ett system av kylvätsketillförsel- och returledningar.

Föreskrifter

- Turboaggregatet arbetar vid extremt höga hastigheter och temperaturer. Vissa säkerhetsåtgärder måste vidtas under reparationsarbetet för att undvika personskador och skador på turboaggregatet.
- Kör aldrig turbon med någon del exponerad eller med någon av slangarna demonterade. Om ett föremål skulle falla ner på de roterande vingarna kan det orsaka omfattande materiella skador, och eventuellt personskador (om föremålet slungas ut).
- Rusa inte motorn omedelbart efter start, särskilt inte om den är kall. Låt oljan cirkulera i några sekunder.
- Låt alltid motorn gå ner på tomgång innan den stängs av – varva inte upp motorn och vrid av tändningen, eftersom aggregatet då inte får någon smörjning.
- Låt motorn gå på tomgång under några minuter efter körning med hög belastning. Då svalnar slangarna till turbinhuset innan kylvätskan slutar cirkulera.
- Följ de rekommenderade intervallen för olje- och filterbyte och använd en välkänd olja av angiven kvalitet. Oregelbundna oljebyten eller användning av begagnad olja eller olja av dålig kvalitet, kan orsaka sotavlagringar på turboaxeln med driftstopp som följd.

16 Turboaggregat – demontering och montering

Observera: *Avgassystemet och turboaggregatet kan fortfarande vara mycket varma. Vänta tills bilen har svalnat innan du börjar arbeta med motorn.*

Observera: *Saab rekommenderar byte av olja och filter när turboaggregatet demonteras.*

Demontering

1 Dra åt handbromsen, lyft med hjälp av en domkraft upp framvagnen på pallbockar (se *Lyftning och stödpunkter*).

2 Ta bort skölden under kylaren, tappa sedan av kylsystemet enligt beskrivningen i kapitel 1.

3 Skruva loss fästbultarna och ta bort turboaggregatets fästbygel **(se bild)**.

16.3 Skruva loss de två fästbultarna (vid pilarna) från fästbygeln

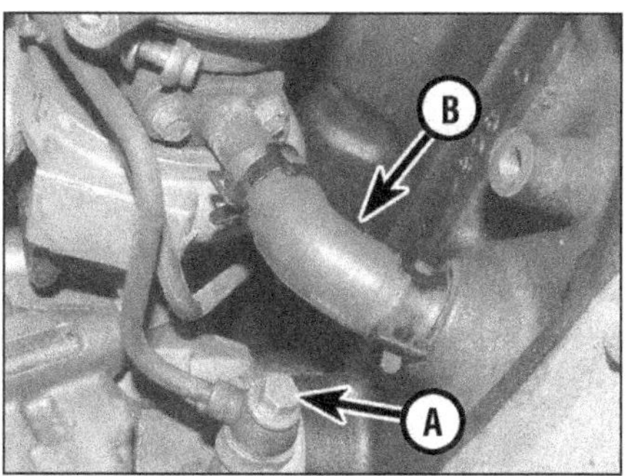

16.4a Koppla loss oljetillförselröret (A) och oljereturröret (B)

16.4b På en del modeller är returröret (vid pilen) gjort av korrugerad metall

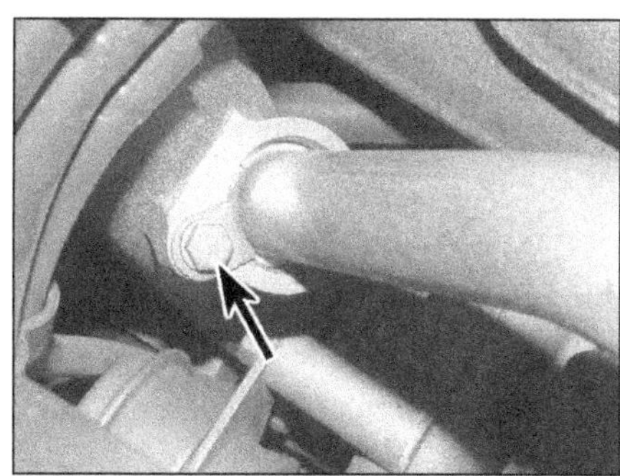
16.6a Skruva loss fästbulten (vid pilen) . . .

4 Lossa anslutningarna och koppla loss oljetillförsel- och returrören från turboaggregatet **(se bilder)**. Täpp igen/täck över de öppna portarna för att hindra smuts från att tränga in.

5 Upptill på motorn, lossa fästmuttern och ta bort värmeskölden från avgasgrenröret.

6 Ta bort fästbulten/klämmorna och ta sedan bort bypasslangen för luft **(se bilder)**. Observera att det sitter en O-ringstätning i anslutningen till insugsröret.

7 Koppla loss kontaktdonen från laddluftventilen **(se bild)**.

8 Öppna fästklämman på slangen till insugsröret/turboaggregatet och ta loss ventilröret (banjobult eller snabbkoppling) från insugsröret **(se bilder)**.

9 Lossa fästbulten, ventilröret och kabelhärvan från ventilkåpans högra ände och flytta dessa åt sidan.

16.6b . . . och lossa fästklämman (vid pilen)

16.7 Ta bort gummiskyddet (vid pilen) och koppla loss kontaktdonet

10 Lossa fästbulten/bultarna och ta bort lyftöglan från topplockets framsida **(se bild)**.

11 Koppla loss snabbkopplingen från EVAP-slangen **(se bild)**.

12 Skruva loss fästbulten och dra bort insugsrörets V-klämma från turbon. Dra sedan ut insugsröret **(se bilder)**. Koppla loss vakuumslangen när du tar bort insugsröret.

13 Öppna fästklämman till slangen (sitter under bilen) från laddluftkylaren till turbon och

16.8a Lossa fästklämman (A) och ventilrörets banjobult (B)

16.8b På en del modeller är ventilröret försett med en snabbkoppling (vid pilen)

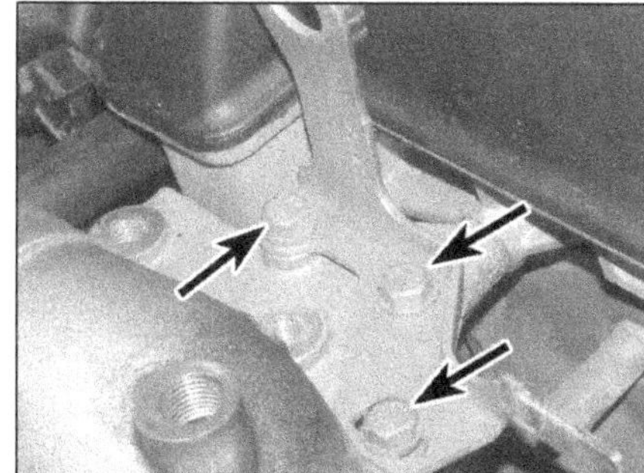
16.10 Skruva loss de tre fästbultarna (vid pilarna)

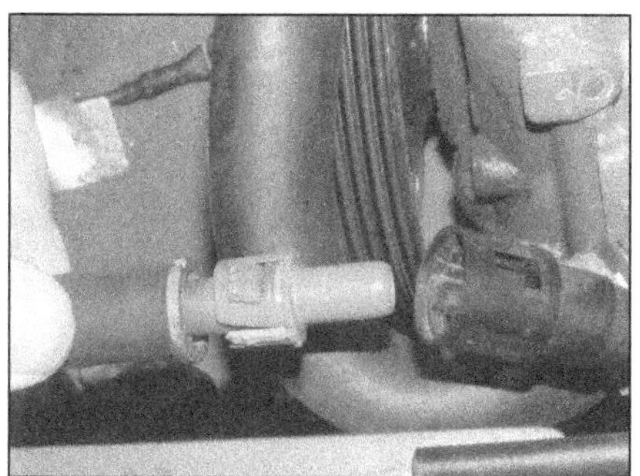
16.11 Koppla loss snabbkopplingen från EVAP-slangen

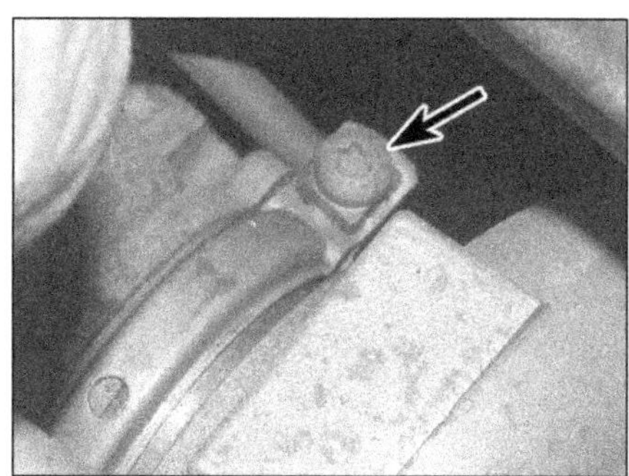
16.12a Lossa fästklämmans bult (vid pilen)

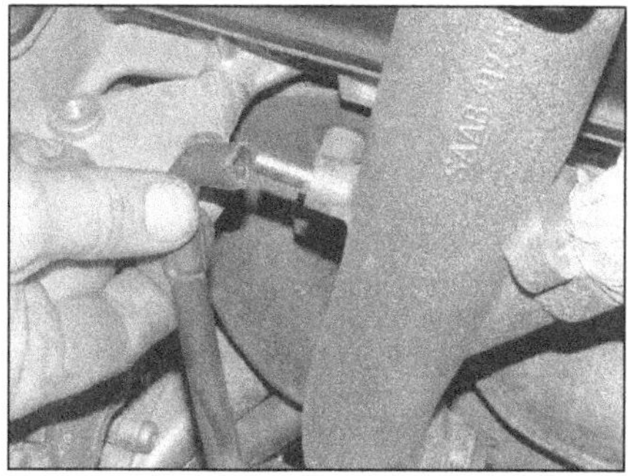
16.12b Koppla loss vakuumslangen när du tar bort insugsröret

16.13 Lossa fästklämman (vid pilen) från slangen

ta bort den **(se bild)**. Försegla de öppna portarna så att smuts inte kommer in i turboaggregatet.

14 Skruva loss och ta bort det främre avgasröret från turbon. Sänk försiktigt ner röret på en pallbock eller liknande (se avsnitt 20 i detta kapitel).

Varning: Avgassystemets böjliga del bör inte böjas mer än 5°, eftersom det kan skadas, vilket leder till avgasläckor och oljud.

15 Lossa anslutningarna och ta bort tillförselröret för kylvätska från kylvätskepumpen och turbohuset **(se bilder)**. Ta vara på tätningsbrickorna av koppar. Täpp igen de öppna portarna för att hindra smuts från att tränga in.

16 Lossa anslutningarna och ta bort returröret för kylvätska från turbohuset **(se bild)**. Ta vara på tätningsbrickorna av koppar. Täpp igen de öppna portarna för att hindra smuts från att tränga in.

17 Stryk lite olja på avgasgrenrörets pinnbultar. Lossa därefter turboaggregatets fästmuttrar och ta bort aggregatet från bilen **(se bild)**. Kontrollera att inga andra rör eller ledningar är anslutna till aggregatet.

Montering

18 Monteringen utförs i omvänd ordning mot demonteringen, tänk på följande:

a) Fyll turboaggregatets inre kammare med ren motorolja genom oljetillförselanslutningen på turboaggregatet. Detta är viktigt eftersom det måste finnas olja i turboaggregatet när motorn startas.

b) Rengör avgasgrenrörets kontaktyta noga innan turboaggregatet monteras.

c) Byt alla berörda koppartätningsbrickor, O-ringstätningar och packningar.

d) Dra åt alla muttrar, bultar och olje- och kylvätskeanslutningar till angivna moment.

e) Lägg ett lämpligt värmetåligt antikärvningsfett på gängorna till pinnbultarna och muttrarna mellan avgassystemet och turboaggregatet, samt mellan avgasgrenröret och turboaggregatet.

f) Se till att laddtrycksventilens slangar monteras korrekt på turboaggregatet, övertrycksventilens aktiverare och luftslangen ***(se bild 14.54)****.*

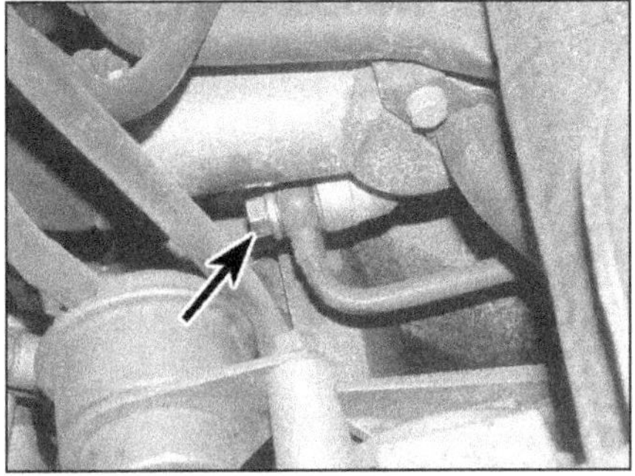

16.15a Lossa kylvätskeröret (vid pilen) från kylvätskepumpen . . .

19 När monteringen är klar, kontrollera att kylarens avtappningsplugg är ordentligt åtdragen och montera skölden.

20 Sänk ner bilen och kontrollera motoroljan, fyll på om det behövs (se *Veckokontroller*). Om ett nytt turboaggregat har monterats bör motoroljan bytas innan motorn startas, eftersom det skyddar turbolagren under inkörningsperioden.

21 Fyll på kylsystemet (se kapitel 1).

22 Laddtrycket bör kontrolleras av en Saabverkstad så snart som möjligt.

17 Laddluftkylare– demontering och montering

Demontering

1 Demontera kylaren enligt beskrivningen i kapitel 3.

2 Lyft upp framvagnen och stöd den ordentligt på pallbockar (se *Lyftning och stödpunkter*).

3 Skruva loss fästbultarna och ta bort laddluftkylarens fästbygel från oljekylaren. Häng upp oljekylaren i kryssrambalken med buntband eller dylikt.

4 Lossa slangklämmorna och ta bort luftslangarna från laddluftkylarens vänstra och högra ände. Skruva loss och ta bort laddluftkylarens fästskruvar tillsammans med eventuella brickor och tätningsringar.

5 Ta bort den främre grillen enligt beskrivningen i kapitel 11.

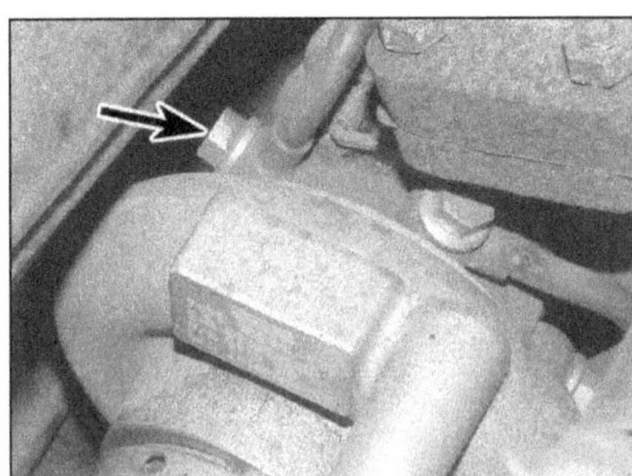

16.16 Lossa kylvätskeröret (vid pilen) från turboaggregatets bakre del

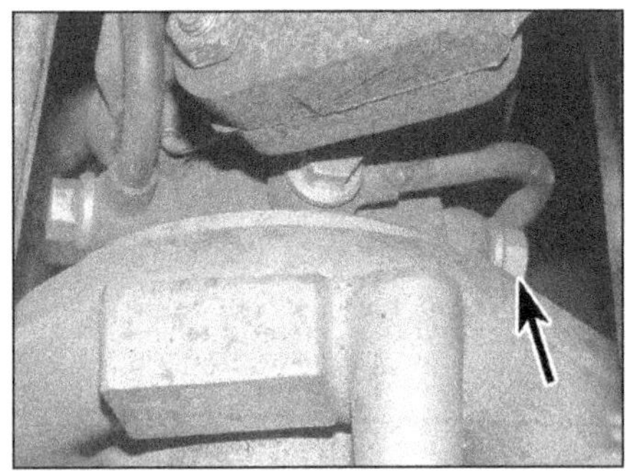

16.15b . . . och kylvätskeröret (vid pilen) från turboaggregatets framsida

6 Ta bort båda strålkastarna och körriktningsvisarna enligt instruktionerna i kapitel 12 och lägg dem åt sidan.

7 Flytta kondensatorn åt sidan och häng upp den i kryssrambalken med buntband eller dylikt.

8 Ta bort laddluftkylarens fästbygel från kondensorn.

9 Flytta laddluftkylaren från frontpanelen, lyft bort den från fästena och ta bort den från motorrummet.

Montering

10 Montering utförs i omvänd ordning mot demonteringen. Följ beskrivningarna i relevanta kapitel. Se till att luftslangarnas klamrar fästs ordentligt.

18 Insugsgrenrör - demontering och montering

Varning: Läs föreskrifterna i avsnitt 1 och informationen i avsnittet "Säkerheten främst" i början av boken innan du börjar arbeta med några komponenter i bränslesystemet.

Demontering

1 Koppla loss batteriets minusledare.

2 Ta bort gasspjällshuset från insugsgrenröret enligt beskrivningen i avsnitt 14.

3 Ta bort insprutningsbryggan och bränslespridarna från insugsgrenröret enligt beskrivningen i avsnitt 14.

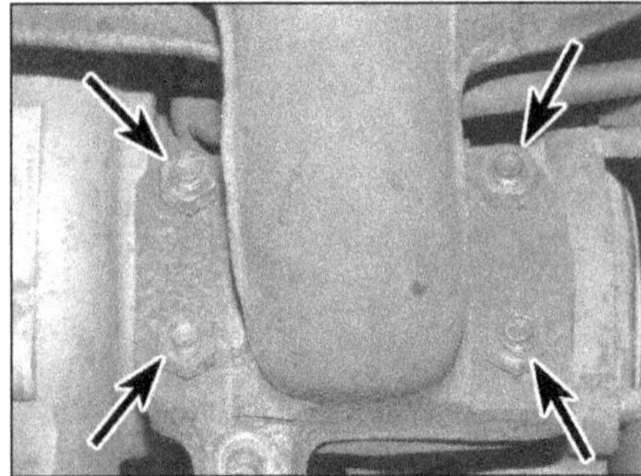

16.17 Lossa turboaggregatets fyra fästbultar (vid pilarna)

4 Koppla loss bromsservoslangen från insugsgrenröret **(se bild)**.
5 Koppla loss kontaktdonet från kylvätskans temperaturgivare **(se bild)**.
6 Skruva loss fästbultarna som fäster insugsgrenröret i topplocket. Skruva även loss den nedre bulten från stödstaget **(se bild)**.
7 Dra loss insugsgrenröret från topplocket **(se bild)**. Om så är tillämpligt, dra försiktigt bort insugsluftens värmeplatta och koppla bort kablaget vid flervägskontakten. Ta loss packningen från topplocket.

Montering

8 Montering utförs i omvänd ordningsföljd mot demonteringen. Montera en ny packning och återanslut, i förekommande fall, kablarna till insugsluftens värmeplatta. Se till att insugsrörets fästbultar dras åt till angivet moment.

19 Avgasgrenrör - demontering och montering

Demontering

1 Dra åt handbromsen, lyft med hjälp av en domkraft upp framvagnen och ställ den på pallbockar (se *Lyftning och stödpunkter*).
2 Koppla bort lambdasondens kablage enligt beskrivningen i kapitel 4B, avsnitt 2.
3 Ta bort det främre avgasgrenröret och katalysatorn enligt beskrivningen i avsnitt 20.
4 Ta bort drivremmen enligt beskrivningen i kapitel 1. För att komma åt muttrarna till höger om avgasgrenröret måste du skruva loss servostyrningspumpen och flytta den åt sidan; se kapitel 10 för information. Observera att hydraulvätskeröören inte behöver kopplas loss.
5 Skruva loss och ta bort avgasgrenrörets fästmuttrar, lyft sedan bort avgasgrenröret från topplocket. Observera hur hylsorna sitter under en del av pinnbultsmuttrarna **(se bild)**.
6 Ta bort avgasgrenrörets packning från topplockets pinnbultar **(se bild)**.

Montering

7 Rengör kontaktytorna på topplocket och avgasgrenröret.
8 Montera avgasgrenröret på pinnbultarna på topplocket tillsammans med en ny packning, dra sedan åt fästmuttrarna till angivet moment. Se till att hylsorna monteras på samma sätt som tidigare.
9 Montera servostyrningspumpen enligt beskrivningen i kapitel 10.
10 Montera drivremmen enligt beskrivningen i kapitel 1.
11 Montera det främre avgasgrenröret enligt beskrivningen i avsnitt 20.
12 Anslut lambdasondens kablage enligt beskrivningen i kapitel 4B, avsnitt 2.
13 Sänk ner bilen på marken.

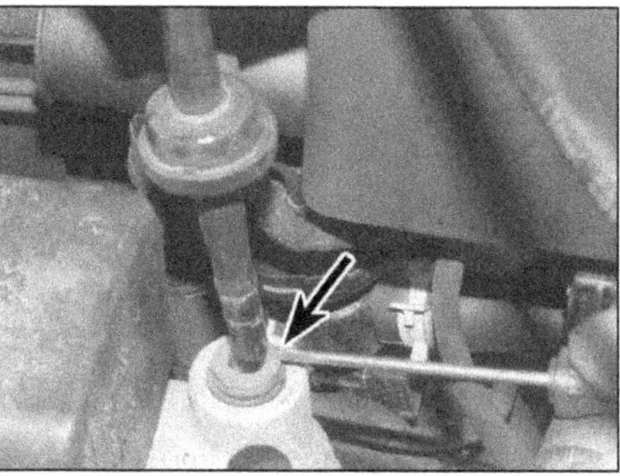

18.4 Tryck stoppringen nedåt och lossa vakuumledningen

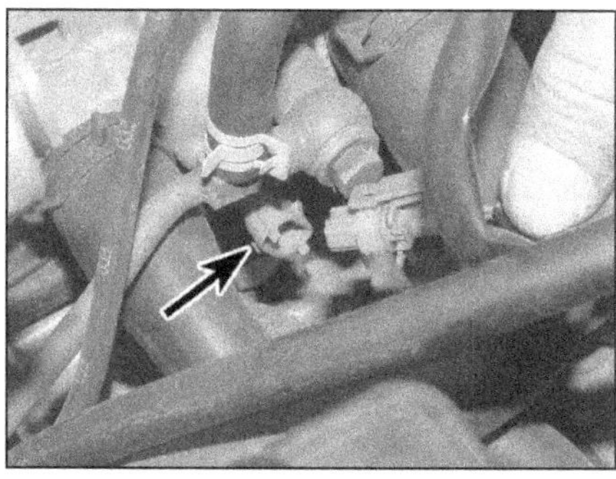

18.5 Koppla loss kontaktdonet från temperaturgivaren (vid pilen)

18.6 Ta bort de övre och nedre fästbultarna (vid pilarna)

18.7 Ta bort insugsröret och packningen

20 Avgassystem - allmän information och demontering av komponenter

Allmän information

1 Avgassystemet består av två sektioner:
1) *Den främre sektionen (här finns en katalysator på B205E-modeller och två i B235E/R-modeller).*
2) *Den bakre sektionen (här finns två ljuddämpare, som är av kombinerad resonans/absorbtionstyp).*

2 Om någon av de bakre ljuddämparna läcker eller är skadad kan du ta bort den genom att kapa avgasröret cirka 95 mm framför den. Därefter kan du montera en ny ljuddämpare, så att systemet består av tre sektioner. Hör efter med återförsäljaren om alla nödvändiga delar finns.
3 Avgassystemets sektioner är ihopfogade med flänsar utan packningar för att det ska vara enkelt att demontera. Dessutom blir inpassningen bättre. Det yttre avgashöljet är överdraget med aluminium, vilket skyddar mot korrosion. Ljuddämparna är gjorda av 12-procentigt rostfritt kromstål.
4 På B205E-modeller finns en lambdasond i det främre avgasröret. På B235E/R-modeller finns två lambdasonder i det främre avgasröret.
5 Det främre avgasröret är försett med ett stödfäste, som också är anslutet till turboaggregatet.
6 På samtliga modeller är systemet i sin helhet monterat med gummiupphängningar.

Demontering

7 Varje sektion kan demonteras för sig enligt beskrivningarna i följande punkter. Det är också möjligt att demontera hela

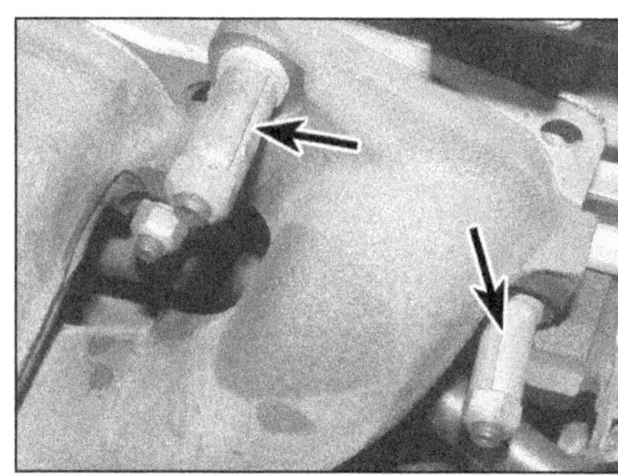

19.5 Observera hur hylsorna sitter under en del av pinnbultsmuttrarna (två visas)

19.6 Byt ut grenrörspackningen

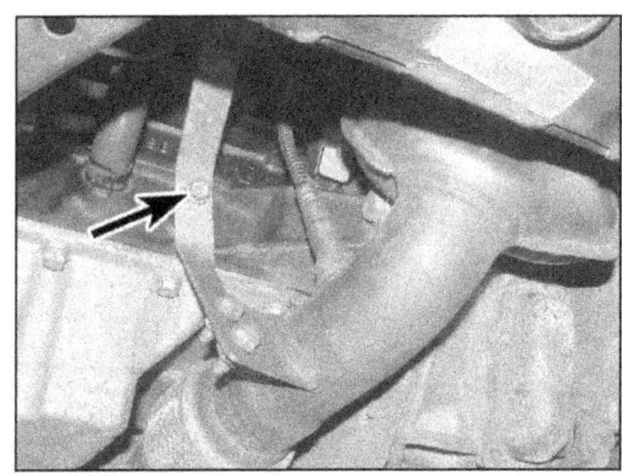

20.12 Skruva loss bulten till avgasrörets stödfäste

avgassystemet i ett stycke, utan att ta isär flänsen mellan den bakre och främre sektionen.

8 För att ta bort en del av systemet, lyft först upp bilens fram- eller bakvagn och ställ den på pallbockar (se *Lyftning och stödpunkter*). Alternativt kan bilen placeras över en smörjgrop eller på ramper.

Främre sektion

Observera: *Tappa inte katalysatorn. Den innehåller ett ömtåligt keramiskt element.*

9 Demontera den främre lambdasonden enligt beskrivningen i kapitel 4B, avsnitt 2.

10 Skruva loss fästmuttern och lossa värmeskölden från avgasgrenröret. Lossa de tre muttrarna som håller fast det främre röret i turboaggregatet. Ta inte bort muttrarna ännu.

11 Om det är tillämpligt, ta bort den nedre motorkåpan från bilens undersida.

12 Ta bort bultarna som fäster det främre röret i stödfästet under motorns främre del **(se bild)**.

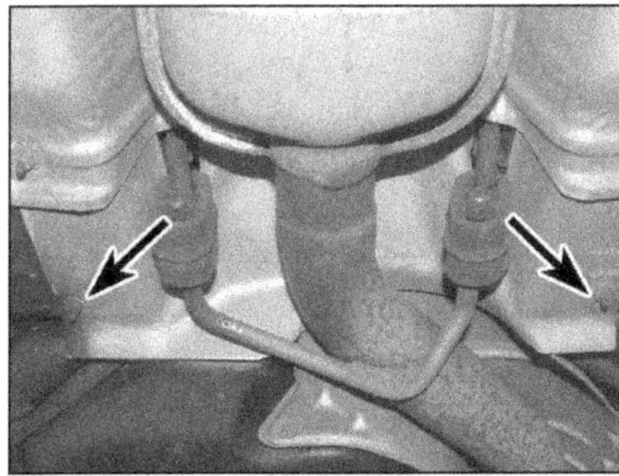

20.19 Två av värmesköldarnas fästmuttrar (vid pilarna)

13 Skruva loss muttrarna och dela flänsfogen mellan det främre och det bakre röret.

14 Stötta den främre sektionen och ta nu bort de tre fästmuttrarna som du lösgjorde i punkt 10.

15 Ta bort klämmorna från gummifästena. Haka därefter loss gummifästerna från underredet och sänk ner röret mellan motorn och tvärbalken.

Varning: Avgassystemets böjliga del bör inte böjas mer än 5° eftersom det då kan skadas, vilket leder till avgasläckor och oljud.

Bakre sektion

16 Skruva loss muttrarna och dela flänsfogen mellan det främre och det bakre röret.

17 Ta bort klämmorna från gummifästena. Stötta avgasröret och haka loss gummifästena från underredet. Sänk ner den bakre sektionen till marken.

18 Om någon av de bakre ljuddämparna läcker eller är skadad kan du byta ut den separat genom att kapa respektive avgasrör enligt beskrivningen ovan.

Värmesköldar

19 Värmesköldarna är fästa i underredet med fästmuttrar **(se bild)**. Varje sköld kan tas bort så fort relevant del av avgasgrenröret har demonterats.

Montering

20 Varje del monteras i omvänd ordning. Notera följande punkter:

a) Se till att alla spår av korrosion har avlägsnats från de vidgade rörändarna i flänsarna, och byt packning(ar) mellan det främre röret och avgasgrenröret/ turboaggregatet om det behövs.

b) Dra växelvis åt muttrarna på avgassystemets främre sektion till turbon, så att flänsen inte deformeras.

b) Undersök om gummifästena är skadade eller åldrade och byt ut dem om det behövs.

d) Återanslut lambdasonden enligt beskrivningen i kapitel 4B, avsnitt 2.

e) Se till att alla gummifästen och deras fästklämmor placeras korrekt och att det finns tillräckligt med utrymme mellan avgassystemet och underredet.

f) Se till att den bakre delen av avgassystemet ligger i linje med utskärningen i den bakre stötfångaren och att den matchar stötfångarens profil.

Kapitel 4 Del B: Avgasreningssystem

Innehåll

Svårighetsgrader

Enkelt, passar novisen med lite erfarenhet 	**Ganska enkelt,** passar nybörjaren med viss erfarenhet 	**Ganska svårt,** passar kompetent hemmamekaniker 	**Svårt,** passar hemmamekaniker med erfarenhet 	**Mycket svårt,** för professionell mekaniker 

Specifikationer

EVAP kanisterrensventil

Resistans vid 20 °C	45 ± 5 ohm

EVAP tryckgivare

Tryck	Spänning (cirka)
-0,038 bar	0,1
0 bar	2,5
0,012 bar	2,0

EVAP avstängningsstyrventil

Resistans vid 20 °C	24,5 ±1,5 ohm

Värmda lambdasonder

Typ	Bosch LSF 4.7 (med förvärmning)
Resistans vid 20 °C (stift 1 och 2)	ca 9,0 ohm

Åtdragningsmoment

	Nm
Lambdasond	55

1 Allmän information

Alla modeller går på blyfri bensin, och bränslesystemen är försedda med olika funktioner som minimerar miljöfarliga utsläpp. Alla modeller är försedda med vevhusventilation och en trevägs katalysator. En del modeller har dessutom EGR-system (avgasåterföring) och avdunstningsreglering.

I en del länder med särskilt hårda miljökrav finns dessutom ett sekundärt inprutningssystem.

Avdunstningsreglering

För att minimera utsläppen av oförbrända kolväten i atmosfären finns ett system för avdunstningsreglering monterat på vissa modeller. Systemet kallas även ELCD (evaporative-loss control device). Tanklocket är förseglat, och ett kolfilter är monterad framtill till höger i bilen, under den högra framskärmen i modellerna B205E (samt B235E-modeller fram till 09/01). I B235R (och B235E-modeller fr.o.m. 09/01) sitter kolfiltret ovanpå bränsletanken. Kolfiltret fångar upp bränsleångorna som uppstår när bilen står stilla. Ångorna ansamlas tills de kan avlägsnas från filtret, vilket styrs av bränsle-systemets ECU via en rensventilen. Ångorna förs till insugskanalen och förbränns i motorn som vanligt.

För att motorn ska fungera bra när det är kallt och/eller vid tomgång, samt för att skydda katalysatorn från skador vid en alltför mättad blandning, öppnar inte ECU rensventilen förrän motorn är uppvärmd och under belastning. Ventilsolenoiden stängs då av och på, så att de lagrade ångorna kan dras in i insugskanalen.

Vevhusventilation

För att minska utsläppen av oförbrända kolväten från vevhuset är motorn förseglad. Genomblåsningsgaser och oljeångor förs från vevhusets insida genom en extern oljefälla, som är ansluten till vevhuset via ventilkåpan och ventilationsslangen. Ångorna förs sedan till gasspjällshuset samt via turboaggregatet till insugsröret.

När högt undertryck råder i grenröret (tomgångskörning, inbromsning) sugs gaserna ut ur vevhuset och in i gasspjällshuset. När lågt undertryck råder i grenröret (acceleration, fullgas) sugs gaserna ut ur vevhuset av det förhållandevis högre trycket i vevhuset. Om motorn är sliten gör det ökade vevhustrycket (som orsakas av ökad genomblåsning) att en del av flödet går tillbaka, oavsett grenrörets skick.

Katalysator

För att minimera mängden föroreningar som släpps ut i atmosfären är alla modeller försedda med en katalysator i avgassystemet. Systemet är slutet och har en lambdasond (två sonder i senare system) som ständigt skickar information till bränsleinsprutningssystemets ECU om avgasernas syreinnehåll. På så sätt kan ECU:n justera blandningen dynamiskt, så att katalysatorn fungerar optimalt.

Lambdasonderna har inbyggda värmeelement som styrs av ECU:n via ett relä, som snabbt ändrar temperaturen på givarens spets till optimal arbetstemperatur. Givarspetsen är syrekänslig. Spetsen skickar en spänning till ECU:n, vilken ändras med syrehalten i avgaserna. En fet insugs-

2.16 Rensventil (vid pilen) monterad på luftflödesgivarens fästklämma

2.18 Dra loss ventilens gummifäste från fästbygeln

bränsleblandning ger en högre spänning. Spänningen minskar om blandningens bränsleinnehåll minskar. Högsta omvandlingseffekt av alla viktigare föroreningar uppnås om insugets luft-/bränsleblandning hålls på kemiskt rätt nivå för fullständig bensinförbränning, med 14,7 delar (efter vikt) luft mot 1 del bränsle (stökiometriskt förhållande). Sondens signalspänning ändras kraftigt vid denna punkt och ECU använder signaländringen som referens för att justera bränsleblandningen genom att ändra bränslespridarnas pulslängd (öppningstid).

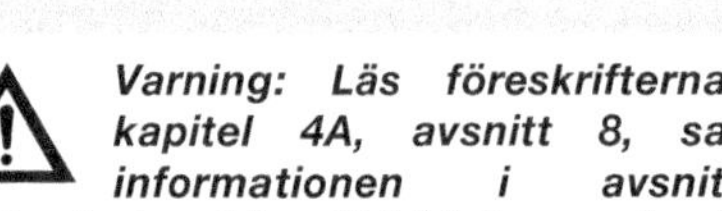

2 Avgasreningssystem – byte av komponenter

Varning: Läs föreskrifterna i kapitel 4A, avsnitt 8, samt informationen i avsnittet ”Säkerheten främst” i början av den här boken innan du börjar arbeta med några komponenter i bränslesystemet.

Avdunstningsreglering

Tryckgivare

1 Tryckgivaren sitter ovanpå bränsletanken. Demontera bränsletanken enligt beskrivningen i kapitel 4A, avsnitt 12.

2 Rengör området runt tryckgivaren. Ingen smuts får komma in i bränsletanken när du tar bort givaren.

3 Skruva loss fästskruven och dra ut givaren och dess O-ring från bränsletanken.

4 Monteringen utförs i omvänd ordning mot demonteringen. **Observera:** *Byt ut O-ringen och smörj den med vaselin eller dylikt syrafritt medel.*

Kolfilter (B205E och B235E före 09/01)

5 Kolfiltret och rensventilen sitter framtill till höger i bilen direkt under höger framskärm.

6 Dra åt handbromsen, lyft med hjälp av en domkraft upp framvagnen och ställ den på pallbockar (se *Lyftning och stödpunkter*). Ta bort det högra framhjulet.

7 Ta bort kantlisten från höger framskärm och därefter den främre delen av hjulhusets innerskärm.

8 Observera hur slangarna sitter på filtret (A är ansluten till tanken och B är ansluten till rensventilen). Koppla sedan loss dem från filtret.

9 Haka loss filtret från fästbygeln och ta ut det under skärmen.

10 Monteringen utförs i omvänd ordning mot demonteringen. **Observera:** *Se till att fästklämmorna inte är skadade och att slangarna sitter säkert och på samma sätt som innan du tog bort dem.*

Kolfilter (B235R och B235E fr.o.m. 09/01)

11 Kolfiltret sitter uppe på bränsletanken. Ta bort bränsletanken enligt beskrivningen i kapitel 4A, avsnitt 12.

12 Rengör området runt kolfiltret. Ingen smuts får komma in i bränsletanken när du tar bort filtret.

13 Lossa fästklämmorna till slangarna som leder till filtret och ta bort dem. Observera hur de är monterade.

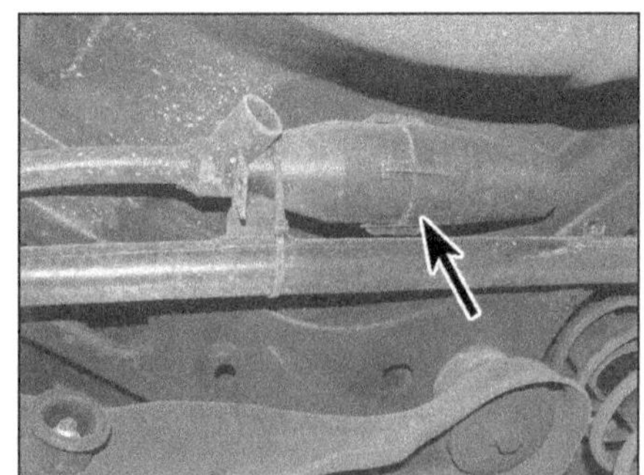

2.21 Avstängningsventil (vid pilen) monterad på bränslepåfyllningsröret

14 Skruva loss fästskruven och dra ut kolfiltret. Du måste haka loss det från hållaren på bränsletanken.

15 Montering utförs i omvänd ordning mot demonteringen. **Observera:** *Se till att fästklämmorna inte är skadade och att slangarna sitter säkert och på samma sätt som innan du tog bort dem.*

Rensventil

16 Rensventilen sitter på höger framskärms innerpanel **(se bild)**. Kontrollera att slangarna från rensventilen är rena genom att ta loss dem och blåsa luft genom dem. Om du tror att rensventilen är trasig måste den bytas ut.

17 Lossa fästklämman/klämmorna till slangen/slangarna som leder till ventilen och ta bort dem. Observera hur de är monterade.

18 Ta bort rensventilen från fästbygeln. Notera hur den är monterad **(se bild)**.

19 Vrid ventilen och koppla loss kontaktdonet. Dra sedan ut rensventilen.

20 Montering utförs i omvänd ordning mot demonteringen. Kontrollera att rensventilen monteras korrekt, så som den satt innan den demonterades.

Avstängningsventil

21 Avstängningsventilen, om en sådan finns, är fäst på sidan om bränslepåfyllningsröret baktill i bilen **(se bild)**. Parkera bilen på ett plant och jämnt underlag och lägg i den första växeln (manuell växellåda) eller P (automatväxellåda). Klossa framhjulen, lyft upp bakvagnen och stöd den på pallbockar (se *Lyftning och stödpunkter*).

22 Klipp av buntbandet och ta bort kontaktdonet till avstängningsventilen.

23 Bänd försiktigt loss ventilen från bränslepåfyllningsröret med en skruvmejsel.

24 Rengör området runt ventilen. Ta därefter loss kåpan som sitter över ventilen. Koppla loss kontaktdonet från ventilen och dra ut brickan.

25 Lossa kåpan från ventilens undersida. Lossa därefter fästklämman och koppla loss slangen från ventilens undersida. Filtret kan nu bytas ut om så behövs.

26 Monteringen utförs i omvänd ordning mot demonteringen. Kontrollera att kablaget uppe på ventilen passar in i brickans urtag.

Vevhusventilation

27 När det gäller komponenterna i det här systemet behöver du endast regelbundet kontrollera att slangen/slangarna och den externa oljefällan i cylinderblocket är rena och oskadda **(se bilder)**.

Lambdasonder

Varning: På vissa tidigare modeller användes Bosch LSH25P lambdasonder. På senare modeller sitter istället Bosch LSF 4.7. Dessa typer är inte fritt utbytbara. Montera alltid en lambdasond av samma typ om en måste bytas ut.

Observera: *På modellerna B235E och B235R finns två lambdasonder, en före katalysatorn och en efter. I B205E modellen sitter en lambdasond framför katalysatorn. Lambdasonden är MYCKET ÖMTÅLIG. Den går sönder om den tappas i golvet eller stöts till, om dess strömförsörjning bryts eller om den kommer i kontakt med rengöringsmedel.*

Främre lambdasond

28 Öppna motorhuven och ta bort kåpan som sitter över insugsröret **(se bild)**.

29 Lossa fästklämman och koppla loss kontaktdonen. Tryck sedan ihop tapparna för att lossa dem från fästbygeln bakom och till vänster om topplocket **(se bild)**.

30 Ta bort värmeskölden som sitter över avgasgrenröret. Koppla loss bypassröret som löper över värmesköldens om så behövs.

31 Lossa buntbandet från kablaget till lambdasonden och dra undan kabelhärvan.

32 Skruva loss lambdasonden från det främre avgasröret **(se bild)** och ta bort den. Sonden kan sitta hårt. Det kan gå lättare om du vrider den framåt och bakåt i gängorna när du tar bort den. Observera att du kan använda en särskilt hylsnyckel med spår, som passar på givaren utan att skada kablaget.

33 Monteringen utförs i omvänd ordning mot demonteringen. Stryk lite värmebeständigt smörjfett på givarens gängor innan du monterar den. Dra åt givaren till angivet moment. Kablarna måste dras korrekt, och de får inte riskera att komma i kontakt med avgassystemet.

Bakre lambdasond

34 Öppna motorhuven och ta bort kåpan över insugsröret **(se bild 2.28)**.

35 Lossa fästklämman och koppla loss kontaktdonen. Tryck sedan ihop tapparna för att lossa kontaktdonen från fästbygeln bakom och till vänster om topplocket **(se bild 2.29)**.

36 Lossa buntbandet från kablaget till lambdasonden och dra undan kabelhärvan.

37 Dra åt handbromsen, lyft med hjälp av en domkraft upp framvagnen och ställ den på pallbockar (se *Lyftning och stödpunkter*).

38 Dra kabelhärvan nedåt, skruva loss lambdasonden från det främre avgasröret **(se bild)** och ta bort den – den kan sitta hårt. Det kan gå lättare om du vrider sonden framåt och bakåt i gängorna när du tar bort den. Observera att du kan använda en särskilt hylsnyckel med spår, som passar på lambdasonden utan att skada kablaget.

39 Montering utförs i omvänd ordning mot demonteringen. Stryk lite värmebeständigt smörjfett på lambdasondens gängor innan du monterar den. Dra åt sonden till angivet moment. Kablarna måste dras korrekt, och de får inte riskera att vidröra avgassystemet.

Kontroll

40 Lambdasonderna kan testas med en multimeter om kablaget kopplas loss vid kontaktdonet. Följ kablaget bakåt från lambdasonden och koppla loss kontakten.

41 Anslut en ohmmätare mellan pol 1 och 2 på lambdasondens kontaktdon. **Anslut inte** ohmmätaren till ECU-kablaget. Motståndet bör vara ca 9 ohm om lambdasondens temperatur är 20 °C.

42 Återanslut kablarna när testet är klart.

Katalysator

43 I avsnitt 20 i kapitel 4A beskrivs demontering och montering av katalysatorn.

Kontroll

44 Katalysatorns prestanda kan endast testas genom att man mäter avgaserna med en noggrant kalibrerad avgasanalyserare.

45 Om CO-nivån vid det bakre avgasröret är

2.27a Oljefälla (vid pilen) monterad baktill på motorblocket

2.27b På senare modeller är slangarna (vid pilen) försedda med snabbkopplingar till oljefällan

2.28 Ta bort kåpan från insugsröret

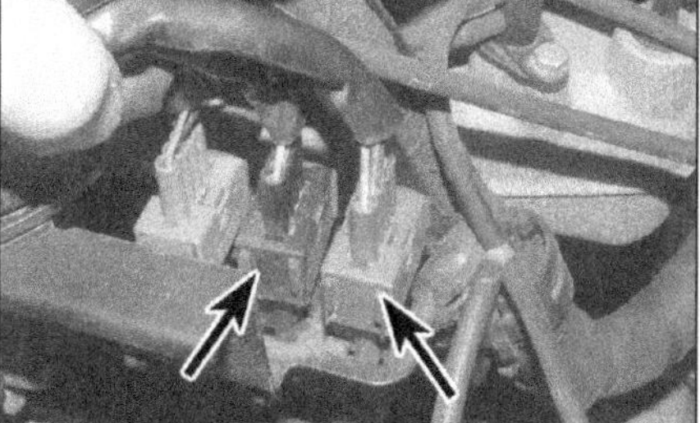

2.29 Koppla loss de två kontaktdonen (vid pilarna) till lambdasonderna

2.32 Skruva loss lambdasonden (vid pilen)

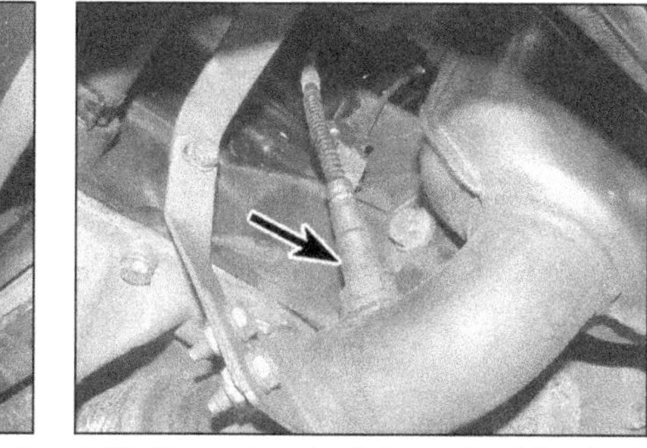

2.38 Skruva loss lambdasonden (vid pilen)

för hög måste bilen lämnas till en Saab-verkstad så att bränsleinsprutningen och tändsystemet, inklusive lambdasonden, kan undersökas ordentligt med speciell diagnosutrustning. Om systemen kontrolleras och förklarats felfria sitter felet i katalysatorn som då måste bytas ut – se beskrivningen i kapitel 4A.

3 Katalysator – allmän information och rekommendationer

1 Katalysatorn är en tillförlitlig och enkel anordning som inte kräver något underhåll. Det finns dock några punkter som bör uppmärksammas för att katalysatorn ska fungera ordentligt under hela sin livslängd.

a) ANVÄND INTE blyad bensin i en bil med katalysator – blyet täcker över ädelmetallerna och reducerar deras katalysförmåga, och förstör med tiden hela katalysatorn.

b) Underhåll alltid tänd- och bränslesystemen regelbundet enligt tillverkarens underhållsschema (se kapitel 1).

c) Om motorn börjar feltända bör bilen (i möjligaste mån) inte köras alls förrän felet är åtgärdat.

d) Rulla INTE igång bilen – det dränker katalysatorn i oförbränd bensin så att den överhettas när motorn startar.

e) Stäng INTE av tändningen vid höga motorvarvtal, det vill säga tryck inte ner gaspedalen strax innan tändningen slås av. Låt motorn varva ner först.

f) ANVÄND INGA tillsatser i bränsle eller olja – de kan innehålla ämnen som skadar katalysatorn.

g) Kör INTE bilen om motorn bränner olja i så hög grad att den lämnar ett synligt spår av blå rök.

h) Tänk på att katalysatorn arbetar under mycket hög temperatur. Parkera därför INTE bilen i torr undervegetation, i långt gräs eller över lövhögar efter en längre körsträcka.

i) Tänk på att katalysatorn är ÖMTÅLIG – slå inte på den med verktyg vid arbete.

Kapitel 5 Del A:
Start- och laddningssystem

Innehåll

Svårighetsgrader

Enkelt, passar novisen med lite erfarenhet 	**Ganska enkelt,** passar nybörjaren med viss erfarenhet 	**Ganska svårt,** passar kompetent hemmamekaniker 	**Svårt,** passar hemmamekaniker med erfarenhet 	**Mycket svårt,** för professionell mekaniker

Specifikationer

Systemtyp 12 volt, negativ jord

Batteri

Typ	Blybatteri, lågunderhålls- eller underhållsfritt (livstidsförslutet)
Batterikapacitet	70 amperetimmar (Ah)
Laddningsstatus	Över 12 volt

Generator

Typ	Bosch NC–14V 65–130 A eller Bosch E8–14V 75–140 A
Märkspänning	14 V
Släpringens diameter:	
Min.	15,4 mm
Ny	14.4 mm
Minimilängd på borstarnas utstickande del från hållaren	7,5 mm
Arbetseffekt:	
Bosch NC:	
Vid 1 800 varv/minut	65 amp
Vid 6 000 varv/minut	130 amp
Bosch E8:	
Vid 1 800 varv/minut	75 amp
Vid 6 000 varv/minut	140 amp

Startmotor

Typ	Bosch DW
Arbetseffekt	1,4 kW
Antal kuggar i drevet	9
Antal kuggar i startkransen	9
Förhållande – motor/startmotor	15:1

Åtdragningsmoment

	Nm
Generatorremspännare	45
Mutter för motorfäste – höger sida	50
Mutter för motorfäste – baktill	25

1 Allmän information och föreskrifter

Allmän information

Eftersom start-, laddnings- och tändsystemen står i nära relation till motorfunktionerna behandlas dessa system separat från de andra elektriska funktionerna, som strålkastare, instrument, m.m. (som behandlas i kapitel 12). Se del B i det här kapitlet för information om tändsystemet.

Systemet är ett 12 volts elsystem med negativ jordning. Originalbatteriet är ett lågunderhålls- eller underhållsfritt batteri (livstidsförseglat). Batteriet laddas upp av en växelströmsgenerator som drivs av en rem på vevaxelns remskiva. Beroende på bilens ålder kan batteriet förstås ha bytts ut mot ett standardbatteri.

Startmotorn är föringreppad med en inbyggd solenoid. Vid start för solenoiden pinjongen mot svänghjulets/drivplattans startkrans innan startmotorn ges ström. När motorn startat förhindrar en envägskoppling att startmotorn drivs av motorn tills pinjongen släpper från startkransen. Till skillnad från vissa moderna startmotorer innehåller den planetväxlar mellan generatorankaret och drevet.

Föreskrifter

- Mer information om de olika systemen ges i relevanta avsnitt i detta kapitel. Även om vissa reparationer beskrivs här, är det normala tillvägagångssättet att byta ut defekta komponenter. Ägare som är intresserade av mer än enbart komponentbyte rekommenderas att köpa boken *Bilens elektriska och elektroniska system* från samma förlag.
- Det är viktigt att iaktta extra försiktighet vid arbete med elsystemet för att undvika skador på halvledarenheter (dioder och transistorer) och personskador. Utöver föreskrifterna i *Säkerheten främst!* bör följande iakttas vid arbete med systemet:
- *Ta alltid av ringar, klockor och liknande före arbete med elsystemet.* En urladdning kan inträffa, även med batteriet urkopplat, om en komponents strömstift jordas genom ett metallföremål. Detta kan ge stötar och allvarliga brännskador.
- *Kasta inte om batteripolerna.* Komponenter som växelströmsgenerator, elektroniska styrenheter och andra komponenter med halvledarkretsar kan totalförstöras så att de inte går att reparera.
- Om motorn startas med hjälp av startkablar och ett laddningsbatteri, se *Starthjälp*.

Varning: Koppla aldrig loss batteripolerna, generatorn, elektriska ledningar eller testutrustning när motorn är igång.

- Låt aldrig motorn dra runt generatorn när den inte är ansluten.
- Testa aldrig om generatorn fungerar genom att "gnistra" med spänningskabeln mot jord.
- Testa aldrig kretsar eller anslutningar med en ohmmeter av den typ som har en handvevad generator.
- Kontrollera alltid att batteriets negativa anslutning är bortkopplad vid arbete i det elektriska systemet.
- Innan elektrisk bågsvetsningsutrustning används på bilen, koppla alltid ur batteriet, generatorn och komponenter som bränsleinsprutningens/tändningens ECU för att skydda dem från skador.

2 Felsökning av elsystemet – allmän information

Se kapitel 12.

3 Batteri – kontroll och laddning

Kontroll

Standard- och lågunderhållsbatteri

1 Om bilen endast körs en kort sträcka varje år, är det mödan värt att kontrollera elektrolytens specifika vikt var tredje månad för att avgöra batteriets laddningsstatus. Använd en hydrometer till kontrollen och jämför resultatet med tabellen nedan: Observera att densitetskontrollen förutsätter att elektrolytens temperatur är 15 °C. För varje 10 °C under 15 °C, dra ifrån 0,007. För varje 10 °C över 15 °C, lägg till 0,007. För enkelhetens skull är temperaturerna i följande tabell **omgivningstemperaturer** (utomhus) över eller under 25 °C:

	Över 25°C	**Under 25°C**
Fullt laddat	*1,210 till 1,230*	*1,270 till 1,290*
70 % laddat	*1,170 till 1,190*	*1,230 till 1,250*
Urladdat	*1,050 till 1,070*	*1,110 till 1,130*

2 Om batteriet misstänks vara defekt, kontrollera först elektrolytens specifika vikt i varje cell. En variation som överstiger 0,040 mellan celler är tecken på förlust av elektrolyt eller nedbrytning av plattor.

3 Om de specifika vikterna har avvikelser på 0,040 eller mer måste batteriet bytas ut. Om variationen mellan cellerna är tillfredsställande men batteriet är urladdat, ska det laddas upp enligt beskrivningen längre fram i detta avsnitt.

Underhållsfritt batteri

4 Om det monterade batteriet är livstidsförseglat och underhållsfritt kan elektrolyten inte testas eller fyllas på. Batteriets skick kan därför bara kontrolleras med en batteritestare eller en voltmeter.

5 Vissa bilar kan vara utrustade med ett batteri med inbyggd laddningsindikator. Indikatorn sitter då ovanpå batterihöljet och anger batteriets skick genom att ändra färg. Om indikatorn visar grönt är batteriet i gott skick. Om indikatorns färg mörknar och slutligen blir svart måste batteriet laddas upp enligt beskrivningen längre fram i det här avsnittet. Om indikatorn är ofärgad eller gul är elektrolytnivån för låg och batteriet måste bytas ut. **Försök inte** ladda eller hjälpstarta ett batteri då indikatorn är ofärgad eller gul.

6 Om batteriet kontrolleras med en voltmeter ska den kopplas över batteriet, och resultatet jämföras med värdet i Specifikationer, under "Laddningsstatus". För att kontrollen ska ge korrekt utslag får batteriet inte ha laddats på något sätt under de närmast föregående sex timmarna, inklusive laddning från generatorn. Om så inte är fallet, tänd strålkastarna under 30 sekunder och vänta sedan 5 minuter innan batteriet testas. Alla andra elektriska kretsar måste vara frånslagna, kontrollera t.ex. att dörrarna och bakluckan är helt stängda när kontrollen utförs.

7 Om spänningen är lägre än 12,2 volt är batteriet urladdat. Ett värde på 12,2 till 12,4 volt är tecken på att batteriet är delvis urladdat.

8 Om batteriet ska laddas, ta bort det från bilen (avsnitt 4) och ladda det enligt beskrivningen i följande punkter.

Laddning

Observera: *Följande är endast avsett som en guide. Följ alltid batteritillverkarens rekommendationer (finns ofta på en tryckt etikett på batteriet) vid laddning av ett batteri.*

Standard- och lågunderhållsbatteri

9 Ladda batteriet med 3,5 till 4 ampere, och fortsätt tills den specifika vikten inte stiger ytterligare under en period av fyra timmar.

10 Alternativt kan en droppladdare som laddar med 1,5 ampere användas över natten.

11 Speciella snabbladdare som påstås kunna ladda batteriet på 1-2 timmar är inte att rekommendera, eftersom de kan orsaka allvarliga skador på batteriplattorna genom överhettning.

12 Observera att elektrolytens temperatur aldrig får överskrida 37,8 °C när batteriet laddas.

Underhållsfritt batteri

13 Den här batteritypen kräver längre tid för att laddas än ett standardbatteri. Hur lång tid det tar beror på hur urladdat batteriet är, men det kan ta upp till tre dagar.

14 En laddare med konstant spänning behövs och den ska om möjligt ställas in till mellan 13,9 och 14,9 volt med en laddström som underskrider 25 ampere. Med denna metod bör batteriet vara användbart inom 3 timmar med en spänning på 12,5 V, men detta gäller ett delvis urladdat batteri. Full laddning kan som sagt ta avsevärt längre tid.

15 En normal droppladdare bör inte skada batteriet, förutsatt att inte överdriven gasning äger rum och att motorn inte tillåts bli för het.

4 Batteri – demontering och montering

Demontering

1 Batteriet sitter längst fram till vänster i motorrummet. Ta loss kåpan från batteriet **(se bild)**.

2 Lossa klämmuttern och koppla loss kabeln från den negativa (jord-) polen **(se bild)**. Koppla loss kabeln från pluspolen på samma sätt.

3 Skruva loss fästmuttern och ta bort batteriets fästklämma som håller batteriet i fästbygeln.

4 Lyft bort batteriet från motorrummet (var noga med att inte luta batteriet).

Montering

5 Montering utförs i omvänd ordningsföljd. Smörj vaselin på polerna när kablarna återansluts, och koppla alltid in den positiva kabeln först och den negativa kabeln sist.

5 Laddningssystem – test

Observera: *Se varningarna i "Säkerheten främst!" och i avsnitt 1 i detta kapitel innan arbetet påbörjas.*

1 Om laddningslampan inte tänds när tändningen slås på, kontrollera först att generatorns kabelanslutningar sitter fast ordentligt. Är detta fallet, kontrollera att varningsglödlampan är hel och att lamphållaren sitter ordentligt på plats i instrumentpanelen. Om lampan ändå inte tänds, kontrollera att det inte är något ledningsbrott på varningslampans kabel från generatorn till lamphållaren. Om allt fungerar, men lampan fortfarande inte tänds, är generatorn defekt och måste bytas eller tas till en bilelektriker för test och reparation.

2 Stäng av motorn om laddningslampan tänds när motorn är igång. Kontrollera att drivremmen är intakt och spänd (se kapitel 1), och att generatorns anslutningar sitter fast ordentligt. Om allt är som det ska, kontrollera generatorborstarna och släpringarna enligt beskrivningen i avsnitt 8. Om felet kvarstår måste generatorn lämnas till en bilelektriker för kontroll och reparation eller bytas ut.

3 Om generatorns arbetseffekt misstänks vara felaktig även om varningslampan fungerar som den ska, kan regulatorspänningen kontrolleras på följande sätt.

4.1 Ta bort batterikåpan från batteriet

4 Anslut en voltmeter över batteripolerna och starta motorn.

5 Öka motorvarvtalet tills voltmätarutslaget är stabilt. Den bör visa cirka 12 till 13 volt och inte mer än 14 volt.

6 Slå på så många elektriska tillbehör som möjligt (t.ex. strålkastare, bakrutedefroster, och värmefläkt), och kontrollera att generatorn håller regulatorspänningen runt 13 till 14 volt.

7 Om regulatorspänningen ligger utanför de angivna värdena kan felet bero på utslitna borstar, svaga borstfjädrar, en defekt spänningsregulator, en defekt diod, en bruten fasledning eller slitna eller skadade släpringar. Borstarna och släpringarna kan kontrolleras (se avsnitt 8), men om felet består måste generatorn lämnas till en bilelektriker för test och reparation, eller bytas ut.

6 Generatorns drivrem – demontering, montering och spänning

Se beskrivningen av drivremmen i kapitel 1.

7 Generator – demontering och montering

Demontering

1 Öppna motorhuven och ta loss kåporna över grenröret och batteriet. Koppla sedan loss batteriets minuskabel.

2 Dra åt handbromsen, lyft med hjälp av en

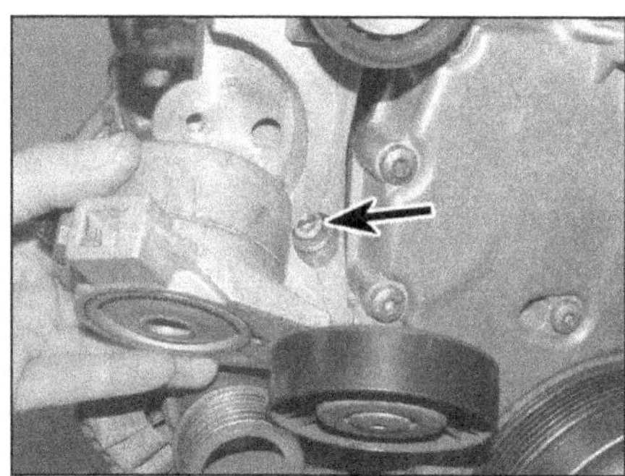

7.8 . . . och ta sedan bort generatorns övre fästbult (vid pilen)

4.2 Lossa klämmuttern och koppla loss kabeln från minuspolen (jorden)

domkraft upp framvagnen och ställ den på pallbockar (se *Lyftning och stödpunkter*). Ta bort det högra framhjulet.

3 Ta bort skärmlisten/hjulhusets innerskärm på höger sida så att du kommer åt baksidan av motorn.

4 Ta bort drivremmen enligt beskrivningen i kapitel 1, avsnitt 28.

5 Ta bort grenröret enligt beskrivningen i kapitel 4A, avsnitt 18.

6 Ta bort det främre avgasröret (inklusive katalysator) enligt beskrivningen i kapitel 4A, avsnitt 20.

7 Skruva loss fästbulten och ta bort drivremsspännaren **(se bild)**.

8 Skruva loss och ta bort generatorns övre fästbult **(se bild)**.

9 Observera hur kablarna är dragna på baksidan av generatorn. Skruva sedan loss anslutningsmuttrarna och koppla loss kablarna **(se bild)**.

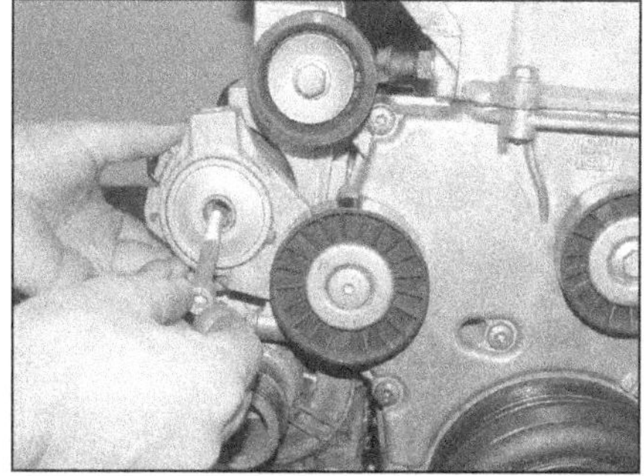

7.7 Demontera drivremsspännaren . . .

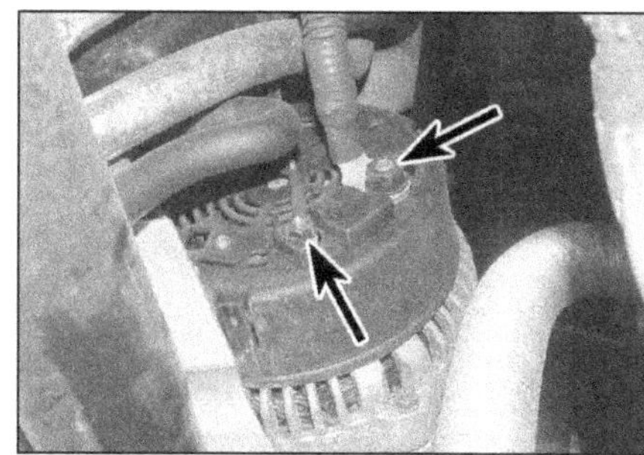

7.9 Skruva loss anslutningsmuttrarna (vid pilarna) och koppla loss kablaget från baksidan av generatorn

7.10 Skruva loss generatorns nedre fästbult

7.11a Metallhylsa (vid pilen) i fästbygeln

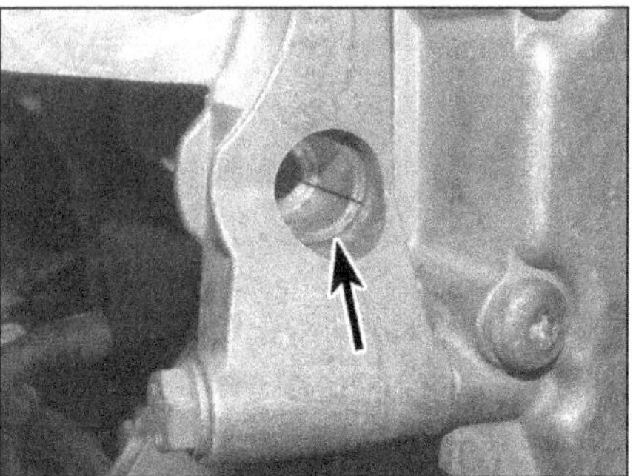

7.11b Hylsan (vid pilen) måste knackas utåt för att generatorn ska lossna

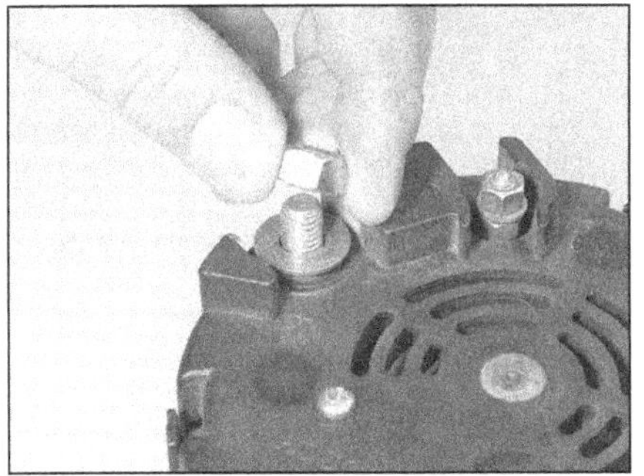

8.2a Skruva loss den stora anslutningsmuttern . . .

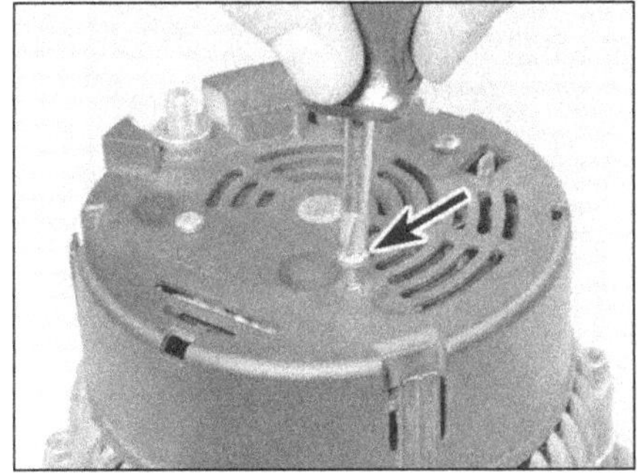

8.2b . . . och skruvarna som håller fast kåpan på baksidan av generatorn

8.3a Bänd loss kåpan . . .

10 Skruva loss generatorns nedre fästbult **(se bild)**.

11 Observera att generatorn sitter fast ganska hårt i fästbygeln. Metallhylsorna i fästhålen måste försiktigt flyttas utåt för att generatorn ska kunna lossas **(se bilder)**.

8.3b . . . och ta bort den från generatorn

12 Lyft upp generatorn och ta ut den ur motorrummet.

Montering

13 Montering utförs i omvänd ordning mot demonteringen. Se till att generatorfästena är ordentligt åtdragna och montera tillbaka komponenterna enligt beskrivning i respektive kapitel.

8 Generatorborstar och regulator – kontroll och byte

1 Demontera generatorn enligt beskrivningen i avsnitt 7.

2 Skruva loss den stora anslutningsmuttern och skruvarna som fäster kåpan på generatorns baksida **(se bilder)**.

3 Använd en skruvmejsel, bänd loss kåpan och ta bort den från generatorn **(se bilder)**.

4 Skruva bort de två fästskruvarna och ta bort regulatorn/borsthållaren från generatorns baksida **(se bilder)**.

5 Mät den utskjutande delen på varje borste från borsthållaren med hjälp av en stållinjal eller skjutmått **(se bild)**. Om den är mindre än 7,5 mm måste en ny regulator/borste monteras.

6 Om borstarna är i gott skick, rengör dem och kontrollera att de kan röra sig fritt i sina hållare.

7 Rengör generatorns släpringar med en trasa fuktad i bränsle. Kontrollera släpringarnas yta så den inte är spårig eller bränd. Eventuellt kan en elspecialist renovera släpringarna.

8 Montera regulatorn/borsthållaren och dra åt fästskruvarna ordentligt.

9 Montera kåpan, sätt i och dra åt

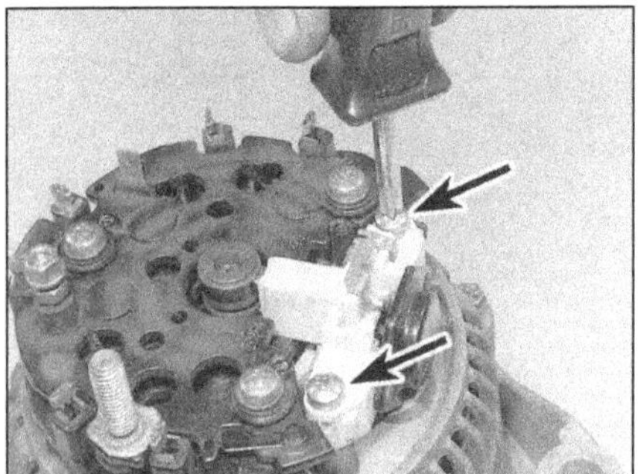

8.4a Ta bort skruvarna (vid pilarna) . . .

8.4b . . . och ta bort regulatorn/borsthållaren från generatorn

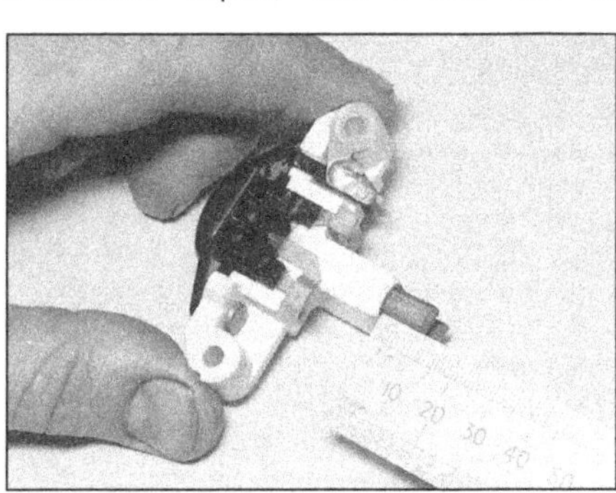

8.5 Mät hur långt borsten skjuter ut från hållaren

fästskruvarna och montera den stora anslutningsmuttern.

10 Montera generatorn enligt beskrivningen i avsnitt 7.

9 Startsystem - kontroll

Observera: *Se föreskrifterna i "Säkerheten främst!" och i avsnitt 1 i detta kapitel innan arbetet påbörjas.*

1 Om startmotorn inte går igång när startnyckeln vrids till rätt läge kan orsaken vara någon av följande:

a) *Batteriet är defekt.*
b) *De elektriska anslutningarna mellan tändningslåset, solenoiden, batteriet och startmotorn överför inte den ström som behövs från batteriet via startmotorn till jord.*
c) *Solenoiden är defekt.*
d) *Startmotorn har ett mekaniskt eller elektriskt fel.*

2 Kontrollera batteriet genom att tända strålkastarna. Om de försvagas efter ett par sekunder är batteriet urladdat. Ladda upp (se avsnitt 3) eller byt batteriet. Om strålkastarna lyser klart, vrid om startnyckeln och kontrollera strålkastarna. Om strålkastarna försvagas betyder det att strömmen når startmotorn, vilket anger att felet finns i startmotorn. Om strålkastarna fortsätter lysa klart (och inget klick hörs från solenoiden) är det ett tecken på fel i kretsen eller solenoiden - se följande punkter. Om startmotorn går runt långsamt, trots att batteriet är i bra skick, är det ett tecken på fel i startmotorn eller på att det finns ett avsevärt motstånd någonstans i kretsen.

3 Om kretsen misstänks vara defekt, koppla loss batterikablarna, startmotorns/ solenoidens kablar och motorns/växellådans jordledning. Rengör alla anslutningar noga och anslut dem igen. Använd sedan en voltmeter eller testlampa och kontrollera att full batterispänning finns vid den positiva batterikabelns anslutning till solenoiden och att jordförbindelsen är god.

4 Om batteriet och alla anslutningar är i gott skick, kontrollera kretsen genom att lossa ledningen från solenoidens bladstift. Anslut en voltmeter eller en testlampa mellan kabeln och en felfri jordpunkt (som batteriets minuspol) och kontrollera att kabeln är strömförande när tändningslåset vrids om till startläge. Är den det, fungerar kretsen. Om

10.3 Ta bort startmotorns övre fästbult från ovansidan av balanshjulskåpan

inte kan kretsen kontrolleras enligt beskrivningen i kapitel 12.

5 Solenoidens kontakter kan kontrolleras med en voltmeter eller testlampa som kopplas mellan polen på solenoidens startmotorsida och jorden. När tändningslåset har vridits till startläge ska mätaren ge utslag respektive testlampan tändas. Om inget sker är solenoiden eller kontakterna defekta och solenoiden måste bytas ut.

6 Om kretsen och solenoiden fungerar måste felet finnas i startmotorn. Demontera startmotorn (se avsnitt 10) och kontrollera borstarna (se avsnitt 11). Om felet inte ligger hos borstarna måste motorns lindning vara defekt. I det fallet kan det vara möjligt att låta en specialist renovera motorn, men kontrollera först pris och tillgång på reservdelar. Det kan mycket väl vara billigare att köpa en ny eller begagnad startmotor.

10 Startmotor - demontering och montering

Demontering

1 Startmotorn är placerad till vänster på motorns baksida och är fastbultad vid motorns fästplatta och växellådan. Ta bort batteriets kåpa och koppla bort minuskabeln.

2 Dra åt handbromsen, lyft med hjälp av en domkraft upp framvagnen och ställ den på pallbockar (se *Lyftning och stödpunkter*).

3 I motorrummet, ta bort startmotorns övre fästbult **(se bild)**.

4 Skruva loss muttern/muttrarna och koppla loss kabeln/kablarna från startmotorn/ solenoiden.

5 Skär av och ta bort buntbandet runt solenoiden så att du kan lossa kabelhärvan **(se bild)**.

10.5 Ta bort buntbandet (vid pilen) och lossa kabelhärvan

6 Skruva loss startmotorns nedre fästmutter underifrån bilen och sänk ner startmotorn från motorrummet **(se bild)**.

Montering

7 Montering utförs i omvänd ordning mot demonteringen. Dra åt alla kabelanslutningar ordentligt.

11 Startmotor - kontroll och översyn

Observera: *När den här boken skrevs fanns inga separata startmotorkomponenter tillgängliga från Saab. Du kan dock hitta vissa delar, t.ex. borstar, hos en specialist på bilelektronik och även få hjälp med att montera dem.*

Om startmotorn misstänks vara defekt ska den demonteras (se avsnitt 10) och lämnas till en bilelektriker för kontroll. Oftast kan nya startmotorborstar monteras till en rimlig kostnad. Kontrollera dock kostnaden för reparationen först, eftersom det kan vara mer ekonomiskt att köpa en ny eller begagnad motor.

10.6 Skruva loss startmotorns nedre fästmutter (vid pilen)

Kapitel 5 Del B: Tändsystem

Innehåll

Svårighetsgrader

Enkelt, passar novisen med lite erfarenhet 	**Ganska enkelt,** passar nybörjaren med viss erfarenhet 	**Ganska svårt,** passar kompetent hemmamekaniker 	**Svårt,** passar hemmamekaniker med erfarenhet 	**Mycket svårt,** för professionell mekaniker 

Specifikationer

Systemtyp

Systemtyp	Direkttändningssystem (DI) i motorstyrningssystemet Trionic

Direkttändningssystem (DI)

Tändningskassett:	
Kondensator, spänning	400 volt
Tändning, spänning (maximum)	40 000 volt
Tändningsinställning	Förprogrammerad i den elektroniska styrenheten (ECU)

Tändningsföljd	1-3-4-2 (cylinder nr 1 vid kamkedjeänden)

Åtdragningsmoment	**Nm**
Tändningskassett	12
Tändstift	28
Vevaxelns remskivebult	175

1 Allmän information

1 Alla modeller har ett direkttändningssystem som är inbyggt i Saabs motorstyrningssystem Trionic. En enda elektronisk styrenhet (ECU) styr både bränsleinsprutning och tändning. Mer information om systemkomponenterna finns i kapitel 4A.

2 Direkttändningssystemet använder en separat högspänningsspole för varje tändstift **(se bild)**. Den elektroniska styrenheten (ECU) läser av motorn med hjälp av olika givare, för att avgöra den mest effektiva tändningsinställningen.

3 I systemet finns en läges-/hastighetsgivare för vevaxeln, en tändningskassett med en spole per tändstift, diagnosuttag, ECU, tryckgivare i insugsröret (för avkänning av motorbelastning) och en magnetventil (som reglerar turboaggregatet).

4 När bilen startas med en vevaxelhastighet som överstiger 150 varv per minut, bildas gnistor i det cylinderpar som har kolvarna i ÖD-läge. Råder försvårande omständigheter bildas flera gnistor för att underlätta starten. ECU avgör i vilken cylinder som förbränning äger rum genom att mäta spänningen över tändstiftselektroderna, och använder sedan informationen till att justera tändningen

5 När motorn startar ställs tändningsinställningen alltid in 10° före övre dödpunkt och den står kvar på denna inställning tills motorvarvtalet överstiger 825 varv/minut. ECU reglerar tändningsinställningen vid motorvarvtal över 825 varv/minut.

6 När tändningen vrids av och motorn stannar fortsätter huvudreläet att fungera i ytterligare 6 sekunder. Under den här perioden jordar Trionics styrenhet alla kablar 210 gånger i sekunden i 5 sekunder, för att bränna bort orenheter från tändstiftselektroderna.

7 Eftersom systemet inte använder högspänningskablar måste radioavstörning inkluderas i tändstiften. Därför måste alltid tändstift av resistortyp användas.

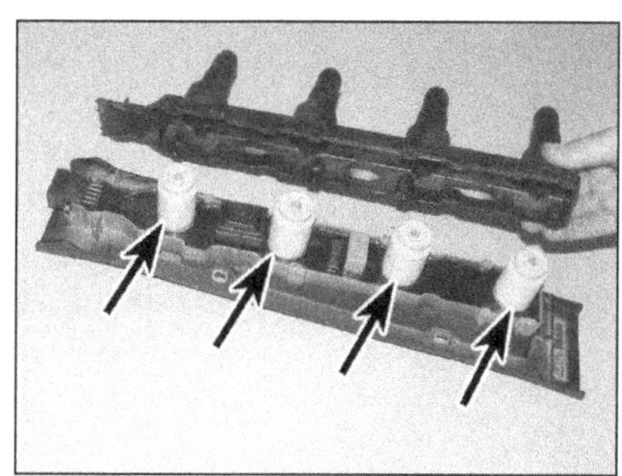

1.2 Separata spolar (vid pilarna) – en för varje cylinder

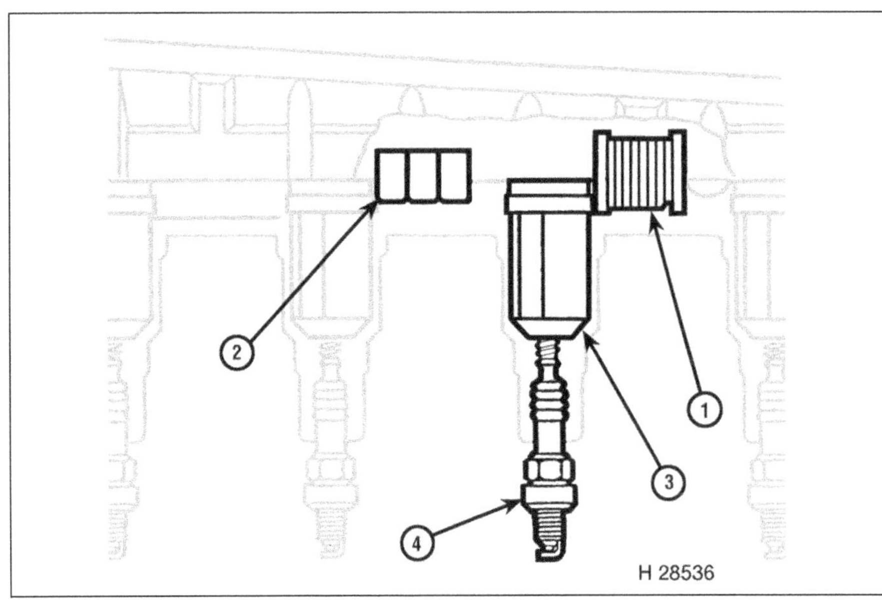

1.8a DI-kassett

1 Transformator (12 volt/400 volt)
2 Kondensator
3 Tändspole
4 Tändstift

8 Direkttändningssystem använder kapacitiv urladdning för att generera högspänningsgnistor. Ungefär 400 volt lagras i en kondensator **(se bilder)** och vid tändningsögonblicket laddas spänningen ur genom de primära kretsarna för relevant spole. Ungefär 40 000 volt induceras i den sekundära spolen och laddas ur över tändstiftselektroderna.

9 Om ett fel uppstår i systemet lagras en felkod i ECU. Koden kan endast läsas av en Saabverkstad med rätt utrustning.

10 Observera att startmotorn aldrig får drivas om DI-kassetten är lossad från tändstiften men fortfarande ansluten till kabelstammen. Detta kan orsaka skador på kassetten som ej går att reparera.

11 Motorstyrningssystemet styr motorns förförbränning via en knacksensor inbyggd i tändsystemet. Sensorn sitter på motorblocket och känner av vibrationer med hög frekvens, som uppstår när motorn börjar förtända eller "spika". När vibrationer uppstår skickar knacksensorn en elektrisk signal till ECU, som i sin tur sänker tändningsförställningen med små steg tills spikningen upphör. I Saab Trionic-systemet används själva tändstiften som knacksensorer, istället för en separat knacksensosr i motorblocket. Tändstiften fungerar som knacksensorer genom att en svag likströmsspänning läggs över varje tändstift. När två cylindrar närmar sig ÖD orsakar spänningen en joniseringsström mellan tändstiftets poler i den cylinder som är under förbränning. En stark ström anger att knackning förekommer och i vilken cylinder tändningen behöver sänkas. Bränsleinsprutningens ordningsföljd styrs på samma sätt (se kapitel 4A).

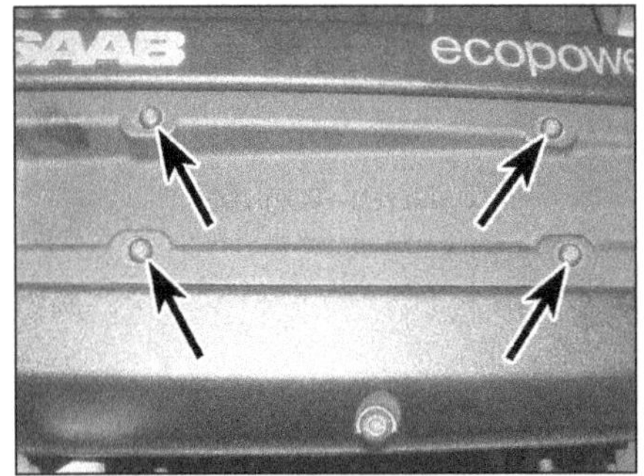

3.2 Skruva loss de fyra skruvarna (vid pilarna) som håller fast kassetten

2 Tändsystem - kontroll

Varning: Spänningen från ett elektroniskt tändsystem är mycket högre än den från konventionella tändsystem. Var mycket försiktig vid arbete med systemet när tändningen är påslagen. Personer med pacemaker bör inte vistas i närheten av tändningskretsar, komponenter och testutrustning. Se rekommendationerna i kapitel 5A avsnitt 1, innan du påbörjar arbetet. Slå alltid av tändningen innan komponenter kopplas bort eller ansluts, och när en multimeter används för att mäta resistansen.

1 Om ett fel uppstår i motorstyrningssystemet, kontrollera först att alla kablar sitter fast ordentligt och är i gott skick. Om det behövs kan enskilda komponenter från direkttändningssystemet tas bort och undersökas enligt beskrivningen längre fram i det här kapitlet. Spolar undersöks bäst genom att man ersätter den misstänkt defekta spolen med en fungerande spole och kontrollerar om feltändningen upphör.

2 På grund av tändstiftens placering under tändningskassetten finns det inget enkelt sätt att kontrollera om högspänningskretsen är defekt. Ytterligare kontroller bör överlåtas till en Saabverkstad som har nödvändig utrustning för att läsa av felkoderna som har lagrats i ECU.

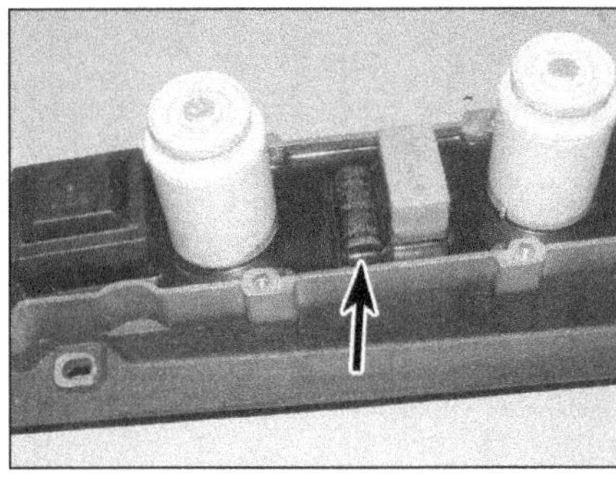

1.8b Direkttändningens kondensator (vid pilen) i kassetten

3 Tändningskassett - demontering och montering

Demontering

1 Öppna motorhuven och ta loss kåpan från batteriet. Koppla sedan loss batteriets minuskabel.

2 Skruva loss de fyra skruvarna som fäster tändningskassetten på topplockets ovansida **(se bild)**.

3 Koppla loss kontaktdonet som sitter på den vänstra sidan av tändningskassetten **(se bild)**.

4 Koppla i förekommande fall loss kabelklämmor eller jordledningar.

5 Lyft på tändningskassetten och lossa den samtidigt från tändstiften **(se bild)**.

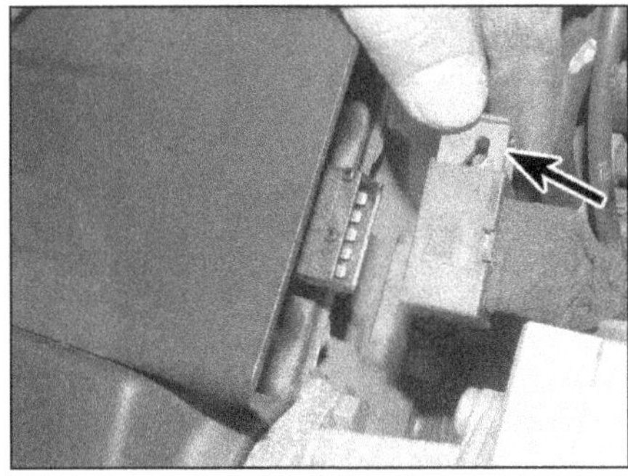

3.3 Lossa fästklämman (vid pilen) och koppla loss kontaktdonet

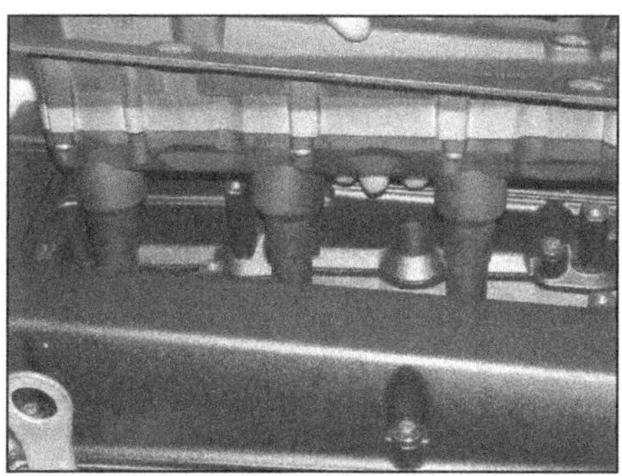
3.5 Lyft kassetten rakt upp och lossa den från tändstiften

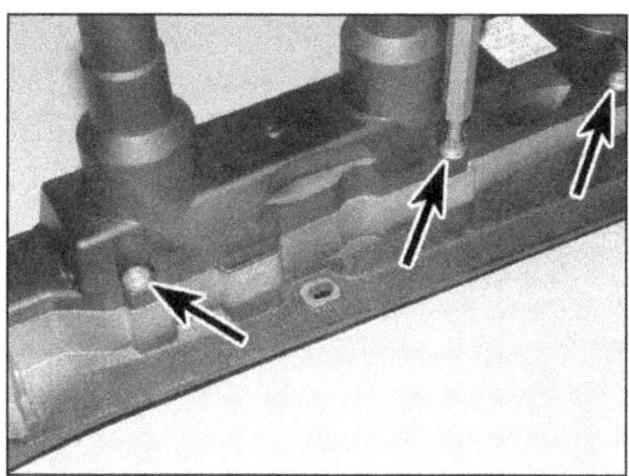
3.6a Skruva loss skruvarna (tre visas) . . .

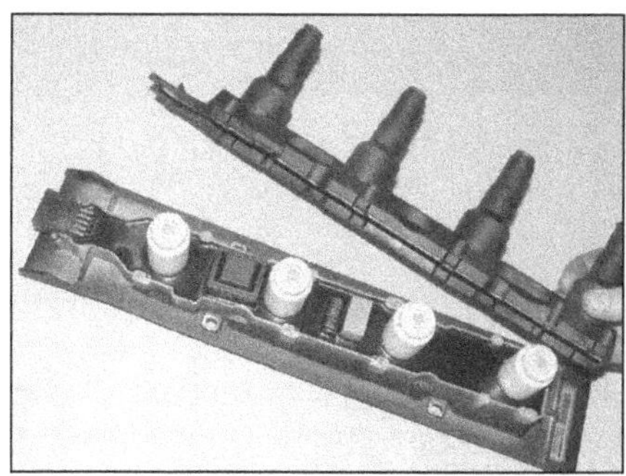
3.6b . . . och ta bort den svarta kåpan från kassettens undersida

Varning: När du tar bort tändningskassetten måste den hållas upprätt. Om kassetten har varit uppochnervänd under en tid måste den få vara monterad ett par timmar innan du startar motorn.

6 Om det behövs kan kåpan tas bort från kassettens undersida. Vänd den upp och ner, skruva loss fästskruvarna och ta loss den svarta kåpan från kassetten **(se bilder)**.

7 Fjädrarna som sitter inuti kåpan kan försiktigt bändas ut med hjälp av en skruvmejsel **(se bild)**.

Montering

8 Monteringen utförs i omvänd ordningsföljd mot demonteringen. Dra åt fästskruvarna till angivet moment.

4 Tändspolar - allmän information

De fyra tändspolarna är inbyggda i tändningskassettens övre del och kan endast köpas som en komplett enhet från Saab.

Vid behov kan tändningskassetten demonteras från bilen enligt beskrivningen i avsnitt 3, och tas med till en Saabåterförsäljare eller bilelektriker för kontroll.

Varning: När du tar bort tändningskassetten måste den hållas upprätt. Om kassetten har varit uppochnervänd under en tid måste den få vara monterad ett par timmar innan du startar motorn.

5 Rotor med spår för vevaxelgivare - demontering och montering

Demontering

1 Rotorn sitter på samma sida av vevaxeln som svänghjulet/drivplattan. Ta bort vevaxeln enligt beskrivningen i kapitel 2B.

2 Skruva loss de fyra skruvarna som håller fast rotorn i vevaxeln med hjälp av en torxnyckel och lyft sedan bort rotorn över änden på vevaxeln.

Montering

3 Montering utförs i omvänd ordning. Observera att bulthålen sitter med ojämna mellanrum, så rotorn kan bara monteras i en position.

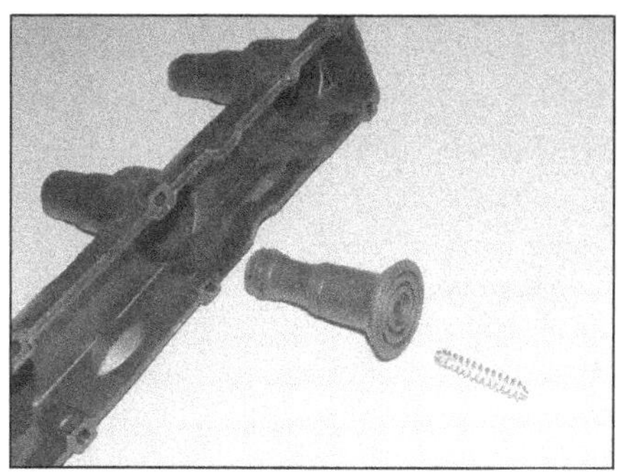
3.7 Gummihylsa och fjäder har tagits ut ur tändningskassettens kåpa

6 Tändningsinställning - allmän information

Tändningsinställningen är förprogrammerad i systemets ECU och kan inte justeras eller kontrolleras. Om tändningsinställningen misstänks vara inkorrekt måste bilen lämnas in till en Saabverkstad, som har den nödvändiga utrustningen för att läsa koderna som lagrats i systemets ECU. Mer information finns i kapitel 4A.

Kapitel 6
Koppling

Innehåll

Svårighetsgrader

Enkelt, passar novisen med lite erfarenhet 	**Ganska enkelt,** passar nybörjaren med viss erfarenhet 	**Ganska svårt,** passar kompetent hemmamekaniker 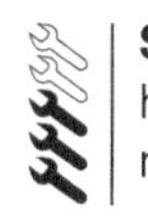	**Svårt,** passar hemmamekaniker med erfarenhet 	**Mycket svårt,** för professionell mekaniker

Specifikationer

Systemtyp	Enkel torrlamell med tallriksfjäder, styrs av hydrauliskt urkopplingssystem med huvud- och slavcylinder
Lamell	
Diameter	228 mm
Tjocklek:	
Ny	7,3 mm
Minimum	5,5 mm
Hydraulisk urkopplingsmekanism	
Slavcylinderns kolvslag	8,0 mm
Huvudcylinderns kolvdiameter	15,87 mm
Åtdragningsmoment	**Nm**
Huvudcylinderns fästskruvar	20
Kopplingspedalens/huvudcylinderns fästkonsol till torpedvägg	24
Kopplingstryckplatta till svänghjul	22
Slavcylinderns fästskruvar	10
Tillförselrör till slavcylinder	22

1 Allmän beskrivning

1 Den hydrauliska kopplingen är av typen enkel torrlamell och består av följande huvudkomponenter: kopplingspedal, huvudcylinder, urtrampningslager/slavcylinder, lamell och tryckplatta med inbyggd tallriksfjäder och kåpa **(se bild)**.

2 Lamellen kan glida fritt längs splinesen på växellådans ingående axel. Lamellen hålls på plats mellan svänghjulet och tryckplattan av en tallriksfjäder som trycker på tryckplattan. Lamellen har friktionsbelägg fastnitade på båda sidor. Fjädringen mellan friktionsbelägget och navet fångar upp stötar från växellådan och bidrar till mjuk kraftupptagning vid koppling.

3 Tallriksfjädern är fäst på sprintar och hålls på plats i kåpan med stödpunktsringar.

4 Kraften överförs från kopplingspedalen via en tryckstång till huvudcylindern, som sitter på baksidan av torpedväggen i motorrummet. Huvudcylinderns kolv tvingar hydraulvätska genom ett tillförselrör till slavcylindern, som är placerad i växellådshuset mitt över växellådans ingående axel. Vätskan tvingar ut kolven ur slavcylindern och aktiverar på så sätt urtrampningslagret.

5 När kopplingspedalen trampas ner tvingas urtrampningslagret att glida längs den ingående axelns hylsa, så att det går emot tallriksfjäderns mitt och trycker den inåt. Tallriksfjädern verkar mot en rund stödring i kåpan. När fjäderns mitt trycks in, trycks fjäderns yttre del ut så att tryckplattan kan röra sig bakåt, från lamellen.

6 När kopplingspedalen släpps tvingar tallriksfjädern tryckplattan mot lamellens friktionsbelägg. Detta trycker lamellen framåt på splinesen och tvingar den mot svänghjulet. Lamellen sitter nu fast mellan tryckplattan och svänghjulet och tar upp kraft.

7 Vätskan som används i hydrauliska kopplingssystem är av samma sort som den som används i bromssystemet. Vätskan tillförs huvudcylindern genom en tapp i bromsvätskebehållaren. Kopplingens hydraulsystem måste tätas innan arbete kan utföras på komponenterna i kopplingssystemet, och sedan fyllas på och luftas så att eventuella luftbubblor försvinner ur systemet. Ytterligare information finns i avsnitt 6 i detta kapitel.

2 Kopplingspedal – demontering och montering

Observera: *Kopplingspedalen sitter ihop med fästbygeln och kan inte tas bort separat.*

Demontering

1 Demontera instrumentbrädan enligt beskrivningen i kapitel 11.

2 På vänsterstyrda modeller, börja med att ta bort batteriet. Skruva sedan loss fästbultarna och -muttrarna och ta bort elcentralen och säkringshållaren som sitter på det vänstra fjäderbenets övre fäste.

3 På högerstyrda modeller, ta bort kåpan som sitter över motorn och insugsgrenröret.

4 Inifrån motorrummet, skruva loss de fyra fästmuttrarna från pedalenheten. **Observera:** *två av muttrarna håller också fast kopplingens huvudcylinder.*

5 Inne i bilen, skruva loss fästbultarna och tar bort knäskyddet som sitter nedtill över rattstången och torpedväggen.

6 Koppla loss kontaktdonet från pedalkontakten. Skruva sedan loss fästbultarna som håller pedalfästbygeln i instrumentbrädans tvärbalk.

7 Haka loss fjädern från kopplingspedalen, ta bort fästklämman och dra ut styrbulten.

8 Skruva loss fästbulten till rattstångens nedre knut och ta bort den från splinesen på kuggstången. **Observera:** *Sära inte på fogen genom att bända upp den (mer information finns i kapitel 10).*

Varning: Se till att inte rattstångens övre och nedre delar skiljs åt när du tar bort rattstången från torpedväggen, se kapitel 10.

9 Skruva loss fästbultarna från instrumentbrädans tvärbalk. Dra sedan ut tvärbalken så att du får plats att dra ut pedalfästbygeln från fotbrunnen.

Montering

10 Monteringen utförs i omvänd ordning mot demonteringen. Se till att pedalens returfjäder hamnar korrekt och att alla fästbultar dras åt till angivet moment.

11 Avsluta med att lufta kopplingens hydraulsystem enligt beskrivningen i avsnitt 6.

3 Koppling – demontering, kontroll och montering

Varning: Damm från kopplingsslitage som har avlagrats på kopplingskomponenterna kan innehålla hälsovådlig asbest. BLÅS INTE

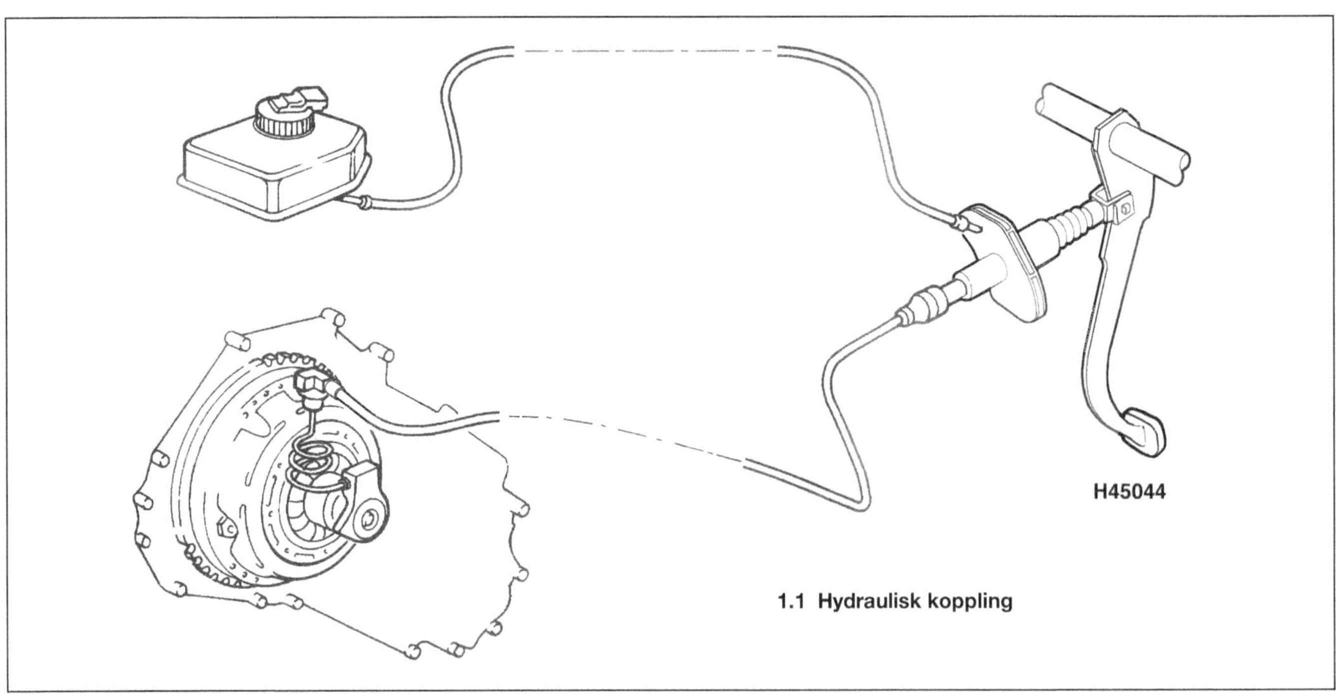

1.1 Hydraulisk koppling

3.5 Lyft av tryckplattan och ta vara på lamellen. Notera åt vilket håll den är vänd

3.11 När kopplingen är demonterad, undersök svänghjulets maskinbearbetade yta (vid pilen)

3.14 Placera lamellen mot svänghjulet. Texten FLYWHEEL SIDE (svänghjulssida) ska vara vänd mot svänghjulet

bort dammet med tryckluft och ANDAS INTE in det. ANVÄND INTE bensin eller petroleumbaserade lösningsmedel för att tvätta bort dammet. Rengöringsmedel för bromssystem eller rödsprit bör användas för att skölja ner dammet i en lämplig behållare. När kopplingens komponenter har torkats rena med trasor måste trasorna och rengöringsmedlet kastas i en märkt behållare som förseglas noga.

Observera: *Även om de flesta moderna kopplingsbelägg inte innehåller asbest, är det säkrast att utgå från att de gör det och vidta lämpliga åtgärder*

Demontering

1 Om inte hela motorn/växellådan ska demonteras och separeras för en större renovering (se kapitel 2B), kan man komma åt kopplingen genom att bara ta bort växellådan, enligt beskrivningen i kapitel 7A.

2 Innan du börjar arbeta med några delar i kopplingen, markera förhållandet mellan tryckplattan, lamellen och svänghjulet.

3 Det blir lättare att ta bort tryckplattan om du låser svänghjulet på plats. Gör detta genom att skruva fast ett låsverktyg i något av växellådans monteringshål och haka i det i svänghjulets startkrans. Om du inte har något universallåsverktyg tillgängligt kan du hålla fast vevaxeln (och därmed även svänghjulet) med en hylsnyckel som du sätter på vevaxeldrevbulten. Då behöver du dock ta hjälp av en annan person.

4 Lossa tryckplattans fästbultar stegvis och diagonalt, ett halvt varv i taget, tills du kan ta bort dem för hand.

5 Lyft bort kopplingen när alla bultar är borttagna. Var beredd på att ta emot lamellen när kopplingsenheten lyfts bort från svänghjulet, och åt notera vilket håll lamellen sitter **(se bild)**.

Kontroll

Observera: *Eftersom det krävs mycket arbete för att demontera och montera kopplingens komponenter, är det en bra idé att byta ut både kopplingslamellen, tryckplattan och urtrampningslagret samtidigt, även om bara en av dem egentligen behöver bytas.*

6 Läs igenom varningarna för hantering av belägg i början av det här avsnittet innan du rengör kopplingens komponenter. Ta bort damm med en ren, torr trasa och se till att arbetsrummet är väl ventilerat.

7 Undersök lamellens ytor med avseende på slitage, skador och oljeföroreningar. Om friktionsmaterialet är sprucket, bränt, spårigt, skadat eller förorenat med olja eller fett (svarta, glänsande spår), måste lamellen bytas ut.

8 Om beläggen inte behöver bytas ut, kontrollera att splinesen (spåren) i mitten inte är slitna, att torsionsfjädrarna är i gott skick och väl monterade samt att alla nitar sitter fast. Om slitage eller skador påträffas måste lamellen bytas ut.

9 Om belägget är oljigt beror det på läckage i vevhusets vänstra oljetätning, skarven mellan oljesump och motorblock eller från växellådans ingående axel. Byt ut tätningen eller reparera skarven efter behov enligt beskrivningen i kapitel 2A eller 7A innan du monterar en ny lamell.

10 Kontrollera att tryckplattan inte är synligt skadad eller sliten. Skaka den och lyssna efter löst sittande nitar eller slitna/skadade stödpunktsringar. Kontrollera att banden som håller tryckplattan i kåpan inte har överhettats (mörkgula eller blå missfärgningar). Om tallriksfjädern är sliten eller skadad, eller om trycket inte är som det brukar, måste även hela tryckplattan bytas ut.

11 Inspektera de bearbetade ytorna på tryckplattan och svänghjulet **(se bild)**. De bör vara rena och helt släta och får inte vara repade eller spåriga. Om någon av dem är missfärgad eller sprucken bör du byta ut den, även om mindre skador kan slipas bort med smärgelduk.

12 Kontrollera att kontaktytan på urtrampningslagret roterar fritt och jämnt, och att själva ytan är jämn och utan tecken på sprickor, gropar eller spår. Om du är tveksam bör urtrampningslagret också bytas ut. Se kapitel 4 för mer information.

Montering

13 Se till att lagerytorna på svänghjulet och tryckplattan är helt rena, jämna och fria från olja och fett före återmonteringen. Ta bort eventuellt fett från nya komponenter med lösningsmedel.

14 Passa in lamellen så att fjädernavet är vänt bort från svänghjulet. Leta efter eventuella markeringar som anger hur monteringen ska göras **(se bild)**.

15 Montera tryckplattan i svänghjulet med hjälp av styrstiften. Om den gamla tryckplattan används, se till att placera markeringarna som gjordes vid demonteringen i linje med varandra. Sätt i bultarna till tryckplattan, men dra endast åt dem för hand tills vidare, så att du vid behov kan justera lamellens läge.

16 Nu måste lamellen centreras i tryckplattan, så att växellådans ingående axel går genom splinesen i mitten av lamellen när växellådan monteras tillbaka. Det gör du genom att t.ex. föra en stor skruvmejsel eller ett förlängningsskaft för hylsnycklar genom lamellen och in i hålet i vevaxeln. Nu kan du centrera lamellen över hålet i vevaxeln. Man kan också använda ett särskilt centreringsverktyg, som finns att köpa i de flesta tillbehörsbutiker. Se till att lamellen ligger korrekt innan du fortsätter.

17 När lamellen är centrerad, dra stegvis åt tryckplattans bultar i diagonal ordningsföljd till angivet åtdragningsmoment.

18 Ta bort svänghjulets låsverktyg, om tillämpligt.

19 Stryk ett tunt lager temperaturbeständigt fett på lamellens och den ingående axelns splines.

20 Montera växellådan enligt beskrivningen i kapitel 7A.

Ett centreringsverktyg för kopplingen kan också enkelt tillverkas av en metallstång eller trästav, som är konisk i ena änden eller passar exakt i hålet i vevaxeln. Linda isoleringstejp runt änden på staven, så att diametern blir densamma som det räfflade invändiga hålet i lamellen.

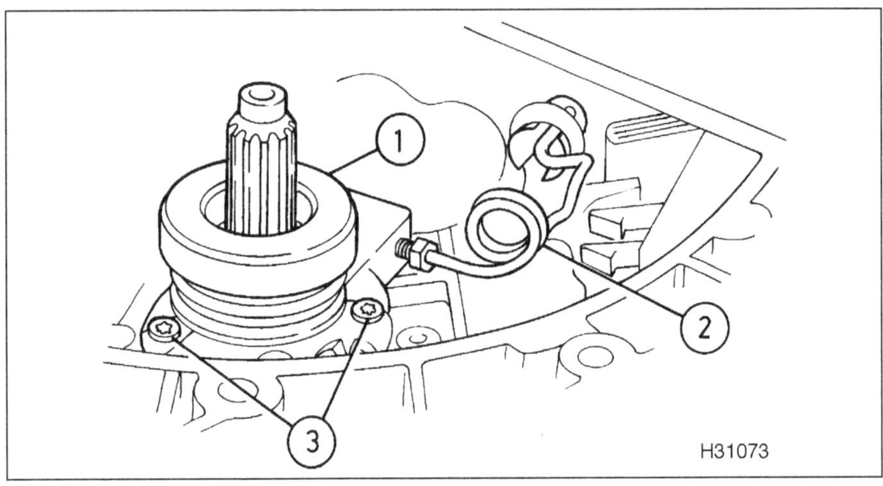

4.3 Slavcylinder

1 Urtrampningslager 2 Hydraulvätskerör 3 Fästskruvar

4 Kopplingens slavcylinder/ urtrampningslager – demontering och montering

Observera: *Slavcylindern och urtrampningslagret utgör en sammansatt enhet, som inte kan köpas i delar.*

Demontering

1 Om inte hela motorn/växellådan ska demonteras och separeras för en större renovering (se kapitel 2B), kan man komma åt slavcylindern genom att bara ta bort växellådan, enligt beskrivningen i kapitel 7A.

2 Torka ren slavcylinderns utsida och lossa anslutningsmuttern och koppla loss hydraulröret. Torka upp eventuellt vätskespill med en ren trasa.

3 Skruva loss fästbultarna och dra bort slavcylindern från växellådas ingående axel **(se bild)**. Om så är tillämpligt, ta bort tätningsringen mellan slavcylindern och växellådshuset och släng den. Använd en ny vid monteringen. Var noga med att inte låta smuts komma in i växellådan medan cylindern är borta.

4 Slavcylindern är förseglad och kan inte renoveras. Om cylindertätningarna läcker eller om urtrampningslagret låter illa eller är trögt vid körning, måste hela enheten bytas ut.

Montering

5 Se till att slavcylinderns och växellådans fogytor är rena och torra, montera sedan den nya tätningsringen i växellådans fördjupning.

6 Smörj slavcylindertätningen med lite växellådsolja, för sedan försiktigt cylindern i läge längs den ingående axeln. Se till att tätningsringen fortfarande sitter ordentligt i spåret, montera sedan slavcylinderns fästbultar och dra åt dem till angivet moment.

7 Återanslut hydraulröret till slavcylindern och dra åt anslutningsmuttern till angivet moment.

8 Flöda och lufta slavcylindern med hydraulvätska enligt beskrivningen i avsnitt 6.

9 Montera växellådan enligt beskrivningen i kapitel 7A.

5 Kopplingens huvudcylinder – demontering och montering

Demontering

1 Ta bort batterikåpan och koppla sedan loss batteriets minuskabel. Flytta undan kabeln från batteripolen.

2 Ta bort ljuddämpningspanelen under instrumentbrädan på förarsidan, se anvisningarna i kapitel 11.

3 Använd en spetstång för att ta bort klämman från tappen som sitter vid kontaktpunkten mellan huvudcylinderns länkstag och kopplingspedalen. Dra därefter av länkstaget. Lossa även kopplingspedalens returfjäder.

4 Placera en trasa under kopplingspedalen i fotbrunnen för att samla upp eventuellt hydraulvätskespill.

5 På vänsterstyrda modeller, ta bort batteriet inifrån motorrummet. Skruva sedan loss fästbultarna och muttrarna och ta bort elcentralen och säkringshållaren som sitter på vänstra fjäderbenets övre fäste.

6 På högerstyrda modeller, ta bort kåpan som sitter över insugsgrenröret. Arbeta inifrån motorrummet.

Varning: Observera varningarna i avsnitt 6 angående hantering av hydraulvätska.

7 Inne i motorrummet, sätt igen tillförselslangen från vätskebehållaren med en lämplig slangklämma, som du sätter mellan vätskebehållaren och huvudcylindern.

8 Lossa sedan slangklämman och dra loss tillförselslangen från porten i huvudcylinden. Var beredd på att en del hydraulvätska läcker ut. Placera en behållare eller några trasor under fogen, så att eventuellt spill fångas upp.

9 Dra ut fästklämman och lösgör det hydrauliska tillförselröret från huvudcylinderns framsida **(se bild)**. Plugga igen rörändarna och huvudcylinderns port för att minimera vätskespill och hindra smuts från att tränga in. Ta ut och kasta tätningsringen som sitter i anslutningen. Använd en ny vid monteringen. Montera tillbaka fästklämman i spåret i huvudcylindern, så att du inte tappar bort den.

10 Ta bort de två muttrarna från fästbultarna och lyft bort huvudcylindern från torpedväggen, samtidigt som du för länkstaget genom öppningen. Ta vara på packningen

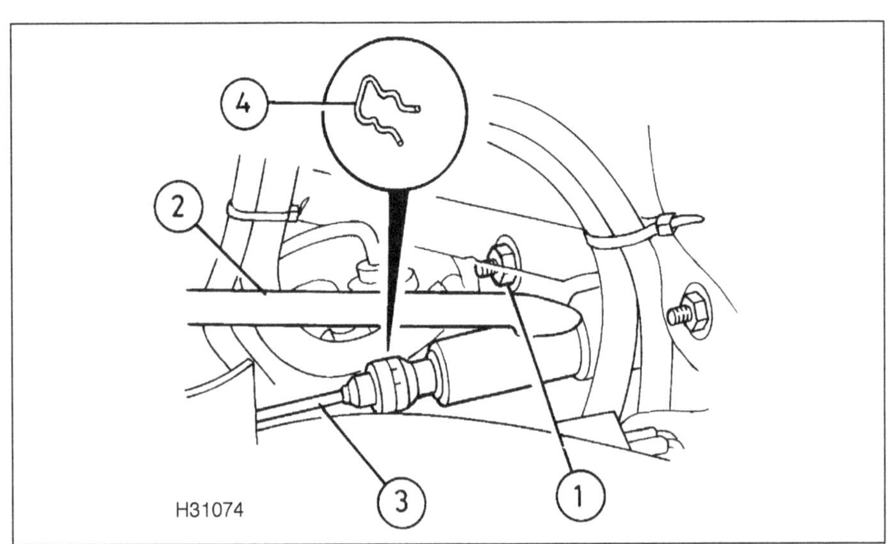

5.9 Ta bort muttern som fäster den högra sidan av kopplingspedalens/huvudcylinderns fäste vid torpedväggen i motorrummet

1 Fästmutter 2 Tillförselslang 3 Tillförselrör 4 Fästklämma

och kontrollera om den är skadad. Byt ut den om det behövs.

Montering

11 Montera huvudcylindern i omvänd ordningsföljd mot demonteringen. Observera följande:

a) Se till att matningsröret är korrekt monterat i rätt läge med fästklämman.

b) Följ angivna åtdragningsmoment när du drar åt muttrarna mellan huvudcylindern och pedalfästbygeln.

c) Avsluta med att lufta hydraulsystemet enligt beskrivningen i avsnitt 6.

6 Kopplingens hydraulsystem - luftning

Allmän information

Varning: Hydraulvätskan är giftig. Tvätta därför noggrant bort vätskan omedelbart om den kommer på huden. Uppsök omedelbart läkare vid förtäring eller stänk i ögonen. Vissa hydraulvätskor är lättantändliga och kan självantända om de kommer i kontakt med heta komponenter. När du utför service på ett hydraulsystem, är det säkrast att utgå ifrån att vätskan är brandfarlig. Vidta samma åtgärder som om det vore bensin. Vätskan är också hygroskopisk, det vill säga den absorberar fukt från luften. En hög vattenhalt sänker dess kokpunkt, vilket leder till tryckfall i hydraulsystemet. Gammal hydraulvätska kan innehålla vatten och ska därför aldrig användas. Vid påfyllning eller byte måste alltid vätska av rekommenderad grad från en nyöppnad förpackning användas.

Hydraulvätska är ett kraftigt färgborttagningsmedel och den angriper även många typer av plast. Om hydraulvätska spills ut på lackerade ytor måste den omedelbart tvättas bort med stora mängder rent vatten.

1 Om kopplingens hydraulledningar kopplas bort för renovering kommer luft att tränga in i systemet. Luft orsakar viss elasticitet i alla hydrauliska system. Det leder till försämrad känsla och mindre rörelser, som i sin tur försämrar urkopplingsförfarandet och gör växlingarna svårare. Därför måste man alltid lufta hydraulsystemet efter reparationer eller renoveringar, för att få bort alla luftbubblor.

2 Kopplingssystemet luftas genom att det utsätts för tryck utifrån. Det bästa resultatet erhålls med en särskilt luftningssats.

3 Dessa luftningssatser går att köpa färdiga i biltillbehörsbutiker och är mycket effektiva. Följande avsnitt beskriver hur kopplingssystemet med en sådan sats.

Luftning av kopplingen

Observera: *Läs underavsnittet "Luftning av slavcylindern" om en ny slavcylinder har monterats, eller om hydraulvätskan misstänks ha runnit ur den befintliga slavcylindern under reparationen.*

4 Ta bort dammskyddet från luftningsnippeln **(se bild)**.

5 Sätt en ringnyckel över luftningsnippelns huvud, men skruva inte loss den än. Fäst den ena änden av en plastslang över nippeln och lägg den andra änden i en ren behållare. Häll hydraulvätska i behållaren så att den lösa slangänden täcks fullständigt.

6 Följ anvisningarna från tillverkaren av tryckluftningssatsen och häll hydraulvätskan i luftningssatsens kärl.

7 Skruva loss locket till bilens vätskebehållare, och anslut luftningssatsens tillförselslang till behållaren.

8 Anslut tryckslangen till en tryckluftskälla – ett reservdäck fungerar bra.

Varning: Kontrollera att trycket i däcken inte överskrider maxvärdet som anges av tillverkaren. Släpp ut lite luft för att minska trycket om det behövs. Öppna försiktigt ventilen och låt lufttrycket och vätsketrycket utjämnas. Kontrollera att det inte förekommer några läckor innan arbetet fortsätter.

9 Lossa luftningsnippeln med nyckeln tills vätska och luftbubblor rinner genom slangen och ner i behållaren. Håll ett stadigt flöde tills vätskan som rinner ut är fri från luftbubblor. Håll hela tiden ett öga på vätskenivån i luftningssatsens kärl och bilens behållare. Om nivån blir för låg kan luft komma in i systemet. För att fylla på luftningssatsens kärl, vrid av tryckluften, ta bort locket och häll i rätt mängd ren vätska från en ny behållare. Återanvänd **inte** vätskan som samlats upp i uppsamlingsbehållaren. Upprepa arbetet tills vätskan som rinner ut är helt fri från bubblor.

10 Avsluta med att pumpa kopplingspedalen flera gånger för att bedöma hur dess rörelse känns och hur långt den går att trycka ner. Om pedalen inte ger ett fast, beständigt motstånd finns det troligen fortfarande luft i systemet – upprepa luftningen tills pedalen känns som den ska.

11 Tryckutjämna luftningssatsen och ta bort den från bilen.

12 Om en ny slavcylinder har monterats, eller om du misstänker att luft har trängt in i den befintliga slavcylindern, gå till väga enligt följande: Låt uppsamlingsbehållaren vara ansluten, öppna luftningsskruven och låt en medhjälpare trycka ner kopplingspedalen och hålla den nere. Vänta tills vätskan rinner ner i uppsamlingsbehållaren, dra sedan åt luftningsnippeln medan kopplingspedalen fortfarande är nedtryckt, släpp därefter pedalen. Upprepa arbetet tills vätskan som rinner ner i behållaren är fri från luftbubblor. Var uppmärksam på vätskenivån i bilens oljebehållare och fyll på om det behövs.

13 Avsluta luftningen med att dra åt luftningsskruven ordentligt, ta bort uppsamlingsbehållaren och sätta tillbaka dammskyddet.

14 Vätskenivån i vätskebehållaren kan nu vara för hög. Ta bort överskottet med en *ren* pipett tills vätskenivån är i linje med MAX-markeringen.

15 Kontrollera slutligen kopplingens funktion genom att köra bilen en sväng.

Luftning av slavcylindern

16 Om slavcylindern inte har demonterats från växellådan bör metoden som beskrivs ovan räcka för att få ut all luft från kopplingens hydraulsystem. Om däremot stora mängder vätska har runnit ut ur slavcylindern så att luft har kunnat komma in, eller om en ny slavcylinder har monterats, kan ytterligare åtgärder behöva vidtas för att tömma ur all luft

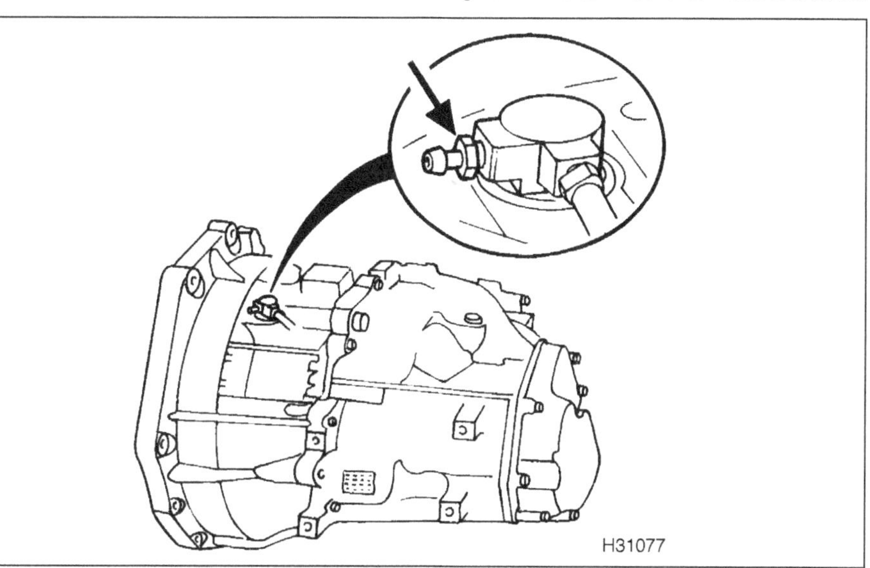

6.4 Luftningsnippel till kopplingens hydraulsystem (vid pilen)

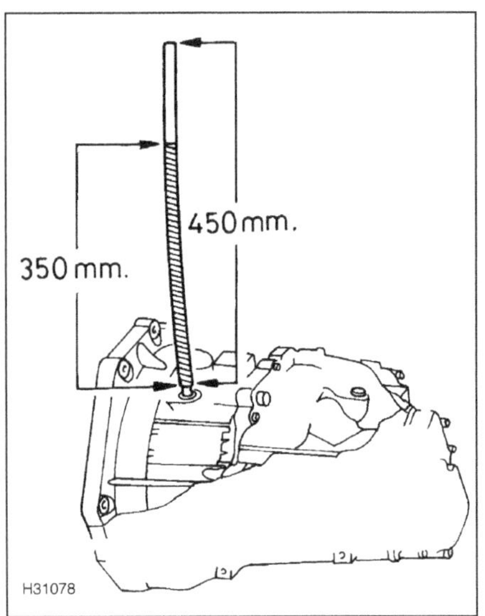

6.20 Fyll slangen med ny vätska till 350 mm höjd (mätt från luftningsnippeln)

ur slavcylindern. Det beror på att luftningsnippeln är placerad på den punkt där hydraulvätskan leds in i slavcylinderns överdel. Det gör att vätskan inte tvingas genom slavcylindern, som därför inte primas helt med hydraulvätska under luftningen. Det kan alltså finnas luft kvar i slavcylinderhuset.

17 För att åtgärda detta måste slavcylindern primas innan växellådan monteras.

18 Sätt en 450 mm lång genomskinlig plastslang med 8 mm diameter över slavcylinderns luftningsnippel.

19 Öppna nippeln och tryck urtrampningslagret längs den ingående axelns hylsa mot växellådan, så att kolven skjuts in helt i slavcylindern. Fånga upp eventuell vätska från slangen i en behållare.

20 Håll slangen lodrätt och fyll den med ny kopplingsvätska till 350 mm höjd (mätt från luftningsnippeln) **(se bild)**.

21 Koppla en fotpump eller cykelpump till slangänden, se till att slangen sluter tätt runt pumpen. Öka stegvis trycket i slangen med hjälp av pumpen, tills vätskan rinner in i slavcylindern. Låt kolven skjutas ut ur slavcylindern till slutet av sitt slag *men inte längre* – motståndet i pumpen ska öka när kolven når slutet av sitt slag.

22 Tryck tillbaka urtrampningslagret längs den ingående axelns hylsa mot växellådan, så att kolven trycks tillbaka helt i cylindern. Släpp ut luftbubblorna som nu flödar genom vätskan i slangen.

23 Upprepa stegen i punkt 21 och 22 tills ingen mer luft kommer ut ur slavcylindern.

24 Lämna kolven helt indragen i slavcylindern, koppla sedan loss plastslangen och töm den. Montera växellådan enligt beskrivningen i kapitel 7A utan att röra slavcylindern. Avsluta med att lufta hela hydraulsystemet enligt beskrivningen i underavsnittet ovan, var extra uppmärksam på punkt 12.

Kapitel 7 Del A: Manuell växellåda

Innehåll

Svårighetsgrader

Enkelt, passar novisen med lite erfarenhet 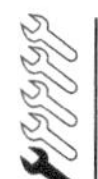	**Ganska enkelt,** passar nybörjaren med viss erfarenhet 	**Ganska svårt,** passar kompetent hemmamekaniker 	**Svårt,** passar hemmamekaniker med erfarenhet 	**Mycket svårt,** för professionell mekaniker 

Specifikationer

Allmänt

Typ	Framhjulsdrift, tvärställd växellåda med inbyggd axelöverförd differential/slutväxel. Fem växlar framåt och en back, alla synkroniserade

Utväxlingsförhållanden

Växellådskod FM:

1	3,38 : 1
2	1,76 : 1
3	1,12 : 1
4	0,89 : 1
5	0,70 : 1
Back	3,17 : 1
Slutväxel	3,61 : 1

Åtdragningsmoment

	Nm
Backljuskontakt	24
Bultar mellan svänghjulskåpan och motorblocket	70
Bult mellan växellänkaget och väljarstaget	22
Bultar mellan växelspakens fästbygel och motorfästet	8
Bultar mellan växelspakshuset och golvplattan	8
Pluggar för oljenivå, påfyllning och avtappning	50
Väljarstagets klämbult	22
Vänster oljetätningshus	24

1 Allmän information

Den manuella växellådan är tvärställd i motorrummet och fastbultad direkt på motorn. Den här utformningen ger kortast möjliga drivavstånd till framhjulen samtidigt som kylningen av växellådan förbättras eftersom den är placerad mitt i luftflödet genom motorrummet.

Enheten har en kåpa av aluminiumlegering och är försedd med oljepåfyllnings-, avtappnings- och nivåpluggar. Kåpan har två fogytor: en mot svänghjulskåpan, som tätas med "flytande packning", och en mot växellådans ändkåpa, som tätas med en fast packning. Det sitter en "labyrintventil" ovanpå växellådshuset som släpper ut expanderande luft och gaser som produceras av smörjmedlet. Ventilen innehåller även ett filter som förhindrar att vatten och smuts tränger in.

Drivningen från vevaxeln överförs via kopplingen till växellådans ingående axel, som är försedd med splines för att haka i kopplingslamellen. De sex drivväxlarna (dreven) är monterade på den ingående axeln. Backens, ettans och tvåans drev sitter på glidande kontaktlager och treans, fyrans och femmans drev är nållagerburna.

De fem växlarnas drivna drev (kugghjul) är monterade på den utgående axeln. Även här är treans, fyrans och femmans kugghjul nållagerburna. Backen är inbyggd i första/andra växelns synkroniseringshylsa.

Dreven är i ständig kontakt med motsvarande växellådskugghjul och rör sig fritt oberoende av växellådans axlar, tills en växel väljs. Skillnaden i diameter och antalet kuggar mellan dreven och kugghjulen ger axeln den hastighetsminskning och den momentmultiplicering som krävs. Kraft överförs sedan till slutväxelns kugghjul/differential via den utgående axeln.

Alla kugghjul är synkroniserade, även backen. När en växel väljs överförs den golvmonterade växelspakens rörelser till växellådan via ett väljarstag. Denna aktiverar i sin tur ett antal väljargafflar inuti växellådan

2.5a Skruva loss avtappningspluggen från växellådshuset

som är spårade på synkroniseringshylsorna. Hylsorna, som är fästa på växellådans axlar men som kan glida längs axlarna med hjälp av räfflade nav, trycker balkringar mot respektive kugghjul/drev. De konformade ytorna mellan balkringarna och dreven/kugghjulen fungerar som friktionskoppling och anpassar stegvis synkroniseringshylsans hastighet (och växellådans axel) till kugghjulets/drevets hastighet. Kuggarna på balkringens utsida hindrar synkroniseringshylsan att haka i kugghjulet/drevet tills de har exakt samma hastighet. Det gör utväxlingen mjuk och minskar oljud och slitage som orsakas av snabba utväxlingar.

När backen läggs i hakar ett överföringsdrev i backdrevet och kuggarna på utsidan av den första/andra synkroniseringshylsan. Det minskar hastigheten så mycket som krävs, och tvingar den utgående axeln att rotera i motsatt riktning, med följd att bilen körs baklänges.

2 Växellåda - avtappning och påfyllning

Allmän information

1 Tillverkaren fyller växellådan med olja av rätt kvalitet och kvantitet. Nivån måste kontrolleras regelbundet i enlighet med underhållsschemat, och olja fyllas på om det

2.5b Avtappningspluggen innehåller en avtagbar magnetisk insats

behövs, (se kapitel 1). Oljan i växellådan behöver däremot inte tömmas ut och bytas under växellådans liv annat än om växellådan undergår reparation eller renovering.

Avtappning

2 Kör en sväng så att motorn/växellådan värms upp till normal arbetstemperatur. Detta påskyndar avtömningen, och eventuellt slam och avlagringar töms lättare ut.

3 Parkera bilen på plant underlag, slå av tändningen och dra åt handbromsen. Förbättra åtkomligheten genom att lyfta upp framvagnen och stötta den säkert på pallbockar. **Observera:** *Bilen måste sänkas ner och parkeras på plant underlag för korrekt kontroll och påfyllning av olja.*

4 Torka rent området runt påfyllningspluggen, som sitter ovanpå växellådan. Skruva loss pluggen från växellådshuset och ta loss tätningsbrickan.

5 Placera en behållare som rymmer minst 2,5 liter (gärna tillsammans med en stor tratt) under avtappningspluggen. Pluggen sitter till höger på växellådan, under drivaxeln. Skruva loss pluggen från huset med en skiftnyckel **(se bilder)**. Observera att avtappningspluggen har en inbyggd magnet, som ska fånga upp metallpartiklarna som bildas när växellådans delar slits. Om mycket metall har samlats på pluggen kan det vara ett tidigt tecken på komponentfel.

6 Låt all olja rinna ner i behållaren. Vidta försiktighetsåtgärder för att undvika brännskador om oljan är het. Rengör både påfyllnings- och avtappningspluggen ordentligt och var extra noga med gängorna. Kasta de gamla tätningsbrickorna, de bör alltid bytas ut när de har tagits loss.

Påfyllning

7 När oljan har runnit ut helt, rengör plugghålens gängor i växellådshuset. Montera en ny tätningsbricka på pluggen. Täck gängan med fästmassa och dra in den i växellådshuset. Sänk ner bilen om den har varit upplyft.

8 Låt oljan få god tid på sig att rinna ner i växellådan efter påfyllningen, innan nivån kontrolleras. Observera att bilen måste vara parkerad på plant underlag när kontrollen görs. Använd en tratt om det behövs för att få ett regelbundet flöde och undvika spill.

9 Fyll på växellådan med olja av angiven typ och mängd och kontrollera nivån enligt beskrivningen i kapitel 1. Om det rinner ut mycket olja när du tar bort pluggen för nivåkontrollen, sätt tillbaka både påfyllnings- och nivåpluggarna och kör bilen en kortare sträcka så att den nya oljan kan fördelas bland växellådans delar. Kontrollera sedan oljenivån igen.

10 Avsluta med att sätta tillbaka påfyllnings- och nivåpluggen med nya tätningsbrickor. Täck gängorna med fästmassa och dra åt dem ordentligt.

3 Växellänkage - justering

1 Om växellänkaget känns stelt, löst eller otydligt i hanteringen kan det bero på felaktig inställning mellan växellänkaget och växellådans väljarstag (kontrollera även oljenivån och oljetypen). Nedan följer en beskrivning av hur inställningen kontrolleras och, om det behövs, justeras.

2 Parkera bilen, dra åt handbromsen och stäng av motorn.

3 Leta reda på inställningshålet ovanpå växellådshuset, i närheten av plåten med artikelnumret **(se bilder)**. Bänd bort pluggen för att komma åt inställningshålet. Lägg i fyrans växel. Ta sedan en skruvmejsel med en skaftdiameter på ca 4 mm och sätt in den i inställningshålet. Då låses växellådan i läget för den fjärde växeln. **Observera:** *Använd en skruvmejsel – handtaget förhindrar att den faller ner i växellådan.*

4 Arbeta nu inne i bilen. Ta bort växelspakens damask och fästram för att komma åt växelspakens hus. Stick in en skruvmejsel eller ett borr med en diameter på ungefär 4 mm i inställningshålet i sidan av spakhuset **(se bild)**.

5 Om skruvmejseln kan sättas i utan svårighet är växellänkaget korrekt inställt. Ta

3.3a Bänd bort pluggen från inställningshålet på växellådshusets ovansida . . .

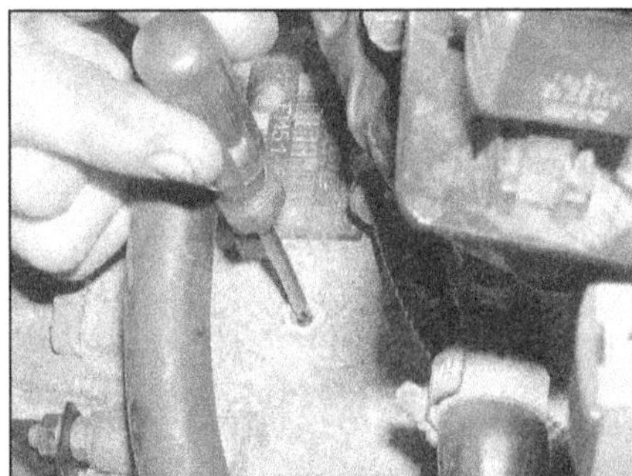

3.3b . . . lägg sedan i fyrans växel och sätt in en skruvmejsel i inställningshålet. Då låses växellådan i fyrans växel

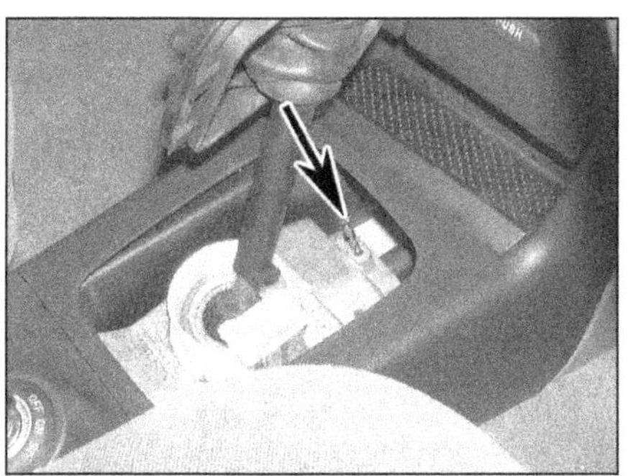
3.4 Stick in ett låsverktyg (skruvmejsel eller borr) i sidan av växelspakshuset

loss länkaget och undersök om det är slitet eller skadat - se avsnitt 4 för ytterligare information.

6 Om skruvmejseln inte kan placeras i inställningshålet är växellänkaget felaktigt inställt.

7 Arbeta nu från motorrummet, där väljarstaget passerar genom torpedväggen. Lossa klämbulten bredvid gummikopplingen för att åstadkomma ett spel mellan väljarstagets båda halvor **(se bild)**.

8 Flytta växelspaken så att låsverktyget kan sättas in i växelspakshusets inställningshål. Kontrollera att växelspaken fortfarande är ilagd i fyrans växel.

9 Gå tillbaka till motorrummet och dra åt klämbulten på väljarstaget till angivet moment.

10 Ta bort skruvmejseln från växellådans inställningshål och sätt i plastpluggen.

11 Ta bort skruvmejseln/borret från växelspakshusets inställningshål.

12 Montera växelspakens damask och fästram.

13 Innan bilen flyttas, kontrollera att växelspaken kan flyttas från neutralläge till alla sex växelpositioner. **Observera:** *Kontrollera att nyckeln kan tas bort medan backen ligger i.*

14 Avsluta med att köra bilen en sväng och kontrollera att alla växlar fungerar mjukt och exakt.

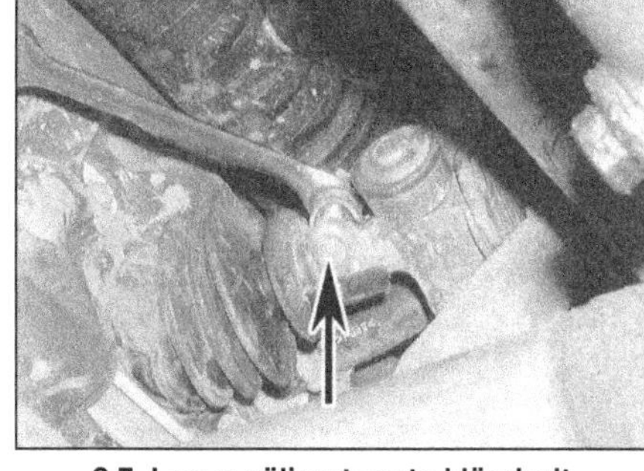
3.7 Lossa väljarstagets klämbult

4 Växellänkage - demontering, kontroll och montering

Växelspakshus

Demontering

1 Parkera bilen, stäng av motorn och dra åt handbromsen.

2 Ta bort växelspakens damask, mittkonsolen och mattans klädselpaneler på sidorna enligt instruktionerna i kapitel 11.

3 Öppna motorhuven och lossa klämman till växelväljarstagets universalkoppling.

4 Skruva loss bultarna som fäster växelspakshuset i fotbrunnen.

5 Koppla loss anslutningskontakten från tändningslåset. Lyft sedan upp växelspakshuset och dra bort det från bilen. Skruva loss växelspaken från väljarstaget **(se bild)**. Ta loss alla bussningar, brickor och distansbrickor och ta bort huset.

Kontroll

6 Det går att ta bort växelspaken från huset för att kontrollera och byta ut lagren. Om mekanismen visar tecken på slakhet beror det dock troligen på slitna bussningar mellan växelspaken och väljarstaget. Ta loss bussningarna från växellänkaget och undersök dem **(se bild)**. Om de visar tecken på slitage eller korrosion måste de bytas ut.

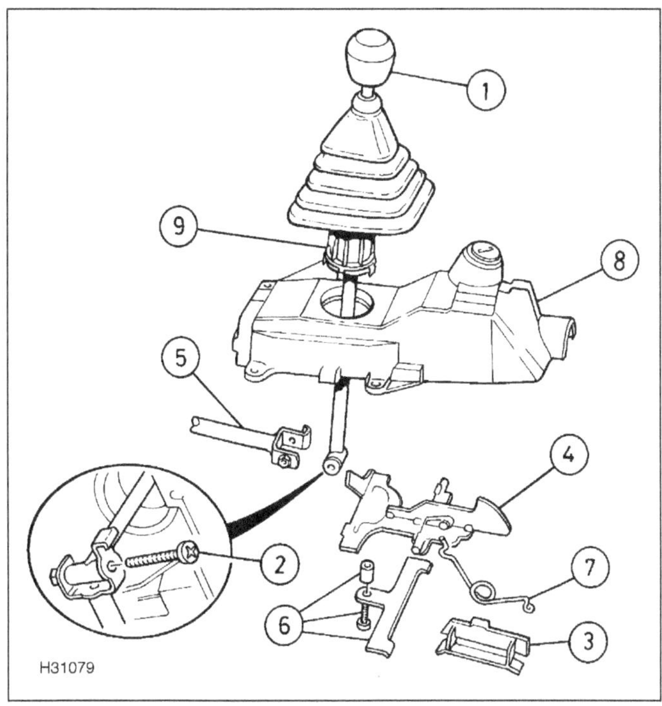

4.5 Växelspak och hus

1 *Växelspak*
2 *Skruv mellan växelspaken och väljarstaget*
3 *Stopplatta*
4 *Låsplatta*
5 *Väljarstag*
6 *Skruv och hjulring*
7 *Låsplattans fjäder*
8 *Växelspakshus*
9 *Kultappshylsan*

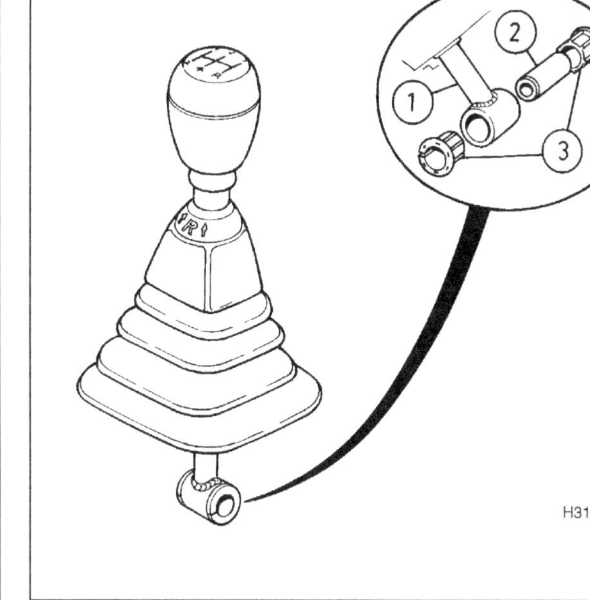

4.6 Växelspakens väljarstagsbussningar (infälld bild)

1 *Växelspak*
2 *Hylsa*
3 *Bussningar*

Växelspak

7 Ta bort växelspaken från huset **(se bild 4.5)** genom att först lossa låsplattans hållare och sedan snäppa loss låsplattans fjäder.

8 Ta bort spärrhaken som styrs av tändningslåset med hjälp av en skruvmejsel. Lyft upp låsplattan med tillhörande plastbygel och ta bort stopplattan.

9 Ställ in växelspaken på back och skruva sedan loss skruven som håller fast väljarstaget i växelspaken.

10 Ta bort växelspaken och kultappshylsan genom att försiktigt trycka på de tre låsflikarna på hylsan med en skruvmejsel.

Montering

11 Montera växelspaken och huset i omvänd ordningsföljd. Observera följande:

a) *Se till att korrekt åtdragningsmoment används för bultarna mellan växelspaken och väljarstaget samt mellan växelspakshuset och golvplattan.*

b) *Sätt tillbaka anslutningskontakten i tändningslåset.*

c) *Avsluta med att kontrollera att växelspaken kan flyttas från neutralläge till alla sex växelpositioner.* **Observera:** *Kontrollera att nyckeln kan tas bort medan backen ligger i.*

d) *Avsluta med att köra bilen en sväng och kontrollera att alla växlar fungerar mjukt och exakt.*

Väljarstag

Demontering

12 Ta bort växelspaken och huset enligt beskrivningen i föregående avsnitt. Kontrollera att fyrans växel ligger i före demonteringen. Ta bort pluggen från inställningshålet ovanpå växellådshuset och lås växellådan i fyrans växel med en lämplig skruvmejsel, enligt beskrivningen i avsnitt 3.

13 Arbeta i motorrummet där väljarstaget passerar genom torpedväggen. Lossa klämbultens krage så att väljarstaget kan tas loss från växellådan.

14 Dra försiktigt ut väljarstaget genom torpedväggen inifrån kupén. Var försiktig så att du inte skadar gummigenomföringen i torpedväggen.

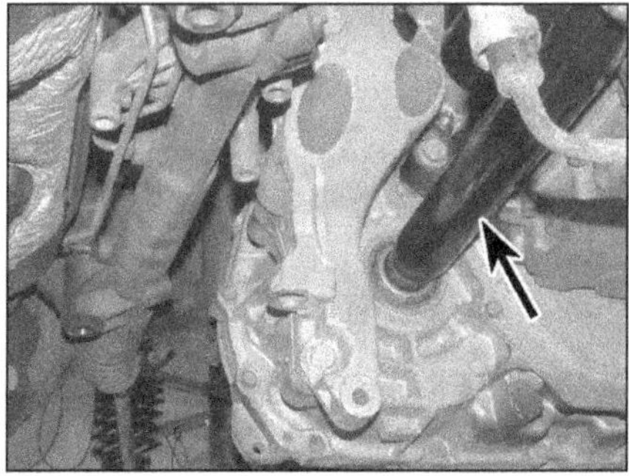

5.4 Drivaxelns mellanaxel (vid pilen)

Montering

15 Smörj in väljarstaget med silikon och tryck in det genom genomföringen i torpedväggen. Dra inte åt klämbultskragen vid växellådan än.

16 Sätt tillbaka växelspaken och huset enligt beskrivningen tidigare i detta avsnitt. Sätt fast bussningarna och fäst växelspaken i väljarstaget.

17 Lås växelspaken på fyrans växel genom att sätta in en 4 mm skruvmejsel i inställningshålet på växelspakshuset enligt beskrivningen i avsnitt 3.

18 Dra åt klämbultskragen på växellådans väljarstag till angivet moment.

19 Ta bort skruvmejseln från huset och sätt tillbaka växelspakens damask.

20 Innan bilen flyttas, kontrollera att växelspaken kan flyttas från neutralläge till alla sex växelpositionerna. Avsluta med att köra bilen en sväng och kontrollera att alla växlar fungerar mjukt och exakt.

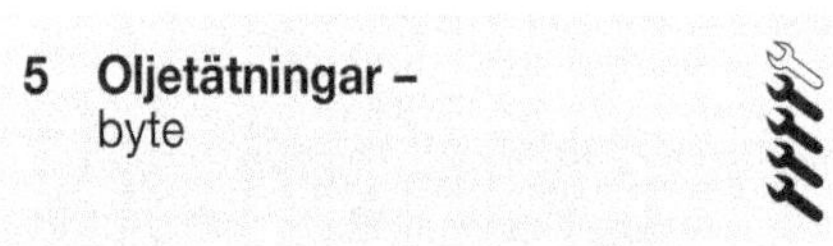

5 Oljetätningar - byte

Höger drivaxels oljetätning

1 Parkera bilen på plant underlag, dra åt handbromsen och klossa bakhjulen. Ta bort navkapslarna/hjulsidorna och lossa hjulmuttrarna.

2 Dra åt handbromsen, lyft upp framvagnen med en domkraft och ställ den på pallbockar, demontera sedan hjulen. Se *Lyftning och stödpunkter*.

5.5 Oljetätningen bänds ut mot en träkloss för bättre hävkraft

3 Tappa ur växellådsoljan enligt beskrivningen i avsnitt 2. Rengör och montera avtappningspluggen enligt beskrivningen i avsnitt 2.

4 Följ beskrivningen i kapitel 8, ta bort mellanaxeln och lagret **(se bild)**.

5 Bänd loss drivaxelns oljetätning från växellådshuset med ett lämpligt verktyg **(se bild)**. Var försiktig så att du inte skadar tätningsytan. Kasta den gamla tätningen.

6 Rengör fogytorna på lagerhuset och differentialhuset noggrant. Var noga med att inte låta smuts komma in i lagren på någon av enheterna.

7 Smörj den nya oljetätningen med ren olja och sätt försiktigt tillbaka den i växellådshuset. Se till att den sitter rakt **(se bild)**.

8 Montera mellanaxeln och lagret enligt instruktionerna i kapitel 8.

9 Montera hjulen och sänk ner bilen. Dra åt hjulbultarna till korrekt moment och sätt tillbaka navkapslarna/hjulsidorna.

10 Se avsnitt 2 och fyll på växellådan med olja av rekommenderad kvalitet.

Oljetätning och O-ring på vänster drivaxel

11 Parkera bilen på plant underlag, dra åt handbromsen och klossa bakhjulen. Ta bort navkapslarna och lossa hjulmuttrarna.

12 Dra åt handbromsen. Lyft upp framvagnen och ställ den på pallbockar, demontera sedan hjulen. Se *Lyftning och stödpunkter*.

13 Tappa ur växellådsoljan enligt beskrivningen i avsnitt 2. Rengör och montera avtappningspluggen enligt beskrivningen i avsnitt 2.

14 Utgå från relevant avsnitt i kapitel 8. Koppla loss vänster drivaxel från växellådan vid den inre universalknuten.

15 Placera en behållare under drivaxelhusets fogyta, lossa sedan fästskruvarna och dra bort dem.

16 Dra loss tätningshuset från växellådan och ta bort O-ringstätningen från huset **(se bild)**.

17 Observera hur djupt oljetätningen sitter i huset och vilken väg den sitter. Bänd försiktigt ut oljetätningen från huset med ett lämpligt

5.7 Montera oljetätningen med en stor hylsa och se till att den hamnar rakt

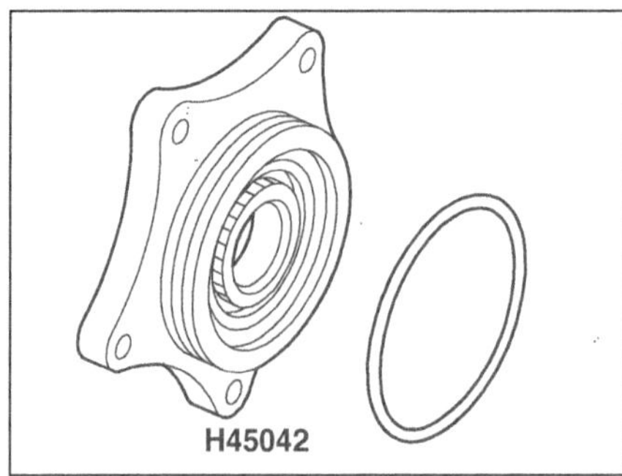

5.16 O-ringstätning på drivaxelns oljetätningshus

bändverktyg. Var försiktig så att du inte skadar tätningsytan.

18 Rengör fogytorna på lagerhuset och differentialhuset noggrant. Var försiktig så att inte smuts kan tränga in i lagren på någon av enheterna.

19 Smörj den nya oljetätningen med ren olja och sätt försiktigt tillbaka den i oljetätningshuset. Se till att den hamnar rakt **(se bild 5.7)**.

20 Sätt tillbaka O-ringstätningen i huset och montera sedan huset i växellådan. Dra åt de fem fästskruvarna till angivet moment.

21 Se kapitel 8 och montera den vänstra drivaxeln vid universalknuten.

22 Montera hjulen och sänk ner bilen. Dra åt hjulbultarna till korrekt moment och sätt tillbaka navkapslarna.

23 Se avsnitt 2 och fyll på växellådan med olja av rekommenderad kvalitet.

Ingående axelns oljetätning

24 Oljetätningen är en del av kopplingens slavcylinderenhet och kan inte bytas separat. Se kapitel 6, avsnitt 4 (*Kopplingens slavcylinder/urtrampningslager - demontering och montering*) för mer information.

Väljarstagets oljetätning

25 Rengör området runt väljarstagstätningen i växellådan så att inte smuts kommer in i växellådan.

26 Se till att fyrans växel är ilagd och ta bort pluggen från inställningshålet ovanpå växellådshuset. Lås växellådan i fyrans växel med en lämplig 4 mm skruvmejsel enligt beskrivningen i avsnitt 3.

27 Skruva loss väljarstagets fästbult och lägg i treans växel för att koppla loss väljarstaget från växellådan.

28 Notera hur oljetätningen sitter i huset och bänd sedan försiktigt bort den ur växellådan med ett lämpligt verktyg. Var försiktig så att du inte skadar tätningsytan.

29 Rengör noggrant tätningsytan och väljarstaget. Kontrollera att inga gjutgrader finns på väljarstaget och var noga med att inte låta smuts komma in i växellådan.

30 Smörj den nya oljetätningen och väljarstaget med ren olja och sätt försiktigt tillbaka tätningen i växellådshuset. Se till att den hamnar rakt.

31 Sätt tillbaka väljarstaget och dra åt fästbulten ordentligt. Ta bort skruvmejseln från huset och kontrollera inställningen av växellänkaget enligt beskrivningen i avsnitt 3.

32 Innan bilen flyttas, kontrollera att växelspaken kan flyttas från neutralläge till alla sex växelpositionerna. Kontrollera oljenivån i växellådan. Avsluta med att köra bilen en sväng och kontrollera att alla växlar fungerar mjukt och exakt.

6 Backljuskontakt - kontroll, demontering och montering

Kontroll

1 Lossa batteriets minuskabel och placera den på avstånd från batteripolen.

2 Lossa kablaget från backljuskontakten vid kontaktdonet. Kontakten sitter på växellådshusets baksida **(se bild)**.

6.2 Backljuskontaktens placering (vid pilen)

3 Anslut sonderna på en kontinuitetsmätare, eller en multimeter som ställs in på resistansfunktionen, över backljuskontaktens poler.

4 Kontakten är normalt öppen, så om inte backen är ilagd bör mätaren ange kretsbrott. När backen läggs i ska kontakten stängas så att mätaren visar på kortslutning.

5 Om kontakten tycks vara konstant öppen eller konstant bruten, eller om den har en ojämn funktion, måste den bytas ut.

Demontering

6 Koppla loss batteriets minuskabel om du inte redan har gjort det. För undan kabeln bort från batteripolen.

7 Koppla loss kablaget från backljuskontakten vid kontaktdonet.

8 Skruva loss kontakten med en lämplig nyckel och ta loss eventuella brickor. Dessa måste du sedan sätta tillbaka så att korrekt spel mellan kontaktaxeln och backväxelns axel återställs.

Montering

9 Montera kontakten i omvänd ordningsföljd. Återanslut batteriets minuskabel .

7 Hastighetsmätardrivning - demontering och montering

Allmän information

1 Bilen har en elektronisk omvandlare istället för ett drev. Denna omvandlare mäter rotationshastigheten på växellådans slutväxel och omvandlar informationen till en elektronisk signal, som sedan skickas till hastighetsmätarens modul i instrumentpanelen. Signalen används också som indata till motorstyrningssystemets ECU (och i vissa fall av farthållarens ECU, färddatorn och antispinnsystemets ECU).

Demontering

2 Hastighetsomvandlaren sitter på differentialhuset, på baksidan av växellådskåpan.

3 Koppla loss kablaget från omvandlaren vid kontaktdonet.

4 Ta bort omvandlarens fästskruv och skruva loss enheten från växellådskåpan.

5 Ta i förekommande fall loss och kasta O-ringstätningen.

Montering

6 Montera omvandlaren i omvänd ordning mot demonteringen. **Observera:** *Använd vid behov en ny O-ringstätning.*

8 Växellåda - demontering och montering

Demontering

Observera: *Se kapitel 2B för beskrivning av demontering av motor och växellåda som en enhet.*

1 Parkera bilen på plant underlag, dra åt handbromsen och klossa bakhjulen. Ta bort navkapslarna och lossa hjulmuttrarna.

2 Dra åt handbromsen. Lyft upp framvagnen och ställ den på pallbockar och demontera sedan hjulen. Se *Lyftning och stödpunkter*.

3 Se avsnitt 2 i det här kapitlet och töm växellådan på olja. Sätt sedan tillbaka och dra åt avtappningspluggen enligt beskrivningen i avsnitt 2.

4 Ställ in växellänkaget i referensläget enligt beskrivningen i avsnitt 3, så att det kan riktas in korrekt när det monteras igen. Skruva loss fästbulten och koppla loss växellänkaget från växellådan.

5 Ta bort batterikåpan enligt instruktionerna i kapitel 5A. Koppla loss båda batterikablarna och ta bort batteriet.

6 Skruva loss batterihyllan från sidan av motorrummet **(se bild på nästa sida)**.

7 Utgå från kapitel 6. Koppla bort kopplingens hydraulsystem genom att sätta en klämma på den flexibla delen av slavcylinderns tillförselslang.

8 Lossa fästklämman och koppla loss vätskematningsledningen ovanpå växellådan. Sätt tillbaka fästklämman på anslutningen när ledningen är lossad, så att den inte kommer bort. Förslut båda ändarna av de öppna bränsleledningarna för att minimera läckaget och förhindra att smuts tränger in.

8.6 Skruva loss batterihyllans bultar (vid pilarna)

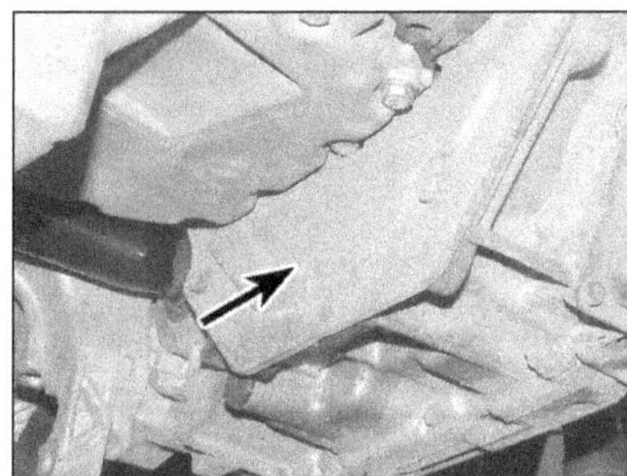
8.17 Ta bort svänghjulets nedre skyddskåpa (vid pilen)

8.20 Ta bort fästbultarna och muttern (vid pilarna)

9 Koppla loss kontaktdonet från backljuskontakten vid växellådan. Se avsnitt 6 i det här kapitlet för mer information.

10 Skruva loss de tre övre fästbultarna till växellådan.

11 Koppla loss kontaktdonet från lambdasonden. Se kapitel 4B, avsnitt 2 för mer information.

12 Skruva loss den mittersta fästmuttern från det bakre motorfästet och lossa de tre yttre fästbultarna.

13 Placera en lyftbalk tvärs över motorrummet. Ställ stöden säkert mot trösklarna på båda sidor, i linje med fjäderbenens övre fästen. Haka fast balken i motorlyftöglan och lyft upp den så att motorns vikt inte längre ligger på växellådans fäste. De flesta äger inte en lyftbalk, men det kan gå att hyra en. Ett alternativ kan vara att stötta motorn med en motorlyft. Tänk dock på att du måste justera lyften så att inte motorfästena belastas för mycket om du t.ex. ändrar arbetshöjden genom att sänka pallbockarna som bilen vilar på.

14 Ta bort kryssrambalken under motorn enligt beskrivningen i kapitel 10.

15 Ta bort de tre fästbultarna från den bakre motorfästbygeln och dra loss bygeln från motorrummet.

16 Följ beskrivningen i kapitel 8 och lossa båda drivaxlarna från växellådan.

17 Skruva loss fästbultarna och ta bort den nedre skyddsplåten från svänghjulet **(se bild)**. **Observera:** *På B235R-modeller måste du även ta bort bultarna mellan växellådan och motoroljesumpen.*

18 Skruva loss fästbultarna och koppla loss jordkablarna från växellådshuset.

19 Placera en domkraft under växellådan och höj upp den så mycket att den tar upp växellådans tyngd. Kontrollera att alla anslutningar har kopplats loss från växellådan innan du försöker skilja den från motorn.

20 Skruva loss bultarna som håller fast den vänstra fästbygeln för motorn/växellådan i karossen och den mittre muttern från fästet **(se bild)**. Se till att växellådan har stöd och att inga andra motorfästen belastas. Ta bort fästet från karosspanelen och växellådan.

21 Arbeta runt svänghjulskåpa och ta bort de sista fästbultarna från kåpan. Dra bort växellådan från motorn genom att dra loss den ingående axeln från kopplingslamellen. Ta alltid hjälp av någon för denna uppgift.

Varning: Ha alltid fullt stöd för växellådan så att den ligger stadigt på domkraftens huvud.

22 När den ingående axeln dragits ut ur kopplingslamellen kan du sänka ner växellådan ur motorrummet med hjälp av domkraften.

23 I detta läge, när växellådan är borttagen, passar det bra att kontrollera och vid behov byta ut kopplingen. Se kapitel 6 för mer information

Montering

Alla modeller

24 Montera växellådan i omvänd ordning och notera följande punkter:

a) Stryk ett lager fett med hög smältpunkt på växellådans ingående axel. Använd inte för mycket fett, då kan kopplingslamellen förorenas.

b) Sätt tillbaka kryssrambalken enligt beskrivningen i kapitel 10.

c) Montera fästena för motorn/växellådan enligt beskrivningen i kapitel 2A.

c) Observera angivna åtdragningsmoment (i förekommande fall) när muttrar och skruvar dras åt.

e) Lufta kopplingens hydraulsystem enligt instruktionerna i kapitel 6.

h) Om du har tappat av olja, avsluta med att fylla växellådan med rätt mängd olja av rätt kvalitet enligt beskrivningen i avsnitt 2.

9 Växellåda, renovering - allmän information

Renovering av en manuell växellåda är ett komplicerat (och ofta dyrt) arbete för en hemmamekaniker och kräver tillgång till specialutrustning. Det omfattar isärtagning och ihopsättning av många små delar. Ett stort antal spel måste mätas och vid behov justeras med mellanlägg och distansbrickor. Inre komponenter till växellådor är ofta svåra att få tag på och de är i många fall mycket dyra. Därför är det bäst att överlåta växellådan till en specialist eller byta ut den om den går sönder eller börjar låta illa.

Trots allt är det inte omöjligt för en erfaren hemmamekaniker att renovera en växellåda, förutsatt att specialverktyg finns att tillgå och att arbetet utförs på ett metodiskt sätt så att ingenting glöms bort.

Inre och yttre låsringstänger, lageravdragare, en hammare, en uppsättning pinndorn, en indikatorklocka och eventuellt en hydraulpress är några av de verktyg som behövs vid en renovering. Dessutom krävs en stor, stadig arbetsbänk och ett skruvstäd.

Anteckna noga hur alla komponenter är placerade medan växellådan tas isär, det underlättar korrekt återmontering.

Det underlättar om du har en aning om var felet sitter innan växellådan tas isär. Vissa problem kan härledas till vissa avgränsade områden i växellådan, vilket kan göra det enklare att undersöka och byta ut delar. Se avsnittet *Felsökning* i slutet av den här handboken för ytterligare information.

Kapitel 7 Del B: Automatväxellåda

Innehåll

Svårighetsgrader

Enkelt, passar novisen med lite erfarenhet

Ganska enkelt, passar nybörjaren med viss erfarenhet

Ganska svårt, passar kompetent hemmamekaniker

Svårt, passar hemmamekaniker med erfarenhet

Mycket svårt, för professionell mekaniker

Specifikationer

Allmänt

Beteckning	AF30 (automatväxellåda, framhjulsdrift)
Typ*:	
FA47	Fyrväxlad, elektroniskt styrd växellåda med tre lägen (normal, sport och vinter)
FA57	Femväxlad, elektroniskt styrd växellåda med möjlighet att växla manuellt

**Typkoden finns på en platta på växellådshuset*

Åtdragningsmoment

	Nm
Avtappningsplugg	40
Bultar mellan momentomvandlare och drivplatta	30
Bultar mellan motorn och växellådan	se kapitel 2A
Drivplattans/nedre svänghjulskåpans skyddsplåt	7
Fästmutter för oljepåfyllningsrör	22
Ingående axelns hastighetsgivare, bult	6
Kryssrambalkens fästbultar	se kapitel 10
Oljekylarens anslutningar	27
Oljetemperaturgivare	25
Oljetemperaturgivarens skyddskåpa, skruv	25
Utgående axelns hastighetsgivare, bult	6
Vänster motorfäste	se kapitel 2A
Växelväljarens lägesgivare:	
Skruv/mutter mellan lägesgivaren och växellådan	8
Väljarstag till lägesgivare	25

1 Allmän information

1 Automatväxellådan AF30 är en elektroniskt styrd fyr- eller femväxlad enhet (beroende på modell), som har en låsfunktion. Den består av en planetväxel, en momentomvandlare med låsbar koppling, ett hydrauliskt styrsystem och ett elektroniskt styrsystem. Enheten styrs av den elektroniska styrenheten (ECU) via fyra elektroniskt styrda solenoidventiler. Växellådan har tre körlägen: normalläge (ekonomi), sportläge och vinterläge.

2 I normalläget (ekonomi), som är standardläge, växlar växellådan upp vid relativt låga varvtal för att kombinera tillfredsställande prestanda med ekonomi. Om växellådan ställs till sportläge med hjälp av knappen på växelspaken, växlar växellådan endast upp vid höga varvtal, med snabbare acceleration och ökad prestanda som resultat. När växellådan är i sportläge lyser lampan på instrumentpanelen. Om växellådan ställs till vinterläge med hjälp av knappen på växelväljarens panel, väljer växellådan treans växel vid start. På så vis bibehålls friktionen även på mycket hala ytor.

3 Momentomvandlaren är en hydraulisk koppling mellan motorn och växellådan och fungerar som en automatisk koppling samtidigt som den ger viss momentökning vid acceleration.

4 Planetväxelns kugghjulsdrivna kraftöverföring ger antingen en av fyra framåtdrivande utväxlingsförhållanden, eller en bakåtväxel, beroende på vilka av dess komponenter som är stilla och vilka som vrids. Komponenterna i den kugghjulsdrivna kraftöverföringen hålls eller släpps via bromsar och kopplingar som aktiveras av styrenheten. En oljepump inuti växellådan ger nödvändigt hydrauliskt tryck för att bromsarna och kopplingarna ska kunna fungera.

5 Föraren styr växellådan med en växelspak med sju lägen. Läge D tillåter automatisk utväxling i alla fyra/fem utväxlingsförhållandena. En automatisk kickdownkontakt växlar ner växellådan ett steg när gaspedalen trycks i botten. Växellådan har också tre fasta lägen, 1 betyder att endast det första utväxlingsförhållandet kan väljas, 2 låter både det första och det andra utväxlingsförhållandet väljas automatiskt och 3 tillåter automatisk växling mellan de tre första utväxlingsförhållandena. De fasta lägena är användbara för att kunna motorbromsa vid körning utför branta lutningar. Observera att växellådan *aldrig* får växlas ner vid höga motorvarvtal.

6 Eftersom automatväxellådan är så komplex, måste alla renoverings- och reparationsarbeten överlämnas till en Saabverkstad med nödvändig specialutrustning för feldiagnoser och reparationer. Följande avsnitt innehåller därför endast allmän information och sådan underhållsinformation och instruktioner som ägaren kan ha nytta av.

2 Växellådsolja – avtappning och påfyllning

Se informationen i kapitel 1, avsnitt 29.

3 Växelväljarvajer – justering

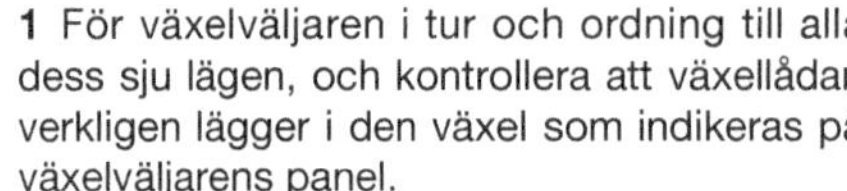

1 För växelväljaren i tur och ordning till alla dess sju lägen, och kontrollera att växellådan verkligen lägger i den växel som indikeras på växelväljarens panel.

2 Kontrollera spelet i växelväljarspaken när den står i läge N och läge D. Om det inte är detsamma måste spaken justeras enligt följande tillvägagångssätt.

3 Ställ växelväljaren i läge P (parkeringsläget).

4 Gå nu till motorrummet och lyft upp justerklämman från växelväljarvajern, i änden vid växellådan **(se bild)**.

5 Leta reda på väljarstaget på växellådans lägesgivare, till vilken vajern är ansluten. Placera staget så att växellådan står i läge P.

6 Lossa handbromsen och rulla bilen tills P-spärren aktiveras.

7 Ta hjälp av någon och håll växelväljaren bakåt i P-läget för att ta upp spelet.

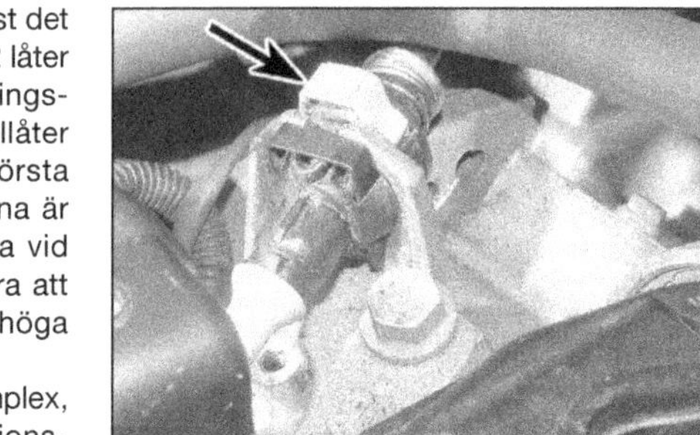

3.4 Ta bort justerklämman (vid pilen) från växelväljarvajern

8 I motorrummet, tryck ner justerklämman i vajerns växellådsände för att låsa vajern.

9 Kontrollera växelväljaren enligt beskrivningen under punkt 1 och 2. Upprepa inställningen vid behov.

10 Avsluta med att köra bilen en sväng och kontrollera att växlingen fungerar som den ska.

4 Växelväljarvajer – demontering och montering

Demontering

1 Arbeta i motorrummet. Ta bort batteriet och batterihyllan för att komma åt växellådan och växelvajerns ände (se kapitel 5A).

2 Ställ växelväljaren i läge P. Leta reda på väljarstaget på växellådans lägesgivare, till vilken vajern är ansluten. Ta bort fästmuttern och koppla loss staget från lägesgivaren **(se bild)**.

3 Ta loss låsklämman och koppla loss vajern från växellådshuset **(se bilder)**.

4 Ta bort växelväljaren enligt beskrivningen i avsnitt 5.

5 Arbeta bakåt längs vajern, observera hur den är dragen och ta loss den från alla relevanta fästklamrar. Ta loss vajergenomföringen från torpedväggen och ta bort den från bilen.

6 Undersök vajern efter tecken på slitna

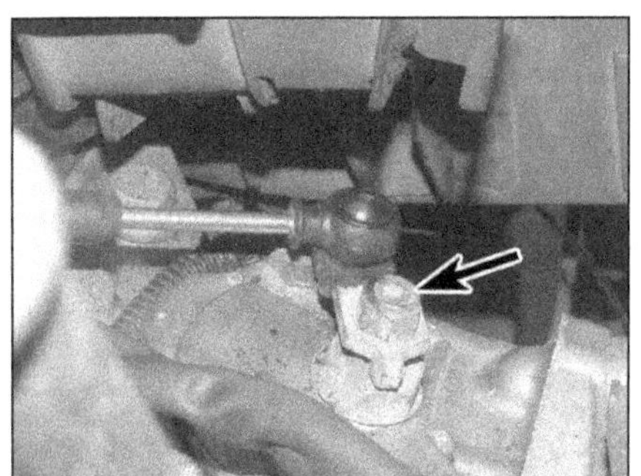

4.2 Ta bort fästmuttern (vid pilen) och koppla loss väljarstaget från lägesgivaren

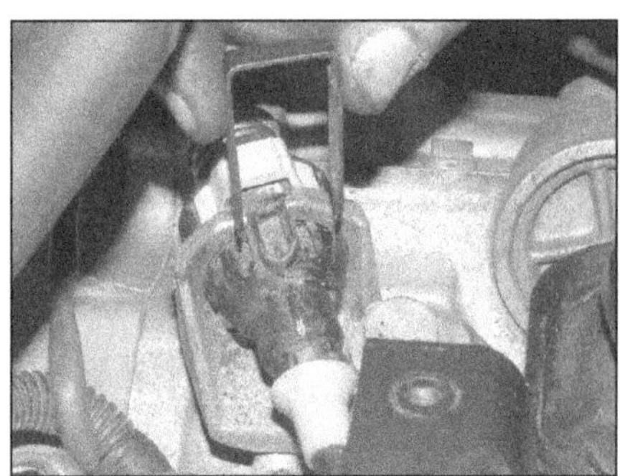

4.3a Dra bort låsklämman . . .

4.3b . . . och lossa växelväljarvajern från fästbygeln

5.2a Ta bort låsklämman . . .

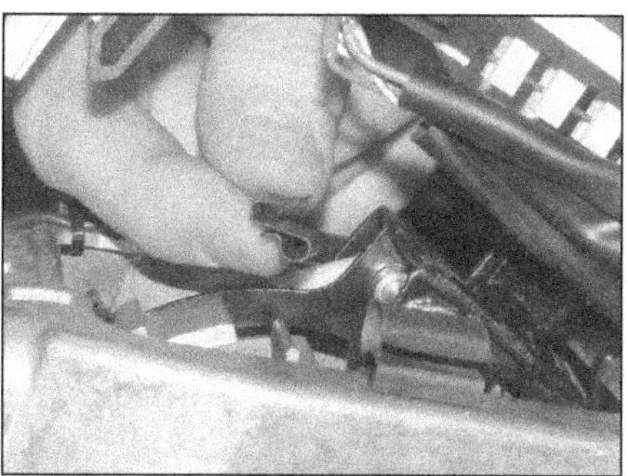
5.2b . . . och dämpningsklämman . . .

5.2c . . . och dra loss sprinten från växelväljaren

ändbeslag eller skadat ytterhölje, och kontrollera att innervajern inte har fransat sig. Kontrollera vajerns funktion; innervajern ska röra sig fritt och ledigt genom ytterhöljet. Kom ihåg att en vajer som verkar fungera bra utanför bilen kan löpa mycket trögare när den viks in på sin plats. Byt ut vajern om den visar tecken på betydande slitage eller skada.

Montering

7 Monteringen utförs i omvänd ordningsföljd mot demonteringen, men tänk på följande:

8 Montera växelväljaren enligt beskrivningen i avsnitt 5.

9 Se till att vajern dras korrekt och löper genom växelspakshuset innan den matas in genom torpedväggen.

10 För växellådans ände av vajern genom monteringskonsolen och fäst höljet ordentligt med klamrarna. Anslut vajeränden vid växellådans stag och fäst den med låsklämman. Fäst väljarstaget vid växellådans lägesgivare, sätt sedan på muttern och dra åt den ordentligt.

5.4a Koppla loss kontaktdonet från växelväljaren . . .

5 Växelväljare - demontering och montering

Demontering

1 Ta bort mittkonsolen och de bakre luftkanalerna enligt beskrivningen i kapitel 11.

2 Ta bort låsklämman och dämpningsklämman. Slå ut sprinten medan du drar bort vajeränden från kulan **(se bilder)**.

3 Skruva loss fästbultarna och lyft bort växelväljarhuset från golvplattan.

4 Koppla loss kabelanslutningarna från växelväljarhuset och ta bort eventuella buntband från kabelstammen **(se bilder)**.

5 Ta loss fästklämman med en skruvmejsel och lossa växelväljarvajern från huset **(se bilder)**. Ta bort växelväljarhuset från bilen.

6 Undersök växelväljarmekanismen efter tecken på slitage eller skada.

Montering

7 Monteringen utförs i omvänd ordningsföljd mot demonteringen, men tänk på följande.

8 Sätt tillbaka vajern på växelväljaren och huset. Se till att alla fästklämmor sitter på rätt plats.

9 Justera växelvajern enligt beskrivningen i avsnitt 3.

10 Avsluta med att montera mittkonsolen enligt beskrivningen i kapitel 11, och sätt tillbaka alla komponenter som du tagit bort för att komma åt vajern.

6 Oljetätningar - byte

Drivaxelns oljetätningar

1 Se kapitel 7A.

Momentomvandlarens oljetätning

2 Demontera växellådan enligt beskrivningen i avsnitt 9.

3 Dra försiktigt bort momentomvandlaren från växellådans axel, var beredd på oljespill.

4 Notera hur tätningen sitter i oljepumpshuset, bänd sedan försiktigt bort tätningen och var noga med att inte repa huset eller den ingående axeln.

5 Tvätta bort all smuts från området runt oljetätningens öppning, tryck sedan fast en ny tätning och se till att tätningsläppen är riktad inåt.

6 Smörj tätningen med ren växellådsolja, montera sedan försiktigt momentomvandlaren på sin plats.

7 Montera växellådan (se avsnitt 9).

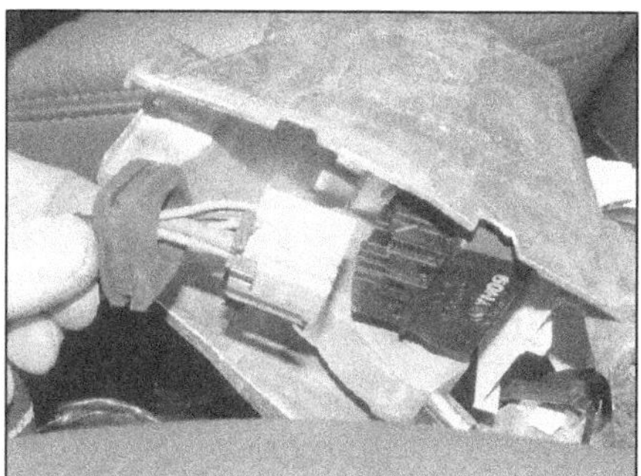
5.4b . . . och tändningslåset

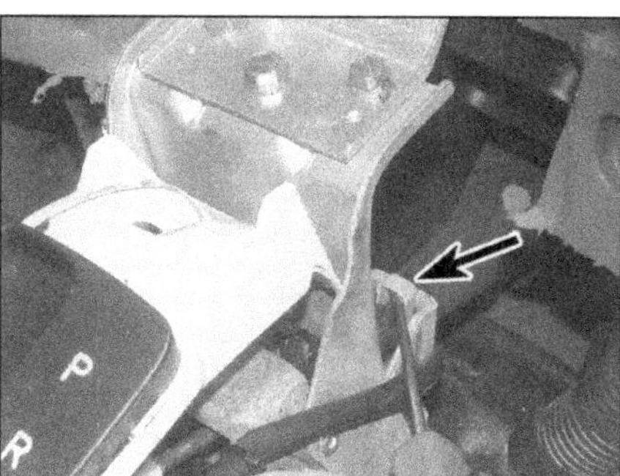

5.5a Bänd ut fästklämman med en skruvmejsel . . .

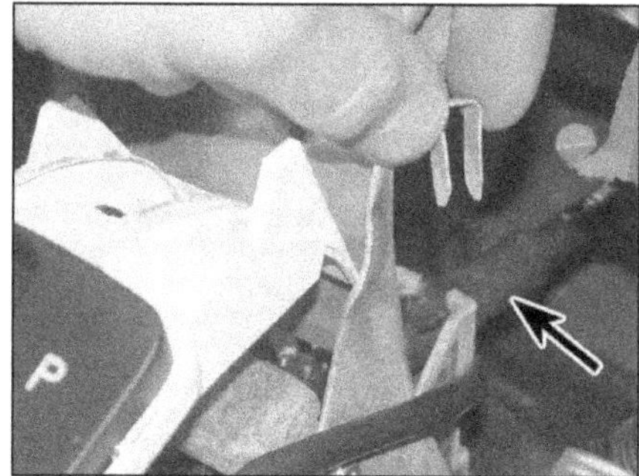

5.5b . . . och lossa växelväljarvajern (vid pilen) från huset

8.4 Ta bort fästmuttern (vid pilen) och lossa oljestickans rör

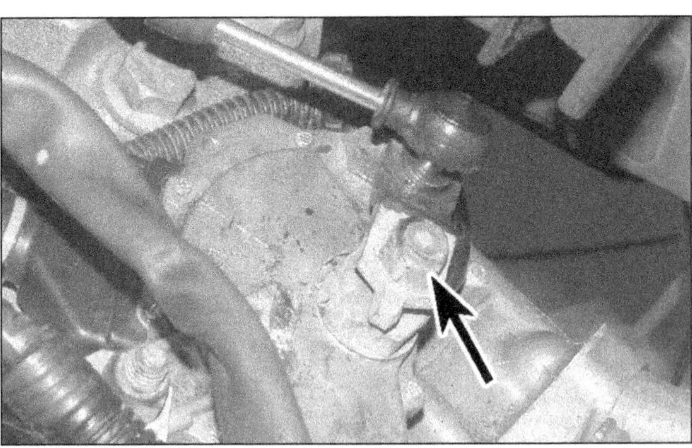
8.5 Ta bort fästmuttern (vid pilen) och koppla loss väljarstaget från lägesgivaren

7 Oljekylare - allmän information

Oljekylaren är inbyggd i motorns kylaren. Se kapitel 3, avsnitt 3.

8 Växellådans styrsystem, elektriska komponenter - demontering och montering

Växelväljarens lägesgivare

Allmän information

1 Förutom att informera växellådans elektroniska styrenhet (ECU) om vilken växel som för närvarande är vald, innehåller växelväljarens lägesgivare även kontakter som styr backljusens relä och startmotorns startspärrelä.

Demontering

2 Ta bort batteriet från fästet enligt beskrivningen i kapitel 5A. Lossa sedan fästbultarna och ta bort batterihyllan.

3 Lossa vid behov slangen för servostyrningsvätska från monteringskonsolen och lägg den åt sidan.

4 Skruva loss fästmuttern och lossa oljestickans rör från sidan av växellådans lägesgivare **(se bild)**.

5 Välj läge P. Skruva sedan loss fästmuttern och koppla loss väljarstaget från växellådans lägesgivare **(se bild)**.

6 Skruva loss muttrarna/bultarna som fäster lägesgivaren i växellådan.

7 Koppla loss lägesgivarens kontaktdon. Ta loss lägesgivaren från växellådans väljaraxel och ta ut den ur motorrummet.

Montering

8 Montering utförs i omvänd ordningsföljd. Dra åt givarens fästmutter/bult till angivet moment och avsluta med att kontrollera växelvajerns justering enligt beskrivningen i avsnitt 3.

Elektronisk styrenhet (ECU)

Demontering

9 Den elektroniska styrenheten är placerad i den främre fotbrunnen på passagerarsidan. Koppla bort batteriets minuspol innan demonteringen.

10 Bänd ut fästklamrarna och ta bort den undre kåpan från instrumentbrädan på passagerarsidan. Ta bort handskfacket från instrumentbrädan (se kapitel 11) för att komma åt ECU.

11 Lossa fästklammern och koppla loss kontaktdonet från ECU. Lossa fästkonsolen från karossen och ta bort den elektroniska styrenheten från bilen.

Montering

12 Montering utförs i omvänd arbetsordning. Se till att kablarna återansluts ordentligt.

Hastighetsgivare för ingående och utgående axlar

Demontering

13 Hastighetsgivarna är monterade ovanpå växellådan. Den ingående axelns hastighetsgivare är den främre av de två givarna och den sitter närmast växellådans vänstra sida. Den utgående axelns givare är den bakre av de två **(se bild)**.

14 För att komma åt givarna, ta bort batteriet från fästplattan enligt beskrivningen i kapitel 5A. Åtkomsten blir ännu bättre om kylarens expansionskärl demonteras från sina fästen och placeras ur vägen.

15 Koppla loss kontaktdonet som sitter på en monteringskonsol i den vänstra änden av topplocket. Rengör området runt relevant givare.

16 Skruva loss fästbulten och ta bort givaren från växellådan. Ta bort tätningsringen från givaren och kasta den, en ny måste användas vid monteringen.

Montering

17 Montera den nya tätningsringen i spåret på givaren och smörj den med växellådsolja.

18 Sätt tillbaka givaren på sin plats, sätt i fästbulten och dra åt den till angivet moment. Återanslut kontaktdonet.

19 Montera batteriet och sätt tillbaka expansionskärlet (om det behövs) med klammern.

Oljetemperaturgivare

Demontering

20 Oljetemperaturgivaren är inskruvad i växellådans framsida. Koppla bort batteriets minuspol innan givaren tas bort.

21 Dra åt handbromsen, lyft upp framvagnen och ställ den på pallbockar (se *Lyftning och stödpunkter*).

22 Följ kablaget bakåt från givaren, observera hur det är draget. Koppla loss kontaktdonet och ta loss kablaget från fästklamrarna.

23 Skruva loss fästbultarna och ta bort kåpan från givaren **(se bild)**.

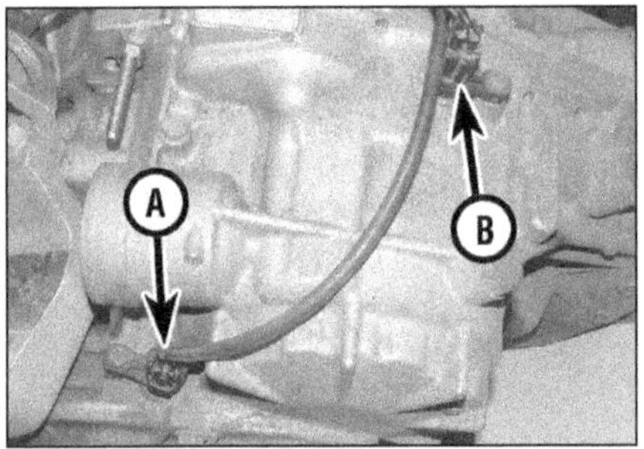

8.13 Placering av hastighetsgivare för växellådans ingående axel (A) och utgående axel (B)

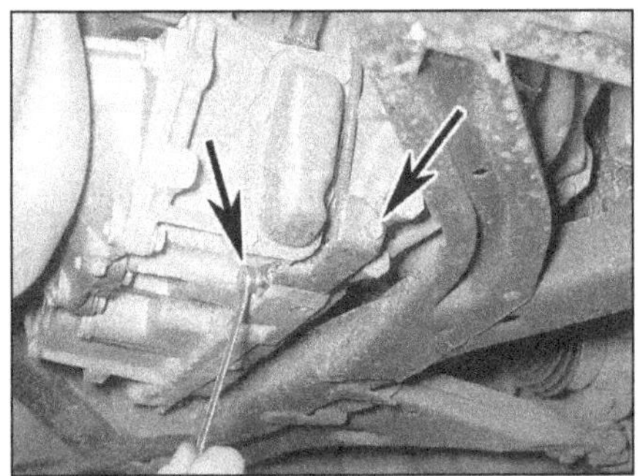
8.23 Skruva loss fästbultarna (vid pilarna) och ta bort kåpan . . .

24 Rengör området runt givaren och var beredd med en lämplig plugg för att stoppa oljeflödet när givaren tas bort **(se bild)**.
25 Skruva loss givaren och ta bort den från växellådan tillsammans med tätningsbrickan. Plugga snabbt igen öppningen i växellådan och torka upp eventuellt oljespill.

Montering

26 Montera en ny tätningsbricka på givaren, ta bort pluggen och skruva snabbt fast givaren i växellådan. Dra åt den till angivet moment och torka bort eventuellt oljespill. Montera kåpan och dra åt fästbultarna till angivet moment.
27 Se till att kablarna dras korrekt och fäst dem med fästklamrarna, återanslut sedan kontaktdonet ordentligt.
28 Sänk ner bilen och återanslut batteriet. Kontrollera växellådans oljenivå enligt beskrivningen i kapitel 1.

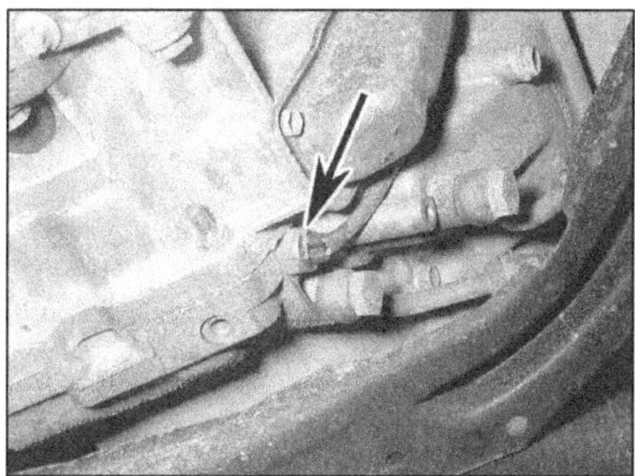

8.24 . . . för att komma åt oljetemperaturgivaren (vid pilen)

9 Växellåda - demontering och montering

Observera 1: *Se kapitel 2B för beskrivning av demontering av motor och växellåda som en enhet.*
Observera 2: *Bultarna mellan momentomvandlaren och drivplattan och oljekylarens tätningsringar ska bytas ut vid monteringen.*

Demontering

1 Klossa bakhjulen, dra åt handbromsen och placera växelväljaren i neutralläge (N). Lyft upp framvagnen och ställ den på pallbockar (se *Lyftning och stödpunkter*). Demontera framhjulen, ta bort fästskruvarna och fästena (om det behövs) och ta bort kåpan under motorn/växellådan.
2 Tappa av växellådsoljan enligt beskrivningen i kapitel 1, sätt sedan tillbaka avtappningspluggen och dra åt den till angivet moment.
3 Ta bort batteriet från fästet enligt beskrivningen i kapitel 5A. Lossa sedan fästbultarna och ta bort batterihyllan.
4 Koppla loss batteriets jordkablar från växellådshuset **(se bilder)**. Lossa kablarna från röret till växellådans oljemätsticka.
5 Dra bort oljemätstickan och röret från växellådshuset och plugga igen det öppna hålet för att förhindra att smuts kommer in.
6 Koppla loss ventilationsslangen (i förekommande fall) från växellådans överdel.
7 Koppla loss växelväljarvajern från växellådan enligt beskrivningen i avsnitt 3 och 4.
8 Koppla loss kablaget till växellådans styrsystem vid de två kontaktdonen framför batterihyllan **(se bild)**.
9 Följ kablarna från växellådans kontakter och givare och koppla loss de olika kontaktdonen genom att lyfta fästklamrarna. Lossa huvudkabelhärvan från klamrarna eller banden som håller den vid växellådan.
10 Ta bort luftrenaren och insugstrummorna enligt beskrivningen i kapitel 4A. Ta bort toppkåpan över gasspjällshuset och ta bort kanalen mellan laddluftkylaren och gasspjällshuset.
11 Placera en lyftbalk tvärs över motorrummet. Ställ stöden säkert mot trösklarna på båda sidor, i linje med fjäderbenens övre fästen. Haka fast balken i motorlyftöglan och lyft upp den så att motorns vikt inte längre ligger på växellådans fäste. Få hemmamekaniker har en lyftbalk, men det kan gå att hyra en. Ett alternativ kan vara att stötta motorn med en motorlyft. Tänk dock på att du måste justera lyften så att inte motorfästena belastas för mycket om du t.ex. ändrar arbetshöjden genom att sänka pallbockarna som bilen vilar på.
12 Skruva loss och ta bort det främre avgasröret och katalysatorn (se kapitel 4A).
13 Lossa anslutningarna och koppla loss växellådans kylvätskeslangar från växellådshusets framsida. Ta loss tätningsbrickorna.
14 Skruva loss de tre övre fästbultarna till växellådan.
15 Skruva loss den mittersta fästmuttern från det bakre motorfästet och lossa de tre yttre fästbultarna.
16 Ta bort kryssrambalken under motorn enligt beskrivningen i kapitel 10.
17 Ta bort de tre fästbultarna från den bakre motorfästbygeln och dra loss bygeln från motorrummet.
18 Följ beskrivningen i kapitel 8 och lossa båda drivaxlarna från växellådan.
19 Skruva loss fästbultarna och ta bort den nedre skyddsplåten från svänghjulet. Vrid motorn med hjälp av vevaxelns remskiva. Skruva loss momentomvandlarens fästbultar allt eftersom de blir synliga **(se bilder)**. Kasta bultarna och använd nya vid monteringen.

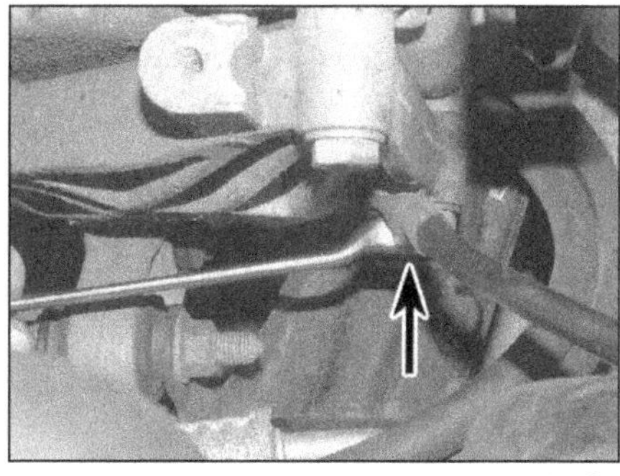

9.4a Koppla loss jordkabeln (vid pilen) från framsidan av växellådan . . .

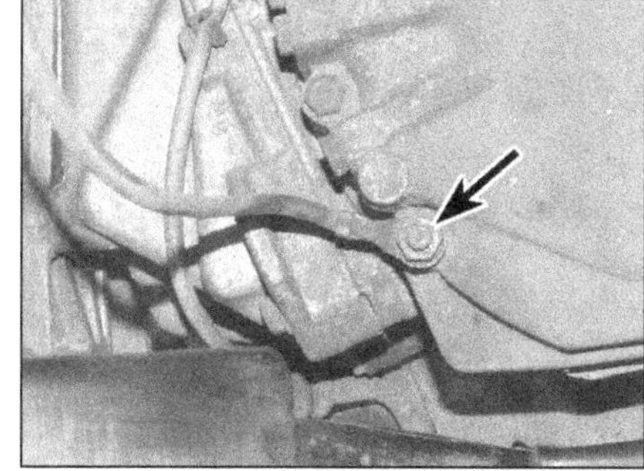

9.4b . . . och jordkabeln (vid pilen) från änden av växellådan

9.8 Lossa fästklämman (vid pilen) och koppla loss kontaktdonen

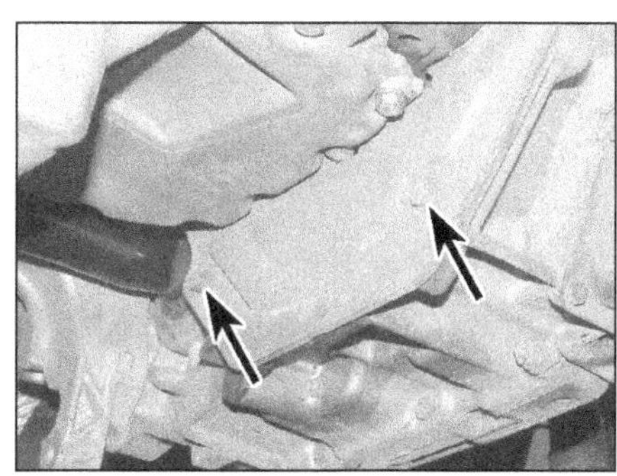

9.19a Skruva loss fästbultarna (vid pilarna) och ta bort kåpan . . .

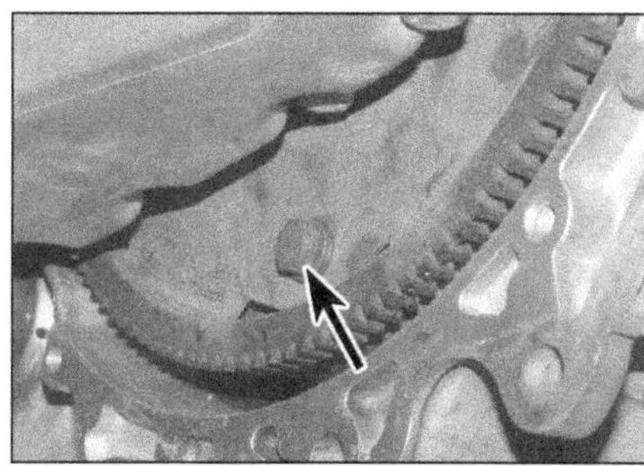

9.19b . . . skruva sedan loss momentomvandlarens bultar (en visas). Vrid motorn för att komma åt de andra bultarna

Observera: *När växellådan demonteras måste momentomvandlaren stanna kvar i balanshjulskåpan och får inte glida av växellådsaxeln. Du kan göra en fästbygel och fästa den i svänghjulskåpan för att hålla momentomvandlaren på plats.*

20 Placera en domkraft under växellådan och höj upp den så mycket att den tar upp växellådans tyngd. Kontrollera att alla anslutningar har kopplats loss från växellådan innan du försöker skilja den från motorn.

21 Skruva loss bultarna som håller fast den vänstra fästbygeln för motorn/växellådan i karossen och den mittre muttern från fästet **(se bild)**. Se till att växellådan har ordentligt stöd och att inga andra motorfästen belastas. Ta bort fästet från karosspanelen och växellådan.

22 Arbeta runt svänghjulskåpan och ta bort de sista fästbultarna från kåpan.

Varning: Stötta hela tiden växellådan så att den ligger stadigt på domkraftens huvud.

23 Kontrollera en sista gång att alla komponenter som kan hindra demonteringen av växellådan är borttagna eller urkopplade. Se till att komponenter som växelvajern är uppfästa så att de inte kan skadas vid demonteringen.

24 Dra bort växellådan från motorn. Håll den vågrätt tills svänghjulskåpan är utanför drivplattan och dess fästbultar. Se till att momentomvandlaren inte glider av växellådsaxeln.

25 Sänk långsamt ner växellådan från motorrummet och se till att enheten går fri från komponenterna på de omgivande panelerna. Sänk ner enheten på marken och ta ut den under bilen.

Montering

26 Växellådan monteras i omvänd ordning, men tänk på följande.

a) Före monteringen, ta bort alla spår av gammal fästmassa från momentomvandlarens gängor genom att skruva en gängtapp av rätt storlek i hålen. Om en lämplig gängtapp saknas kan man göra en skåra i en av de gamla bultarnas gängor och använda den i stället.

b) Före monteringen, se till att motorns/växellådans styrstift är korrekt placerade och lägg lite molybdendisulfidfett på momentomvandlarens styrstift och centreringsbussning i vevaxeländen.

c) När växellådan och motorn är korrekt ihopsatta, montera fästbultarna och dra åt dem till angivet moment.

d) Montera den nya momentomvandlaren på drivplattans bultar och dra åt dem löst till att börja med, dra sedan åt dem till angivet moment i diagonal ordningsföljd.

e) Dra åt alla muttrar och bultar till angivet moment där sådana anges.

f) Byt ut drivaxelns oljetätningar (se kapitel 7A) och montera drivaxlarna vid växellådan enligt beskrivningen i kapitel 8.

g) Montera de nya tätningsringarna vid oljekylarhuset och se till att de båda anslutningarna fästs ordentligt med klamrarna.

h) När kryssrambalken monteras, se till att distansbrickorna monteras på de två bakre bultarna och ta hänsyn till inställningsmärkena som gjordes vid demonteringen. Dra inte åt kryssrambalkens bultar till angivet moment förrän hela motorns och växellådans vikt vilar på balken.

9.21 Skruva loss bultarna och muttern (vid pilarna) och ta bort fästet

i) Se till att alla jordkablar är ordentligt monterade.

j) Avsluta med att fylla på växellådan med rätt mängd av angiven kvalitet enligt beskrivningen i kapitel 1 och justera växelväljarvajern enligt beskrivningen i avsnitt 3.

10 Växellåda, renovering – allmän information

1 När ett fel uppstår i växellådan måste man först avgöra om felet är mekaniskt eller hydrauliskt, och för detta krävs specialutrustning. Om växellådan misstänks vara defekt måste arbetet därför överlåtas till en Saabverkstad.

2 Ta inte bort växellådan från bilen innan en professionell feldiagnos har ställts. För de flesta test krävs att växellådan sitter kvar i bilen.

Kapitel 8
Drivaxlar

Innehåll

Svårighetsgrader

Enkelt, passar novisen med lite erfarenhet 	**Ganska enkelt,** passar nybörjaren med viss erfarenhet 	**Ganska svårt,** passar kompetent hemmamekaniker 	**Svårt,** passar hemmamekaniker med erfarenhet 	**Mycket svårt,** för professionell mekaniker 

Specifikationer

Allmänt

Drivaxel typ	Stålaxlar med yttre CV-knutar och inre "trebens"-knutar. Mellanliggande axel från höger sida av växellådan till drivaxeln.
Smörjning (endast renovering eller reparation)	Använd endast särskilt fett som medföljer damask- och renoveringssatserna. Knutarna är i annat fall förpackade med fett och förseglade.

Mängd fett till knutarna

Yttre drivknut	120 g
Inre drivknut:	
Standard	190 g
Med röraxel och sexkantshus (upp till chassinummer 230011766)	140 g

Åtdragningsmoment

	Nm
Bultar mellan mellanaxelns fäste och motorn	30
Drivaxel/nav mutter:	
Mutter utan spår (årsmodell 1998/2001)	290
Mutter med spår:	
Årsmodell 1998/2001:	
Steg 1	170
Steg 2	Vinkeldra 45°
Årsmodell 2002 och senare	230
Hjulbultar	110
Klämbult till främre nedre spindelled:	
Årsmodell 1998/1999	100
Årsmodell 2000/2001:	
Steg 1	60
Steg 2	Vinkeldra 90°
Årsmodell 2002 och senare	50

1 Allmän information

Kraft överförs från växellådans slutväxel till hjulen via drivaxlarna. I alla modeller är de yttre drivknutarna av CV-typ (constant velocity) och består av sex kulor som löper i axiella spår. De yttre drivknutarna har axeltappar försedda med splines som hakar i naven i de främre hjulspindlarna. De inre universalknutarna är konstruerade för att röra sig i mindre bågar än de yttre CV-knutarna, och de kan även röra sig längs axeln så att framfjädringen i sin tur kan röra sig. De är av trebenstyp: en trebent "spindel" med nållager och en yttre lagerbana som är fastkilad i drivaxeln, samt ett yttre hus med tre urskärningar i vilka lagerbanorna glider.

En mellanliggande drivaxel med eget stödlager är monterad mellan växellådans axel och den högra drivaxeln – en utformning som utjämnar drivaxelns vinklar vid alla fjädringspunkter och minskar axelns flexibilitet för att förbättra stabiliteten vid hög acceleration.

Universal- och CV-knutarna ger mjuk kraftöverföring till hjulen vid alla styr- och fjädringsvinklar. Knutarna skyddas av gummidamasker och är packade med fett så att de alltid är välsmorda. Om en knut skulle slitas ut kan den bytas ut separat från drivaxeln. Drivknutarna behöver ingen extra smörjning, såvida de inte har renoverats eller gummidamaskerna har skadats så att fettet har förorenats. I kapitel 1 beskrivs hur man kontrollerar drivaxeldamaskernas skick.

2.2a Lossa dammskyddet med en liten mejsel . . .

2.2b . . . och ta bort skyddet från navflänsen

2 Drivaxlar - demontering och montering

Demontering

1 Lyft upp framvagnen och ställ den på pallbockar (se *Lyftning och stödpunkter*). Ta bort hjulet och, i förekommande fall, motorns undre skyddskåpa.

2 På årsmodell 2002 och senare, knacka loss dammskyddet av metall så att du kommer åt navmuttern **(se bilder)**. Observera att det inte går att ta bort skyddet när hjulet är monterat, så du kan inte lossa navmuttern utan att lyfta upp framvagnen.

3 Sätt tillfälligt tillbaka två av hjulbultarna och dra åt dem så att bromsskivan sitter fast på navflänsen. Be en annan person att trycka ner bromspedalen samtidigt som du lossar navmuttern. Skruva loss navmuttern **(se bilder)**. Kasta muttern – en ny måste användas vid återmonteringen. Kontrollera om muttern är försedd med ett spår, eftersom det finns två olika slags muttrar med olika åtdragningsmoment.

4 Om du demonterar drivaxeln på en bil av årsmodell 2002 eller senare, ta bort det inre stänkskyddet från insidan av hjulhuset. Om du ska ta bort den högra drivaxeln på en bil av ovan nämnda årsmodell som har strålkastarlägesgivare, lossa muttern som fäster givararmen i länkarmen. Skruva sedan loss givaren från fästbygeln och för den åt sidan.

5 Skruva loss klämbulten som håller fast framfjädringens nedre spindelled i hjulspindeln. Vrid sedan länkarmen nedåt och lossa kulleden. Säkra länkarmen i det här läget med en träkloss, som du fäster mellan armen och krängningshämmaren.

6 När du tar bort vänster drivaxel, häv försiktigt den inre drivknuten bort från växellådan. Var beredd på att olja kommer att läcka ut, och tvinga inte isär drivknuten.

7 Vid demontering av den högra drivaxeln, knacka loss drivaxeln från mellanaxeln med en mjuk klubba. Observera att splinesen på höger drivaxels inre drivknut är försedd med en låsring, som hakar i ett spår inuti den splinesförsedda delen på mellanaxeln.

8 Lossa bromsvätskeslangen och ABS-vajern från det främre fjäderbenet.

9 Dra ut det främre fjäderbenet och knacka loss drivaxeln från navet med en mjuk klubba. Dra bort den underifrån bilen **(se bilder)**. Var försiktig så att du inte skadar navmuttergängorna på drivaxeln. Om drivaxeln sitter hårt kan du dra loss den från navet med en trearmad avdragare.

Montering

10 Innan du monterar tillbaka vänster drivaxel, kontrollera oljetätningen i växellådan. Byt vid behov ut den enligt beskrivningen i kapitel 7A eller 7B. Stryk lite oanvänd växellådsolja på oljetätningen.

11 Kontrollera att den inre låsringen är i gott skick och sitter korrekt i spåret på drivaxeln **(se bild)**. Detta gäller drivaxlarna på båda sidorna.

12 Se till att splinesen på drivaxelns yttre ände är rena. Dra sedan ut fjäderbenet och för in drivaxeln genom navet, så att axelns och navets splines passas in i varandra. Montera den nya navmuttern och dra åt den med handen.

13 Smörj splinesen i drivaxelns inre ände med växellådsolja. Sätt sedan den inre änden i växellådans solhjul (vänster sida) eller mellanaxel (höger sida) och tryck in den helt tills du hör låsringen snäppa på plats i spåret.

14 Anslut bromsvätskeslangen och ABS-vajern till det främre fjäderbenet.

15 Sätt framfjädringens nedre spindelled i hjulspindeln och kontrollera noga att den går in helt. Sätt sedan fast klämbulten och dra åt till angivet moment.

Varning: Se till att spindelleden är helt införd i hjulspindeln.

16 På årsmodell 2002 och senare, montera tillbaka strålkastarlägesgivaren och det inre stänkskyddet (efter tillämplighet).

17 När två av hjulbultarna håller bromsskivan

2.3a Be någon trycka ner bromspedalen, lossa navmuttern . . .

2.3b . . . och skruva sedan loss den helt

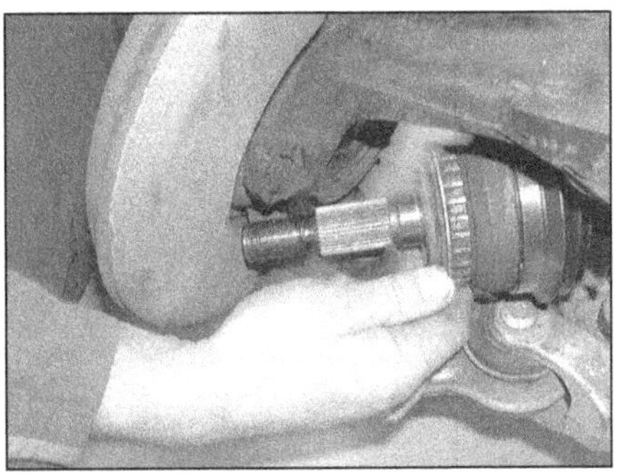

2.9a Ta bort drivaxeln från spåren i navet

2.9b Dra loss drivaxeln från växellådan

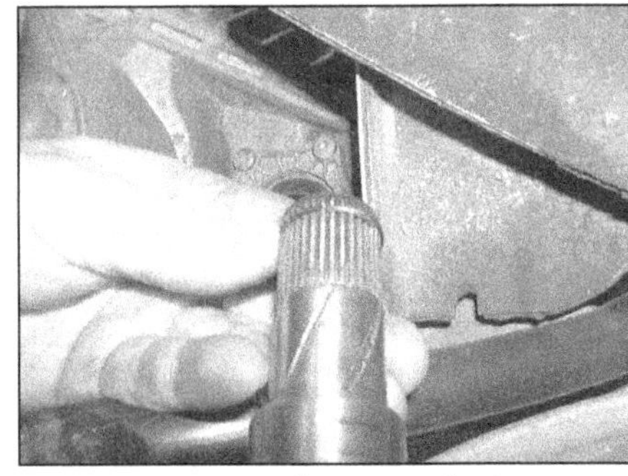

2.11 Kontrollera låsringen på drivaxelns inre ände

3.6 Ta bort klämman . . .

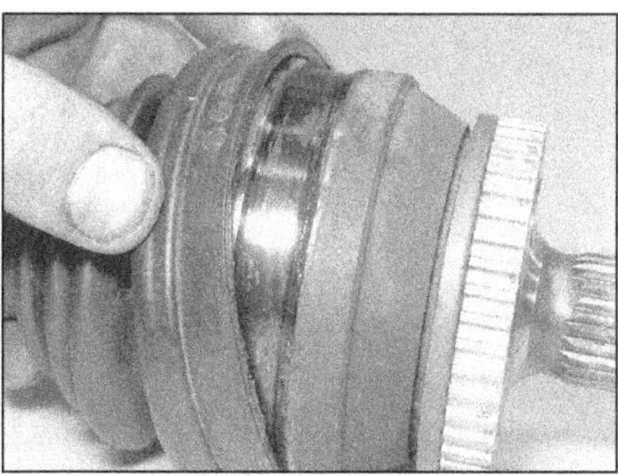

3.7 . . . och ta loss gummidamasken från drivknutshuset

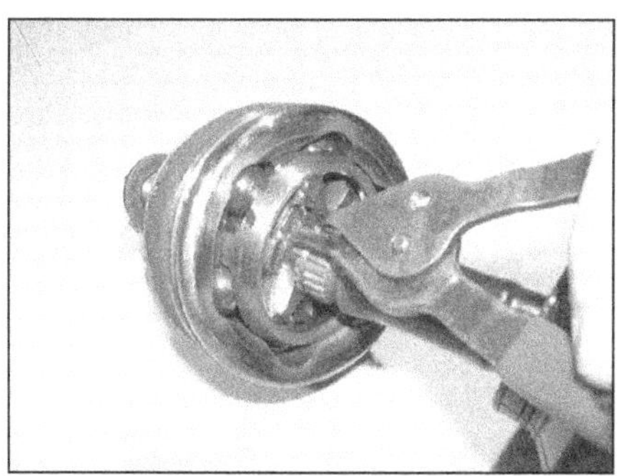

3.9a Öppna låsringen med en låsringstång . . .

på plats, be en medhjälpare att trycka ner bromspedalen. Dra sedan åt navmuttern till angivet moment. Observera att det i äldre modeller finns två olika typer av muttrar med sinsemellan olika åtdragningsmoment.

18 Om bilen är av årsmodell 2002 eller senare, knacka fast dammskyddet på navflänsen.

19 Kontrollera växellådans oljenivå och fyll vid behov på med olja enligt beskrivningen i kapitel 1.

20 Om så är tillämpligt, montera den undre kåpan. Montera sedan hjulet och sänk ner bilen. Dra åt hjulbultarna till angivet moment.

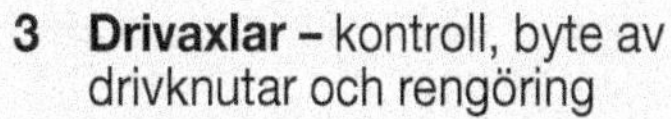

3 **Drivaxlar** – kontroll, byte av drivknutar och rengöring

Kontroll

1 Om kontrollerna i kapitel 1 avslöjar kraftigt slitage eller spel, ta först bort hjulsidan och kontrollera att navmuttern (drivaxelns yttre mutter) är åtdragen till angivet moment. Upprepa kontrollen för navmuttern på den andra sidan.

2 Kontrollera om drivaxlarna är slitna genom att köra bilen långsamt i en cirkel med fullt rattutslag (kör både åt vänster och åt höger), och lyssna efter metalliskt klickande eller knackande ljud från framhjulen. En medhjälpare i passagerarsätet kan lyssna efter ljud från drivknuten närmast passagerarsidan. Om sådana ljud hörs är det ett tecken på slitage i den yttre drivknuten.

3 Om vibrationer som ökar och avtar i förhållande till hastigheten uppstår vid acceleration eller motorbromsning, kan det vara ett tecken på att de inre drivknutarna är slitna. Utför en mer ingående kontroll genom att demontera och ta isär drivaxlarna där så är möjligt, enligt beskrivningen i följande avsnitt. Vänd dig till en Saabverkstad för information om tillgången på drivaxelkomponenter.

4 Om oljud hörs kontinuerligt från området runt den högra drivaxeln, och ökar med hastigheten, kan det tyda på slitage i stödlagret.

Byte av yttre drivknut

5 Demontera drivaxeln enligt beskrivningen i avsnitt 2. Rengör den noggrant och fäst den i ett skruvstäd. Det är mycket viktigt att damm, smuts och dylikt inte kommer in i drivknuten.

6 Lossa den stora klämman som fäster gummidamasken i den yttre drivknuten **(se bild)**. Lossa därefter den lilla klämman som fäster gummidamasken vid drivaxeln. Notera hur damasken är monterad.

7 Dra bort gummidamasken längs drivaxeln, bort från knuten **(se bild)**. Ta bort så mycket som möjligt av fettet från drivknuten och damasken.

8 Markera den yttre drivknutens och drivaxelns läge i förhållande till varandra, så att du kan återmontera dem korrekt.

9 Använd en låsringstång på knutens innerkant, öppna låsringen och dra bort knuten från drivaxeländen **(se bilder)**. Om den sitter hårt, använd en hammare och en mjuk dorn för att knacka bort drivknutens nav från splinesen. Observera att du på senare modeller kanske

3.9b . . . och dra bort drivknuten från drivaxelns ände

inte behöver öppna låsringen, eftersom den lossnar från drivaxeln när du tar bort drivknuten.

10 När knuten är borttagen, dra bort gummidamasken och den lilla klämman från drivaxeln **(se bild)**. Kontrollera om gummidamasken är sprucken eller perforerad och byt ut den om det behövs.

11 Rengör noggrant splinesen på drivaxeln och drivknuten. Rengör även kontaktytorna på gummidamasken. Om drivknuten har förorenats med grus eller vatten måste du ta bort den och rengöra den enligt beskrivningen längre fram i det här avsnittet. Kontrollera skicket på låsringen i drivknuten. Byt ut den om det behövs **(se bild)**.

12 Sätt på damasken tillsammans med den lilla klämman på drivaxelns yttre ände. Stryk lite fett på drivaxeln så går det lättare.

13 Fyll drivknuten med angiven mängd fett. Se till att fettet fyller ut alla håligheter **(se bild)**.

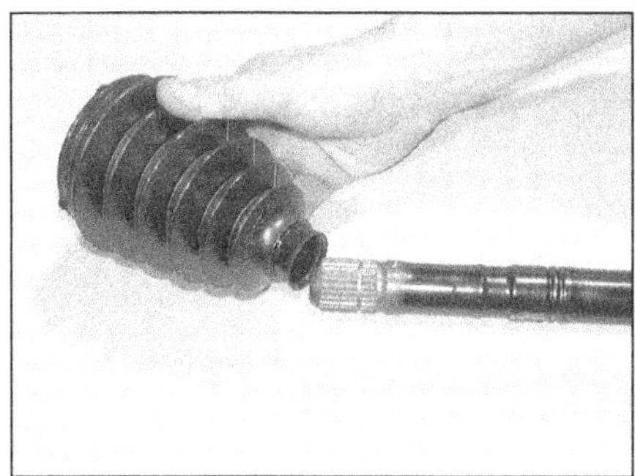

3.10 Ta bort gummidamasken

3.11 Låsringen sitter kvar i den yttre drivknuten

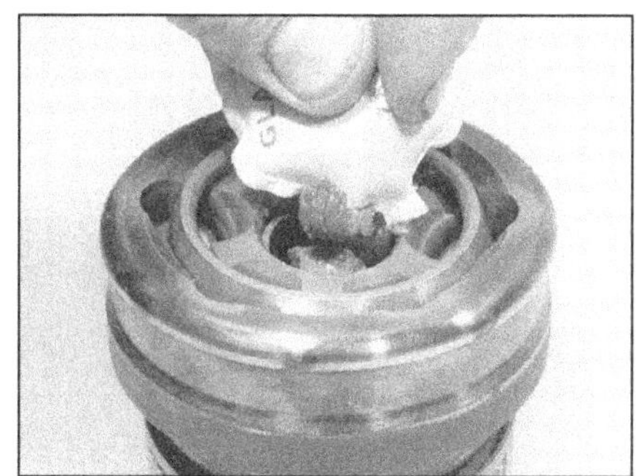

3.13 Fyll CV-knuten med fett från reparationssatsen

3.22a Ta bort låsringen . . .

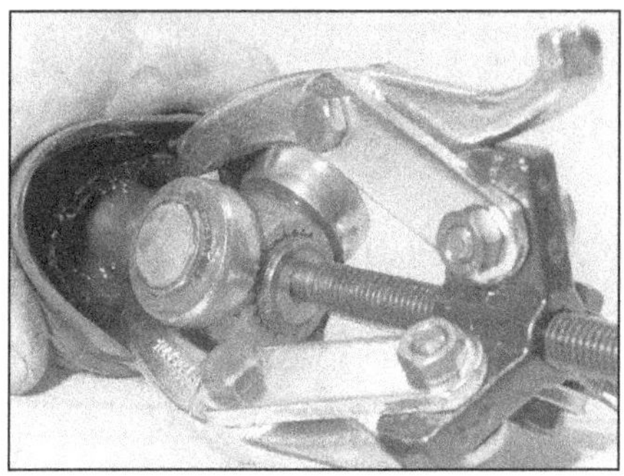

3.22b . . . dra sedan loss "spindeln" från drivaxelns splines med en avdragare

14 Placera den yttre drivknuten på drivaxelns splines så att den sitter jäms med markeringarna du gjorde tidigare. Tryck tills den invändiga låsringen låser fast i spåret.

15 Sätt tillbaka gummidamasken på drivknutens yttre hus så att den sitter likadant som innan du tog bort den. Sätt därefter tillbaka de två klämmorna. Dra åt klämmorna ordentligt.

16 Montera drivaxeln enligt beskrivningen i avsnitt 2.

Byte av inre drivknut

17 Demontera drivaxeln enligt beskrivningen i avsnitt 2. Rengör den noggrant och fäst den i ett skruvstäd. Det är mycket viktigt att damm, smuts och dylikt inte kommer in i drivknuten.

18 Lossa den stora klämman som fäster gummidamasken i den inre drivknuten. Lossa därefter den lilla klämman som fäster gummidamasken vid drivaxeln. Notera hur damasken är monterad. Om den fabriksmonterade damasken används måste du böja upp metallplattan för att ta loss damasken från drivknutskåpan, men du behöver inte böja tillbaka plattan igen vid återmonteringen.

19 Skjut ner gummidamasken längs drivaxeln, bort från drivknuten.

20 Ta bort så mycket som möjligt av fettet från drivknuten och damasken.

21 Märk ut drivaxelns position i förhållande till drivknutskåpan med en körnare eller färg. Ta sedan loss kåpan från knuten.

22 Markera drivaxelns placering i förhållande till själva knuten med färg eller med en körnare. Öppna och ta bort låsringen från drivaxelns ände med en låsringstång. Dra sedan loss trebensknuten tillsammans med dess nållager med hjälp av en avdragare **(se bilder)**. Observera att drivknutens sneda yta är vänd mot mitten av drivaxeln.

23 Dra bort gummidamasken och den lilla klämman från drivaxeln. Kontrollera om gummidamasken är sprucken eller perforerad. Byt ut den om det behövs.

24 Rengör noggrant splinesen i drivaxeln och den inre drivknuten. Rengör även kontaktytorna på gummidamasken. Om drivknuten har förorenats med grus eller vatten måste du ta loss den och rengöra den enligt beskrivningen längre fram i det här avsnittet. Kontrollera låsringens skick och byt ut den om det behövs. Kontrollera att de tre drivknutslagren roterar fritt utan motstånd, och att de inte är alltför slitna.

25 Sätt på damasken tillsammans med den lilla klämman på drivaxelns inre ände. Stryk lite fett på drivaxeln så går det lättare.

26 Montera trebensknuten på drivaxelns splines med den sneda ytan först. Se till att de märken du gjorde tidigare är i linje med varandra **(se bild)**. Tryck fast knuten helt på drivaxeln med en hylsnyckel eller ett metallrör. Sätt därefter tillbaka låsringen och kontrollera att den sitter ordentligt i spåret.

27 Fyll drivknuten och drivknutskåpan med angiven mängd fett. Se till att fettet fyller ut alla håligheter, även i lagren. Sätt den inre drivknutskåpan på trebensknuten så att den sitter likadant som före demonteringen.

28 Sätt tillbaka gummidamasken på drivknutens kåpa så att den sitter likadant som innan du tog bort den. Sätt därefter tillbaka de två klämmorna. Dra åt klämmorna ordentligt. Om sådana klämmor används som måste klämmas ihop, gör detta med en krimptång **(se bild)**.

29 Montera drivaxeln enligt beskrivningen i avsnitt 2.

Rengöring av drivknutar

30 Om en drivknut har förorenats med grus eller vatten på grund av en skadad gummidamask, måste knuten demonteras och rengöras. Demontera drivknuten enligt beskrivningen tidigare i det här avsnittet.

31 För att ta isär den yttre drivknuten, fäst den lodrätt i ett skruvstäd med mjuka käftar. Vrid sedan det splinesade navet och kulburen så att du kan ta bort de enskilda kulorna. Ta bort navet och därefter kulburen.

32 Den inre drivknuten tas isär vid demonteringen, men trebensknutens lager ska sköljas med lämpligt lösningsmedel, så att alla fettrester försvinner.

33 Rengör noggrant båda drivknutarnas kåpor, kullagren, burarna och kulorna så att du får bort alla fettrester och smuts.

34 Vid hopsättningen av den yttre drivknuten, sätt först in buren och därefter navet. Flytta navet och hållaren så att du kan sätta i kulorna en i taget.

4 Drivaxeldamasker - byte

1 Skaffa en sats nya damasker och fästklämmor från en Saabåterförsäljare eller en motorspecialist.

2 Demontering och montering av damaskerna beskrivs i avsnitt 3.

5 Mellanliggande drivaxel och stödlager - demontering, renovering och montering

Demontering

1 Koppla loss batteriets minuskabel (se *Koppla ifrån batteriet* i referenskapitlet).

2 Dra åt handbromsen. Lyft upp framvagnen och ställ den på pallbockar (se *Lyftning och stödpunkter*). Demontera höger framhjul.

3 Arbeta under det högra hjulhuset, lossa fästena och ta bort stänkskyddet så att du kommer åt motorns högra sida.

4 Ta bort motorns övre skyddskåpa i motorrummet.

5 Ta bort klämman som håller fast servostyrningsröret.

6 Stötta motorns högersida med en garagedomkraft och träkloss under oljesumpen. Du

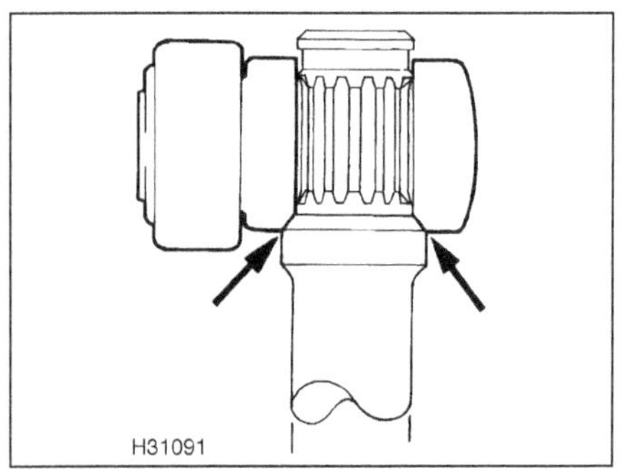

3.26 På den inre drivknuten, se till att den fasade änden ligger an mot den inre ansatsen på drivaxeln

3.28 Använd en krimptång för att dra åt damaskklämmorna

5.18 Bultar till den mellanliggande axelns fästbygel

5.19 Ta bort den mellanliggande drivaxeln från växellådan

5.20 Dammtätning till mellanliggande drivaxel

kan också trycka in en träkloss mellan kryssrambalken och sumpen.

7 Skruva loss den övre högra motorfästbygeln (se kapitel 2A om det behövs).

8 Notera hur drivremmen är monterad och markera den normala rörelseriktningen med en pil.

9 Använd ett förlängningsskaft med fyrkantsfäste och vrid spännaren moturs för att lossa spänningen. Dra sedan av drivremmen från vevaxelns, generatorns, luftkonditioneringskompressorns remskivor samt överföringsremskivorna. Lossa spännaren.

10 Skruva loss spännaren från motorn med en 8,0 mm insexnyckel. Skruva även loss generatorns övre fästbult.

11 Lossa hydraulslangen till frambromsarna och flytta den åt sidan. Koppla också loss ABS-kablaget.

12 I bilar av årsmodell 2002 eller senare, som är försedda med strålkastarlägesgivare, lossa muttern som fäster givararmen i den nedre länkarmen. Skruva sedan loss givaren från fästbygeln och för den åt sidan.

13 Skruva loss klämbulten som håller fast framfjädringens nedre spindelled i hjulspindeln. Notera åt vilket håll bulten är monterad. Bänd länkarmen nedåt och lossa kulleden från hjulspindeln. Lås sedan armen i detta läge genom att placera en träbit mellan armen och krängningshämmaren.

14 Knacka loss drivaxelns inre drivknut från mellanaxeln med en mjuk klubba och sänk ner drivaxeln på kryssrambalken och länkarmen. Om låsringen sitter fast, tryck knuten mot den innan du knackar på den med klubban. Be vid behov en medhjälpare att dra ut fjäderbenet när drivaxeln trycks ihop.

15 Skruva loss muttrarna på generatorns baksida och koppla loss batteriets pluskabel och varningslampans kabel.

16 Skruva loss generatorns nedre fästbult och för generatorn åt sidan.

17 Placera en behållare under växellådan för att fånga upp eventuellt vätskespill när den mellanliggande drivaxeln demonteras.

18 Skruva loss bultarna som fäster stödlagerbygeln i motorblockets baksida **(se bild)**.

19 Bänd loss bygeln från styrhylsorna på motorblocket med en skrkuvmejsel. Dra sedan loss mellanaxeln från det splinesade solhjulet i växellådan **(se bild)**.

Renovering

20 När mellanaxeln och fästbygeln ligger på bänken, ta bort dammtätningen från axelns ände. Tätningen kan ha lossnat tillsammans med den högra drivaxeln **(se bild)**.

21 Ta bort den yttre, lilla låsringen med en låsringstång från mellanaxelns ände **(se bild)**.

22 Nu ska mellanaxeln tryckas loss från lagret. Fäst fästbygeln i ett skruvstäd och pressa ut axeln. Om axeln ska bytas ut, ta ut den inre, lilla låsringen från axeln **(se bild)**.

23 Använd en låsringstång och dra bort den stora låsringen som håller lagret i fästbygeln. Skruva fast fästbygeln i ett skruvstäd och tryck eller driv ut lagret från fästbygeln.

24 Sätt fast fästbygeln med den öppna änden uppåt, sätt sedan det nya lagret på plats och tryck eller driv in det helt i det yttre lagerspåret med hjälp av en metallhylsa. Montera den stora låsringen för att fästa lagret i fästbygeln.

25 Sätt fast mellanaxeln i skruvstädet och sätt tillbaka den lilla låsringen i drivaxeln. Sätt därefter tillbaka lagret och fästbygeln på drivaxeln och pressa eller tryck på den inre lagerbanan tills den kommer i kontakt med låsringen. Se till att fästbygeln monteras åt rätt håll och tryck endast på den inre lagerbanan.

26 Montera den lilla låsringen i ringspåret, se till att den konkava sidan riktas mot lagret.

27 Sätt en ny dammtätning på mellanaxelns yttre ände.

Montering

28 Rengör växellådans oljetätning, smörj sedan in tätningläpparna med lite olja. Vi rekommenderar att du alltid byter oljetätningen enligt beskrivningen i kapitel 7A eller 7B, eftersom det är besvärligt att byta ut den separat.

29 Montera den mellanliggande drivaxeln i växellådans sidokugghjul och låt splinesen haka i varandra.

30 Placera fästbygeln på stiften, sätt sedan i bultarna och dra åt dem till angivet moment.

31 Se kapitel 5A och kontrollera att generatorns justerhylsor knackas ut ca 1,0 mm från fästbygeln. Sätt därefter tillbaka generatorns fästbultar och dra åt dem.

32 Återanslut batteriets pluskabel och varningslampans kabel på baksidan av generatorn och dra åt ordentligt.

33 Dra ut fjäderbenet och placera den inre drivknutens splines i mellanaxelns splines. Tryck på drivknuten tills den inre låsringen hamnar i spåret i änden av splinesen.

34 Ta bort träklossen och håll ner länkarmen, samtidigt som du placerar spindelleden i hjulspindeln. Se till att spindelleden förs in helt i hjulspindeln. Sätt därefter tillbaka klämbulten med huvudet i samma läge som innan demonteringen och dra åt till angivet moment.

35 På årsmodell 2002 och senare, montera tillbaka strålkastarlägesgivaren och dra åt fästbultarna/muttern.

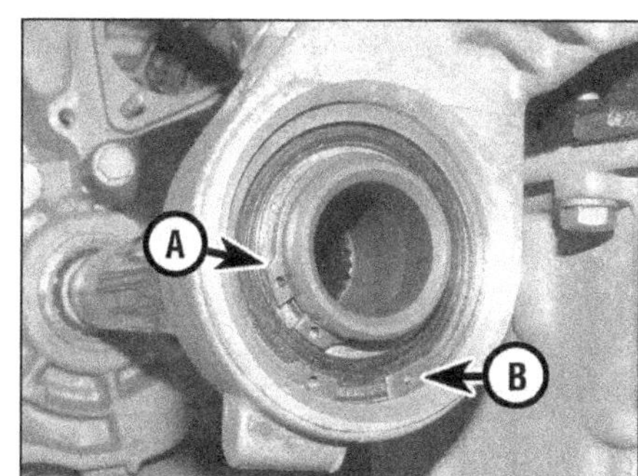

5.21 Liten låsring (A) och stor låsring (B) på den mellanliggande axelns lager

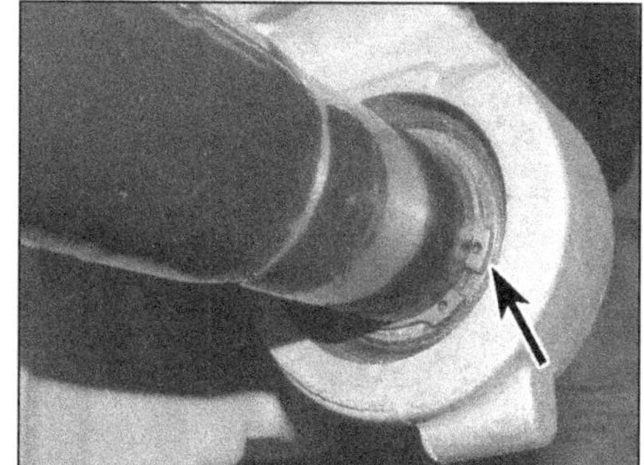

5.22 Inre liten låsring på drivaxeln

36 Sätt tillbaka bromshydraulslangen i klämmorna på fjäderbenet och återanslut ABS-kablaget.

37 Sätt i generatorns övre fästbult och dra åt den ordentligt.

38 Montera drivremsspännaren och dra åt bultarna med en 8,0 mm insexnyckel.

39 Vrid spännaren medurs med förlängningsskaftet och sätt tillbaka drivremmen på remskivorna. Se till att den är korrekt monterad och ligger säkert i remskivornas spår. Släpp därefter spännaren.

40 Montera motorns övre högra fästbygel och dra åt bultarna till angivet moment (se kapitel 2A). Ta bort stödet från motorns högra sida.

41 Sätt tillbaka klämman som håller fast servostyrningsröret.

42 Fyll på med växellådsolja enligt beskrivningen i kapitel 1.

43 Montera motorns övre skyddskåpa.

44 Sätt tillbaka stänkskyddet under höger hjulhus.

45 Montera hjulet och sänk ner bilen.

46 Anslut batteriets minuskabel (se *Koppla ifrån batteriet* i referenskapitlet).

Kapitel 9
Bromssystem

Innehåll

Svårighetsgrader

Enkelt, passar novisen med lite erfarenhet 

Ganska enkelt, passar nybörjaren med viss erfarenhet 

Ganska svårt, passar kompetent hemmamekaniker 

Svårt, passar hemmamekaniker med erfarenhet 

Mycket svårt, för professionell mekaniker 

Specifikationer

Allmänt

Bromssystemets typ och utformning:

Fotbroms	Hydrauliska diagonalkretsar; vänster fram/höger bak och höger fram/vänster bak. Bromsskivor fram och bak, ventilerade bromsskivor fram. Enkolvs glidande bromsok fram, tvåkolvs fasta bromsok (äldre modeller) eller flytande bromsok (nyare modeller) bak. Låsningsfria bromsar (ABS) är standard på alla modeller med vakuumservo. Elektronisk stabilisering (ESP) som tillval på vissa modeller.
Handbroms	Spak- och vajerstyrd, verkar på bromsbackar i trummor inbyggda i de bakre bromsskivorna.

Främre bromsar

Bromsskivor:	
Typ	Ventilerade
Utvändig diameter	288,0 mm
Tjocklek (ny bromsskiva)	25,0 mm
Minimitjocklek efter slipning	23,5 mm
Minimitjocklek efter slitage	22,0 mm
Maximal skevhet	0,08 mm
Maximal tjockleksvariation	0,015 mm
Bromsok:	
Typ	Enkel kolv av flottörtyp
Kolvdiameter	57,0 mm
Bromsklossar:	
Minimitjocklek på bromsbeläggen	5,0 mm
Tjocklek för varningsljudsignal	3,0 mm

Bakre bromsar

Bromsskivor:	
Typ	Massiva
Utvändig diameter	286,0 mm
Tjocklek (ny bromsskiva)	10,0 mm
Minimitjocklek efter slipning	8,5 mm
Minimitjocklek efter slitage	8,0 mm
Maximal skevhet	0,08 mm
Maximal tjockleksvariation	0,015 mm
Handbromstrummans inre diameter	160,0 mm
Handbromstrummans maximala ovalitet	0,08 mm
Bromsok:	
Typ:	
Äldre	Fasta, dubbla kolvar
Nyare	Flytande, enkel kolv
Kolvdiameter	38,0 mm
Bromsklossar:	
Bromsbeläggens minsta tjocklek:	
Fast bromsok	5,0 mm
Flytande bromsok	4,0 mm
Handbroms:	
Minsta tjocklek på bromsbackarnas belägg	0,5 mm

ABS-komponenter

Hjulgivare:	
Resistans	1 600 ± 160 ohm vid 20 °C
Spel mellan givare och tand (ej justerbart)	0,2 till 1,3 mm

Åtdragningsmoment

	Nm
ABS hydraulenhetens fästmutter	20
Bakhjulsnav till bakaxel:	
Steg 1	50
Steg 2	Vinkeldra 30°
Bakre bromsok till fästplatta (fast bromsok)	80
Bakre bromsokets fästbygel (flytande bromsok)	80
Bakre bromsrör, anslutningsmutter (fast bromsok)	16
Bakre bromsslang till bromsok (flytande bromsok)	43
Bromsokens styrbultar	28
ESP hydraulenhet (Elektronisk stabilisering)	20
Främre bromsokets fästbygel:	
1998 till 2001	117
2002 och senare:	
Steg 1	140
Steg 2	Vinkeldra 45°
Främre bromsslang till bromsok:	
1998 till 2001	45
2002 och senare	40
Hjulbultar	110
Huvudcylinder	25
Huvudcylinderns hydraulrör:	
1998 till 2001:	
Höger	12
Vänster	15
2002 och senare	16
Klämbult mellan rattstång och drev	25
Stödfäste till handbromsvajer	8
Vakuumpumpens (mekanisk) banjobult	24
Vakuumpumpens (mekanisk) fästbult	24
Vakuumservo	25

1 Allmän information

Bilen bromsas med ett tvåkretsars hydraulsystem och en vakuumservoenhet. Alla modeller har bromsskivor både fram och bak. De främre bromsskivorna är ventilerade för att förbättra kylningen och minska slitaget.

De dubbla hydraulkretsarna verkar diagonalt. På vänsterstyrda modeller verkar primärkretsen på vänster fram- och höger bakbroms. Sekundärkretsen verkar på höger fram- och vänster bakbroms. I högerstyrda modeller är kretsarnas verkan omkastade. Utformningen garanterar att bilen behåller minst 50 % av sin bromskapacitet om någon av hydraulkretsarna drabbas av tryckfall. Den diagonala utformningen hindrar bilen från att bli instabil om bromsarna läggs an när bara en krets fungerar.

De främre bromsoken är flytande och av enkolvstyp. Varje bromsok innehåller två bromsklossar, en innanför och en utanpå bromsskivan. Vid bromsning tvingar hydrauliskt tryck kolvarna längs cylindern och trycker den inre bromsklossen mot bromsskivan. Bromsokshuset reagerar genom att glida längs sina styrsprintar så att den yttre bromsklossen kommer i kontakt med bromsskivan. På så sätt påverkar bromsklossarna bromsskivan med lika stort tryck från båda sidorna. När bromspedalen släpps upp minskar hydraultrycket, och kolvtätningen drar tillbaka kolven från bromsklossen.

De bakre bromsoken har på äldre modeller dubbla fasta kolvar och två bromsklossar, en innanför och en utanpå skivan. Nyare modeller är försedda med ett flytande enkolvs bromsok med två bromsklossar. Kolvarna i äldre modeller arbetar oberoende av varandra, men den nyare typen fungerar på samma sätt som de främre bromsoken.

De bakre bromsskivorna är försedda med trummor och bromsbackar för handbromsen. En primärvajer och två sekundära vajrar från handbromsspaken manövrerar armen på varje bakbromsexpander. Handbromsen är inte självjusterande och behöver därför justeras regelbundet.

Bromsvakuumservon använder motorns insugsrörsvakuum för att förstärka bromsrörelsen till huvudcylindern från bromspedalen. För att servon ska matas med tillräckligt undertryck på modeller med automatväxellåda, är vakuumet i insugsröret förstärkt med en extra vakuumpump som drivs via avgaskamaxeln. På modeller till och med år 2000 sitter en elektrisk, spänningsstyrd vakuumpump framför batteriet. Pumpen slås på när undertrycket i insugsröret understiger 0,35 bar och slås av när vakuumtrycket överstiger 0,4 bar. Trycket anges av en tryckgivare som sitter monterad på insugsröret. Backventiler i vakuumledningarna isolerar insugsröret och den elektriska vakuumpumpen, så att det nödvändiga undertrycket upprätthålls i ledningarna. Systemet fungerar endast när tändningen är på och läge D är valt. På årsmodell 2001 och senare tillhandahålls det erforderliga undertrycket av en mekanisk vakuumpump, som sitter längst till vänster på topplocket. Pumpen drivs av kamaxeln. På årsmodell 2001 och senare är turbomodeller med manuell växellåda försedda med en "ejektorenhet", som förstärker undertrycket till vakuumservon. Enheten är monterad i laddluftröret och ökar luftflödets hastighet via en stryphylsa, som på så sätt förmedlar undertryck till servon.

På alla modeller är ett ABS-system (låsningsfria bromsar) monterat som standard. Systemet hindrar hjulen från att låsa sig vid kraftig inbromsning. Det förkortar bromssträckan, samtidigt som föraren behåller kontrollen över styrningen. Genom att elektroniskt mäta varje hjuls hastighet i förhållande till de andra hjulen kan systemet avgöra när ett hjul är på väg att låsa sig, innan föraren förlorar kontrollen över bilen. Bromsvätsketrycket till oket i det aktuella hjulet minskar och återställs (moduleras) flera gånger i sekunden tills kontrollen återfåtts. Systemet består av fyra hjulhastighetsgivare, en hydraulenhet med inbyggd ECU, bromsledningar och en varningslampa på instrumentbrädan. De fyra hjulhastighetsgivarna är monterade på hjulnaven. Varje hjul är försett med ett roterande nav med kuggar, som är monterat på drivaxeln (fram) eller navet (bak). Givarna är monterade i närheten av dessa nav. Kuggarna genererar en spänningsimpuls, vars frekvens varierar med navets hastighet. Impulserna överförs till ECU, som använder dem till att beräkna hastigheten för varje hjul. ECU har ett verktyg för självdiagnos och tar ABS-systemet ur drift samt tänder varningslampan på instrumentpanelen om ett fel upptäcks. Bromssystemet övergår då till att fungera som konventionella bromsar, utan ABS. Om felet inte hittas vid en vanlig kontroll *måste* bilen lämnas in till en Saabverkstad, som har rätt diagnosutrustning för att läsa av ABS-systemets styrenhet elektroniskt och ta reda på exakt var felet ligger.

Ett antispinnsystem (TCS) finns som tillbehör på en del modeller. Det arbetar tillsammans med ABS-systemet, och en ytterligare pump med ventiler är monterad på den hydrauliska aktiveraren. Om hjulspinn upptäcks vid hastigheter under 50 km/tim öppnas en av ventilerna. Pumpen trycksätter bromsen tills hjulhastigheten är densamma som fordonets hastighet. På så sätt överförs kraften till det hjul som har bäst fäste. Samtidigt stängs ventilplattan något, så att kraften från motorn minskar.

Det elektroniska stabilitetssysstemet (ESP) utökar ABS-systemet med ytterligare funktioner. Givare avläser rattutslaget, trycket i bromshuvudcylindern, girhastighet och accelerationen i sidled. Utifrån denna information kan systemet jämföra förarens avsikter med fordonets rörelse och korrigera efter behov.

2 Bromssystem – luftning

Varning: Bromsvätskan är giftig. Tvätta noggrant bort vätskan omedelbart vid hudkontakt och sök omedelbar läkarhjälp om vätska sväljs eller hamnar i ögonen. Vissa bromsvätskor är lättantändliga och kan självantända om de kommer i kontakt med heta komponenter. När du utför service på ett bromssystem, är det säkrast att anta att vätskan är brandfarlig. Vidta samma åtgärder som om det vore bensin. Bromsvätska är även ett effektivt färgborttagningsmedel och angriper plast. Vid spill måste vätskan sköljas bort omedelbart med stora mängder rent vatten. Den är också hygroskopisk (den absorberar fukt från luften) – gammal vätska kan vara förorenad och är därför inte lämplig att använda. Vid påfyllning eller byte ska alltid vätska av rekommenderad typ användas och den måste komma från en förseglad nyligen öppnad förpackning.

Allmänt

1 Ett hydraulsystem kan inte fungera som det ska förrän all luft har avlägsnats från komponenterna och kretsen. Detta görs genom att systemet luftas.

2 Tillsätt endast ren, oanvänd bromsvätska av rekommenderad typ under luftningen. Återanvänd aldrig vätska som redan har tömts ur systemet. Se till att ha tillräckligt mycket vätska i beredskap innan luftningen påbörjas.

3 Om det finns någon risk att fel typ av vätska finns i systemet, måste bromskomponenterna och kretsarna spolas ur helt med ren vätska av rätt typ, och alla tätningar måste bytas.

4 Om bromsvätska har läckt ur systemet eller om luft har trängt in på grund av en läcka, måste läckaget åtgärdas innan arbetet fortsätter.

5 Parkera bilen över en smörjgrop eller på ramper. Alternativt, dra åt handbromsen, lyft upp bilen med en domkraft och ställ den på pallbockar (se *Lyftning och stödpunkter*). Demontera hjulen för bättre åtkomlighet.

6 Kontrollera att alla rör och slangar sitter säkert, att anslutningarna är ordentligt åtdragna och att luftningsskruvarna är åtdragna. Tvätta bort all smuts runt luftningsskruvarna.

7 Skruva loss huvudcylinderbehållarens lock och fyll på behållaren till maxmarkeringen. Sätt tillbaka locket löst. Kom ihåg att oljenivån aldrig får sjunka under MIN-nivån under arbetet, annars finns det risk för att ytterligare luft tränger in i systemet.

8 Det finns ett antal enmans gör-det-själv luftningssatser att köpa i biltillbehörsbutiker. Vi rekommenderar att en sådan sats används, eftersom den i hög grad förenklar arbetet och dessutom minskar risken för att avtappad vätska och luft sugs tillbaka in i systemet. Om

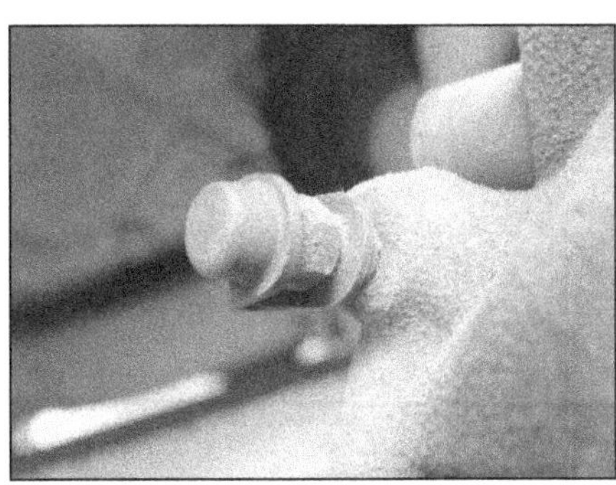
2.14 Dammskydd på okets luftningsskruv

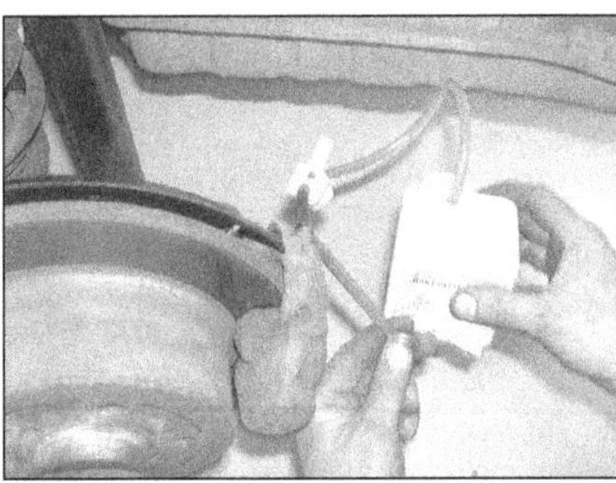
2.22 Luftning av bakre bromskrets med backventilsats

det inte går att få tag på en sådan sats återstår bara den vanliga tvåmansmetoden som beskrivs i detalj nedan.

9 Om en luftningssats ska användas, förbered bilen enligt beskrivningen ovan och följ sedan medföljande instruktioner – metoden kan variera något mellan olika luftningssatser. I allmänhet är metoden den som beskrivs i relevant underavsnitt.

10 Oavsett vilken metod som används måste ordningen för luftning (se punkt 11 och 12) följas för att systemet garanterat ska tömmas på all luft.

Luftning – ordningsföljd

11 Om systemet endast kopplats ur delvis och åtgärder vidtagits för att minimera oljespill, ska bara den aktuella delen av systemet behöva luftas (det vill säga primär- eller sekundärkretsen).

12 Om hela systemet ska luftas ska det göras i följande ordningsföljd:

a) Höger frambroms.
b) Vänster bakbroms.
c) Vänster frambroms.
d) Höger bakbroms.

Luftning

Grundläggande metod (två personer)

13 Skaffa en ren glasburk, en lagom lång bit plast- eller gummislang som sluter tätt över luftningsskruven och en ringnyckel som passar skruven. En medhjälpare behövs också.

14 Ta bort dammskyddet från den första luftningsskruven i ordningen **(se bild)**. Placera nyckeln och slangen på skruven. Placera slangens andra ände i glasburken och häll i så mycket vätska att slangänden täcks.

15 Se till att oljenivån i huvudcylinderbehållaren överstiger MIN-markeringen under hela arbetet.

16 Låt medhjälparen pumpa bromsen i botten flera gånger så att ett inre tryck byggs upp i systemet.

17 Lossa luftningsskruven ungefär ett halvt varv och låt sedan medhjälparen långsamt trampa ner bromspedalen till golvet och hålla fast den där. Dra åt avluftningsskruven och låt medhjälparen långsamt släppa upp pedalen till viloläget.

18 Upprepa proceduren i punkt 17 tills vätskan som rinner från luftningsskruven är fri från luftbubblor. Kontrollera vätskenivån i behållaren efter varannan eller var tredje pedalnedtryckning och fyll på med mer vätska om det behövs.

19 Dra åt luftningsskruven ordentligt när inga fler bubblor kommer ut. Ta sedan bort slangen och nyckeln, och sätt tillbaka dammkåpan. Dra inte åt luftningsskruven för hårt.

20 Upprepa proceduren på de kvarvarande skruvarna i ordningsföljden tills all luft har tömts ur systemet och bromspedalen känns fast igen.

Luftningssats med backventil

21 Dessa luftningssatser består av en bit slang försedd med en backventil som förhindrar att luft och vätska dras tillbaka in i systemet. Vissa satser levereras även med en genomskinlig behållare som kan placeras så att luftbubblorna lättare kan ses flöda från slangänden.

22 Koppla luftningssatsen till luftningsskruven och öppna den **(se bild)**. Gå till förarsätet, tryck ner bromspedalen mjukt och stadigt och släpp sedan långsamt upp den igen. Upprepa tills vätskan som rinner ut är fri från luftbubblor.

23 Observera att dessa luftningssatser underlättar arbetet så mycket att man lätt glömmer huvudcylinderbehållarens vätskenivå. Se till att nivån hela tiden ligger över MIN-markeringen.

Tryckluftssats

24 De tryckluftsdrivna luftningssatserna drivs ofta av luften i reservdäcket. Observera dock att trycket i reservdäcket kan behöva minskas. Se instruktionerna som följer med luftningssatsen.

25 Om man ansluter en trycksatt, vätskefylld behållare till huvudcylinderbehållaren kan luftningen utföras genom att man helt enkelt öppnar skruvarna i tur och ordning (i den angivna ordningsföljden) och låter vätskan flöda ut tills den inte längre innehåller några luftbubblor.

26 En fördel med den här metoden är att den stora vätskebehållaren ytterligare minskar risken att luft dras tillbaka in i systemet under luftningen.

27 Luftning med tryckluftssats lämpar sig särskilt för luftning av "svåra" system, eller för luftning av hela system vid rutinmässiga vätskebyten.

Alla metoder

28 När luftningen är avslutad och pedalen känns fast, torka bort eventuellt vätskespill, dra åt luftningsskruvarna ordentligt och sätt tillbaka dammskydden.

29 Kontrollera bromsvätskenivån i huvudcylinderbehållaren och fyll på om det behövs (se *Veckokontroller*).

30 Kassera all vätska som har tappats ur systemet. Den lämpar sig inte för återanvändning.

31 Kontrollera känslan i bromspedalen. Om rörelsen känns "svampig" finns det luft kvar i systemet och ytterligare luftning behövs. Om systemet inte är helt luftat efter ett rimligt antal upprepningar av luftningen kan det bero på slitna huvudcylindertätningar.

3 Bromsrör och slangar – byte

1 Om ett rör eller en slang måste bytas ut, minimera vätskespillet genom att först ta bort huvudcylinderbehållarens lock och sedan skruva på det igen över en bit plastfolie så att det blir lufttätt. Locket är försett med en nivåvarningsflottör, vilket gör att slangklämmor kan monteras på böjliga slangar och isolera delar av kretsen. Bromsrörsanslutningar kan pluggas igen eller täckas över direkt när de kopplas loss. Var då noga med att inte låta smuts komma in i systemet. Placera trasor under alla anslutningar som ska kopplas loss för att fånga upp vätskespill.

2 Om en slang ska kopplas loss, skruva loss muttern till bromsrörsanslutningen innan fjäderklämman som fäster slangen i fästkonsolen tas bort **(se bild)**. I förekommande fall, skruva loss banjoanslutningsbulten som fäster slangen vid bromsoket och ta loss kopparbrickorna. När den främre slangen tas bort, dra ut fjäderklämman och koppla loss den från fjäderbenet.

3 Använd helst en bromsrörsnyckel av lämplig storlek för att skruva loss anslutningsmuttrarna till rören. Sådana finns att köpa i de flesta biltillbehörsbutiker. Finns ingen sådan nyckel tillgänglig måste en tättsittande öppen

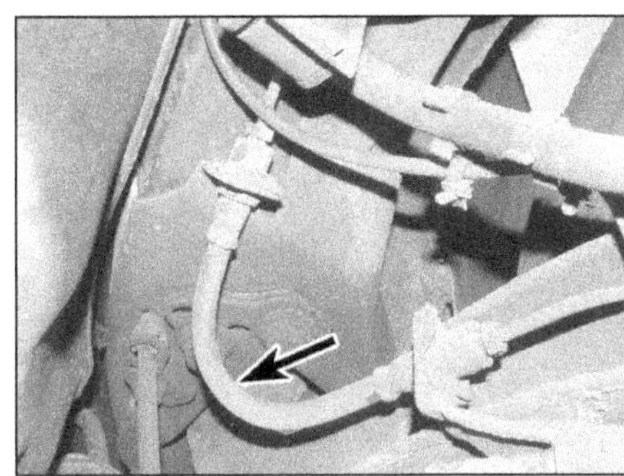
3.2 Böjlig slang till bakbromsarna mellan underrede och länkarm

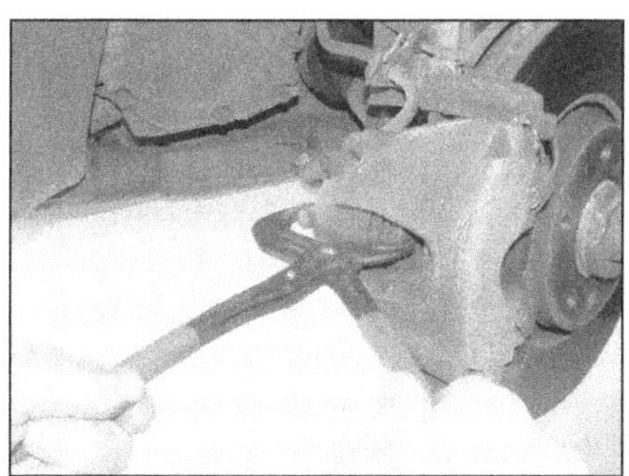

4.2 Tryck in kolven i oket med en polygrip

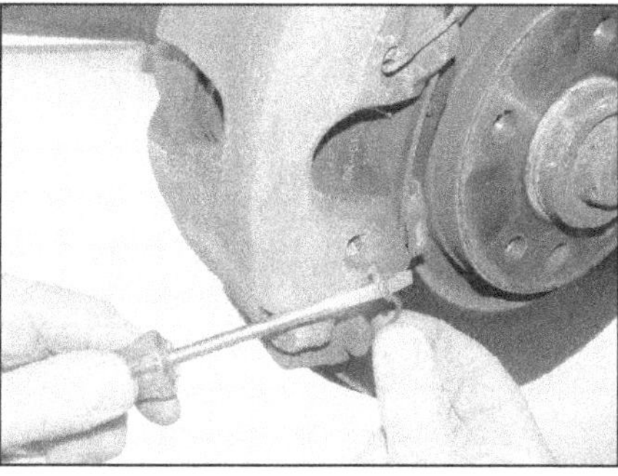

4.3a Bänd ut fästfjädern . . .

4.3b . . . och ta bort den från oket

nyckel användas, även om det innebär att hårt sittande eller korroderade muttrar kan runddras om nyckeln slinter. Om det skulle hända är ofta en självlåsande tång det enda sättet att skruva loss en envis anslutning, men i så fall måste röret och de skadade muttrarna bytas ut vid ihopsättningen. Rengör alltid anslutningen och området runt den innan den kopplas loss. Om en komponent med mer än en anslutning kopplas loss ska noggranna anteckningar göras om hur anslutningarna sitter innan de rubbas.

4 Om ett bromsrör måste bytas ut kan ett nytt köpas färdigkapat, med muttrar och flänsar monterade, hos en Saabverkstad. Allt som sedan behöver göras innan det nya röret kan monteras är att böja det till rätt form med det gamla röret som mall. Alternativt kan de flesta motortillbehörsbutiker tillhandahålla bromsrör, men det kräver extremt noggranna mätningar av originalet för att den nya delen ska få rätt längd. Det bästa är oftast att ta med sig originalröret till butiken som mall.

5 Dra inte åt anslutningsmuttrarna för hårt vid återmonteringen.

6 Använd alltid kopparbrickor när slangar återansluts till bromsoken, och dra åt banjo-anslutningsbultarna till angivet moment. Se till att slangarna placeras så att de inte kommer i kontakt med omgivande karosseri eller hjul.

7 Se till att rören och slangarna dras korrekt, utan veck, och att de monteras ordentligt i klamrar och fästen. Ta bort plastfolien från behållaren och lufta hela bromssystemet efter monteringen enligt beskrivningen i avsnitt 2. Tvätta bort utspilld vätska och kontrollera att det inte läcker någonstans.

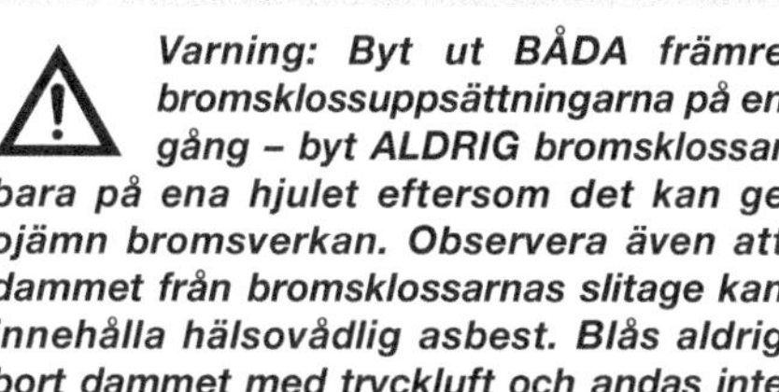

4 Främre bromsklossar - byte

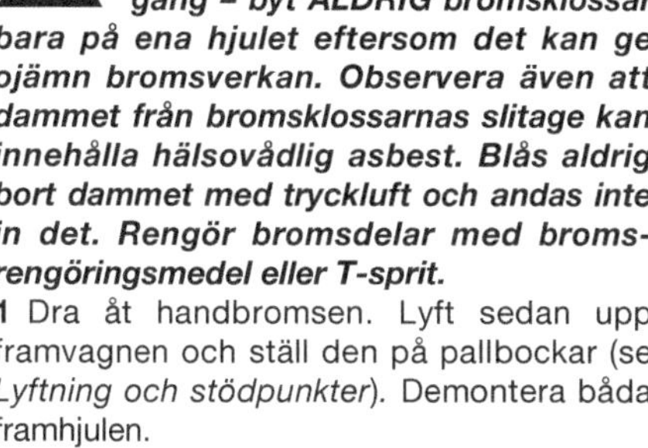

Varning: Byt ut BÅDA främre bromsklossuppsättningarna på en gång - byt ALDRIG bromsklossar bara på ena hjulet eftersom det kan ge ojämn bromsverkan. Observera även att dammet från bromsklossarnas slitage kan innehålla hälsovådlig asbest. Blås aldrig bort dammet med tryckluft och andas inte in det. Rengör bromsdelar med broms-rengöringsmedel eller T-sprit.

1 Dra åt handbromsen. Lyft sedan upp framvagnen och ställ den på pallbockar (se *Lyftning och stödpunkter*). Demontera båda framhjulen.

2 Tryck in kolven helt i bromsoket med en polygrip **(se bild)**. **Observera:** *Under förutsättning att huvudcylinderns behållare inte överfyllts bör det inte bli något spill, men håll ett öga på vätskenivån när kolven trycks tillbaka. Om oljenivån stiger över MAX-markeringen måste överskottet tömmas bort med en hävert eller matas ut genom ett plaströr anslutet till avluftningsskruven.*

3 Bänd försiktigt bort fästfjädern från hålen på bromsokets utsida, notera hur fjädern är monterad i bromsokets fästkonsol **(se bilder)**.

4 Ta bort dammskydden från styrbultarnas inre ändar **(se bild)**.

5 Skruva loss styrbultarna från bromsoket och lyft bort bromsoket och bromsklossarna från fästkonsolen **(se bilder)**. Knyt upp bromsoket på fjäderbenet med en bit ståltråd. Låt inte bromsoket hänga utan stöd i bromsslangarna.

6 Ta bort den inre och yttre bromsklossen från bromsoket, observera att den inre bromsklossen är fäst med en fjäderklämma på stödplattan **(se bilder)**. **Observera:** *Ett*

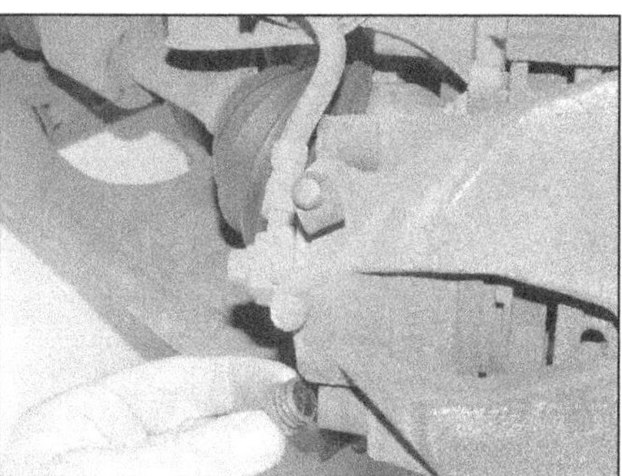

4.4 Ta bort dammskydden . . .

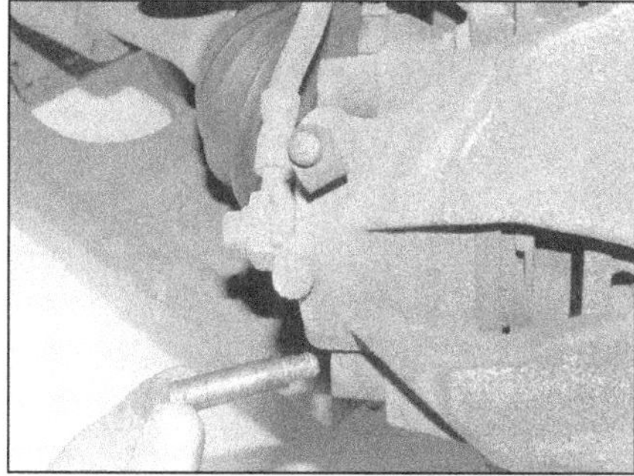

4.5a . . . skruva sedan loss styrbultarna . . .

4.5b . . . och lyft bort bromsoket och bromsklossarna från fästkonsolen

4.6a Ta bort den yttre bromsklossen från bromsoket . . .

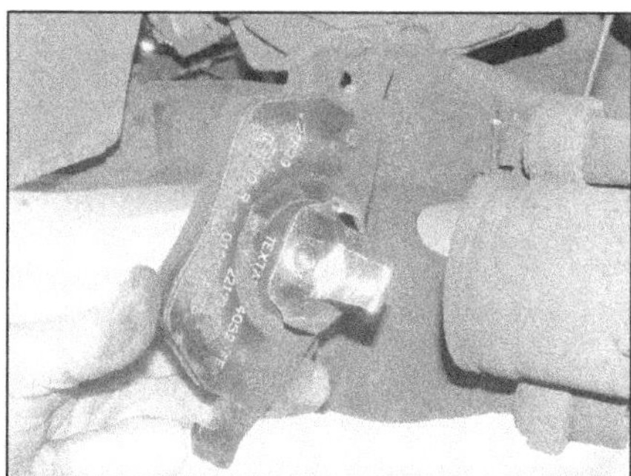

4.6b . . . och sedan den inre bromsklossen. Notera att den är fäst med en fjäderklämma

4.11a Yttre (A) och inre (B) främre bromsklossar

varningslarm finns för den yttre bromsklossen, som består av en metallremsa som kommer i kontakt med bromsskivan när belägget blir tunnare än 3,0 mm. Larmet ger ifrån sig ett skrapande missljud som varnar föraren att bromsklossarna är slitna.

7 Borsta bort smuts och damm från bromsoket, var noga med att inte andas in dammet. Ta försiktigt bort rost från kanten på bromsskivan.

8 Mät tjockleken på bromsklossarna (endast beläggen, ej stödplattan). Om någon kloss är sliten ner till angiven minimitjocklek eller mindre, måste alla fyra klossarna bytas. Dessutom ska klossarna bytas ut om de är förorenade med olja eller fett – det går inte att ta bort olja och fett på ett bra sätt. Felsök och åtgärda orsaken till föroreningarna före ihopsättningen.

4.11b Bromsklossarna måste monteras så att pilen pekar i bromsskivans normala rotationsriktning framåt

9 Om bromsklossarna fortfarande är användbara, rengör dem noga med en fin stålborste eller liknande, och var extra noga med stödplattans kanter och baksida. Rengör bromsklossarnas platser i bromsokshuset/ fästbygeln noga.

10 Kontrollera att styrbultarna sitter bra i bromsoksbussningarna innan bromsklossarna monteras. Borsta bort damm och smuts från bromsoket och kolven (se ***Varning*** i början av det här avsnittet). Smörj lite kopparbromsfett med hög smältpunkt på de områden runt bromsklossarnas stödplattor som är i kontakt med bromsoket och kolven. Undersök dammtätningen runt kolven och leta efter tecken på skador, och undersök kolven efter tecken på vätskeläckage, korrosion eller skador. Om någon av dessa komponenter måste åtgärdas, se avsnitt 6.

5.2 Använd en körnare för att driva ut bromsklossarnas fästsprintar

5.3 Ta bort dämpfjäderplattan

5.5a Den inre, bakre bromsklossen tas bort

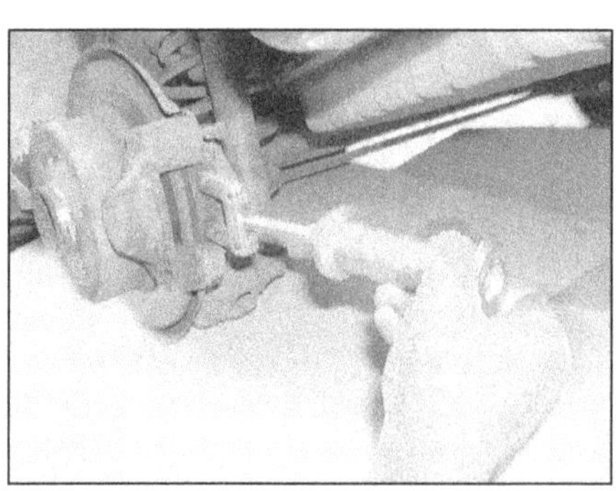

5.5b Den inre, bakre bromsklossen tas bort med hjälp av ett demonteringsverktyg

11 Montera den inre bromsklossen i bromsoket och se till att klammern placeras korrekt på bromsokskolven. Se till att pilarna på bromsklossen pekar i bromsskivans rotationsriktning **(se bilder)**.

12 Montera den yttre bromsklossen i bromsokets fästkonsol och se till att belägget är riktat mot bromsskivan. De akustiska slitageindikatorerna ska vara vända nedåt.

13 Dra bromsoket och den inre bromsklossen i läge över den yttre bromsklossen, och fäst den i fästkonsolen.

14 Skruva i bromsokets styrbultar och dra åt dem till angivet moment.

15 Montera styrbultarnas dammskydd.

16 Montera fästfjädern på bromsoket och se till att fjäderändarna är korrekt placerade i hålen på bromsoket.

17 Trampa ner bromspedalen upprepade gånger tills normalt pedaltryck återställs.

18 Upprepa ovanstående procedur med det andra främre bromsoket.

19 Montera hjulen, sänk ner bilen och dra åt hjulbultarna till angivet moment.

20 Kontrollera bromsvätskenivån enligt beskrivningen i *Veckokontroller.*

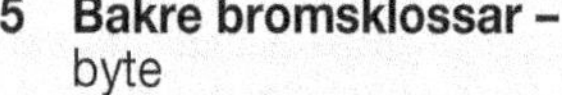

5 Bakre bromsklossar – byte

Varning: Byt ut BÅDA bakre bromsklossuppsättningarna på en gång – byt ALDRIG bromsklossar bara på ena hjulet eftersom det kan ge ojämn bromsverkan. Observera även att dammet från bromsklossarnas slitage kan innehålla hälsovådlig asbest. Blås aldrig bort dammet med tryckluft och andas inte in det. Rengör bromsdelar med bromsrengöringsmedel eller T-sprit.

1 Klossa framhjulen. Lyft sedan upp bakvagnen med en domkraft och ställ den på pallbockar (se *Lyftning och stödpunkter*). Demontera bakhjulen.

Fast bromsok

2 Observera hur dämpfjäderplattan är placerad, driv sedan ut bromsklossens övre och undre fästsprint från bromsokets utsida med hjälp av en körnare **(se bild)**.

3 Ta bort dämpfjäderplattan **(se bild)**.

4 Sära bromsklossarna något från skivan med en lämplig hävarm eller en stor polygrip. Dra sedan loss den yttre bromsklossen från oket med en tång eller ett särskilt demonteringsverktyg.

5 Ta bort den inre bromsklossen från bromsoket **(se bilder)**.

Flytande bromsok

6 Tryck in kolven helt i bromsoket med en polygrip **(se bild)**. **Observera:** *Under förutsättning att huvudcylinderns behållare inte har överfyllts bör det inte bli något spill,*

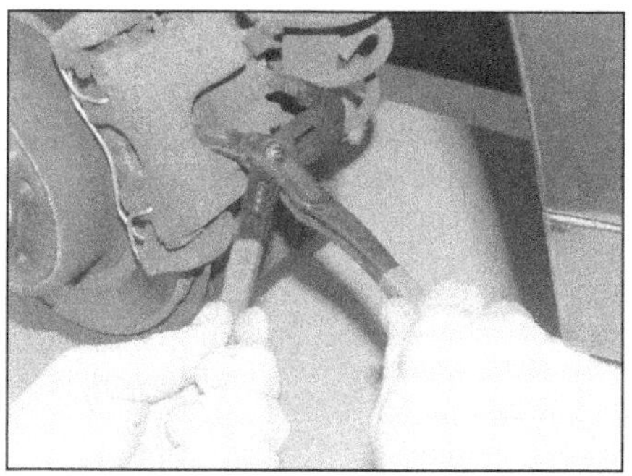
5.6 Tryck in kolven helt i oket med en polygrip

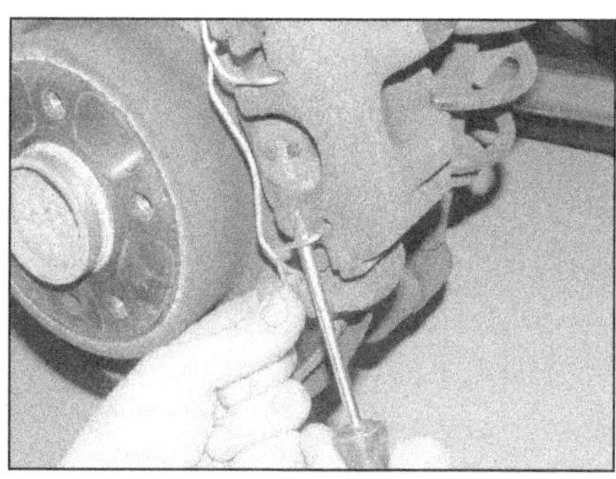
5.7 Använd en skruvmejsel för att bända bort fästfjädern

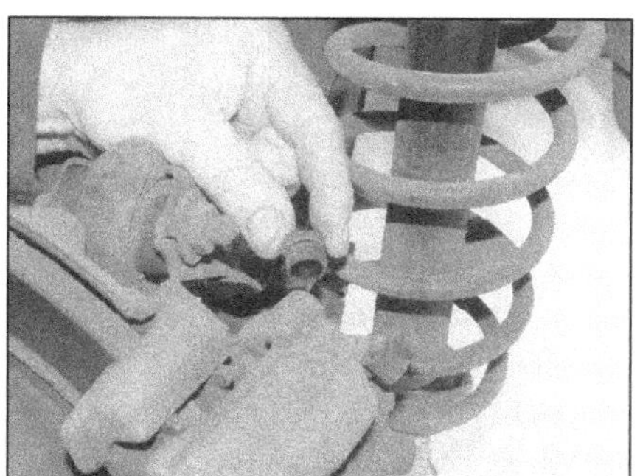
5.8a Ta bort dammskydden . . .

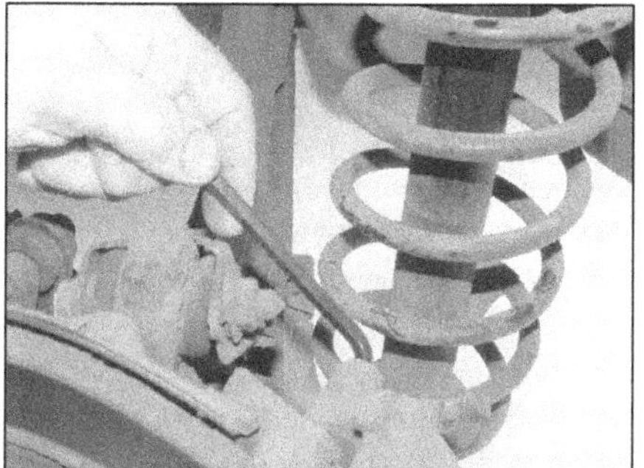
5.8b . . . skruva loss styrbultarna med en insexnyckel . . .

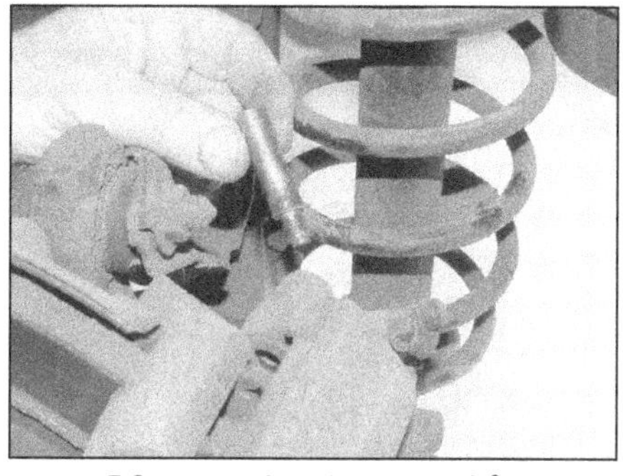
5.8c . . . och ta bort dem från bromsoket

5.8d Lyft sedan bort bromsoket och bromsklossarna från fästkonsolen . . .

men håll ett öga på vätskenivån när kolven trycks tillbaka. Om vätskenivån stiger över MAX-markeringen måste överskottet tömmas bort med en hävert eller matas ut genom ett plaströr anslutet till avluftningsskruven.

7 Bänd försiktigt bort fästfjädern från hålen på bromsokets utsida, observera hur fjädern är monterad i bromsokets fästkonsol **(se bild)**.

8 Ta bort dammskydden. Skruva loss styrbultarna från oket med en insexnyckel och lyft sedan oket och bromsklossarna från fästbygeln. Bind fast oket i spiralfjädern med en bit vajer **(se bilder)**. Låt inte bromsoket hänga i bromsslangarna utan stöd.

9 Ta bort båda bromsklossarna från bromsokskolven, observera att den inre bromsklossen är fäst med en fjäderklämma på stödplattan **(se bild)**.

Alla modeller

10 Borsta bort smuts och damm från bromsoket, var noga med att inte andas in dammet. Ta försiktigt bort rost från kanten på bromsskivan.

11 Mät tjockleken på bromsklossarna (endast beläggen, ej stödplattan). Om någon kloss är sliten ner till angiven minimitjocklek eller mindre, måste alla fyra klossar bytas. Dessutom ska klossarna bytas ut om de är förorenade med olja eller fett. Det går inte att ta bort olja och fett på ett bra sätt. Leta reda på och åtgärda orsaken till föroreningarna före ihopsättningen.

12 Om bromsklossarna fortfarande är användbara, rengör dem noga med en fin stålborste eller liknande, och var extra noga med stödplattans kanter och baksida. Rengör bromsklossarnas platser i bromsokshuset/fästbygeln noga.

13 Innan du monterar bromsklossarna, rengör och kontrollera klossarnas fäststift på bilar av årsmodell 1998. På senare modeller, kontrollera att styrbultarna passar väl i bussningarna i oket. Borsta bort damm och smuts från bromsoket och kolven (se ***Varning*** i början av det här avsnittet). Smörj lite kopparbaserat bromsfett med hög smältpunkt på de områden runt bromsklossarnas stödplattor som är i kontakt med bromsoket och kolven **(se bild på nästa sida)**. Undersök dammtätningen runt kolven/kolvarna och leta efter tecken på skador, och undersök kolven/kolvarna efter tecken på vätskeläckage, korrosion eller skador. Om någon av dessa komponenter måste åtgärdas, se avsnitt 7.

14 Om nya bromsklossar ska monteras

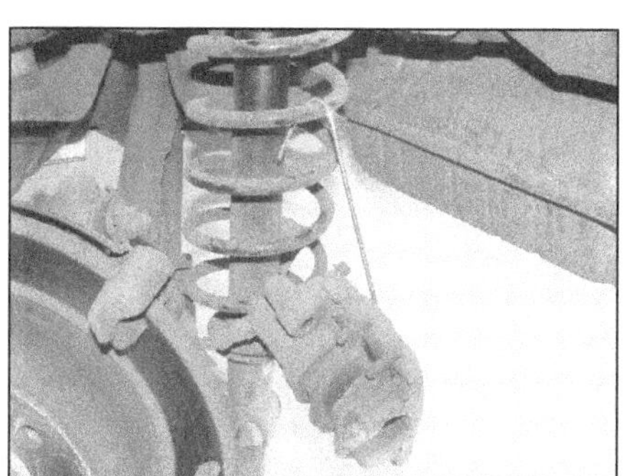
5.8e . . . och bind upp bromsoket i spiralfjädern

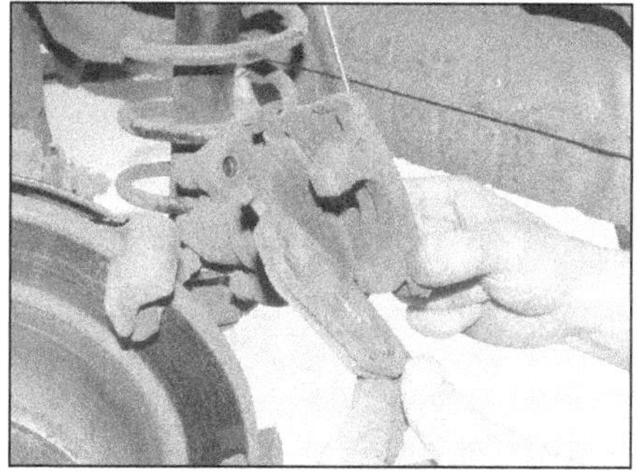
5.9a Ta bort den yttre bromsklossen . . .

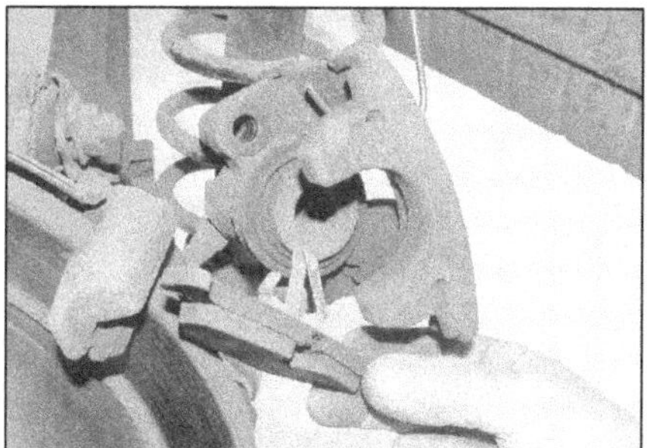
5.9b . . . och den inre bromsklossen tillsammans med fästfjädern från bromsoket

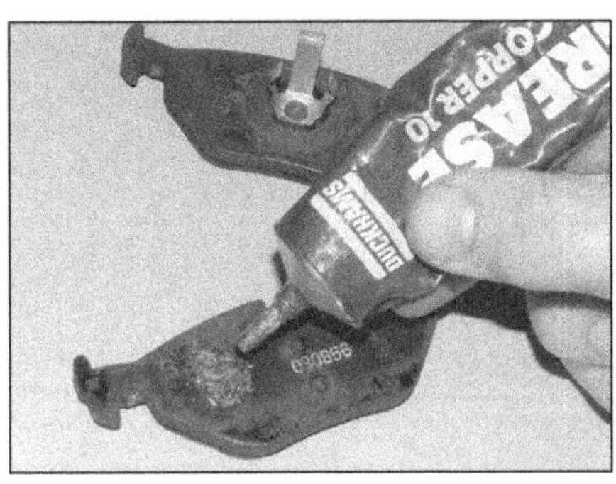

5.13 Stryk lite temperaturbeständigt bromsfett på bromsklossarnas baksidor

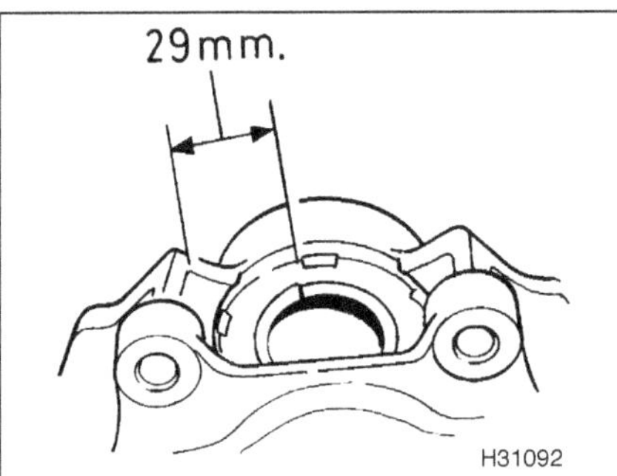

5.15 Kolven i korrekt position i det bakre bromsoket (tidiga modeller)

måste bromsokskolven/kolvarna tryckas tillbaka in i cylindern för att de ska få plats. Använd antingen en G-klämma eller liknande, eller använd passande träbitar som hävverktyg. Under förutsättning att huvudcylinderns behållare inte har överfyllts bör det inte bli något spill, men håll ett öga på vätskenivån när kolven/kolvarna trycks tillbaka. Om vätskenivån stiger över MAX-markeringen måste överskottet tömmas bort med en hävert eller matas ut genom ett plaströr anslutet till luftningsskruven.

Varning: Sug inte upp vätskan med munnen - den är giftig. Använd en bollspruta eller liknande.

Fast bromsok

15 Om så är tillämpligt, använd en stållinjal och kontrollera att skåran i varje kolv är korrekt placerad **(se bild)**. Skårorna ska vara längst ner på kolvarna. Vrid kolvarna rätt om det behövs.

16 Placera de nya bromsklossarna i bromsoket. Se till att belägget är riktat mot bromsskivan och kontrollera att bromsklossarna kan röra sig fritt.

17 Placera dämpfjäderplattan på bromsklossarna och montera fästsprintarna från bromsokets inre kant medan fjädern trycks ner. Knacka fast sprintarna ordentligt i bromsoket.

Flytande bromsok

18 Sätt fast båda bromsklossarna i bromsoket. Se till att den inre bromsklossens fjäder är helt införd i kolven.

19 Skjut bromsoket och bromsklossarna över skivan och i fästbygeln.

20 Skruva i bromsokets styrbultar och dra åt dem till angivet moment.

21 Sätt tillbaka styrbultarnas dammskydd.

22 Montera fästfjädern på bromsoket och se till att fjäderändarna är korrekt placerade i hålen på bromsoket.

Alla modeller

23 Trampa ner bromspedalen upprepade gånger tills normalt pedaltryck återställs.

24 Upprepa ovanstående moment med det andra bakre bromsoket.

25 Montera hjulen, sänk ner bilen och dra åt hjulbultarna till angivet moment.

26 Kontrollera bromsvätskenivån enligt beskrivningen i *Veckokontroller*.

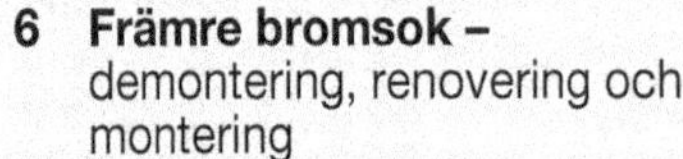

6 Främre bromsok - demontering, renovering och montering

Demontering

1 Dra åt handbromsen. Lyft sedan upp framvagnen med en domkraft och ställ den på pallbockar (se *Lyftning och stödpunkter*). Demontera relevant framhjul.

2 Minimera eventuellt vätskespill genom att först skruva av huvudcylinderbehållarens lock och sedan skruva på det igen över en bit plastfolie, så att det blir lufttätt. Du kan också klämma i hop slangen som går till bromsoket med en bromsslangklämma.

3 Rengör området runt bromsokets slanganslutningar. Notera i vilken vinkel slangen är monterad (för att garantera korrekt återmontering), skruva sedan loss och ta bort anslutningsbultarna och ta loss tätningsbrickorna av koppar från sidorna av slanganslutningen. Kasta bort brickorna och använd nya vid monteringen. Plugga igen slangänden och hålet i bromsoket för att minimera oljespill och förhindra att smuts kommer in i bromssystemet.

4 Demontera bromsklossarna enligt beskrivningen i avsnitt 4, ta sedan bort bromsoket från bilen.

5 Skruva loss bromsokets fästkonsol från hjulspindeln om det behövs **(se bilder)**.

Renovering

6 Lägg bromsoket på arbetsbänken och tvätta bort smuts och avlagringar.

7 Dra bort kolven från bromsokshuset och ta bort dammskyddet. Kolven kan dras bort för hand eller, om det behövs, tryckas ut med hjälp av tryckluft som kopplas till bromsslangens anslutningshål. Endast ett lågt tryck behövs, som det från en fotpump.

8 Ta försiktigt bort kolvtätningen från bromsoket med en liten skruvmejsel, var noga med att inte repa loppet.

9 Ta bort styrbussningarna från bromsokshuset.

10 Rengör noga alla komponenter, använd endast T-sprit eller ren bromsvätska. Använd aldrig mineraloljebaserade lösningsmedel (exempelvis olja eller fotogen). Torka komponenterna med tryckluft eller en ren, luddfri trasa. Använd om möjligt tryckluft för att blåsa rent vätskegångarna.

11 Kontrollera alla komponenter och byt ut dem som är utslitna eller skadade. Om kolven och/eller cylinderloppet är påtagligt repiga ska hela bromsokshuset bytas ut. Kontrollera styrbussningarna och styrbultarna på samma sätt. Bussningarna och bultarna ska vara oskadade och sitta någorlunda hårt. Om det råder minsta tvivel om skicket på någon komponent ska den bytas ut. Byt ut oktätningarna och dammskydden oavsett skick. De säljs som renoveringssatser tillsammans med monteringsfett.

12 Se till att alla delar är fullständigt rena vid ihopsättningen.

13 Smörj den nya tätningen med det medföljande fettet, eller doppa den i ren hydraulvätska. Placera tätningen i spåret i cylinderloppet, använd fingrarna.

14 Fyll den inre håligheten i dammtätningen med det medföljande fettet, eller doppa det i ren bromsvätska, montera den sedan på kolven.

15 Sätt fast kolven på oket och tryck in den helt i loppet. Vrid den från sida till sida, så att du känner att den löper in i tätningen på rätt sätt. Se samtidigt till att dammtätningens inre ände hakar i spåret på bromsokshuset och att den yttre änden hakar i spåret på kolven.

16 Montera styrbussningarna i bromsokshuset, smörj dem med lämplig fett.

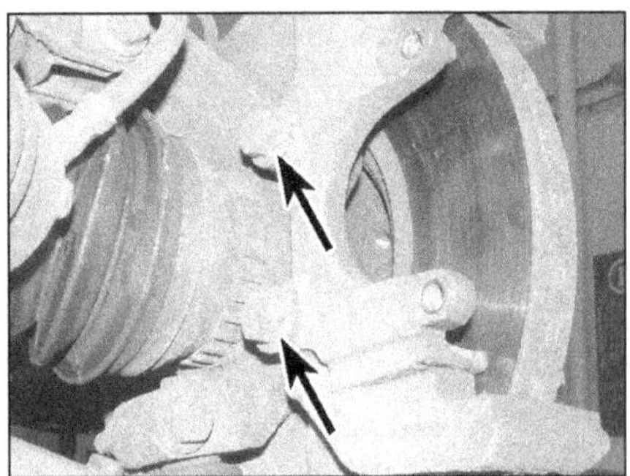

6.5a Skruva loss bultarna . . .

6.5b . . . och ta bort fästkonsolen från hjulspindeln

Montering

17 Placera bromsokets fästkonsol på hjulspindeln, applicera sedan låsvätska på fästbultsgängorna, sätt i bultarna och dra åt dem till angivet moment.

18 Montera bromsklossarna enligt beskrivningen i avsnitt 4, tillsammans med bromsoket som i det här stadiet inte har någon slang kopplad till sig.

19 Placera nya koppartätningsbrickor på var sida av slanganslutningen och anslut bromsslangen till bromsoket. Se till att slangen är korrekt placerad mot tappen på bromsoket, sätt sedan i bulten och dra åt den ordentligt.

20 Ta bort bromsslangklämman eller plastfolien och lufta bromssystemet enligt beskrivningen i avsnitt 2. Observera att du bara ska behöva lufta den aktuella frambromsen om du har vidtagit de tidigare nämnda åtgärderna för att förhindra bromsvätskespill.

21 Montera hjulet, sänk ner bilen och dra åt hjulbultarna till angivet moment.

7 Bakre bromsok – demontering, renovering och montering

Demontering

1 Klossa framhjulen. Lyft sedan upp bakvagnen med en domkraft och ställ den på pallbockar (se *Lyftning och stödpunkter*). Demontera relevant hjul.

2 Minimera eventuellt vätskespill genom att först skruva av huvudcylinderbehållarens lock och sedan skruva på det igen över en bit plastfolie, så att det blir lufttätt. Du kan också använda en bromsslangklämma till att klämma ihop slangen som leder till bromsröret på bakaxeln (tidigare modeller med fast bromsok) **(se bild)** eller det flytande bromsoket (nyare modeller).

Fast bromsok

3 Rengör området runt hydraulledningens anslutningsmutter, lossa sedan muttern **(se bild)**. Skruva inte loss muttern helt i det här stadiet.

4 Demontera bromsklossarna enligt beskrivningen i avsnitt 5.

5 Skruva loss och ta bort fästbultarna som fäster bromsoket på fästplattan **(se bild)**. Ta reda på täckplattan som sitter under bultskallarna.

6 Skruva loss anslutningsmuttern helt och koppla loss bromsledningen från bromsoket, dra sedan bort bromsoket från skivan **(se bild)**. Tejpa över eller plugga igen bromsledningen för att hindra att damm eller smuts tränger in.

Flytande bromsok

7 Rengör området runt anslutningen på bromsoket. Lossa sedan bara bromsslanganslutningen. I det här stadiet går det inte att skruva loss slangen helt från bromsoket.

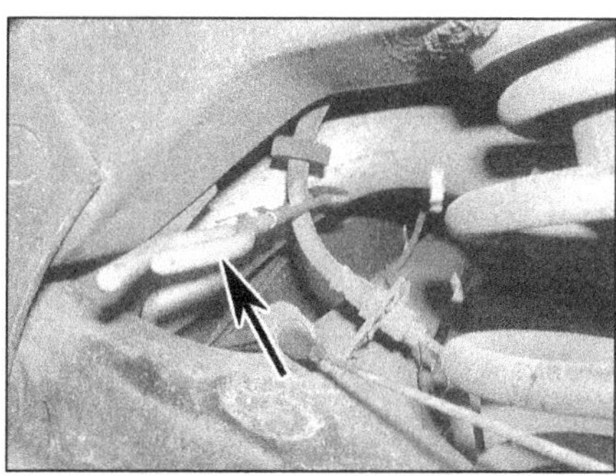

7.2 Bromsslangklämma monterad på slangen från bromsoket till bromsledningen på bakaxeln (före 2003)

8 Skruva loss anslutningsmuttern i bromsslangens andra ände och ta bort det stela bromsröret från slanganslutningen på länkarmen. Var beredd på ett visst bromsvätskespill. Ta vara på klämman och dra bort slangen från fästbygeln. Tejpa över eller plugga igen rör- och slangändarna för att hindra att smuts och damm kommer in i systemet.

9 Ta bort bromsklossarna enligt beskrivningen i avsnitt 5, ta sedan bort bromsoket från bilen. Skruva loss slangen helt från bromsoket.

10 Skruva loss okets fästbygel från stödplattan om det behövs.

Renovering

11 Lägg bromsoket på arbetsbänken och tvätta bort smuts och avlagringar.

12 Dra bort kolven/kolvarna från bromsokshuset och ta bort dammtätningen/-tätningarna. Kolven/kolvarna kan dras bort för hand eller, om det behövs, tryckas ut med hjälp av tryckluft som kopplas till bromsslangens anslutningshål. Endast ett lågt tryck behövs, som det från en fotpump.

Varning: På fasta bromsok är det viktigt att hålla ordning på kolvarnas placering, så att återmonteringen görs korrekt.

13 Ta försiktigt bort kolvtätningen/tätningarna från bromsoket med en liten skruvmejsel, var noga med att inte repa loppet/loppen.

14 På flytande bromsok, ta bort styrbussningarna från oket.

15 Rengör noga alla komponenter, använd endast T-sprit eller ren bromsvätska. Använd aldrig mineraloljebaserade lösningsmedel (exempelvis olja eller fotogen). Torka komponenterna med tryckluft eller en ren, luddfri trasa. Använd om möjligt tryckluft för att blåsa rent vätskegångarna.

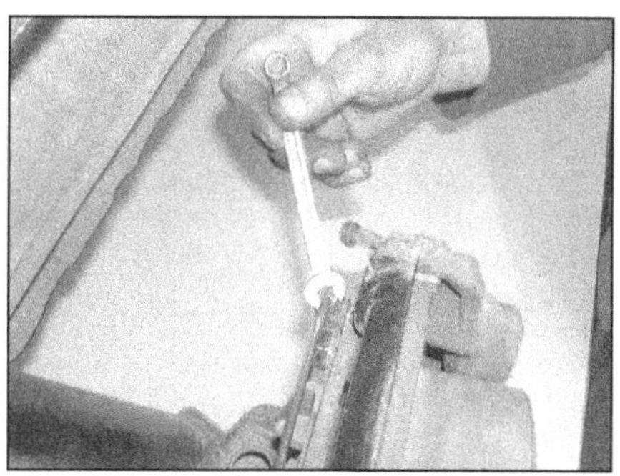

7.3 Skruva loss hydraulledningens anslutningsmutter från det bakre bromsoket

16 Kontrollera alla komponenter och byt ut dem som är slitna eller skadade. Om kolven/kolvarna och/eller cylinderloppet/-loppen är påtagligt repiga ska hela bromsokshuset bytas ut. På flytande bromsok, kontrollera skicket på styrbussningar och bultar. Bussningarna och bultarna ska vara oskadade och sitta någorlunda hårt. Byt ut oktätningarna och dammskydden om det behövs. De säljs som renoveringssatser tillsammans med monteringsfett.

17 Se till att alla delar är fullständigt rena vid ihopsättningen.

18 Smörj de nya tätningarna med det medföljande fettet, eller doppa dem i ren bromsvätska, montera dem sedan i spåren i cylinderloppen med fingrarna.

19 Fyll dammtätningarnas inre håligheter med det medföljande fettet, eller doppa dem i ren bromsvätska, montera dem sedan på kolvarna.

20 Sätt fast kolven/kolvarna på oket och tryck in den helt i bromsoket. Vrid den från sida till sida, så att du känner att den löper in i tätningen på rätt sätt. Se samtidigt till att dammtätningens/-tätningarnas inre ände hakar i spåret på bromsokshuset och att den yttre änden hakar i spåret på kolven. På fasta bromsok, kontrollera att spåren i kolvarna sitter enligt beskrivningen i avsnitt 5.

7.5 Ta bort det bakre bromsokets fästbultar

7.6 Ta bort det bakre bromsoket

Montering

Fast bromsok

21 När båda kolvarna är monterade, placera bromsoket över skivan på stödplattan, anslut bromsledningen och skruva fast anslutningsmuttern. Dra inte åt muttern helt i det här stadiet.

22 Stryk lite låsvätska på fästbultarnas gängor. Sätt därefter tillbaka täckplattan och bultarna. Dra åt bultarna till angivet moment.

23 Montera bromsklossarna (se avsnitt 5).

24 Dra åt bromsledningens mutter helt.

Flytande bromsok

25 Placera bromsokets fästkonsol på stödplattan, applicera sedan låsvätska på fästbultsgängorna, sätt i dem och dra åt dem till angivet moment.

26 Skruva fast bromsslangen i bromsoket och dra åt till angivet moment.

27 Montera bromsklossarna tillsammans med bromsoket enligt beskrivningen i avsnitt 5.

28 Sätt bromsslangen i fästbygeln. Se till att den inte är vriden. Sätt tillbaka klämman. Sätt därefter i och dra åt anslutningsmuttern till den stela bromsledningen.

Alla modeller

29 Ta bort plastfolien/slangklämman och lufta bromssystemet enligt beskrivningen i avsnitt 2. Observera att du bara ska behöva lufta den aktuella bakbromsen om du har vidtagit de tidigare nämnda åtgärderna för att förhindra bromsvätskeförluster.

30 Montera hjulet, sänk ner bilen och dra åt hjulbultarna till angivet moment.

8 Främre bromsskiva - kontroll, demontering och montering

Kontroll

1 Dra åt handbromsen. Lyft sedan upp framvagnen och ställ den på pallbockar (se *Lyftning och stödpunkter*). Demontera båda framhjulen.

2 För att en noggrann kontroll ska kunna utföras och för att man ska kunna komma åt båda sidorna av skivan, måste bromsoken skruvas loss och flyttas åt sidan enligt beskrivningen senare i detta avsnitt. Alternativt kan man bara ta bort bromsklossarna enligt beskrivningen i avsnitt 5.

8.5 Den främre bromsskivan kontrolleras med en mätklocka

3 Kontrollera att bromsskivans fästskruv sitter säkert. Montera sedan ungefär 10,0 mm tjocka mellanlägg på hjulbultarna och skruva därefter tillbaka dem igen. Då hålls bromsskivan i sitt normala arbetsläge.

4 Vrid bromsskivan och undersök om den har djupa repor eller spår. Viss spårning är normalt, men om bromsskivan har kraftiga spår måste den tas bort och bytas ut, eller maskinslipas (inom de angivna gränsvärdena) av en verkstad. Bromsskivans minimitjocklek anges i specifikationerna i början av det här kapitlet.

5 Använd en mätklocka eller en platt metallbit och bladmått och kontrollera att bromsskivans skevhet inte överskrider värdet i Specifikationer **(se bild)**.

6 Om bromsskivan är påtagligt skev, demontera den enligt beskrivningen nedan, och kontrollera att ytorna mellan bromsskivan och navet är helt rena. Montera bromsskivan och kontrollera skevheten igen. Om skivan fortfarande är märkbart skev måste den bytas ut.

7 Använd en mikrometer och kontrollera att bromsskivans tjocklek inte underskrider det angivna värdet i specifikationerna. Mät tjockleken på flera ställen runt bromsskivan.

8 Upprepa kontrollen på den andra främre bromsskivan.

Demontering

9 Ta bort hjulbultarna och mellanläggen som användes vid kontrollen av bromsskivan.

10 Demontera bromsklossarna enligt beskrivningen i avsnitt 4 och bind fast bromsoket på en sida. Ta även bort det främre bromsokets fästkonsol enligt beskrivningen i avsnitt 6.

11 Skruva loss fästskruven och dra bort bromsskivan från navet. Om skruven sitter hårt kan du lossa den med en slagskruvmejsel **(se bilder)**.

Montering

12 Montering utförs i omvänd ordningsföljd, men se till att kontaktytorna mellan bromsskivan och navet är helt rena och lägg lite låsvätska på fästskruvens gängor innan den dras åt. Om en ny bromsskiva monteras, ta bort det skyddande ytlagret med lämpligt lösningsmedel. Montera bromsskivans bromsklossar enligt beskrivningen i avsnitt 4, montera sedan hjulet och sänk ner bilen.

9 Bakre bromsskiva - kontroll, demontering och montering

Kontroll

1 Klossa framhjulen. Lyft sedan upp bakvagnen och ställ den på pallbockar (se *Lyftning och stödpunkter*). Ta bort båda bakhjulen.

2 För att en noggrann kontroll ska kunna utföras och för att man ska kunna komma åt båda sidorna av skivan, måste bromsoken skruvas loss och placeras åt sidan enligt beskrivningen senare i detta avsnitt. Alternativt behöver bara bromsklossarna tas bort enligt beskrivningen i avsnitt 5.

3 Kontrollera att bromsskivans fästskruv sitter säkert. Montera sedan ungefär 10,0 mm tjocka mellanlägg på hjulbultarna och skruva därefter tillbaka dem igen. Då hålls bromsskivan i sitt normala arbetsläge.

4 Vrid bromsskivan och undersök om den har djupa repor eller spår. Viss spårning är normalt, men om bromsskivan har kraftiga spår måste den tas bort och bytas ut, eller maskinslipas (inom de angivna gränsvärdena) av en verkstad. Bromsskivans minimitjocklek anges i specifikationerna i början av det här kapitlet.

8.11a Främre bromsskivans fästskruv

8.11b Fästskruven lossas med en slagskruvmejsel

8.11c Ta bort den främre bromsskivan

9.13a Skruva loss bultarna . . .

9.13b . . . och ta bort bromsokets fästkonsol från bakfjädringens länkarm

9.14 Justera handbromsbackarna med en skruvmejsel som du sätter i åtkomsthålet i bromsskivan

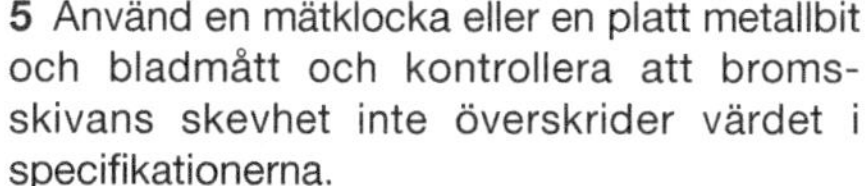

5 Använd en mätklocka eller en platt metallbit och bladmått och kontrollera att bromsskivans skevhet inte överskrider värdet i specifikationerna.

6 Om bromsskivan är påtagligt skev, ta bort den enligt beskrivningen nedan och kontrollera att ytorna mellan bromsskivan och navet är helt rena. Montera bromsskivan och kontrollera skevheten igen. Om skivan fortfarande är märkbart skev ska den bytas ut.

7 Använd en mikrometer och kontrollera att bromsskivans tjocklek inte underskrider det angivna värdet i specifikationerna. Mät tjockleken på flera ställen runt bromsskivan.

8 Upprepa kontrollen på den andra bakre bromsskivan.

Demontering

9 Ta bort hjulbultarna och mellanläggen som användes vid kontrollen av bromsskivan.

10 Ta bort bromsklossarna enligt beskrivningen i avsnitt 5.

Fast bromsok

11 Lossa försiktigt bakbromsens hydraulledning från klammern på bakaxeln, var noga med att inte böja ledningen för mycket.

12 Skruva loss det bakre bromsoket enligt beskrivningen i avsnitt 7 och knyt upp det åt ena sidan. Avgassystemet är en lämplig plats att knyta upp bromsoket på, använd ett långt buntband av plast.

Flytande bromsok

13 När bromsoket är borttaget, så att bromsklossarna kan tas bort, skruva loss bultarna och tar bort fästbygeln från bakfjädringens länkarm **(se bilder)**.

Alla modeller

14 Stick en skruvmejsel genom åtkomsthålet och backa handbromsbackens justering enligt beskrivningen i avsnitt 16 **(se bild)**.

15 Ta bort fästskruven och dra bort bromsskivan från navet **(se bilder)**.

Montering

16 Monteringen utförs i omvänd ordning mot demonteringen, men se till att kontaktytorna mellan bromsskivan och navet är helt rena och lägg lite låsvätska på fästskruvens gängor innan den dras åt. Om en ny bromsskiva monteras, ta bort skyddslagret med lämpligt

9.15a Ta bort skruven . . .

lösningsmedel. Justera handbromsen enligt beskrivningen i avsnitt 16 och handbromsvajern enligt beskrivningen i avsnitt 17. Sätt tillbaka hjulet och sänk ner bilen till marken.

10 Handbromsbackar – kontroll, demontering och montering

Varning: Byt alltid ut bromsbackarna på BÅDA sidorna samtidigt. Observera även att dammet från bromsklossarnas slitage kan innehålla hälsovådlig asbest. Blås aldrig bort dammet med tryckluft och andas inte in det. Rengör alltid bromsdelar med bromsrengöringsmedel eller T-sprit.

Kontroll

1 Handbromsen arbetar oberoende av fotbromsen via bromsbackar, som sitter i en trumma som är fast monterad i bromsskivorna.

2 Du kan snabbt kontrollera slitaget på bromsbackarna utan att ta bort den bakre bromsskivan. Klossa framhjulen, lyft upp bakvagnen och ställ den på pallbockar (se *Lyftning och stödpunkter*). Vrid bromsskivan så att den automatiska justeraren syns genom hålet i skivan (se kapitel 9). Om fler än 10 gängvarv syns på justeraren är bromsbackarna nedslitna och bör bytas ut.

3 För att kontrollera noggrant måste du ta bort den bakre bromsskivan enligt

9.15b . . . och ta bort den bakre bromsskivan

beskrivningen i avsnitt 9. Kontrollera sedan minimitjockleken på belägget på varje bromsback. Om någon av bromsbackarna är nedsliten under det angivna gränsvärdet måste alla fyra handbromsbackarna bytas ut på en gång.

Demontering

4 När den bakre bromsskivan är demonterad, tvätta bort dammet och smutsen från bromsbackarna och fästplattan.

5 Det är också möjligt att ta bort och montera bromsbackarna utan att ta bort navet, men det är mycket enklare att göra det när navet är borttaget och stödplattan ligger på bänken. Speciellt återmonteringen går lättare. Se kapitel 10 och ta bort baknavet samt stödplattan tillsammans med bromsbackarna.

6 Haka loss vajerns returfjäder från hålet i fästplattan och från vajerändbeslaget **(se bild)**.

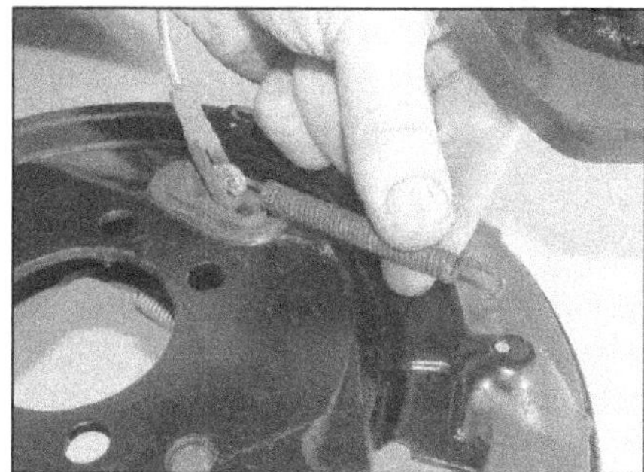

10.6 Haka loss och ta bort vajerreturfjädern

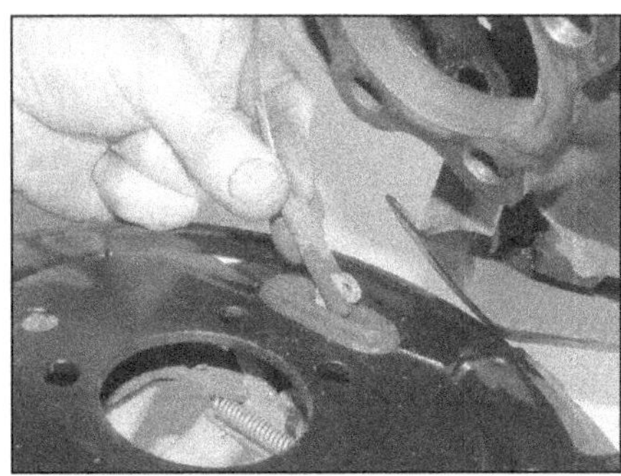

10.7 Lossa handbromsvajerns ändbeslag från armen på fästplattan

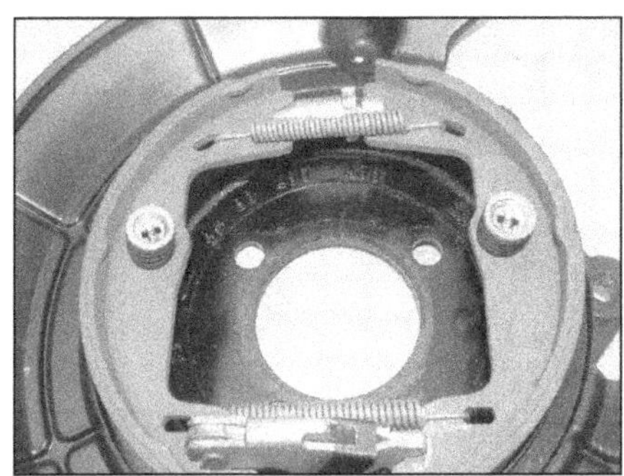

10.8a Handbromsbackar monterade på bromsfästplattan

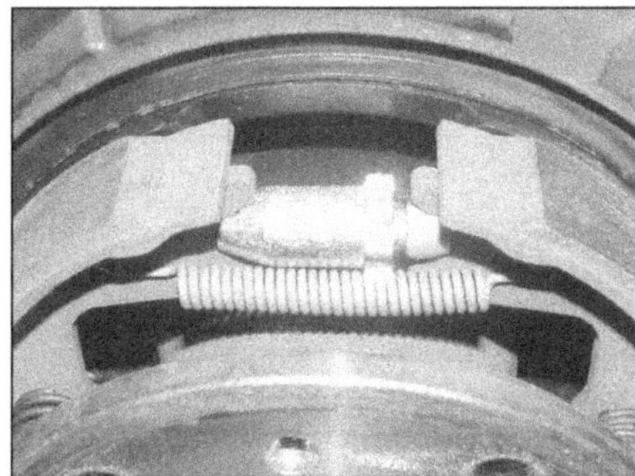

10.8b Bromsbackarnas justerare (vänster bakbroms) . . .

10.8c . . . expander . . .

10.8d . . . och fästfjädrar

10.9 Ta bort handbromsbackarnas fästskålar, fjädrar och stift

7 Haka loss handbromsvajerns ändfäste från armen på fästplattan **(se bild)**.

8 Notera hur alla komponenter sitter monterade och rita en skiss över dem om det behövs för att återmonteringen med säkerhet ska bli korrekt **(se bilder)**.

9 Ta bort backarnas fästskålar, fjädrar och stift genom att trycka skålarna nedåt och vrida dem 90° med en tång **(se bild)**. Om navet sitter kvar, placera ett lämpligt verktyg i hålet i navflänsen.

10 Lyft försiktigt bromsbackarna från fästplattans fästen och för expanderarmen genom gummigenomföringen **(se bild)**.

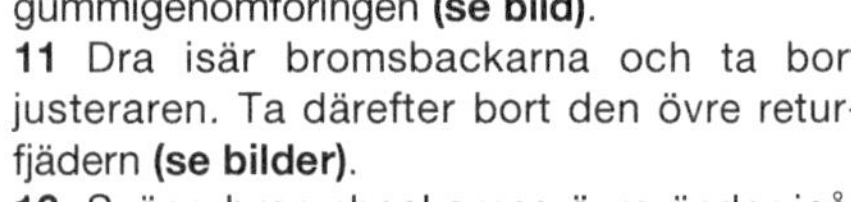

11 Dra isär bromsbackarna och ta bort justeraren. Ta därefter bort den övre returfjädern **(se bilder)**.

12 Sväng bromsbackarnas övre ändar inåt och ta bort expandern från de nedre ändarna **(se bilder)**.

13 Haka loss den nedre returfjädern från bromsbackarna **(se bild)**.

14 Ta isär justerar- och expanderkomponenterna för rengöring **(se bild)**.

15 Var noga med att inte blanda ihop de båda handbromsenheterna om de tas bort samtidigt.

16 Rengör komponenterna och kontrollera

10.10 Lyft av bromsbackarna direkt från fästplattan

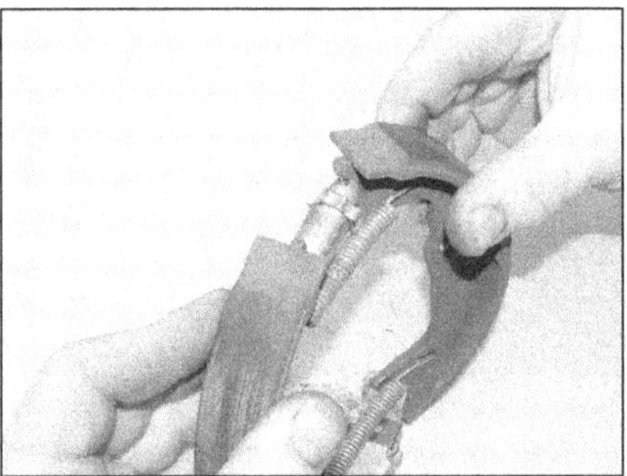

10.11a Ta bort justeraren . . .

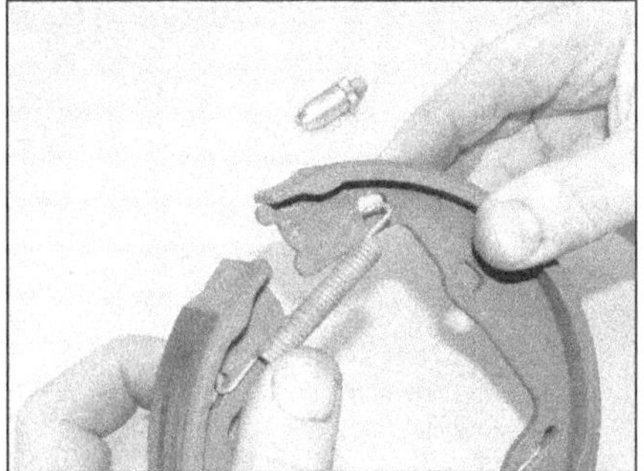

10.11b . . . och därefter den övre returfjädern

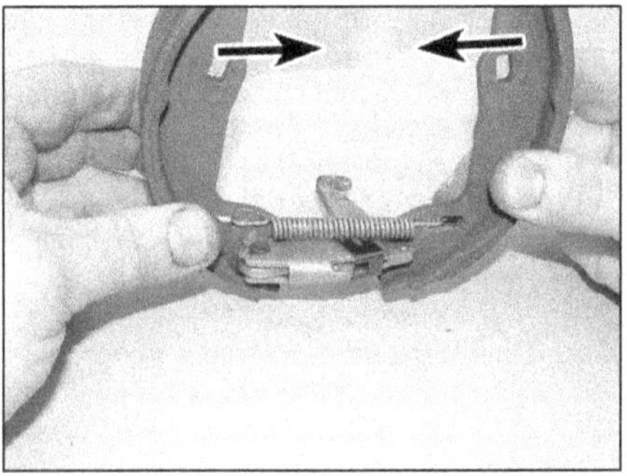

10.12a Sväng bromsbackarnas övre ändar inåt . . .

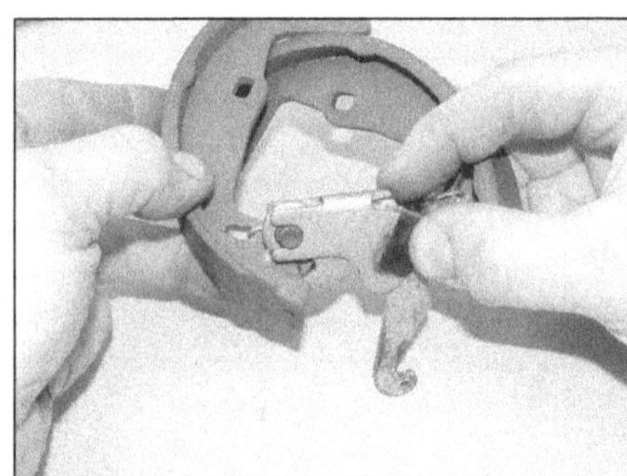

10.12b . . . och ta bort expandern

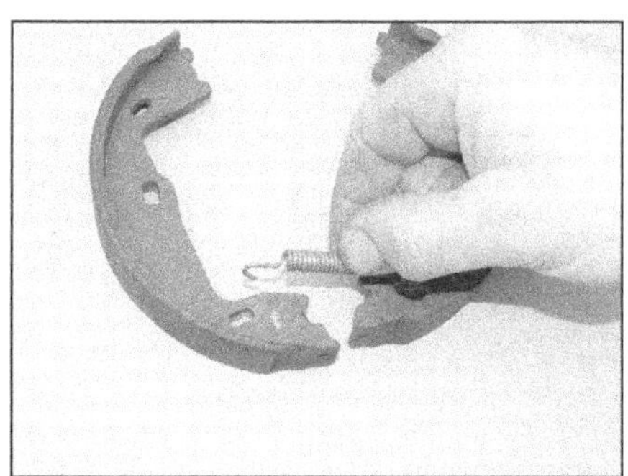
10.13 Haka loss den nedre returfjädern

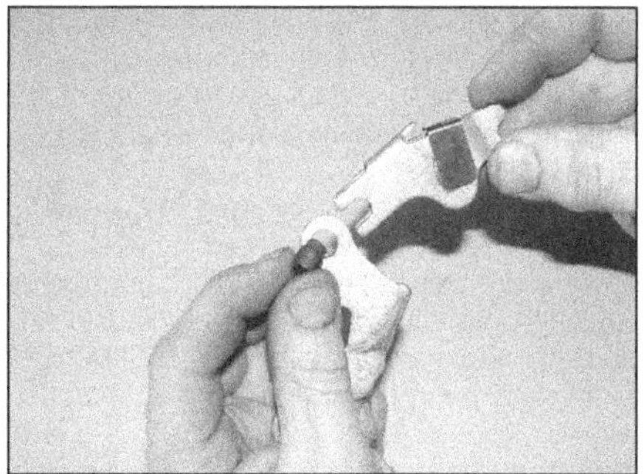
10.14 Ta isär expandern

10.17 Smörj lite kopparfett på bromsbackens kontaktytor

om de är slitna eller skadade. Byt ut dem efter behov. Se till att expandern och justeraren löper fritt och inte har kärvat ihop – stryk lite olja på expanderns svängtappar och lite fett med hög smältpunkt på justerarens gängor innan de återmonteras. Ställ in justeraren på den minsta längden.

Montering

17 Rengör fästplattan noga och smörj lite kopparfett på bromsbackens kontaktytor innan monteringen **(se bild)**.

18 Montera bromsbackarna på fästplattan i omvänd ordningsföljd mot demonteringen.

19 Montera fästplattan och baknavet enligt beskrivningen i kapitel 10.

20 Haka fast vajerändens fäste på expanderarmen och placera vajerhållaren i fästet.

21 Haka fast vajerns returfjäder i hålet i fästplattan och på ändfästet.

22 Montera den bakre bromsskivan och bromsoket enligt beskrivningen i avsnitt 9.

23 Justera handbromsbackarna enligt beskrivningen i avsnitt 16, montera sedan hjulen och sänk ner bilen.

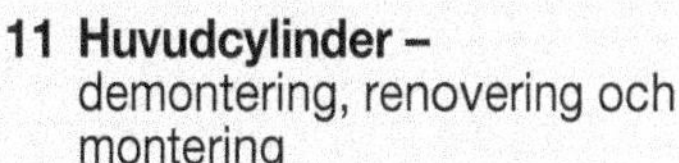

11 Huvudcylinder – demontering, renovering och montering

Demontering

1 Släpp ut allt vakuum från bromsservon genom att pumpa med bromspedalen.

2 Ta bort huvudsäkringsdosan och koppla loss kablaget från stöldlarmskontakten. Skruva loss och ta bort fästbygeln om mer utrymme behövs.

3 Koppla loss kablaget från bromsvätskevarningens kontakt i behållarens påfyllningslock.

4 Tappa ut vätskan ur behållaren. Alternativt, öppna en lämplig luftningsskruv och pumpa försiktigt med bromspedalen för att tappa ur vätskan genom en plastslang kopplad till luftningsskruven (se avsnitt 2).

Varning: Sug aldrig upp vätskan med munnen eftersom den är giftig. Använd en bollspruta.

5 Placera tygtrasor under huvudcylindern för att fånga upp oljespill.

6 På modeller med manuell växellåda, koppla loss kopplingsvätskeslangen från bromsvätskebehållaren.

7 Sätt tillbaka påfyllningslocket på behållaren. Bänd försiktigt loss behållaren från gummimuffarna överst på huvudcylindern med en bred spårskruvmejsel.

8 Observera hur bromsledningarna är placerade, skruva sedan loss anslutningsmuttrarna och flytta ledningarna åt ena sidan, precis så mycket att de är ur vägen för huvudcylindern. Böj inte bromsledningarna mer än vad som är nödvändigt. Använd helst en öppen nyckel för att skruva bort muttrarna, de kan sitta mycket hårt. Tejpa över eller plugga igen öppningarna i bromsledningarna och huvudcylindern.

9 Skruva loss fästmuttrarna och dra bort huvudcylindern från vakuumservons framsida. Ta loss tätningen. Vira in huvudcylindern i tygtrasor och ta bort den från motorrummet. Var noga med att inte spilla hydraulvätska på bilens lackerade delar.

Renovering

10 Kontrollera tillgången och priset på reservdelar innan huvudcylindern tas isär, det kan löna sig att köpa en helt ny huvudcylinder.

11 Tvätta bort all smuts och alla avlagringar från huvudcylinderns utsida.

12 Bänd ut behållarens gummitätningar från huvudcylinderns topp **(se bild)**.

13 Ta bort kåpan och låssprinten från vätskeöppningen till den sekundära kolven.

14 Använd en tång och dra bort låsringen

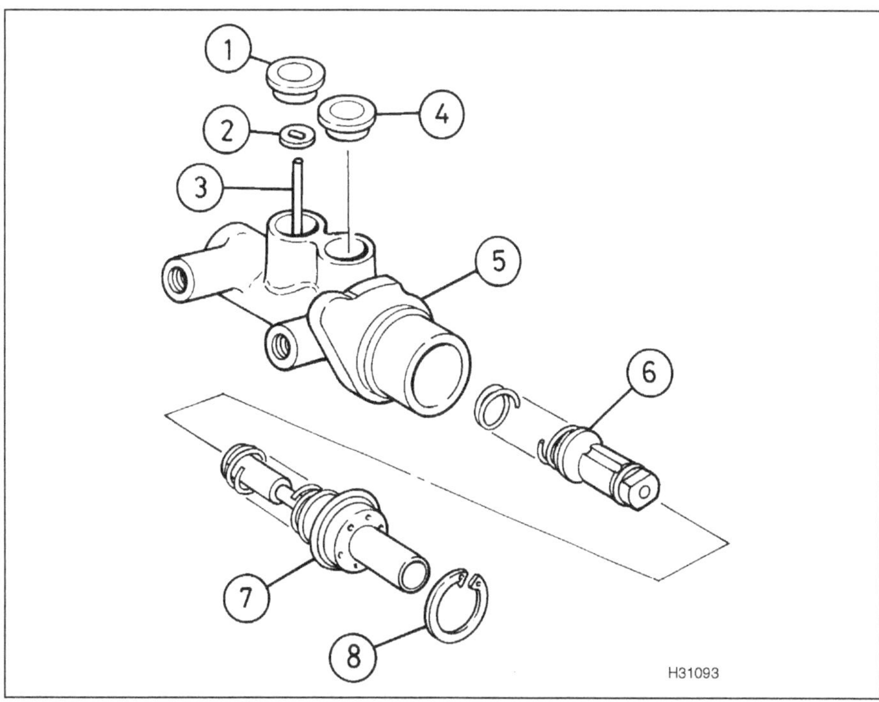

11.12 Överblick över en isärtagen bromshuvudcylinder

1 Vätskebehållarens gummitätning
2 Kåpa
3 Låssprint
4 Vätskebehållarens gummitätning
5 Huvudcylinderhus
6 Sekundärkolv
7 Primärkolv
8 Låsring

från huvudcylinderns mynning medan kolven trycks ner något mot fjäderspänningen.

15 Ta bort den primära och den sekundära kolven tillsammans med fjädrarna från huvudcylinderloppet, observera demonteringsordningen. Om kolvarna sitter hårt, knacka cylindern mot arbetsbänken eller en träkloss för att få loss dem.

16 Rengör huvudcylinderns komponenter noggrant med T-sprit eller ren bromsvätska, och kontrollera om de är slitna eller skadade. Var extra noga med att kontrollera loppens ytor och gummitätningarna. Ytorna i loppen får inte vara angripna av punktkorrosion eller spåriga och gummitätningarna får inte vara skadade eller utslitna. Rengör oljeportarna från rost och avlagringar.

17 Om cylinderloppet är i gott skick men gummitätningarna märkbart slitna, byt ut tätningarna eller både tätningarna och kolvarna.

18 Smörj tätningarna och ytorna i loppen med ren bromsvätska. Montera den sekundära kolvenheten med skåran i linje med cylinderns överdel, och montera sedan låssprinten och kåpan för att hålla kolven på plats. Se till att tätningsläppen inte skadas när den trycks in i cylindern.

19 Montera den primära kolvenheten och se även nu till att tätningsläppen inte skadas när den trycks in i cylindern.

20 Tryck ner den primära kolven och montera låsringen i spåret i cylindermynningen. Släpp kolven.

21 Doppa gummitätningarna i ren bromsvätska och placera dem i öppningarna uppe på huvudcylindern.

Montering

22 Se till att fogytorna är rena och torra och montera sedan den nya tätningen på huvudcylinderns baksida.

23 Montera huvudcylindern på pinnbultarna på vakuumservon och se till att servoenhetens tryckstång går in mitt i huvudcylinderns kolv. Montera fästmuttrarna och dra åt dem ordentligt.

24 Ta bort tejpen eller pluggarna och återanslut bromsledningarna till huvudcylindern. Dra först åt anslutningsmuttrarna med fingrarna för att undvika korsgängning, dra sedan åt dem ordentligt med en nyckel.

25 Montera vätskebehållaren i gummitätningarna och tryck fast den ordentligt.

26 På modeller med manuell växellåda, sätt tillbaka kopplingsvätskeslangen på bromsvätskebehållaren.

27 Fyll vätskebehållaren med ny bromsvätska upp till MAX-markeringen.

28 Anslut kablaget till bromsvätskans varningskontakt i behållarens påfyllningslock.

29 Sätt tillbaka kablaget till stöldlarmskontakten. Montera fästbygeln, huvudsäkringsdosan och hållaren.

30 Lufta bromssystemet enligt beskrivningen i avsnitt 2. Gör en noggrann kontroll av bromssystemets funktion innan bilen körs igen.

12 Backventil för vakuumservo - demontering, kontroll och montering

Demontering

1 Backventilen är placerad i slangen som leder från vakuumservon till insugsröret. Det går inte att få tag på en backventil separat.

2 Ta försiktigt bort slangtillsatsen från gummifästet på servoenhetens framsida.

3 Skruva loss anslutningsmuttern och koppla loss slangen från insugsröret.

4 Lossa slangen från stödet och ta bort den från motorrummet.

Kontroll

5 Undersök om ventilen och slangen är skadade och byt ut dem om det behövs. Ventilen kan testas genom att man blåser luft genom slangen i båda riktningarna. Luften ska endast kunna komma igenom ventilen i ena riktningen – när man blåser från den sida som är vänd mot servoenheten. Byt ut ventilen tillsammans med slangen om det behövs.

6 Undersök om tätningsmuffen i vakuumservon är skadad eller åldrad och byt ut den om det behövs.

Montering

7 Monteringen utförs i omvänd ordningsföljd mot demonteringen, dra åt anslutningsmuttern ordentligt. Avsluta med att starta motorn och kontrollera att bromsarna fungerar. Kontrollera också att det inte läcker luft någonstans.

13 Vakuumservo - kontroll, demontering och montering

Kontroll

1 Testa vakuumservon på följande sätt: Tryck ner fotbromsen upprepade gånger med motorn avstängd, för att släppa ut vakuumet. Starta sedan motorn, håll pedalen nedtryckt. När motorn startar ska pedalen ge efter märkbart medan vakuumet byggs upp. Låt motorn gå i minst två minuter och stäng sedan av den. Om bromspedalen nu trycks ned ska den kännas normal, men fler tryckningar ska göra att den känns fastare med allt kortare pedalväg för varje nedtryckning.

2 Om servon inte fungerar enligt ovan, kontrollera först servons backventil enligt beskrivningen i avsnitt 12.

3 Om servon fortfarande inte fungerar som den ska finns felet i själva servoenheten. Det går inte att reparera servon. Om den är defekt måste hela enheten bytas ut.

Högerstyrda modeller

Demontering

4 Demontera huvudcylindern enligt beskrivningen i avsnitt 11.

5 Ta bort båda torkararmarna enligt beskrivningen i kapitel 12. Ta bort plastkåpan från motorrummets torpedvägg för att komma åt torkarnas länksystem.

6 Ta bort vakuumslangens tillsats från gummimuffen på vakuumservons framsida.

7 Ta bort vevhusventilen och slangarna för att skapa mer utrymme.

8 Arbeta inuti bilen. Ta bort den nedre panelen från instrumentbrädan under rattstången.

9 Haka loss returfjädern från bromspedalen, ta ut fjäderklämman och dra ut styrstiftet som fäster tryckstångsgaffeln vid bromspedalen **(se bilder)**.

10 Skruva loss bultarna och muttrarna till servofästbygeln från torpedväggen, bredvid vindrutetorkarnas länksystem. Dra bort servo-

13.9a Haka loss bromspedalens returfjäder . . .

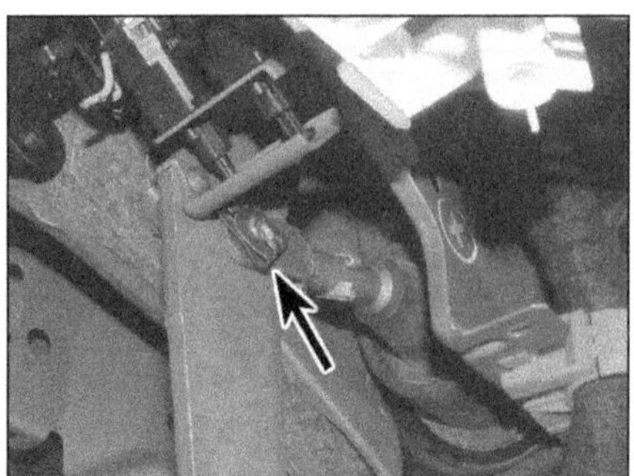

13.9b . . . ta ut fjäderklämman . . .

13.9c . . . och ta bort tryckstångens styrstift

13.14 Bromspedalens returfjäder monterad

enheten och den övre fästkonsolen från torpedväggen och ta bort dem från motorrummet.

11 Skruva loss muttrarna och ta bort fästet från servoenhetens baksida.

Montering

12 Montera fästet på servoenhetens baksida och dra åt muttrarna.

13 Placera servoenheten och fästkonsolen på torpedväggen och se till att det övre fästet placeras korrekt på det nedre fästet. Sätt i och dra åt fästbulten och muttrarna.

14 Arbeta inuti bilen. Anslut tryckstångens gaffel till pedalen, montera sedan stiftet och fäst det med en fjäderklämma. Sätt tillbaka returfjädern på bromspedalen **(se bild)**.

15 Montera tillbaka den nedre panelen under rattstången.

16 Montera vevhusventilen och slangarna.

17 Tryck in vakuumslangens tillsats i gummimuffen på vakuumservons framsida.

18 Sätt tillbaka plastkåpan på baksidan av torpedväggen. Sätt därefter tillbaka torkararmarna enligt beskrivningen i kapitel 12.

19 Montera huvudcylindern enligt beskrivningen i avsnitt 11 och lufta bromssystemet enligt beskrivningen i avsnitt 2.

Vänsterstyrda modeller

Demontering

20 Demontera huvudcylindern enligt beskrivningen i avsnitt 11.

21 Rengör området runt bromsledningen som går från huvudcylindern till ABS-enheten. Notera dess placering, lossa anslutningsmuttern och ta bort ledningen från ABS-enheten. Tejpa över eller plugga igen ledningarna och öppningarna för att hindra damm och smuts från att tränga in.

22 Ta bort vakuumslangens tillsats från gummimuffen på vakuumservons framsida.

23 Skruva loss fästmuttrarna som håller fast servon i fästbygeln. Ta därefter bort klämman från tryckstången och ta bort servoenheten från bilen.

Montering

24 Placera servoenheten på fästet och haka samtidigt fast bromspedalens tryckstång i servons tryckstång. Sätt tillbaka och dra åt fästmuttrarna.

25 Montera klämman på tryckstången och tryck ner bromspedalen för att låsa klämman på plats.

26 Tryck in vakuumslangens tillsats i gummimuffen på servoenhetens framsida.

27 Montera den bakre bromsledningen på ABS-enheten på samma sätt som innan den demonterades. Dra sedan åt anslutningsmuttern.

28 Montera bromshuvudcylindern enligt beskrivningen i avsnitt 11, och lufta bromssystemet enligt beskrivningen i avsnitt 2.

14 Vakuumpump (elektrisk) - demontering och montering

Demontering

1 Dra åt handbromsen. Lyft sedan upp framvagnen och ställ den på pallbockar (se *Lyftning och stödpunkter*). Ta bort det vänstra framhjulet.

2 Ta bort hjulhusets innerskärm och, i förekommande fall, motorns undre skyddskåpa.

3 Koppla loss vakuumslangen från pumpen.

4 Koppla loss kablaget.

5 Skruva loss fästmuttrarna och bultarna och ta bort vakuumpumpen.

Montering

6 Monteringen utförs i omvänd ordningsföljd mot demonteringen.

15 Vakuumpump (mekanisk) - demontering och montering

Demontering

1 Lossa och ta bort motorns övre skyddskåpa.

2 Koppla loss vakuumslangen från tryckgivaren på sidan av turboaggregatet.

3 Skruva loss skruven och ta bort bypassröret från turboaggregatets insugsrör.

4 Koppla loss bypassventilen från laddluftsröret.

5 Koppla loss kablaget från temperaturgivaren på laddluftsröret.

6 Lossa klämmorna som fäster laddluftsröret i gasspjällshuset och turboaggregatet. Skruva sedan loss fästbulten från bygeln på topplocket och dra ut röret från motorrummet. Tejpa över öppningarna i turboaggregatet och gasspjällshuset.

7 Koppla loss vakuumslangen från vakuumpumpen på vänster sida av topplocket. Gör detta genom att trycka in den röda låsringen, samtidigt som du drar ut slangen **(se bild)**.

8 Koppla loss kablaget från tändningskassetten på topplocket.

9 Lägg några tygtrasor under pumpens banjoanslutning för smörjning. Skruva sedan loss och ta bort banjobulten. Ta vara på yttertätningen.

10 Skruva loss pumpens fästbultar, inklusive bygelbulten, och ta loss den från topplocket **(se bild)**. Ta loss den inre smörjtätningen och pumpens huvudtätning. Kasta alla tätningar och använd nya tätningar vid monteringen.

Montering

11 Rengör pumpens och topplockets kontaktytor. Placera de nya inner- och huvudtätningarna på pumpen och fäst dem med lite fett.

12 Placera pumpens medbringare så att den fäster i spåret i slutet av kamaxeln vid återmonteringen. Placera pumpen på topplocket och sätt tillbaka fästbultarna. Dra endast åt dem för hand just nu. Torka bort utspilld olja från topplocket.

13 Montera banjobulten och en ny O-ringstätning. Dra åt till angivet moment.

14 Sätt i fästbultarna. Dra först åt bultarna på topplocket till angivet moment, och därefter den sista bulten i bygeln till angivet moment.

15 Återanslut kablaget till tändningskassetten och återanslut därefter vakuumslangen till pumpen.

16 Montera laddluftsröret på gasspjällshuset och turboaggregatet. Dra åt fästbulten. Stryk vid behov lite vaselin på O-ringen på gasspjällshuset så blir det lättare att montera den. Dra åt rörets fästklämmor.

17 Återanslut kablaget till temperaturgivaren på laddluftsröret.

15.7 Tryck ner den röda låsringen för att lossa vakuumslangen

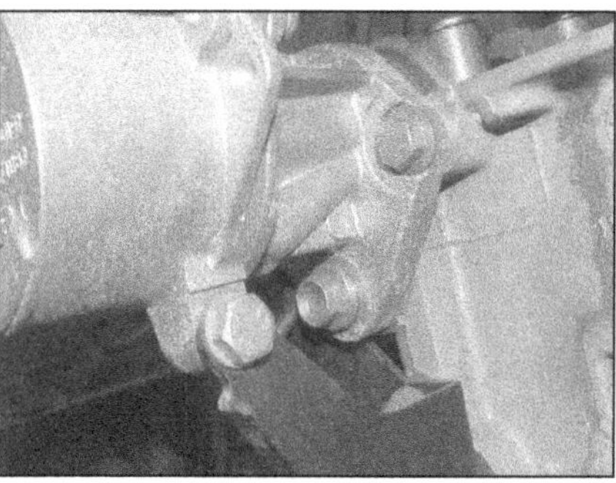

15.10 Fästbultar till mekanisk vakuumpump

18 Återanslut bypassventilen till laddluftsröret. Anslut sedan bypassröret till turboinsugsröret och dra åt skruven.
19 Återanslut vakuumslangen till tryckgivaren.
20 Montera motorns övre skyddskåpa.

16 Handbroms - justering

1 Klossa framhjulen, lyft upp bilens bakvagn med hjälp av en domkraft och stöd den på pallbockar (se *Lyftning och stödpunkter*). Demontera båda bakhjulen. Lossa handbromsen helt.
2 Kontrollera att vajrarna inte drar i expanderarmarna på de bakre fästplattorna. Lossa i så fall vajerjusteringsmuttern enligt beskrivningen i punkt 6.
3 Arbeta med en sida i taget och justera bromsbackarna enligt följande. Vrid den bakre skivan/trumman tills åtkomsthålet är placerat över den övre justerarens tandning. Stick en skruvmejsel genom hålet, vrid justerarens tandning så att bromsskivan/trumman spärras. Dra sedan tillbaka tandningen så att skivan/trumman precis är fri att vrida sig. Upprepa inställningen på den återstående skivan/trumman.
4 Montera bakhjulen och dra åt bultarna.
5 Dra i handbromsspaken till det första hacket.
6 Öppna locket i mittkonsolen och ta bort mattan, så att du kommer åt handbromsvajerns justeringsmutter.
7 Dra åt justeringsmuttern tills det tar emot något när du vrider bakhjulen **(se bild)**. Lossa handbromsspaken helt och kontrollera att bakhjulen roterar fritt. Dra sedan spaken till det andra eller tredje hacket och kontrollera att bakhjulen låses. Justera justeringsmuttern ytterligare om det behövs.
8 Om endast ett av bakhjulen låses kanske någon av bromsvajrarna kärvar. Det måste då åtgärdas innan du justerar handbromsen.
9 Sänk ner bilen efter avslutat arbete.

16.7 Justeringsmutter för handbromsvajer på handbromsspaken

17 Handbromsvajrar - demontering och montering

Demontering

1 Det finns en primär och en dubbel sekundär handbromsvajer. En utjämnare är permanent fäst framtill på de sekundära innervajrarna, och primärvajern är fäst i mitten av utjämnaren. Sekundärvajrarna säljs som en sammansatt enhet. Klossa framhjulen, lyft upp bilens bakvagn med hjälp av en domkraft och stöd den på pallbockar (se *Lyftning och stödpunkter*).
2 Följ anvisningarna i kapitel 4A och lossa de främre och bakre sektionerna av avgassystemet. Lossa sedan gummifästet från avgassystemets vänstra sida och sänk ner det.
3 Skruva loss de bakre muttrarna från värmeskölden på underredet. Böj sedan ner värmeskölden så att du kommer åt handbromsutjämnaren.
4 Koppla loss handbromsvajerns returfjädrar från expanderarmarna på bakbromsens fästplattor.
5 Haka loss vajerändbeslagen från expanderarmarna.
6 Vrid primärvajerns ändbeslag 90° och koppla loss den från utjämnaren.
7 Lossa vajrarnas främre ändar från fästena.
8 Stötta bränsletanken med en garagedomkraft och en träkloss. Skruva sedan loss bränsletankens stödbyglar. Dra byglarna nedåt för att frigöra handbromsens sekundärvajrar.
9 Lossa vajrarna från fästena och dra ut dem underifrån bilen.

Montering

10 Monteringen utförs i omvänd ordning. Avsluta med att justera handbromsen enligt beskrivningen i avsnitt 16.

18 Handbromsspak - demontering och montering

Demontering

1 Klossa framhjulen. Lyft sedan upp bakvagnen med en domkraft och ställ den på pallbockar (se *Lyftning och stödpunkter*). Demontera båda bakhjulen.
2 Arbeta på en bakbroms i taget och koppla loss höger och vänster returfjädrar från hålen i fästplattorna. Lossa sedan kabelskorna från handbromsbackarnas manöverarmar.
3 Ta bort mittkonsolen enligt beskrivningen i kapitel 11och lyft upp damasken.
4 Koppla loss kablaget från kontakten till handbromsvarningslampan och lossa det från buntbanden.
5 Skruva loss muttrarna som fäster handbromsenheten i golvet.
6 Lyft upp handbromsenheten från golvet och tryck försiktigt upp utjämnaren genom öppningen i golvet. Bind ett snöre runt utjämnaren, så att den är tillgänglig vid återmonteringen.
7 Vrid primärvajerns ändbeslag 90° och koppla loss den från utjämnaren. Dra ut handbromsspaken från bilens insida.

Montering

8 Monteringen utförs i omvänd ordningsföljd. Avsluta med att justera handbromsen enligt beskrivningen i avsnitt 16. Dra åt handbromsspakens fästbultar ordentligt.

19 Kontakt till handbromsens varningslampa - demontering, kontroll och montering

Demontering

1 Kontakten till handbromsens varningslampa är monterad på framsidan av handbromsspakens fästkonsol **(se bild)**. Demontera mittkonsolen enligt instruktionerna i kapitel 11.
2 Koppla loss kablaget från kontakten.
3 Skruva loss fästskruven och ta bort kontakten.

Kontroll

4 Anslut en multimeter eller en kontinuitetsmätare till kontaktdonet och själva kontakten.
5 När kontaktens tryckkolv är i vila ska multimetern visa på noll resistans eller kontinuitetsmätarens kontrollampa lysa. När tryckkolven är intryckt ska multimetern visa på oändlig resistans eller kontrollampan vara släckt.
6 Om kontakten inte fungerar enligt ovan kan det bero på korroderade anslutningar eller en defekt kontakt. Kontrollera att 12 volt matas till kablaget när tändningen är påslagen. Byt ut kontakten om det behövs.

Montering

7 Monteringen utförs i omvänd ordningsföljd mot demonteringen.

19.1 Kontakt till handbromsens varningslampa

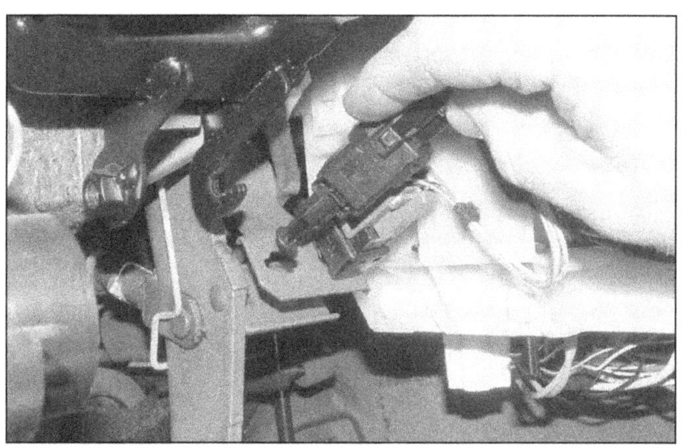

21.3 Ta bort bromsljuskontakten från fästet . . .

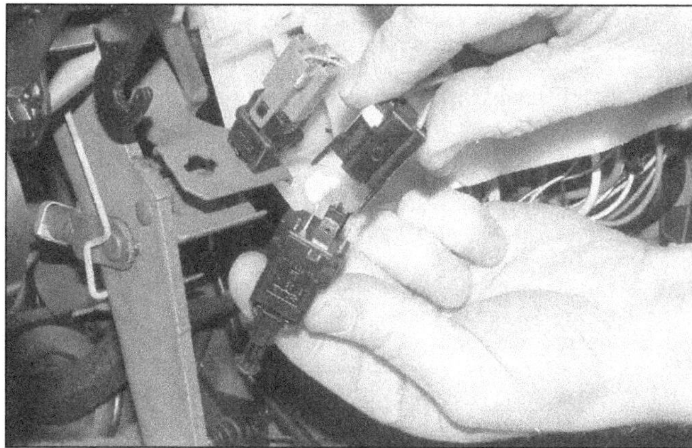

21.4 . . . och koppla loss kablaget

20 Bromspedal - demontering och montering

Demontering

1 Skjut förarsätet bakåt så långt det går.

Högerstyrda modeller

2 Ta bort bromsvakuumservon enligt beskrivningen i avsnitt 13.

3 När vakuumservon är demonterad, lossa de fyra bultarna som fäster bromspedalbygeln i torpedväggen.

4 Demontera hela instrumentbrädan enligt beskrivningen i kapitel 11.

5 Följ instruktionerna i kapitel 10 och lossa rattstången från kuggstången. Dela inte den räfflade/teleskopiska sektionen. Ställ framhjulen så att de pekar rakt framåt och tejpa för säkerhets skull fast ratten i instrumentbrädan.

6 Koppla loss kablaget från pedalkontakterna.

7 Skruva loss rattstången från torpedväggen och pedalbygeln. Flytta den bakåt så långt det går utan att belasta kablaget.

8 Lyft bort pedalbygeln från torpedväggen och ta bort den från bilen. Ta loss "skum"-packningen.

Vänsterstyrda modeller

9 Ta bort batteriet från motorrummets främre vänstra hörn (se kapitel 5A).

10 Ta bort den hydrauliska ABS/TCS/ESP-enheten enligt beskrivningen i avsnitt 23.

11 Skruva loss huvudsäkringsdosan från motorrummets bakre vänstra hörn, koppla loss kablaget och ta bort säkringsdosan.

12 Koppla loss motorns kabelhärva och ta bort fästboxen från torpedväggen bakom motorn.

13 Skruva loss de fyra muttrarna som fäster bromspedalbygeln i torpedväggen.

14 Ta bort panelen nedtill på instrumentbrädan på förarsidan enligt instruktionerna i kapitel 11.

15 Ta bort stegmotorn som sitter under bromspedalen.

16 Följ instruktionerna kapitel 10 och lossa rattstången från kuggstången. Dela inte den räfflade/teleskopiska sektionen. Framhjulen ska peka rakt fram. Tejpa för säkerhets skull fast ratten i instrumentbrädan.

17 Skruva loss de två bultarna som fäster pedalenheten i rattstången.

18 Koppla loss kablaget från pedalkontakterna.

19 Haka loss returfjädern från pedalen. Ta sedan bort låsringen och dra ut gaffelbulten som håller fast pedalen i tryckstången.

20 Lyft bort pedalbygeln från torpedväggen och ta bort den från bilen. Ta bort "skum"-packningen.

Montering

21 Monteringen utförs i omvänd ordningsföljd. Dra åt alla muttrar och bultar till angivet moment.

21 Bromsljuskontakt - demontering, kontroll och montering

Demontering

1 Bromsljuskontakten sitter upptill på pedalfästbygeln. En inre fjäder spänner kontaktens tryckkolv så att anslutningarna normalt är stängda, men när bromspedalen släpps är spänningen från pedalens returfjäder starkare än den från kontaktens fjäder med följden att anslutningarna separeras när pedalen är i viloläge. När bromspedalen trycks ner skickas en spänning på 12 volt från kontakten till den elektroniska styrenheten (ECU), som sedan ger ström åt bromsljusen. ECU kontrollerar bromsljusens tre glödlampor och tänder en varningslampa på instrumentpanelen om det behövs. När ett släp kopplas till bilen får släpets bromsljus ström direkt från bromsljuskontakten.

2 Ta bort kontakten genom att först ta bort den nedre klädselpanelen från instrumentbrädan enligt beskrivningen i kapitel 11.

3 Vrid brytaren moturs 90° och dra ut den från fästbygeln **(se bild)**.

4 Koppla loss kablaget från kontakten **(se bild)**.

Kontroll

5 Kontakten är enkelpolig och har normalt stängda anslutningar. Kontaktens funktion kan kontrolleras med en multimeter (i ohmmeterläge), eller en kontinuitetsmätare bestående av en glödlampa, ett torrbatteri och två bitar kabel. Koppla mätaren till kontaktens anslutningspoler när kontakten är i viloläge, och kontrollera att ohmmätaren visar på noll eller att glödlampan tänds.

6 Tryck ner kontaktens tryckkolv och kontrollera att ohmmetern visar på oändlig resistans (bruten krets) eller att kontrollampan slocknar.

7 Om kontakten inte uppträder enligt ovanstående beskrivning, eller om den fungerar intermittent, ska den bytas ut. Enheten kan inte repareras.

Montering

8 Bromsljuskontakten monteras i omvänd ordningsföljd.

22 ABS (låsningsfria bromsar) - allmän information och felsökning

Allmän information

1 Systemet för låsningsfria bromsar (ABS) styrs av en elektronisk styrenhet (ECU), som kan visa status och skick hos alla komponenter i systemet, inklusive sig själv. Om ECU upptäcker ett fel reagerar den med att stänga av ABS-systemet och tända varningslampan på instrumentbrädan. När det händer fungerar bromssystemet som ett konventionellt bromssystem, utan ABS. Observera även att varningslampan tänds när strömförsörjningen till ABS-systemets ECU bryts (t.ex. om säkringen går sönder). I modeller tillverkade efter hösten 1998 tänds bromsvarningslampan och lampan för allmänt fel samtidigt som ABS-varningslampan.

2 Om ABS-systemets varningslampa anger ett fel, är det svårt att diagnostisera problemet utan den utrustning och de kunskaper som behövs för att kunna avläsa felkoderna i den elektroniska styrenheten. Därför begränsas informationen i det här avsnittet till en lista över grundläggande kontroller som först och främst kan utföras.

3 Om orsaken till felet inte kan fastställas omedelbart med hjälp av kontrollistan *måste* bilen lämnas in till en Saabverkstad för undersökning. Det behövs specialutrustning för att felkoderna från ABS-systemets styrenhet ska kunna läsas och orsaken till felet fastställas.

Grundläggande felsökning

Bromsvätskenivå

4 Kontrollera bromsvätskenivån (se *Veckokontroller*). Om nivån är låg ska hela bromssystemet undersökas efter tecken på läckage. Se kapitel 1 och kontrollera bilens alla bromsslangar och -rör. Om inga läckor upptäcks, ta bort hjulen ett i taget och leta efter läckor vid bromsokskolvarna.

Säkringar och reläer

5 ABS-systemets säkring sitter under en kåpa i änden av instrumentpanelen. Ta bort kåpan och dra ut säkringen. Kontrollera säkringstråden visuellt. Om det är svårt att se om säkringen har gått sönder, kontrollera med en multimeter. Om någon av säkringarna har gått, fastställ orsaken innan du monterar en ny. Lämna vid behov in bilen till en Saabverkstad.

6 ABS-systemets relä är placerat under en kåpa till vänster i motorrummet. Reläer är i allmänhet svåra att kontrollera och diagnostisera utan elektrisk specialutrustning. Man kan dock ofta känna (och höra) när metallkontakterna i reläet öppnas och stängs - om reläet inte uppför sig på det sättet när tändningen är på kan det vara defekt. Observera att den här kontrollen inte är avgörande, det enda sättet att veta att komponenten fungerar är genom att byta ut det misstänkt defekta reläet mot ett relä *av samma typ* som man vet fungerar. Byt ut ett misstänkt relä genom att dra ut det ur sin sockel - observera åt vilket håll det är monterat - och sätta i ett nytt relä.

Elektriska anslutningar och jordningspunkter

7 Motorrummet utgör en fientlig omgivning för elektriska komponenter och även de bästa tätningar kan någon gång springa läck. Vatten, kemikalier och luft leder till korrosion på kontaktdonens anslutningar och skapar störningar och avbrott, ibland återkommande. Koppla loss batteriets negativa kabel, kontrollera sedan att den hydrauliska ABS-enhetens anslutningar till vänster i motorrummet sitter säkert och är i gott skick.

8 Koppla loss alla kontaktdon och undersök anslutningarna i dem. Rengör alla anslutningar som är smutsiga eller korroderade. Undvik att skrapa kontakterna rena med ett knivblad eller liknande, eftersom detta snarare kommer att påskynda korrosionen längre fram. Putsa kontaktytorna med en luddfri trasa och särskilt lösningsmedel tills de är rena och blanka.

9 Kontrollera även systemets elektriska jordningspunkt på sidan av hydraulenheten med avseende på säkerhet och skick.

23 ABS (låsningsfria bromsar), komponenter - demontering och montering

Observera: *Om ABS-systemet är defekt får ingen del demonteras innan bilen lämnats in till en Saabverkstad för kontroll.*

Främre hjulgivare

Demontering

1 Dra åt handbromsen. Lyft sedan upp framvagnen och ställ den på pallbockar (se *Lyftning och stödpunkter*). Demontera relevant hjul.

2 Koppla loss anslutningskontakten i motorrummet. Givaren för vänster framhjul sitter bredvid batteriet. Vi rekommenderar att du tar bort batteriet och batterihyllan (se kapitel 5A). På modeller från 2002 och senare måste du också lossa expansionskärlet och flytta det åt sidan. Givaren för höger hjul sitter bakom behållaren för servostyrningsvätska. Du behöver lossa låsfliken på kontaktdonet. På modeller från 2002 och senare måste du lossa servostyrningsvätskans behållare och flytta den åt sidan.

3 Rengör området runt hjulgivaren på den främre hjulspindeln. Skruva sedan loss fästbulten och ta bort givaren.

4 Bänd bort gummifästet från karosspanelen och dra ut kablaget.

5 Lossa kablaget från fästklämmorna på karosspanelen och bromsslangen.

Montering

6 Monteringen utförs i omvänd ordningsföljd mot demonteringen. Dra åt fästbulten ordentligt.

Bakre hjulgivare

Demontering

7 Bakhjulsgivarna är inbyggda i bakhjulsnaven. Det här avsnittet beskriver hur du tar bort navet. Klossa framhjulen, lyft upp bilens bakvagn med hjälp av en domkraft och stöd den på pallbockar (se *Lyftning och stödpunkter*). Demontera relevant hjul.

8 Demontera den bakre bromsskivan enligt beskrivningen i avsnitt 9.

9 På årsmodell 1999 och senare (chassinummer X3025752 och senare), ta bort skyddskåpan från undersidan av bakfjädringens länkarm och skruva loss handbromsvajerns stödfäste.

10 Koppla loss kablaget från hjulgivaren på navets baksida.

11 Skruva loss fästmuttrarna och dra bort navenheten från bakaxeln. Låt fästplattan, bromsbackarna och distansen/distanserna sitta kvar på kabeln. **Observera:** *Kasta navmuttrarna och använd nya vid återmonteringen.* Ta loss eventuella mellanlägg (shims).

Montering

12 Rengör fästytorna på bakaxeln, fästplattan, distansen/distanserna och navet, montera sedan komponenterna i korrekt ordning. Montera och dra stegvis åt de nya muttrarna till det åtdragningsmoment och den vinkel som anges i specifikationerna.

13 Återanslut kablaget till hjulgivaren.

14 På årsmodell 1999 och senare (chassinummer X3025752 och senare), montera handbromsvajerns stödfäste och skyddskåpan på undersidan av länkarmen.

15 Montera den bakre bromsskivan (se avsnitt 9) och justera handbromsbackarna (se avsnitt 16).

16 Montera hjulet och sänk ner bilen.

17 Tryck ner bromspedalen ordentligt för att ställa in de bakre bromsklossarna i normalläget.

ABS/ESP/TCS hydraulenhet

Observera: *ABS styrenheten (ECU) är en del av hydraulenheten och kan inte demonteras separat. När en ny enhet har monterats måste ECU-enheten kalibreras av en Saabverkstad med hjälp av diagnostikinstrumentet Tech2. Vi rekommenderar att du stänger av ESP-funktionen tills kalibreringen har utförts.*

Demontering

18 Koppla loss batteriets minuskabel (se *Koppla ifrån batteriet* i referenskapitlet). På årsmodell 2002 och senare, ta bort batteriet och batterihyllan enligt beskrivningen i kapitel 5A.

19 Ta bort säkringsdosans hållare i motorrummets bakre vänstra hörn.

20 På årsmodeller före 2002, koppla loss kablaget från stöldskyddslarmet.

21 Klipp av plastbuntbanden som fäster batteriets pluskabel i huvudsäkringsdosan. Skruva sedan loss muttrarna och placera säkringsdosan åt sidan utan att koppla loss kablarna. Häng upp säkringsdosan i ett snöre om det behövs.

22 Minimera eventuellt vätskespill genom att först skruva av huvudcylinderbehållarens lock och sedan skruva på det igen över en bit plastfolie, så att det blir lufttätt. Locket är försett med en vätskenivåkontakt, och därför är det bäst att sätta på ett vanligt lock utan kontakt om du har ett. Placera även tygtrasor under enheten för att fånga upp vätskespill. På bilar av årsmodell 2002 och senare med manuell växellåda, tappa av bromsvätskan från huvudcylinderbehållaren. Koppla sedan loss kopplingsvätskeslangen från behållaren.

23 Koppla loss anslutningskontakten från den elektroniska styrenheten och lägg kontakten åt sidan. På årsmodell 2002 och senare, koppla loss kablaget från bränsletrycksgivaren på enhetens baksida.

24 Märk alla bromsrör för att underlätta återplaceringen på hydraulenheten, skruva sedan loss anslutningsmuttrarna och koppla loss rören. Tejpa över eller plugga igen rören och öppningarna för att förhindra att damm och smuts kommer in i systemet.

25 Skruva loss fästmuttrarna och ta bort ABS-systemets hydraulenhet från motorrummet. På årsmodell 2002 och senare är det svårt att komma åt den yttre fästmuttern. Du kan behöva bända loss fästbygeln från det inre hjulhuset med en skruvmejsel. Var noga med att inte spilla hydraulvätska på bilens lackerade ytor.

Montering

26 Montering görs i omvänd ordning mot demonteringen. Dra åt fästmuttrarna och bromsrörens anslutningsmuttrar till angivet moment, och avsluta med att lufta bromssystemet enligt beskrivningen i avsnitt 2.

24 Elektroniskt stabilitetssystem (ESP), komponenter - demontering och montering

Stabilitetsgivare (gyro)

Demontering

1 Ta bort mittkonsolen enligt beskrivningen i kapitel 11.

2 På modeller med manuell växellåda, demontera växelspakshuset enligt beskrivning i kapitel 7A. På modeller med automatväxellåda, demontera växelväljarhuset enligt beskrivning i kapitel 7B.

3 Notera hur givaren sitter monterad och att pilen på ovansidan är vänd framåt. Lossa därefter fästskruvarna. Bänd undan luftkanalen så att du kommer åt den vänstra skruven.

4 Lossa låsfliken, koppla loss kablaget och ta bort givaren.

Montering

5 Montering utförs i omvänd ordning mot demonteringen. Se till att pilen är vänd framåt i bilens riktning.

Rattvinkelgivare

Observera: *När du har monterat en ny rattvinkelgivare måste den kalibreras av en Saabverkstad med hjälp av diagnostikinstrumentet Tech2. Vi rekommenderar att du stänger av ESP-funktionen tills kalibreringen har utförts.*

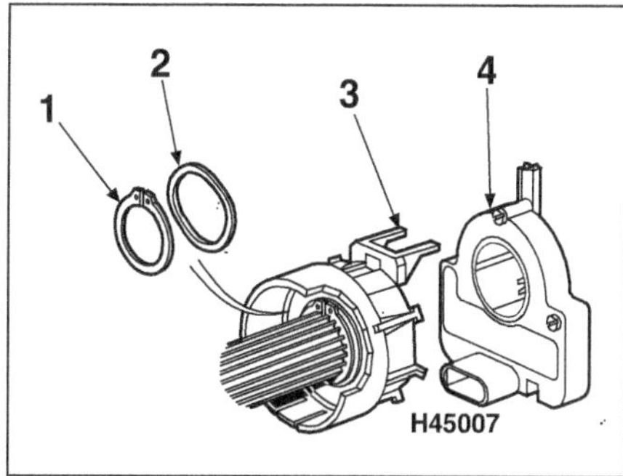

24.10 Komponenter i rattvinkelgivaren

1 Låsring
2 Fjäderbricka
3 Lagerhållare
4 Rattvinkelgivare

Varning: Montera aldrig en skadad rattvinkelgivare, eftersom bilen då kan uppföra sig oberäkneligt vid nödsituationer. Ta inte heller i onödigt hårt när du monterar eller demonterar givaren.

Demontering

6 Ta bort rattstången enligt beskrivningen i kapitel 10.

7 Den inre rattstången består av två räfflade sektioner, som är hopfällbara och bara passar ihop på ett sätt. Börja med att märka upp de båda inre rattstångssektionerna och det yttre rattstångshuset i förhållande till varandra.

8 Dra försiktigt loss den nedre inre stången, tillsammans med lagerbygeln och vinkelgivaren, från den yttre stången.

9 Skruva loss låsskruven som fäster lagerbygeln i lagerhållaren. Tryck sedan in plasthaken på den motsatta sidan med en skruvmejsel och dra ut bygeln över den nedre inre stången.

10 Öppna låsringen med en låsringstång och ta bort den från den nedre inre stången/mellanaxeln, följt av fjäderbrickan **(se bild)**.

11 Ta bort lagerhållaren och rattvinkelgivaren från den nedre inre stången/mellanaxeln.

Montering

12 Sätt givaren på den nedre inre stången/mellanaxeln så att spåret hakar i den upphöjda fliken **(se bild)**. Om en ny givare monteras, fyll i etiketten och fäst den på givaren.

13 Sätt lagerhållaren på axeln. Se till att armarna fästs i givarens ben.

14 Montera fjäderbrickan och låsringen. Kontrollera att låsringen ligger helt i spåret.

15 Sätt bygeln på lagerhållaren. Se till att plasthaken snäpper på plats och sätt i och dra åt låsskruven.

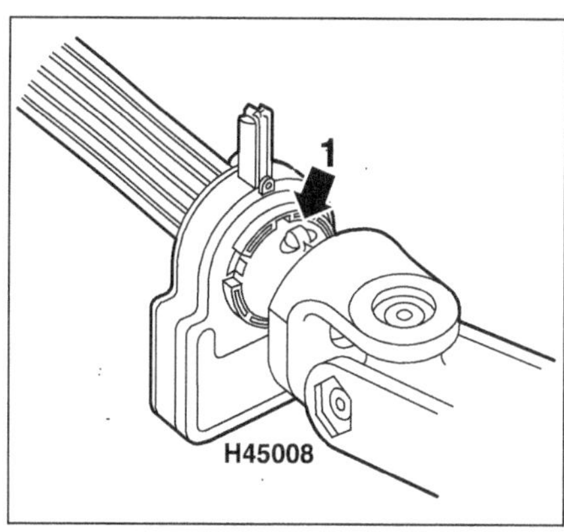

24.12 Rattvinkelgivarens upphöjda flik (1) på den inre rattstången/mellanaxeln

16 Placera markeringarna på de båda inre stångsektionerna med markeringarna på det yttre rattstånghuset. Sätt sedan ihop de två inre sektionerna. Tvinga inte ihop stängerna om de inte är i linje med varandra.

17 Montera rattstångsenheten enligt beskrivningen i kapitel 10.

18 Låt en Saabverkstad kalibrera rattvinkelgivaren vid första möjliga tillfälle.

Bromstrycksgivare

Demontering

19 Bromstrycksgivaren sitter på hydraulenhetens baksida i motorrummets vänstra bakre del. Se till att du har något föremål till hands att täppa till givarens hål med, så att bromsvätska inte rinner ut.

20 Koppla loss kablaget från givaren.

21 Skruva loss givaren från hydraulenheten med en 24 mm nyckel. Täpp omedelbart till öppningen, men se till att damm och smuts inte kommer in.

Montering

22 Montering utförs i omvänd ordning mot demonteringen. Dra åt givaren ordentligt. Avsluta med att lufta hydraulkretsen enligt beskrivningen i avsnitt 2. Om mängden utläckande vätska var liten behöver du bara lufta vänster frambroms och höger bakbroms.

ESP/TCS-omkopplare

Demontering

23 ESP/TCS-omkopplaren sitter på instrumentbrädan. Ta bort den genom att försiktigt dra ut den med två skruvmejslar.

24 Koppla loss kablaget.

Montering

25 Montering utförs i omvänd ordning.

Kapitel 10
Fjädring och styrning

Innehåll

Svårighetsgrader

Enkelt, passar novisen med lite erfarenhet 	**Ganska enkelt,** passar nybörjaren med viss erfarenhet 	**Ganska svårt,** passar kompetent hemmamekaniker 	**Svårt,** passar hemmamekaniker med erfarenhet 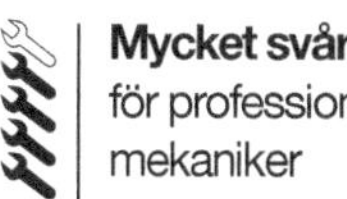	**Mycket svårt,** för professionell mekaniker

Specifikationer

Allmänt

Främre fjädring	Individuell fjädring med MacPherson fjäderben, hjulspindlar och krängningshämmare. Fjäderbenen innehåller gasfyllda stötdämpare och spiralfjädrar. Kryssrambalk med länkarmar och spindelleder
Bakre fjädring	Individuell fjädring med fjäderben och krängningshämmare. Fjäderbenen innehåller gasfyllda stötdämpare och spiralfjädrar. Kryssrambalk med övre och nedre tvärlänkar till länkarmar
Styrning	Kuggstångsdrev, servostyrning på alla modeller.

Hjulinställning

Fram:	
Toe-in:	
15 tum	2,0 ± 0,6 mm
16 tum	2,2 ± 0,6 mm
17 tum	2,2 ± 0,6 mm
Cambervinkel:	
15 tum	-0,8° (vid en höjd på 600 mm)
16 tum	-0,9° (vid en höjd på 610 mm)
17 tum	-0,8° (vid en höjd på 630 mm)
Castervinkel	2,9° ± 0,5°
Styraxelns lutning (KPI)	12,6° ± 0,5°
Bak:	
Toe-in:	
15 tum	3,0 ± 1,4 mm
16 tum	3,2 ± 1,4 mm
17 tum	3,4 ± 1,4 mm
Cambervinkel:	
15 tum	-0,9° (vid en höjd på 590 mm)
16 tum	-0,8° (vid en höjd på 605 mm)
17 tum	-0,8° (vid en höjd på 620 mm)
Styrningsvinkel, toe-ut i svängar:	
Yttre hjul	20,0°
Inre hjul	21,25° ± 0,5°

Hjul

Storlek:

Standard	6 x 15, 6,5 x 16 eller 7 x 17
Kompakt reservhjul	4 x 16

Däck

Storlek:

Vinter	195/65R15, 205/55R16 eller 215/55R16
Sommar	205/65R15, 215/55R16 eller 225/45R17
Däcktryck	Se slutet av *Veckokontroller* på sidan 0•17

Servostyrning

Antal rattvarv mellan fulla utslag	2,9 varv

Åtdragningsmoment

	Nm
Framfjädring	
Krängningshämmarens länk	90
Bultar mellan krängningshämmare och kryssrambalk	25
Motorns bakre fäste till motorfästbygel	50
Motorns bakre fäste till kryssrambalk	25
Hjullager och bromssköld till hjulspindel (2002 och framåt):	
Steg 1	90
Steg 2	Vinkeldra 45°
Mutter i navets mitt (till drivaxel), ny:	
Mutter utan spår (årsmodell 1998/2001)	290
Mutter med spår:	
Årsmodell 1998/2001:	
Steg 1	170
Steg 2	Vinkeldra 45°
Årsmodell 2002 och senare	230
Stötdämparkolvens övre fästmutter	75
Fjäderben till hjulspindel:	
1998 till 2001:	
Steg 1	110
Steg 2	Vinkeldra 45°
2002 och senare:	
Steg 1	100
Steg 2	Vinkeldra 90°
Fjäderbenets övre fästbultar:	
1998 till 2001	18
2002 och senare	30
Kryssrambalkens fäste till underredet:	
Steg 1	100
Steg 2	Vinkeldra 45°
Stödfäste för kryssrambalkens bakre tvärbalk	65
Fjädringens nedre spindelled till hjulspindel:	
1998 till 2001	95
2002 och senare	49
Fjädringens nedre kulled till länkarm:	
1998 till 2001	20
2002 och senare:	
Steg 1	20
Steg 2	Vinkeldra 90°
Fjädringens länkarmsfäste till kryssrambalk:	
1998 till 2001	95
2002 och senare:	
Steg 1	120
Steg 2	Vinkeldra 90°
Fjädringens bakre länkarmsfäste till länkarm	75
Bakfjädring	
Krängningshämmare till tvärbalk	50
Nav till länkarm:	
Steg 1	50
Steg 2	Vinkeldra 30°
Stötdämparens/fjäderbenets nedre fästbult	190
Stötdämparens/fjäderbenets övre kolvstångsfäste	20
Stötdämpare/fjäderben till kaross	55

Åtdragningsmoment (forts.)

	Nm
Bakfjädring (forts.)	
Fjädringens kryssrambalk:	
Steg 1	90
Steg 2	Vinkeldra 60°
Fjädringens länkarmsfästbygel till underredet:	
Steg 1	90
Steg 2	Vinkeldra 30°
Fjädringens länkarm till fästbygel:	
Steg 1	90
Steg 2	Vinkeldra 60°
Fjädringens övre och nedre tvärlänk till länkarm:	
Steg 1	90
Steg 2	Vinkeldra 60°
Styrning	
Servostyrningspump	25
Stöd för servostyrningspumpens matningsrör	30
Anslutningsmutter för servostyrningspumpens matningsrör	30
Rattstång	25
Klämbult mellan rattstång och drev	30
Styrväxelns fästbultar	95
Anslutningsbultar för styrväxelns tillförsel- och returrör	30
Ratt	38
Styrstagsändens låsmutter	70
Styrstagsände till styrarm:	
1998 till 2001	60
2002 och senare	35
Hjul	
Hjulbultar	110

1 Allmän information

Framfjädringen är helt individuell, med MacPherson fjäderben och en krängningshämmare. Fjäderbenen har stötdämpare och gasfyllda spiralfjädrar och hjulspindlarna är fästa med bultar längst ner på fjäderbenen. Hjulspindlarna sitter längst ut på länkarmarna med utbytbara spindelleder fästa på armarna. Hjullagren kan bytas ut separat, men på senare modeller är nav och lager ihopbyggda och är fästa separat på spindeln. Länkarmarna och krängningshämmaren sitter på en kryssrambalk under motorrummet.

Bakfjädringen är helt individuell med länkarmar, fjäderben, övre och nedre tvärlänkar och en krängningshämmare. Fjäderbenen har stötdämpare och spiralfjädrar och naven sitter fast på länkarmarna. Tvärlänkarna och krängningshämmaren sitter på bakfjädringens kryssrambalk. De bakre naven har dubbla rader lager i ett stycke som inte kan demonteras. De är fästa i länkarmarna med pinnbultar och muttrar. Varje nav har en intern ABS-givare som övervakar hjulhastigheten.

Servostyrning finns på alla modeller. Kuggstången är i stort sett en hydraulisk kolv som drivs mekaniskt av ett pinjongdrev och hydrauliskt av trycksatt hydraulvätska från servostyrningspumpen. Rattstången överför kraft från ratten till drevet och en kontrollventil, som styr tillförseln av hydraulvätska till kuggstångens kolv. När ratten vrids dirigerar ventilen vätska till den aktuella sidan av kolven som hjälper till att röra kuggstången. Servostyrningspumpen är utvändigt monterad på motorn, och drivs av drivremmen.

Rattstången är konstruerad och placerad så att den vid en frontalkrock absorberar smällen genom att kollapsa i längdriktningen och böjas undan från föraren.

2.2a Skruva loss muttern . . .

2 Främre fjäderben – demontering, renovering och montering

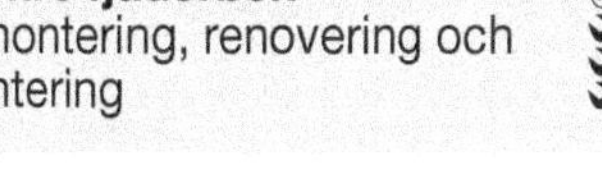

Demontering

1 Dra åt handbromsen. Lyft sedan upp framvagnen och ställ den på pallbockar (se *Lyftning och stödpunkter*). Demontera relevant framhjul.

2 Skruva loss muttern och lossa krängningshämmarens anslutningslänk från fjäderbenet Håll i länkspindeln med en skiftnyckel när du lossar muttern **(se bilder)**.

2.2b . . . och ta bort krängningshämmarens länk från fjäderbenet

2.5 Främre fjäderbenets övre fästbultar

2.8a Håll fast kolvstången med en insexnyckel medan du lossar lagrets övre fästmutter . . .

3 Observera att bultarna som håller fast fjäderbenet i hjulspindeln sitter med skallarna framåt. Skruva loss bultarna och flytta hållaren för ABS-hjulgivaren och den hydrauliska bromsslangen åt sidan. Bultarna har små

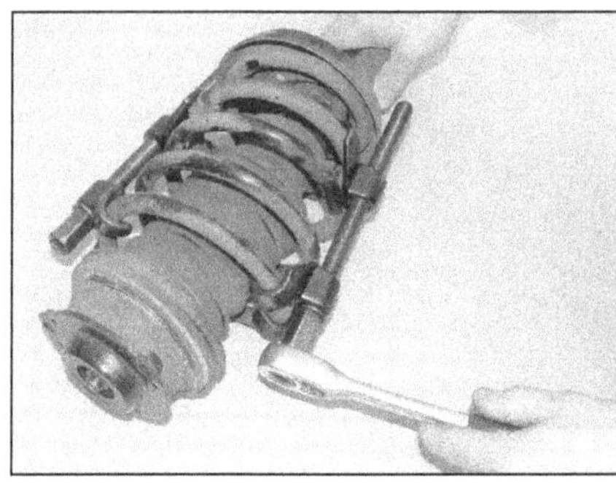

2.7 Tryck ihop spiralfjädern med fjäderspännarna

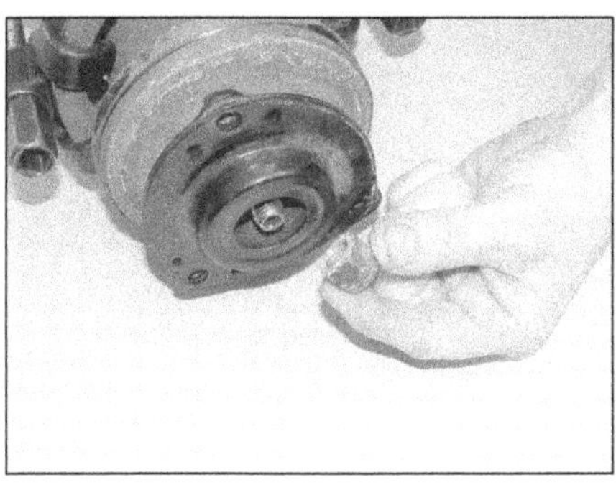

2.8b . . . och skruva sedan loss muttern

platsmärkningar på chucken och får inte vridas inne i hjulspindeln. Håll fast bultskallen och skruva loss muttern från den.

4 Håll fjäderbenet inåt medan hjulspindeln lutas utåt. Belasta inte bromsvätskeslangen.

5 Stöd fjäderbenet och skruva loss de övre fästbultarna på tornet i det bakre hörnet av motorrummet. Observera att fästbultarna även fäster toppkåpan. Dra ut fjäderbenet under framskärmen **(se bild)**.

Renovering

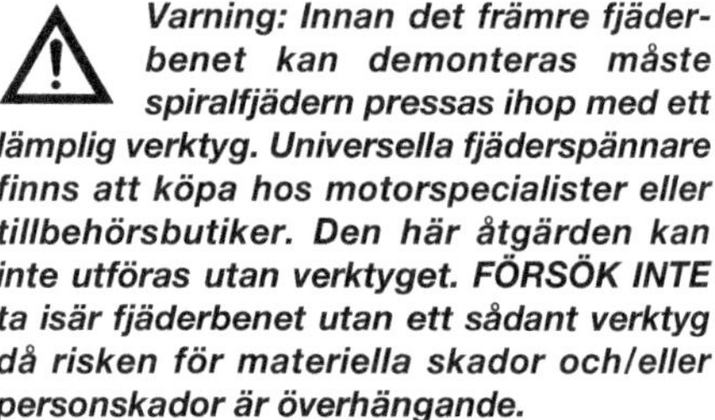

Varning: Innan det främre fjäderbenet kan demonteras måste spiralfjädern pressas ihop med ett lämplig verktyg. Universella fjäderspännare finns att köpa hos motorspecialister eller tillbehörsbutiker. Den här åtgärden kan inte utföras utan verktyget. FÖRSÖK INTE ta isär fjäderbenet utan ett sådant verktyg då risken för materiella skador och/eller personskador är överhängande.

Observera: *Den övre fästmuttern måste bytas ut vid monteringen.*

6 Stötta fjäderbenet genom att klämma fast det i ett skruvstäd med mjuka käftar.

7 Använd fjäderspännarna och tryck ihop spiralfjädern tillräckligt för att avlasta den från trycket från det övre fjädersätet **(se bild)**.

8 Stötdämparens kolvstång måste hållas fast medan det övre lagrets fästmutter skruvas loss. Använd en ringnyckel och en insexnyckel för att göra detta **(se bilder)**. Kasta muttern – en ny måste användas vid monteringen.

9 Ta bort det övre fästet, lagerbanan, det övre fjädersätet och gummidamasken, följt av stoppklacken och spiralfjädern **(se bilder)**.

10 Det går inte att ta isär fjäderbenet mer. Om stötdämparen är defekt måste därför hela fjäderbenet bytas ut **(se bild)**.

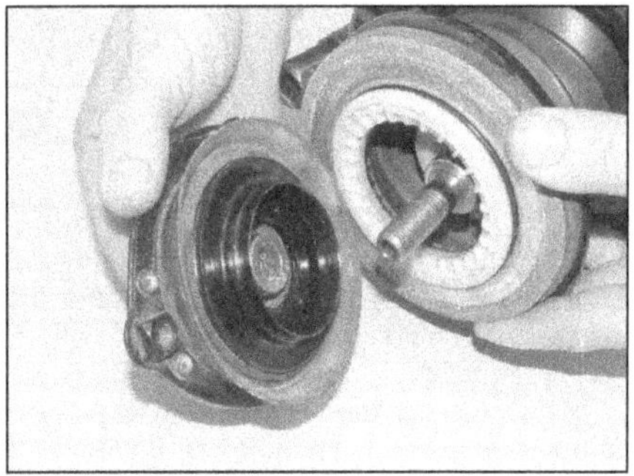

2.9a Ta bort det övre fästet . . .

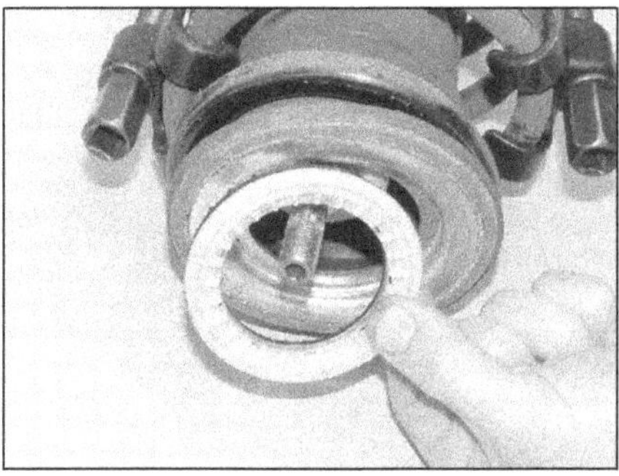

2.9b . . . lagerbanan . . .

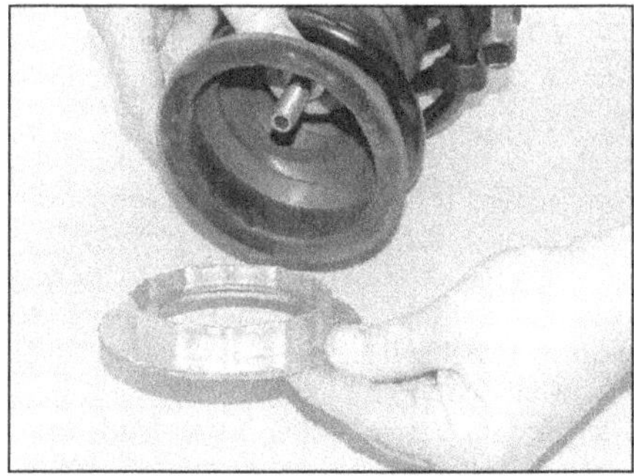

2.9c . . . det övre fjädersätet och gummidamasken . . .

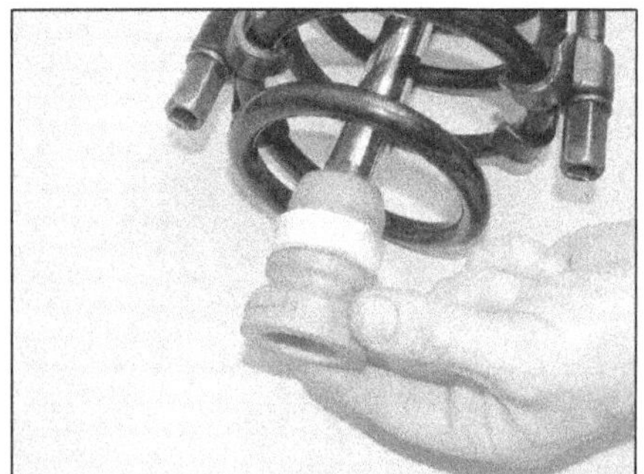

2.9d . . . följt av stoppklacken . . .

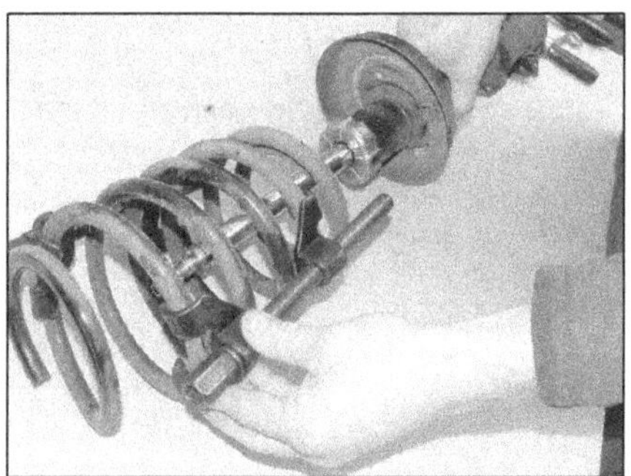

2.9e . . . och spiralfjädern

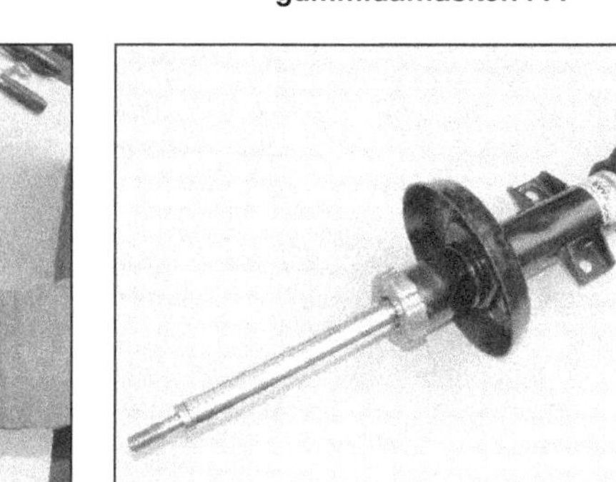

2.10 Främre fjäderbenet utan spiralfjäder

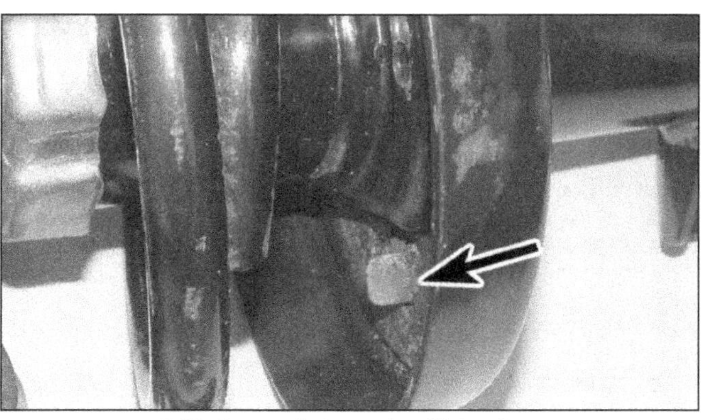

2.12 Stopp på det nedre fjädersätet

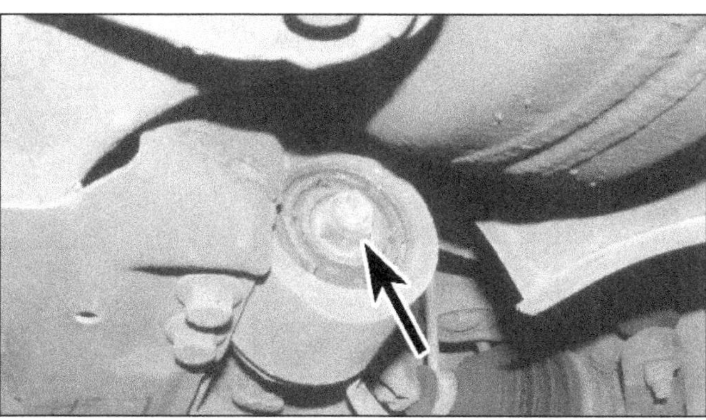

3.5 Mutter som fäster det bakre fästet i framfjädringens länkarm

11 Rengör komponenterna och kontrollera om de är slitna eller skadade. Kontrollera att de övre fästets lager rör sig mjukt genom att vrida det för hand. Byt ut komponenterna om det behövs.

12 Placera den nedre delen (liten diameter) av spiralfjädern på fjäderbenet. Se till att änden ligger an mot stoppet på det nedre fjädersätet **(se bild)**. **Observera:** *Om du använder en ny fjäder måste du först trycka ihop spiralen med fjäderspännarna.*

13 Sätt stoppklacken över kolvstången och sätt därefter dit gummidamasken.

14 Montera det övre fjädersätet ovanpå fjädern, följt av lagerbanan, det övre fästet och en ny fästmutter.

15 Dra åt muttern till angivet moment medan du håller fast kolvstången med insexnyckeln.

16 Lossa försiktigt fjäderspännarna och kontrollera samtidigt att fjäderänden sitter kvar i det undre fjädersätet. Ta bort fjäderspännarna.

Montering

17 Placera fjäderbenet under framskärmen och lyft det på plats. Observera att det lilla hålet används för att placera det övre lagret i fjäderbenstornet. Sätt i de övre fästbultarna och dra åt dem till angivet moment.

18 Luta hjulspindeln inåt och haka fast den nedtill på fjäderbenet. Sätt i bultarna framifrån och sätt tillbaka hållaren för ABS-hjulgivaren/bromsslangen. Lägg låsvätska på bultarnas gängor. Skruva fast bultarna och dra åt till angivet moment. Håll fast bultskallarna medan du drar åt muttrarna.

19 Montera krängningshämmarens länk på fjäderbenet och dra åt muttern till angivet moment .

20 Montera hjulet och sänk ner bilen.

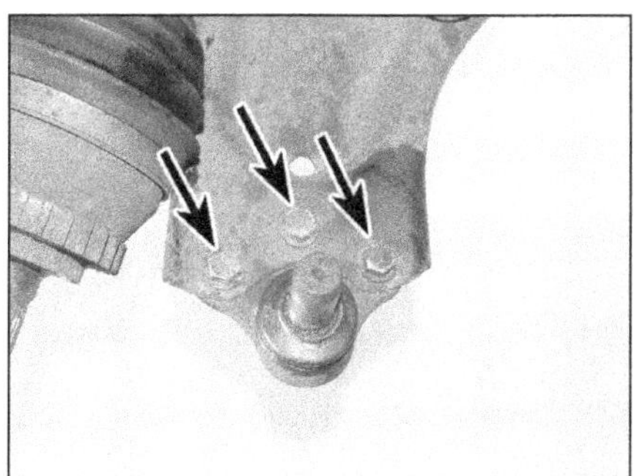

3.6 Bultar som fäster fjädringens nedre spindelled i länkarmen

3 Främre fjädringens länkarm - demontering, renovering och montering

Demontering

1 Dra åt handbromsen. Lyft sedan upp framvagnen och ställ den på pallbockar (se *Lyftning och stödpunkter*). Demontera hjulet.

2 Skruva loss bultarna som håller fast länkarmens bakre fäste i kryssrambalken.

3 Skruva loss länkarmens främre fästbult och dra ner länkarmen från kryssrambalken.

4 Skruva loss klämbulten som håller fast länkarmens spindelled längst ner på hjulspindeln. Bänd vid behov isär klämman något med en skruvmejsel eller dylikt. Dra loss länkarmen från hjulspindeln.

5 Observera hur det bakre fästet är placerat på länkarmen. Skruva sedan loss muttern och ta bort fästet **(se bild)**.

6 Skruva loss bultarna och ta bort framfjädringens nedre spindelled från länkarmen **(se bild)**.

Renovering

7 Rengör komponenterna och kontrollera om de är slitna eller skadade.

8 Om bussningen på det främre fästet är mycket sliten, tryck ut den gamla bussningen och tryck dit en ny. Om du inte har ett riktigt pressverktyg kan du använda en lång bult samt en rörbit och brickor för att göra detta. Saabs mekaniker använder ett koniskt verktyg för monteringen. Det yttre gummit pressas samman till en diameter som är mindre än loppet i länkarmen.

9 Se efter om det bakre fästet är slitet och byt ut det vid behov.

10 Undersök länkarmen och byt ut den om den är skadad.

11 Kontrollera att den nedre spindelledens ände går lätt att vrida. Om den är torr eller kärvar ska den bytas ut. Kontrollera även att spindelledens gummidamask inte är skadad.

Montering

12 Sätt fast den nedre spindelleden på armen och dra åt bultarna till angivet moment.

13 Placera det bakre fästet på länkarmen så att dess axel ligger i linje med armen **(se bild)**. Sätt på muttern och dra åt den till angivet moment.

14 Lyft länkarmen på plats och sätt i den nedre spindelledsänden nedtill på hjulspindeln. Se till att änden förs in helt så att det ringformade spåret hamnar mitt för klämbultens hål. Sätt i klämbulten och dra åt till angivet moment och korrekt vinkel.

15 Placera den inre änden av länkarmen på kryssrambalken och sätt i den främre fästbulten. Dra endast åt den för hand tills vidare.

16 Sätt i den bakre fästbulten för hand. Lyft sedan den yttre änden av länkarmen med en domkraft tills vikten av framvagnen ligger på framfjädringen och dra åt armens fästbultar helt till angivet moment. Om du vill kan du i stället dra åt bultarna helt när bilen har sänkts ner.

17 Montera hjulet och sänk ner bilen.

18 Kontrollera framhjulsinställningen och låt vid behov justera den så snart som möjligt.

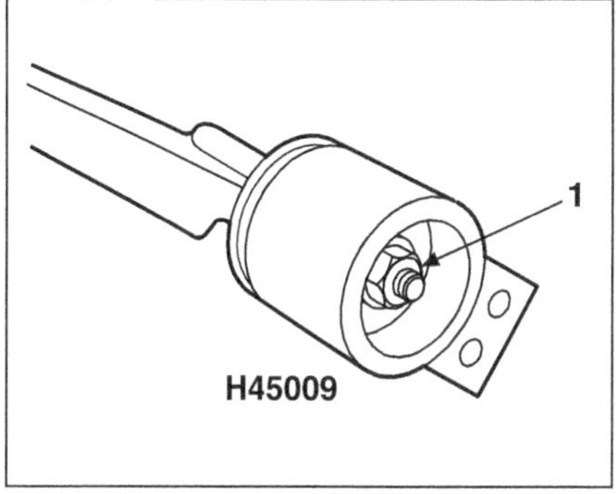

3.13 Rikta in framfjädringens bakre fästbussning innan du drar åt fästmuttern (1)

4.9 **Främre krängningshämmarens klämbult**

4 Främre krängningshämmare - demontering, renovering och montering

Demontering

1 Dra åt handbromsen, lyft upp framvagnen och ställ den på pallbockar (se *Lyftning och stödpunkter*). Demontera båda framhjulen.

2 Motorn måste stöttas upp när bakdelen av kryssrambalken sänks ner. Använd en lämplig motorlyft eller en lyftbalk som monteras tvärs över motorrummet. Lyft motorn något så att lyftanordningen håller upp dess vikt.

3 Skruva loss muttern som håller fast det bakre motorfästet i fästbygeln på baksidan av motorn. Skruva sedan loss fästet från kryssrambalken och ta bort det.

4 Skruva loss tvärbalken från baksidan av kryssrambalken, under bilen.

5 Avgassystemets främre del måste sänkas ner innan kryssrambalken tas ner. Se kapitel 4A och ta bort avgassystemet eller lossa det i fogen och från gummifästena.

6 Skruva loss de två bultarna som håller fast styrväxeln i kryssrambalken.

7 Stötta kryssrambalken med en domkraft. Skruva sedan loss de mittersta fästbultarna och sänk ner bakdelen av kryssrambalken så långt som möjligt, så att du kommer åt de främre fästena på krängningshämmaren.

8 Observera var sidolänkarna sitter på krängningshämmaren. Skruva sedan loss muttrarna och ta bort dem. Om du vill kan du ta loss sidolänkarna från fjäderbenen istället.

9 Observera hur krängningshämmarens två fästklämmor är placerade. Skruva sedan loss bultarna och ta bort klämmorna **(se bild)**.

10 Ta ut krängningshämmaren från ena sidan av bilen. Var försiktig så att du inte skadar bromsslangarna och kablarna.

11 Notera hur klämmornas delade gummifästen sitter och ta sedan loss dem från krängningshämmaren.

Renovering

12 Kontrollera om krängningshämmaren och fästena visar tecken på slitage eller skador. Undersök även sidolänkarna.

13 Undersök klämmmornas delade gummifästen och byt ut dem om så behövs.

Montering

14 Rengör krängningshämmaren. Doppa sedan klämmornas gummifästen i såpvatten och sätt tillbaka dem med den delade sidan bakåt.

5.5 Ta loss bromsskivan

5.6a Skruva loss bulten . . .

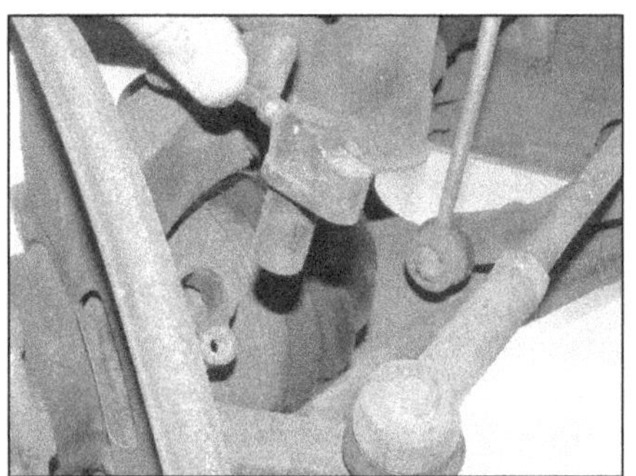

5.6b . . . och ta bort ABS-givaren från hjulspindeln

5.8a Lossa skruvarna . . .

15 Montera krängningshämmaren på kryssrambalken och sätt dit fästklämmorna. Sätt i fästbultarna och dra åt dem till angivet moment.

16 Sätt tillbaka sidolänkarna på krängningshämmaren (eller fjäderbenet) och dra åt muttrarna till angivet moment.

17 Lyft upp kryssrambalken och montera de mellersta fästbultarna. Dra åt bultarna till angivet moment och korrekt vinkel. Ta bort domkraften.

18 Sätt i styrväxelns fästbultar och dra åt dem till angivet moment.

19 Montera avgassystemets främre del enligt beskrivningen i kapitel 4A.

20 Sätt tillbaka tvärbalken på baksidan av kryssrambalken och dra åt fästbultarna till angivet moment.

21 Montera det bakre motorfästet och dra åt bultarna till angivet moment.

22 Ta bort motorlyften/lyftbalken.

23 Montera hjulen och sänk ner bilen.

5 Främre hjulspindel - demontering och montering

Demontering

1 Lyft upp framvagnen och ställ den på pallbockar (se *Lyftning och stödpunkter*). Ta bort hjulet och, i förekommande fall, motorns undre skyddskåpa.

2 På årsmodell 2002 och senare, knacka loss dammkåpan av metall så att du kommer åt navmuttern. Observera att det inte går att ta bort kåpan när hjulet är monterat, så du kan inte lossa navmuttern utan att lyfta upp framvagnen.

3 Montera tillfälligt två av hjulbultarna och dra åt dem så att bromsskivan sitter fast på navflänsen. Be en annan person att trycka ner bromspedalen samtidigt som du lossar navmuttern. Skruva loss navmuttern och kasta den, eftersom en ny måste användas vid monteringen.

4 I bilar av årsmodell 2002 eller senare, som är försedda med stråkastarlägesgivare, lossa muttern som fäster givararmen i länkarmen. Skruva sedan loss givaren från fästbygeln och för den åt sidan.

5 Ta bort den främre bromsskivan enligt instruktionerna i kapitel 9 **(se bild)**. Bind upp bromsoket i den främre spiralfjädern med en bit vajer eller buntband utan att koppla loss hydraulvätskeslangen.

6 Skruva loss bulten och ta bort ABS-givaren från hjulspindeln **(se bilder)**. Lägg den åt sidan.

7 Koppla loss styrstagets ände från hjulspindeln enligt beskrivningen i avsnitt 21.

8 Skruva loss skruvarna och ta bort bromsskölden från hjulspindeln. Du når skruvarna genom hålen i navflänsen **(se bilder)**.

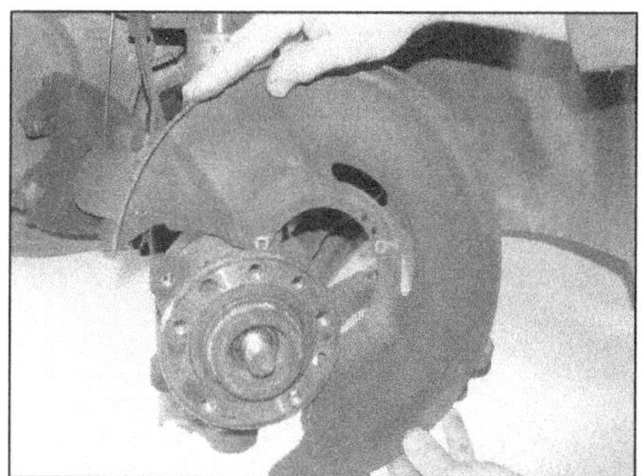
5.8b . . . och ta bort bromsskölden

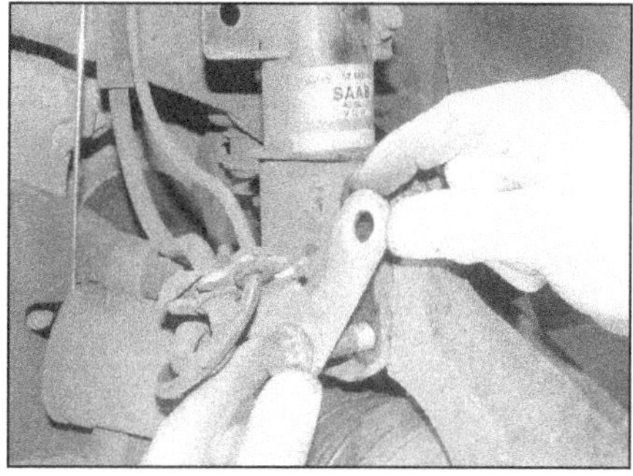
5.9 Ta loss bultarna mellan fjäderbenet och hjulspindeln tillsammans med hållaren för kablaget/slangen

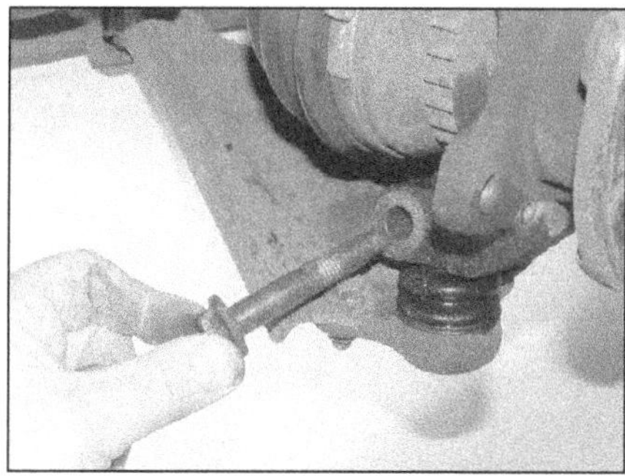
5.10 Skruva loss klämbulten på länkarmens spindelled

5.11a Dra loss drivaxeln från navet . . .

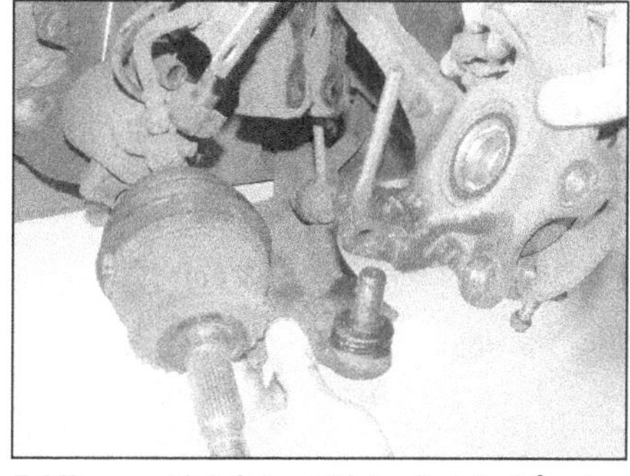
5.11b . . . och lyft bort hjulspindeln från den nedre spindelleden

5.17 Utskärningen (vid pilen) ska riktas in efter bulthålet

9 Observera att bultarna som håller fast fjäderbenet i hjulspindeln sitter med skallarna framåt. Skruva loss bultarna och flytta hållplåten för ABS-hjulgivarens kablage och bromsvätskeslangen åt sidan **(se bild)**. Bultarna har små platsmärkningar på chucken och får inte vridas inne i hjulspindeln. Håll fast bultskallen och skruva loss muttern från den. Sänk ner enheten så att drivaxeln vilar på den främre kryssrambalken.

10 Skruva loss klämbulten som håller fast länkarmens spindelled längst ner på hjulspindeln **(se bild)**.

11 Tryck ut den splinesade delen av drivaxeln ur navet. Om den sitter hårt kan du sätta tillbaka navmuttern och knacka på änden av drivaxeln med en mjuk klubba tills den lossnar. Lyft hjulspindeln från den nedre spindelleden och ta loss den från bilen **(se bilder)**. Bänd vid behov isär klämman något med en skruvmejsel eller dylikt.

12 Ta vid behov bort navlagret från spindeln enligt beskrivningen i avsnitt 6.

Montering

13 Montera navlagret på hjulspindeln enligt beskrivningen i avsnitt 6.

14 Placera navet på änden av drivaxeln och haka i navets splines i drivaxelns splines. Dra fast navet på drivaxeln med den nya mittmuttern, men dra inte åt den helt ännu.

15 Placera den övre änden av hjulspindeln nedtill på fjäderbenet och sätt i bultarna med skallarna framåt tillsammans med hållaren för ABS-hjulgivaren och bromsvätskeslangen. Applicera låsvätska på bultarnas gängor. Skruva fast bultarna och dra åt till angivet moment. Håll fast bultskallarna medan du drar åt muttrarna.

16 Montera bromsskölden och dra åt fästskruvarna ordentligt.

17 Lyft länkarmen på plats och sätt i den nedre spindelledsänden nedtill på hjulspindeln. Se till att änden skjuts in helt och att utskärningen hamnar mitt för klämbultens hål **(se bild)**. Sätt i klämbulten och dra åt till angivet moment och korrekt vinkel.

18 Sätt tillbaka styrstagsänden på hjulspindeln och dra åt muttern till angivet moment.

19 Montera ABS-givaren på hjulspindeln och dra åt bulten ordentligt.

20 Montera det främre bromsoket och skivan enligt beskrivningen i kapitel 9.

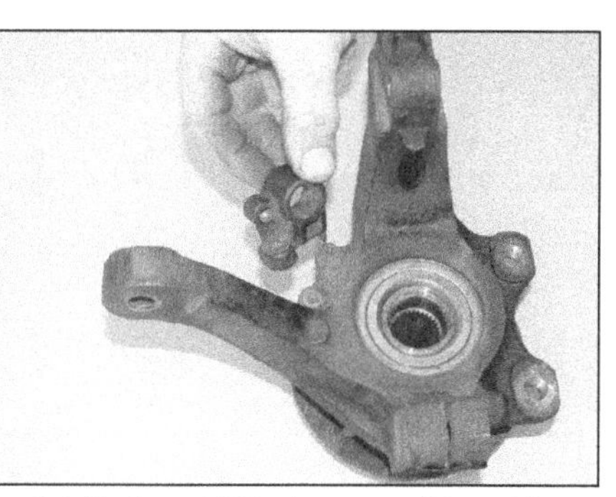
6.1 Ta bort ABS-givarens hållare från hjulspindeln

21 På årsmodell 2002 och senare, montera strålkastarlägesgivaren och det inre stänkskyddet.

22 När två av hjulbultarna håller bromsskivan på plats, be en medhjälpare att trycka ner bromspedalen. Dra sedan åt navmuttern till angivet moment. Observera att det finns två olika typer av muttrar med sinsemellan olika åtdragningsmoment.

23 Knacka fast dammskyddet på navflänsen, om bilen är av årsmodell 2002 eller senare.

24 Montera eventuell undre kåpa. Montera sedan hjulet och sänk ner bilen. Dra åt hjulbultarna till angivet moment.

6 Främre navlager - byte

Modeller från 1998 till 2001

1 Ta bort framfjädringens hjulspindel enligt beskrivningen i avsnitt 5. Skruva sedan loss ABS-givarens hållare **(se bild)**.

2 Stötta hjulspindeln på dess yttre yta, bakom navflänsen. Detta görs bäst med en hydraulisk press. Tryck eller driv ut navet från lagren med ett metallrör eller en stor hylsa som vilar på navets innerkant. Du kan även skruva två bultar genom navflänsen, och låta dessa trycka mot muttrar som placerats på hjulspindeln **(se bilder på nästa sida)**. **Observera:** *När du trycker ut navet skadas lagret. Det får därför **inte** återanvändas.*

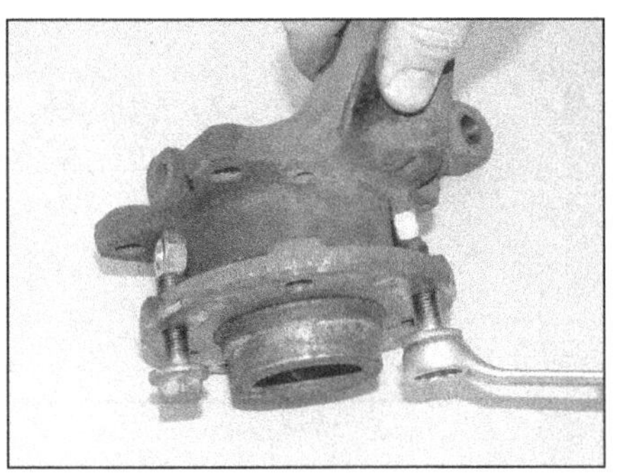

6.2a Dra stegvis åt de två bultarna mot muttrarna och tryck loss navet från lagret

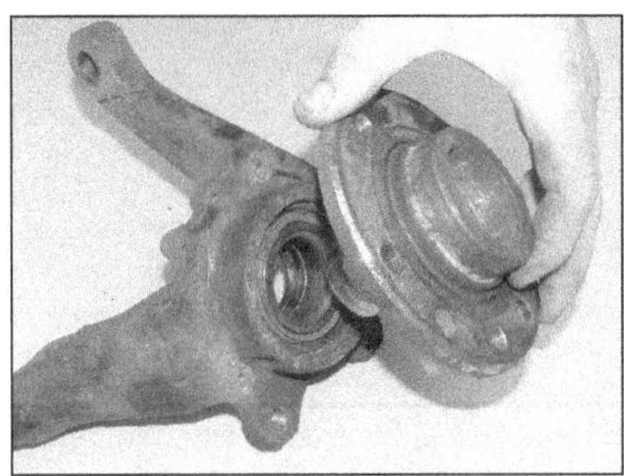

6.2b Ta sedan bort navet

6.3 Ta bort låsringen från utsidan av navlagret

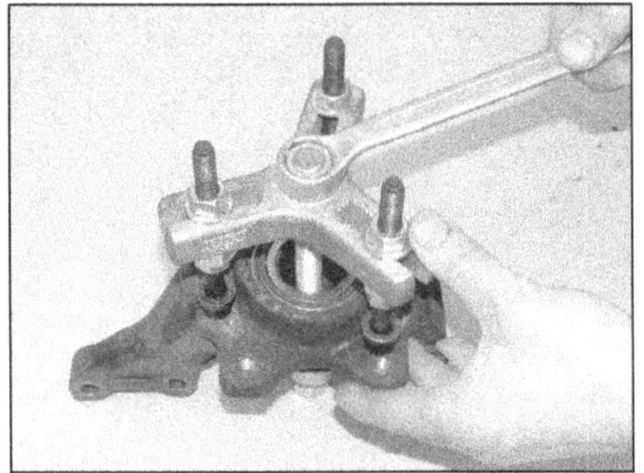

6.4 Navlagret tas bort med en avdragare

6.7 Sätt tillbaka hjullagret med en avdragare

6.9 En lång bult och ett metallrör kan användas vid montering av navet

3 Lossa låsringen från utsidan av navlagret med en låsringstång **(se bild)**.

4 Stöd hjulspindelns yttre yta och tryck eller driv ut lagret med ett metallrör eller en stor hylsa på den yttre lagerbanan. Du kan även använda en avdragare tillsammans med en lång bult, brickor och ett rör **(se bild)**.

5 Rengör navet och insidan av hjulspindeln.

6 Smörj lite fett på det nya lagrets utsida och i hjulspindeln.

7 Stötta hjulspindelns inre yta och tryck eller driv in lagret tills det kommer i kontakt med klacken. Använd ett metallrör eller en stor hylsa på den yttre lagerbanan. Du kan även använda avdragaren för att föra in lagret i spindeln, men du måste då vara noga med att endast lägga tryck på den yttre lagerbanan **(se bild)**.

8 Sätt låsringen i sitt spår på hjulspindeln med låsringsöppningen längst ner. Sätt tillbaka distansbrickan om sådan används.

9 Stöd lagrets inre ände med ett metallrör eller en stor hylsa på den inre banan, tryck eller driv sedan in navet utifrån. Du kan även stötta upp navflänsen och trycka fast lagrets inre lagerbana på navet. Navet kan också tryckas in i lagret med en lång bult och ett metallrör som hålls mot den inre lagerbanan **(se bild)**.

10 Montera hjulspindeln enligt beskrivningen i avsnitt 5.

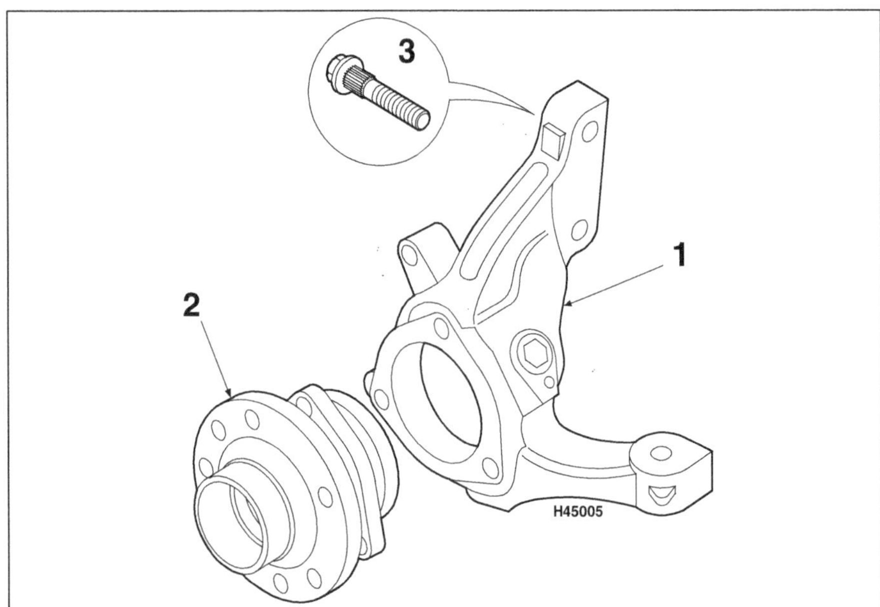

6.11 Främre hjulspindelns delar på modeller från 2002 eller senare

1 *Hjulspindel*
2 *Nav och lager*
3 *Räfflad bult som håller fast hjulspindeln på det främre fjäderbenet*

Modeller från och med 2002

11 På modeller från och med 2002 utgör navet och lagret en enhet som monterats separat på hjulspindeln **(se bild)**. Parkera bilen på en plan yta och ta bort hjulsidan (och dammkåpan i förekommande fall). Lossa navets mittmutter ett halvt varv.

12 Dra åt handbromsen. Lyft sedan upp framvagnen och ställ den på pallbockar (se *Lyftning och stödpunkter*). Demontera hjulet.

13 Skruva loss navets mittmutter helt. Kasta muttern, eftersom en ny måste användas vid monteringen.

14 Demontera den främre bromsskivan enligt instruktionerna i kapitel 9. Bind upp bromsoket i den främre spiralfjädern med en bit vajer eller buntband, utan att koppla loss den bromsvätskeslangen.

15 Skruva loss bulten och ta bort ABS-givaren från hjulspindeln. Lägg den åt sidan.

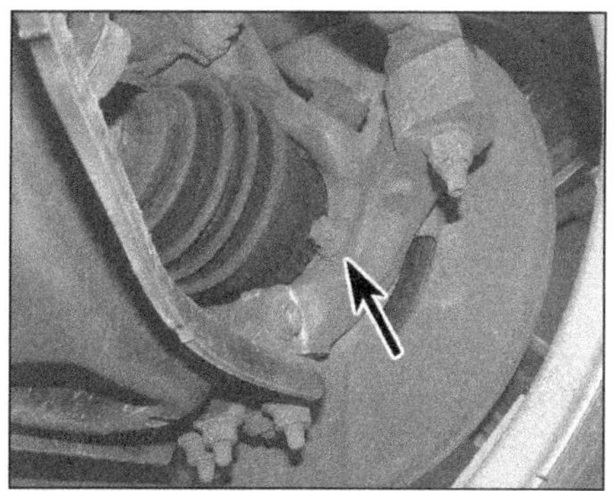

6.19 En av bultarna som fäster navlagret på hjulspindeln

16 Koppla sedan loss styrstagets ände från hjulspindeln enligt instruktionerna som ges i avsnitt 21.

17 Skruva loss klämbulten som håller fast länkarmens spindelled längst ner på hjulspindeln. Bänd vid behov isär klämman något med en skruvmejsel eller dylikt. Dra loss länkarmen från hjulspindeln.

18 Tryck ut den splinesade delen av drivaxeln ur navet. Om den sitter hårt kan du sätta tillbaka navmuttern och knacka på änden av drivaxeln med en mjuk klubba tills den lossnar. Håll i hjulspindeln medan du gör detta.

19 Skruva loss bultarna och lossa navlagret och bromsskölden från hjulspindeln **(se bild)**.

20 Rengör hjulspindeln. Sätt sedan på det nya navlagret och bromsskölden på hjulspindeln och dra åt fästbultarna till angivet moment.

21 Placera navet och hjulspindeln på änden av drivaxeln och haka i navets splines i drivaxelns splines. Dra fast navet på drivaxeln med den nya mittmuttern, men dra inte åt den helt ännu.

22 Lyft länkarmen på plats och sätt i den nedre spindelledsänden nedtill på hjulspindeln. Se till att änden förs in helt så att det ringformade spåret hamnar mitt för klämbultens hål. Sätt i klämbulten och dra åt till angivet moment och korrekt vinkel.

23 Sätt tillbaka styrstagsänden på hjulspindeln och dra åt muttern till angivet moment.

24 Montera ABS-givaren på hjulspindeln och dra åt bulten ordentligt.

25 Montera det främre bromsoket och skivan enligt beskrivningen i kapitel 9.

26 Montera hjulet och sänk ner bilen.

27 Dra åt navets mittmutter till angivet moment och korrekt vinkel.

7 Främre fjädringens kryssrambalk - demontering, renovering och montering

Demontering

1 Dra åt handbromsen. Lyft sedan upp framvagnen och ställ den på pallbockar (se *Lyftning och stödpunkter*). Demontera båda framhjulen och ta bort underredets stänkskydd.

2 Skruva loss motorns bakre fäste från kryssrambalken enligt beskrivningen i kapitel 2A.

3 Stöd motorns och växellådans vikt med en lyftanordning som ansluts till den bakre motorlyftsöglan.

4 Fäst kylaren och luftkonditioneringens kondensor i motorrummets främre tvärbalk med buntband.

5 Koppla loss kontaktdonet till lambdasonderna.

6 Skruva i förekommande fall loss oljekylaren och låt den hänga i sina slangar.

7 Skruva loss fästbultarna till servostyrningens vätskekylare och fäst kylaren med buntband.

8 Markera kryssrambalkens position på underredet så att du vet exakt var den ska sättas tillbaka. Det kan du t.ex. göra genom att spraya färg runt kryssrambalkens fästen. Fästenas konturer kommer att synas tydligt på underredet.

9 Skruva loss den förstärkande tvärbalken från baksidan av kryssrambalken. Observera att de yttre bultarna även är kryssrambalkens bakre fästbultar **(se bild)**. **Observera:** *På tidiga modeller är den förstärkande tvärbalken i ett stycke, men på senare modeller kan de två yttre trianglarna skiljas från mittdelen.*

10 Skruva loss styrväxelns fästbultar från kryssrambalken **(se bild)**. Fäst styrväxeln med buntband mellan styrstagen och underredet medan kryssrambalken är nedsänkt.

11 Demontera avgassystemets främre avgasrör enligt beskrivningen i kapitel 4A.

12 Skruva loss det främre motorfästet/växellådans kardanstag från kryssrambalken.

13 Skruva loss klämbultarna som håller fast länkarmarnas spindelleder längst ner på hjulspindlarna. Bänd vid behov isär klämmorna något med en skruvmejsel eller dylikt. Dra loss länkarmarna från hjulspindlarna.

14 Skruva loss muttrarna och koppla loss krängningshämmarens länkar från de främre fjäderbenen. Håll fast länkändarna med en skiftnyckel medan du lossar fästmuttrarna.

15 Koppla i förekommande fall loss kablaget från lastvinkelgivaren.

16 Skruva loss muttrarna som fäster luftrenaren i kryssrambalken.

17 Demontera luftkonditioneringsrören från sina fästbyglar. Koppla även loss servostyrningsröret från fästklämmorna.

18 Stötta framfjädringens kryssrambalk på garagedomkrafter.

19 Skruva loss fästbultarna på sidan och på framsidan och sänk ner kryssrambalken till marken. Se till att kylarens övre fästen sitter kvar på tvärbalken. De nedre fästena lossas från gummigenomföringarna på kryssrambalken **(se bilder på nästa sida)**. Observera att de förstärkande tvärbalkarnas fästbultar

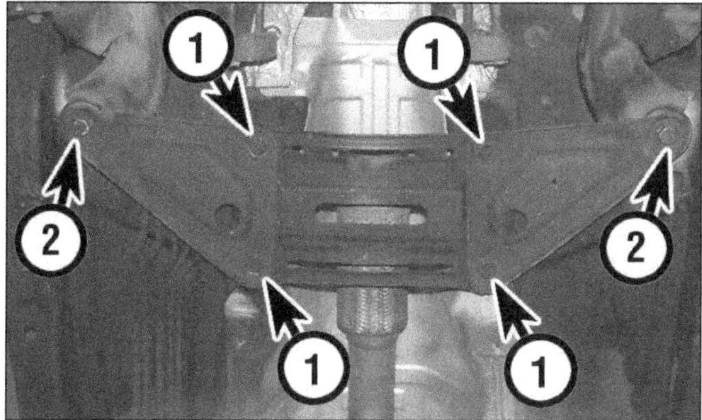

7.9 Förstärkande tvärbalk på baksidan av kryssrambalken (senare modeller)

1 *Bultar som fäster mittdelen och de inre ändarna av de trekantiga plåtarna*

2 *Bultar som fäster utsidorna av de trekantiga plåtarna och den bakre änden av kryssrambalken*

7.10 Styrväxelns fästbultar på kryssrambalken

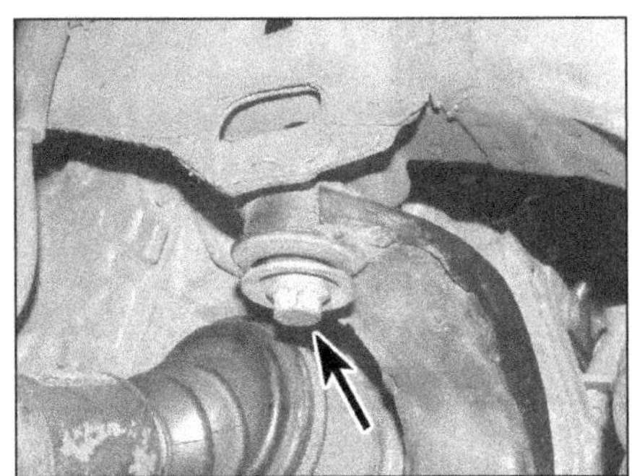
7.19a Kryssrambalkens fästbult på sidan

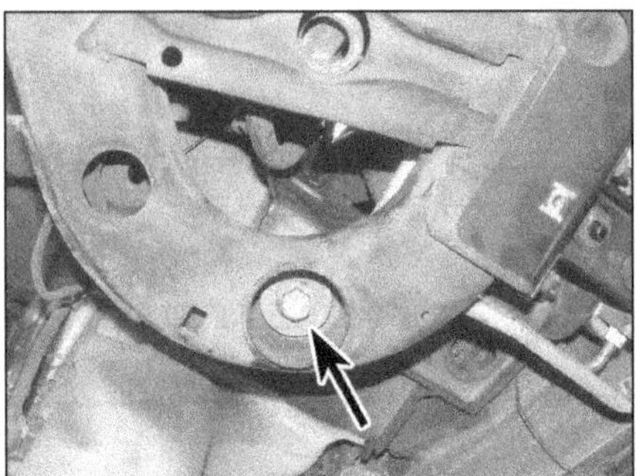
7.19b Kryssrambalkens främre fästbult

7.19c Kylarens och luftkonditioneringens fästen och gummigenomföringar

har mindre brickor än kryssrambalkens fästbultar och 20 mm huvuden.

Renovering

20 Kontrollera om kryssrambalken och fästbussningarna är slitna eller skadade och byt ut dem vid behov.

21 Fästbussningarna kan vid behov bytas ut med hjälp av ett tryckverktyg eller ett metallrör, brickor och en lång bult. Tryck fast de nya bussningarna på samma sätt.

Montering

22 Monteringen utförs i omvänd ordningsföljd, men tänk på att sätta kryssrambalken enligt de markeringar du gjorde före demonteringen. Dra åt fästbultarna till angivet moment.

8 Bakre fjäderben/stötdämpare - demontering, renovering och montering

Observera: *Självjusterande bakfjädring kan finnas som tillval på bilar i vissa länder, men i skrivande stund finns ingen information tillgänglig om detta system.*

Demontering

1 Klossa framhjulen. Lyft sedan upp bakvagnen och ställ den på pallbockar (se *Lyftning och stödpunkter*). Demontera hjulet.

2 Stötdämparen/fjäderbenet sitter fast i karossen med 4 bultar. Skruva loss de två nedre bultarna och lossa de övre bultarna två eller tre varv **(se bild)**. De övre bulthålen är öppna i ena änden, men när de nedre bultarna har tagits bort kommer den bakre krängningshämmaren ändå att ha ett visst tryck uppåt.

3 Stöd fjäderbenet. Skruva sedan loss fästbulten som håller fast stötdämparen/fjäderbenet i länkarmen och plocka bort brickan **(se bild)**. Kasta både bulten och brickan eftersom du måste använda nya vid monteringen.

4 Ta loss stötdämparen/fjäderbenet från bilen **(se bild)**.

Renovering

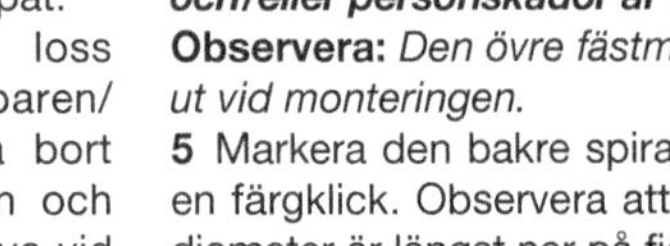

Varning: Innan stötdämparen/fjäderbenet kan demonteras måste spiralfjädern pressas ihop med ett lämplig verktyg. Universella fjäderspännare finns att köpa hos motorspecialister eller tillbehörsbutiker. Den här åtgärden kan inte utföras utan verktyget. FÖRSÖK INTE ta isär fjäderbenet utan ett sådant redskap, eftersom risken för materiella skador och/eller personskador är överhängande.

Observera: *Den övre fästmuttern måste bytas ut vid monteringen.*

5 Markera den bakre spiralfjäderns läge med en färgklick. Observera att spiralen med liten diameter är längst ner på fjädern.

6 Stötta fjäderbenet genom att klämma fast det i ett skruvstäd med mjuka käftar.

7 Placera fjäderspännarna på spiralfjädern och tryck ihop den tillräckligt mycket för att avlasta den från trycket från det övre fjädersätet **(se bild)**.

8 Stötdämparkolven måste hållas fast medan det övre lagrets fästmutter skruvas loss. Använd en ringnyckel och en insexnyckel för att göra detta **(se bild)**. Kasta muttern och använd en ny vid monteringen.

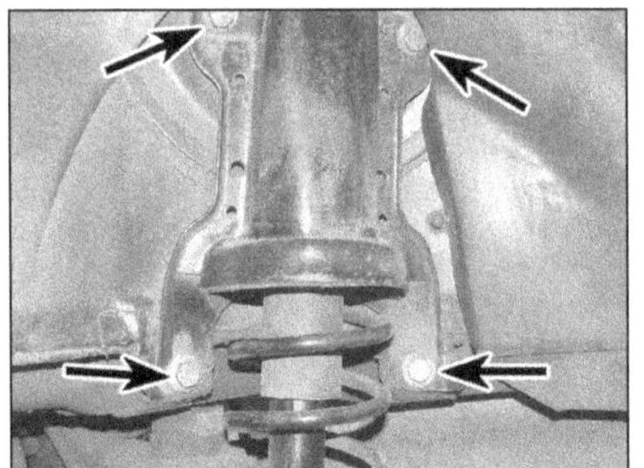
8.2 Bakre stötdämparens/fjäderbenets fästbultar

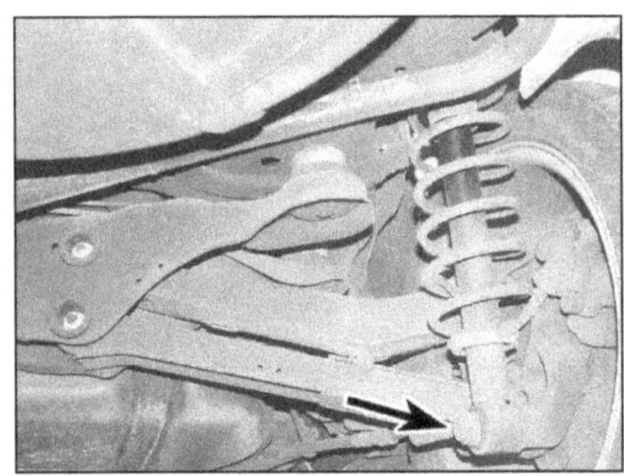
8.3 Bakre stötdämparens/fjäderbenets nedre fästbult

8.4 Ta bort den bakre stötdämparen/fjäderbenet från bilen

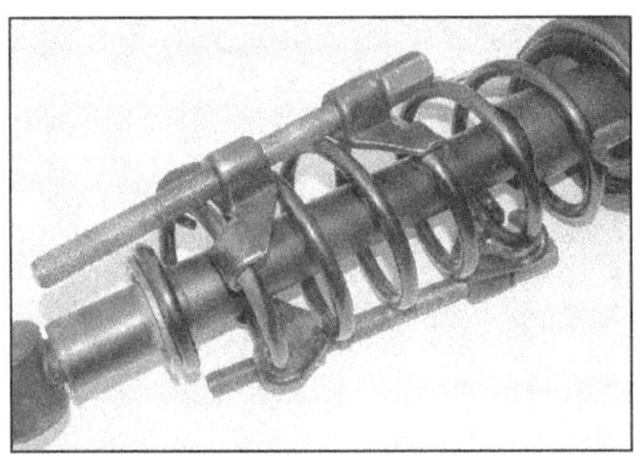
8.7 Pressa ihop fjädern ordentligt med fjäderspännare så att det övre fjädersätet avlastas från allt tryck

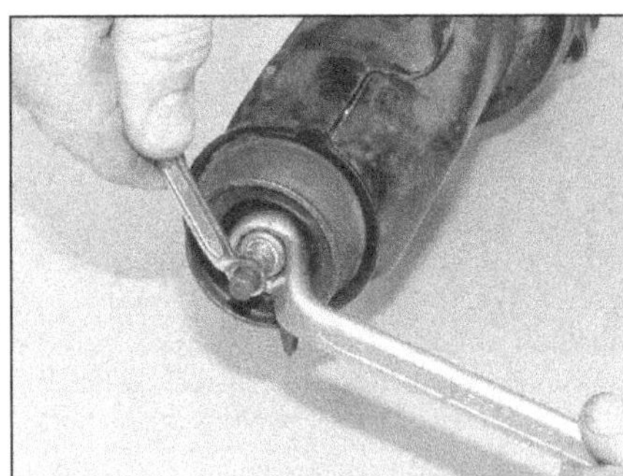
8.8 Lossa det övre lagrets fästmutter med en ringnyckel och en insexnyckel

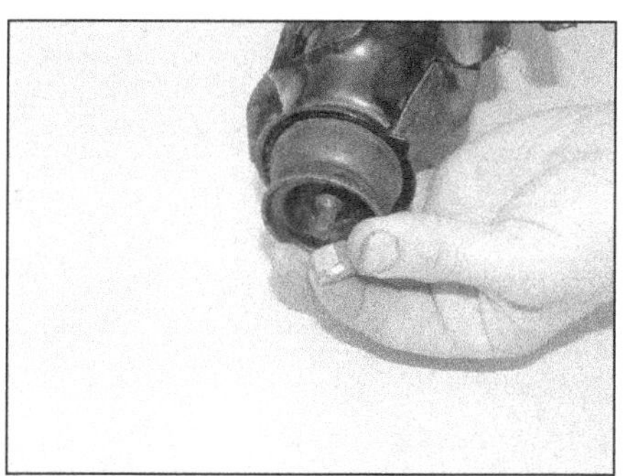

8.9a Skruva loss muttern . . .

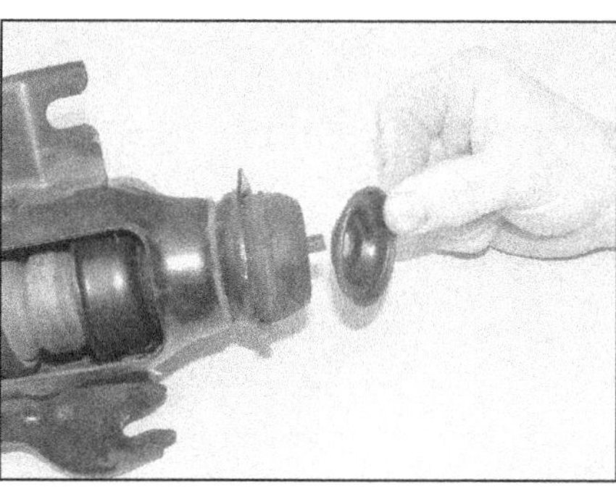

8.9b . . . ta loss den övre skålade brickan . . .

8.9c . . . och ta bort den övre gummibussningen

8.10a Lyft av den övre fästbygeln

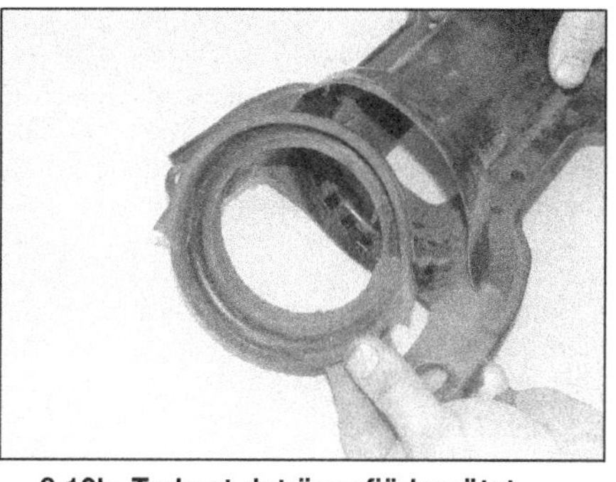

8.10b Ta bort det övre fjädersätet . . .

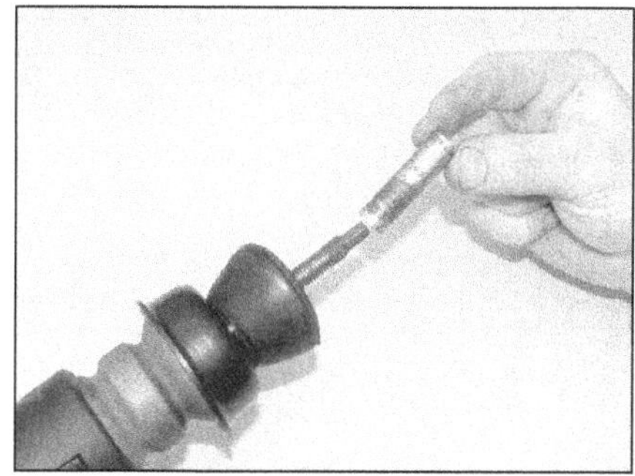

8.10c . . . distansen . . .

9 Skruva loss muttern helt och ta loss den övre skålade brickan och den övre gummibussningen **(se bilder)**.

10 Lyft av den övre fästbygeln. Ta sedan bort det övre fjädersätet, följt av distansen, den nedre gummibussningen, den nedre skålade brickan, gummistoppet och spiralfjädern. Kom ihåg hur de är monterade **(se bilder)**.

11 Rengör komponenterna och kontrollera om de är slitna eller skadade. Fäst stötdämparen i skruvstädet. För kolvstången fram och tillbaka längs hela längden flera gånger och se efter om den kärvar. Stången ska löpa jämnt med konstant motstånd. Byt ut komponenterna om det behövs.

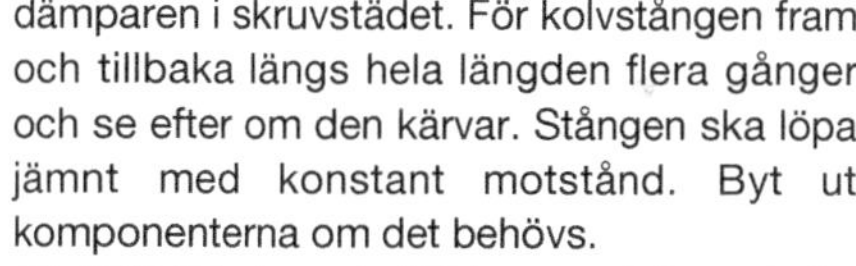

12 Sätt tillbaka spiralfjädern med den mindre diametern nedåt. Se till att den nedre delen sitter korrekt i det nedre fjädersätet.

13 Montera gummistoppet följt av brickan, den nedre gummibussningen och distansen.

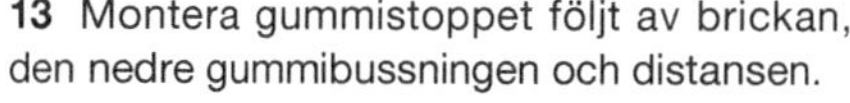

14 Sätt tillbaka det övre fjädersätet på den övre fästbygeln och placera enheten på spiralfjädern. Se till att änden på spiralen hamnar i den avsedda skåran i fjädersätet.

15 Skruva fast den nya övre fästmuttern för hand så långt som möjligt.

16 Håll fast kolvstången (som vid isärtagningen) och dra åt fästmuttern till angivet moment.

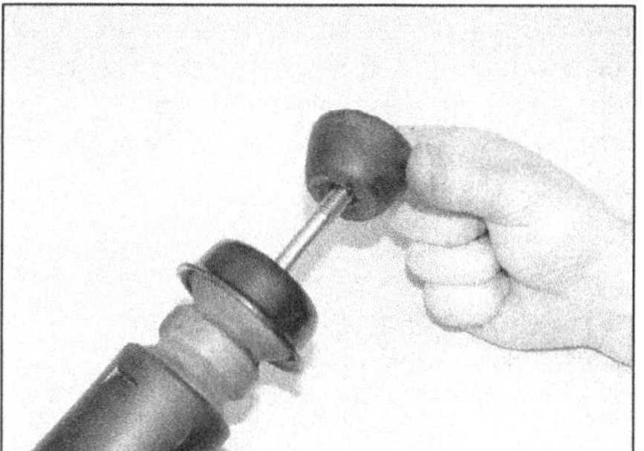

8.10d . . . den nedre gummibussningen . . .

8.10e . . . den nedre skålade brickan . . .

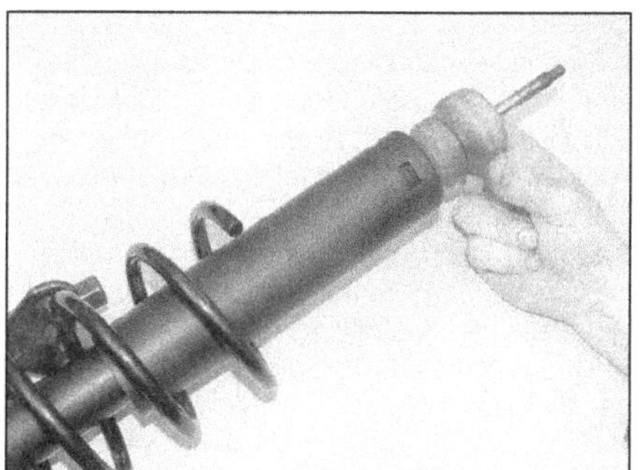

8.10f . . . gummistoppet . . .

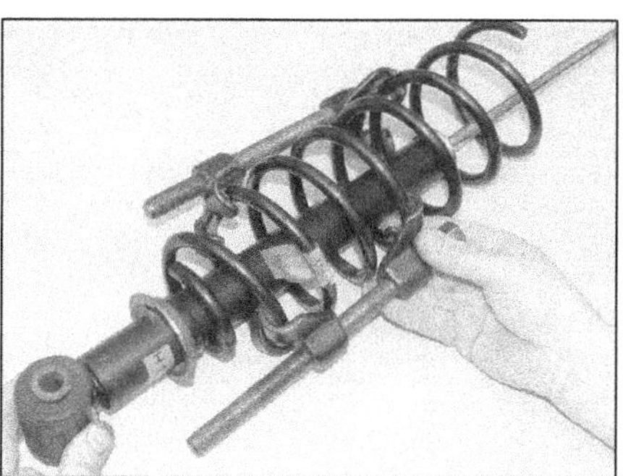

8.10g . . . och spiralfjädern

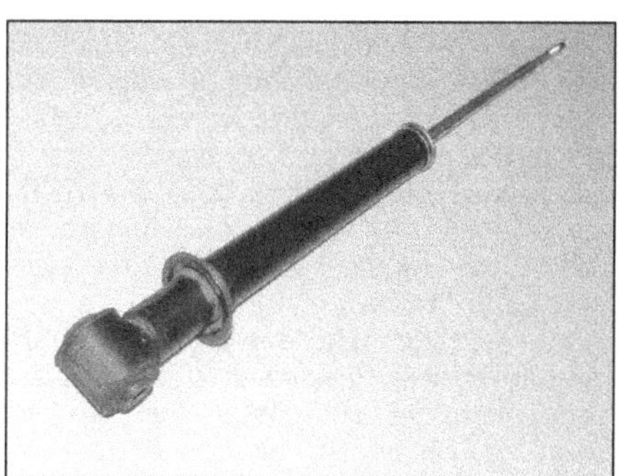

8.10h Bakre stötdämpare/fjäderben med alla spiralfjäderdelar demonterade

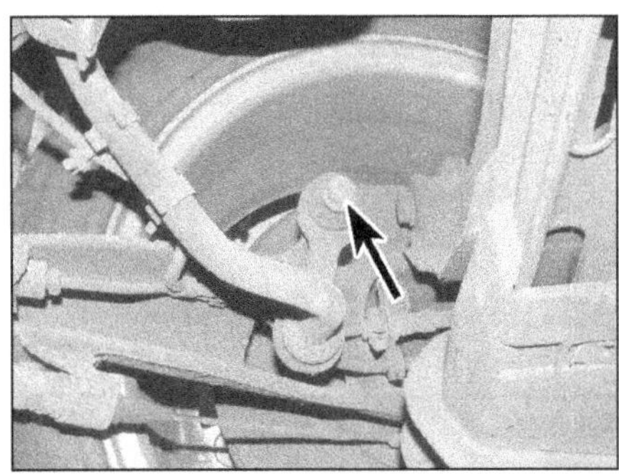

9.2 Bult som fäster den bakre krängningshämmarens länk i länkarmen

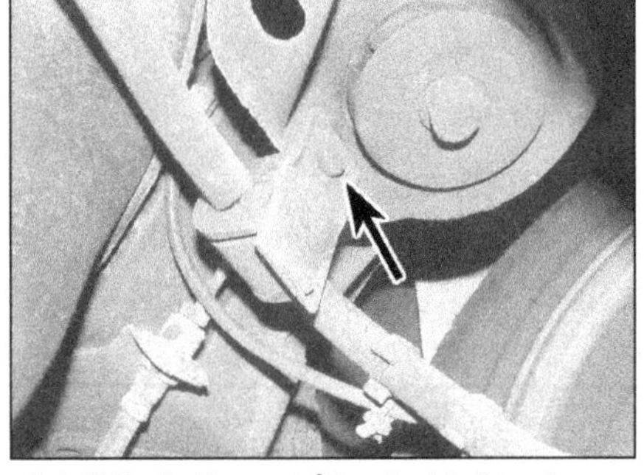

9.4 Klämbult som håller fast krängningshämmaren i den bakre tvärbalken

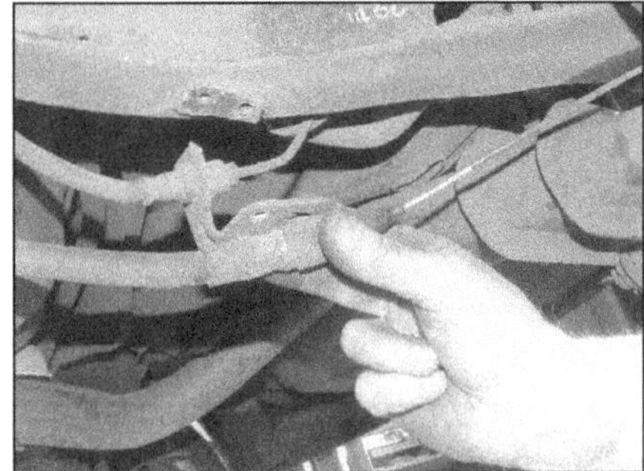

10.2 Skruva loss stödfästet från länkarmen

Montering

17 Placera stötdämparen/fjäderbenet på de lösa övre fästbultarna och sätt i de nedre fästbultarna utan att dra åt dem. Tryck fjäderbenet uppåt och dra sedan åt bultarna till angivet moment.

18 Sätt fast den nya nedre fästbulten och brickan på länkarmen och dra åt till angivet moment.

19 Montera hjulet och sänk ner bilen.

9 Bakre krängningshämmare - demontering, renovering och montering

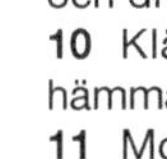

Demontering

1 Klossa framhjulen. Lyft sedan upp bakvagnen och ställ den på pallbockar (se *Lyftning och stödpunkter*). Ta bort båda bakhjulen.

2 Skruva loss bultarna som håller fast krängningshämmarens länkar i länkarmarna **(se bild)**.

3 Lossa i tillämpliga fall ABS-kablarna från klämmorna på krängningshämmaren.

4 Skruva loss muttrarna och bultarna från klämmorna och ta bort krängningshämmaren från den bakre tvärbalken **(se bild)**. Bultarna kommer förmodligen att sitta kvar i klämmorna.

Renovering

5 Undersök om de delade gummifästena och sidolänkarnas fästen är slitna eller skadade och byt ut dem vid behov.

6 Om gummifästena ska bytas ut måste du först notera deras placering på krängningshämmaren. För att ta bort fästena, sätt fast klämmorna i ett skruvstäd och knacka ut bultarna. Haka sedan loss klämmans spännbrickor från skåran i mellanplattorna. Bänd loss gummina från krängningshämmaren. Rengör staget, doppa sedan delade klämgummifästena i såpvatten och sätt tillbaka dem på sina platser. Sätt tillbaka mellanplattorna och haka fast spännbrickorna. Se till att den öppna sidan av gummina har kontakt med mellanplattorna.

7 Om du vill byta ut sidolänkarna, spänn fast krängningshämmaren i ett skruvstäd och tryck av länkarna. Det kan var möjligt att även byta länkfästena, men kontrollera detta med din Saabhandlare först. Ta bort fästena genom att trycka ut dem med ett metallrör och ett skruvstäd. Tryck fast de nya fästena på samma sätt.

Montering

8 Sätt krängningshämmaren på den bakre tvärbalken. Sätt muttrarna och bultarna på plats och dra åt till angivet moment.

9 Skruva i bultarna som håller fast krängningshämmarens länkar i länkarmarna och dra åt dem ordentligt.

10 Kläm fast ABS-kablarna på krängningshämmaren (om tillämpligt).

11 Montera hjulen och sänk ner bilen.

10 Bakre nav - demontering och montering

Observera: *De bakre hjullagren kan inte bytas ut separat. Vid kraftigt slitage måste hela navet bytas ut.*

Demontering

1 Ta bort den bakre bromsskivan enligt beskrivningen i kapitel 9.

2 På modeller från 1999 och senare (chassinummer X3025752 eller senare), ta bort skyddskåpan från underdelen av länkarmen och skruva loss handbromsvajern, kablaget och bromsrörets stödfästen **(se bild)**.

3 Koppla loss kablaget från ABS-givaren på baksidan av navet.

10.4 Ta bort det bakre navet från länkarmen och bromsskölden

4 Skruva loss muttrarna som fäster det bakre navet i länkarmen. Notera var fästbygeln sitter på en av navets pinnbultar, lossa sedan navet och låt bromsskölden hänga kvar i handbromsvajern **(se bild)**. Ta loss de två mellanläggen mellan bromsskölden och länkarmen. Kasta muttrarna. Använd nya muttrar vid monteringen.

Montering

5 Rengör kontaktytorna på navet, bromsskölden och länkarmen.

6 Placera fästplattan och sedan mellanlägget på navets pinnbultar, montera sedan enheten på länkarmen och dra åt de nya muttrarna till angivet moment. Se till att mellanläggen placeras korrekt mellan plattan och länkarmen.

7 Återanslut kablarna till ABS-givaren.

8 På modeller från 1999 och senare (chassinummer X3025752 eller senare), sätt tillbaka stödfästena till handbromsvajern, kablaget och bromsröret och montera sedan skyddskåpan på undersidan av länkarmen.

9 Montera den bakre bromsskivan enligt beskrivningen i kapitel 9.

11 Bakre fjädringens länkarm - demontering, renovering och montering

Demontering

1 Ta bort navet enligt beskrivningen i avsnitt 9.

2 Skruva loss den nedre fästbulten som håller fast stötdämparen/fjäderbenet i länkarmen och ta loss brickan. Kasta både bulten och brickan eftersom du måste använda nya vid monteringen.

3 Skruva loss bulten och ta bort den nedre tvärlänken från länkarmen. Observera att bultskallen är riktad framåt.

4 Skruva loss handbromsvajerns stödfäste från länkarmen.

5 Haka loss handbromsvajerns returfjäder och ta bort vajern.

6 Skruva loss bulten och lossa krängningshämmarens anslutningslänk från länkarmen

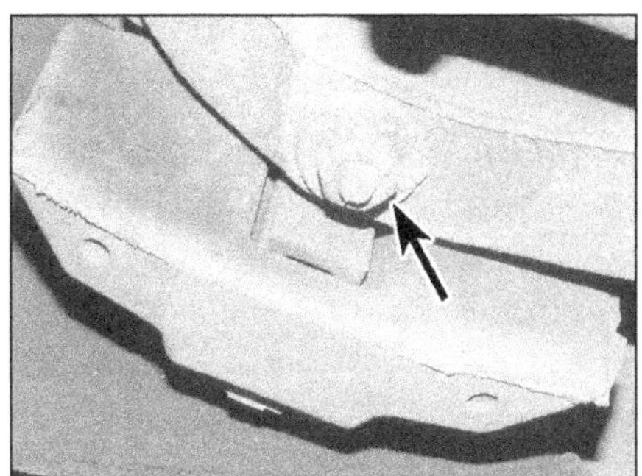

11.10 Mutter som fäster gummidämparen på framsidan av länkarmen

7 Skruva loss bulten och ta bort den övre tvärlänken från länkarmen. Observera att bultskallen är riktad framåt.

8 Markera länkarmens främre fästbygel i förhållande till underredet. Skruva sedan loss och ta bort bultarna och ta ut enheten ur bilen.

9 I detta skede sätter Saabs mekaniker fast ett litet fästverktyg som håller fast länkarmen i rätt position i förhållande till fästbygeln. Om du inte har ett sådant verktyg måste du markera de två delarnas inbördes placering så att monteringen blir korrekt. Skruva loss muttern och bulten och ta bort fästbygeln från länkarmen. Observera att bultskallen är vänd mot armens utsida.

10 Skruva i tillämpliga fall loss muttern och ta bort gummidämparen från framsidan av länkarmen **(se bild)**.

Renovering

11 Undersök om länkarmen är sliten eller skadad och byt ut den vid behov.

12 Den främre fästbussningen kan bytas ut om så behövs; tryck ut den med hjälp av ett metallrör och ett skruvstäd. Skär först bort kanterna på gummibussningen med en bågfil så att den lättare kan tas bort. Tvärlänksbussningarna kan också bytas på samma sätt.

13 Tryck in den nya bussningen på samma sätt. Se till att du sätter den rätt **(se bild)**. Gummibussningens utsida sväller något. Detta är helt normalt.

Montering

14 Sätt i tillämpliga fall tillbaka gummidämparen på framsidan av länkarmen och dra åt muttern ordentligt.

15 Placera fästbygeln på framsidan av länkarmen och sätt i bulten. Sätt fästbygeln och armen på plats och dra åt bulten till angivet moment och korrekt vinkel.

16 Lyft upp länkarmen och fästbygeln på underredet och sätt i fästbultarna. Rikta in fästbygeln efter de markeringar som du har gjort. Sätt sedan i bultarna och dra åt dem till angivet moment och korrekt vinkel.

17 Sätt tillbaka den övre tvärlänken och dra åt bulten till angivet moment.

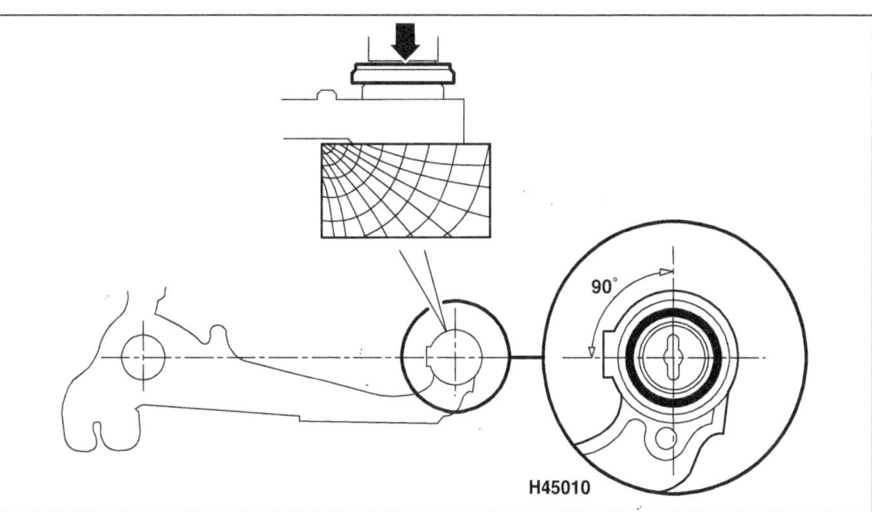

11.13 Byte av bussning på bakfjädringens länkarm

18 Montera krängningshämmarens länk och dra åt bulten ordentligt.

19 Återanslut handbromsvajern och returfjädern.

20 Sätt tillbaka handbromsvajerns stödfäste och dra åt bulten ordentligt.

21 Sätt tillbaka den nedre tvärlänken och dra åt bulten till angivet moment.

22 Montera stötdämparen/fjäderbenet på länkarmen och fäst med en ny nedre fästbult och bricka. Dra åt bulten till angivet moment.

23 Montera navet enligt beskrivningen i avsnitt 9.

24 Kontrollera bakhjulsinställningen och låt vid behov justera den så snart som möjligt.

12 Bakre fjädringens övre tvärlänk - demontering och montering

Demontering

1 Klossa framhjulen. Lyft sedan upp bakvagnen och ställ den på pallbockar (se *Lyftning och stödpunkter*). Demontera hjulet.

2 Om du vill ta bort den vänstra tvärlänken, haka loss avgassystemets mellersta och bakre gummifästen och sänk ner avgassystemet på pallbockar. Se till att den främre flexibla delen inte utsätts för för stor belastning.

3 Skruva loss muttern och bulten och ta bort den nedre tvärlänken från länkarmen. Observera att bultskallen är riktad framåt. Kasta muttern och använd en ny vid monteringen.

4 Skruva loss bulten och ta bort den övre tvärlänken från länkarmen **(se bild)**. Observera att bultskallen är riktad framåt. Kasta muttern och använd en ny vid monteringen.

5 Skruva loss bulten och lossa krängningshämmarens anslutningslänk från länkarmen

6 Stöd bakfjädringens tvärbalk på en domkraft. Skruva sedan loss och ta bort bultarna mellan tvärbalken och underredet på den sida där arbetet utförs. Lossa tvärbalkens fästbultar på motsatt sida. Sänk ner tvärbalken något.

7 Skruva loss bulten och ta bort den nedre tvärlänken tvärbalken. Observera att bultskallen är riktad framåt. Kasta muttern och använd en ny vid monteringen.

8 Skruva loss bulten och ta bort den övre tvärlänken från tvärbalken. Observera att bultskallen är riktad framåt. Kasta muttern och använd en ny vid monteringen.

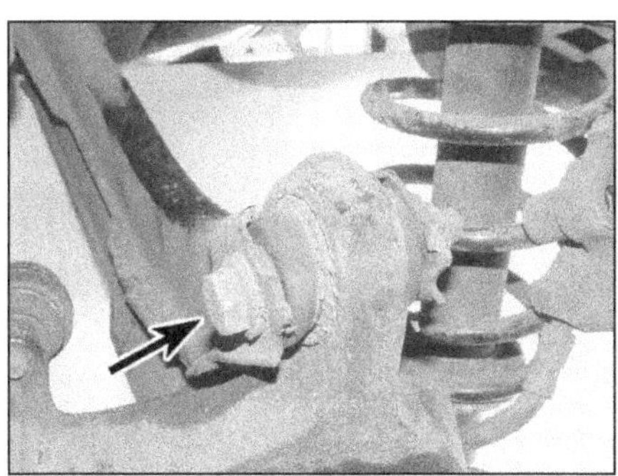

12.4 Bultskallen på den övre tvärlänken ska vara vänd framåt

Montering

9 Montering utförs i omvänd ordningsföljd. Dra åt alla muttrar och bultar till angivet moment. Observera att fästbultarna mellan tvärlänken och tvärbalken och (de nya) muttrarna till en början endast bör dras åt för hand och sedan dras åt helt när bilens fulla vikt läggs på bakfjädringen. Bultarna har särskilda hylsor som skyddar bränsletanken och bränslepåfyllningsröret vid en eventuell krock. Använd **inte** någon annan sorts bultar.

10 Kontrollera bakhjulsinställningen och låt vid behov justera den så snart som möjligt.

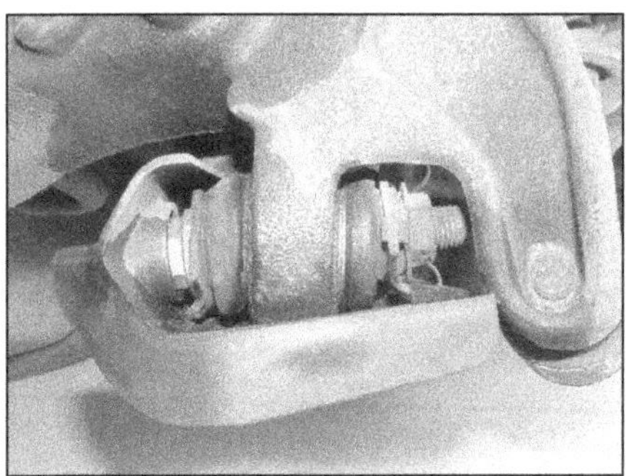

13.3 Nedre tvärlänksfästet på länkarmen

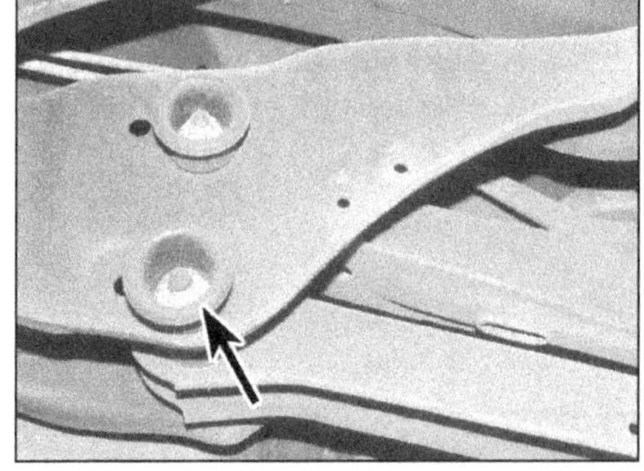

13.7 Nedre tvärlänksfästet på tvärbalken

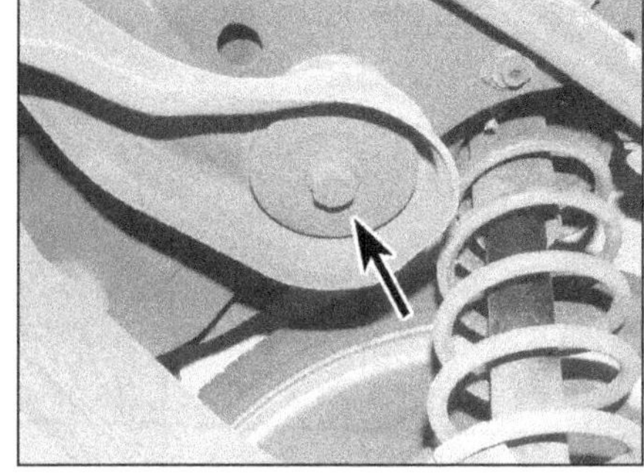

14.4 Fästbult på den bakre fjädringens kryssrambalk

13 Bakre fjädringens nedre tvärlänk - demontering och montering

Demontering

1 Klossa framhjulen. Lyft sedan upp bakvagnen och ställ den på pallbockar (se *Lyftning och stödpunkter*). Demontera hjulet.

2 Om du vill ta bort den vänstra tvärlänken, haka loss avgassystemets mellersta och bakre gummifästen och sänk ner avgassystemet på pallbockar. Se till att den främre flexibla delen inte utsätts för alltför stor belastning.

3 Skruva loss muttern och bulten och ta bort den nedre tvärlänken från länkarmen **(se bild)**. Observera att bultskallen är riktad framåt. Kasta muttern och använd en ny vid monteringen.

4 Skruva loss bulten och ta bort den övre tvärlänken från länkarmen. Observera att bultskallen är riktad framåt. Kasta muttern och använd en ny vid monteringen.

5 Skruva loss bulten och lossa krängningshämmarens anslutningslänk från länkarmen

6 Stötta bakfjädringens tvärbalk på en domkraft. Skruva sedan loss och ta bort bultarna mellan tvärbalken och underredet på den sida där arbetet utförs. Lossa tvärbalkens fästbultar på motsatt sida. Sänk ner tvärbalken något.

7 Skruva loss bulten och ta bort den nedre tvärlänken från tvärbalken **(se bild)**. Observera att bultskallen är riktad framåt. Kasta muttern och använd en ny vid monteringen.

Montering

8 Montering utförs i omvänd ordningsföljd. Dra åt alla muttrar och bultar till angivet moment. Observera att fästbultarna mellan tvärlänken och tvärbalken och (de nya) muttrarna till en början endast bör dras åt för hand och sedan dras åt helt när bilens fulla vikt ligger på bakfjädringen. Bultarna har särskilda hylsor som skyddar bränsletanken och bränslepåfyllningsröret vid en eventuell krock. Använd **inte** någon annan sorts bultar.

9 Kontrollera bakhjulsinställningen och låt vid behov justera den så snart som möjligt.

14 Bakre fjädringens kryssrambalk - demontering, renovering och montering

Demontering

1 Demontera den bakre krängningshämmaren enligt beskrivningen i avsnitt 9.

2 Demontera de övre och nedre tvärlänkarna på båda sidor enligt beskrivningen i avsnitt 12 och 13, men ta inte bort kryssrambalkens fästbultar.

3 Stöd kryssrambalken på en domkraft och en brädbit.

4 Skruva loss kryssrambalkens fästbultar och brickor **(se bild)**.

5 Sänk ner kryssrambalken från underredet och dra ut den underifrån bilen.

Renovering

6 Undersök om kryssrambalken och fästbussningarna är slitna eller skadade och byt ut dem vid behov.

7 Fästbussningarna kan vid behov bytas ut med hjälp av ett pressverktyg eller ett metallrör, brickor och en lång bult. Tryck fast de nya bussningarna på samma sätt.

Montering

8 Lyft upp kryssrambalken mot underredet och sätt i fästbultarna för hand så länge.

9 Montera övre och nedre tvärlänkar enligt beskrivningen i avsnitt 12 och 13.

10 Montera krängningshämmaren enligt beskrivningen i avsnitt 9.

11 Dra åt kryssrambalkens fästbultar till angivet moment och sänk ner bilen.

15 Ratt - demontering och montering

Demontering

1 Ställ framhjulen rakt och slå av tändningen. Låt nyckeln sitta kvar så att rattlåset släpper.

2 Bänd loss pluggarna över krockkuddens fästskruvar med en skruvmejsel. Skruva loss skruvarna och ta loss krockkuddsenheten från ratten. Koppla sedan loss krockkudden, signalhornet och i förekommande fall ljudanläggningens kablage. På senare modeller sitter kablarna fast med kardborrband. Lägg krockkudden på ett säkert ställe med metallfästet nedåt.

Varning: Läs säkerhetsinstruktionerna i kapitel 11.

3 Markera förhållandet mellan ratten och rattstången med en färgklick. Skruva sedan loss rattens fästmutter och ta bort vibrationsdämparplåten och brickan om sådana finns **(se bilder)**.

Varning: Använd inte rattlåset för att hålla fast rattstången medan muttern lossas, eftersom komponenterna då kan ta skada.

4 Ta försiktigt loss ratten från rattstångens splines och mata samtidigt signalhornets och

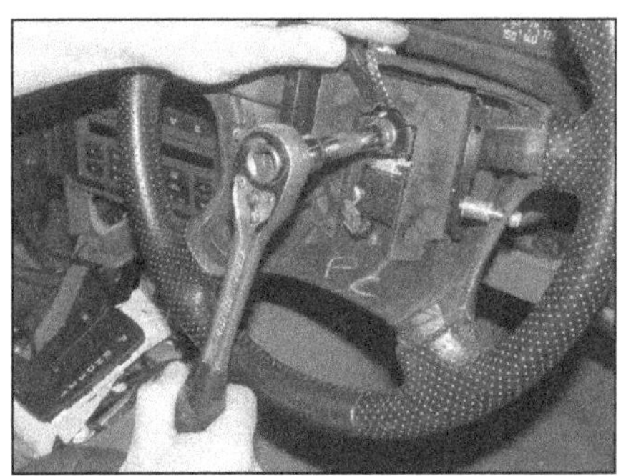

15.3a Skruva loss rattens fästmutter . . .

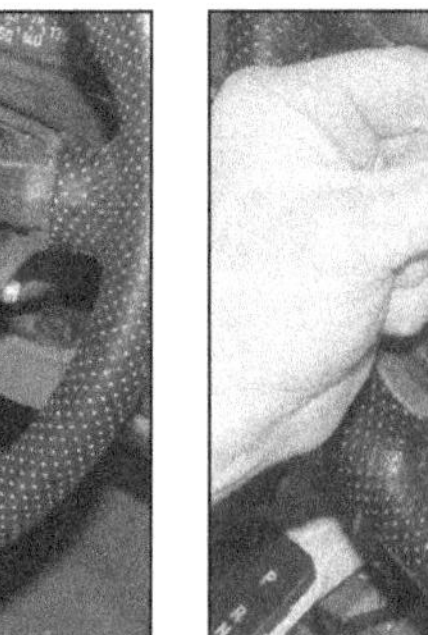

15.3b . . . och ta bort vibrationsdämparplåten

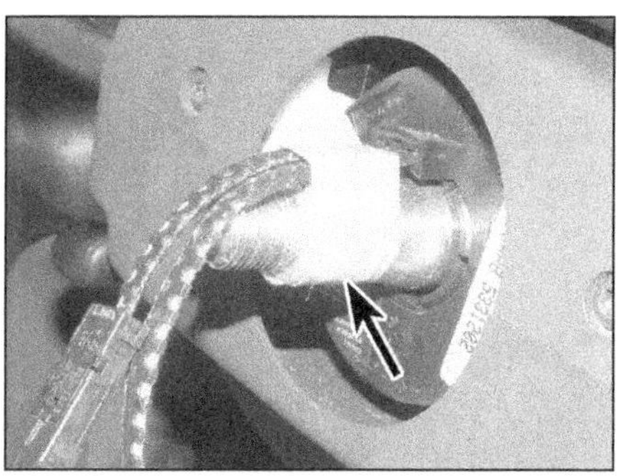
15.5 Tejpa fast kontaktfjädern på sin plats i mitten

7 Placera ratten på rattstångens splines och mata samtidigt kablaget till signalhornet och krockkudden genom hålet. Rikta in ratten efter de markeringar som som gjordes tidigare.

8 Montera brickan och fästmuttern och dra åt muttern till angivet moment.

9 Återanslut krockkudden, signalhornet och ljudanläggningens kablage. Om så är tillämpligt, fäst kablaget med kardborrband.

10 Sätt krockkudden i ratten och dra åt fästskruvarna (se kapitel 11).

11 Låt en Saabverkstad kontrollera eventuella felkoder i bilens elektroniska styrsystem.

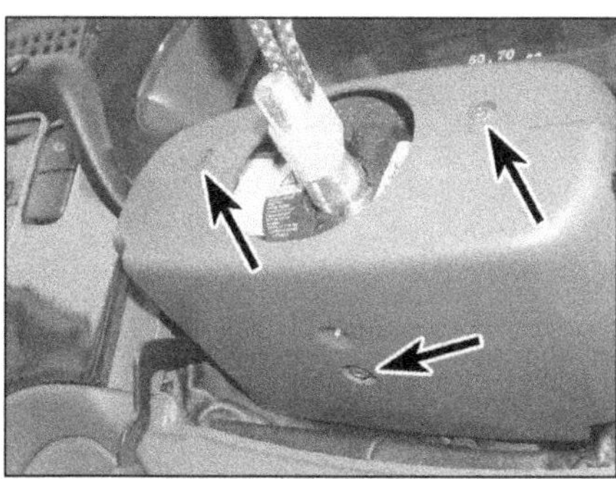
16.3a Lossa skruvarna . . .

krockkuddens kablage genom hålet. Om ratten sitter hårt kan du tillfälligt sätta fast fästmuttern och brickan på de sista gängorna för att undvika skador när ratten lossnar.

Varning: Slå inte bort ratten från splinesen, det kan skada den hopfällbara inre rattstången. Var också noga med att inte skada krockkuddens kontaktfjäder ovanför stångens överdel.

5 Tejpa fast kontaktfjädern på sin plats i mitten **(se bild)**.

Montering

6 Ta bort tejpen från kontaktfjädern. Om fjäderenheten inte längre befinner sig i mittläget, kontrollera först att alla fyra hjulen pekar framåt. Vrid sedan enheten så långt det går medurs, vrid därefter tillbaka den exakt två varv.

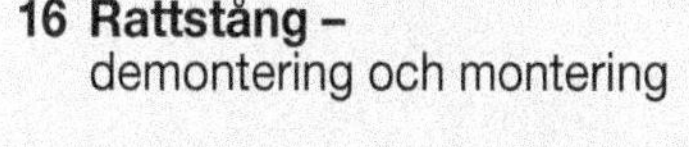

16 Rattstång - demontering och montering

Varning: Skilj inte rattens mellanaxel från den inre stången när du tar bort rattstången.

Demontering

1 Demontera ratten enligt beskrivning i avsnitt 15.

2 Lossa rattens höjdjusteringsarm.

3 Ta bort rattstångens övre och nedre kåpor. I den övre kåpan sitter två uppåtvända skruvar, och det sitter en skruv under den nedre kåpan **(se bilder)**.

4 Ta bort kombinationsbrytarna för belysning och torkare från rattstången och koppla loss kablarna, enligt beskrivningen i kapitel 12. På modeller från 2002 eller senare, lossa kabelröret från rattstången.

5 Koppla loss kablaget och ta bort krockkuddens kontaktfjäder (se kapitel 11).

6 Markera positionen för hållaren till kontaktfjädern och kombinationsbrytarna på rattstången och lossa sedan klämskruven. Lossa krockkuddens kabelhylsa från hållaren med en skruvmejsel och ta bort hållaren från rattstången. Lossa även krockkuddens kabelhylsa från fästet **(se bilder)**.

7 Ta bort den nedre instrumentbrädespanelen och luftkanalen på förarsidan enligt beskrivningen i kapitel 11. På modeller från 2002 eller senare, ta bort knäskyddet från rattstången **(se bild på nästa sida)**.

8 Vid rattstångens nederdel, skruva loss klämbulten och ta bort universalknuten från

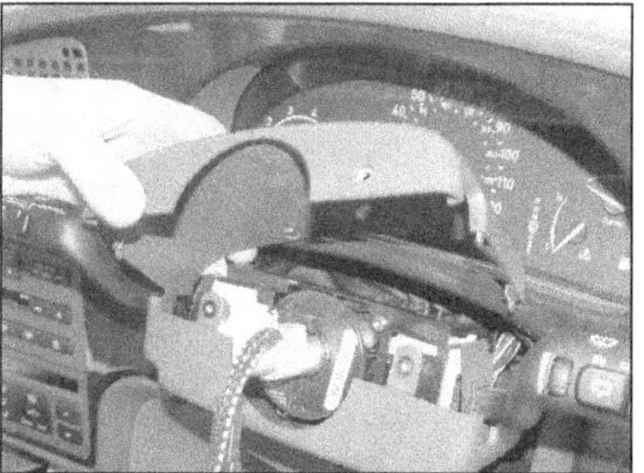
16.3b . . . och ta bort den övre kåpan . . .

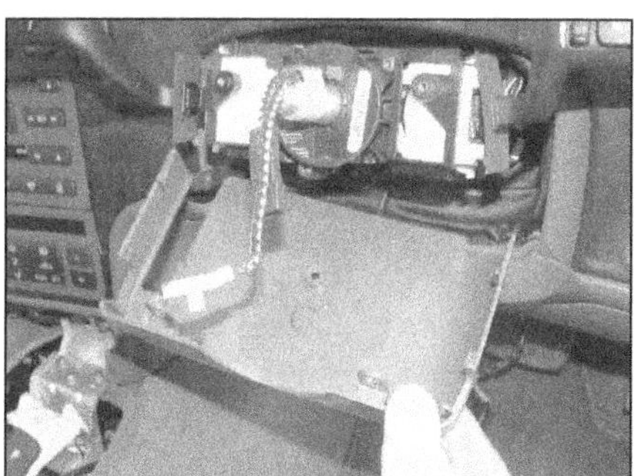
16.3c . . . och den nedre kåpan

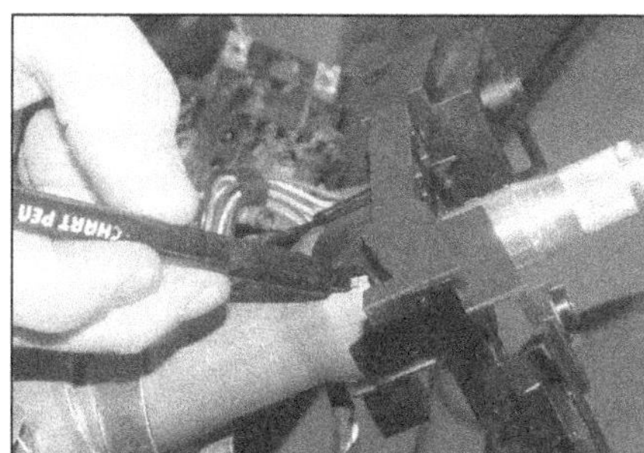
16.6a Markera hållarens plats på rattstången med en lämplig penna . . .

16.6b . . . lossa klämskruven . . .

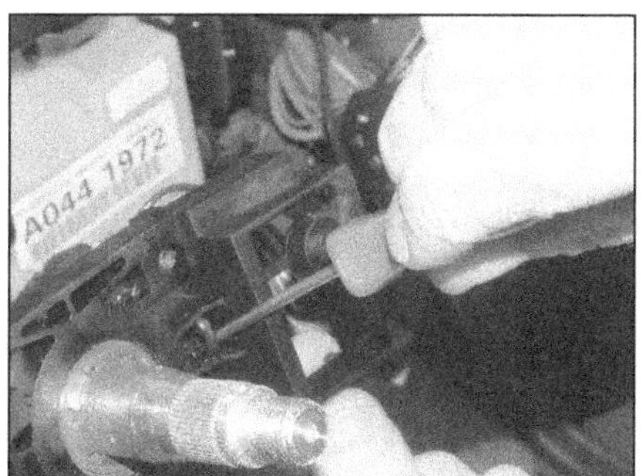

16.6c . . . och lossa krockkuddens fäste med en skruvmejsel

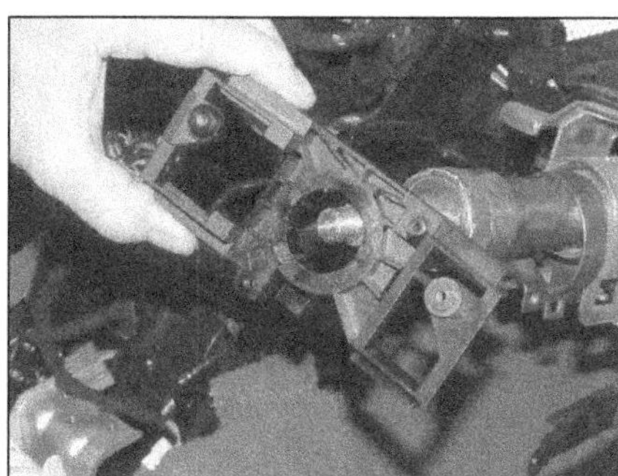
16.6d Ta loss kontaktfjäderhållaren . . .

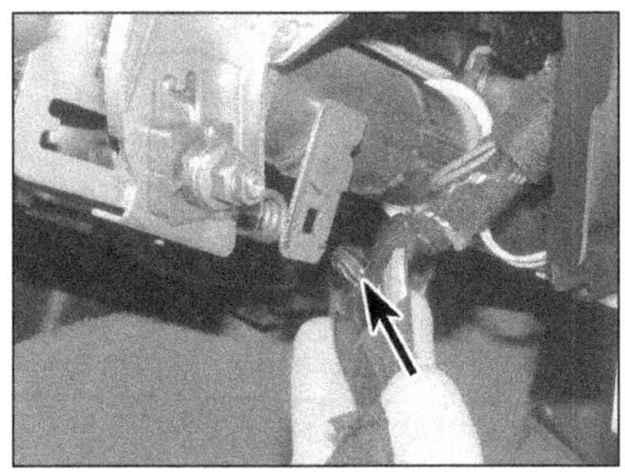
16.6e . . . och lossa krockkuddens kabelhylsa från fästet

16.7 Ta bort knäskyddet

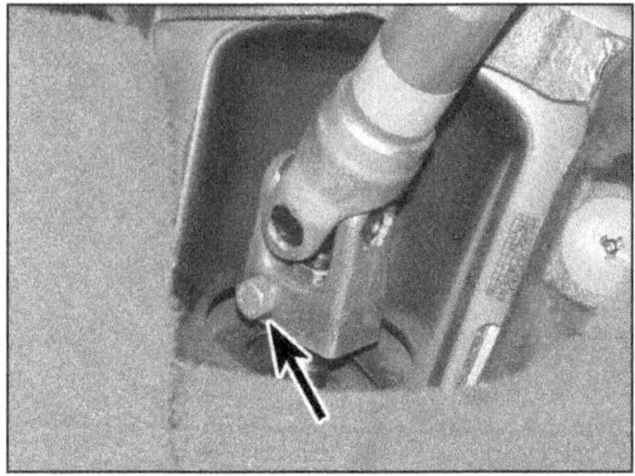
16.8a Skruva loss klämbulten . . .

16.8b . . . och dra av universalkopplingen från styrväxeldrevets axel

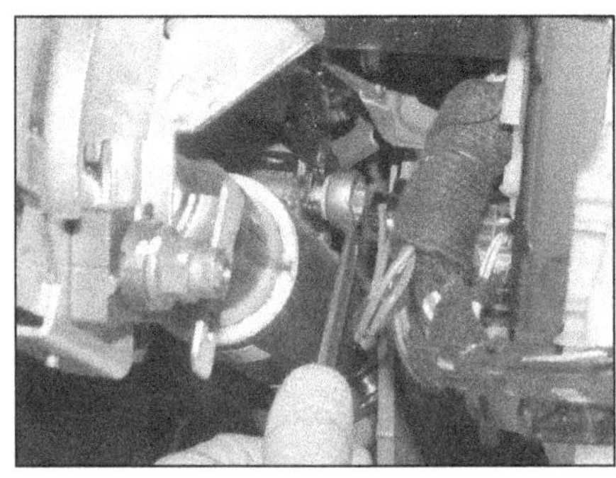
16.9 Skruva loss rattstångens nedre fästbult (observera att det inte går att ta bort den helt ännu)

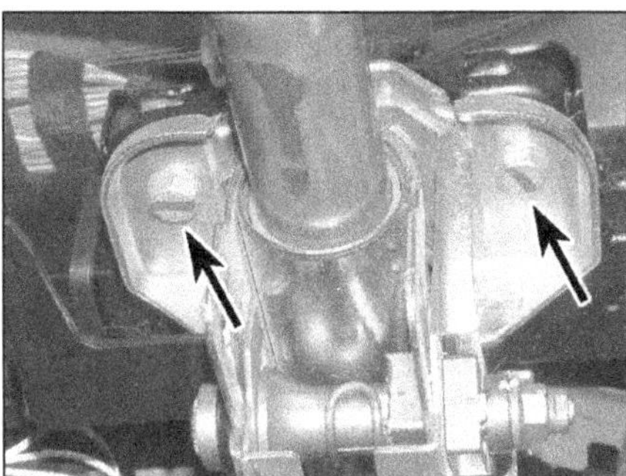
16.12 Rattstångens övre fästbultar

styrväxeldrevets axel **(se bilder)**. Märk axeln och rattstången om det behövs för att garantera korrekt återmontering. Se till att rattstångens mellanaxel sitter ihop med den övre stången när rattstången tas bort.

9 Skruva loss rattstångens nedre fästbult. Bulten kan inte tas ut helt ännu **(se bild)**.

10 Lossa relevanta kablar från buntbanden och lägg dem åt sidan.

11 Dra bort dammskyddsdamasken av gummi över rattens höjdjusteringsarm så att spaken kan tas bort tillsammans med rattstången.

12 Skruva loss de övre fästbultarna **(se bild)** och lossa rattstången från bilens insida. Du kan nu ta bort rattstångens nedre fästbult.

Montering

13 Placera den nedre fästbulten i rattstången. Sätt sedan rattstången på torpedväggen och dra åt bulten för hand så att stången hålls fast. Sätt i de övre fästbultarna och dra åt alla bultar till angivet moment.

14 Haka fast rattstångens nedre universalknut i splinesen på styrväxeldrevets axel. Se till att bulthålet är i linje med skåran i axeln och att inställningsmärkena är i linje med varandra. Dra åt klämbulten till angivet moment.

15 Sätt tillbaka dammskyddsdamasken över rattens höjdjusteringsarm så att spaken sticker ut genom hålet i damasken.

16 Fäst kablarna med nya buntband. På modeller från 2002 eller senare, fäst kabelröret i rattstången.

17 Sätt tillbaka instrumentbrädespanelen och luftkanalen på förarsidan enligt beskrivningen i kapitel 11. På modeller från 2002 eller senare, sätt tillbaka knäskyddet i rattstången.

18 Montera hållaren för kontaktfjädern och kombinationsbrytarna i det översta spåret och dra åt bultarna. Se till att tejpen fortfarande håller den på plats i mitten.

19 Återanslut kablaget för krockkuddens kontaktfjäder till kontaktdonet.

20 Sätt tillbaka kombinationsbrytarna för belysning och torkare och anslut kablarna enligt beskrivningen i kapitel 12.

21 Sätt tillbaka rattstångskåporna och dra åt skruvarna.

22 Montera ratten enligt beskrivningen i avsnitt 14.

17 Styrväxel - demontering och montering

Demontering

1 Dra åt handbromsen. Lyft sedan upp framvagnen och ställ den på pallbockar (se *Lyftning och stödpunkter*). Demontera båda framhjulen.

2 Tappa ut hydraulvätskan ur servosystemet enligt beskrivningen i avsnitt 18, vrid sedan ratten så att hjulen riktas rakt fram. Ratten måste vara kvar i mittläget under följande moment. Tejpa fast den vid instrumentbrädan.

Varning: Krockkuddens kontaktfjäder skadas om ratten inte monteras i mittläget.

3 Koppla loss batteriets minuskabel (se *Koppla ifrån batteriet* i referenskapitlet).

4 Vid rattstångens nedre ände, skruva loss klämbulten och dra bort universalknuten från styrväxeldrevets axel. Märk axeln och rattstången om det behövs för att garantera korrekt återmontering. Se till att rattstångens mellanaxel sitter ihop med den övre stången medan styrväxeln tas bort.

5 Motorn måste stöttas upp när bakdelen av kryssrambalken ska sänkas ner. Använd en lämplig motorlyft eller en lyftbalk som monteras tvärs över motorrummet. Lyft motorn något så att den stöds av lyftanordningen. Om du använder en lyftbalk kan du behöva ta bort kåpan från insugsröret.

6 Skruva loss muttern som håller fast det bakre motorfästet i fästbygeln på baksidan av motorn. Skruva sedan loss fästet från kryssrambalken och ta bort det.

7 Om styrstagsändarna ska tas bort från styrväxeln, lossa justeringsmuttrarna som håller fast ändarna ett kvarts varv tills vidare.

8 Lossa styrstagsändarna från styrarmarna på hjulspindlarna med en spindelledsavdragare enligt beskrivningen i avsnitt 21. Skruva vid behov loss styrstagsändarna från styrstagen. Räkna exakt hur många varv de måste vridas innan de lossnar, för att kunna sätta tillbaka dem korrekt.

9 Skruva loss tvärbalken och stödfästet från baksidan av kryssrambalken från bilens undersida.

10 Avgassystemets främre del måste sänkas ner innan kryssrambalken sänks ner. Se kapitel 4A och ta bort avgassystemet eller lossa det i fogen och från gummifästena.

11 Stöd kryssrambalken med en garagedomkraft. Skruva sedan loss de mittre fästbultarna och sänk ner den bakre änden av kryssrambalken så långt som möjligt.

12 Placera en behållare under styrväxeln för att fånga upp vätskespill. Märk de hydrauliska tillförsel- och returrören för att underlätta återplaceringen, skruva sedan loss anslutningsmuttrarna och lägg försiktigt rören åt sidan. Ta loss O-ringstätningarna och ventilhusets dammkåpa. Tejpa över eller plugga igen rörändarna och styrväxelns öppningar för att förhindra att damm och smuts kommer in i systemet. Skär vid behov av buntbanden som håller fast kablarna i rören.

13 Skruva loss de två muttrarna och bultarna som håller fast styrväxeln i kryssrambalken. Observera positionen för den mutter som fäster matningsrörets stödfäste.

14 Ta loss styrväxeln från ena sidan av bilen. Var försiktig så att du inte skadar gummidamaskerna.

15 Undersök om fästgummina är slitna eller skadade och byt ut dem om det behövs. Om en ny styrväxel ska monteras, flytta över de inre rören från den gamla enheten och montera nya O-ringstätningar. Dra åt anslutningsmuttrarna ordentligt. Undersök gummidamasken på torpedväggen och byt ut den om det behövs.

Montering

16 Innan styrväxeln monteras, se till att stången sitter i mittläget och att framhjulen fortfarande pekar rakt framåt.

17 Sätt på styrväxeln på kryssrambalken och anslut matnings- och returrören tillsammans med nya O-ringstätningar. Skruva inte åt anslutningsbultarna helt i det här stadiet.

18 Sätt i styrväxelns fästbultar underifrån kryssrambalken och skruva i dem, men dra inte åt dem helt än. Se till att matningsrörets stödfäste sitter på rätt plats.

19 Dra åt anslutningsbultarna för matnings- och returrören till angivet moment. Håll fast rören så att de inte vrids med när du drar åt bultarna.

20 Dra åt styrväxelns fästbultar till angivet moment.

21 Fäst kablaget till hydraulrören med nya buntband.

22 Lyft upp kryssrambalken och sätt i de mittre fästbultarna. Dra åt bultarna till angivet moment och korrekt vinkel. Ta bort domkraften.

23 Montera avgassystemets främre del enligt beskrivningen i kapitel 4A.

24 Sätt tillbaka tvärbalken och stödfästet på baksidan av kryssrambalken och dra åt fästbultarna till angivet moment.

25 Skruva på styrstagsändarna på styrstagen (om de har tagits bort). Vrid exakt det antal varv som du tidigare antecknat.

26 Montera styrstagsändarna på styrarmarna på hjulspindlarna. Sätt sedan tillbaka muttrarna och dra åt till angivet moment. Håll styrstagsändarna i mittläget och dra åt låsmuttrarna ordentligt.

27 Montera det bakre motorfästet och dra åt bultarna till angivet moment.

28 Ta bort lyftanordningen och montera vid behov kåpan över insugsröret.

29 Se till att ratten står kvar i mittläget. Haka sedan i universalknuten längst ner på rattstången i splinesen på styrväxeldrevets axel. Se till att bulthålet ligger mitt för utskärningen i rattstången och observera inställningsmarkeringarna. Dra åt klämbulten till angivet moment. Ta bort tejpen från ratten.

30 Sätt tillbaka batteriets minuskabel (se *Koppla ifrån batteriet* i referenskapitlet).

31 Fyll servosystemet med rekommenderad hydraulvätska och lufta systemet enligt beskrivningen i avsnitt 18.

32 Montera framhjulen och sänk ner bilen.

33 Kontrollera framhjulsinställningen och låt vid behov justera den så snart som möjligt.

18 Servostyrningens hydraulsystem – avtappning, påfyllning och luftning

Observera: *Servostsyrningens hydraulsystem måste alltid luftas om någon del av systemet har demonterats.*

Avtappning

1 När hela hydraulsystemet ska tömmas, placera en behållare (som rymmer minst en liter) under servopumpen till höger om motorn. Lossa behållaren från fästet. Lossa klämman och koppla loss returslangen från pumpen. Låt vätskan från returslangen rinna ner i behållaren.

2 Placera behållaren säkert i motorrummet, på avstånd från rörliga komponenter och direkta värmekällor. Starta motorn och låt hydraulvätskan pumpas ner i behållaren. Vrid ratten till fullt utslag från sida till sida flera gånger för att tvinga ut vätskan från kuggstången. När vätskeflödet sinar måste motorn stängas av direkt. Servostyrningspumpen får **inte** torrköras någon längre stund.

3 Återanslut returslangen och kläm fast klämman. Sätt sedan tillbaka behållaren på fästet.

Påfyllning

4 Ta bort vätskebehållarens påfyllningslock och fyll på med vätska av rätt typ och kvalitet till den högsta nivåmarkeringen. Se *Veckokontroller* för mer information.

Luftning

5 Parkera bilen på ett plant underlag och dra åt handbromsen.

6 Med motorn avstängd, vrid ratten långsamt till fullt utslag åt båda hållen flera gånger så att all luft tvingas ut, fyll sedan på vätskebehållaren. Upprepa proceduren tills vätskenivån i behållaren inte längre sjunker.

7 Starta motorn, vrid sedan ratten till fullt utslag åt båda hållen flera gånger för att tvinga ut eventuell kvarvarande luft ur systemet. Upprepa proceduren tills det inte längre finns några bubblor i vätskebehållaren.

8 Om onormala ljud hörs från pumpen eller vätskerören när ratten vrids är det ett tecken på att det fortfarande finns luft i systemet. Kontrollera detta genom att vrida hjulen rakt fram och sedan stänga av motorn. Om vätskenivån i behållaren stiger finns det luft i systemet och det behöver luftas ytterligare. Upprepa proceduren ovan om det behövs.

9 När all luft har tvingats ut ur hydraulsystemet, stanna motorn och låt systemet svalna. Avsluta med att kontrollera att vätskenivån går upp till maxmarkeringen på behållaren, och fyll på mer vätska om det behövs.

19 Servostyrningspump – demontering och montering

Demontering

1 Tappa ut hydraulvätskan ur servosystemet enligt beskrivningen i avsnitt 18, vrid sedan ratten så att hjulen riktas rakt fram och sätt tillbaka vätskebehållaren.

2 Lossa klämmorna i det främre högra hörnet av motorrummet och koppla loss luftintagsslangen och luftflödesmätaren. Lägg slangen och mätaren åt sidan.

3 Demontera drivremmen enligt beskrivningen i kapitel 1.

4 Placera en behållare under servostyrningspumpen. Lossa klämman och koppla loss slangen mellan vätskebehållaren och pumpen.

5 Skruva loss bulten som fäster matningsröret till pumpen. Skruva sedan loss anslutningsmuttern och koppla loss röret från pumpen. Du kan komma åt fästbulten genom hålet i remskivan. Ta loss O-ringstätningen.

6 Skruva loss bultarna som håller fast servostyrningspumpen i fästbygeln och ta bort den från motorn. Observera att pumpen och fästbygeln har ändrats i modeller från 2002 eller senare. På tidigare modeller kommer du åt bultarna vid remskivan genom ett hål i remskivan. Vira in pumpen i tygtrasor för att förhindra att vätska droppar på bilens lackerade ytor.

Montering

7 Placera pumpen på motorn. Sätt sedan i fästbultarna och dra åt dem till angivet moment.

8 Sätt en ny O-ringstätning på matningsrörets ändbeslag och sätt sedan fast det på pumpen. Dra åt anslutningsmuttern och fästbulten till angivet moment.

9 Återanslut slangen mellan behållaren och pumpen och tryck ihop klämman.

10 Montera drivremmen enligt beskrivningen i kapitel 1.

11 Sätt tillbaka luftintagsslangen och luftflödesmätaren.

12 Fyll på och lufta servostyrningens hydraulsystem enligt beskrivningen i avsnitt 18.

20 Kuggstångens gummidamask - byte

1 Dra åt handbromsen. Lyft sedan upp framvagnen och ställ den på pallbockar (se *Lyftning och stödpunkter*). Demontera relevant hjul.

2 Lossa styrstagsändens låsmutter på styrstaget ett kvarts varv.

3 Koppla loss styrstagsänden från styrarmen på hjulspindeln med en spindelledsavdragare **(se bild)**.

4 Skruva loss styrstagsänden från styrstaget. Räkna exakt hur många varv den måste vridas innan den lossnar, så att den kan sättas tillbaka korrekt.

5 Notera hur styrstagsändens låsmutter sitter och skruva loss den från styrstaget.

6 Torka rent styrstaget och lossa gummidamaskens fästklämmor på staget och styrväxelhuset.

7 Lossa damasken från spåren i huset och dra av den från styrstaget.

8 Torka av styrväxelhuset och styrstaget och smörj in styrstagets inre spindelled med litiumfett. Smörj lite fett på styrstaget så att det går lättare att föra på den nya damasken.

9 Skjut på den nya damasken och placera den i spåren. Montera och dra åt fästklämmorna. Om du använder nya Saabklämmor måste de dras åt med en tång eller kniptång.

10 Skruva fast styrstagsändens låsmutter på sin plats.

11 Skruva fast styrstagsänden med det exakta antalet varv som noterades vid demonteringen.

20.3 Lossa styrstagsänden med en spindelledsavdragare

12 Sätt i styrstagsänden i styrarmen och dra åt muttern till angivet moment.

13 Dra åt styrstagsändens låsmutter till angivet moment.

14 Montera hjulet och sänk ner bilen.

15 Kontrollera framhjulsinställningen och låt vid behov justera den så snart som möjligt.

21 Styrstagsände - demontering och montering

Demontering

1 Dra åt handbromsen. Lyft sedan upp framvagnen och ställ den på pallbockar (se *Lyftning och stödpunkter*). Demontera relevant hjul.

2 På modeller från 2002 eller senare är styrstagsändarna svängda och lutar något bakåt i förhållande till styrstagen. De är markerade LH (vänster) och RH (höger) längst upp på spindelleden så att man kan se vilken som är vilken.

3 Lossa styrstagsändens låsmutter på styrstaget ett kvarts varv.

4 Koppla loss styrstagsänden från styrarmen på hjulspindeln med en spindelledsavdragare.

5 Skruva loss styrstagsänden från styrstaget. Räkna exakt hur många varv den måste vridas innan den lossnar, så att den kan sättas tillbaka korrekt.

Montering

6 Skruva fast styrstagsänden med det exakta antalet varv som noterades vid demonteringen.

7 Placera styrstagsänden på styrarmen och dra åt bultarna till angivet moment.

8 Dra åt styrstagsändens låsmutter till angivet moment.

9 Montera hjulet och sänk ner bilen.

10 Kontrollera framhjulsinställningen och låt vid behov justera den så snart som möjligt.

22 Hjulinställning och styrvinklar - allmän information

1 Noggrann framhjulsinställning är viktig för styrningens egenskaper och för att förhindra att däcken slits onormalt mycket. Innan styrvinklarna och fjädringen undersöks, kontrollera att däcken har tillräckligt med luft, att hjulen inte är buckliga och att styrningens länksystem och fjädringens spindelleder är i gott skick, utan glapp eller slitage. Det är också viktigt att den främre kryssrambalken riktas in korrekt.

2 Hjulinställningen består av fyra faktorer **(se bild)**:

Cambervinkeln är den vinkel med vilken framhjulen ställs in vertikalt när de ses framifrån eller bakifrån bilen. Positiv camber är det värde (i grader) som hjulen lutar utåt från vertikallinjen upptill.

Castervinkeln är vinkeln mellan styraxeln och en vertikal linje sett från sidan av bilen. Positiv caster föreligger om styraxeln lutar bakåt upptill.

Styraxelns lutning (KPI) är den vinkel (sett framifrån) mellan en vertikal linje och en imaginär linje som dras mellan det främre fjäderbenets övre fäste och den nedre länkarmens spindelled.

Toe-inställningen är det värde med vilket avståndet mellan de främre insidorna av fälgarna (mätt i navhöjd) skiljer sig från det diametralt motsatta avståndet mellan fälgarnas bakre insidor.

3 Eftersom det krävs precisionsmätare för att mäta de små vinklarna i styrinställningar och fjädring måste kontrollen av camber-

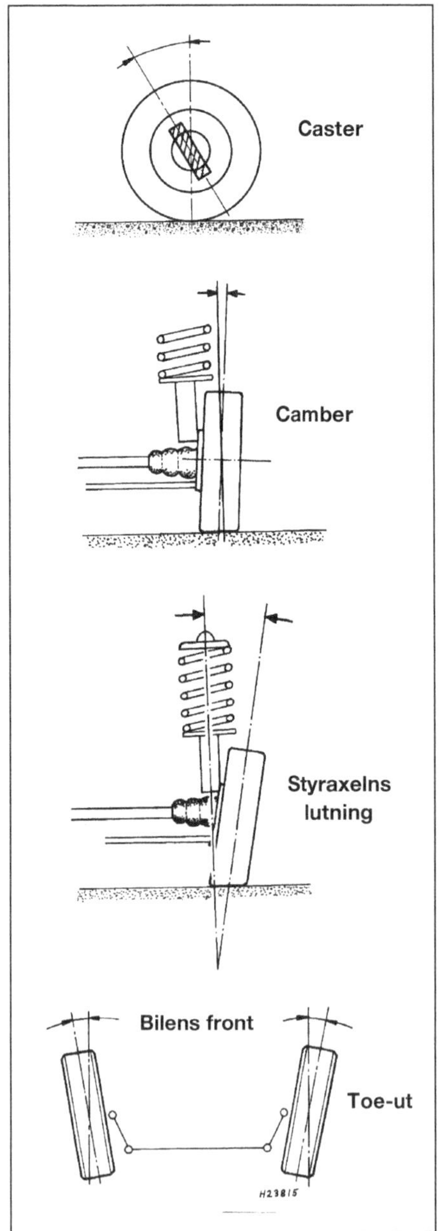

21.2 Hjulinställning och styrvinklar

vinklar, castervinklar och styraxelns lutning överlåtas till en verkstad med nödvändig utrustning. Cambervinkeln kan variera beroende på karosshöjden enligt specifikationerna. Höjden mäts från underredet, precis innanför hjulen. Alla avvikelser från den angivna vinkeln beror på skador efter en krock eller allvarligt slitage i fjädringsfästena.

4 Det finns två möjliga sätt för hemmamekanikern att kontrollera framhjulens toeinställning. Ett sätt ät att använda ett mätverktyg och mäta avståndet mellan den främre och den bakre kanten av fälgen på insidan av hjulen. Du kan även använda en s.k hasplåt. Båda framhjulen rullas över en rörlig plåt, som känner av däckets eventuella avvikelse, hasning, från det framåtriktade läget. För båda metoderna finns ganska billiga verktyg att köpa från tillbehörsbutiker.

5 Om en kontroll av toe-inställningen visar att en justering behövs går du tillväga på följande sätt.

6 Vrid ratten så långt som möjligt åt vänster och räkna antalet gängor som syns på höger styrstagsände. Vrid sedan ratten så långt som möjligt åt höger och räkna antalet gängor som syns på vänster styrstagsände. Om lika mycket av gängorna syns på båda sidor ska efterföljande justeringar göras lika mycket på båda sidor. Om fler gängor syns på endera sidan måste du ta hänsyn till detta vid justeringen. Efter justeringen ska du kunna se lika många gängor på båda styrstagen. Detta är mycket viktigt.

7 Du kan ändra toe-inställningen genom att lossa låsmuttrarna på styrstagen och vrida styrstagen till önskad inställning med hjälp av en självlåsande tång. Vrid styrstagen ett kvarts varv i taget och kontrollera sedan inställningen igen.

8 Dra åt låsmuttrarna när justeringen är klar och kontrollera att lika många gängor syns på de båda styrstagen. Justera placeringen av styrväxelns gummidamasker, för att räta till eventuell vridning som har orsakats av vridningen av styrstagen.

Bakhjulsinställning

9 Det är även möjligt att kontrollera och justera bakhjulens toe-inställning, men eftersom de också måste riktas in efter framhjulen rekommenderar vi att du i stället lämnar in bilen till en servicestation som har rätt utrustning för jobbet.

Kapitel 11
Kaross och detaljer

Innehåll

Svårighetsgrader

Enkelt, passar novisen med lite erfarenhet 	**Ganska enkelt,** passar nybörjaren med viss erfarenhet 	**Ganska svårt,** passar kompetent hemmamekaniker 	**Svårt,** passar hemmamekaniker med erfarenhet 	**Mycket svårt,** för professionell mekaniker

Specifikationer

Åtdragningsmoment

	Nm
Bakre stötfångare	40
Bakre säkerhetsbälte	45
Framsäten	24
Främre säkerhetsbälte:	
Haspel	45
Spänne	33
Sidokrockkudde	7
Sidostötgivare	5
Styrning till bakre säkerhetsbälte (kombimodeller)	22
Styrtapp till baksätets gångjärn (kombimodeller)	24

1 Allmän information

Bilens kaross är konstruerad av pressade stålsektioner som antingen är punktsvetsade eller sömsvetsade ihop. Karossens styvhet ökas med förstärkningsbalkar som är inbyggda i karosspanelerna, stålflänsar i fönster- och dörröppningarna och fästmedel i fasta glasskarvar.

Den främre kryssrambalken är försedd med fästpunkter för motor/växellåda, framvagnsfjädring och styrväxel. Framskärmarna är fastbultade istället för svetsade, för att underlätta reparationer efter en krock.

Bilens underrede är behandlat och täckt med rostskyddsmedel. Behandlingen skyddar mot väder och vind och fungerar samtidigt som ett effektivt ljudisolerande lager. Kupén, bagageutrymmet och motorrummet är också fodrade med bituminös filt och andra ljudisolerande material för ytterligare ljuddämpning.

Alla modeller är utrustade med elektriska fönsterhissar fram och bak. Fönsterglasen höjs och sänks av en elektrisk motor som styr en fönsterhiss direkt.

Elstyrda framsäten finns som tillbehör. Styrmodulen sitter i så fall under förarsätet. Modulen innehåller minne för position och rörelsekontroll samt en kommunikationsfunktion för diagnostiksyfte. Systemet kommer ihåg läget på de elstyrda backspeglarna. När backväxeln är ilagd kan backspegeln på passagerarsidan tippas nedåt mot bakhjulet. När backväxeln läggs ur återgår speglarna till det tidigare läget.

Fjärrstyrt centrallås är monterat i alla modeller. Centrallåset omfattar alla fyra dörrarna, bak-/bagageluckan och bränslepåfyllningslocket. Låsmekanismen aktiveras av servomotorn och systemet styrs av en elektronisk styrenhet (ECU).

Alla modeller är försedda med krockkudde på förarsidan, monterad i rattnavet, samt sidokrockkuddar och bältessträckare på båda sidorna fram. Krockkudde på passagerarsidan är valfritt tillval. Ett knäskydd av skumplast, plåt och aluminium är fäst i rattstången. På passagerarsidan är handskfackets lucka förstärkt med en plåt som skyddar passagerarens knän.

De främre säkerhetsbältena har automatiska sträckare som aktiveras vid en frontalkrock. Krockkuddarna utgör en del av bilens SRS-system (Supplementary Restraint System) som styrs av den elektroniska styrenheten (ECU). Givare inbyggda i styrenhetens hölje och i motorrummets främre del aktiveras vid en frontalkrock och tvingar styrenheten att aktivera krockkuddarna och bältessträckarna.

2 Underhåll - kaross och underrede

Karossens allmänna skick påverkar bilens värde väsentligt. Underhållet är enkelt men måste vara regelbundet. Underlåtenhet, speciellt efter smärre skador, kan snabbt leda till värre skador och dyra reparationer. Det är även viktigt att hålla ett öga på de delar som inte är direkt synliga, exempelvis underredet, under hjulhusen och de nedre delarna av motorrummet.

Tvättning utgör grundläggande underhåll av karossen – helst med stora mängder vatten från en slang. Detta tar bort all lös smuts som har fastnat på bilen. Det är viktigt att spola bort smutsen på ett sätt som förhindrar att lacken skadas. Hjulhusen och underredet måste tvättas rena från lera på samma sätt. Fukten som binds i leran kan annars leda till rostangrepp. Paradoxalt nog är det bäst att tvätta av underredet och hjulhuset när det regnar eftersom leran då är blöt och mjuk. Vid körning i mycket våt väderlek spolas vanligen underredet av automatiskt vilket ger ett tillfälle för kontroll.

Med undantag för bilar med vaxade underreden är det bra att periodvis rengöra hela undersidan av bilen, inklusive motorrummet, med ångtvätt så att en grundlig kontroll kan utföras för en bedömning av vilka åtgärder och mindre reparationer som behövs. Ångtvättar finns på bensinstationer och verkstäder och behövs när man ska ta bort de ansamlingar av oljeblandad smuts som ibland lägger sig tjockt i vissa utrymmen. Om man inte har tillgång till ångtvätt finns ett par utmärkta fettlösningsmedel som penslas på. Sedan kan smutsen helt enkelt spolas bort. Observera att ingen av ovanstående metoder ska användas på bilar med vaxade underreden, eftersom de tar bort vaxet. Bilar med vaxade underreden ska kontrolleras årligen, helst på senhösten. Underredet ska då tvättas av så att skador i vaxbestrykningen kan hittas och åtgärdas. Helst ska ett helt nytt lager vax läggas på. Överväg även att spruta in vaxbaserat skydd i dörrpaneler, trösklar, balkar och liknande som ett extra rostskydd där tillverkaren inte redan åtgärdat den saken.

Torka av lacken med sämskskinn efter tvätten så att den får en fin yta. Ett lager med genomskinligt skyddsvax ger förbättrat skydd mot kemiska föroreningar i luften. Om lacken mattats eller oxiderats kan ett kombinerat rengörings-/polermedel återställa glansen. Detta kräver lite arbete, men sådan mattning orsakas vanligen av slarv med regelbundenheten i tvättningen. Metalliclacker kräver extra försiktighet och speciella slipmedelsfria rengörings-/polermedel krävs för att inte skada ytan. Kontrollera alltid att dräneringshål och rör i dörrar och ventilation är öppna så att vatten kan rinna ut. Kromade ytor ska behandlas på samma sätt som lackerade. Fönster och vindrutor ska hållas fria från fett och smuts med hjälp av fönsterputs. Vax eller andra medel för polering av lack eller krom ska inte användas på glas.

3 Underhåll - klädsel och mattor

Borsta eller dammsug mattorna med jämna mellanrum så att de hålls rena. Om de är svårt nedsmutsade kan de tas ut ur bilen och skrubbas. Se i så fall till att de är helt torra innan de läggs tillbaka i bilen. Säten och klädselpaneler kan torkas rena med fuktig trasa. Om de smutsas ner (vilket ofta kan vara mer synligt i ljusa inredningar) kan lite flytande tvättmedel och en mjuk nagelborste användas till att skrubba ut smutsen ur materialet. Glöm inte takets insida, håll det rent på samma sätt som klädseln. När flytande rengöringsmedel används inne i en bil får de tvättade ytorna inte överfuktas. För mycket fukt kan tränga in i sömmar och stoppning och framkalla fläckar, störande lukter och till och med röta. Om insidan av bilen blir mycket blöt är det mödan värt att torka ur den ordentligt, speciellt mattorna. *Lämna aldrig olje- eller eldrivna värmare i bilen för att den ska torka snabbare.*

4 Mindre karosskador - reparation

Mindre repor

Om en repa är mycket ytlig och inte har trängt ner till karossmetallen är reparationen mycket enkel att utföra. Gnugga det skadade området helt lätt med lackrenoveringsmedel eller en mycket finkornig slippasta så att lös lack tas bort från repan och det omgivande området befrias från vax. Skölj med rent vatten.

Applicera förbättringslack på repan med en tunn målarpensel. Fortsätt att lägga på tunna lager färg tills färgytan i repan är i nivå med den omgivande lacken. Låt den nya lacken härda i minst två veckor och jämna sedan ut den mot omgivande lack genom att gnugga hela området kring repan med lackrenoveringsmedel eller en mycket finkornig slippasta. Avsluta med en vaxpolering.

Om repan har gått ner till karossmetallen och denna börjat rosta krävs en annan teknik. Ta bort lös rost från botten av repan med ett vasst föremål och lägg sedan på rostskyddsfärg så att framtida rostbildning förhindras. Använd sedan en spackel av gummi eller nylon och fyll upp repan med spackelmassa. Vid behov kan spacklet tunnas ut med thinner så att det blir mycket tunt, vilket är idealiskt för smala repor. Innan spacklet härdar, linda ett stycke mjuk bomullstrasa runt en fingertopp. Doppa fingret i thinner och stryk snabbt över fyllningen i repan. Det gör att ytan blir något urholkad. Lacka sedan över repan enligt tidigare anvisningar.

Bucklor

När en djup buckla har uppstått i bilens kaross blir den första uppgiften att räta ut den så att karossen i det närmaste återfår ursprungsformen. Det finns ingen anledning att försöka återställa formen helt, eftersom metallen i det skadade området har sträckt sig vid skadans uppkomst och aldrig helt kommer att återta sin gamla form. Det är bättre att försöka ta bucklans nivå upp till ca 3 mm under den omgivande karossens nivå. Om bucklan är mycket grund är det inte värt besväret att räta ut den. Om undersidan av bucklan är åtkomlig kan den knackas ut med en träklubba eller plasthammare. När detta görs ska mothåll användas på plåtens utsida så att inte större delar knackas ut.

Skulle bucklan finnas i en del av karossen som har dubbel plåt, eller om den av någon annan anledning är oåtkomlig från insidan, krävs en annan teknik. Borra ett flertal hål genom metallen i bucklan – speciellt i de djupare delarna. Skruva sedan in långa plåtskruvar precis så långt att de får ett fast grepp i metallen. Dra sedan ut bucklan genom att dra i skruvskallarna med en tång.

Nästa steg är att ta bort lacken från det skadade området och ca 3 cm av den omgivande oskadade plåten. Detta görs enklast med stålborste eller slipskiva monterad på borrmaskin, men kan även göras för hand med slippapper. Fullborda underarbetet genom att repa den nakna plåten med en skruvmejsel eller filspets, eller genom att borra små hål i det område som ska spacklas. Detta gör att spacklet fäster bättre.

Se avsnittet om spackling och sprutning för att avsluta reparationen.

Rosthål eller revor

Ta bort lacken från det drabbade området och ca 30 mm av den omgivande oskadade plåten med en sliptrissa eller stålborste monterad i en borrmaskin. Om detta inte finns tillgängligt kan ett antal ark slippapper vara minst lika effektivt. När lacken är borttagen kan rostskadans omfattning uppskattas mer exakt och därmed kan man avgöra om hela panelen (om möjligt) ska bytas ut eller om rostskadan ska repareras. Nya plåtdelar är inte så dyra som de flesta tror och det går ofta snabbare och ger bättre resultat med plåtbyte än att försöka reparera större rostskador.

Ta bort alla detaljer från det skadade området, utom dem som styr plåtens ursprungliga form, exempelvis lyktsarger. Ta sedan bort lös eller rostig metall med plåtsax eller bågfil. Knacka kanterna något inåt så att du får en grop för spacklingsmassan.

Borsta av det skadade området med en stålborste så att rostdamm tas bort från ytan av kvarvarande metall. Måla området med rostskyddsfärg. Behandla också det skadade områdets baksida, om den är åtkomlig.

Före spacklingen måste hålet täckas på något sätt. Detta kan göras med nät av plast eller aluminium eller med aluminiumtejp.

Nät av plast eller aluminium eller glasfiberväv är antagligen det bästa materialet för ett stort hål. Skär ut en bit som är ungefär lika stor som det hål som ska fyllas, placera det i hålet så att kanterna är under nivån för den omgivande plåten. Några klickar spackelmassa runt hålet fäster materialet.

Aluminiumtejp bör användas till små eller mycket smala hål. Dra av en bit tejp från rullen och klipp till den storlek och form som behövs. Dra bort eventuellt skyddspapper och fäst tejpen över hålet. Tejpen kan överlappas om en bit inte räcker. Tryck ner tejpkanterna med ett skruvmejselhandtag eller liknande så att tejpen fäster ordentligt på metallen.

Spackling och sprutning

Se tidigare anvisningar beträffande reparation av bucklor, repor, rosthål och andra hål innan beskrivningarna i det här avsnittet följs.

Det finns många typer av spackelmassa. Generellt sett är de som består av grundmassa och härdare bäst vid den här typen av reparationer. En bred och följsam spackel av nylon eller gummi är ett ovärderligt verktyg för att skapa en väl formad spackling med fin yta.

Blanda lite massa och härdare på en skiva av exempelvis kartong eller masonit. Följ tillverkarens instruktioner och mät ut härdaren noga, i annat fall härdar spacklet för snabbt eller för långsamt. Använd spackeln och bred ut massan på den preparerade ytan. Dra spackeln över massans yta för att forma den och göra den jämn. Så snart massan har antagit en någorlunda korrekt form bör arbetet avbrytas. Om man håller på för länge blir massan kletig och börjar fastna på spackeln. Fortsätt lägga på tunna lager med ca 20 minuters mellanrum till dess att massan är något högre än den omgivande plåten.

När massan har härdat kan överskottet tas bort med hyvel eller fil. Börja sedan slipningen med nr 40 och avsluta med nr 400 våtslippapper. Linda alltid papperet runt en slipkloss, annars blir inte den slipade ytan plan. Vid slutpoleringen ska slippapperet då och då sköljas med vatten. Detta skapar en mycket slät yta på massan i slutskedet.

I det här stadiet bör bucklan vara omgiven av en ring med ren plåt som i sin tur omges av en lätt ruggad kant av den oskadade lacken. Skölj av reparationsområdet med rent vatten till dess att allt slipdamm försvunnit.

Spruta ett tunt lager grundfärg på hela reparationsområdet. Då avslöjas mindre ytfel i spacklingen. Laga dessa med ny spackelmassa eller filler och slipa av ytan igen. Massa kan tunnas ut med thinner så att den blir mer lämpad för riktigt små gropar. Upprepa denna sprutning och reparation till dess att du är nöjd med spackelytan och den ruggade lacken. Rengör reparationsytan med rent vatten och låt den torka helt.

Reparationsytan är nu klar för lackering. Färgsprutning måste utföras i ett varmt, torrt, drag- och dammfritt utrymme. Detta kan åstadkommas inomhus om det finns tillgång till ett större arbetsområde, men om arbetet måste äga rum utomhus är valet av dag av stor betydelse. Om arbetet utförs inomhus kan golvet spolas av med vatten eftersom detta binder damm som annars skulle finnas i luften. Om ytan som ska åtgärdas endast omfattar en panel, måste de omgivande panelerna maskeras av. Då kommer inte mindre nyansskillnader i lacken att synas lika tydligt. Dekorer och detaljer (kromlister, handtag med mera) ska även de maskeras av. Använd riktig maskeringstejp och flera lager tidningspapper till detta.

Före sprutning, skaka burken ordentligt och spruta på en provbit, exempelvis en konservburk, tills du behärskar tekniken. Täck reparationsytan med tjockt med grundfärg. Tjockleken ska byggas upp med flera tunna färglager, inte ett enda tjockt lager. Polera sedan grundfärgsytan med nr 400 våtslippapper, till dess att den är helt slät. Medan detta utförs ska ytan hållas våt och pappret ska då och då sköljas i vatten. Låt torka innan mer färg läggs på.

Spruta på färglagret och bygg upp tjockleken med flera tunna lager färg. Börja spruta i ena kanten och arbeta med sidledes rörelser nedåt till dess att hela reparationsytan och ca 5 cm av den omgivande lackeringen täckts. Ta bort maskeringen 10 – 15 minuter efter att det sista färglagret sprutats på.

Låt den nya lacken härda i minst två veckor innan den nya lackens kanter jämnas ut mot den gamla med en lackrenoverare eller mycket fin slippasta. Avsluta med en vax¨-polering.

Plastkomponenter

Biltillverkarna tillverkar allt fler karossdelar av plast (t.ex. stötfångare, spoilers och i vissa fall även större karosspaneler), och allvarligare fel på sådana komponenter kan endast åtgärdas genom att reparationsarbetet överlåts till en specialist, eller genom att hela komponenten byts ut. Sådana skador lönar sig inte att reparera själv på grund av kostnaden för den specialutrustning och de speciella material som krävs. Principen för dessa reparationer är dock att en skåra tas upp längs med skadan med en roterande rasp i en borrmaskin. Den skadade delen svetsas sedan ihop med en varmluftspistol och en plaststav i skåran. Plastöverskott tas bort och ytan slipas ner. Det är viktigt att rätt typ av plastlod används – plasttypen i karossdelar kan variera, exempelvis PCB, ABS eller PPP.

Mindre allvarliga skador (skrapningar, små sprickor etc.) kan lagas av en hemmamekaniker med hjälp av en tvåkomponents epoxymassa. Den blandas i lika delar och används sedan på ungefär samma sätt som

6.1 Ta bort stänkskydden

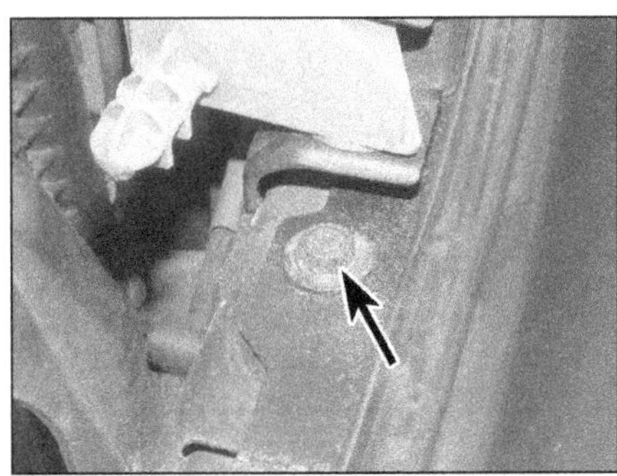
6.6 Den främre stötfångarens fästbult sitter nära signalhornen

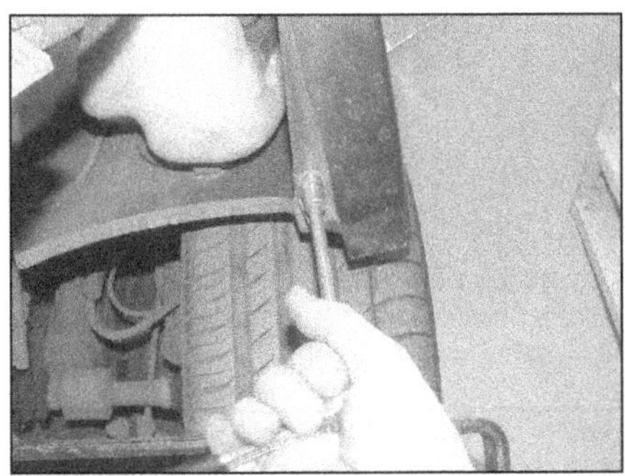
6.8 Skruva loss muttrarna som fäster den främre stötfångaren i framskärmarna

spackelmassa på plåt. Epoxyn härdar i regel inom 30 minuter och kan sedan slipas och målas.

Om ägaren har bytt en komponent på egen hand eller reparerat med epoxymassa, återstår svårigheten att hitta en färg som lämpar sig för den aktuella plasten. Förr i tiden kunde inte någon universalfärg användas på grund av det breda utbudet av plaster i karossdelar. Generellt sett fastnar inte standardfärger på plast och gummi, men det finns nu färger och kompletta färgsatser för plast- och gummilackering att köpa. Dessa består i princip av förprimer, grundfärg och färglager. Kompletta instruktioner finns i satserna, men grundmetoden är att först lägga på förprimern på den aktuella delen och låta den torka i 30 minuter. Sedan ska grundfärgen läggas på och lämnas att torka i ungefär en timme innan det färgade ytlacket läggs på. Resultatet blir en korrekt färgad del där lacken kan röra sig med materialet, något de flesta standardfärger inte klarar.

5 Större karosskador – reparation

Om helt nya paneler måste svetsas fast på grund av större skador eller bristande underhåll, bör arbetet överlåtas till en professionell mekaniker. Om det är frågan om en allvarlig krockskada måste hela karossens inställning kontrolleras och det kan endast utföras av en verkstad med tillgång till uppriktningsriggar. En felbalanserad kaross är för det första farlig, eftersom bilen inte reagerar på rätt sätt, och för det andra så kan det leda till att styrningen, fjädringen och ibland kraftöverföringen belastas ojämnt med ökat slitage eller helt trasiga komponenter som följd. Särskilt däcken är utsatta.

6 Främre stötfångare – demontering och montering

Demontering

1 Dra åt handbromsen. Lyft sedan upp framvagnen och ställ den på pallbockar (se *Lyftning och stödpunkter*). Skruva loss skruvarna och ta bort stänkskyddet som sitter under kylaren **(se bild)**.

2 Öppna motorhuven och ta bort kylargrillen enligt beskrivningen i avsnitt 8.

3 Ta bort de främre blinkerslamporna enligt beskrivningen i kapitel 12.

4 Ta om tillämpligt bort strålkastartorkar-armarna enligt beskrivningen i kapitel 12.

5 På modeller från och med 2002, ta bort batterikåpan och strålkastarna enligt beskrivningen i kapitel 12.

6 Arbeta genom strålkastaröppningarna och lossa de två skruvarna som fäster den främre stötfångaren i tvärbalken. Observera styrsprintarna. Lossa också de två skruvarna nära signalhornen **(se bild)**.

7 På modeller från och med 2002, ta om tillämpligt bort spolarmunstyckena med två små skruvmejslar, som du använder för att lossa klämmorna. Sätt tillbaka klämmorna efter demonteringen.

8 Arbeta genom åtkomsthålen och lossa muttrarna som fäster den främre stötfångaren i framskärmarna **(se bild)**.

9 Arbeta under hjulhusen på vardera sidan och lossa skruvarna som fäster innerskärmarna i den främre stötfångaren **(se bild)**.

10 Arbeta under framvagnen och lossa skruvarna som fäster stänkskyddet i den främre stötfångaren och kryssrambalken.

11 Koppla loss kablaget från de främre dimljusen och den externa temperaturgivaren i den främre stötfångaren. Om du vill kan du ta bort givaren helt **(se bild)**.

12 Ta hjälp av en annan person och lossa den främre stötfångarens yttre hörn från framskärmarna och hjulhusens innerskärmar. Dra sedan bort stötfångaren från tvärbalken.

13 Om du byter ut stötfångaren, ta bort spoilern, registreringsskylten, dimljusen och den nedre grillen, efter tillämplighet, och använd dem till den nya stötfångaren.

Montering

14 Se till att fästflikarna på tvärbalken är oskadade och inte böjda.

15 Ta hjälp av en annan person och sätt stötfångaren på tvärbalken. Kontrollera att strålkastarnas torkarbladsspindlar och spolarrören är i rätt position och att stötfångarens styrsprintar är införda i hålen i bygeln **(se bilder)**.

16 Tryck stötfångaren på plats och fäst de yttre hörnen. Se till att metallförstärkningarna är införda mellan framskärmarna och hjulhusens innerskärmar.

17 Placera stötfångarskalet över hjulhusens innerskärmar och montera sedan skruvarna som fäster innerskärmarna. Dra åt skruvarna.

18 Anslut kablaget till de främre dimljusen och den externa temperaturgivaren.

19 Montera stänkskyddet på stötfångarens nedre kant och kryssrambalk.

20 Montera och dra åt muttrarna som fäster den främre stötfångaren i framskärmarna.

21 På modeller från och med 2002, montera spolarmunstyckena.

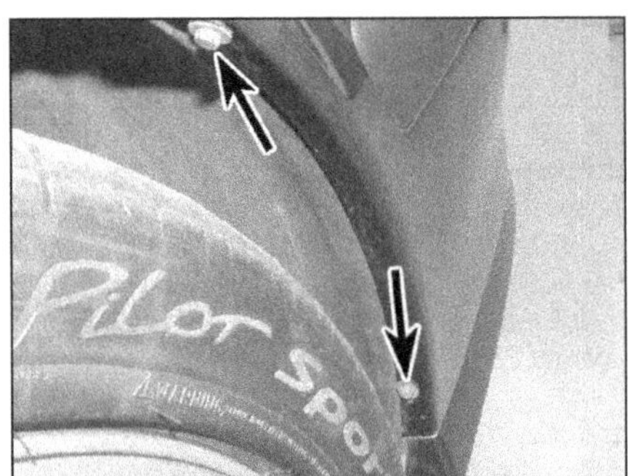

6.9 Skruvar som fäster hjulhusens innerskärmar vid den främre stötfångaren

6.11 Den externa temperaturgivaren tas bort från den främre stötfångaren

22 Sätt i och dra åt skruvarna som fäster den främre stötfångaren i tvärbalken.
23 På modeller från och med 2002, montera strålkastarna enligt beskrivningen i kapitel 12. Sätt även tillbaka batterikåpan.
24 Montera strålkastartorkararmarna och de främre blinkerslamporna enligt beskrivningen i kapitel 12. Se till att blinkerslamporna fästs korrekt i strålkastarna.
25 Montera kylargrillen (se avsnitt 8) och sänk ner bilen.

7 Bakre stötfångare - demontering och montering

Demontering

1 Med bakluckan öppen, lossa gummitätningsremsorna och dra undan mattan från bagageutrymmets bakre ände, så att du kommer åt fästbultarna för stötfångaren.

Sedanmodeller

2 På modeller med släpvagnskoppling, skruva loss hörnpanelerna som sitter under bakljusarmaturerna.
3 På modeller från och med 2002, lossa skruvarna och ta bort den bakre listskyddsplåten.

Kombimodeller

4 Ta bort förvaringsfacken och isoleringskuddarna **(se bilder)**.
5 På modeller med släpvagnskoppling, ta bort stötfångarens övre skal och bakljus-

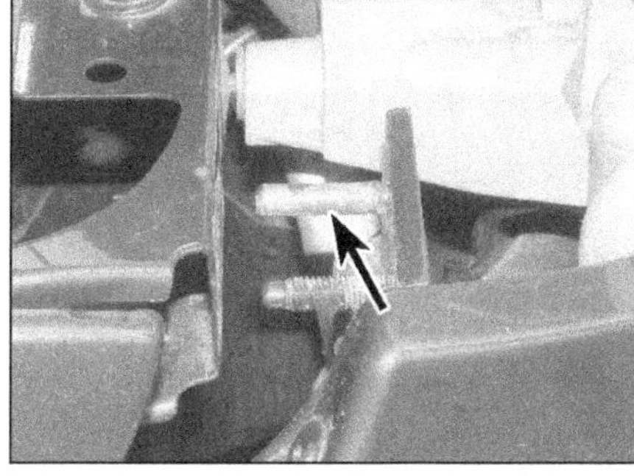
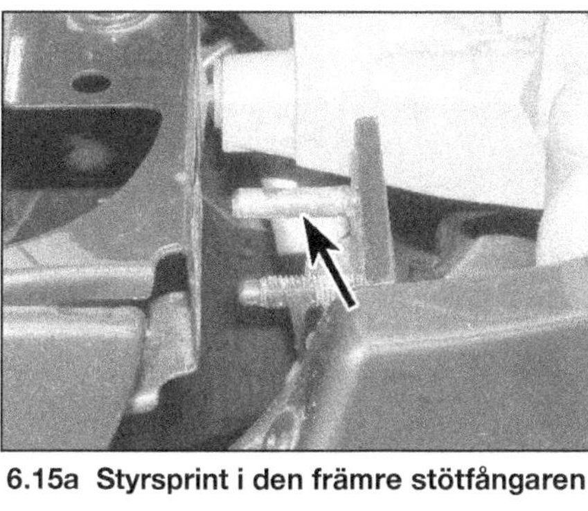
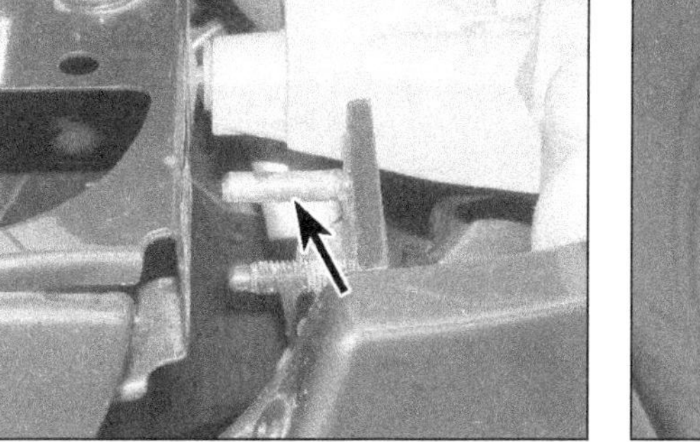

6.15a Styrsprint i den främre stötfångaren

6.15b Se till att spolarrören sitter korrekt

armaturerna. Koppla loss kablaget till släpvagnskopplingen och skruva loss bultarna som fäster släpvagnskopplingen i underredet.

Alla modeller

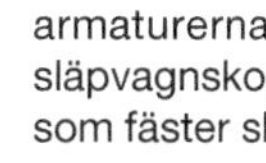
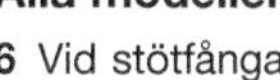
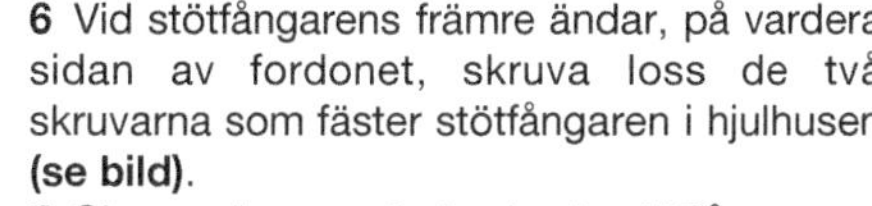

6 Vid stötfångarens främre ändar, på vardera sidan av fordonet, skruva loss de två skruvarna som fäster stötfångaren i hjulhusen **(se bild)**.
7 Skruva loss och ta bort stötfångarens fästmuttrar på den bakre listen **(se bild)**.
8 Ta hjälp av en annan person och dra stötfångaren bakåt samtidigt som den lossas från sidofästena. Var noga med att inte repa lacken. Om så är tillämpligt, koppla loss kablaget från parkeringshjälpsystemet (SPA) **(se bilder)**.

Montering

9 Montering utförs i omvänd ordningsföljd. Dra åt alla muttrar och bultar till angivet moment. Se till att stötfångaren fästs ordentligt i sidofästena.

8 Kylargrill - demontering och montering

Modeller före 2002

Demontering

1 Med motorhuven öppen, skruva loss centrumsprintarna/skruvarna och bänd försiktigt loss de övre hållarna **(se bilder på nästa sida)**.
2 Lyft av grillen från de nedre hålen **(se bild på nästa sida)**.

Montering

3 Placera grillen i de nedre hålen.

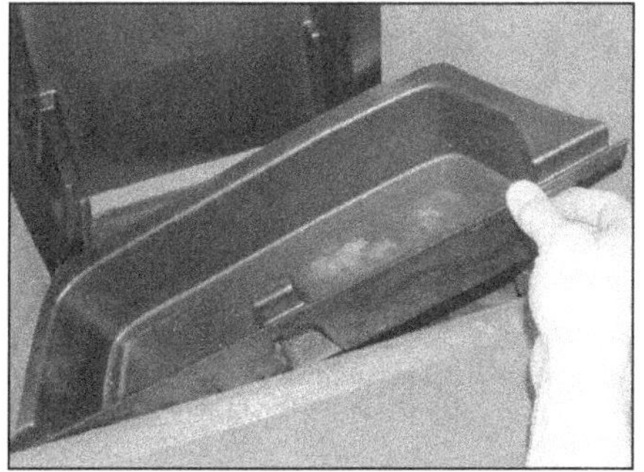

7.4a På kombimodellen, ta bort förvaringsfacken . . .

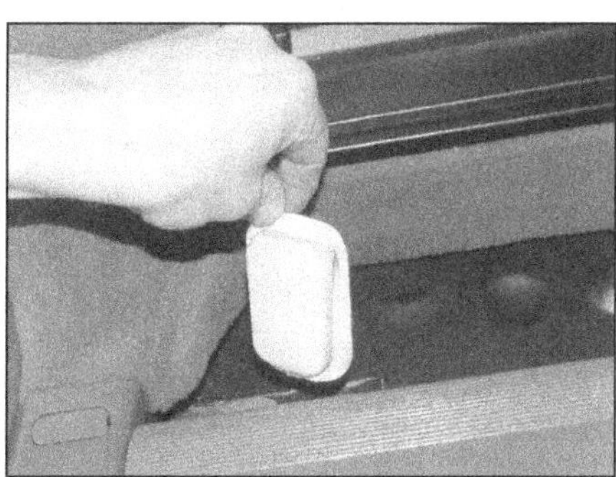

7.4b . . . och isoleringskuddarna

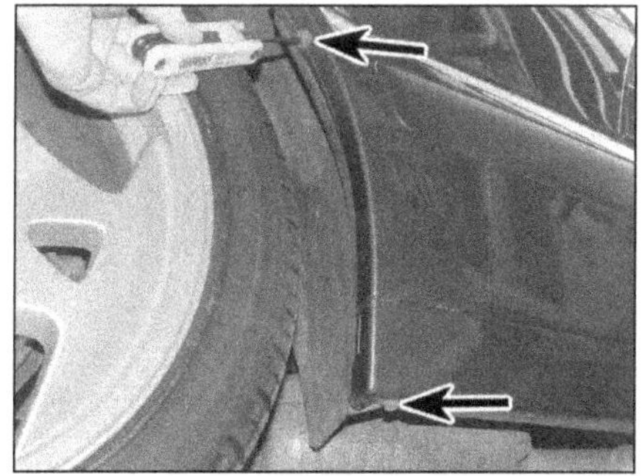

7.6 Skruva loss de främre fästskruvarna . . .

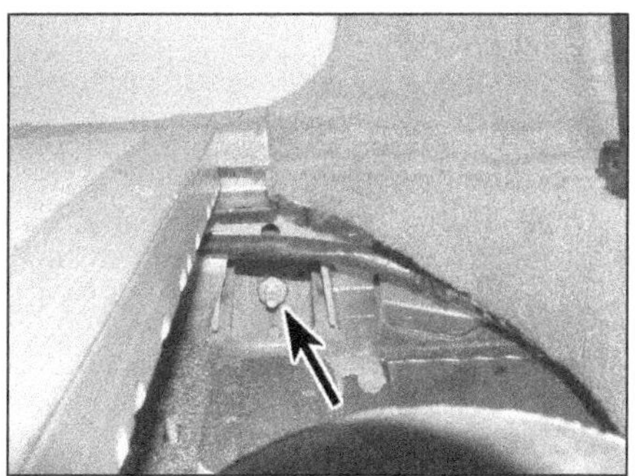

7.7 . . . skruva sedan loss fästmuttrarna från den bakre listen

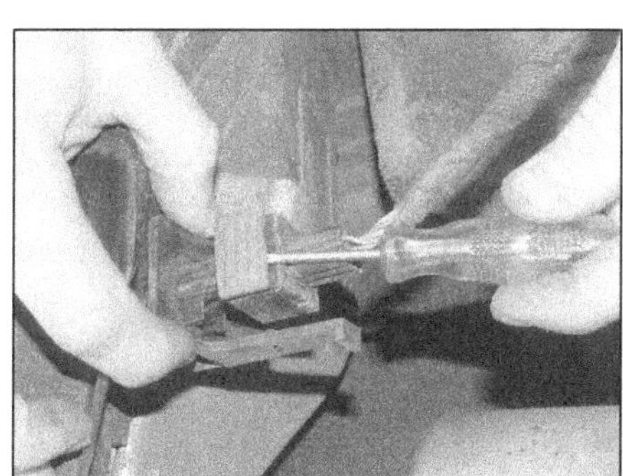

7.8a Bänd upp låset . . .

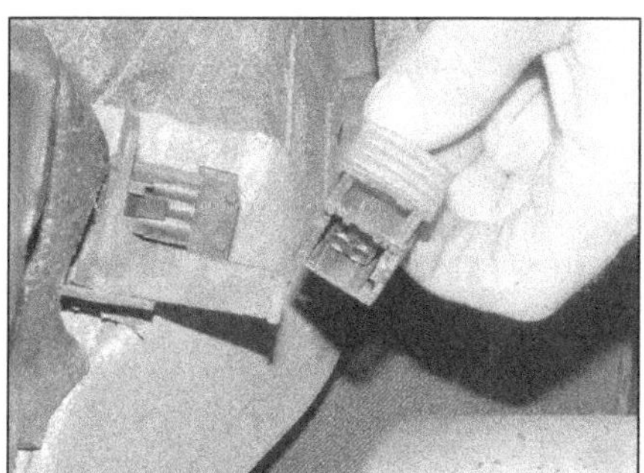

7.8b . . . och koppla loss kablaget till SPA-systemet

8.1a Skruva loss centrumsprintarna . . .

8.1b . . . och bänd ut hållarna . . .

8.2 . . . lyft sedan kylargrillen från de nedre hålen

4 Sätt i de övre hållarna och fäst grillen genom att trycka in centrumsprintarna eller skruva i skruvarna.

Modeller från och med 2002

Demontering

5 Ta bort centergrillen genom att öppna motorhuven, lyfta centergrillen så att den nedre kanten lossnar och dra grillen framåt och nedåt, så att de övre fjäderklämmorna lossnar **(se bild)**.

6 För att ta bort sidogrillarna, sträck in handen genom centergrillens öppning och böj upp de nedre klämmorna. Grillarna kan nu dras bort **(se bild)**.

7 För att ta bort den nedre grillen, lägg först i handbromsen, lyft upp framvagnen och ställ den på pallbockar (se *Lyftning och stödpunkter*). Ta bort stänkskyddet från kylarens undersida och demontera den externa temperaturgivaren. Tryck ner klämmorna med en skruvmejsel och dra försiktigt bort grillen.

Montering

8 Monteringen utförs i omvänd ordningsföljd mot demonteringen.

9 Motorhuv, stödben och gångjärn - demontering och montering

Motorhuv

Demontering

1 Stötta motorhuven i öppet läge och placera trasor eller kartongbitar mellan motorhuvens bakre kant och vindrutan.

2 Lossa ljudisoleringen och koppla loss spolarröret vid anslutningen. Lossa och ta bort rören från motorhuvens gångjärn.

3 Använd en penna och märk ut gångjärnens placering på motorhuven.

4 Ta hjälp av en annan person. Stötta motorhuvens båda sidor och koppla loss de gasfyllda stödbenen genom att bända ut de speciella fjädrarna. Sänk ner stödbenen på innerskärmarna.

5 Skruva loss fästmuttrarna och ta försiktigt bort motorhuven från gångjärnen. Lägg motorhuven åt sidan på en säker plats. Var försiktig så att inte lacken skadas. Observera att du bara behöver lossa de övre gångjärnsbultarna, eftersom bulthålet är öppet i ena änden.

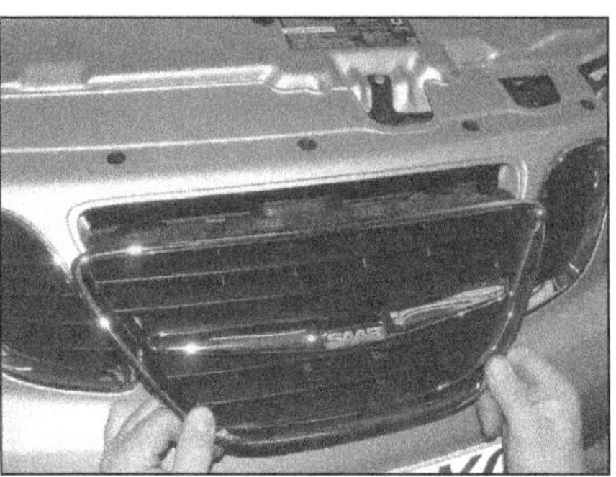

8.5 Den mittre grillen tas bort (årsmodell 2002 och senare)

6 Om det är aktuellt, ta bort tätningslisten, ljudisoleringen och spolarmunstyckena från den gamla motorhuven och montera dem på den nya.

Montering

7 Monteringen utförs i omvänd ordningsföljd mot demonteringen. Sänk ner motorhuven försiktigt första gången den stängs, och kontrollera att låsspärren är i linje med låset. Kontrollera också att motorhuven är placerad mitt emellan framskärmarna. Om det behövs, lossa bultarna och flytta motorhuven innan den stängs. Avsluta med att dra åt bultarna. Kontrollera att motorhuvens främre del är i nivå med framskärmarna. Om så behövs, skruva i eller ur gummistoppen i motorrummets främre hörn. Du kan också behöva justera de två spärrarna på motorhuvens undersida. Höjden i bakkant justerar du genom att lossa bultarna som fäster gångjärnen i karossen.

Stödben

Demontering

8 Öppna motorhuven. Om bara ett stödben ska demonteras kommer det återstående stödbenet att hålla upp motorhuven, men om båda ska demonteras måste en medhjälpare hålla upp huven. Alternativt, använd en träribba för att hålla upp motorhuven.

8.6 En sidogrill tas bort (årsmodell 2002 och senare)

9 Bänd loss fjäderklämman längst upp på stödbenet och lossa benet från kulstiftet.

10 Koppla loss stödbenets nedre ände från det nedre kulstiftet genom att bända loss fjäderklämman.

Montering

11 Montering utförs i omvänd ordning mot demonteringen.

Gångjärn

Demontering

12 Demontera motorhuven enligt beskrivningen tidigare i detta avsnitt.

13 Markera gångjärnets plats på karossen med en penna. Skruva därefter loss bultarna och ta bort gångjärnet.

Montering

14 Monteringen utförs i omvänd ordning mot demonteringen, men dra åt bultarna ordentligt och justera motorhuven enligt den tidigare beskrivningen.

10 Motorhuvens öppningshandtag och vajer - demontering och montering

Demontering

1 Öppna motorhuven och ta bort kylargrillen enligt beskrivningen i avsnitt 8.

2 Lossa klämskruvarna från tvärbalken och lossa vajerhöljet till huvudvajern och mellanvajern.

3 Lossa stoppskruvarna i innervajerns ände från båda låsen och dra ut vajern från låsfjäderöglorna. Om så önskas kan de borttagna delarna fästas i vajern igen, och ändstoppskruvarna dras åt.

4 Ta bort torkararmarna till vindrutan (se kapitel 12) och ta bort gummitätningarna från spindlarna.

5 Dra loss tätningslisten baktill i motorrummet, skruva loss skruvarna och ta bort ventilkåpan genom att lyfta den i framkanten och dra loss den från de bakre fästklämmorna.

6 Inne i bilen, ta bort den nedre panelen från instrumentbrädan på förarsidan, så att du kommer åt öppningshandtaget **(se bild)**.

7 Ta bort sparkplåten från den inre tröskelpanelen i fotbrunnen på förarsidan och vik undan mattan.

8 Tryck in öppningshandtagets hållare upptill och nedtill och lossa handtaget genom att dra det bakåt.

9 Dra in handtaget och vajern i passagerarutrymmet och ta bort dem från bilen. För att underlätta återmonteringen, knyt ett snöre runt vajerns främre ände och låt det sitta kvar till återmonteringen. Linda tejp runt vajerns vassa ändar så att den inte fastnar.

Montering

10 Montering utförs i omvänd ordning mot demonteringen. Justera ändstoppen så att det finns ca 1,0 mm utrymme mellan stoppet och returfjädern.

11 Stäng motorhuven och kontrollera att vajern styr låsfjädrarna korrekt.

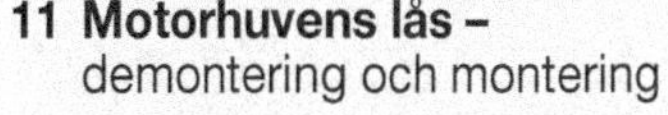

11 Motorhuvens lås - demontering och montering

Demontering

1 Öppna motorhuven och ta bort kylargrillen enligt beskrivningen i avsnitt 8.

2 Lossa stoppskruvarna i innervajerns ändar från båda låsen och dra ut vajern tills den löper ut ur låsfjäderöglorna.

3 Skruva loss fästbultarna och ta bort motorhuvslåset/låsen från tvärbalken.

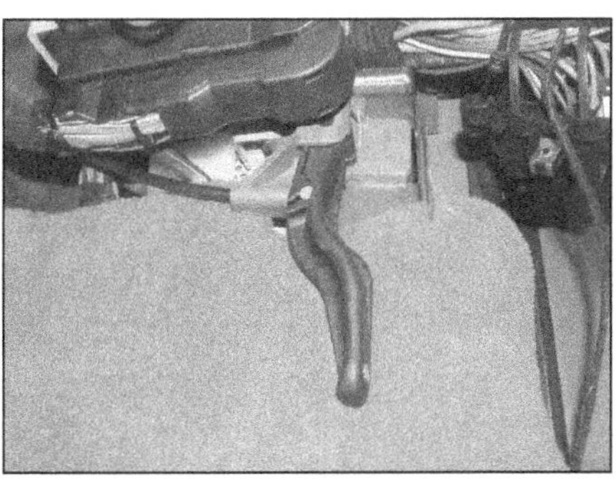

10.6 Motorhuvens öppningshandtag och vajer

Montering

4 Montering utförs i omvänd ordning mot demonteringen. Justera ändstoppen så att det finns ca 1,0 mm utrymme mellan stoppet och returfjädern. Smörj fjäderkontakterna med lite fett.

12 Dörrar - demontering, montering och justering

Fram

Demontering

1 Innan du tar bort dörren, kontrollera gapet mellan dörren och den omgivande karossen när dörren är stängd. Du kan justera gångjärnen på A-stolpen när dörren är borttagen, men inte när dörren är monterad. På samma sätt är det bäst att justera dörrens framkant i förhållande till framskärmen medan dörren är borttagen.

2 Öppna dörren och bänd ut gummimuffen. Koppla loss kablaget mellan dörren och A-stolpen.

3 Skruva loss dörrstoppet från A-stolpen **(se bild)**.

4 Markera gångjärnsplattornas positioner på A-stolpens gångjärnsfästen.

5 Ta hjälp av en annan person och skruva först loss den nedre fästbulten, sedan den övre. Dra bort dörren från A-stolpens gångjärnsfästen **(se bild)**. Var noga med att inte skada lacken.

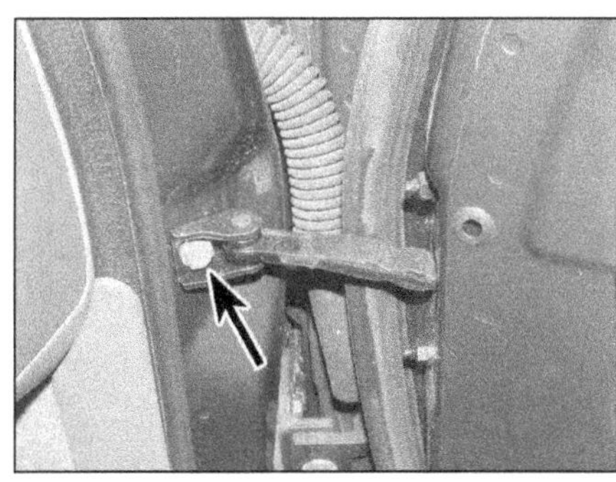

12.3 Fästbult till framdörrens dörrstopp

Montering och justering

6 Montering utförs i omvänd ordningsföljd mot demonteringen. Kontrollera att gapet mellan dörren och omgivande kaross är lika runt om när dörren är stängd. Ta bort dörren och justera om det behövs. Observera att det är möjligt att justera dörrens framkant i förhållande till framskärmen med dörren monterad, men framskärmen måste då tas bort. Justera dörren i höjd- eller sidled genom att lossa gångjärnsfästbultarna från A-stolpen (tre bultar per gångjärn). Om du vill justera läget på dörrens framkant, lossa muttrarna som fäster gångjärnsplattorna i gångjärnsfästena. Dra åt alla muttrar och bultar till angivet moment där sådant anges.

7 Vid mindre justeringar kan du ta bort hylsorna från muttrarna som fäster gångjärnsplattorna i fästena. Öppna dörren, skruva loss muttrarna och ta bort hylsorna. Sätt sedan tillbaka muttrarna, justera dörrens läge och dra åt muttrarna igen.

8 Kontrollera att dörrlåsets position i förhållande till låskolven på B-stolpen är korrekt när dörren stängs. Justera vid behov låskolven genom att lossa de två skruvarna **(se bild)**. Lossa inte skruvarna helt, eftersom distansplattan då faller ner inuti B-stolpen.

Bak

Demontering

9 Öppna framdörren så att du kommer åt gummigenomföringen för bakdörrens kabelhärva i B-stolpen. Ta bort gummigenomföringen och koppla loss kablaget **(se bild)**.

12.5 Bult till dörrens gångjärn

12.8 Framdörrens låskolv på B-stolpen

12.9 Kablaget från bakdörren kopplas loss vid B-stolpen

12.10 Fästbult till bakdörrens dörrstopp på B-stolpen

12.12 Bult till bakdörrens övre gångjärnsplatta

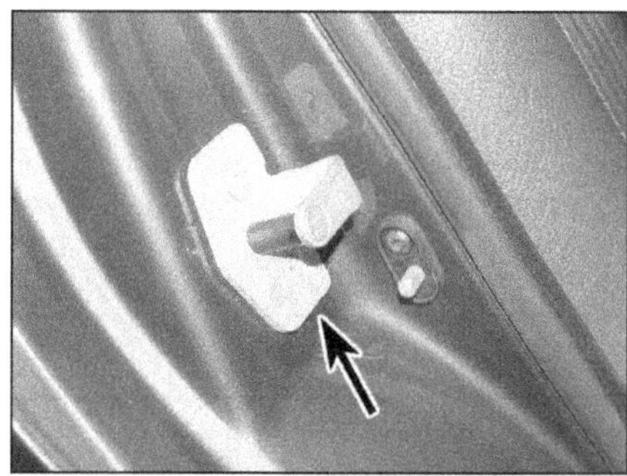

12.14 Bakdörrens låskolv på C-stolpen

10 Öppna bakdörren och skruva loss dörrstoppet från B-stolpen **(se bild)**.

11 Markera gångjärnsplattornas positioner på B-stolpens gångjärnsfästen.

12 Ta hjälp av en annan person och skruva först loss den nedre fästbulten, sedan den övre. Dra bort dörren från B-stolpens gångjärnsfästen **(se bild)**. Var noga med att inte skada lacken.

Montering och justering

13 Montering utförs i omvänd ordning mot demonteringen. Kontrollera att gapet mellan dörren och omgivande kaross är jämnt när dörren är stängd. Justera dörren i höjd- eller sidled genom att lossa gångjärnens fästbultar från B-stolpen (två övre och tre nedre bultar). Om du vill justera läget på dörrens framkant, lossa muttrarna som fäster gångjärnsplattorna i gångjärnsfästena. Dra åt alla muttrar och bultar till angivet moment om sådana anges.

14 Kontrollera att dörrlåsets position i förhållande till låskolven på C-stolpen är korrekt när dörren stängs **(se bild)**. Justera vid behov låskolven genom att lossa de två skruvarna. Lossa inte skruvarna helt, eftersom distansplattan då faller ner inuti C-stolpen.

13 Dörrens inre klädselpanel – demontering och montering

Framdörr

Demontering

1 Bänd försiktigt loss den böjda klädselpanelen från dörrens övre del (runt fönsteröppningen) med en bred spårskruvmejsel. Det kan hända att klämmorna dras ut ur metallramen. Ta då loss dem från klädselpanelen och tryck tillbaka dem på plats.

2 Koppla loss backspegelns kontakt och ta bort den böjda klädselpanelen.

3 Bänd ut täcklocket, skruva loss skruven och ta bort dörröppningshandtaget och lossa det från stången **(se bilder)**.

4 Bänd ut de små plastkåporna, skruva loss skruvarna och ta bort dörrhandtaget **(se bilder)**.

5 Bänd försiktigt ut klämmorna med en bred spårskruvmejsel och lossa klädselpanelen från dörren **(se bild)**. Var noga med att inte skada klädselpanelen eller klamrarna, bänd så nära klamrarnas placeringar som möjligt.

6 När klamrarna är borttagna, lyft klädselpanelen uppåt över låsknappen.

7 Koppla loss kablaget och lossa dörrlampan från klädselpanelens nedre ände **(se bild)**. Koppla också loss kablaget från fönsterhissbrytaren.

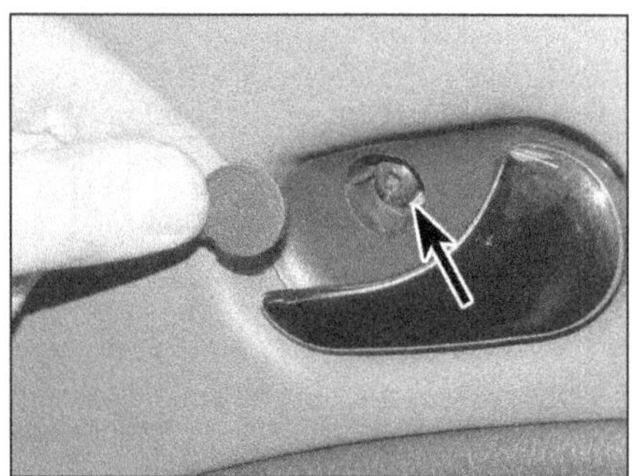

13.3a Bänd ut kåpan och skruva loss skruven . . .

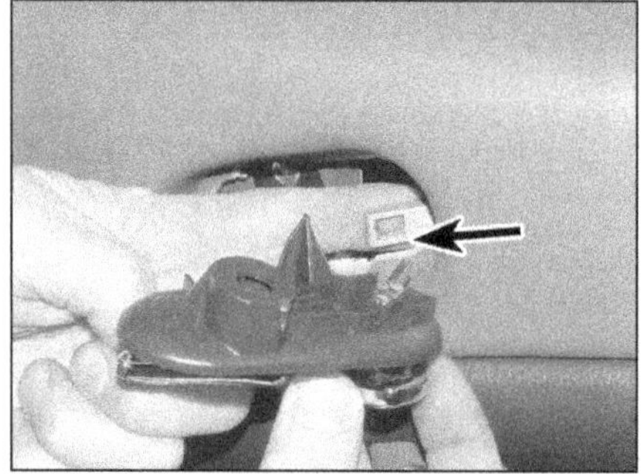

13.3b . . . lossa sedan innerhandtaget

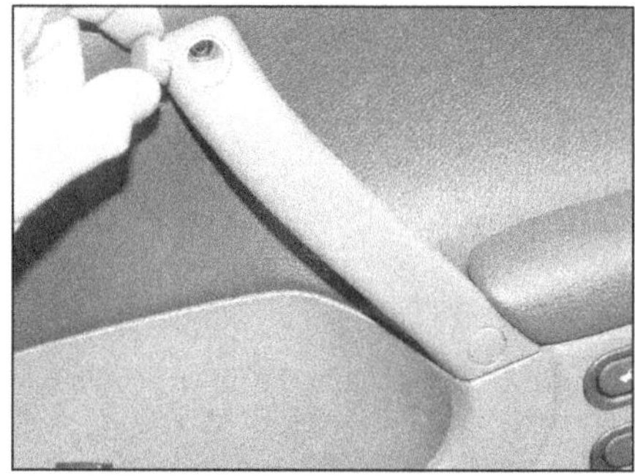

13.4a Bänd ut plastkåporna . . .

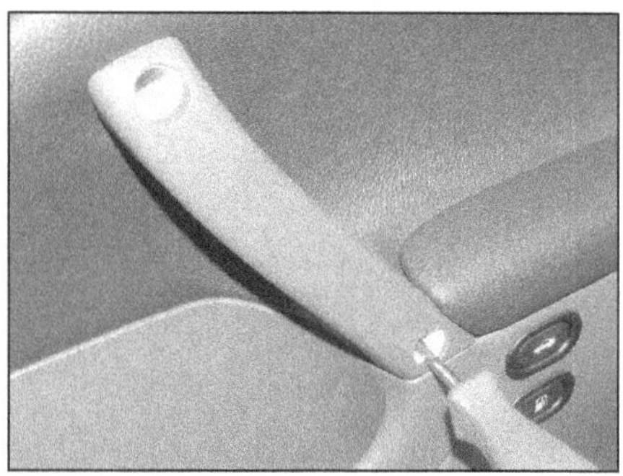

13.4b . . . och skruva loss fästskruvarna så att du kan ta bort dörrhandtaget

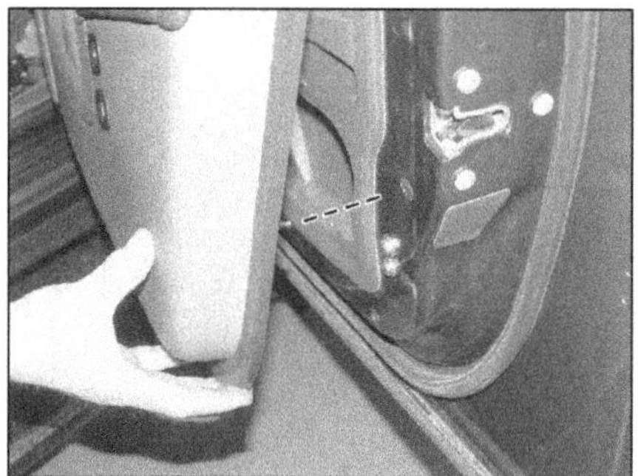

13.5 Ta bort klädselpanelen från dörren

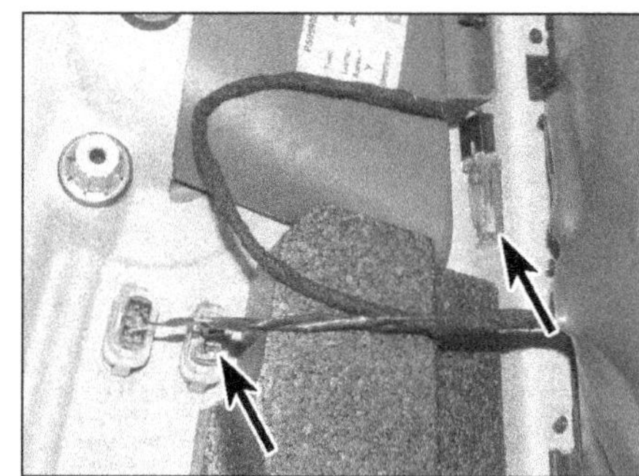

13.7 Koppla loss kablarna från klädselpanelen

13.10 Ta bort den böjda klädselpanelen

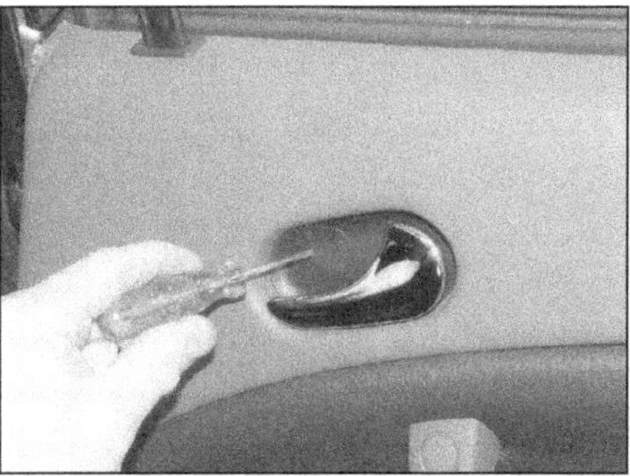
13.11a Bänd ut plastkåpan . . .

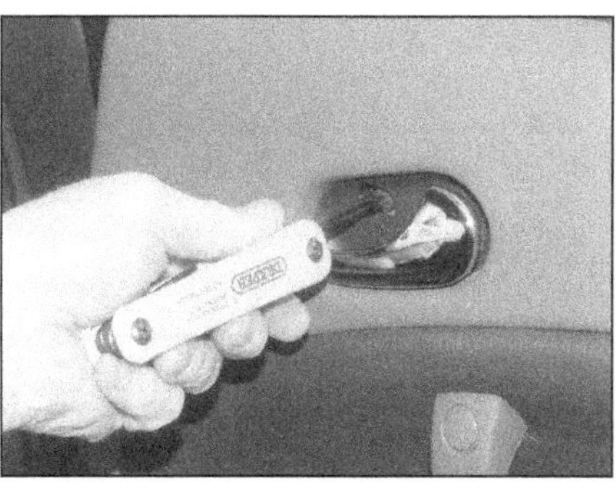
13.11b . . . skruva loss skruven . . .

8 Om så behövs, dra försiktigt bort vattenskyddsmembranet från dörrens insida.

Montering

9 Montering utförs i omvänd ordning.

Bakdörr

Demontering

10 Bänd försiktigt loss den böjda klädselpanelen från dörrens övre del (runt fönsteröppningen) med en bred spårskruvmejsel **(se bild)**. Det kan hända att klämmorna dras ut ur metallramen. Ta i så fall bort dem från klädselpanelen och tryck tillbaka dem på plats.

11 Bänd ut den lilla plastkåpan, skruva loss skruven och ta bort öppningshandtaget och lossa det från stången **(se bilder)**.

12 Bänd ut de små plastkåporna, skruva loss skruvarna och ta bort dörrhandtaget **(se bilder)**.

13 Bänd försiktigt ut klämmorna som fäster klädselpanelen i dörren med en bred spårskruvmejsel **(se bild)**. Var noga med att inte skada klädselpanelen eller klämmorna, bänd så nära klämmornas placeringar som möjligt.

14 När klämmorna är lossade, lyft klädselpanelen uppåt över låsknappen **(se bild)**.

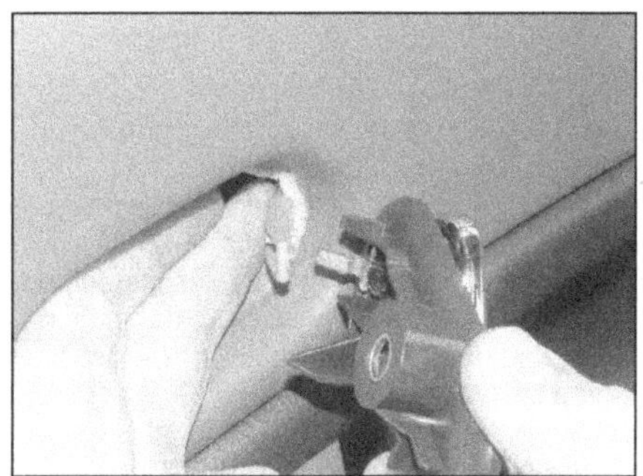
13.11c . . . haka sedan loss dörrens öppningshandtag

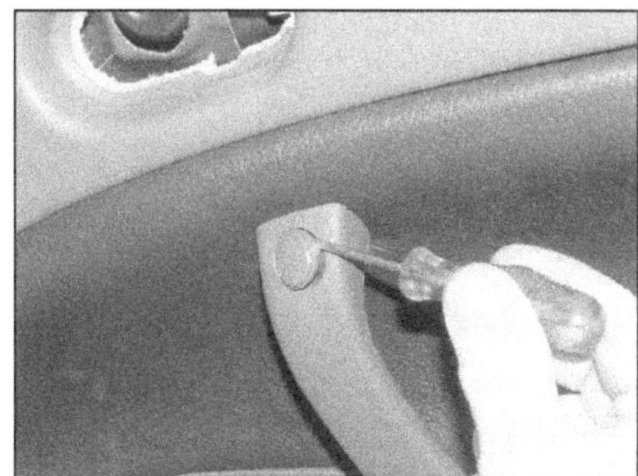
13.12a Bänd ut plastkåporna . . .

15 Koppla loss kablaget från fönsterhisskontakten och kupélampan. Om det behövs tar du bort kontakten och kupélampan från klädselpanelen **(se bilder)**.

16 Om det behövs, skär försiktigt loss vattenskyddsmembranet från dörrens insida **(se bild)**.

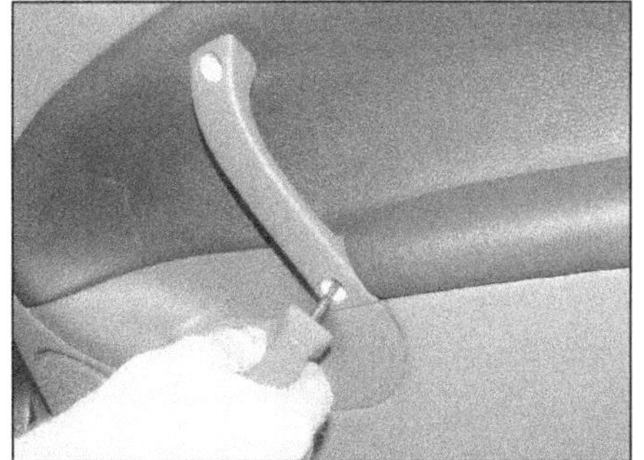
13.12b . . . och skruva loss dörrhandtagets fästskruvar

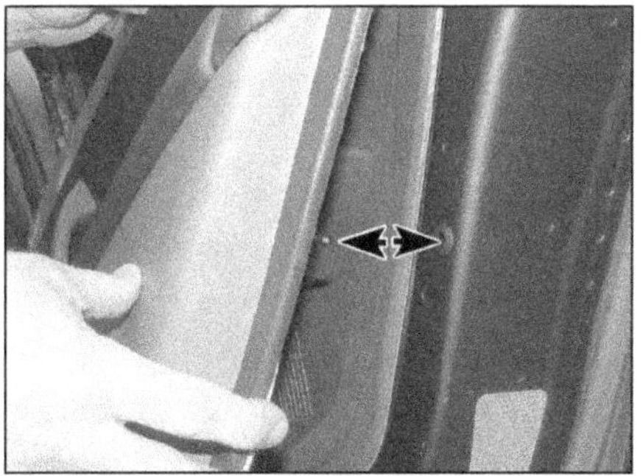
13.13 Lossa klädselpanelen från bakdörren

13.14 Ta bort klädselpanelen från bakdörren

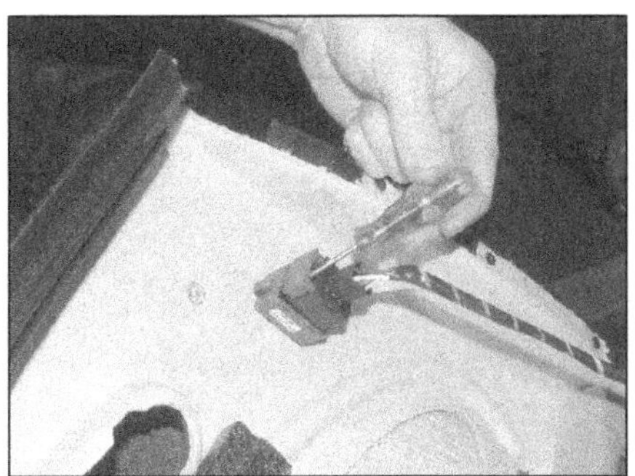
13.15a Koppla loss kablarna från fönsterhisskontakten . . .

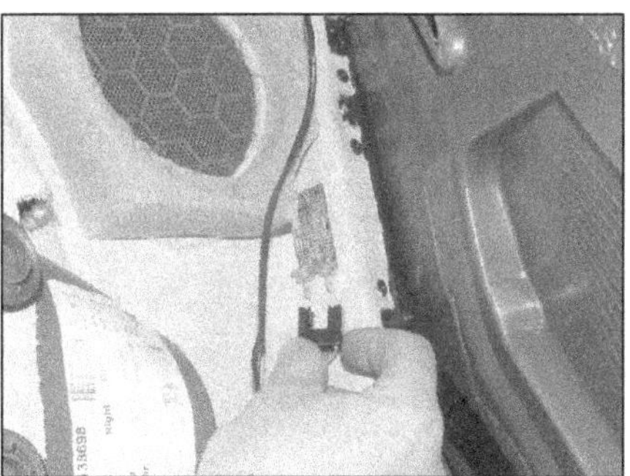
13.15b . . . och kupélampan

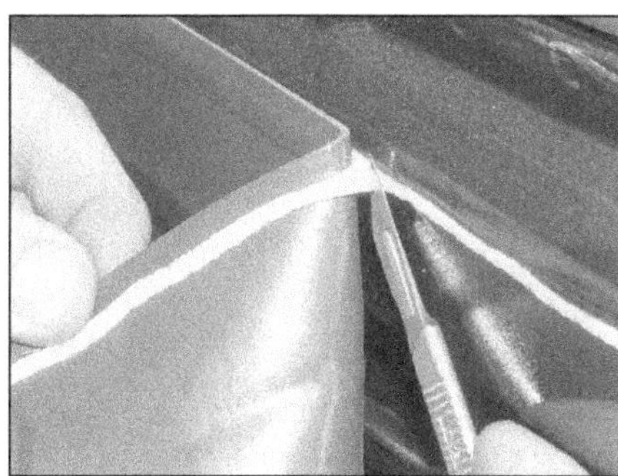
13.16 Skär loss vattenskyddsmembranet från dörrens insida

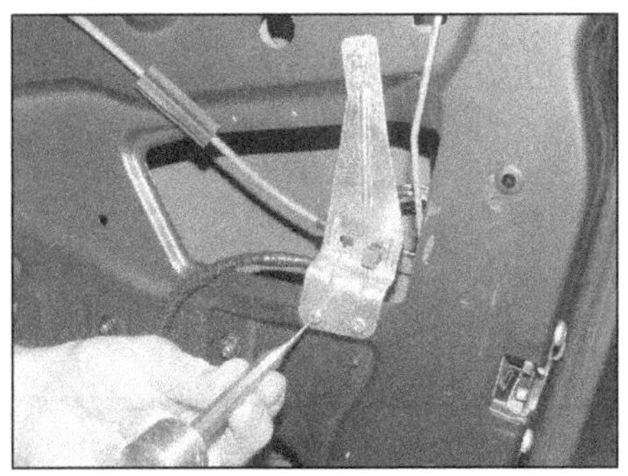
14.8a Tryck ut återstoden av nitarnas mittstift . . .

14.8b . . . borra bort nitarna . . .

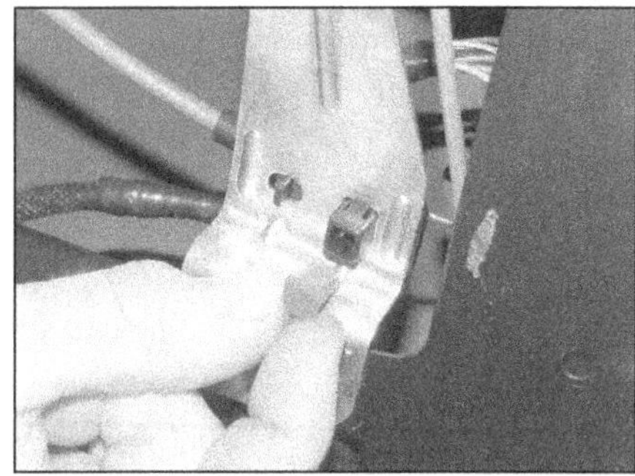
14.8c . . . ta loss vajern . . .

Montering

17 Montering utförs i omvänd ordning.

14 Dörrhandtag och låskomponenter - demontering och montering

Inre dörrhandtag

1 Bänd bort den lilla plastkåpan från det inre dörröppningshandtaget, skruva sedan loss skruven och ta loss handtaget från stången.

2 Montering utförs i omvänd ordning.

Framdörrens lås

3 Öppna fönstret och ta bort klädselpanelen och vattenskyddsmembranet enligt beskrivningen i avsnitt 13.

4 Lossa fästskruvarna till den yttre backspegeln något, så att du kan lossa den främre delen av den yttre tätningsremsan. Skruva sedan loss skruven från dess bakre ände och dra loss tätningsremsan från dörren.

5 Hissa ner fönstret så att du ser glasrutans nedre kanal i den stora invändiga öppningen i dörrpanelen. Fäst/stötta glasrutan i det här läget med tejp, samtidigt som du kopplar loss fönsterhissarmarna från den nedre kanalen.

6 Koppla loss fönsterhissarmarna från valsarna i rutans nedre kanal, genom att dra bort klämmorna och sedan bända ut armarna med en bred spårskruvmejsel. Sätt skruvmejseln nära kulan, mellan armen och kanalen, så att armen inte deformeras.

7 Lyft försiktigt upp och tippa glasrutan i bakkant och dra bort den från utsidan av dörren. Lägg rutan på en säker plats.

8 Stödfästet till fönsterhissens vajer måste nu tas bort. Driv ut det som är kvar av nitarnas mittstift, borra sedan bort nitarna och ta bort fästet. Lossa vajern och haka loss den från låset **(se bilder)**.

9 Skruva loss muttern och bulten från skyddsplåten. Skruva sedan loss skruvarna som fäster den nedre delen av rutans bakre kanal i dörren, dra kanalen framåt och dra ut skyddsplåten **(se bilder)**.

11 Skruva loss låsets fästskruvar från dörrens bakre kant, tippa låset och lossa dragstängerna. Koppla samtidigt lossa det yttre handtagets tryckstång **(se bilder)**.

12 Koppla loss kablaget och dra bort dörrlåset från dörren **(se bilder)**. Ta bort låsets tätning.

13 Montering utförs i omvänd ordning mot

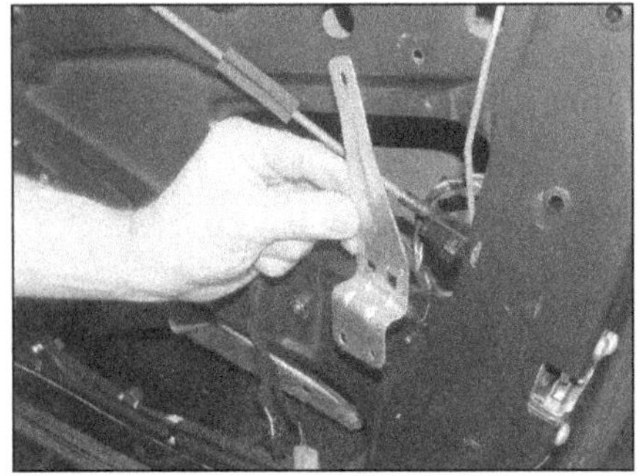
14.8d . . . ta bort fästet . . .

14.8e . . . och haka loss vajern från låset

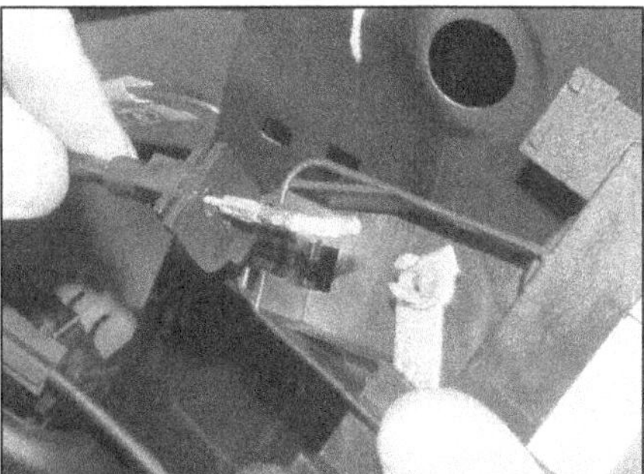
14.9a Skruva loss muttern och bulten som håller fast skyddsplåten . . .

14.9b . . . och skruva loss fästbultarna till rutans bakre kanal . . .

14.9c . . . och ta bort skyddsplåten

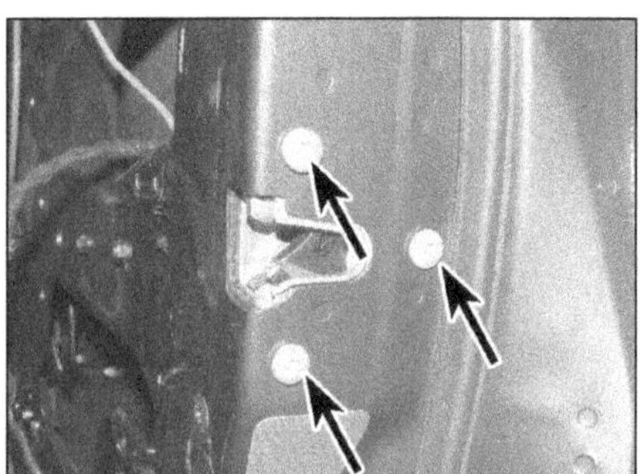
14.11a Skruva loss låsets fästskruvar . . .

14.11b . . . koppla sedan loss dragstängerna . . .

14.11c . . . och ytterhandtagets tryckstång

14.12a Koppla loss kablaget . . .

demonteringen. Stryk lite fett på hissvalsarna och kanalen innan du fäster klämmorna i valsarna. När klämmorna är monterade, tryck in armarnas kulor helt i valsarna tills du hör dem snäppa på plats. Innan du monterar dörrklädseln, kontrollera att låset fungerar korrekt. Fäst vajerns stödfäste med nya nitar.

Bakdörrens lås

14 Ta bort dörrklädseln och det vattentäta membranet enligt beskrivningen i avsnitt 13.

15 Skruva loss låsets fästskruvar från dörrens bakkant **(se bild)**.

16 Lossa låsknoppen och innerhandtagets vajrar från stödklämmorna **(se bilder)**.

17 Haka loss det yttre dörrhandtagets låsstång från låset. Dra sedan ut låset genom öppningen på dörrens insida **(se bild)**.

18 Koppla loss kablaget från låset **(se bild)**.

14.12b . . . och ta bort dörrlåset

19 Haka loss låsknoppens manövervajer. Haka loss det invändiga handtagets manövervajer från låset **(se bilder)**.

20 Montering utförs i omvänd ordning mot demonteringen.

14.15 Skruva loss bakdörrslåsets fästskruvar

Yttre dörrhandtag

21 Demontera dörrlåset enligt beskrivningen tidigare i detta avsnitt.

22 Sträck in handen i dörrens innerpanel,

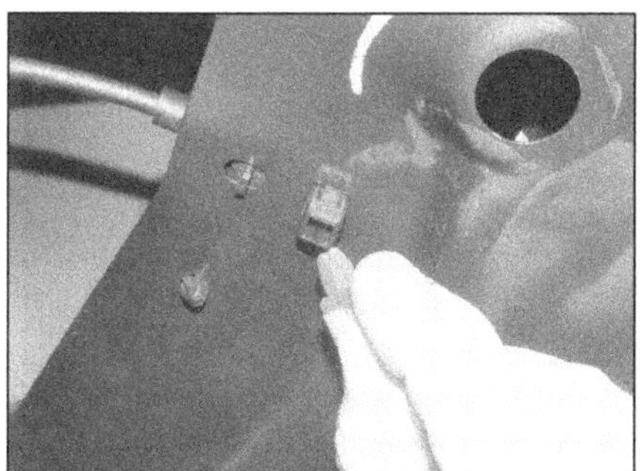
14.16a Lossa klämmorna . . .

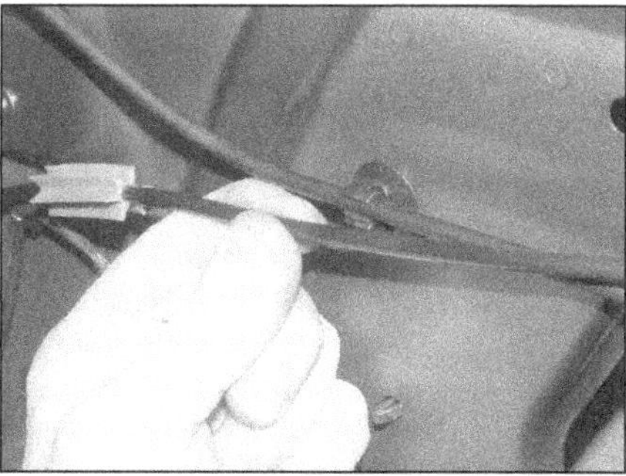
14.16b . . . och lossa vajrarna

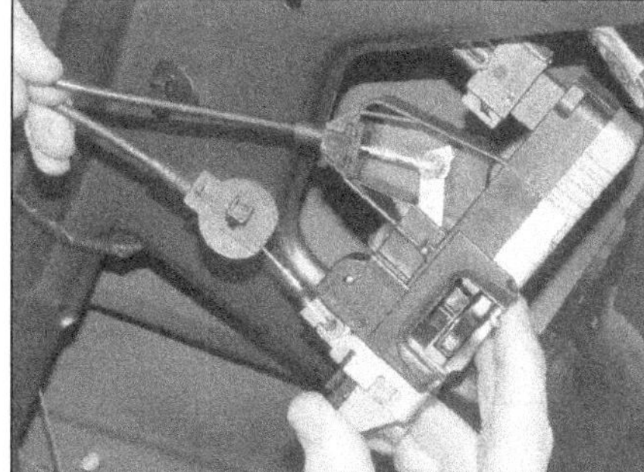
14.17 Dra bort bakdörrens lås . . .

14.18 . . . och koppla loss kablaget

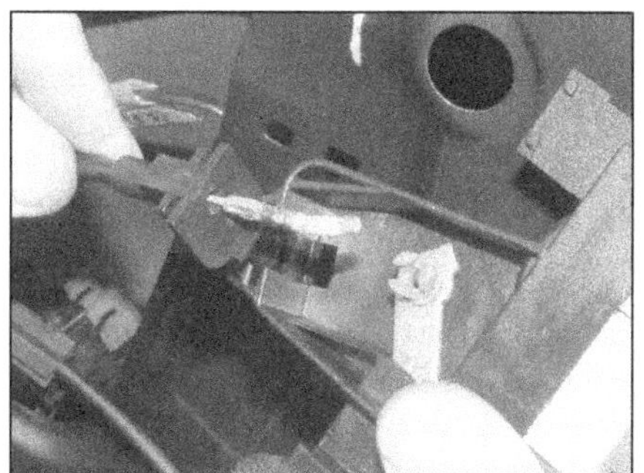
14.19a Haka loss låsknoppens manövervajer . . .

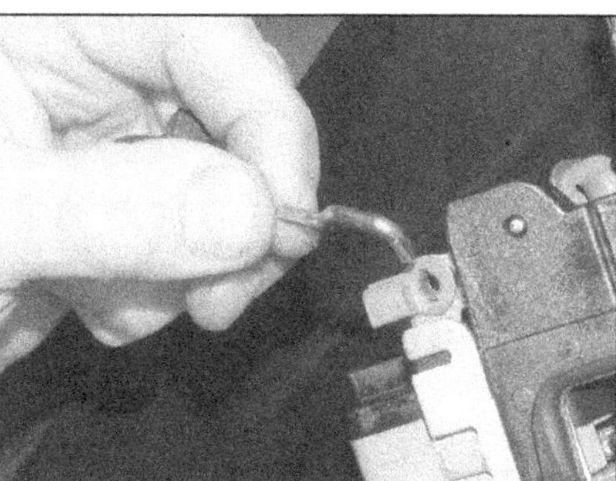
14.19b . . . och manövervajern till det inre dörrhandtaget

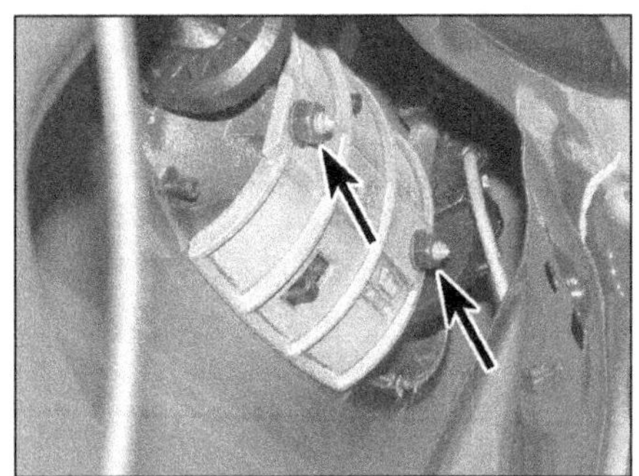
14.22a Skruva loss muttrarna . . .

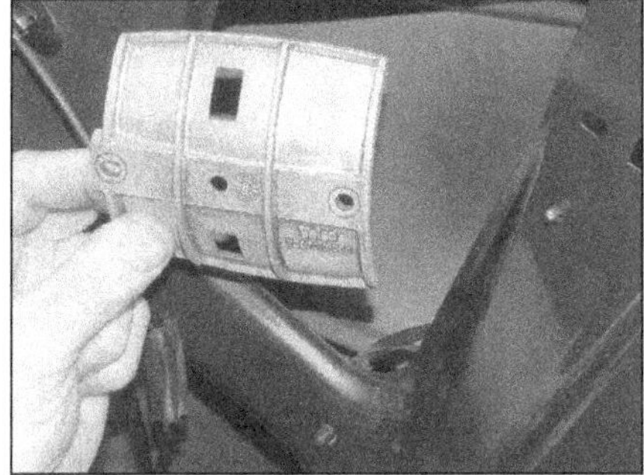
14.22b . . . och ta bort skyddsplåten

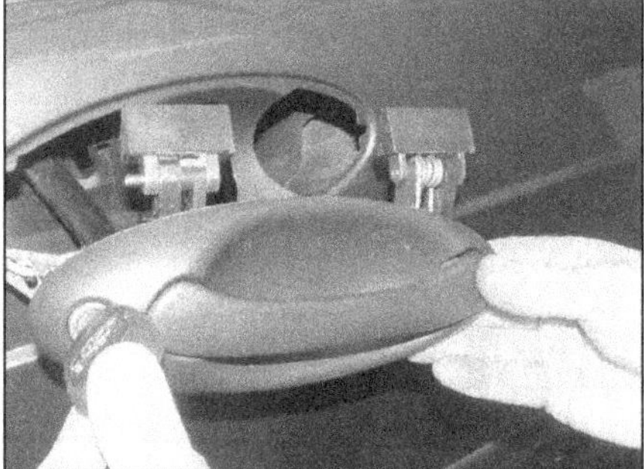
14.24 Det yttre handtaget tas bort från framdörren

skruva loss muttrarna och ta bort skyddsplåten från ytterhandtaget **(se bilder)**.

Framdörrar

23 Sätt i startnyckeln i dörrlåset och vrid moturs. Tippa handtagets bakkant så att änden på manöverstången hamnar i skåran i armen. Dra sedan handtaget uppåt och dra bort det från dörren så långt det går. Var noga med att inte skada lacken. Tejpa kartongbitar på dörren som skydd.

24 Håll bort handtaget från dörren och lossa låscylinderhållarens fästskruv. Det går lättast med en vinkelskruvmejsel. Vrid låscylinderhållaren medurs (sett från handtagets baksida) samtidigt som du trycker den genom handtaget. Haka loss låscylinderarmen från manöverstången och dra ut handtaget **(se bild)**. Ta loss packningen.

Bakdörrar

25 Dra bort dörrhandtaget från dörren **(se bild)**. Ta loss packningen.

Alla dörrar

26 Montering utförs i omvänd ordning mot demonteringen.

Framdörrens låscylinder

27 Ta bort framdörrens ytterhandtag och låscylinderhållare enligt beskrivningen tidigare i detta avsnitt.

28 På vissa modeller är cylindern fäst med skruvar och utgör inte en del av hållaren. På andra modeller utgör dock hållaren och cylindern en sammansatt enhet. Där så är

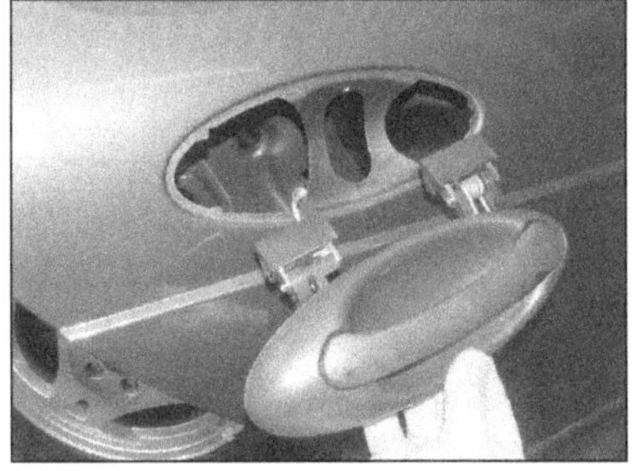
14.25 Det yttre handtaget tas bort från bakdörren

tillämpligt, haka loss manöverstången, skruva loss skruvarna och ta bort låscylindern **(se bilder)**.

29 Montering utförs i omvänd ordning mot demonteringen.

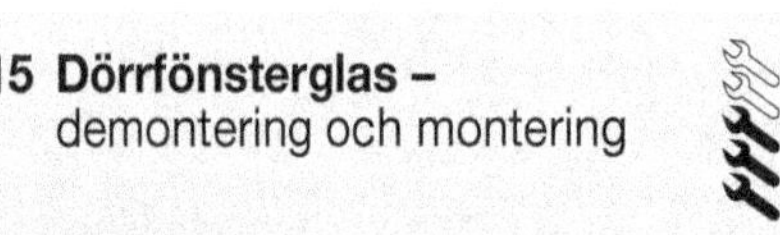

15 Dörrfönsterglas – demontering och montering

Framdörr

Demontering

1 Öppna fönstret och ta bort klädselpanelen och vattenskyddsmembranet enligt beskrivningen i avsnitt 13.

2 Lossa fästskruvarna till den yttre backspegeln något, så att du kan lossa den främre delen av den yttre tätningsremsan. Skruva

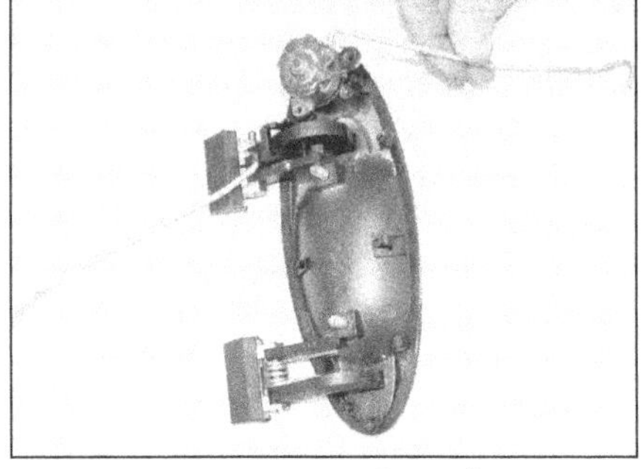
14.28a Haka loss manöverstången . . .

sedan loss skruven från den bakre änden och dra loss tätningsremsan från dörren.

3 Hissa ner fönstret så att du ser rutans nedre kanal i den stora invändiga öppningen i dörren. Gör detta genom att tillfälligt återansluta kontakten till hissmotorn. Akta händer och kläder medan du hissar ner fönstret och koppla loss kontakten innan du fortsätter. Stötta/fäst glaset i det här läget med tejp och koppla loss fönsterhissarmarna från den nedre kanalen.

4 Koppla loss fönsterhissarmarna från valsarna i rutans nedre kanal genom att dra bort klämmorna. Bänd sedan ut armarna med en bred spårskruvmejsel. Sätt skruvmejseln nära kulan, mellan armen och kanalen, så att armen inte deformeras.

5 Lyft försiktigt upp och tippa glasrutan i bakkant och dra bort den från utsidan av dörren **(se bild)**.

6 Ta bort valsarna från kanalen.

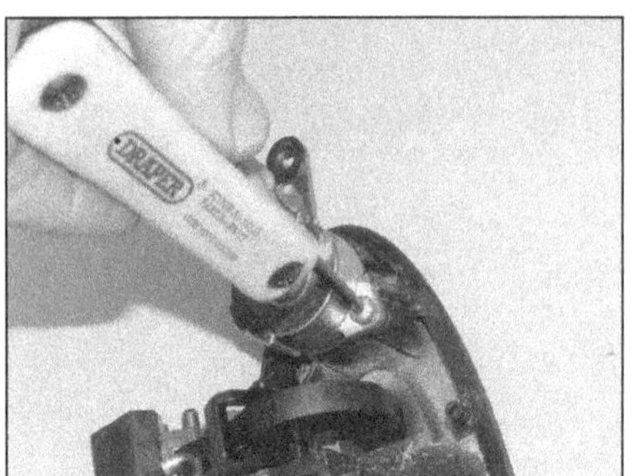

14.28b . . . skruva loss skruvarna . . .

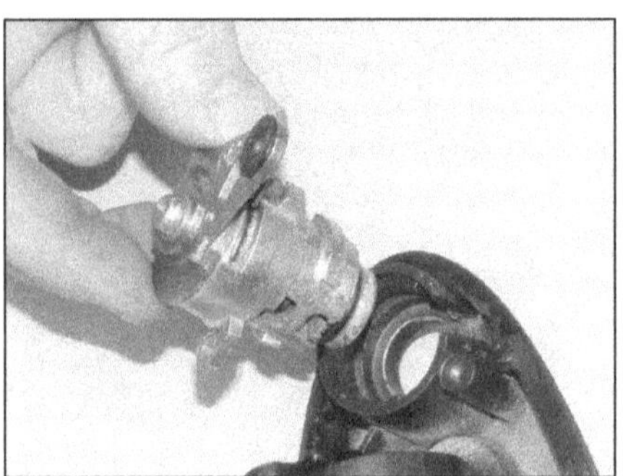
14.28c . . . och ta bort låscylindern

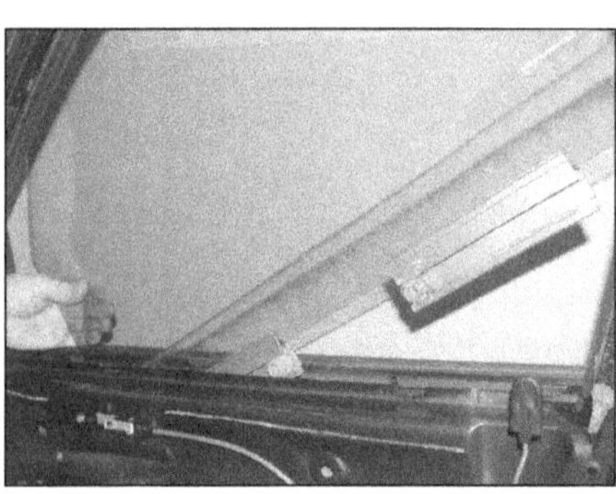
15.5 Ta bort fönsterglaset från framdörren

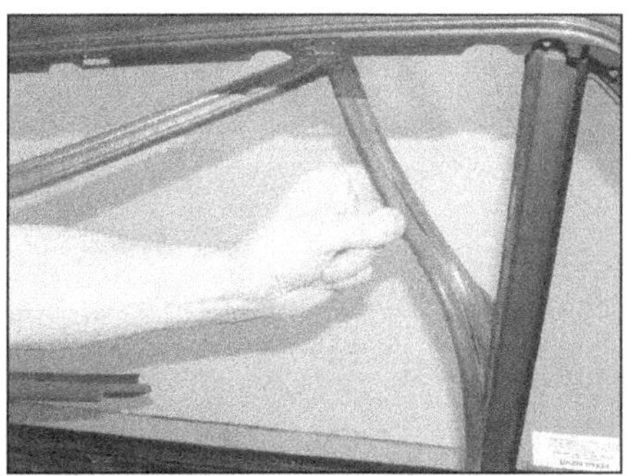
15.9 Dra bort tätningsremsan från fönsteröppningens ytterkant

15.13a Skruva loss skruven . . .

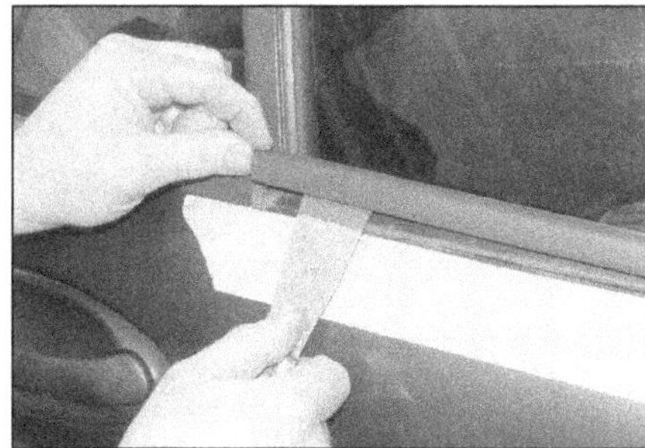
15.13b . . . och bänd försiktigt loss tätningsremsan . Observera tejpen som skyddar lacken

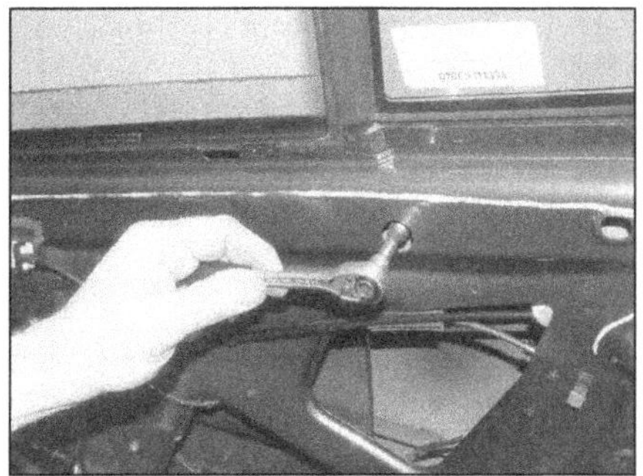
15.14 Ta bort skruvarna till rutans bakre styrkanal

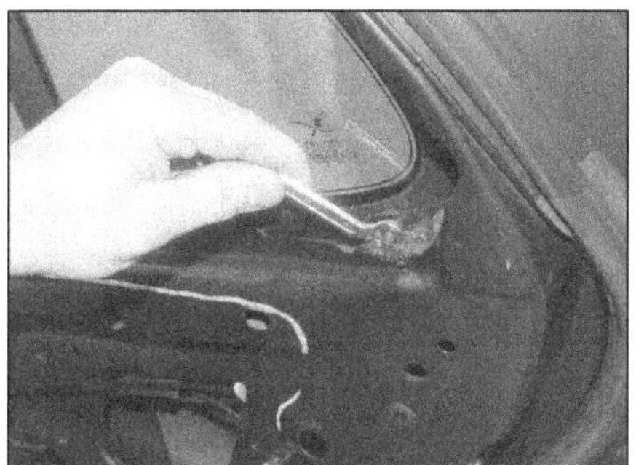
15.15a Skruva loss fästmuttrarna . . .

15.15b . . . och ta bort det fasta fönstret från bakdörren

Montering

7 Montering utförs i omvänd ordning mot demonteringen. Stryk lite fett på hissvalsarna och kanalen innan du fäster klämmorna i valsarna. När klämmorna är monterade, tryck in armarnas kulor helt i valsarna tills du hör dem snäppa på plats.

Bakdörr

Demontering

8 Öppna fönstret och ta bort klädselpanelen och vattenskyddsmembranet enligt beskrivningen i avsnitt 13.

9 Dra försiktigt bort tätningsremsan från fönsteröppningens ytterkant **(se bild)**.

10 Hissa ner fönstret så att du ser rutans nedre kanal i den invändiga öppningen i dörrpanelen. Gör detta genom att tillfälligt återansluta kontakten till hissmotorn. Akta händer och kläder medan du hissar ner fönstret och koppla loss kontakten innan du fortsätter. Stötta/fäst glaset i det här läget med tejp och koppla loss fönsterhissarmarna från den nedre kanalen.

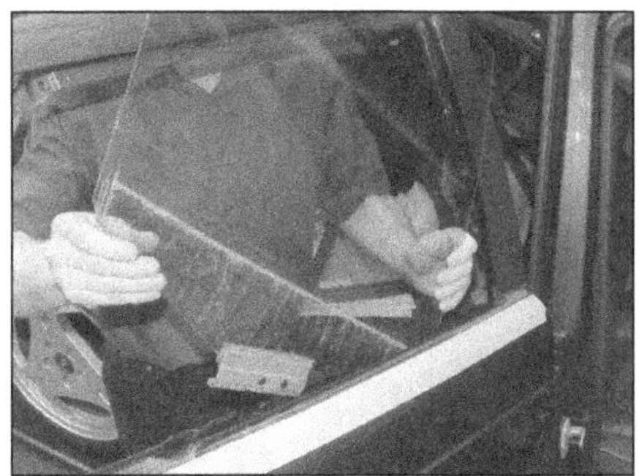
15.16 Ta bort fönsterglaset från bakdörren

11 Koppla loss fönsterhissarmarna från valsarna i den nedre kanalen genom att ta bort klämman från valsen. Bänd sedan ut armarna med en bred spårskruvmejsel. Sätt skruvmejseln nära kulan, mellan armen och kanalen, så att armen inte deformeras.

12 Sänk ner glasrutan till dörrens botten.

13 Skruva loss skruven som fäster tätningsremsans främre del i dörramen och bänd försiktigt ut tätningsremsan. Skydda lacken med tejp **(se bilder)**.

14 Skruva loss de övre och nedre skruvarna till fönstrets bakre styrkanal **(se bild)**.

15 Skruva loss fästmuttrarna från det fasta fönstret, tryck fönstret framåt och dra bort det uppåt från dörren **(se bilder)**. Var noga med att inte skada lacken.

16 Lyft upp fönsterrutan och dra bort den från dörrens utsida **(se bild)**.

Montering

17 Montering utförs i omvänd ordning mot demonteringen. Stryk lite fett på hissvalsen och kanalen innan du sätter fönsterglaset i dörren. När fjäderklämman är på plats, tryck hissarmens kula in i klämman tills du hör två snabba klick. Avsluta med att kontrollera att fönstret fungerar.

16 Dörrens fönsterhiss - demontering och montering

Framdörr

Demontering

1 Öppna fönstret och ta bort klädselpanelen och skyddsmembranet enligt beskrivningen i avsnitt 13.

2 Hissa ner fönstret så att rutans nedre kanal syns i den stora öppningen nedtill i dörren **(se bild)**. Gör detta genom att tillfälligt ansluta kontakten till hissmotorn. Akta händer och kläder medan du hissar ner fönstret och koppla loss kontakten innan du fortsätter. Fäst glaset i det här läget med tejp och koppla loss fönsterhissarmen från den nedre kanalen.

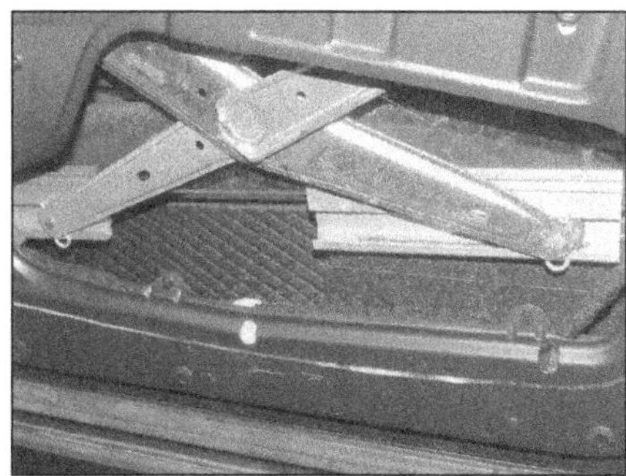
16.2 Sänk ner glasrutans kanal i öppningen i dörren . . .

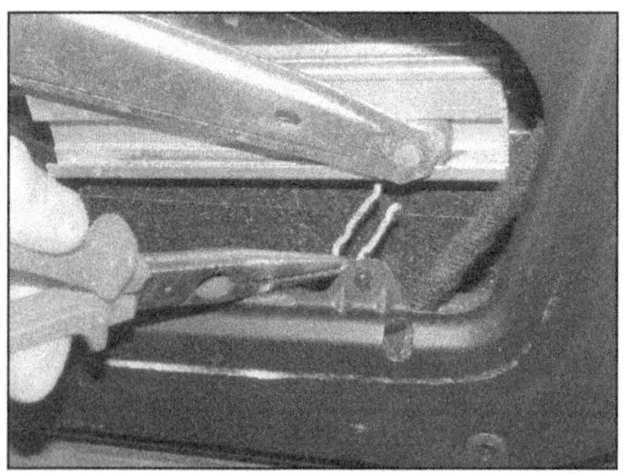

16.3a . . . dra ut fästklämmorna . . .

16.3b . . . och bänd ut armarna från valsarna

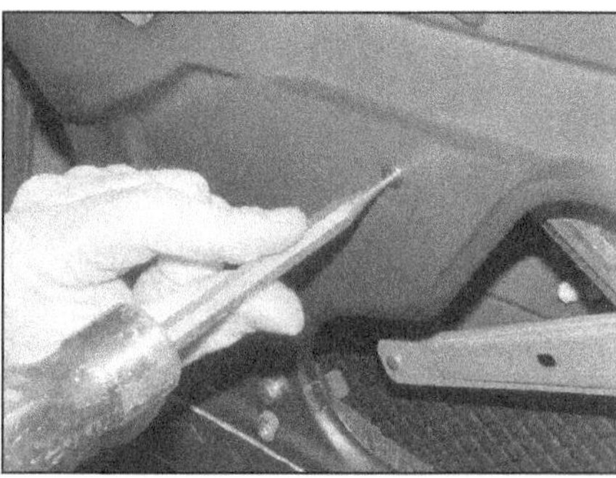

16.4a Tryck ut resterna av mittstiften . . .

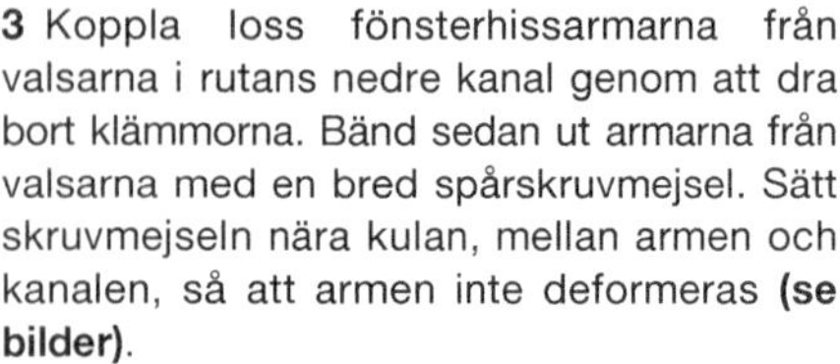

3 Koppla loss fönsterhissarmarna från valsarna i rutans nedre kanal genom att dra bort klämmorna. Bänd sedan ut armarna från valsarna med en bred spårskruvmejsel. Sätt skruvmejseln nära kulan, mellan armen och kanalen, så att armen inte deformeras **(se bilder)**.

4 Tryck ut resterna av nitarnas mittstift som håller fast fönsterhissen i dörren. Borra sedan bort nitarna **(se bilder)**.

5 Koppla loss fönsterhisskablaget vid kontakten **(se bild)**.

6 Märk ut positionerna för muttrarna till fönsterhissens styrskena på den inre dörrpanelen. Skruva sedan loss muttrarna och ta bort dem tillsammans med fönsterhissens fästmuttrar **(se bild)**.

7 Ta bort fönsterhissen genom det stora hålet i dörrens insida **(se bild)**.

Montering och justering

8 Montering utförs i omvänd ordning mot demonteringen. Fäst fönsterhissen med nya nitar. Stryk lite fett på hissvalsarna och kanalen innan du sätter glaset i dörren. När klämmorna är monterade, tryck in armarnas kulor helt i valsarna tills du hör dem snäppa på plats.

9 Kontrollera att fönsterglaset är i linje med dörramen när det är stängt. Vid behov, justera enligt följande. Öppna glaset halvvägs, lossa styrskenans skruvar och tryck glaset bestämt bakåt, så att dess bakkant ligger helt i den bakre kanalen. Håll glaset på plats och dra åt skruvarna helt.

Bakdörr

Demontering

10 Öppna fönstret och ta bort klädselpanelen och skyddsmembranet enligt beskrivningen i avsnitt 13.

11 Hissa ner fönstret så att du ser rutans nedre kanal i den invändiga öppningen i dörrpanelen. Gör detta genom att tillfälligt återansluta kontakten till hissmotorn. Akta händer och kläder medan du hissar ner fönstret och koppla loss kontakten innan du fortsätter. Stötta glaset i det här läget med tejp och koppla loss fönsterhissarmarna från den nedre kanalen **(se bilder)**.

12 Koppla loss fönsterhissarmarna från valsarna i den nedre kanalen genom att ta bort klämman från valsen. Bänd sedan ut armarna med en bred skruvmejsel. Sätt mejseln nära kulan, mellan armen och kanalen, så att armen inte deformeras **(se bilder)**.

13 Sänk ner glaset till dörrens botten.

14 Koppla loss fönsterhissens kablage vid kontakten.

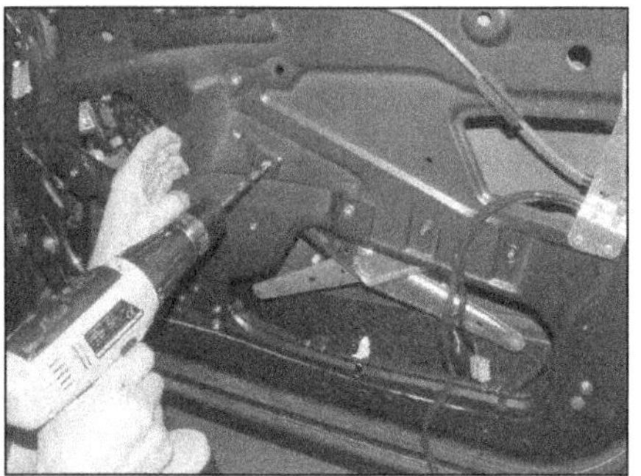

16.4b . . . och borra bort nitarna

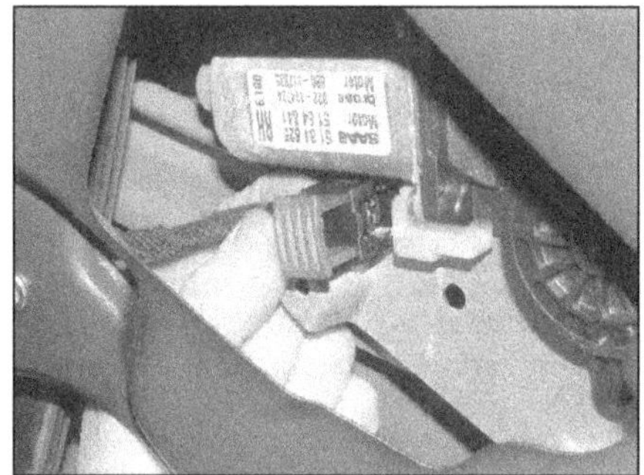

16.5 Koppla loss kablaget från fönsterhissen

16.6 Skruva loss fästmuttrarna . . .

16.7 . . . och dra ut fönsterhissen genom öppningen i dörren

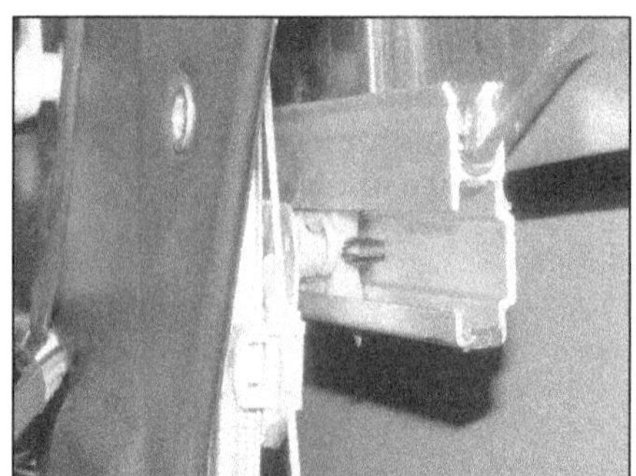

16.11a Sänk ner rutans kanal i dörröppningen . . .

16.11b . . . stötta sedan glaset med tejp

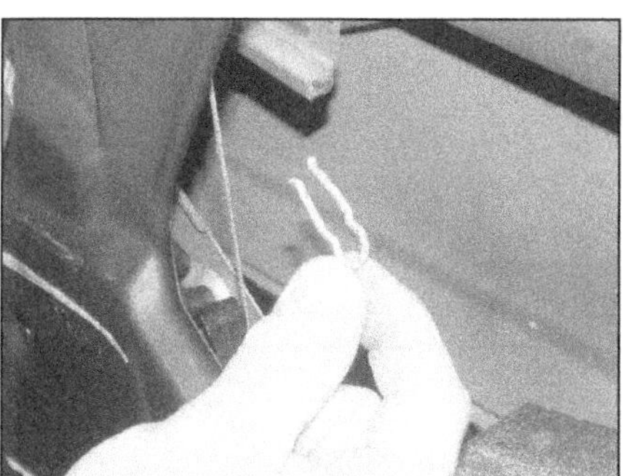
16.12a Ta bort klämman från valsen . . .

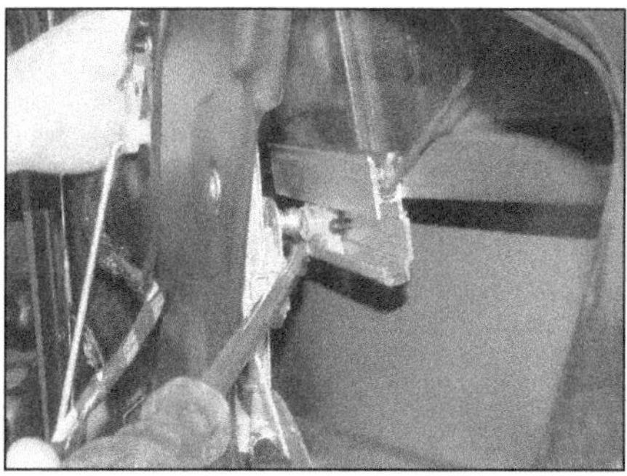
16.12b . . . bänd sedan ut armen med en skruvmejsel

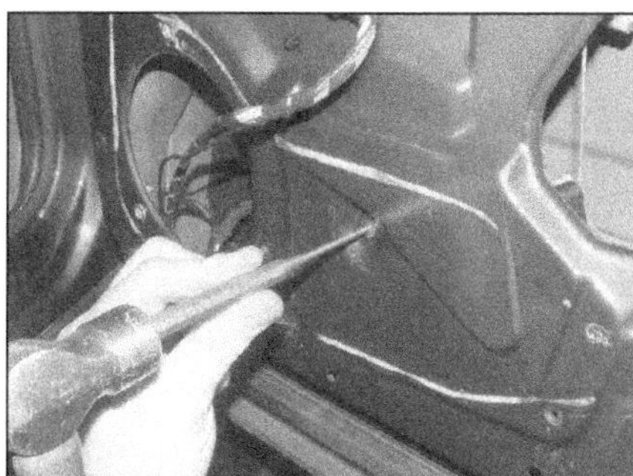
16.15a Tryck ut sprintarna . . .

16.15b . . . och borra bort nitarna

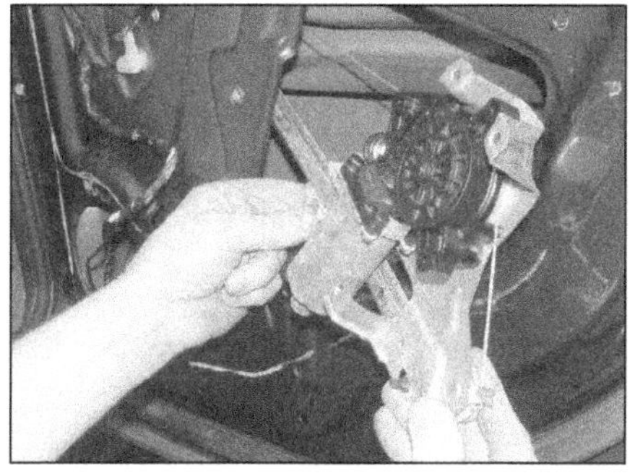
16.16 Ta bort fönsterhissen genom dörröppningen

16.17 Fäst fönsterhissen med nya nitar

15 Tryck ut resterna av nitarnas mittsprintar som håller fast fönsterhissen i dörren. Borra sedan bort nitarna **(se bilder)**.

16 Sänk hissen och dra ut den övre delen genom hålet i dörrens insida **(se bild)**. **Observera:** *Motorn och regulatorn kan inte tas isär.*

Montering

17 Montering utförs i omvänd ordning mot demonteringen. Fäst fönsterhissen med nya nitar **(se bild)**. Stryk lite fett på hissvalsen och kanalen innan du sätter fönsterglaset i dörren. När fjäderklämman är på plats, tryck in hissarmens kula i valsen tills du hör två snabba klick. Avsluta med att kontrollera att fönstret fungerar. Det bakre fönsterglasets läge kan inte justeras.

17 Bagagelucka, stödben och gångjärn (sedan) – demontering och montering

Bagagelucka

Demontering

1 Öppna bagageluckan, sträck in handen i bagageutrymmets bakre vänstra hörn och öppna luckan som täcker över kontaktdonet till bagageluckans kabelhärva. Koppla loss anslutningskontakten.

2 Bänd ut kabelgenomföringen från karossen och lossa den från gångjärnet. Dra kablaget uppåt från bagageutrymmet.

3 Ta hjälp av en annan person, stötta bagageluckan i öppet läge, bänd ut klämmorna och koppla loss stödbenens övre ändar från gångjärnen.

4 Markera gångjärnens konturer på luckan med en penna **(se bild)**.

5 Skruva loss de nedre muttrarna som fäster gångjärnen i bagageluckan. Lossa sedan de övre bultarna och lyft försiktigt bort luckan från gångjärnen. De övre bulthålen i gångjärnen är öppna i ena änden.

Montering och justering

6 Sätt i de övre bultarna utan att dra åt dem, sänk ner bagageluckan på dem och sätt i de nedre bultarna. Dra åt bultarna ordentligt.

7 När du först stänger luckan, sänk ner den sakta och kontrollera att låskolven är i linje med låset. Lossa annars bulten/bultarna, flytta låskolven och drar åt bulten/bultarna **(se bild)**. Kontrollera att bagageluckan är centralt placerad i karossöppningen. Du kan justera den framåt och bakåt genom att lossa muttrarna och flytta luckan på gångjärnen. Du kan justera bagageluckans framkant i höjdled genom att flytta gångjärnens framkanter på karossen. Du kan justera bagageluckans bakkant i höjdled (när luckan är stängd) genom att vrida in eller ut de två gummikuddarna. Du kan justera höjden på **hela** luckan genom att lossa bultarna som fäster gångjärnen i karossen. Dra åt alla muttrar och bultar.

8 Återanslut stödbenets övre ändar till gångjärnen och montera klämmorna.

9 För in kablaget i bagagerummet och montera kabelgenomföringen. Fäst genomföringen i gångjärnet.

10 Återanslut kontaktdonet och stäng luckan.

Stödben

Demontering

11 Stötta bagageluckan i öppet läge och

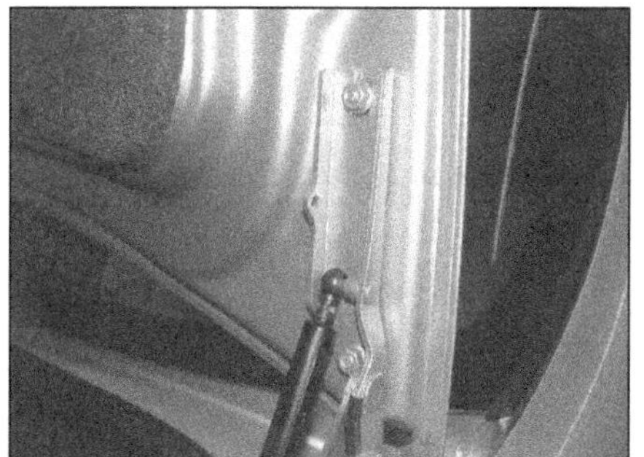
17.4 Bakluckans gångjärn och fästmuttrar

17.7 Låskolv i bakluckan

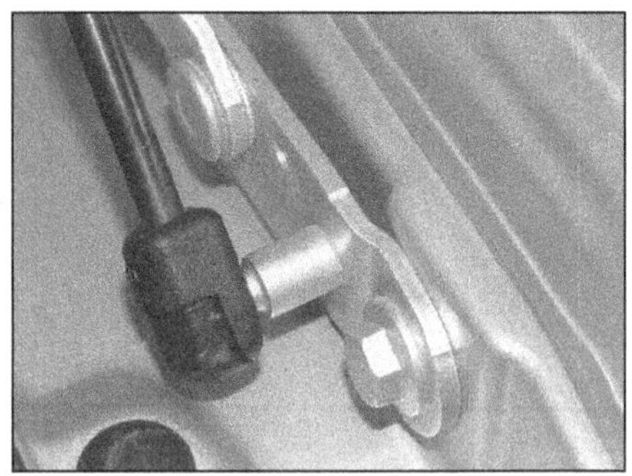
17.11a Nedre fäste till bagageluckans stödben . . .

17.11b . . . och det övre fästet

notera de monterade stödbenens lägen. Benets kolvdel är vänd nedåt **(se bilder)**.

12 Bänd ut klämmorna och koppla loss stödbenets övre och nedre ändar från gångjärnen. Dra bort stödbenet från bilen.

Montering

13 Montering utförs i omvänd ordning mot demonteringen.

Gångjärn

Demontering

14 Demontera bagageluckan enligt beskrivningen tidigare i detta avsnitt.

15 Bänd ut klämman och koppla loss stödbenets nedre ände från gångjärnet. För stödbenet åt sidan.

16 Markera gångjärnets kontur på karossen med en penna. Skruva därefter loss bultarna och ta bort gångjärnet.

Montering

17 Montering utförs i omvänd ordning mot demonteringen, men dra åt bultarna ordentligt och justera bagageluckan enligt den tidigare beskrivningen.

18 Baklucka, stödben och gångjärn (kombi) – demontering och montering

Baklucka

Demontering

1 Öppna bakluckan och placera några tygtrasor eller kartongbitar mellan bakluckan och karossen som skydd mot skador.

2 Ta bort tätningarna/kåporna från bakluckans gångjärn **(se bild)**. Bänd sedan isär och ta bort kabelkanalen.

18.2 Ta bort kåpor/tätningar från bakluckans gångjärn

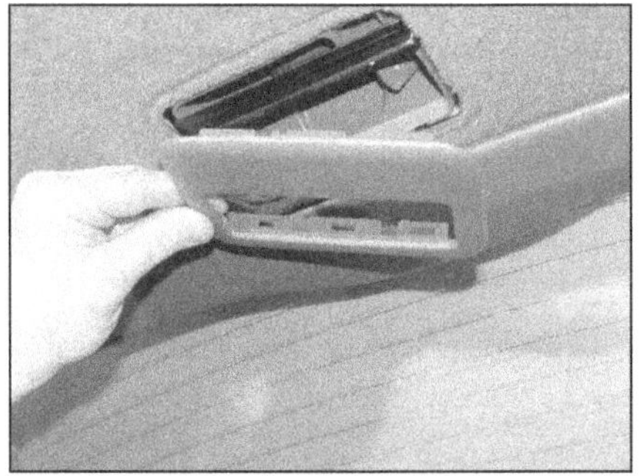
18.4 Ta bort handtagets infattning

3 Bänd försiktigt loss kåporna, skruva loss skruvarna och ta bort de övre klädsellisterna runt fönsteröppningen på insidan av bakluckan.

4 Ta bort bakluckans lastljus (se kapitel 12, avsnitt 5), skruva loss skruvarna och ta bort innerhandtaget. Bänd också försiktigt loss infattningen runt innerhandtaget **(se bild)**.

5 Lossa hållarna från klädselpanelens nedre kant genom att trycka in sprintarna i mitten. Dra sedan ner panelens övre del för att lossa den från de övre klämmorna. Dra panelen bakåt för att lossa styrsprinten vid handtaget **(se bilder)**.

6 Observera hur kabelhärvan är monterad, koppla loss den och ta bort den från stödklämmorna. Koppla också bort det bakre spolarröret. Ta försiktigt ut kablaget från bakluckan vid gångjärnen. **Observera:** *Om du måste ta bort bakluckan tillsammans med kablaget, måste du ta bort klädselpanelen från D-stolpen, och den bakre takklädseln måste sänkas så att du kommer åt kontaktdonen och jordkablarna.*

7 Märk ut gångjärnens konturer på bakluckan med en penna.

8 Ta hjälp av en annan person, stötta bakluckan, skruva loss bultarna och lyft av bakluckan från gångjärnen.

Montering

9 Placera bakluckan i gångjärnen och sätt i bultarna. När bakluckan är i linje med tidigare gjorda markeringar, dra åt fästbultarna ordentligt. När bakluckan stängs efter monteringen, sänk ner den sakta och kontrollera att låskolven är i linje med låset. Om så inte är fallet, lossa bulten/bultarna, flytta låskolven och dra åt bulten/bultarna. Kontrollera att bakluckan är centralt placerad i karossöppningen. Du kan justera den framåt, bakåt och i sidled genom att lossa bultarna och flytta luckan på gångjärnen. Justering i höjdled kan göras om man lossar bultarna som fäster gångjärnen i karossen, men då måste klädseln från D-stolpen tas bort och takklädseln fällas ner i bakkant. Kontrollera att de två gummistöden som sitter ovanför bakljusen är justerade så att bakluckan får tillräckligt stöd när den är stängd.

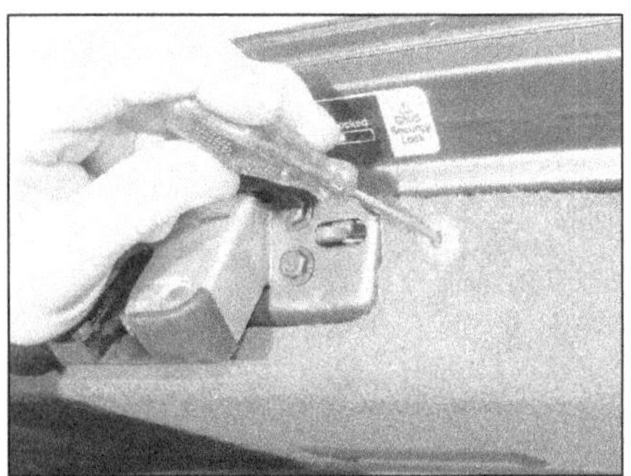
18.5a Tryck in mittsprintarna . . .

18.5b . . . och ta bort hållarna . . .

18.5c . . . lossa sedan klädselpanelen från de övre fästklämmorna

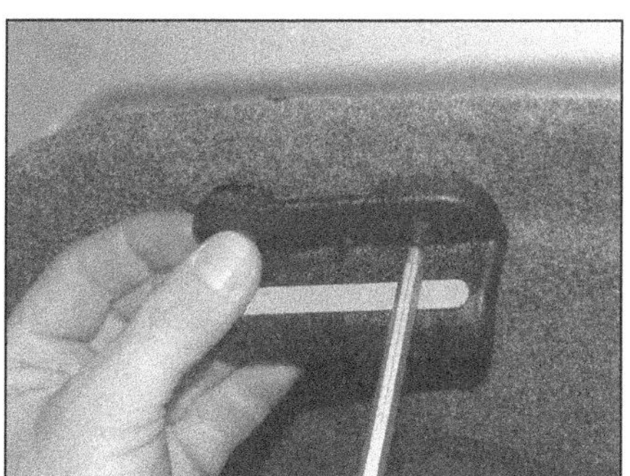
19.1a Ta bort handtaget . . .

19.1b . . . tryck in stiften i mitten av hållarna . . .

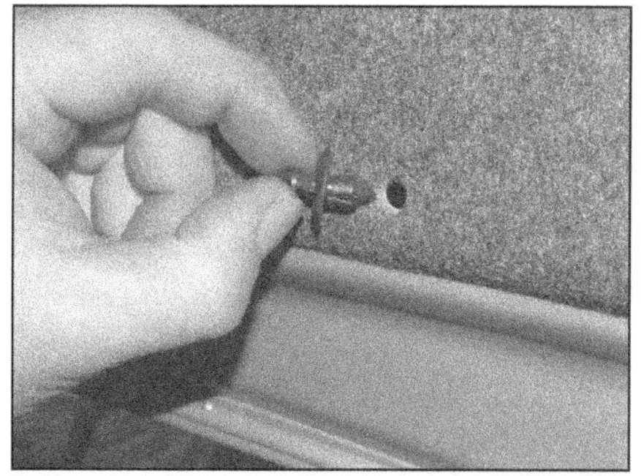
19.1c . . . ta bort hållarna . . .

Stödben

Demontering

10 Ta bort dekoren och innertakklädseln från D-stolpen samt de två listerna mellan C- och D-stolparna. Ta ut klämmorna från takklädseln och ta bort bagagenätsfästena. Bänd försiktigt ner takklädseln i bakkant, så att du kommer åt stödbensfästena.

11 Stötta bakluckan i öppet läge och notera de monterade stödbenens lägen. Skruva loss metalloken som sitter över stödbenens främre fästen på takpanelens tvärbalk.

12 Bänd ut klämmorna och koppla loss stödbenets övre och nedre ändar från gångjärnen och karossen. Dra bort stödbenet från bilen.

Montering

13 Monteringen utförs i omvänd ordning mot demonteringen. Smörj stödbenskulan med fett före monteringen.

Gångjärn

Demontering

14 Ta bort bakluckan och kablaget enligt beskrivningen tidigare i detta avsnitt.

15 Bänd ut klämmorna och koppla loss stödbenets bakre ändar från gångjärnen.

16 Arbeta genom hålet i takets bakre stödbalk, skruva oss och ta bort gångjärnets inre fästbultar.

17 Markera platserna för bakluckans gummikuddar. Skruva sedan loss och ta bort dem.

18 Dra ner tätningsremsan från den övre halvan av öppningen i bakluckan. Ta bort täckplåtarna upptill och på sidorna.

19 Skruva loss fästbultarna och ta bort gångjärnen från takets bakre tvärbalk.

Montering

20 Montering görs i omvänd ordning mot demonteringen. Smörj stödbenens kulhylsor med fett före monteringen. Justera bakluckan enligt beskrivningen tidigare i detta avsnitt.

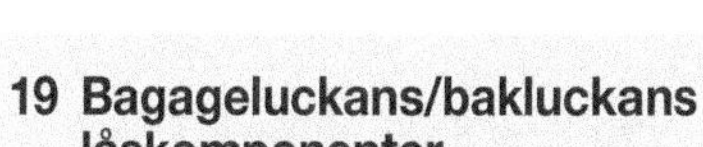

19 Bagageluckans/bakluckans låskomponenter - demontering och montering

Bagageluckans lås (sedan)

Demontering

1 Öppna bagageluckan, skruva loss skruvarna och ta bort handtaget. Lossa hållarna och bänd försiktigt bort klädselpanelen med en bred spårskruvmejsel, som du sticker in bredvid var och en av fästklämmorna **(se bilder)**.

2 Skruva loss och ta bort låsets fästbultar på bagageluckans nedre kant **(se bild)**.

3 Arbeta genom hålet i bagageuckans inre panel och lossa låsets manöverstång från låsmotorn. Gör detta genom att trycka plasthållaren åt sidan.

4 Ta bort låset tillsammans med manöverstången **(se bild)**.

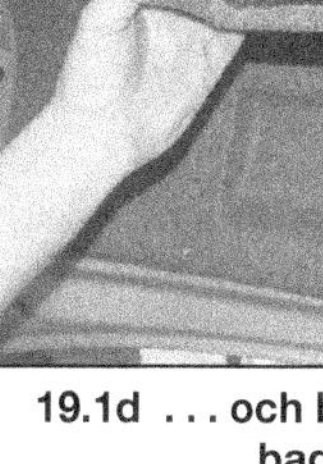
19.1d . . . och bänd loss panelen från bagageluckan

Montering

5 Monteringen utförs i omvänd ordning mot demonteringen. Dra åt bultarna ordentligt.

Bakluckans lås (kombi)

Demontering

6 Öppna bakluckan och bänd försiktigt bort infattningen från innerhandtaget.

7 Skruva loss skruvarna från klädselpanelens nedre kant. Dra sedan panelens övre kant nedåt för att lossa den från de övre klämmorna. Dra därefter panelen bakåt för att lossa styrsprinten vid handtaget. **Dra inte** ner panelens bakre ände innan du har lossat den upptill, eftersom styrsprinten då kan gå av.

8 Notera hur manöverstängerna sitter på låset inne i bakluckan. Tryck sedan plasthållarna åt sidan och lossa stängerna **(se bild)**.

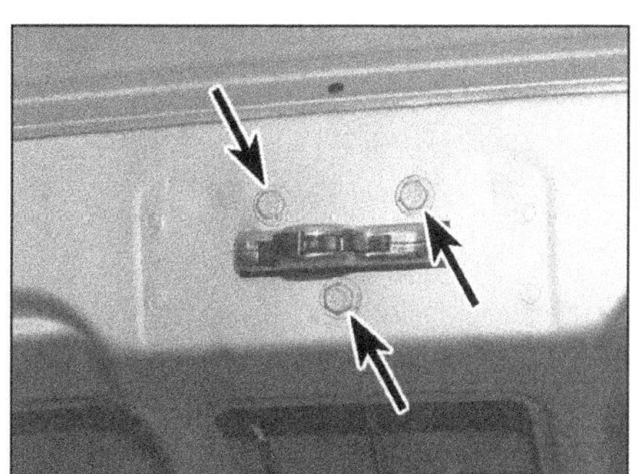
19.2 Fästbultar till bagageluckans lås

19.4 Ta bort bagageluckans lås

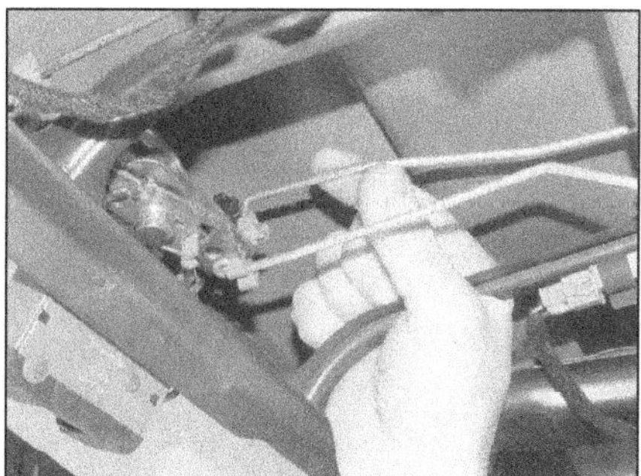
19.8 Koppla loss manöverstängerna

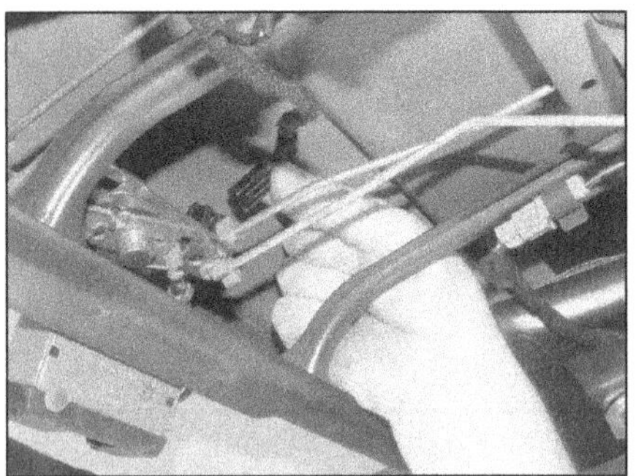
19.9a Koppla loss kablaget . . .

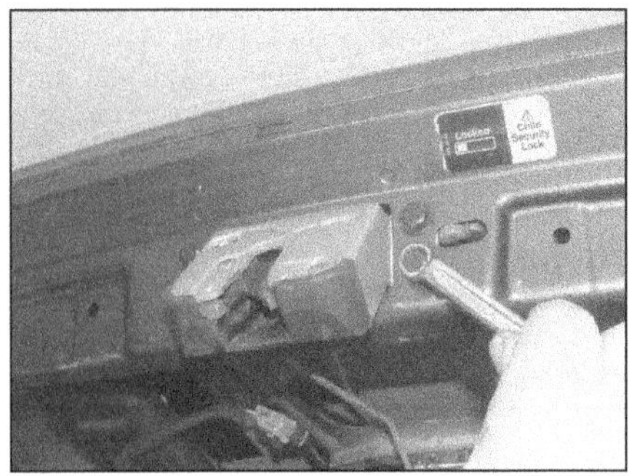
19.9b . . . skruva sedan loss fästbultarna . . .

19.9c . . . och dra ut bakluckans lås

9 Koppla loss kontaktdonet, skruva loss fästbultarna och ta bort låset **(se bilder)**.

Montering

10 Monteringen utförs i omvänd ordningsföljd mot demonteringen.

Bagageluckans låsmotor (sedan)

Demontering

11 Öppna bakluckan, skruva loss skruvarna och ta bort handtaget. Lossa fästena och bänd försiktigt bort klädselpanelen med en bred spårskruvmejsel, som du sticker in bredvid var och en av fästklämmorna.

12 Ta bort låsmotorns kåpa. Koppla loss låsets manöverstång från låsmotorn, via öppningen i bagageluckans inre panel **(se bilder)**. Gör detta genom att trycka plasthållaren åt sidan.

13 Koppla loss medbringaren till låsets manöverstång från motorn genom att trycka ut centrumsprinten med ett böjt redskap. Låt medbringaren hänga löst på manöverstången.

14 Skruva loss fästbultarna, ta ut motorn och koppla loss anslutningskontakten.

Montering

15 Montering utförs i omvänd ordning mot demonteringen.

Bakluckans låsmotor (kombi)

Demontering

16 Öppna bakluckan och bänd försiktigt bort infattningen från innerhandtaget.

17 Skruva loss skruvarna från klädselpanelens nedre kant. Dra sedan ner panelens övre kant för att lossa den från de övre klämmorna. Dra sedan panelen bakåt för att lossa styrsprinten vid handtaget. **Dra inte** ner panelens bakre kant innan du lossat den upptill, eftersom styrsprinten då kan gå av.

18 Koppla loss kontaktdonet från låsmotorn genom öppningen i bakluckans inre panel **(se bild)**.

19 Skruva loss fästbultarna och koppla loss medbringaren till låsets manöverstång från motorn genom att trycka ut centrumsprinten med ett böjt redskap. Låt medbringaren hänga löst på manöverstången. Sänk försiktigt ner och vrid motorn och ta bort den från bakluckan. Var försiktig så att du inte skadar sprinten på medbringaren **(se bilder)**.

Montering

20 Montering utförs i omvänd ordning mot demonteringen.

Bakluckans låscylinder (kombi)

Demontering

21 Öppna bakluckan och bänd försiktigt bort infattningen från innerhandtaget.

22 Skruva loss skruvarna från klädselpanelens nedre kant. Dra sedan ner panelens

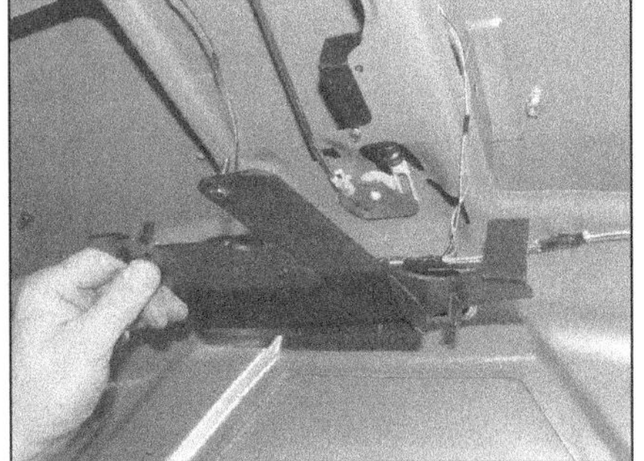
19.12a Ta bort kåpan . . .

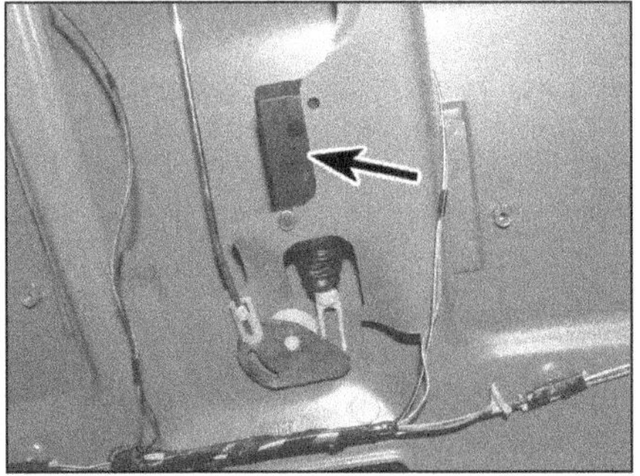
19.12b . . . så att du kommer åt motorn till bakluckans lås

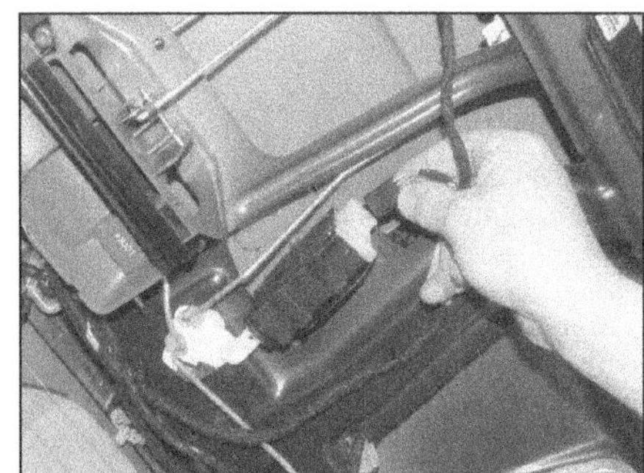
19.18 Koppla loss kablaget . . .

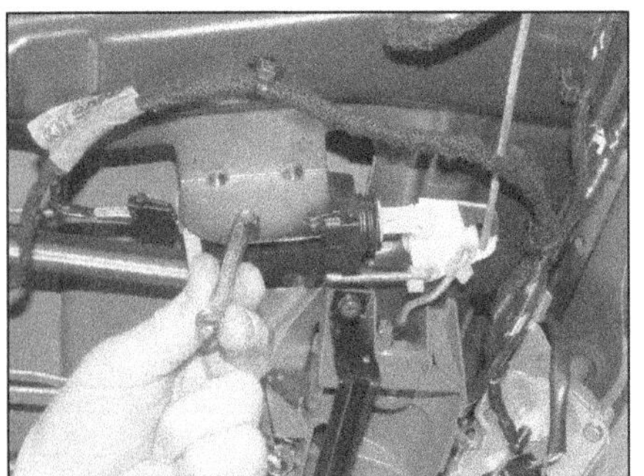
19.19a . . . skruva loss fästbultarna . . .

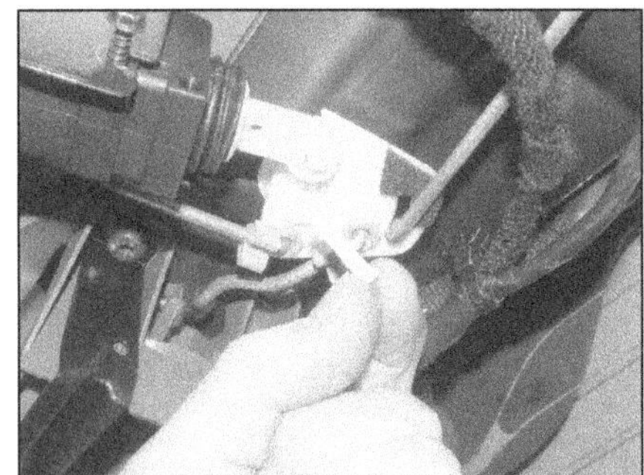
19.19b . . . ta bort centrumsprinten . . .

19.19c . . . och dra ut motorn till bakluckans lås

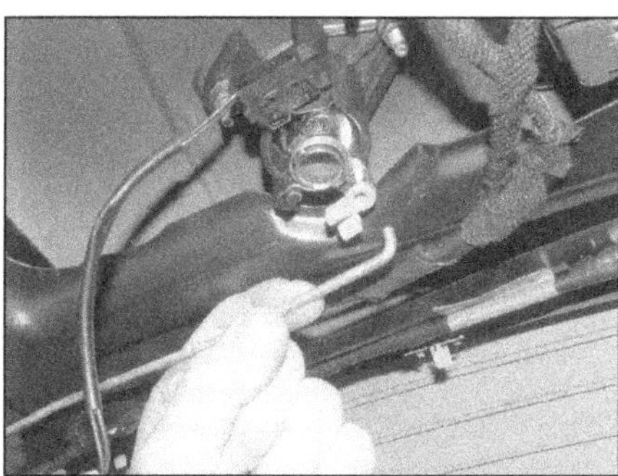
19.23 Koppla loss låsets manöverstång från armen på låscylindern

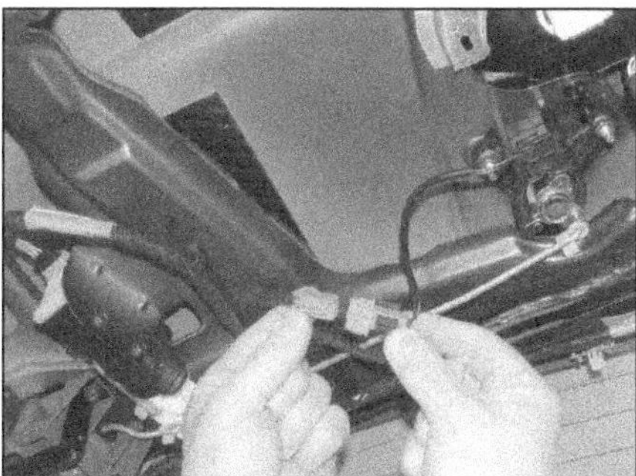
19.24a Koppla loss kablaget . . .

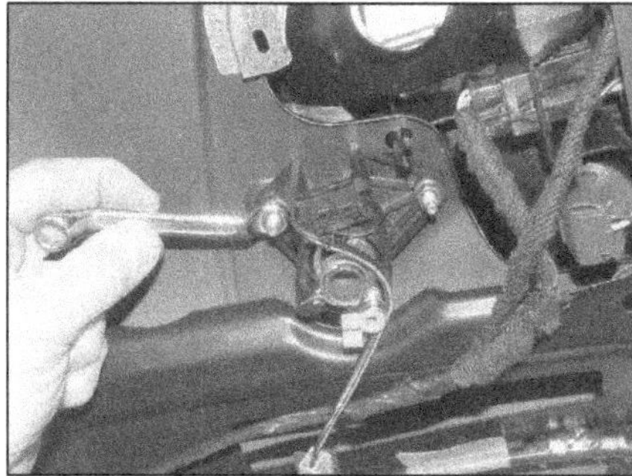
19.24b . . . skruva loss fästmuttrarna . . .

19.24c . . . och dra ut låscylindern från bakluckan

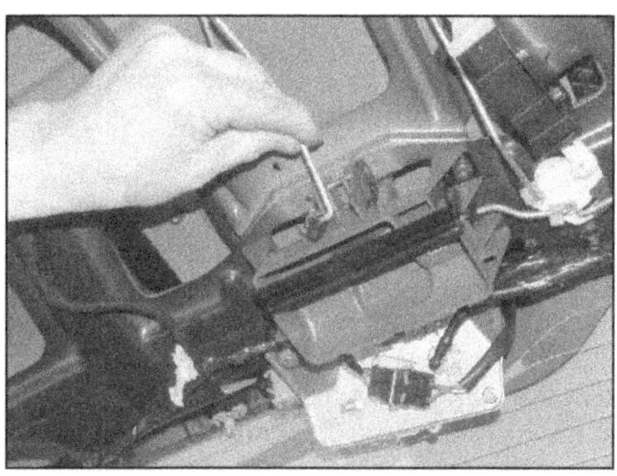
19.34a Koppla loss den manuella manöverstången . . .

19.34b . . . och centrallåsets manöverstång

övre kant för att lossa den från de övre klämmorna. Dra sedan panelen bakåt för att lossa styrsprinten vid handtaget. **Dra inte** ner panelens bakre del innan du har lossat den upptill, eftersom styrsprinten då kan gå av.

23 Koppla loss låsets manöverstång från armen på låscylindern. Gör detta genom att trycka plastklämman åt sidan **(se bild)**.

24 Koppla loss kablaget, skruva loss fästmuttrarna och ta bort låscylindern från bakluckan **(se bilder)**. Undersök tätningen och skaffa en ny om det behövs.

Montering

25 Montering utförs i omvänd ordning. Dra åt alla bultar och muttrar ordentligt.

Bagageluckans handtag

Demontering

26 Ta bort registreringsskylten.

27 Öppna bagageluckan, skruva loss skruvarna och ta bort handtaget. Bänd försiktigt bort klädselpanelen med en bred spårskruvmejsel, som du sticker in bredvid var och en av fästklämmorna.

28 Skruva loss de fyra muttrarna och ta bort dekorpanelen.

29 Ta bort den bakre vänstra lampenheten genom att skruva loss muttrarna och trycka in klämmorna (se kapitel 12, avsnitt 7).

30 Skruva loss fästbultarna, ta ut handtaget och koppla loss kablaget.

Montering

31 Montering utförs i omvänd ordning mot demonteringen.

Bakluckans inre handtag (kombi)

Demontering

32 Öppna bakluckan, skruva loss skruvarna och ta bort innerhandtaget. Bänd också försiktigt loss infattningen från innerhandtaget.

33 Skruva loss skruvarna från klädselpanelens nedre kant. Dra sedan ner panelens övre kant för att lossa den från de övre klämmorna. Dra sedan panelen bakåt för att lossa styrsprinten vid handtaget.

34 Koppla loss de två manöverstängerna **(se bilder)**.

35 Skruva loss fästskruvarna och ta bort innerhandtaget från bakluckan **(se bild)**.

Montering

36 Montering utförs i omvänd ordning mot demonteringen.

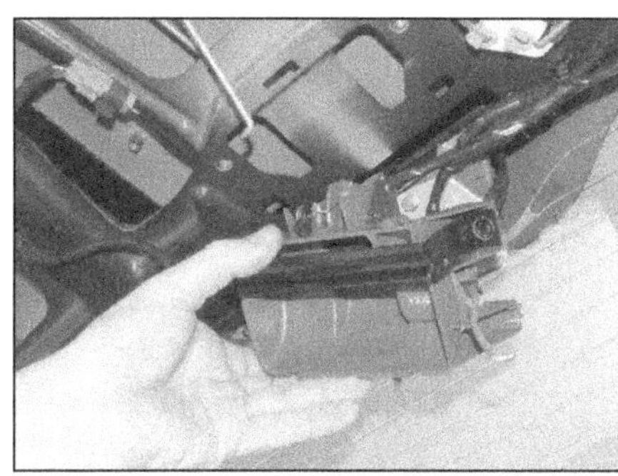
19.35 Ta bort det inre handtaget från bakluckan

Bakluckans yttre handtag (kombi)

Demontering

37 Öppna bakluckan, lossa skruvarna och ta bort innerhandtaget. Bänd också försiktigt loss infattningen från innerhandtaget.

38 Skruva loss skruvarna från klädselpanelens nedre kant. Dra sedan ner panelens övre kant för att lossa den från de övre klämmorna. Dra sedan panelen bakåt för att lossa styrsprinten vid handtaget.

39 Ta bort den bakre vänstra ljusarmaturen från bakluckan enligt beskrivningen i kapitel 12, avsnitt 7.

40 Skruva loss fästmuttrarna och fästbultarna, lossa klämmorna och ta bort ytterhandtaget från bakluckan. Koppla sedan loss kablaget **(se bilder)**.

Montering

41 Montering utförs i omvänd ordning.

19.40a Skruva loss muttrar och bultar, lossa klämmorna . . .

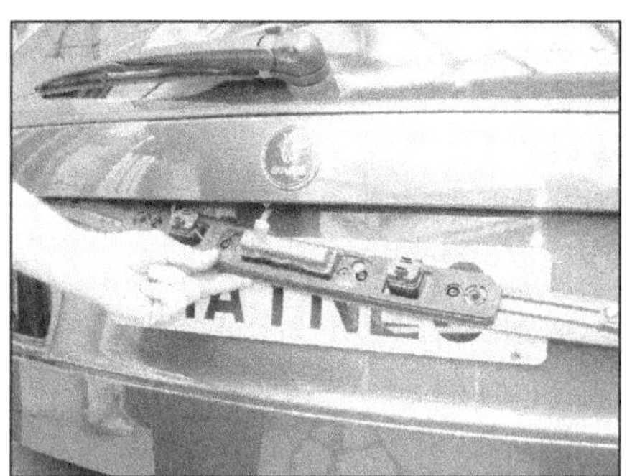
19.40b . . . dra bort det yttre handtaget . . .

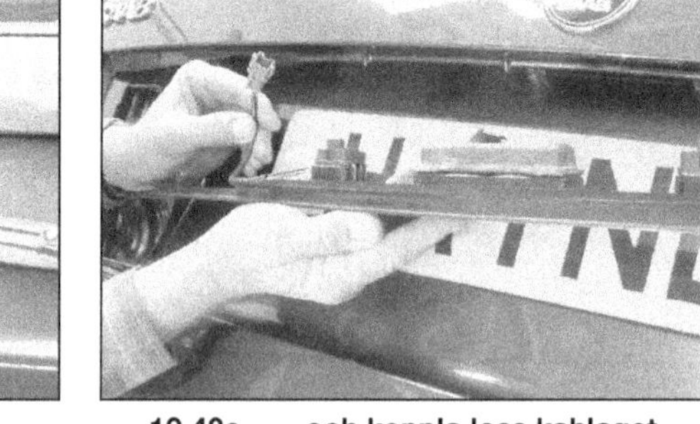
19.40c . . . och koppla loss kablaget

20.1a Bänd loss fönstersargen . . .

20 Yttre backspeglar och spegelglas – demontering och montering

Spegel

Demontering

1 Bänd försiktigt loss fönstersargen inifrån dörren och koppla loss brytarens kablage **(se bilder)**.

2 Ta bort skumgummitätningen och koppla loss kablaget från backspegeln **(se bilder)**.

3 Stötta backspegeln och skruva loss fästbultarna. Observera att den främre bulten sitter på dörrens framkant **(se bild)**.

4 Haka loss backspegeln och ta bort den från dörren **(se bild)**. Undersök packningen och byt ut den om det behövs.

Montering

5 Montering utförs i omvänd ordning mot demonteringen. Dra åt bultarna stegvis.

Spegelglas

Demontering

6 Sväng backspegeln helt framåt och vinkla ut spegelglasets inre kant. Håll en trasa över glaset så att det inte faller ut.

7 Sätt försiktigt en liten skruvmejsel bakom glaset och lossa fästfjädern **(se bild)**.

8 Ta loss glaset och koppla loss värmekablaget **(se bild)**.

Montering

9 Se till att fjäderklämmorna fästs korrekt på spegelns baksida.

10 Återanslut värmekablaget.

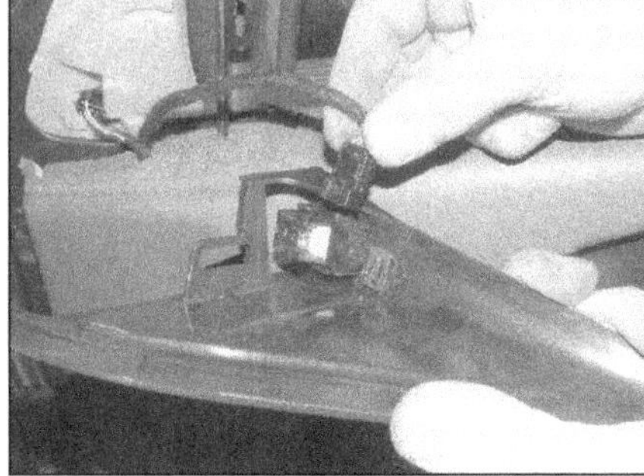
20.1b . . . och koppla loss brytarkablaget

11 Fäst glaset på motorn och tryck fast det med en trasa tills det sitter på på plats.

12 Sväng spegeln bakåt och kontrollera att den fungerar korrekt.

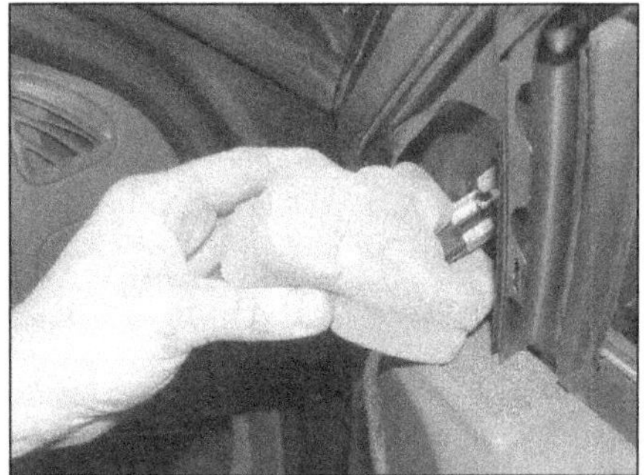
20.2a Ta bort skumgummitätningen . . .

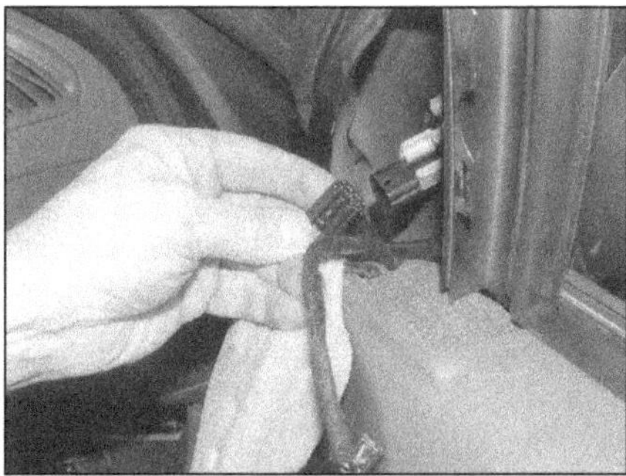
20.2b . . . och koppla loss kablaget

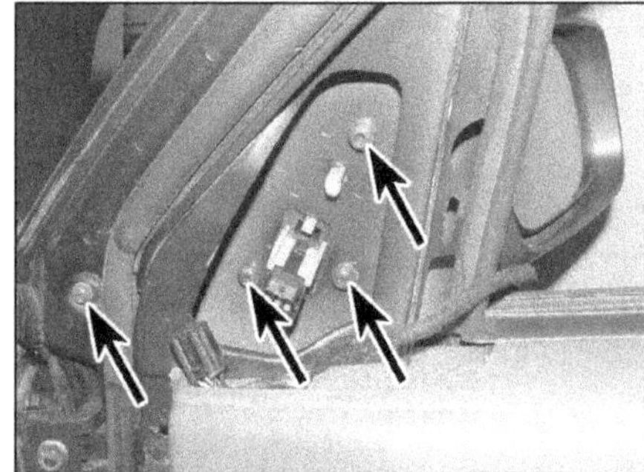
20.3 Skruva loss fästbultarna . . .

20.4 . . . och ta bort backspegeln

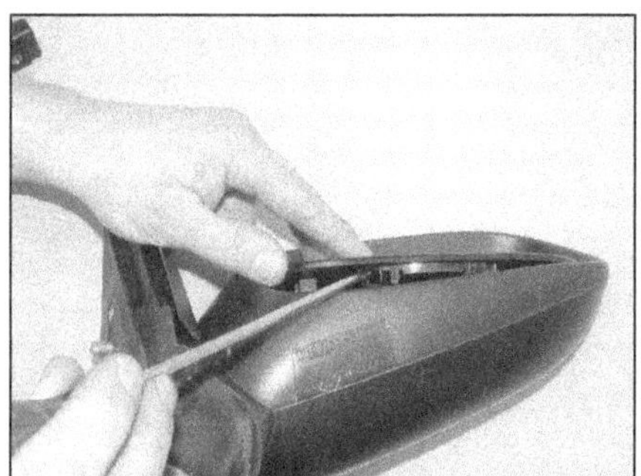
20.7 Lossa fästfjädern med en skruvmejsel . . .

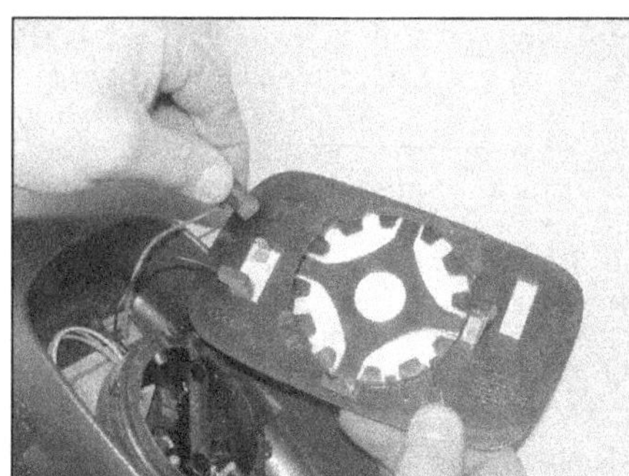
20.8 . . . dra sedan ut spegeln och koppla loss kablaget

21 Vindruta, bakruta och fasta fönster – allmän information

Vindruta och bakruta

1 Glaset till vindrutan och bakrutan hålls på plats med ett särskilt fästmedel. Det är svårt, besvärligt och tidsödande att byta sådana fasta fönster och arbetet lämpar sig därför inte för hemmamekaniker. Utan lång erfarenhet är det svårt att få en säker och vattentät fog. Dessutom är det stor risk att glaset spricker. Detta gäller särskilt lamellbyggda vindrutor. Vi rekommenderar alltså starkt att du låter en Saabverkstad eller annan specialist utföra allt arbete av denna typ.

Fast sidobakfönster

2 På kombimodeller är det fasta sidobakfönstret fäst på samma sätt som vindrutan och bakrutan. Se punkt 1.

22 Soltak – demontering och montering

1 På grund av komplexiteten i soltakets mekanism krävs avsevärd expertis för att reparera, byta eller justera soltakets delar. För att ta bort soltaket måste först den inre takklädseln tas bort, vilket är besvärligt och tidsödande. Därför innehåller det här avsnittet endast en beskrivning av takluckans och drivmotorns demontering, och vi rekommenderar att annat arbete med soltaket överlåts till en Saabmekaniker.

Taklucka

Demontering

2 Öppna takluckan och skruva loss skruvarna från den främre täcklisten.
3 Stäng takluckan och tippa bakkanten. Dra täcklistens bakkant bakåt för att lossa klämmorna. Dra sedan bort täcklisten försiktigt, så att du inte skadar lacken.
4 Dra försiktigt loss sidotäcklisterna från fästklämmorna.
5 Lyft luckans bakre ände, lossa de två fästbultarna och lyft ut takluckan.

Montering

6 Montering utförs i omvänd ordning mot demonteringen. Justera takluckan så att den är i nivå med den omgivande takpanelen. Luckans framkant kan vara något lägre än takpanelen.

Drivmotor

Observera: *Om drivmotorn är defekt går det att öppna och stänga soltaket med hjälp av en skruvmejsel. Dra bort kåpan från reglagepanelen i taket och vrid runt motoraxeln med skruvmejseln. Vrid axeln moturs för att stänga takluckan.*

Demontering

7 Öppna takluckan och skruva loss skruvarna från den främre täcklisten.
8 Stäng takluckan och tippa bakkanten. Dra täcklistens bakkant bakåt för att lossa klämmorna. Dra sedan bort täcklisten försiktigt, så att du inte skadar lacken.
9 Dra försiktigt loss sidotäcklisterna från fästklämmorna.
10 Stäng takluckan. Kontrollera att kablarnas glidfästen är centrerade mellan de två markeringarna på skenan. **Observera:** *Takluckan måste vara stängd när du monterar en ny motor, eftersom motorn levereras i stängt läge.*
11 Skruva loss skruvarna och ta bort solskydden. Koppla loss kablaget till spegellampan.
12 Bänd ut linsen från kupélampan med en skruvmejsel. Skruva sedan loss skruvarna och ta bort takkonsolen.
13 Skruva loss skruvarna och ta bort backspegeln.
14 Bänd försiktigt ner den inre takklädselns framkant och skruva loss motorns fästbultar. Var noga med att inte skada takklädseln. Ta bort motorn och koppla loss kablaget.

Montering

15 Montering utförs i omvänd ordning mot demonteringen. Flytta motorn bakåt och framåt efter behov, så att dreven kopplas ihop, innan du sätter i fästbultarna.

23 Karossens yttre detaljer – demontering och montering

Dörrens skyddslister

Demontering

1 Bänd ut skyddslisten i bakkant med en skruvmejsel. Skydda lacken med tejp.
2 Dra bort listen och fästklämmorna från fästena i dörrpanelen och skjut listen bakåt från det främre fästhålet. Om klämmorna lossnar från skyddslisten, eller om fästena lossnar från dörrpanelen, sätt tillbaka dem.

Montering

3 Montering utförs i omvänd ordning mot demonteringen. Om skyddstejp användes, låt den sitta kvar, eftersom den gör det möjligt att skjuta listen framåt i det främre fästhålet.

Tröskelns hasplåt

Demontering

4 Skruva loss skruven som fäster hasplåtens främre ände i det främre hjulshusets innerskärm.
5 Skruva loss muttern som fäster hasplåtens främre del i framskärmen.
6 Bänd ut gummilisten från hasplåtens topp.
7 Skruva loss muttern som fäster hasplåten i det bakre hjulhusets innerskärm.
8 Skruva loss skruvarna och muttrarna som fäster hasplåten i tröskeln.
9 Dra bort det bakre hjulhusets innerskärm och ta bort hasplåten.

Montering

10 Montering utförs i omvänd ordning mot demonteringen.

Hjulhusets innerskärm

Demontering

11 Lyft upp bilens fram- eller bakvagn och ställ den säkert på pallbockar (se *Lyftning och stödpunkter*). Demontera relevant hjul.
12 Skruva loss plastskruvarna/-muttrarna som fäster innerskärmen i karossen eller karosskärmen.
13 Tryck loss innerskärmen från skärmens ytterkant och dra bort det från hjulhuset.

Montering

14 Montering utförs i omvänd ordning mot demonteringen.

24 Säten – demontering och montering

Framsäte

Demontering

1 Skjut sätet helt framåt. På modeller med elstyrt framsäte, och om motorn är trasig eller kärvar, höj sätet så mycket det går med den fjädrande armen och ta bort den övre säteskåpan. Ta sedan bort den främre bulten. Lossa Torx-skruvarna, ta tag i handtaget och dra ut det koniska drevet. Drevet kan nu tas isär, och ett lämpligt verktyg kan fästas vid det med en slangklämma så att framsätet kan flyttas manuellt.
2 Skruva loss sätets bakre fästbultar **(se bild)**.
3 Skjut sätet helt bakåt.
4 Skruva loss sätets främre fästbultar **(se bild på nästa sida)**.
5 Lyft sätet i framkant och koppla loss

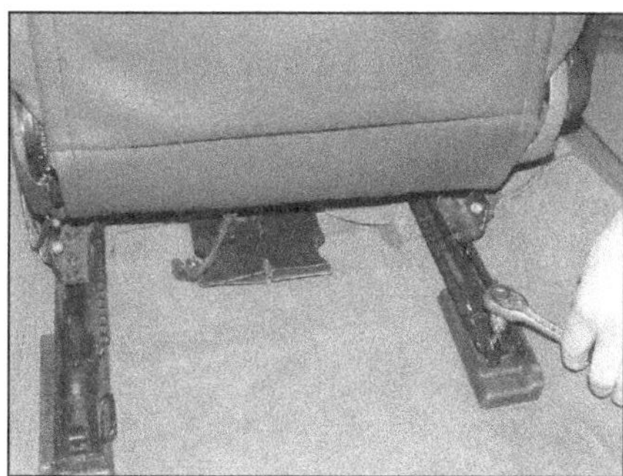

24.2 Ta bort framsätets bakre fästbultar

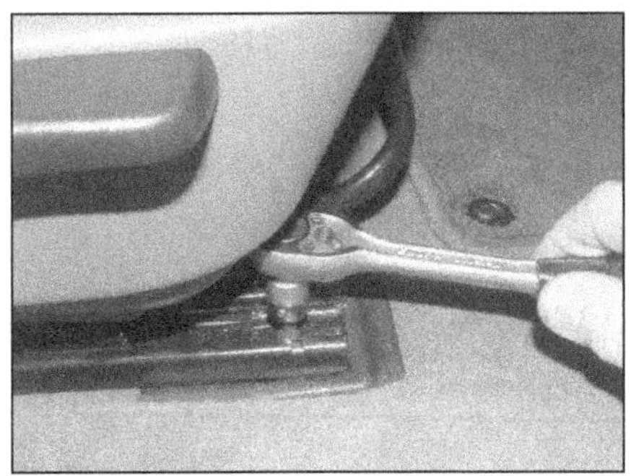

24.4 Ta bort framsätets främre fästbultar

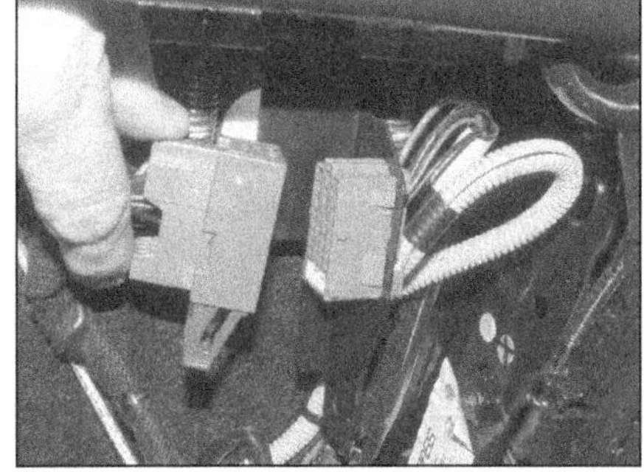

24.5a Koppla loss anslutningskontakten . . .

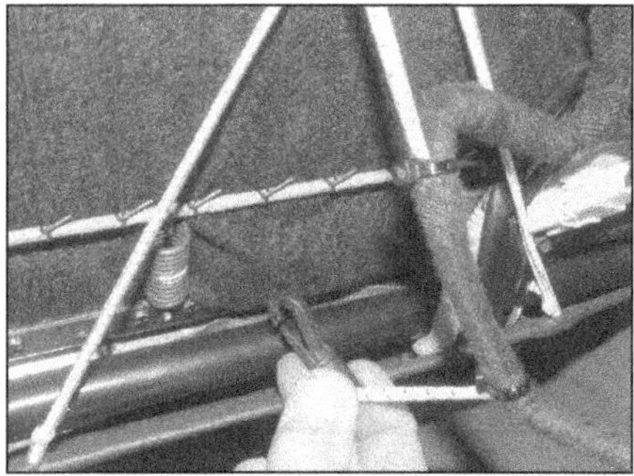

24.5b . . . och lossa buntbandet och klämman

anslutningskontakten. Lossa även buntbandet och klämman **(se bilder)**.

6 Lyft ut sätet från bilen och lossa vid behov säkerhetsbältet från det (se avsnitt 26).

Montering

7 Montering utförs i omvänd ordning mot demonteringen. Dra åt fästbultarna till angivet moment. Den inre bulten ska dras åt först både fram och bak.

Baksätets dyna

Demontering

8 Fäll fram baksätets dyna.

9 Lossa plastklämman från gångjärnet **(se bild)**.

10 Där så är tillämpligt, koppla loss multikontakten från dynans undersida.

11 Ta ut dynan från bilen **(se bild)**.

Montering

12 Montering utförs i omvänd ordning.

Baksätets ryggstöd (40 %-sektionen)

Demontering

13 På både sedan- och kombimodeller, fäll baksätesdynan framåt och ryggstödet nedåt. Fäst sedan säkerhetsbältena i hållarna på C-stolparna.

14 Vik ryggstödet något framåt och haka loss klädselkrokarna vid säkerhetsbältesfästet.

15 Lossa den yttre svängtappen med en skruvmejsel genom att bända ut spärrhakens hållplåt. Lyft sedan upp ryggstödet och ta bort det från den inre svängtappen **(se bild)**. Observera att ryggstödet endast kan lossas när det är fällt ca 20° från lodrätt läge. Lyft bort ryggstödet inifrån bilen.

Montering

16 Montering sker i omvänd ordning mot demonteringen. Tryck ner ryggstödet tills det låses på plats. Se till att mittbältet sitter framför ryggstödet.

Baksätets ryggstöd (60 %-sektionen)

Demontering

17 Ta bort 40 %-sektionen av ryggstödet enligt beskrivningen ovan.

18 På sedanmodeller, lossa spärren genom att trycka på den med fingret. Dra sedan loss ryggstödet från fäststiften. Lyft bort ryggstödet inifrån bilen.

19 På kombimodeller, skruva loss bulten från det mittre säkerhetsbältets nedre fäste och skruva loss gångjärnssprinten från mittstödet. Lossa klädselklämman och lyft ryggstödet

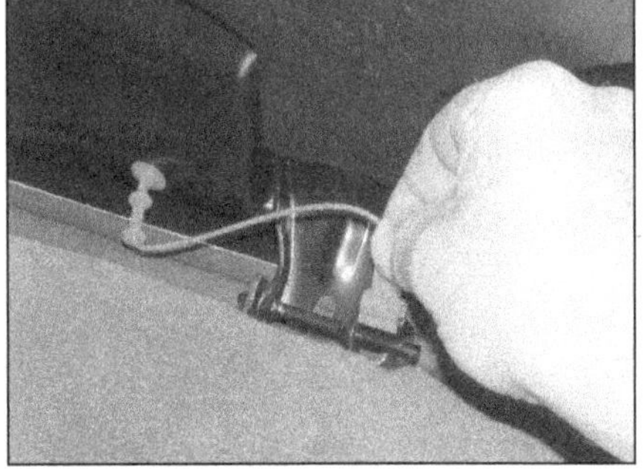

24.9 Ta bort plastklämman från gångjärnet . . .

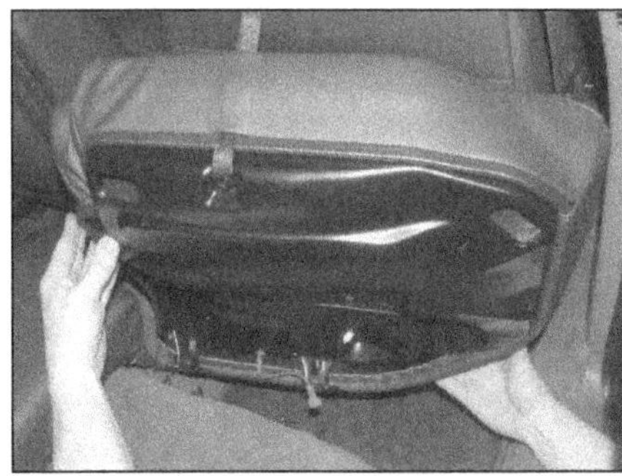

24.11 . . . och ta bort baksätesdynan

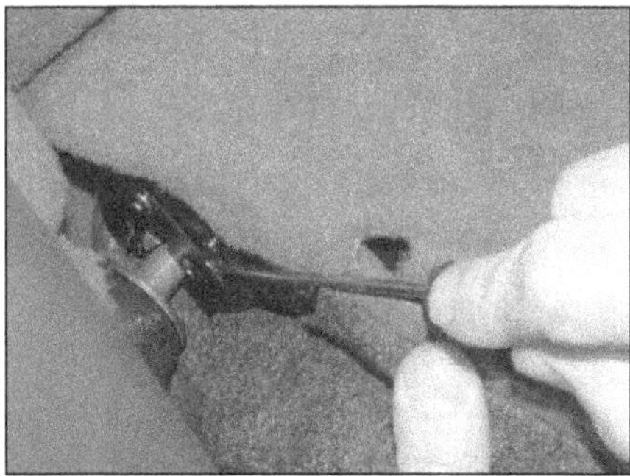

24.15 Lossa spärrhakens hållplåt med en skruvmejsel

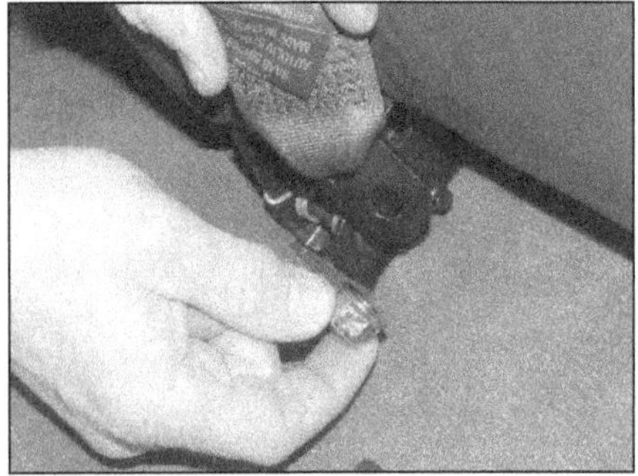

24.19a Skruva loss bulten från mittbältets nedre fäste . . .

24.19b . . . skruva loss gångjärnssprinten från mittstödet . . .

24.19c . . . haka loss klädselklämman . . .

från det vänstra sidofästet. Skjut ryggstödet mot dörren för att lossa mittsprintens tapp från stödet och ta ut ryggstödet från bilen **(se bilder)**.

Montering

20 Montering utförs i omvänd ordning mot demonteringen. Tryck ner ryggstödet tills det låses på plats. På sedanmodeller, se till att mittbältet sitter framför ryggstödet.

25 Styrmodul till förarsäte - demontering och montering

Observera: *Styrmodulen finns endast på modeller med elstyrt säte.*

Demontering

1 Framsätets styrmodul sitter på undersidan av förarsätet. Modulen innehåller minne för position och rörelsekontroll samt en kommunikationsfunktion för diagnostiksyfte. Systemet kommer också ihåg läget på de elstyrda backspeglarna.

2 Demontera framsätet enligt beskrivningen i avsnitt 24.

3 Koppla loss kablaget från modulen.

4 Skruva loss fästskruvarna och ta bort modulen från sätet. Observera att ett av modulens bulthål är öppet i ena änden. Du behöver bara lösgöra motsvarande bult, varefter du kan dra bort modulen.

Montering

5 Montering utförs i omvänd ordningsföljd.

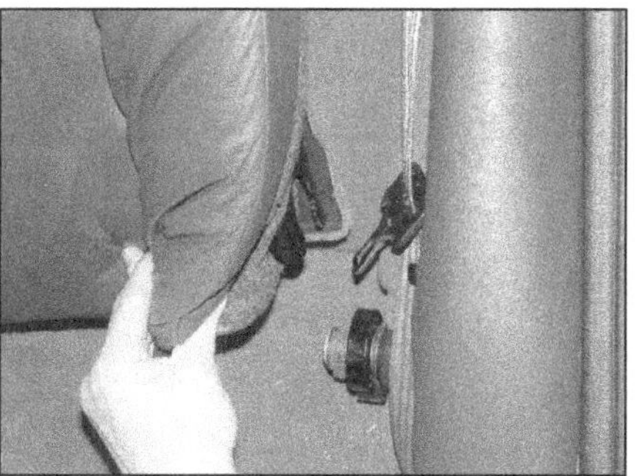

24.19d . . . lossa det yttre vänstra fästet . . .

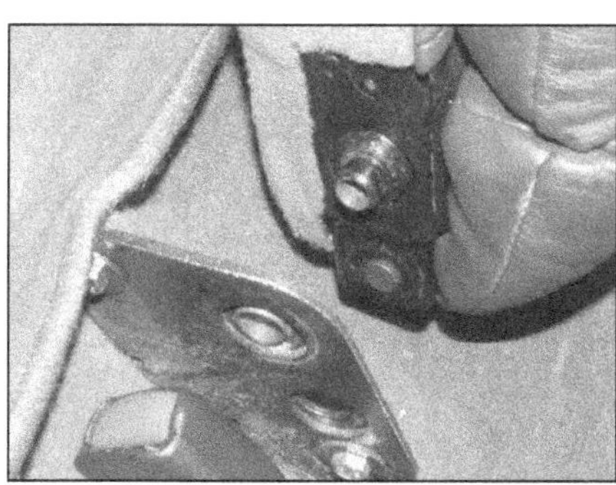

24.19e . . . och lossa mittsprintens tapp från stödet

26 Säkerhetsbälten - demontering och montering

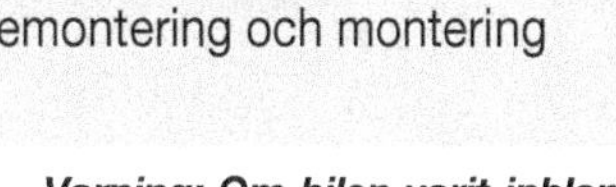

⚠ ***Varning: Om bilen varit inblandad i en olycka där bältessträckaren aktiverades, måste både bältessträckaren och hela säkerhetsbältet bytas ut.***

Främre säkerhetsbälte och bältessträckare

Demontering

1 Skjut sätet framåt så långt det går. Se till att tändningen är avstängd.

2 Lossa säkerhetsbältet från framsätet genom att trycka in spärren med en 90° vinkelskruvmejsel. Mejselbladet måste vara 3,0 mm brett. Om så behövs för bättre åtkomlighet, ta bort sidkåpan av plast och tryck in spärren med en skruvmejsel **(se bilder)**.

3 Dra en liten bit av tätningsremsan bakåt, bänd försiktigt loss klädselpanelen från B-stolpen med en bred spårskruvmejsel och lyft bort den från luftkanalen. Dra säkerhetsbältet genom panelen **(se bilder)**.

4 Koppla loss kablaget till bältessträckaren **(se bild på nästa sida)**.

5 Skruva loss de två muttrarna/bultarna och skruven. Ta bort framsätets haspel och bältessträckare **(se bild på nästa sida)**.

6 För att ta bort bältets spänne från framsätets insida, börja med att demontera sätet (se avsnitt 24). Koppla sedan bort kablaget till bältespåminnarlampan från sätets undersida och klipp av buntbandet. Skruva loss bulten och ta bort spännet.

Montering

7 Montering utförs i omvänd ordningsföljd

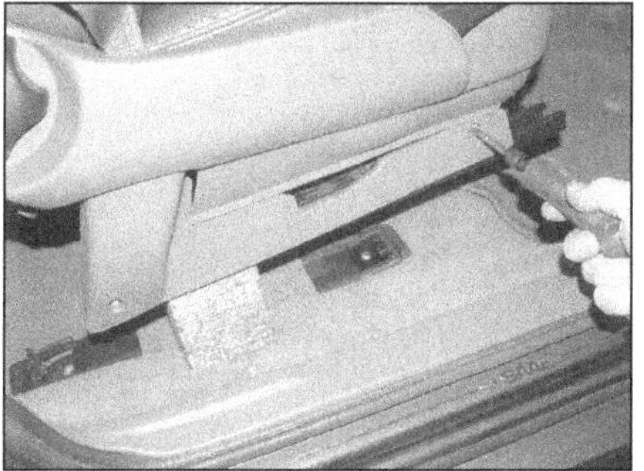

26.2a Skruva loss skruvarna . . .

26.2b . . . och ta bort sidkåpan . . .

26.2c . . . tryck sedan in spärren med en skruvmejsel . . .

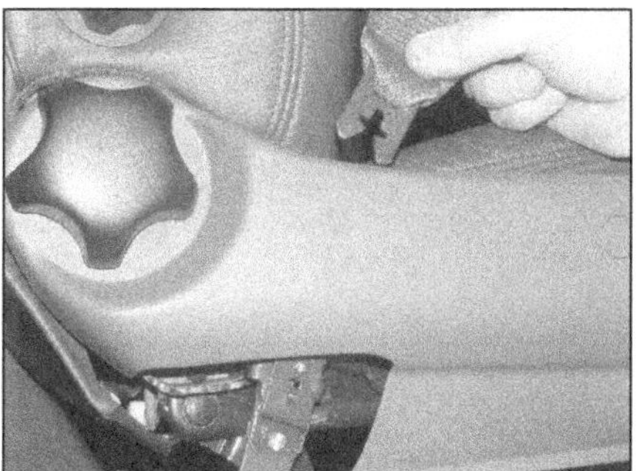

26.2d . . . och lossa säkerhetsbältet

26.3a Ta bort klädselpanelen från B-stolpen . . .

26.3b . . . och dra igenom säkerhetsbältet

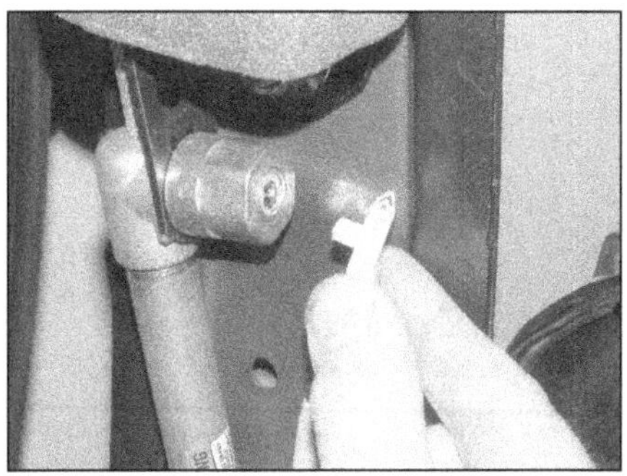
26.4 Koppla loss kablaget till bältessträckaren

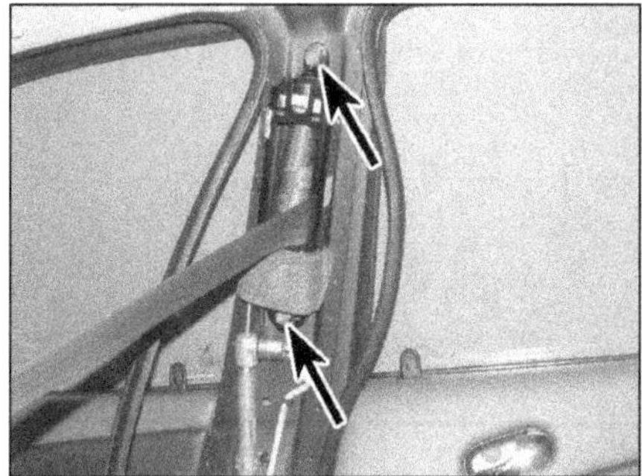
26.5 Fästbultar till det främre säkerhetsbältets haspel och bältessträckare

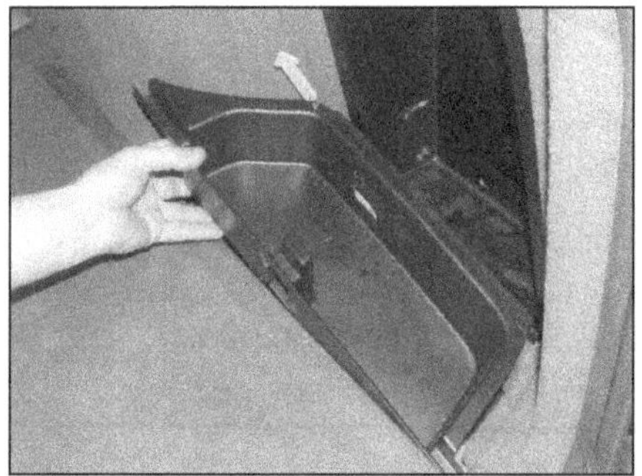
26.19 Ta bort den bakre förvaringslådan i bagageutrymmet

mot demonteringen. Dra åt fästbultarna till angivet moment. Kontrollera att bältet sitter korrekt i framsätet genom att dra det rakt uppåt. Spärren ska synas på fästets utsida. Saab rekommenderar att krockkuddarnas system kontrolleras för felkoder när det främre säkerhetsbältets haspel och bältessträckare har monterats.

Bakre yttre bälte (sedanmodeller)

Demontering

8 Fäll sätesdynan framåt och skruva loss muttern som fäster säkerhetsbältets nedre ände i golvet.

9 Dra undan en liten bit av tätningsremsan och bänd försiktigt bort klädselpanelen från C-stolpen med en bred skruvmejsel, så att fästklämmorna lossas. Dra säkerhetsbältet genom hålet i panelen.

10 Skruva loss fästmuttrarna och ta bort bälteshaspeln från C-stolpen.

11 För att ta bort spännet, skruva loss fästmuttern och ta bort spännet från golvet. På nyare modeller måste du ta bort båda ryggstöden och ta loss mattan från golvet för att komma åt muttern.

Montering

12 Montering sker i omvänd ordning mot demonteringen. Dra åt fästmuttrarna och fästbultarna till angivet moment.

Bakre mittbälte (sedanmodeller)

Demontering

13 Fäll ner baksätets ryggstöd och ta bort nackstödet.

14 Ta bort båda högtalargallren, ta bort klämmorna framtill på bagagehyllan, lyft bort hyllans klädsel och dra ut mittbältet.

15 Skruva loss fästmuttern och ta bort mittbältet från golvet.

16 Skruva loss fästmuttern och ta bort bälteshaspeln från bagagehyllans bakre tvärbalk.

17 Ta bort spännet genom att skruva loss fästmuttern och ta bort det från golvet. På nyare modeller måste du ta bort båda ryggstöden och ta loss mattan från golvet för att komma åt muttern.

Montering

18 Montering utförs i omvänd ordning. Dra åt fästmuttrarna till angivet moment. Se till att bältet löper över ryggstödets framsida.

Bakre yttre bälte (kombimodeller)

Demontering

19 Ta bort den bakre bagagehyllan i förekommande fall, samt förvaringslådan från bagageutrymmet **(se bild)**.

20 Ta bort hasplåten från bakluckans öppning.

21 Ta bort takklädselns bakre del och bänd loss D-stolpens panel med en bred spårskruvmejsel.

22 Bänd loss de små täcklocken, skruva loss skruvarna och bänd loss bagagehyllans stöd **(se bilder)**.

23 Vik upp sätesdynan och fäll ner ryggstödet.

24 Lyft dörrens tätningsremsa och dra ut den övre änden av sidostoppningen. Haka sedan loss den nedre änden och dra ut stoppningen **(se bilder)**.

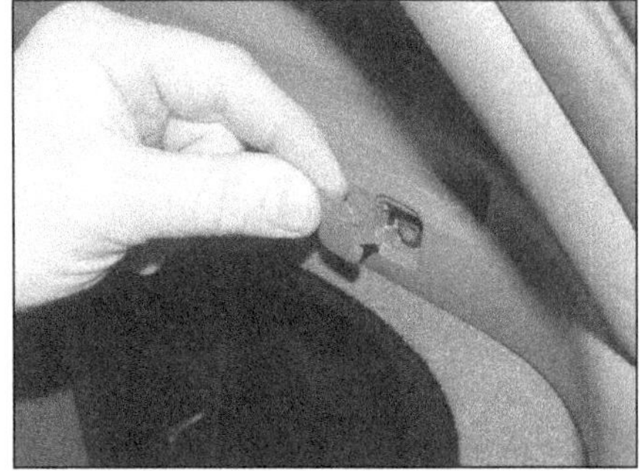
26.22a Bänd ut kåporna . . .

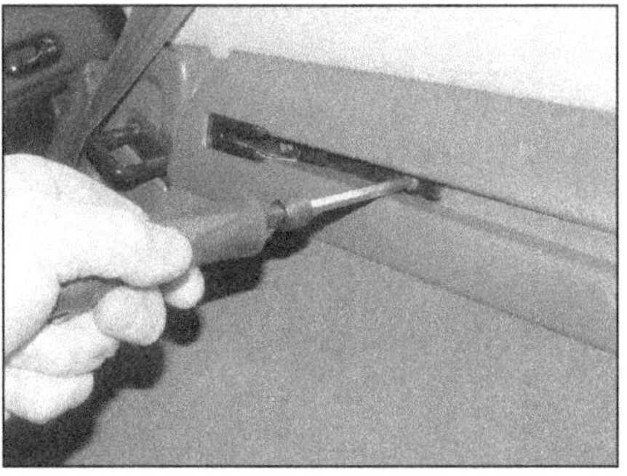
26.22b . . . skruva loss skruvarna . . .

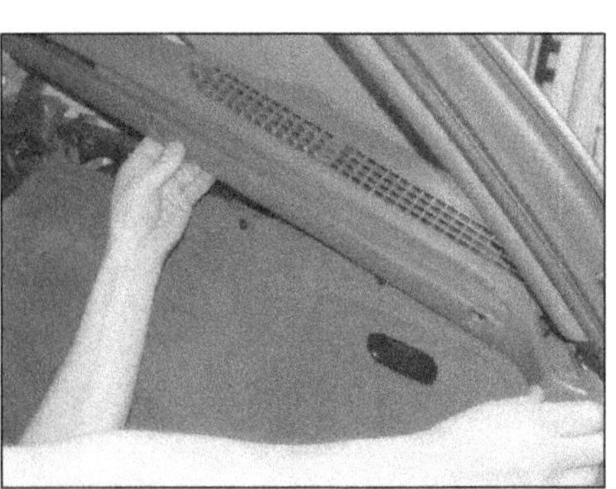
26.22c . . . och ta bort bagagehyllans stöd

26.24a Lyft dörrens tätningsremsa . . .

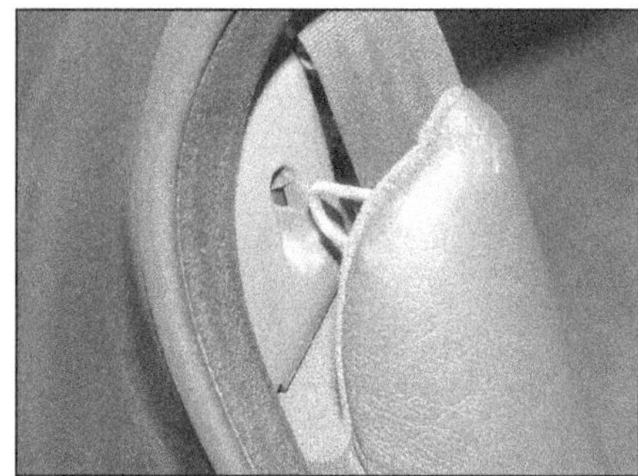
26.24b . . . haka sedan loss sidostoppningen

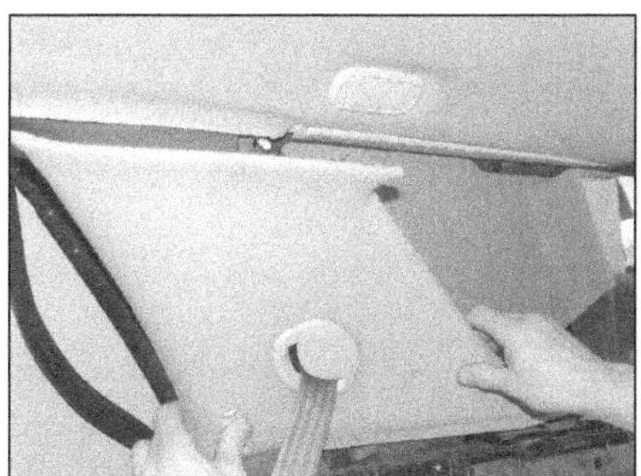
26.26 Ta bort panelen från C-stolpen

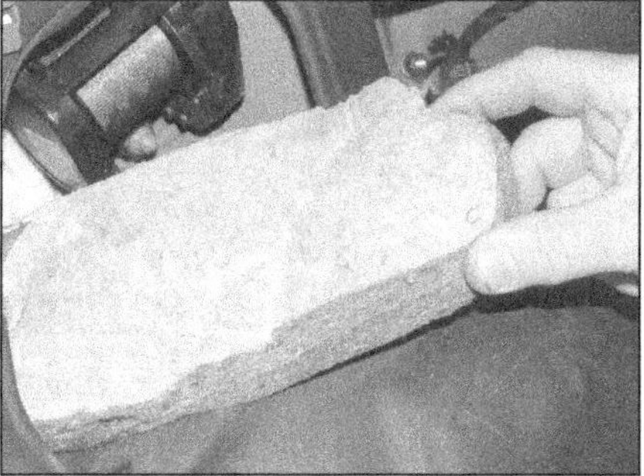
26.29a Ta bort isoleringsdynan

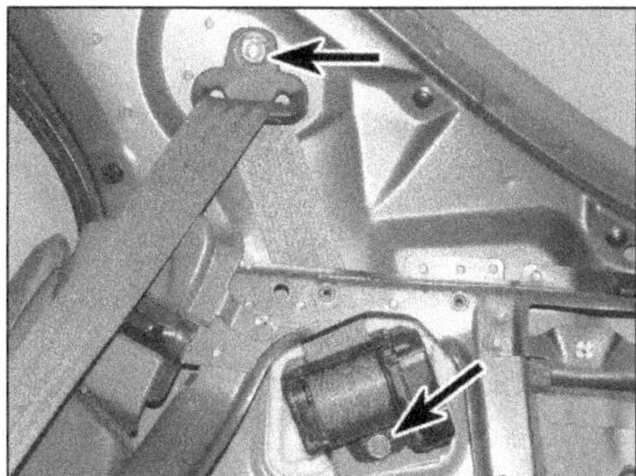
26.29b Fästbultar och haspel till bakre säkerhetsbälte

25 Skruva loss skruvarna och dra bort panelen från ryggstödet. Koppla loss kablaget till CD-spelaren i förekommande fall.

26 Med början uppifrån, dra loss klädselpanelen från C-stolpen. Observera styrsprinten baktill i nederkant **(se bild)**.

27 Skruva loss muttern och ta bort bältets nedre ände från golvet.

28 Ta bort styrningen från C-stolpens panel och mata bältet genom styrningen.

29 Ta bort isoleringskudden och styrningen. Skruva sedan loss och ta bort bälteshaspeln **(se bilder)**.

30 Ta bort spännet genom att skruva loss fästmuttern/fästbulten och ta bort det från den bakre golvpanelen **(se bild)**.

Montering

31 Montering sker i omvänd ordning mot demonteringen. Dra åt fästmuttrarna/-bultarna till angivet moment. Se till att gummitätningsremsan placeras korrekt över D-stolpens panel, den inre takklädseln och hasplåten.

Bakre mittbälte (kombimodeller)

Demontering

32 Vik baksätesdynorna framåt och fäst de bakre säkerhetsbältena i hållarna.

33 Vik det mindre ryggstödet något framåt och ta bort klädselns klämma.

34 Lossa den nedre spärren med en skruvmejsel och lyft bort ryggstödet.

35 Skruva loss mittbältets nedre fäste och ta bort det mittre gångjärnets svängtapp. Låt fästbultarna sitta kvar.

36 Lossa klädseln från det större ryggstödet. Fäll ryggstödet till upprätt läge och lossa det från det vänstra sidofästet. Flytta det nu mot dörren och lossa svängtappen i mitten. Dra bort ryggstödet.

37 Skruva loss skruven och lossa kåpan från spärren.

38 Lossa plattan från ryggstödet, ta bort klädselpanelen från spåret och dra bort plattan. Var försiktigt så att hörnet inte knäcks.

39 Skruva loss skruvarna och ta bort bältesplattan från ryggstödets baksida.

40 Ta bort styrningen från ryggstödet och bältet.

41 Skär bort skumplasten om det behövs. Skruva loss skruvarna och ta bort styrningen. Lossa styrningen från bältet.

42 Skruva loss haspeln tillsammans med säkerhetsbältet.

43 Ta bort spännet genom att skruva loss fästmuttern/fästbulten och dra ut det från den bakre golvpanelen.

Montering

44 Montering görs i omvänd ordning mot demonteringen. Dra åt fästmuttrarna/-bultarna till angivet moment.

27 Inre klädselpaneler - demontering och montering

A-stolpens klädsel

Observera: *På modeller från och med 2002 sitter stötdämpande material mellan den inre takklädseln och takpanelen, som skyddar föraren och passagerarna från skallskador vid kollision. A-stolpens klämmor till klädselpanelen är fästa i detta material och får inte demonteras.*

1 Öppna den aktuella framdörren och dra bort tätningsremsan av gummi från dörröppningen vid A-stolpen.

2 Arbeta från takklädseln och ner, ta ett fast tag i klädselpanelen och dra långsamt bort den från stolpen så att nitarna på undersidan lossnar en i taget.

3 På modeller från och med 2002, lossa de övre klämmorna från klädselpanelen. **Ta inte bort** klämman eller stroppen från stolpen. De är en del av kollisionsskyddssystemet som är inbyggt i den inre takklädseln.

4 Montering sker i omvänd ordning mot demonteringen.

B-stolpens klädsel

Observera: *På modeller från och med 2002 måste du vara försiktig, så att du inte skadar skyddsmaterialet mellan takklädseln och takpanelen.*

5 Skjut framsätet helt framåt, dra försiktigt loss B-stolpens klädselpanel och lyft ut den ur luftkanalen.

26.30 Bakre säkerhetsbältenas spännen

6 Tryck in spärren med en vinklad skruvmejsel och lossa bältesfästet från framsätet.

7 Ta bort bältesstyrningen och dra bältet genom B-stolpens klädselpanel. Ta bort klädselpanelen.

8 Monteringen utförs i omvänd ordning mot demonteringen.

C-stolpens klädsel

Observera: *På modeller från och med 2002 måste du vara försiktig, så att du inte skadar skyddsmaterialet mellan takklädseln och takpanelen.*

Sedanmodeller

9 Fäll ner baksätets ryggstöd, skruva loss skruven och ta bort nackstödet.

10 Skruva loss skruven och lossa högtalargallret från bagagehyllan.

11 Dra försiktigt loss klädselpanelen från C-stolpen, skruva loss säkerhetsbältet och mata det genom panelen.

12 Montering utförs i omvänd ordning.

Kombimodeller

13 Ta bort takets bakre tvärpanel från takklädselns bakre del. Det behövs för att D-stolpens panel ska kunna tas ut.

14 Dra försiktigt D-stolpens klädselpanel framåt och lossa den från fästklämmorna.

15 Skruva loss skruvarna och ta bort bagagehyllans stöd som sitter under det bakre sidofönstret.

16 Börja uppifrån och dra bort C-stolpens klädselpanel. Observera styrsprinten baktill i den nedre kanten.

27.34a Lossa skruvarna . . .

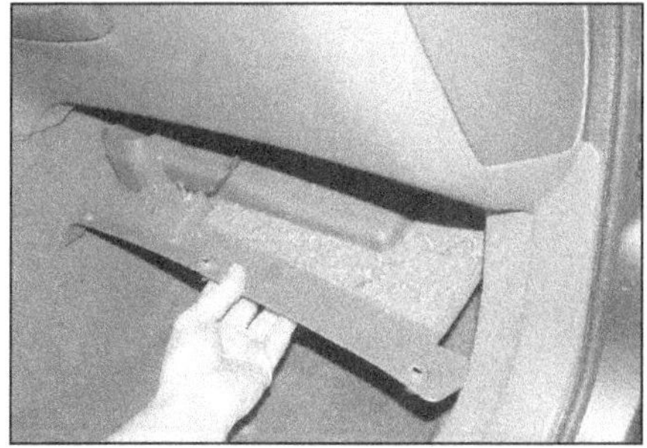

27.34b . . . och ta bort panelen med luftkanalen från instrumentbrädans nedre del

27.35a Lossa skruvarna . . .

17 Fäll baksätesdynan framåt och skruva loss bältets nedre fästmutter.

18 Ta bort styrningen från C-stolpen och dra bältet genom panelen.

19 Montering utförs i omvänd ordning.

Bagageutrymmets sidoklädselpanel

Sedanmodeller

20 Ta i förekommande fall bort CD-växlaren från bagageutrymmets vänstra sida, samt skyddsnätet från den högra sidan.

21 Lyft upp golvpanelen och lossa hasplåten från den bakre listen.

22 Fäll ner baksätets ryggstöd, skruva loss skruvarna och lossa golvpanelen i framkant.

23 Skruva loss skruven och lossa högtalargallret från bagagehyllan.

24 Skruva loss plastmuttrarna och ta bort sidoklädselpanelen.

25 Montering utförs i omvänd ordning mot demonteringen.

Kombimodeller

26 Ta bort förvaringslådan från bagageutrymmet.

27 Bänd loss täcklocken och lossa skruvarna. Lossa sedan hasplåten från den bakre listen.

28 Ta bort takets bakre tvärpanel från takklädselns bakre ände. Det behövs för att D-stolpens panel ska få plats.

29 Dra försiktigt D-stolpens klädselpanel framåt och lossa den från fästklämmorna.

30 Skruva loss skruvarna och ta bort bagagehyllstödet som sitter under det bakre sidofönstret.

31 Dra ut den övre änden av sidostoppningen, haka loss den nedre änden och dra ut stoppningen.

32 Skruva loss skruvarna längst upp på sidoklädselpanelen. Om så är tillämpligt, dra sedan försiktigt ut panelen och koppla loss kablaget från CD-spelaren. Dra sedan bort panelen.

33 Montering utförs i omvänd ordning mot demonteringen. När du monterar sidoklädselpanelen igen, sätt först i den bakersta skruven.

Nedre instrumentbrädespanel (förarsidan)

34 Skruva loss skruvarna och ta bort den nedre panelen tillsammans med luftkanalen på förarsidan **(se bilder)**.

35 Skruva loss skruvarna och ta bort diagnosuttaget och datalänkkablaget **(se bilder)**.

36 Ta bort fotbrunnens lampa från den nedre instrumentbrädespanelen eller koppla loss kablaget **(se bild)**.

37 Montering utförs i omvänd ordning mot demonteringen.

Inre takklädsel

Observera: *På modeller från och med 2002 är den inre takklädseln försedd med särskilt, stötdämpande material, som inte får skadas.*

38 Skruva loss skruvarna och ta bort solskydden. Om så är tillämpligt, koppla loss kablaget från spegellampan.

39 Bänd försiktigt loss lampans lins från takkonsolen.

40 Skruva loss skruvarna och ta bort takkonsolen. Beroende på utrustning måste du eventuellt koppla loss kablaget från den invändiga temperaturgivaren och mikrofonen.

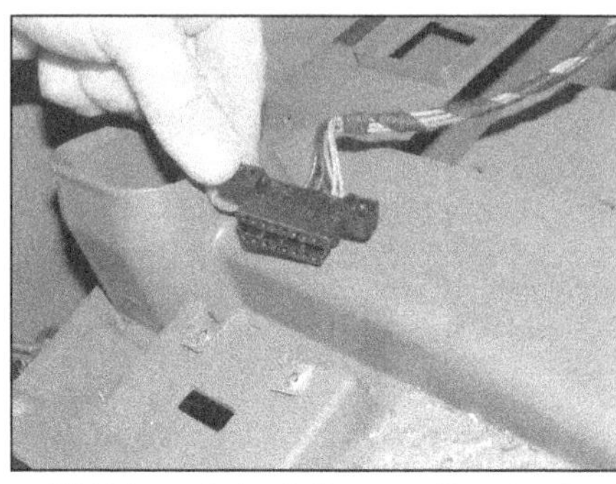

27.35b . . . ta bort diagnosuttaget och datalänkkablaget

41 Skruva loss skruvarna och ta bort backspegeln **(se bild)**.

42 Ta bort A-stolparnas klädselpaneler enligt beskrivningen tidigare i detta avsnitt.

43 Skruva loss skruvarna och ta bort kurvhandtagen som sitter ovanför dörröppningarna.

44 På modeller med taklucka, ta bort de tre klämmorna från takluckeöppningens bakkant.

45 Ta bort B-stolpens klädselpanel på passagerarsidan enligt beskrivningen tidigare i detta avsnitt.

Sedanmodeller

46 Lossa C-stolparnas klädselpaneler upptill.

47 Lossa kåpan för det högt monterade bromsljuset och koppla loss kablaget. För undan kablaget från konsolen.

48 Lossa den inre takklädseln i bakkant genom att vrida de två klämmorna 90°.

49 Sänk och skjut framsätena bakåt så långt det går. Fäll ner ryggstöden så får du bättre plats.

50 Dra försiktigt bort den inre takklädseln från dörrtätningarna på förarsidan och passagerarsidan.

51 På modeller med taklucka, lossa takklädseln från hakarna i närheten av solluckan.

52 Observera att en del kablar sitter fasttejpade uppe på takklädseln. Koppla loss kablaget i öppningen i takkonsolen och koppla i förekommande fall loss larmkablaget.

53 Skjut ratten framåt så långt det går. Lägg i backväxeln på modeller med manuell

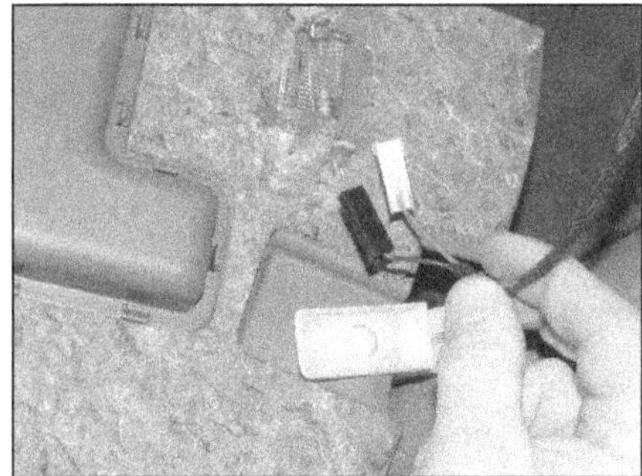

27.36 Koppla loss kablaget från fotbrunnslampan

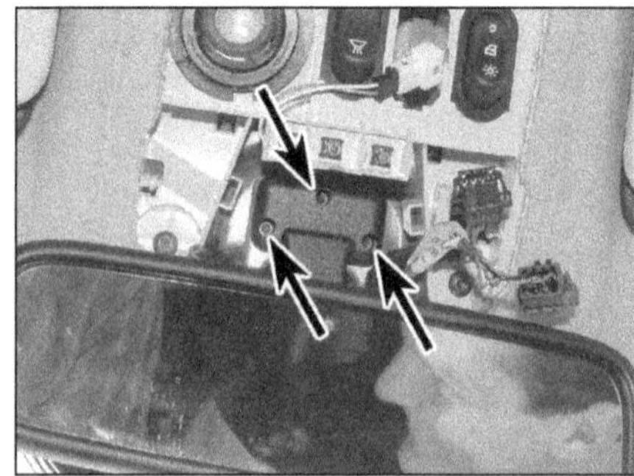

27.41 Backspegelns fästskruvar

växellåda. Lägg i läge 1 på modeller med automatväxellåda.

54 Ta hjälp av en annan person, lyft försiktigt takklädseln genom passagerarsidans dörröppning Var noga med att inte skada klädseln.

Varning: På modeller från och med 2002, kontrollera att stötdämpningskuddarna som sitter ovanpå takklädseln är hela. Om någon av dem är skadade måste hela den inre takklädseln bytas ut.

Kombimodeller

55 Lossa klämmorna som fäster takklädselns bakre tvärbalk i taket.

56 Koppla loss kablaget från glaskrossgivaren och bagageutrymmeslampan.

57 Dra försiktigt bort klädselpanelerna från D-stolparna och ta bort klädselpanelerna som sitter mellan C- och D-stolparna.

58 Lossa klämmorna som fäster C-stolparnas klädselpaneler i överkant.

59 Ta bort bagagerumsnätets fästen, bänd loss kåporna och lossa klämmorna.

60 Lossa den inre takklädseln i bakkant genom att vrida de två klämmorna 90°.

61 Dra försiktigt bort den inre takklädseln från dörrtätningarna på förarsidan och passagerarsidan.

62 På modeller med sollucka, lossa den inre takklädseln från hakarna i närheten av luckan.

63 Observera att en del kablar sitter fasttejpade ovanpå takklädseln. Koppla loss kablaget i öppningen i takkonsolen, och koppla i förekommande fall loss larmkablaget.

64 Ta hjälp av en annan person, lyft försiktigt ut takklädseln genom bakluckans öppning. Var noga med att inte skada klädseln.

Varning: På modeller från och med 2002, kontrollera att stötdämpningskuddarna som sitter ovanpå takklädseln är hela. Om någon av dem är skadade måste hela den inre takklädseln bytas ut.

Alla modeller

65 Om du monterar en ny takklädsel, flytta över kablarna från den gamla och fäst dem med ny tejp.

66 Montering utförs i omvänd ordning mot demonteringen.

28 Mittkonsol - demontering och montering

Demontering

1 På modeller med manuell växellåda, bänd loss växelspakens damask från mittkonsolen. På modeller med automatväxellåda, bänd upp sargen runt växelväljaren **(se bild)**.

2 Om en askkopp är monterad, öppna den och ta loss den yttre (fanerade) panelen med askkoppen **(se bild)**.

3 Använd en skruvmejsel, bänd upp fästflikarna och bänd loss askkoppen/förvaringsfacket från mittkonsolen **(se bilder)**. Skydda valnötspanelen med tejp.

4 Skruva loss skruvarna och ta bort kåpan till växelspaken/-väljaren. Märk upp hur kablarna ska sitta och dra ur kontakterna. Det finns kontakter för sätesvärme, sätesventilation och cigarrettändare. Koppla även loss kablarna från centrallåsbrytaren **(se bilder)**.

5 Lyft upp den bakre änden av konsolen och

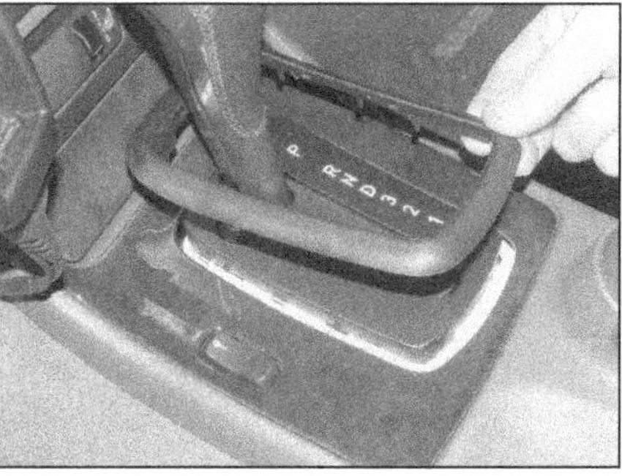

28.1 Ta bort sargen runt växelväljaren (modeller med automatväxellåda)

28.2 Ta bort den yttre panelen från askkoppen

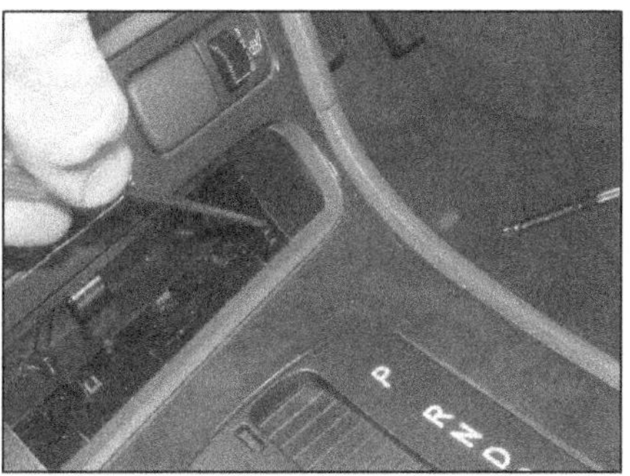

28.3a Bänd undan fästflikarna . . .

28.3b . . . och ta bort askkoppen från mittkonsolen

28.4a Lossa skruvarna . . .

28.4b . . . ta bort kåpan från växelspaken/växelväljaren . . .

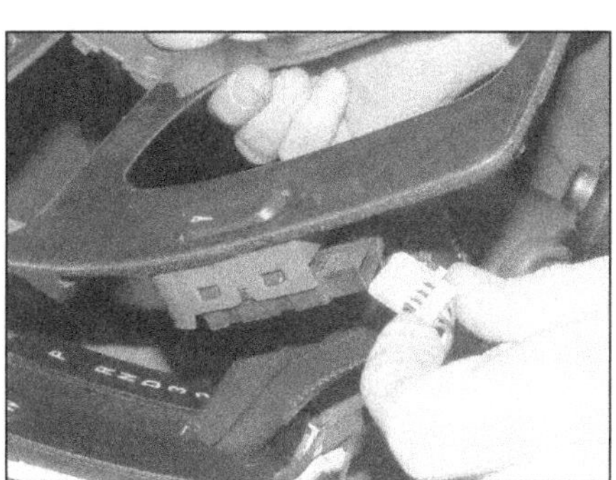

28.4c . . . koppla sedan loss kablarna från centrallåsbrytaren . . .

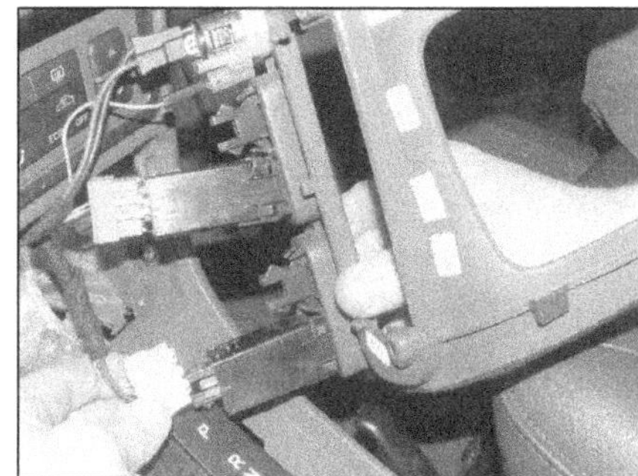

28.4d . . . och återstående brytare

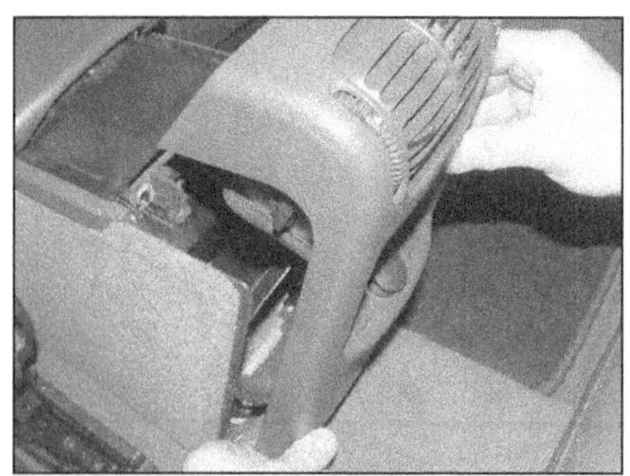
28.5a Lyft den bakre änden på konsolen . . .

28.5b . . . och koppla loss kablarna från baksätesvärmens brytare

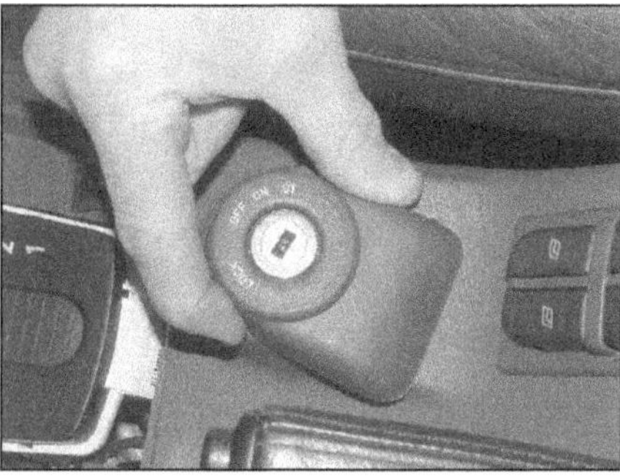
28.7a Ta bort stöldskyddsantennen . . .

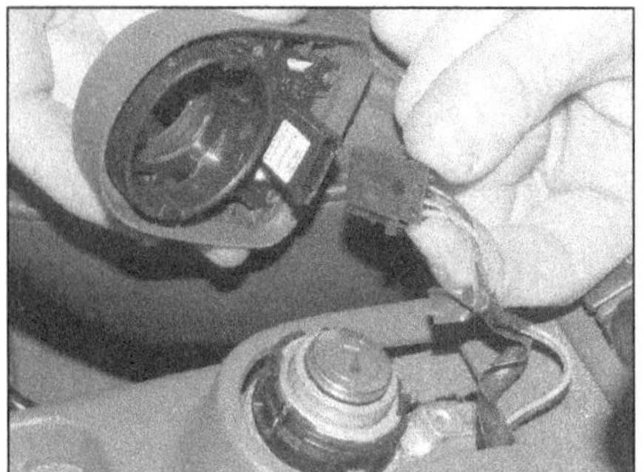
28.7b . . . och ta loss kablarna

28.8a Bänd ut den lilla panelen . . .

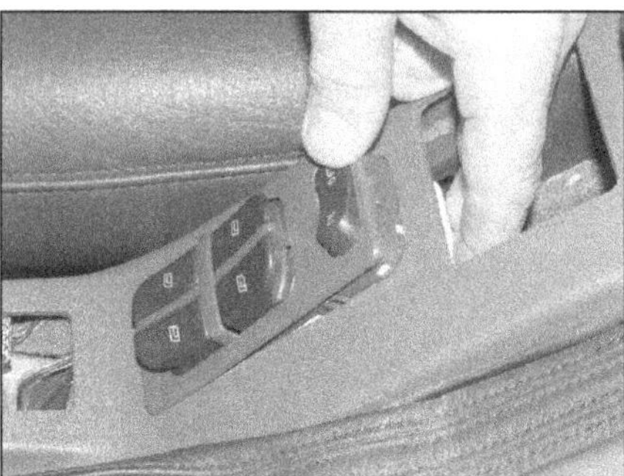
28.8b . . . tryck sedan ut fönsterhissarnas reglagepanel . . .

koppla loss kablaget från brytarna till baksätesvärmen **(se bilder)**.

6 Lägg i backväxeln (manuell växellåda) eller P (automatväxellåda). Ta ut startnyckeln.

7 Vrid loss bajonettfästet till stöldskyddsantennen från tändningslåset och koppla loss kablaget **(se bilder)**. Sätt i startnyckeln och lägg i växelläge Neutral.

8 Bänd ut fönsterhissens reglagepanel och koppla loss kablarna. Det kan hända att du först måste bända loss en mindre panel ovanför reglagepanelen **(se bilder)**.

9 Skruva loss skruvarna och ta bort den övre sargpanelen från mittkonsolen, samtidigt som du drar bort damasken till handbromsspaken.

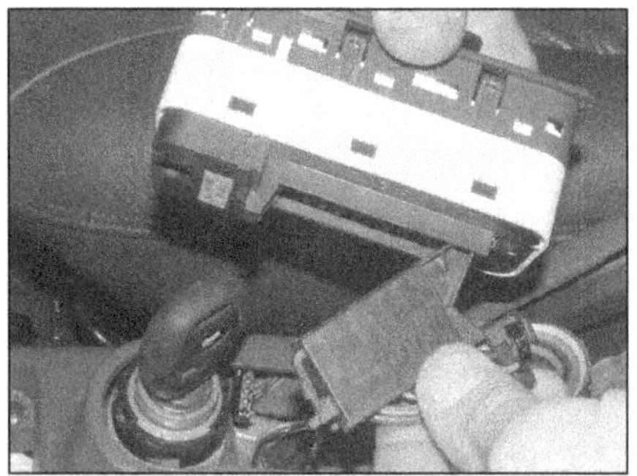
28.8c . . . och ta loss kablarna

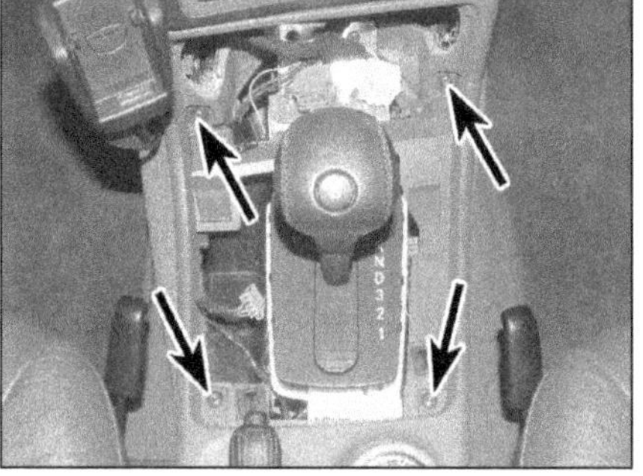
28.9a Skruva loss de främre skruvarna . . .

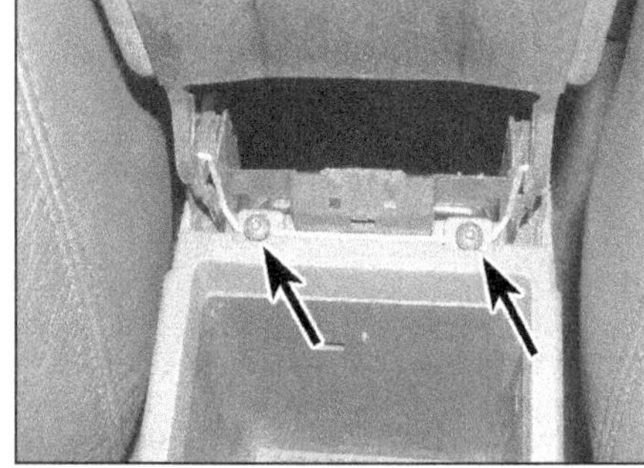
28.9b . . . och de bakre skruvarna

28.9c Notera hur fjädern till förvaringslådans lock sitter

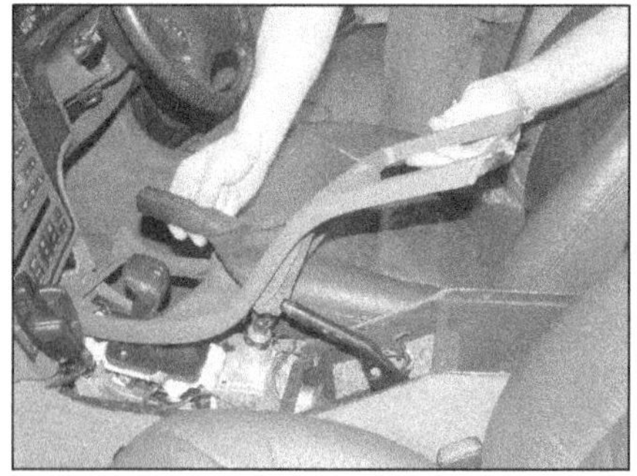
28.9d Ta bort den övre sargpanelen från mittkonsolen

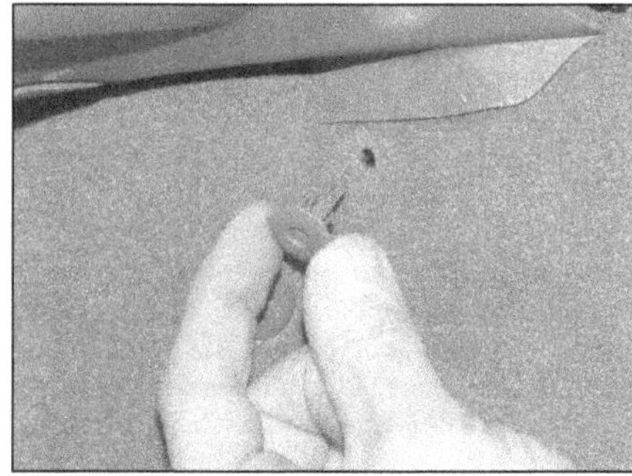
28.10a Ta bort hållarna . . .

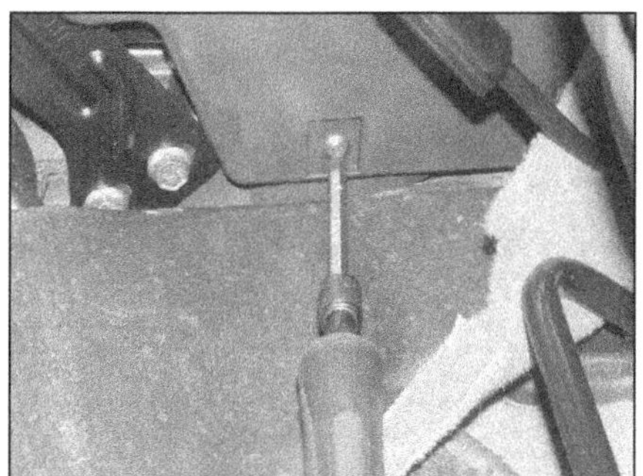

28.10b . . . lossa sidoskruvarna framtill . . .

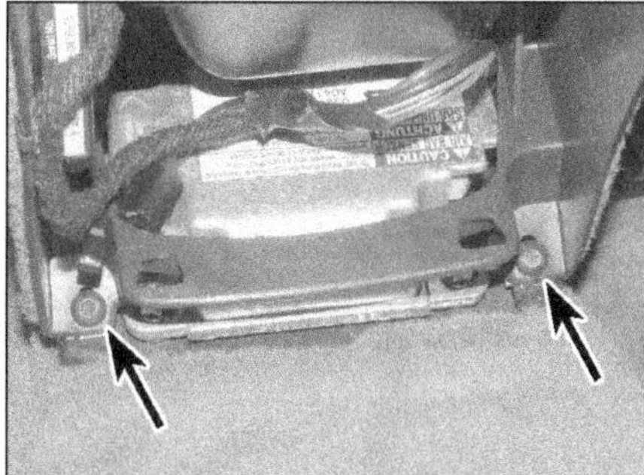

28.10c . . . och de bakre skruvarna . . .

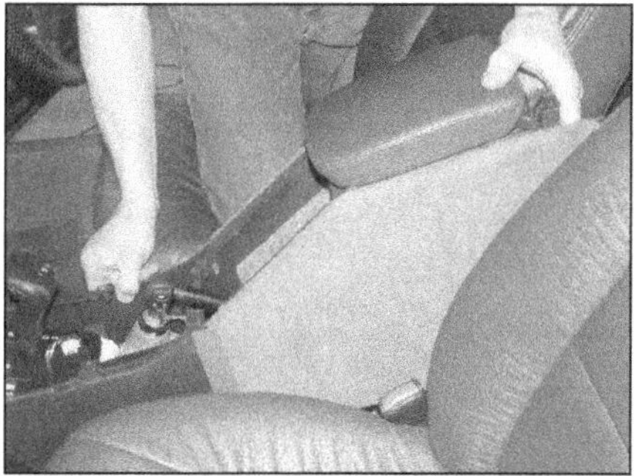

28.11 . . . och lyft ut mittkonsolen

Observera att de bakre skruvarna fäster fjädern till förvaringslådans lock **(se bilder)**.

10 Ta bort hållarna och vik undan mattan. Lossa mittkonsolens främre och bakre fästskruvar **(se bilder)**.

11 Lyft ut mittkonsolen ur bilen **(se bild)**.

Montering

12 Montering utförs i omvänd ordningsföljd.

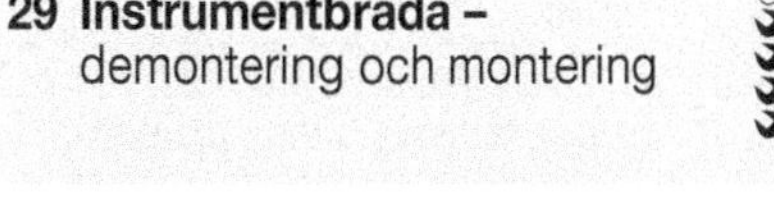

29 Instrumentbräda – demontering och montering

Varning: Läs föreskrifterna i avsnitt 31 vid arbete med eller i närheten av krockkuddarna.

Demontering

1 Koppla loss batteriets minusledare (se *Koppla ifrån batteriet* i referenskapitlet).

2 Bänd försiktigt loss högtalargallren från sidorna av instrumentbrädan **(se bild)**. De är fästa med klämmor.

3 Skruva loss skruvarna och lyft ut högtalarna. Koppla loss kablaget **(se bilder)**.

4 Ta försiktigt bort kåpan från mitten av instrumentbrädans topp genom att trycka den framåt och sedan lyfta upp den. Ta bort larmdioden, koppla bort kablaget från solsensorn och tryck ner den i hålet i instrumentbrädan. Notera kabelns dragning **(se bilder)**.

5 Demontera handskfacket enligt beskrivningen i avsnitt 30 och lyft ut luftkanalen.

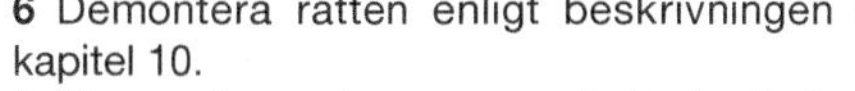

6 Demontera ratten enligt beskrivningen i kapitel 10.

7 Skruva loss skruvarna och ta bort den nedre instrumentbrädespanelen tillsammans med luftkanalen på förarsidan.

8 Skruva loss skruvarna från diagnosuttaget och koppla loss kablaget.

9 Ta bort fotbrunnslampan från den nedre instrumentbrädespanelen eller koppla loss kablaget.

10 På modeller med manuell växellåda, bänd loss växelspaksdamasken från mittkonsolen. På modeller med automatväxellåda, bänd upp sargen runt växelväljaren med en skruvmejsel.

11 Bänd ut askkoppen och hållaren, alternativt förvaringsfacket, med en skruvmejsel. Skruva loss skruvarna bakom öppningen.

12 Koppla loss kablaget från centrallåsbrytaren.

13 Lyft upp växelspakskåpan och koppla loss kablaget till sätesvärmen och cigarrettändaren.

14 Demontera instrumentpanelen och sargen enligt beskrivningen i kapitel 12.

15 Skruva loss säkringsdosan från torpedväggen.

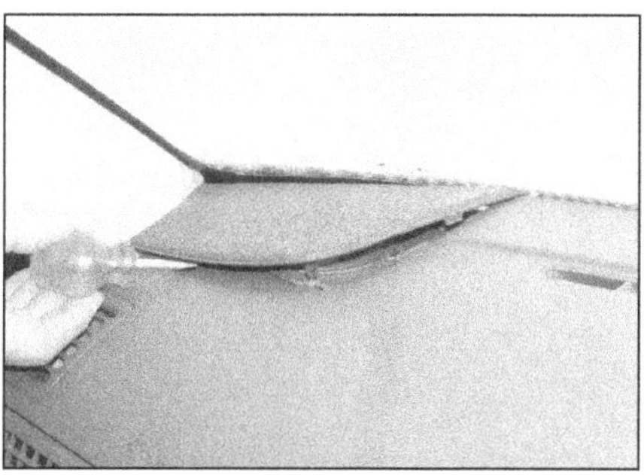

29.2 Bänd loss högtalargallret . . .

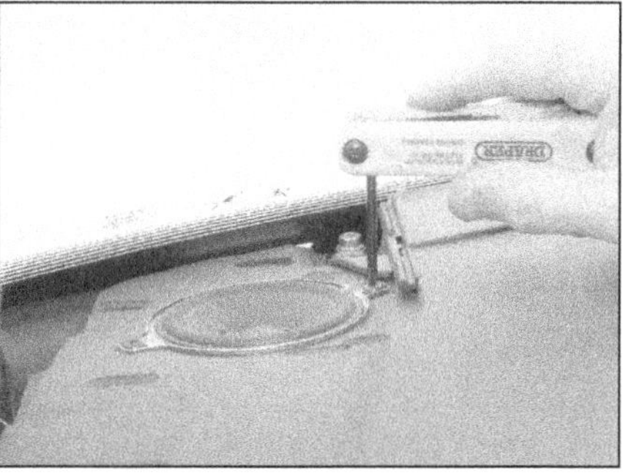

29.3a . . . skruva sedan loss skruvarna, lyft ut högtalaren . . .

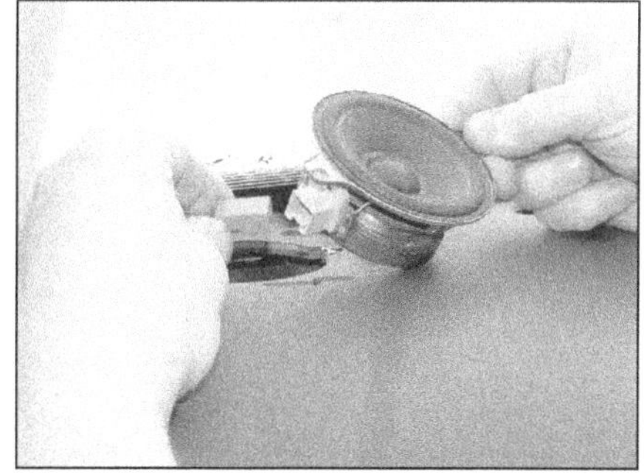

29.3b . . . och ta loss kablaget

29.4a Ta bort centrumkåpan från instrumentbrädan . . .

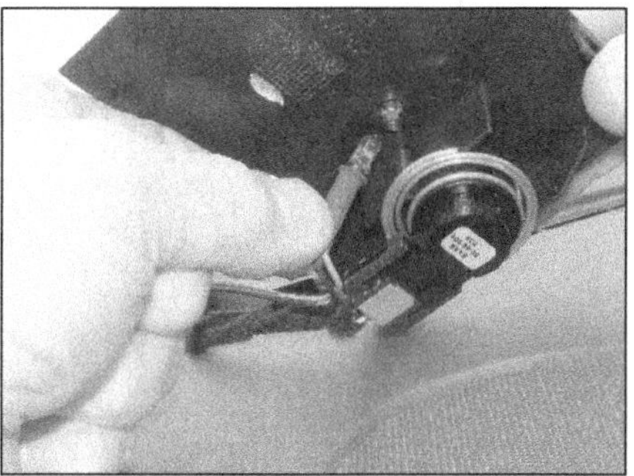

29.4b . . . ta bort larmdioden . . .

29.4c . . . och koppla loss solsensorns kablage

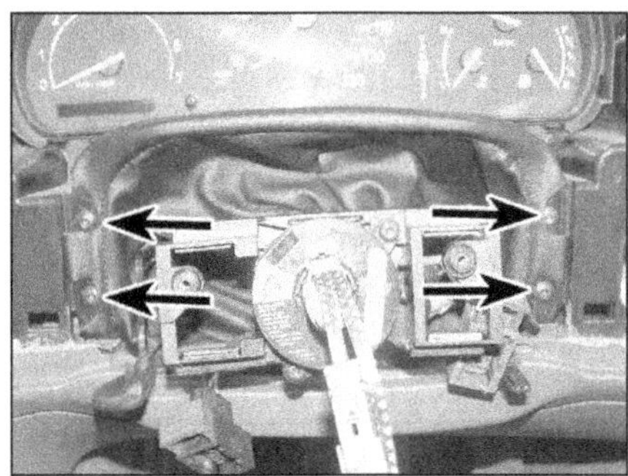
29.16a Lossa skruvarna . . .

29.16b . . . och ta bort rattstångsdamasken

29.17a Skruva loss skruvarna . . .

29.17b . . . och ta bort luftkanalerna på båda sidorna

29.18 Kardborrband som håller kablaget i närheten av passagerarkrockkudden

29.19 Ta bort dörrtröskelns hasplåtar

16 Skruva loss skruvarna och ta bort damasken runt rattstången **(se bilder)**.

17 Skruva loss skruvarna och ta bort luftkanalen, både på förar- och passagerarsidan **(se bilder)**.

29.20b . . . dra undan mattan . . .

29.20a Ta bort hållarna . . .

18 På modeller med passagerarkrockkudde, koppla loss krockkuddens kablage. Skruva sedan loss skruven och ta bort krockkuddens fästband. Lossa också kabelhärvan från kardborrbandet intill krockkudden **(se bild)**.

19 Ta bort hasplåtarna från dörrtrösklarna på båda sidor **(se bild)**.

20 Ta bort hållarna, dra undan mattan från de främre fotbrunnarna, skruva loss muttrarna och ta bort plattorna till instrumentbrädans nedre fästen **(se bilder)**.

21 Ta bort den bakre änden av konsolen genom att lyfta upp den och koppla loss kablarna.

22 Lägg i backväxeln (manuell växellåda) eller P (automatväxellåda). Ta ut startnyckeln.

23 Vrid loss bajonettfästet till stöldskyddsantennen från tändningslåset och koppla loss kablaget. Sätt i startnyckeln och lägg i Neutral växel.

24 Bänd ut fönsterhissens brytare och koppla loss kablaget.

25 Skruva loss skruvarna och ta bort den övre sargpanelen från mittkonsolen.

26 Markera hur metallbygeln i mittkonsolens främre ände sitter monterad. Skruva sedan

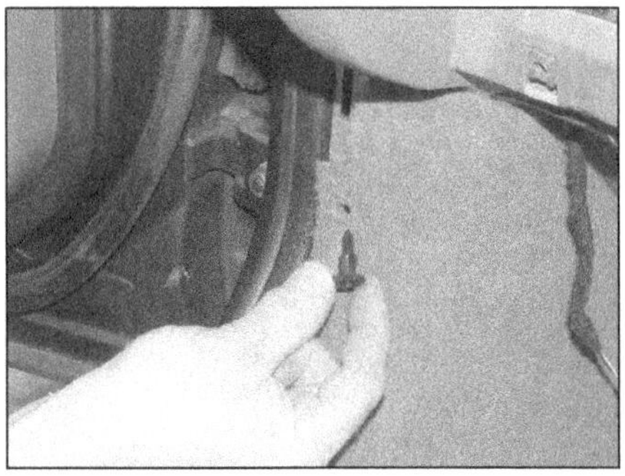

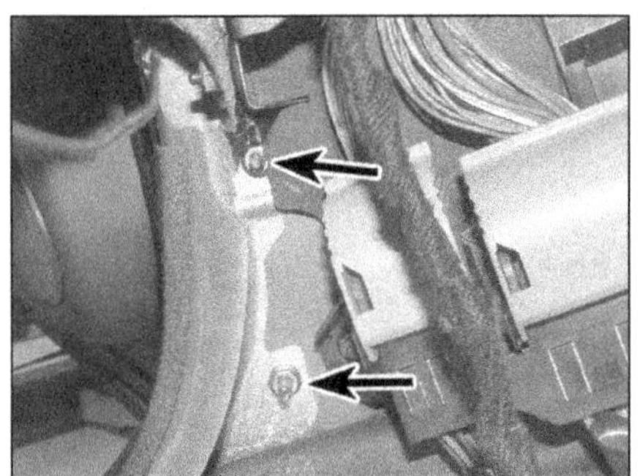
29.20c . . . skruva loss muttrarna . . .

29.20d . . . och ta bort plattorna för instrumentbrädans nedre fästen

29.26a Skruva loss bultarna . . .

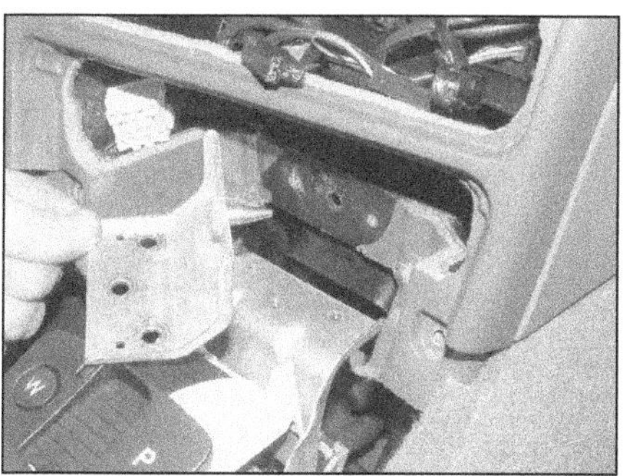
29.26b . . . och ta bort styrsprinten/bygeln från mittkonsolens främre del

29.28b . . . och de mittre muttrarna som fäster instrumentbrädan i värmeenheten

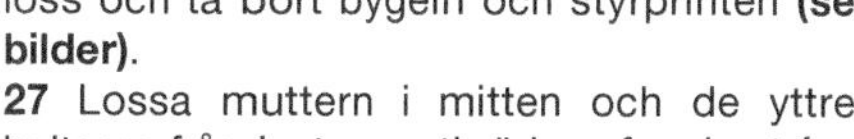
loss och ta bort bygeln och styrprinten **(se bilder)**.

27 Lossa muttern i mitten och de yttre bultarna från instrumentbrädans framkant **(se**

29.27 Fästmutter i mitten av instrumentbrädan – du behöver bara lossa den

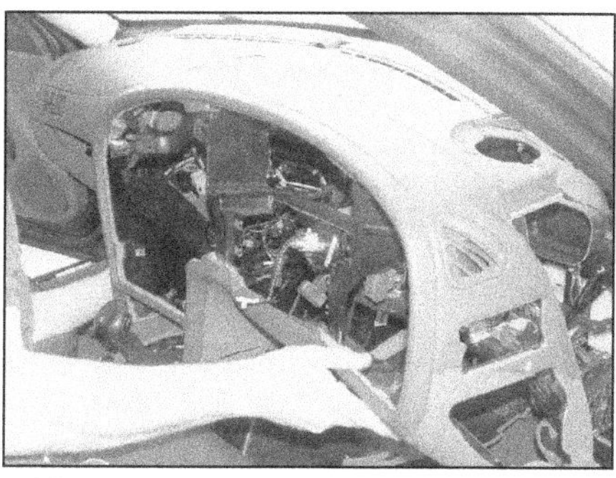
29.29 Lyft ut instrumentbrädan ur bilen

bild). Observera att du bara behöver lossa muttern eftersom hålet är öppet i ena änden. Bultarna på sidorna måste du dock ta bort helt.

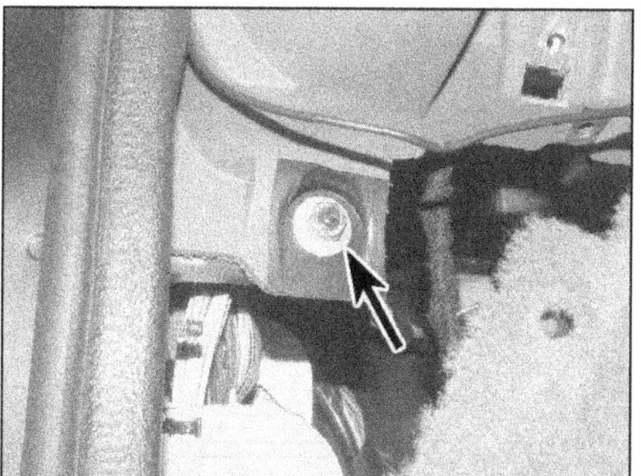
29.28a Skruva loss instrumentbrädans nedre, yttre muttrar . . .

28 Skruva loss instrumentbrädans nedre, yttre fästmuttrar, samt centrummuttrarna som fäster instrumentbrädan i värmeenheten **(se bilder)**.

29 Ta hjälp av en annan person. Lyft försiktigt instrumentbrädan från torpedväggen och dra ut den genom en av de främre dörröppningarna **(se bild)**.

30 Om det sitter en krockkudde på passagerarsidan, skruva loss muttrarna och ta bort krockkudden från instrumentbrädan.

Montering

31 Monteringen utförs i omvänd ordning mot demonteringen. Se beskrivningen i avsnitt 31 om hur man återmonterar krockkuddarna.

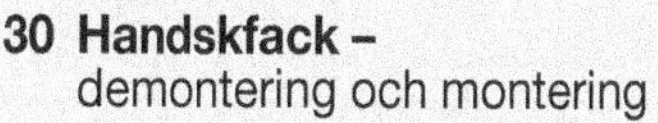

30 Handskfack – demontering och montering

Demontering

1 Ta bort den mattbeklädda kåpan från värme-/ventilationsenheten under handskfacket **(se bild)**.

2 Skruva loss skruvarna och ta bort instrumentbrädans nedre panel. Ta bort fotbrunnslampan eller koppla loss dess kablage **(se bilder)**.

3 Skruva loss de tre fästskruvarna under handskfacket och de tre skruvarna inne i det. Dra ut handskfacket så långt att du kan koppla loss kablaget från belysningen **(se bilder)**.

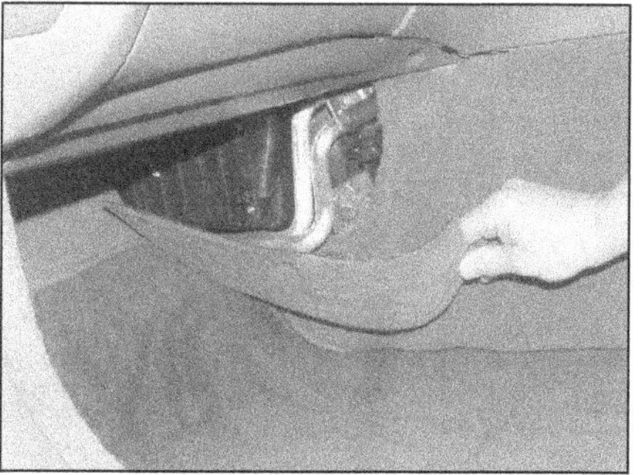
30.1 Ta bort kåpan från värme-/ventilationsenheten nedanför handskfacket

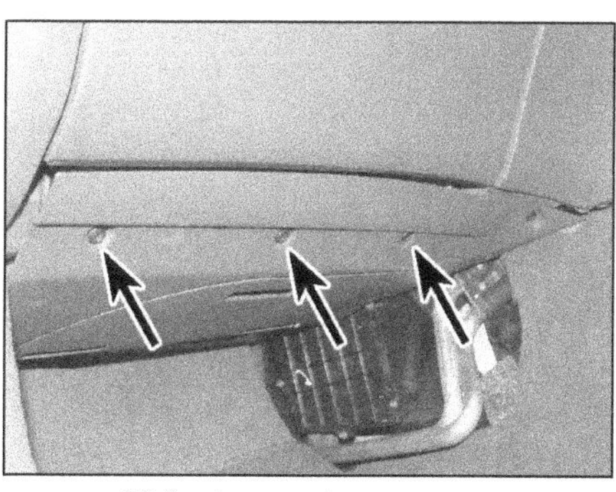
30.2a Lossa skruvarna . . .

30.2b . . . ta bort instrumentbrädans nedre klädselpanel och koppla loss kablaget från fotbrunnslampan

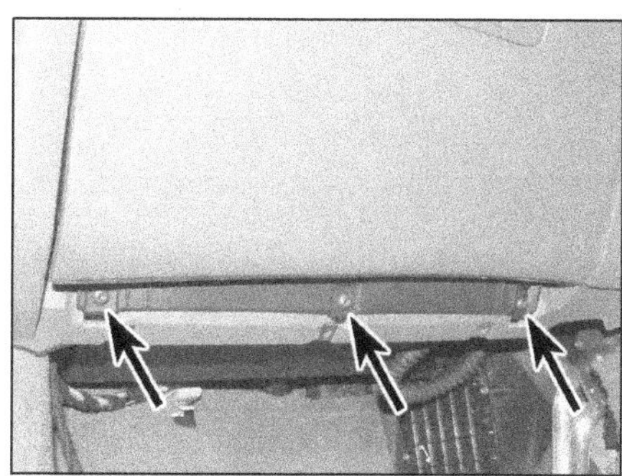
30.3a Skruva loss de nedre skruvarna . . .

30.3b . . . och de övre skruvarna . . .

30.3c . . . dra ut handskfacket . . .

30.3d . . . och koppla loss belysningskablaget

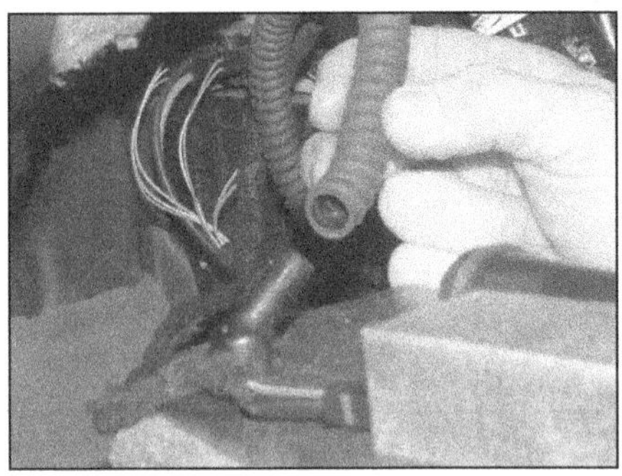

30.4 Lossa luftkonditioneringens kylluftsslang från handskfacket

4 På modeller med luftkonditionering, lossa kylluftslangen från handskfacket **(se bild)**.

5 Dra bort handskfacket från instrumentbrädan.

Montering

6 Montering utförs i omvänd ordning mot demonteringen.

31 SRS-systemets delar – demontering och montering

Allmän information

SRS styrs av en elektronisk styrenhet (ECU). När bilens startnyckel vrids om, utför ECU-enheten ett självtest av systemets komponenter. Om ett fel upptäcks sparas det i ECU-enhetens minne som en felkod och SRS-varningslampan i instrumentpanelen tänds. Om detta händer måste bilen lämnas in till en Saabverkstad för kontroll. Det krävs specialutrustning för att kunna tyda felkoden från SRS-systemets ECU, dels för att avgöra felets natur och orsak, dels för att nollställa felkoden och på så sätt hindra att varningslampan fortsätter att lysa trots att felet har åtgärdats.

SRS-systemets ECU innehåller en elektromekanisk, magnetisk säkerhetsgivare, en mikroprocessor, tre säkerhetsströmkällor, en spänningsomvandlare samt en accelerometer. När förarens eller passagerarens krockkudde har lösts ut genereras en permanent felkod i ECU, som inte kan återställas. ECU måste du bytas ut.

Varning: SRS-systemets ECU måste bytas ut om någon av de främre krockkuddarna har lösts ut. Den kan dock återanvändas upp till tre gånger efter det att sidokrockkuddarna och/eller bältessträckarna har aktiverats.

ECUs kontaktdon är försedd med kortslutningsledningar, som aktiveras när kontaktdonet kopplas loss. Kretsarna som berörs är de elutlösta sprängladdningarna till krockkuddarna framtill och på sidorna, samt kretsen för krockkuddarnas varningslampa. På så sätt kan krockkuddarna inte utlösas när ECUs kontaktdon är utdraget.

Av säkerhetsskäl avråds bilägare å det bestämdaste att försöka diagnostisera fel på SRS-systemet med vanlig verkstadsutrustning. Informationen i det här avsnittet är därför begränsad till de komponenter i SRS-systemet som ibland måste demonteras för att man ska komma åt andra komponenter.

Varning: Följande säkerhetsanvisningar måste observeras vid arbete med bilens krockkuddar/ SRS-system:

a) Stäng alltid av tändningen och dra ut startnyckeln innan du börjar arbeta med någon av komponenterna i SRS-systemet. Även om tillverkaren inte kräver det, bör du också koppla ifrån batteriet.

*b) **Försök inte** skarva några av elkablarna i SRS-systemets kabelnät.*

c) Undvik att hamra i eller kraftigt skaka bilens främre del, särskilt i motorrummet, eftersom det kan utlösa krockgivarna och aktivera SRS-systemet.

d) Använd inte ohmmeter eller annan utrustning som kan leda ström till någon av SRS-systemets komponenter, eftersom det kan orsaka att systemet utlöses av misstag.

e) Krockkuddar (och bältessträckare) är klassade som pyrotekniska (explosiva) och måste lagras och hanteras i enlighet med relevanta lagar i respektive land. Låt inte dessa komponenter vara bortkopplade från elsystemet längre än nödvändigt. När de är bortkopplade är de instabila, och de riskerar att oväntat lösa ut. Lägg en frånkopplad krockkudde med metallfästet nedåt, på avstånd från brännbara material – lämna aldrig en krockkudde utan uppsikt.

f) Bältessträckarna får inte utsättas för högre temperaturer än 100 °C.

Förarsidans krockkudde

Demontering

1 Se till att tändningen är avslagen, och vrid ratten så att hjulen pekar rakt fram.

2 Bänd ut de små täckpluggarna och skruva sedan loss skruvarna som fäster krockkudden vid ratten. Skruvarna är placerade på båda sidor av ratten **(se bilder)**.

3 Lyft försiktigt bort krockkudden från ratten så mycket att du kommer åt att koppla loss kablaget. Om det behövs, lossa kablaget från kardborrbandet (senare modeller) **(se bilder)**.

4 Lägg krockkudden på ett säkert ställe med metallfästet nedåt.

Montering

5 Placera krockkudden över ratten och återanslut kablaget, se till att kontaktdonet sitter säkert.

6 Sänk ner krockkudden i ratten, montera sedan fästskruvarna och dra åt dem. Sätt tillbaka gummipluggarna.

7 Slå på tändningen och kontrollera att SRS-systemets varningslampa slocknar. Om varningslampan inte slocknar, har ECU antagligen en felkod lagrad i sig och måste lämnas in till en Saabverkstad för kontroll.

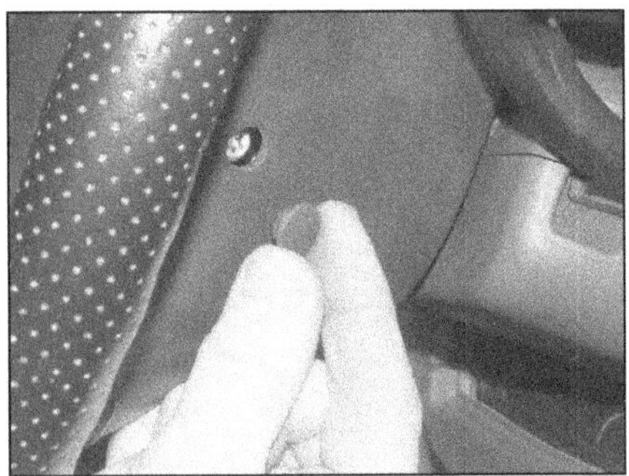

31.2a Bänd ut pluggarna . . .

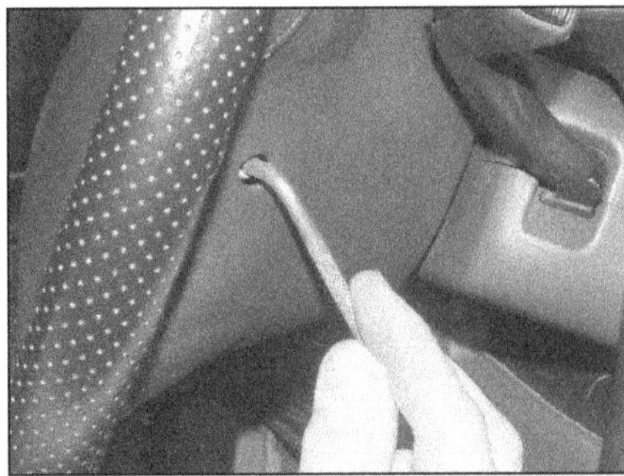

31.2b . . . och skruva loss skruvarna som håller fast krockkudden i ratten

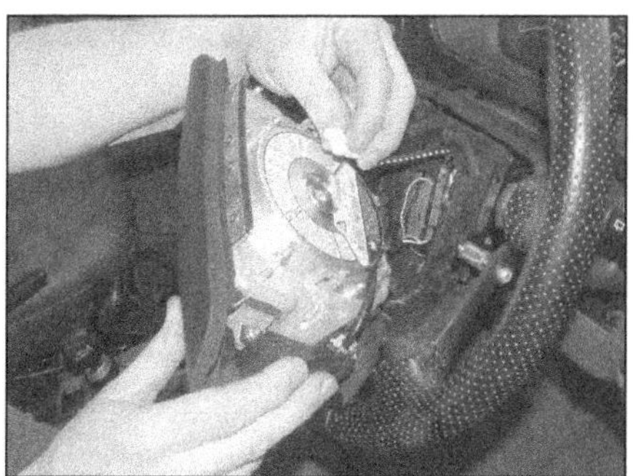

31.3a Koppla loss kablaget

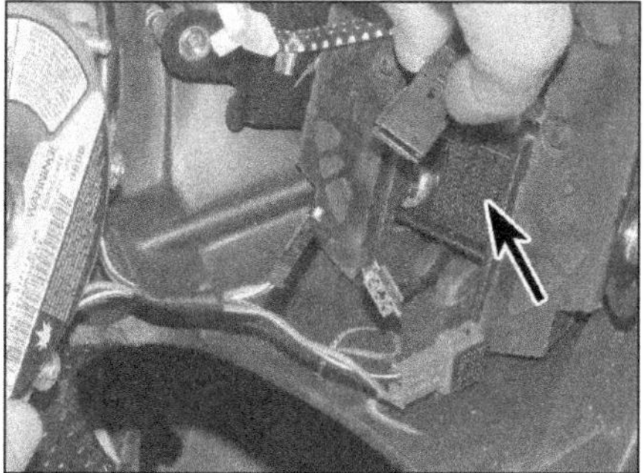

31.3b På nyare modeller lossar du också kablarna från kardborrbandet

31.9 Koppla loss kablaget från passagerarkrockkudden . . .

Passagerarsidans krockkudde

Demontering

8 Se till att tändningen är avslagen. Ta därefter bort instrumentbrädan enligt beskrivningen i avsnitt 29.

9 Koppla loss kablaget från passagerarsidans krockkudde **(se bild)**.

10 Skruva loss fästmuttrarna och ta bort passagerarsidans krockkudde från instrumentbrädan **(se bild)**.

11 Förvara krockkudden på en säker plats och med metallbygeln vänd nedåt och kudden vänd uppåt.

Montering

12 Placera krockkudden i instrumentbrädan och dra åt muttrarna ordentligt.

13 Montera instrumentbrädan enligt beskrivningen i avsnitt 29.

14 Slå på tändningen och kontrollera att SRS-systemets varningslampa slocknar. Om varningslampan inte slocknar har ECU antagligen lagrat en felkod och bilen måste då lämnas in till en Saabverkstad för kontroll.

Sidokrockkudde

Observera: *Det här arbetet innebär att du måste ta bort tyget från sätets baksida, och kan kanske tyckas bättre lämpat för en tapetserare än för en mekaniker.*

Demontering

15 Se till att tändningen är avstängd.

16 Demontera framsätet enligt beskrivningen i avsnitt 24.

17 Lossa ryggstödets stoppning från sätets nedre ände och ta bort fästremsan.

18 Lossa klamrarna och ta bort pappskivan.

19 Ta bort fästremsorna och vik undan klädseln/stoppningen.

20 Koppla loss kablaget från sidokrockkudden. Skruva sedan loss fästmuttrarna och ta ut enheten.

Montering

21 Placera sidokrockkudden på framsätet och dra åt muttrarna till angivet moment.

22 Sätt tillbaka klädseln/stoppningen och pappskivan, och fäst dem med nya häftklamrar.

23 Montera framsätet enligt beskrivningen i avsnitt 24.

Krockkuddens kontaktfjäder

Demontering

24 Se till att tändningen är avstängd.

25 Vrid ratten så att hjulen pekar rakt framåt.

26 Demontera ratten enligt beskrivningen i kapitel 10.

27 Ta bort rattstångens övre och nedre kåpor. I den övre kåpan sitter två uppåtvända skruvar, i den undre sitter det en skruv.

28 Fäst kontaktfjädern i mittläget med tejp.

Observera: *Nya kontaktfjädrar levereras inställda i mittläget och hålls kvar med en transportspärr.*

29 Klipp av buntbandet och koppla loss kablaget till kontaktfjädern vid kontaktdonet. Lossa sedan kablaget från haken **(se bilder)**.

30 Notera hur kontaktfjädern sitter monterad, skruva sedan loss skruvarna och ta bort kontaktfjädern från rattstången **(se bilder)**.

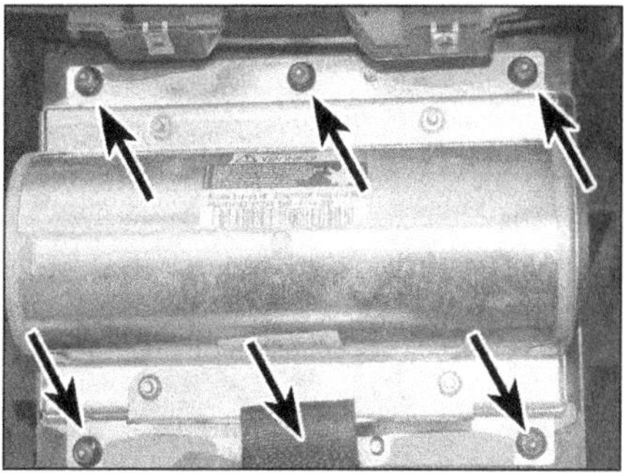

31.10 . . . skruva sedan loss fästmuttrarna

Montering

31 Om du monterar en ny fjäder, lossa transportspärren, men lås fast enheten i mittläget med tejp.

32 Placera enheten på rattstången. Sätt sedan i och dra åt fästbultarna. Se till att fjädern fortfarande är i mittläget. I annat fall, gör följande. Med hjulen pekande rakt framåt, vrid kontaktfjädern medsols så långt det går. Vrid sedan tillbaka den två hela varv.

33 Anslut kontaktdonet och placera kablaget i haken. Se till att kablarna inte är vridna.

34 Montera rattstångskåporna och därefter ratten enligt beskrivningen i kapitel 10.

35 Slå på tändningen och kontrollera att SRS-systemets varningslampa slocknar. Om varningslampan inte slocknar har ECU

31.29a Klipp av buntbandet . . .

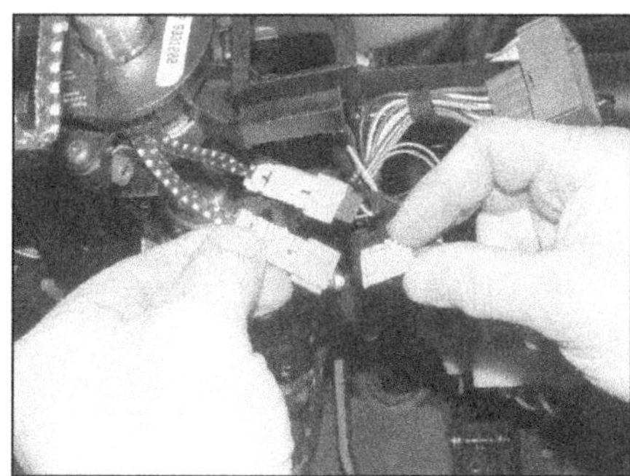

31.29b . . . och koppla loss kablaget

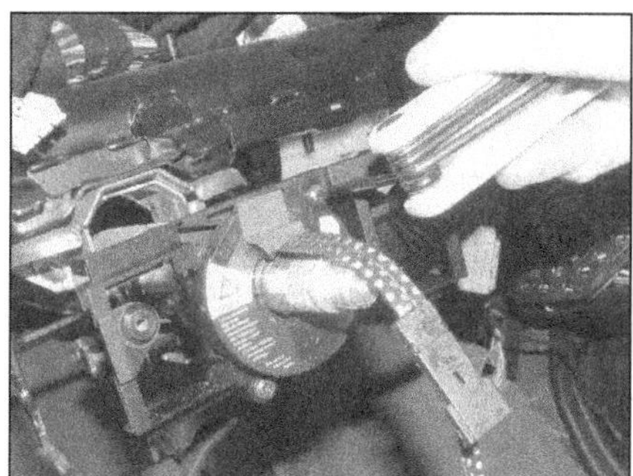

31.30a Lossa skruvarna . . .

31.30b . . . och ta bort krockkuddens kontaktfjäder från rattstången

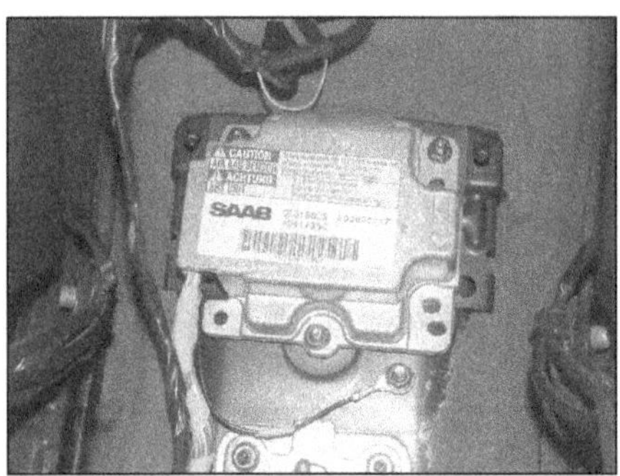

31.40 SRS-krockkuddarnas ECU

antagligen lagrat en felkod och bilen måste då lämnas in till en Saabverkstad för kontroll.

Sidostötgivare

Demontering

36 Sidostötgivaren sitter inuti dörren bakom högtalaren. Ta först bort dörrens inre klädselpanel och vattenskyddsmembran enligt beskrivningen i avsnitt 13.

37 Skruva loss fästskruvarna, dra ut givaren från dörren och koppla loss kablaget.

Montering

38 Montering utförs i omvänd ordning mot demonteringen. Dra åt fästskruvarna till angivet moment. Givarens kontaktdon ska vara vänt nedåt.

Elektronisk styrenhet (ECU)

Observera: *Om en ny ECU monteras måste den programmeras av en Saabverkstad med ett särskilt diagnostikverktyg.*

Demontering

39 Se till att tändningen är avstängd.

40 Demontera mittkonsolen enligt beskrivningen i avsnitt 28. ECU sitter centralt i golvpanelen under mittkonsolen **(se bild)**.

41 Koppla loss kablaget från ECU.

42 Notera hur enheten sitter monterad. Lossa sedan fästbultarna och ta ut den ur bilen.

Montering

43 Montering utförs i omvänd ordning. Dra åt bultarna ordentligt. **Anslut inte kablarna** innan du drar åt bultarna. Se till att pilen på ECU pekar **bakåt** i bilens längdriktning. Det är viktigt, eftersom det är nödvändigt för att krockkuddesystemet ska fungera.

Kapitel 12
Karossens elsystem

Innehåll

Svårighetsgrader

Enkelt, passar novisen med lite erfarenhet 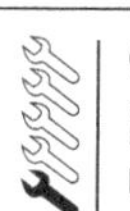	**Ganska enkelt,** passar nybörjaren med viss erfarenhet 	**Ganska svårt,** passar kompetent hemmamekaniker 	**Svårt,** passar hemmamekaniker med erfarenhet 	**Mycket svårt,** för professionell mekaniker

Specifikationer

Systemtyp	12 volt, negativ jord
Glödlampor, styrka	**Watt**
Främre och bakre blinkers	21
Främre dimljus	55
Strålkastare – helljus och halvljus:	
Standard	55
Xenonlampor	37
Högt bromsljus:	
Kombi (LED)	4
Sedan	5
Belysning för reglage och främre askkopp	1,2 eller 2,0
Kupébelysning, bagageutrymmesbelysning, handskfack	10
Registreringsskyltsbelysning	5
Läslampa (bak)	4
Bakre dimljus, backljus	21
Bältesvarningslampa, läslampa (fram), takkonsol	5
Parkeringsljus	5
Sidoblinkers	5 (eller 2,2 på vissa marknader)
Bromsljus/bakljus	21/5
Åtdragningsmoment	**Nm**
Vindrutetorkarmotor och länksystem	8

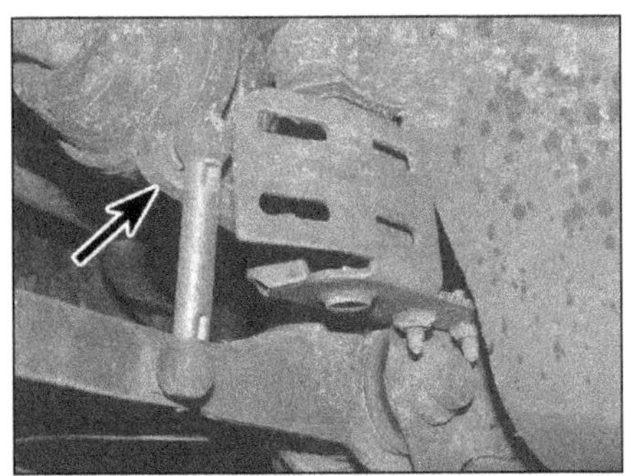
1.3a Xenon lastgivare på framfjädringens länkarm . . .

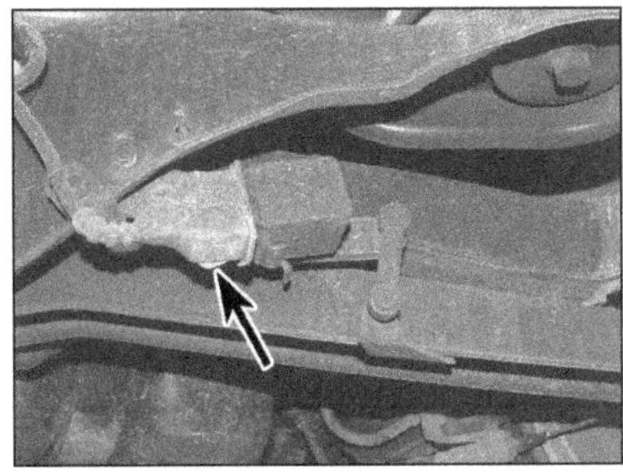
1.3b . . . och bakfjädringens länkarm

1.4 Diagnosuttag under instrumentbrädan på förarsidan

1 Allmän information och föreskrifter

Varning: Innan något arbete utförs på elsystemet, läs igenom föreskrifterna i "Säkerheten främst!" i början av denna handbok och i kapitel 5A.

Varning: Slå alltid av tändningen och vrid nyckeln till läget LOCK innan du börjar arbeta med xenonstrålkastare. Anslut aldrig en strömkälla till xenonstrålkastare innan skyddskåpan är monterad. Försök inte reparera kablage till denna typ av strålkastare. Defekta kablar måste bytas ut i sin helhet. Vi rekommenderar att du använder skyddshandskar och skyddsglasögon.

Elsystemet är ett 12 volts system med negativ jord och består av ett 12 volts batteri, en växelströmsgenerator med inre spänningsregulator, en startmotor och tillhörande elektriska komponenter och kablar.

Alla modeller är försedda med larm och immobiliser, som omfattar givare på dörr, baklucka och motorhuv, samt en glaskrossgivare. Systemet styrs av en elektronisk styrmodul, som aktiverar signalhornet när någon av givarna aktiveras. På en del modeller finns också en vätskefylld lutningsgivare, som känner av om bilen lyfts när larmet är aktiverat. Glasskrossgivaren och lutningsgivaren kan avaktiveras separat, så att endast huvudlarmet är aktivt. Systemets antennen är inbyggd i tändningslåset, och sändaren till immobilisern sitter i startnyckeln.

På en del modeller finns xenon halvljuslampor, som normalt inte behöver bytas ut under bilens livstid. För att förhindra att mötande trafik bländas är de försedda med automatisk nivåreglering, som omfattar lastgivare på de främre och bakre länkarmarna **(se bilder)**.

Detta kapitel tar upp reparations- och servicearbeten för de elkomponenter som inte är associerade med motorn. Information om batteriet, generatorn och startmotorn finns i kapitel 5A. Många elektriska kretsar är kopplade till styrenheter, vilka kan felsökas med ett specialtillverkat diagnostikinstrument som ansluts till uttaget under instrumentbrädan på förarsidan **(se bild)**.

Innan du kopplar bort kablar från några elektriska komponenter ska du först lossa batteriets minuskabel för att undvika kortslutningar och bränder. Observera att du måste stänga av larmet innan du kopplar bort batteriet.

2 Felsökning av elsystemet – allmän information

Observera: *Se föreskrifterna i "Säkerheten främst!" och i avsnitt 1 i detta kapitel innan arbetet påbörjas. Följande tester relaterar till huvudkretsen och ska inte användas för att testa känsliga elektroniska kretsar (exempelvis motorstyrsystem och ABS-system), speciellt där en elektronisk styrenhet (ECU) används.*

Allmänt

En typisk elkrets består av en elektrisk komponent, alla brytare/kontakter, reläer, motorer, säkringar, smältsäkringar eller kretsbrytare som hör ihop med den komponenten, samt det kablage och de kontaktdon som länkar komponenten till batteriet och karossen. För att underlätta felsökningen i elkretsarna finns kopplingsscheman i slutet av det här kapitlet.

Studera relevant kopplingsschema för att få en överblick över den aktuella kretsens olika komponenter, innan du försöker diagnostisera ett elfel. De möjliga felkällorna kan reduceras genom att man undersöker om andra komponenter som är relaterade till kretsen fungerar som de ska. Om flera komponenter eller kretsar felar samtidigt är möjligheten stor att felet beror på en delad säkring eller jordanslutning.

Elektriska problem har ofta enkla orsaker, som lösa eller korroderade anslutningar, defekta jordanslutningar, trasiga säkringar eller defekta reläer (i avsnitt 3 finns information om hur man testar reläer). Se över skicket på alla säkringar, kablar och anslutningar i en felaktig krets innan själva komponenterna börjar testas. Använd kopplingsschemana för att se vilka anslutningar som behöver kontrolleras för att felet ska hittas.

I den nödvändiga basutrustningen för elektrisk felsökning ingår en kretstestare eller voltmeter (en 12-volts glödlampa med testkablar kan användas till vissa kontroller), en ohmmeter (för att mäta motstånd och kontrollera kontinuitet), ett batteri och en uppsättning testkablar, samt en extrakabel, helst med en kretsbrytare eller säkring, som kan användas till att koppla förbi misstänkta kablar eller elektriska komponenter. Innan ansträngningar görs för att hitta ett fel med hjälp av testinstrument, använd kopplingsschemat för att avgöra var kopplingarna ska göras.

För att hitta källan till ett periodiskt återkommande kabelfel (vanligen på grund av en felaktig eller smutsig anslutning eller skadad isolering), kan ett vicktest göras på kabeln. Det innebär att man vickar på kabeln för hand för att se om felet uppstår när kabeln rubbas. Det ska därmed vara möjligt att härleda felet till en speciell del av kabeln. Denna testmetod kan användas tillsammans med vilken annan testmetod som helst i de följande underavsnitten.

Förutom problem som uppstår på grund av dåliga anslutningar kan två typer av fel uppstå i en elkrets – kretsbrott eller kortslutning.

Kretsbrott orsakas av ett brott någonstans i kretsen, vilket hindrar strömflödet. Ett kretsbrott gör att komponenten inte fungerar, men utlöser inte säkringen.

Kortslutningar orsakas av att ledarna går ihop någonstans i kretsen, vilket medför att strömmen tar en alternativ, lättare väg (med mindre motstånd), vanligtvis till jordningen. Kortslutning orsakas oftast av att isoleringen nötts, varvid en ledare kan komma åt en annan ledare eller jord, t.ex. karossen. En kortslutning bränner i regel kretsens säkring.

Hitta ett kretsbrott

För att kontrollera om en krets är bruten, koppla den ena ledaren på en kretsprovare, eller den negativa ledningen på en voltmeter, till antingen batteriets negativa pol eller en annan känd jord.

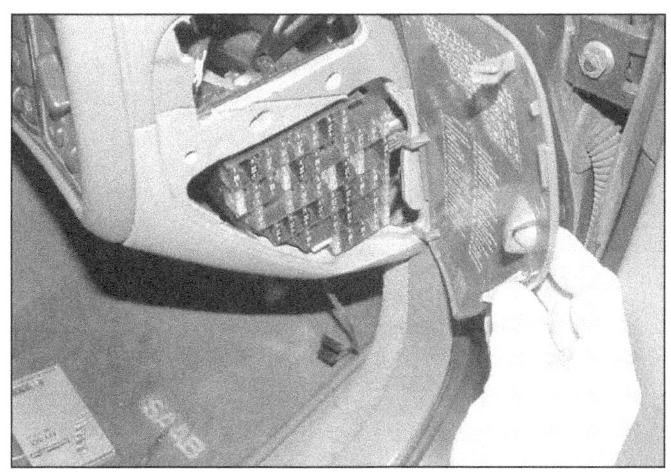

3.2a Säkringslåda i änden av instrumentbrädan

3.2b En säkring tas loss ur säkringsdosan i motorrummet

Anslut den andra ledaren till ett kontaktdon i kretsen som ska testas, helst närmast batteriet eller säkringen.

Slå på kretsen, men tänk på att vissa kretsar bara är strömförande med tändningslåset i ett visst läge.

Om spänning ligger på (visas antingen genom att testlampan lyser eller genom ett utslag från voltmetern), betyder det att delen av kretsen mellan kontaktdonet och brytaren är felfri.

Fortsätt kontrollera resten av kretsen på samma sätt.

När en punkt nås där ingen ström finns tillgänglig måste problemet ligga mellan den punkt som nu testas och den föregående med ström. De flesta fel kan härledas till en trasig, korroderad eller lös anslutning.

Hitta en kortslutning

För att leta efter en eventuell kortslutning, börja med att koppla bort strömförbrukarna från kretsen (strömförbrukare är delar som drar ström i en krets, t.ex. lampor, motorer och värmeelement).

Ta bort den aktuella säkringen från kretsen och anslut en kretsprovare eller voltmeter till säkringens anslutningar.

Slå på kretsen, men tänk på att vissa kretsar bara är strömförande med tändningslåset i ett visst läge.

Om spänning ligger på (indikerat antingen genom att testlampan lyser eller ett voltmätarutslag), betyder det att en kortslutning föreligger.

Om det inte finns någon spänning vid kontrollen, men säkringarna fortsätter att gå sönder när strömförbrukarna är påkopplade, är det ett tecken på ett internt fel i någon av strömförbrukarna.

Hitta ett jordfel

Batteriets minuspol är kopplad till jord – metallen i motorn/växellådan och karossen. Många system är kopplade så att de bara tar emot en positiv matning och strömmen leds tillbaka genom metallen i karossen. Det innebär att komponentfästet och karossen utgör en del av kretsen. Lösa eller korroderade fästen kan därför orsaka flera olika elfel, allt ifrån totalt haveri till svårhittade, partiella fel. Vanligast är att lampor lyser svagt (särskilt när en annan krets som delar samma jordpunkt är i funktion) och att motorer (t.ex. torkarmotorerna eller kylarens fläktmotor) går långsamt. En krets kan påverka en annan, till synes orelaterad, krets. Observera att på många fordon används särskilda jordningsband mellan vissa komponenter, t.ex. motorn/växellådan och karossen, vanligtvis där det inte finns någon direkt metallkontakt mellan komponenterna på grund av gummiupphängningar eller liknande.

Koppla bort batteriet och anslut den ena ledaren på en ohmmeter till en känd, god jordpunkt för att kontrollera om en komponent är korrekt jordad. Koppla den andra ledaren till den kabel eller jordkoppling som ska kontrolleras. Motståndet ska vara noll. Om så inte är fallet ska anslutningen kontrolleras enligt följande.

Om en jordanslutning misstänks vara defekt, ta isär anslutningen och rengör den ner till ren metall, både på karossen och kabelanslutningen eller fogytan för komponentens jordanslutning. Se till att ta bort alla spår av rost och smuts, och skrapa sedan bort lacken med en kniv för att få fram en ren metallyta. Dra åt fogfästena ordentligt vid hopsättningen. Om en kabelanslutning återmonteras ska taggbrickor användas mellan anslutningen och karossen, för att garantera en ren och säker anslutning. När kopplingen återansluts, rostskydda ytorna med ett lager vaselin, silikonfett eller genom att regelbundet spraya på fuktdrivande aerosol eller vattenavvisande smörjmedel.

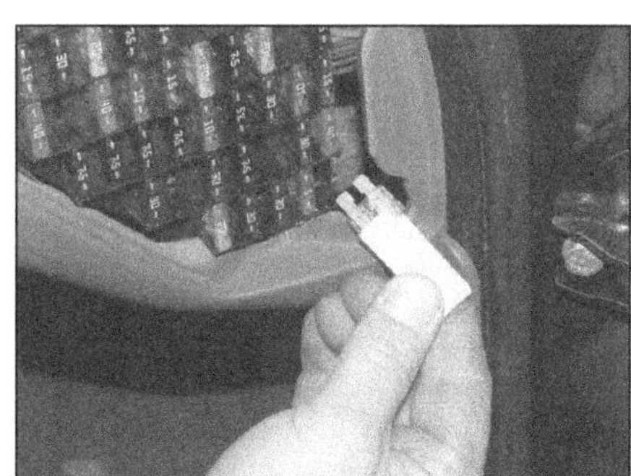
3.4 Använd plastverktyget för att ta bort säkringen

3 Säkringar och reläer – allmän information

Säkringar

1 Säkringar är utformade för att bryta en elektrisk krets när en given spänning uppnås, för att skydda komponenter och kablar som kan skadas av för höga spänningar. För hög strömstyrka beror på fel i kretsen, ofta på kortslutning (se avsnitt 2).

2 Säkringarna är placerade antingen i säkringsdosan till höger på instrumentbrädan eller i säkringsdosan i motorrummets vänstra bakre del **(se bilder)**. Smältsäkringar med hög kapacitet sitter på tidiga modeller också bakom säkringsdosan. På nyare modeller sitter de bredvid batteriet framme till vänster i motorrummet.

3 Man kommer åt instrumentbrädans säkringsdosa genom att öppna framdörren på förarsidan och ta loss plastkåpan. Säkringsdosan i motorrummet kommer man åt genom att öppna motorhuven och ta bort plastkåpan.

4 Ta bort en säkring genom att dra loss den från sockeln med hjälp av plastverktyget i säkringsdosan **(se bild)**.

5 Undersök säkringen från sidan, genom det genomskinliga plasthöljet. En trasig säkring har en smält eller trasig ledning.

6 Det bör finnas reservsäkringar i säkringsdosan.

7 Innan du byter ut en trasig säkring, leta reda på och åtgärda felet. Använd alltid en säkring med rätt kapacitet (se kopplingsscheman i slutet av detta kapitel).

Varning: Byt aldrig ut en säkring mot en med högre kapacitet, och gör aldrig tillfälliga lösningar med ståltråd eller metallfolie. Det kan leda till allvarligare skador eller bränder.

Reläer

8 Reläer är elstyrda brytare som används i vissa kretsar. Reläerna sitter under instrumentbrädans högra ände eller till vänster i motorrummet. Reläerna kommer du åt genom att lossa skruven och sänka relähållaren **(se bilder)**.

9 Om en relästyrd komponent går sönder, och du tror att reläet är trasigt, lyssna noga på reläet när kretsen sluts. Om reläet fungerar ska det höras ett klick när det får ström. Om så inte är fallet ligger felet i systemets komponenter eller kablage. Om reläet inte aktiveras beror det på att det inte får ström, eller att det är fel på reläet. Kom ihåg att undersöka anslutningarna när du söker efter elektriska fel. Kontrollera reläets funktion genom att byta ut det mot ett som du vet fungerar, men var försiktig: en del reläer är identiska vad gäller utseende och funktion, men utför i själva verket olika uppgifter.

10 Slå av tändningen innan du byter ett relä. Reläet kan sedan enkelt tas ut från sockeln och ett nytt relä sättas dit.

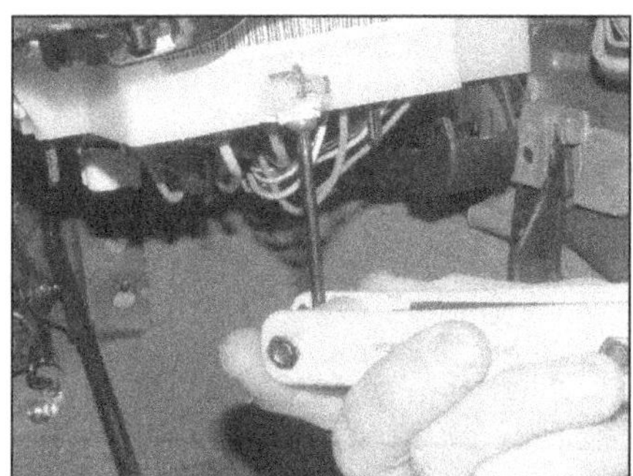

3.8a Skruva loss skruven . . .

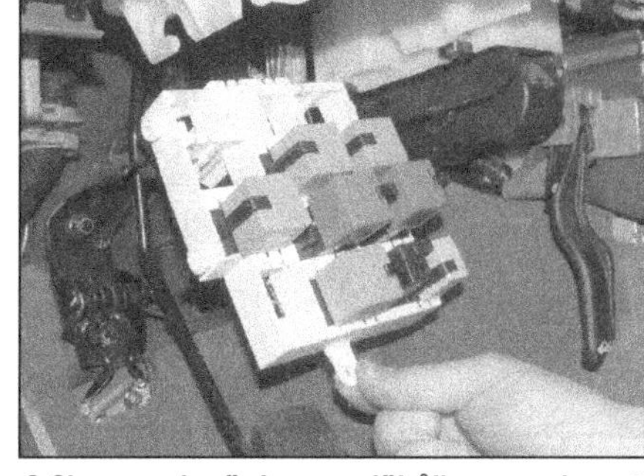

3.8b . . . och sänk ner relähållaren ur huset

4 Kontakter/reglage/brytare - demontering och montering

Tändningslåscylinder

Demontering

1 Ta bort startnyckelns antenn från cylindern genom att vrida den något medurs och lyfta den.

2 Vrid startnyckeln till läget OFF, men låt den sitta kvar.

3 Böj en svetsstav i rät vinkel och stick in den i det bakre hålet i tändningslåsets hus, så att du kan lossa spärren. Nu kan du ta bort låscylindern från huset. Se *Tändningslås och spärr* nedan. Där finns information om var du sätter i svetsstaven.

Montering

4 Montering sker i omvänd ordning.

Tändningslås och spärr

Demontering

5 Tändningslåset och spärren är inbyggda i växlingsenheten mellan framsätena. Ta bort mittkonsolen enligt beskrivningen i kapitel 11. Tändningslåset är inbyggt i växlingshuset.

6 För att ta bort växlingshuset på en modell med manuell växellåda, lägg i fyrans växel och lossa klämman vid universalkopplingen. Skruva loss bultarna som håller fast huset i golvet. Lyft sedan huset och koppla loss kablaget. Ta också bort varmluftskanalen.

7 För att ta bort växelväljarhuset på en modell med automatväxellåda, ta bort luftkanalen, koppla loss kablaget upptill, ta bort låsringen och tryck loss vajerkulstiftet, samtidigt som

4.7a Ta bort luftkanalen . . .

4.7b . . . koppla loss det övre kablaget . . .

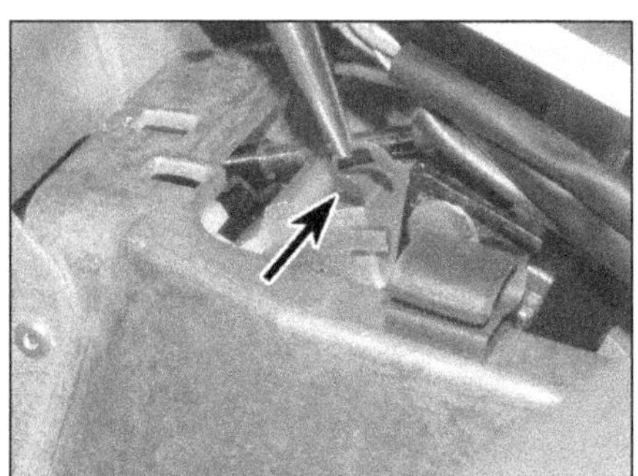

4.7c . . . dra bort låsringen . . .

4.7e . . . och ta bort vajerns kulstift

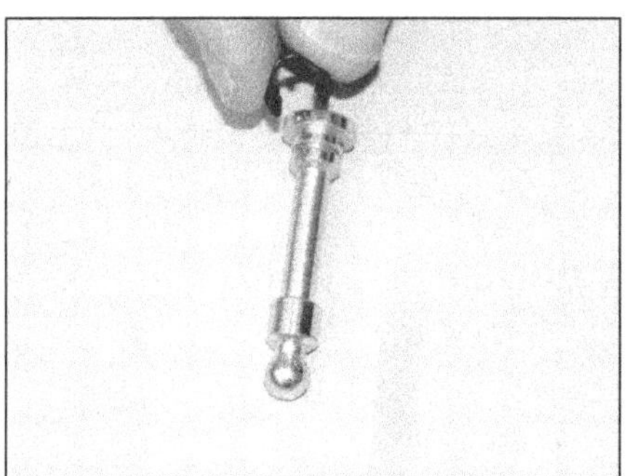

4.7d Kulstiftet demonoterat

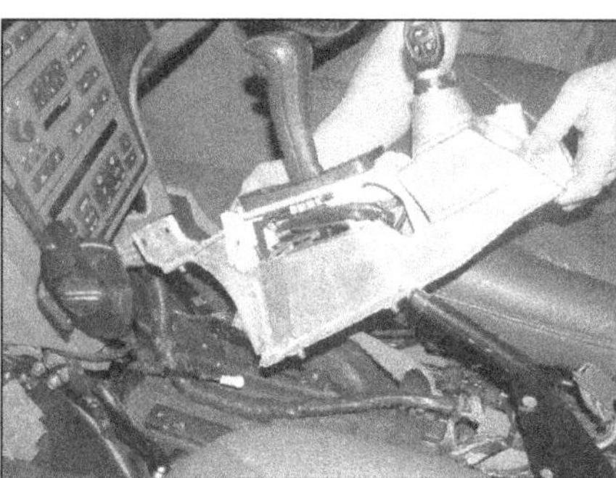

4.7f Lyft upp huset . . .

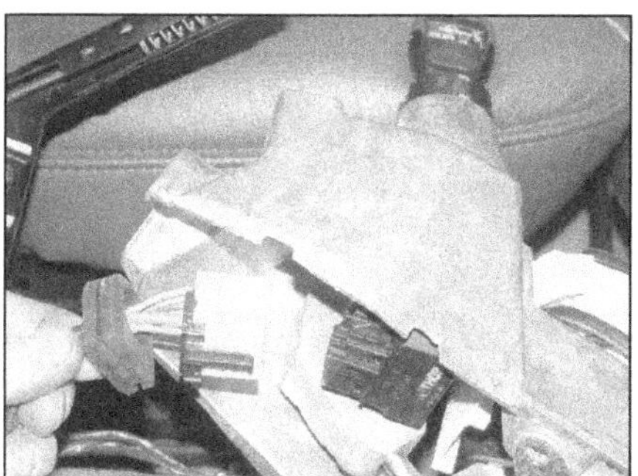

4.7g . . . koppla loss det nedre kablaget . . .

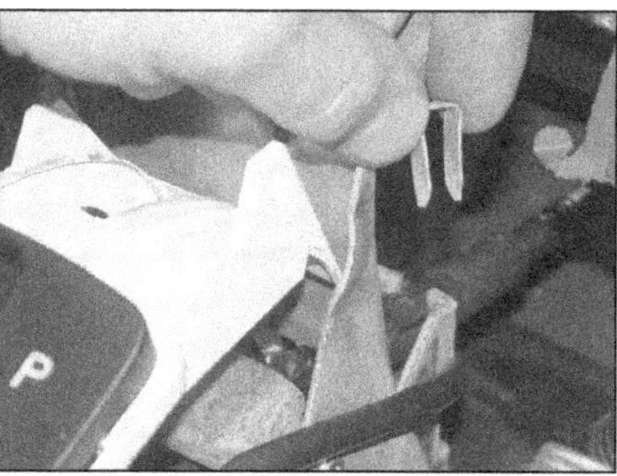

4.7h . . . och koppla loss växelvajern från huset

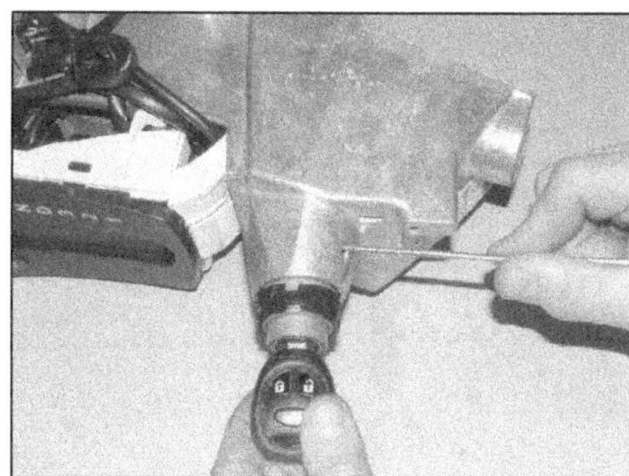

4.8a Tryck in spärren . . .

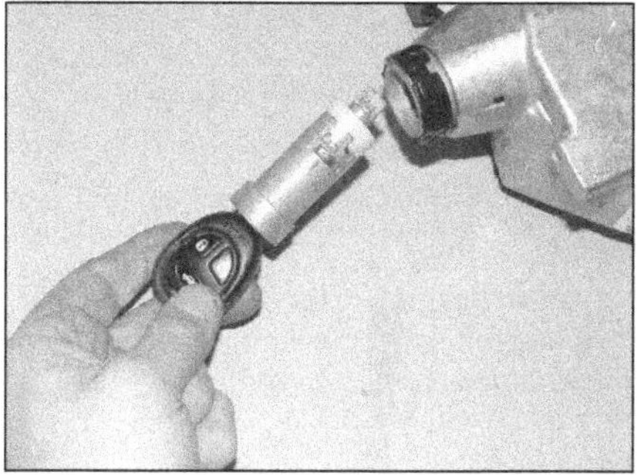

4.8b . . . ta bort cylindern . . .

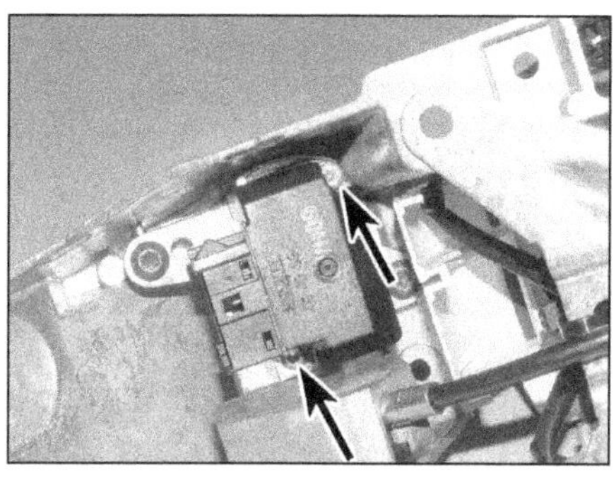

4.8c . . . skruva loss skruvarna . . .

4.8d . . . och ta bort tändningslåset . . .

du lossar vajerändbeslaget. Skruva loss bultarna som håller fast huset i golvet. Lyft sedan huset, koppla loss kablarna och lossa buntbanden. Dra ut klämman och lyft upp växlingsvajern från huset **(se bilder)**.

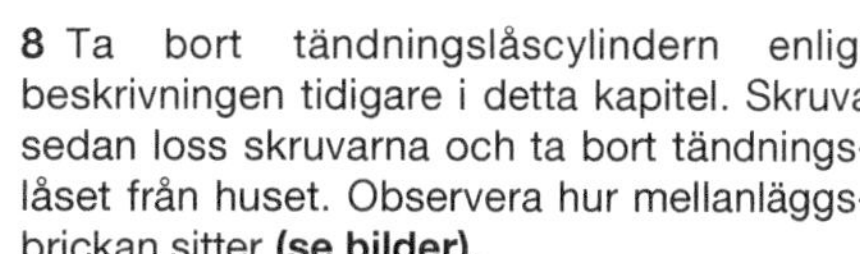

8 Ta bort tändningslåscylindern enligt beskrivningen tidigare i detta kapitel. Skruva sedan loss skruvarna och ta bort tändningslåset från huset. Observera hur mellanläggsbrickan sitter **(se bilder)**.

Montering

9 Montering utförs i omvänd ordning mot demonteringen.

Rattstångens brytare

Demontering

10 Ställ in ratten i det lägsta och bakersta läget och lås den.

11 Ta bort rattstångskåporna. I den övre kåpan sitter två uppåtvända skruvar, och i den nedre sitter en skruv.

12 Ta bort fästklämmorna och dra ut kombinationsbrytaren. Koppla därefter loss kablaget **(se bilder)**.

Montering

13 Montering utförs i omvänd ordning mot demonteringen.

4.8e . . . och mellanläggsbrickan

4.12a Ta bort kombinationsbrytaren för blinkers/belysning . . .

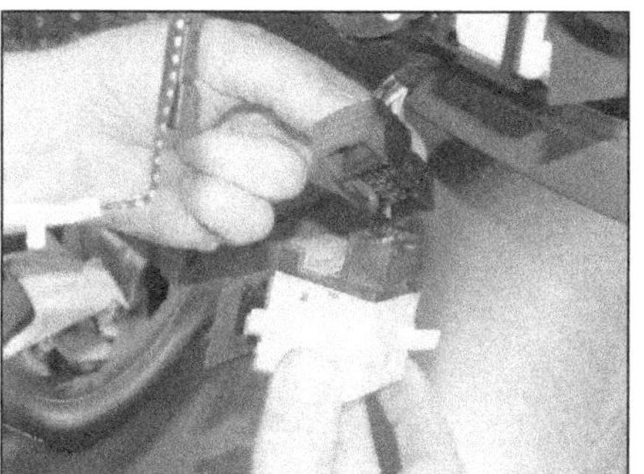

4.12b . . . och ta loss kablaget

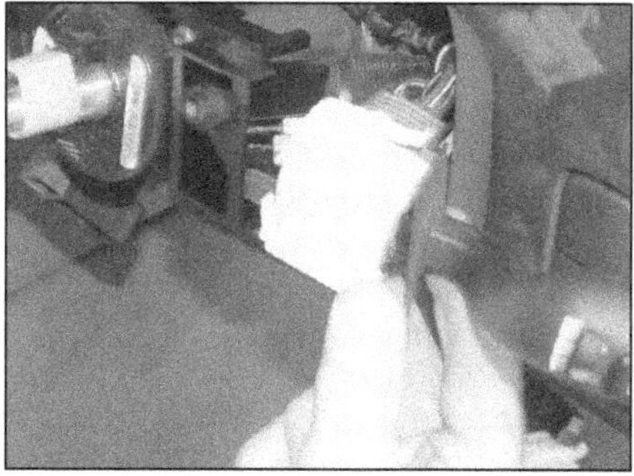

4.12c Ta bort kombinationsbrytaren för torkare/spolare . . .

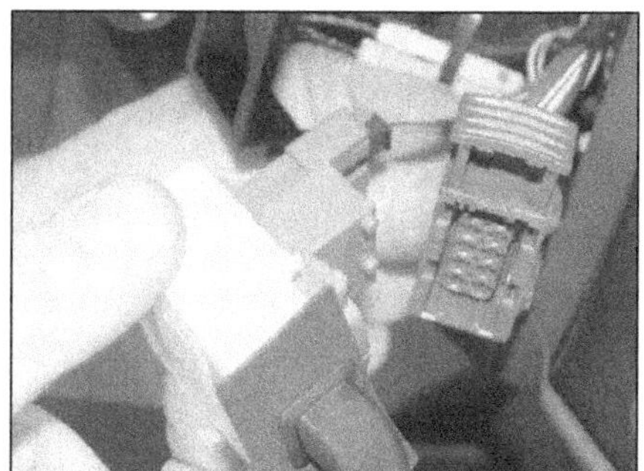

4.12d . . . och ta loss kablaget

4.15 Koppla loss kablaget från de elektriska fönsterhissarnas reglage

4.20 Skruva loss kartläsningslampans brytare

4.23 Tryck ut reglaget bakifrån . . .

Reglage till elektriska fönsterhissar

Demontering

14 Använd en skruvmejsel och bänd upp reglagepanelens främre ände från mitt-konsolen.

15 Koppla loss kablaget **(se bild)**.

Montering

16 Montering sker i omvänd ordning.

Strålkastarnas höjdjusteringsbrytare

Demontering

17 Bänd försiktigt loss brytaren från instrumentbrädan med hjälp av en skruvmejsel. Om det sitter fast hårt, ta bort belysningsbrytaren och tryck ut den från baksidan.

18 Koppla loss kablaget.

Montering

19 Montering utförs i omvänd ordning.

Innerbelysningens brytare

Demontering

20 Använd en skruvmejsel och bänd försiktigt loss brytaren från mittkonsolens bakre del. Du kommer åt brytarna i takkonsolen om du tar bort glaset och kåpan **(se bild)**.

21 Koppla loss kablaget.

Montering

22 Montering utförs i omvänd ordning.

Reglage för strålkastare och bakre dimljus/instrumentbelysningens reostat

Demontering

23 Ta bort locket från huvudsäkringsdosan i änden av instrumentbrädan. Stick in ett finger i öppningen i säkringsdosan och tryck ut reglagepanelen från baksidan **(se bild)**.

24 Koppla loss kablarna **(se bild)**.

Montering

25 Montering utförs i omvänd ordning.

Bromsljuskontakt

Demontering

26 För att ta bort bromsljuskontakten, ta först bort den nedre klädselpanelen från instrumentbrädan enligt beskrivningen i kapitel 11.

27 Vrid kontakten moturs 90° och ta bort den från fästet.

28 Koppla loss kablaget från kontakten.

Montering

29 Montering utförs i omvänd ordning.

Varningsblinkers brytare

Demontering

30 Brytaren hålls på plats av två plastflikar med både fäst- och borttagningsdelar. Bänd försiktigt loss brytaren från instrumentbrädan med en skruvmejsel. Du kan också trycka ut brytaren från baksidan om du tar bort SID-modulen **(se bild)**.

31 Koppla loss kablaget.

Montering

32 Montering utförs i omvänd ordning.

Brytare till den elstyrda sidobackspegeln

Demontering

33 Bänd försiktigt loss brytaren från den trekantiga panelen på framdörren eller den inre klädselpanelen på bakdörren.

34 Koppla loss kablaget.

Montering

35 Montering utförs i omvänd.

Kontakt till instegsbelysning

Demontering

36 Öppna dörren och skruva loss skruven som håller fast kontakten i B- eller C-stolpen **(se bild)**.

37 Ta bort kontakten och koppla loss kablaget. Tejpa fast kabeln på stolpen så att den inte faller ner.

Montering

38 Montering utförs i omvänd ordning.

TCS-brytare

Demontering

39 Bänd försiktig ut brytaren från instrumentbrädan. Du kan också ta bort radion/kassettbandspelaren och trycka ut brytaren från baksidan **(se bild)**.

40 Koppla loss kablaget.

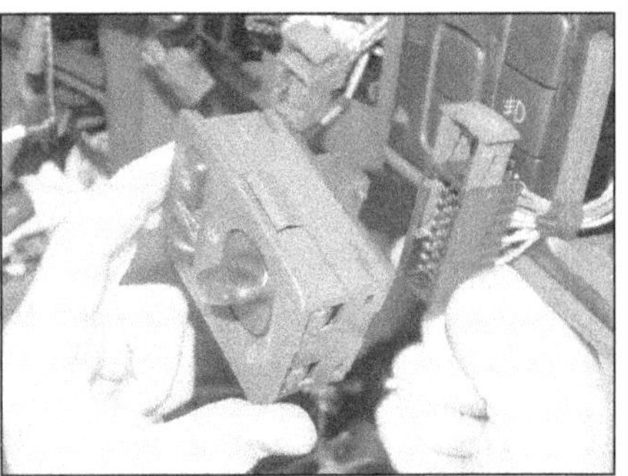

4.24 . . . och koppla loss kablaget

4.30 Ta loss varningsblinkersbrytaren

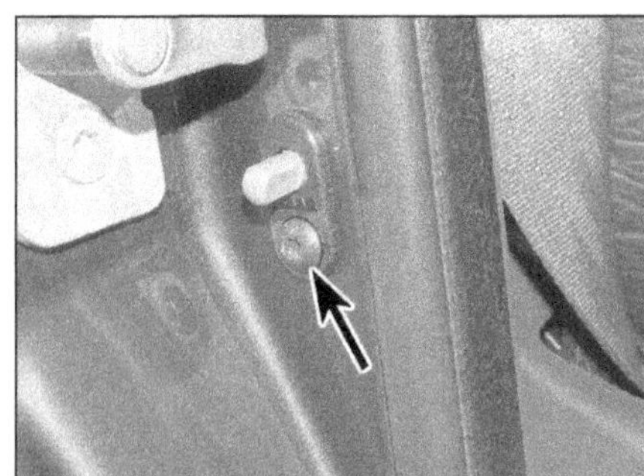

4.36 Fästskruv till instegsbelysningens kontakt

Montering

41 Montering utförs i omvänd ordning .

Främre dimljusbrytare

Demontering

42 Bänd försiktig ut brytaren från instrumentbrädan. Du kan också ta bort belysningsreglaget och trycka ut brytaren från baksidan **(se bild)**.
43 Koppla loss kablaget.

Montering

44 Montering utförs i omvänd ordning.

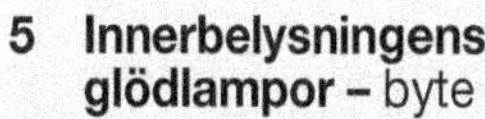

5 Innerbelysningens glödlampor - byte

Instrumentpanel

1 Demontera instrumentpanelen enligt beskrivningen i avsnitt 9.
2 Skruva loss och ta bort de åtta skruvarna som håller fast den bakre panelen i modulen **(se bild)**. Observera att fyra skruvar är korta och fyra är långa. Notera därför var de sitter.
3 Lossa de två sidoklämmorna och ta bort den bakre panelen **(se bild)**.
4 Koppla loss anslutningskontakterna och ta bort kretskorten **(se bilder)**.
5 Vrid den lamphållare du vill ta bort och ta ut den från instrumentpanelen. Lamphållarnas positionerna är markerade på kretskortet **(se bilder)**.
6 Montera den nya lampan i omvänd ordning.

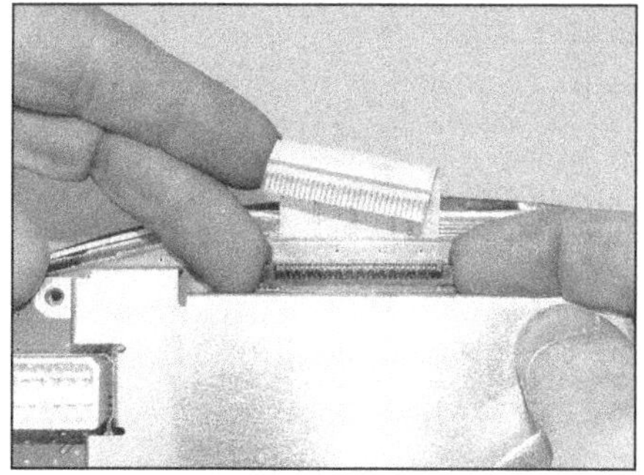

5.4a Koppla loss kontakterna . . .

5.5b Glödlampornas positioner är markerade på kretskortet

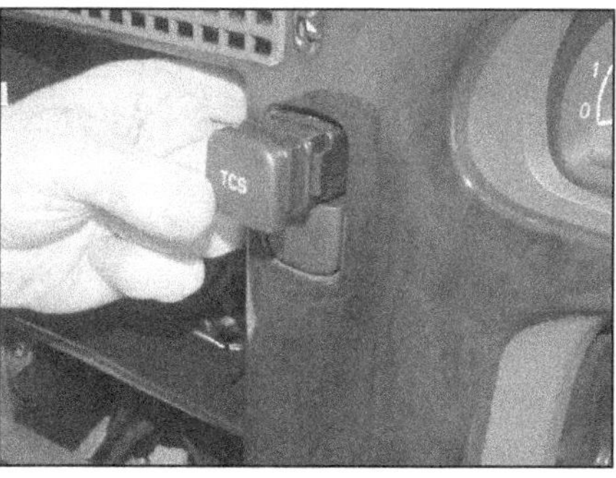

4.39 Ta bort TCS-brytaren

Bakre innerbelysning

Passagerarutrymme

7 Bänd försiktigt ner lampans lins med en skruvmejsel **(se bild)**. Observera att glaskrossgivaren sitter i lampans kåpa.
8 Ta bort sidoglödlamporna genom att trycka in och vrida dem. Ta bort glödlampan i mitten genom att lossa den från polerna **(se bild)**.
9 Montera den nya lampan i omvänd ordning.

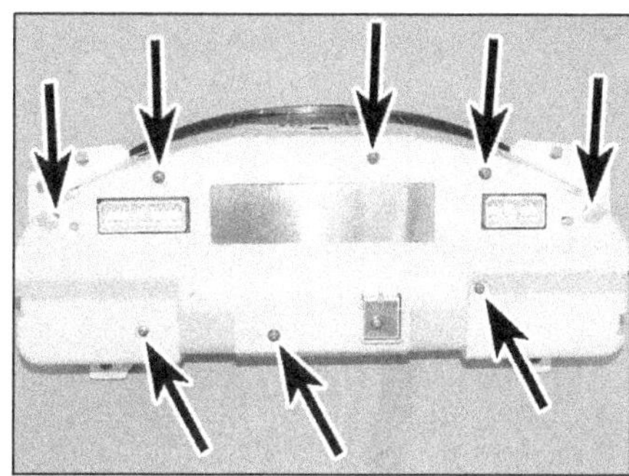

5.2 Skruva loss skruvarna . . .

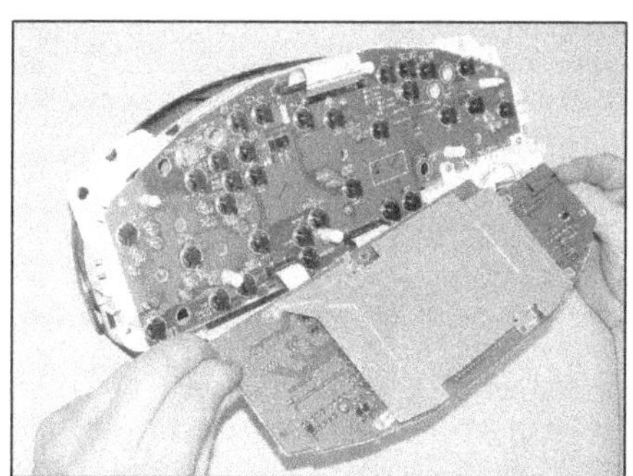

5.4b . . . och ta bort kretskorten

5.7 Bänd ner innerbelysningens glas

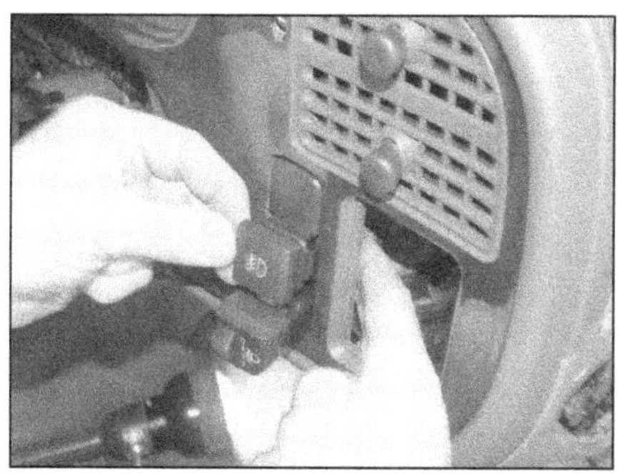

4.42 Ta bort den främre dimljusbrytaren

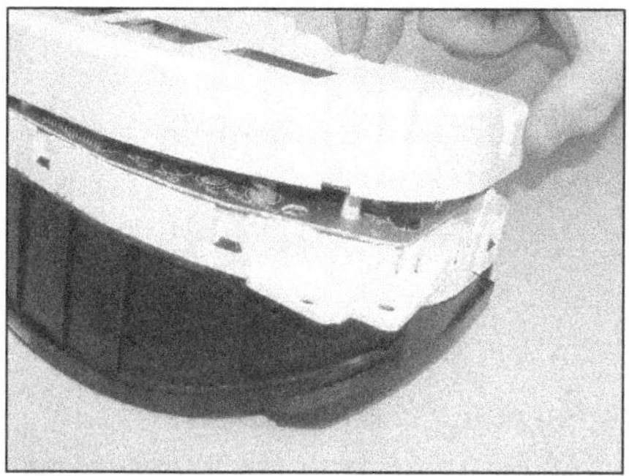

5.3 . . . lossa klämmorna och ta bort den bakre panelen

5.5a Glödlampan/lamphållaren tas bort från kretskortet

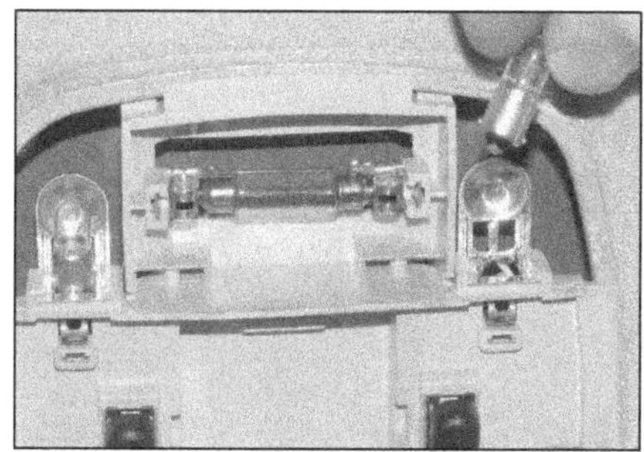

5.8 Tryck ner och vrid glödlamporna på sidan eller lossa den mittre glödlampan från polerna

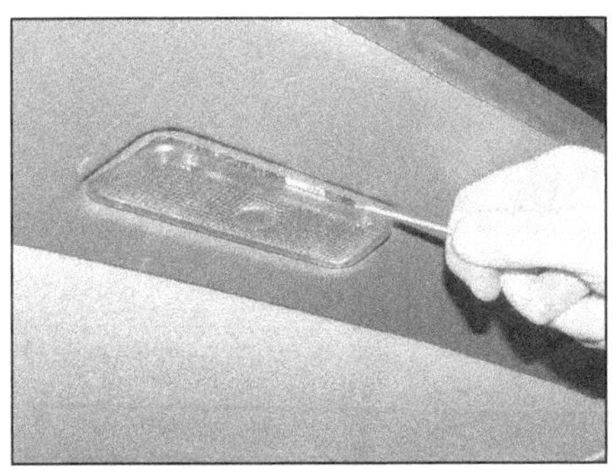
5.10 Ta bort bagageutrymmes-belysningens glas . . .

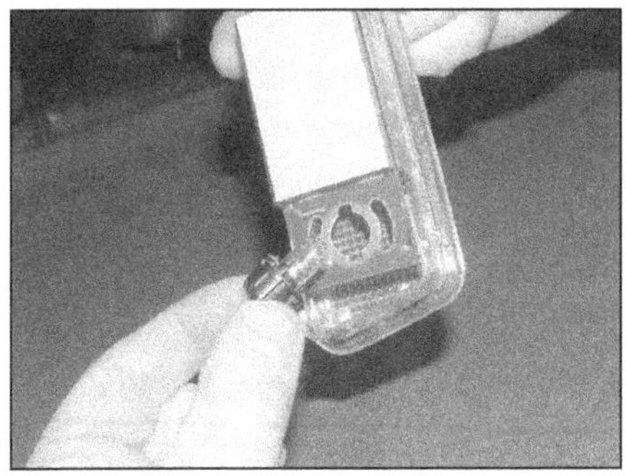
5.11 . . . och glödlampan

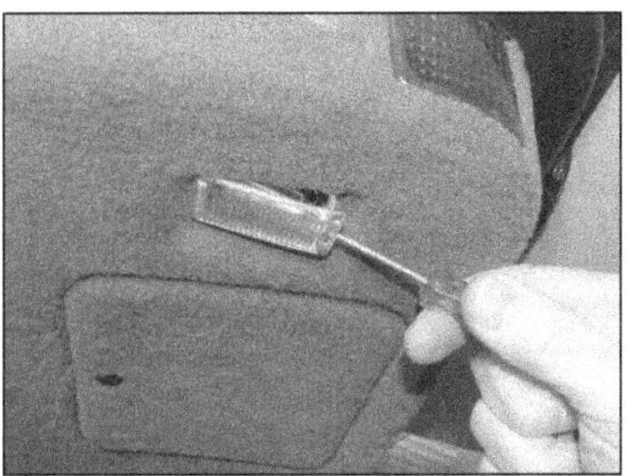
5.16 Bänd ut lampans glas . . .

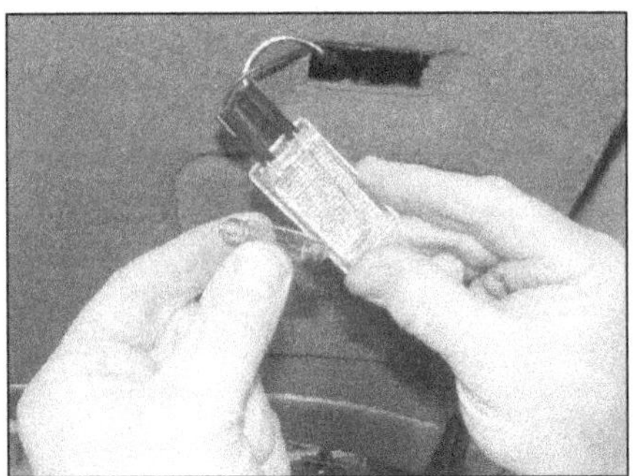
5.17 . . . och ta loss glödlampan från polerna

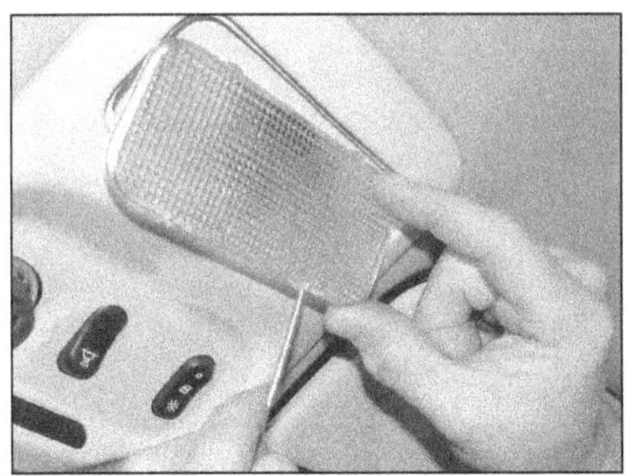
5.22a Bänd loss glaset . . .

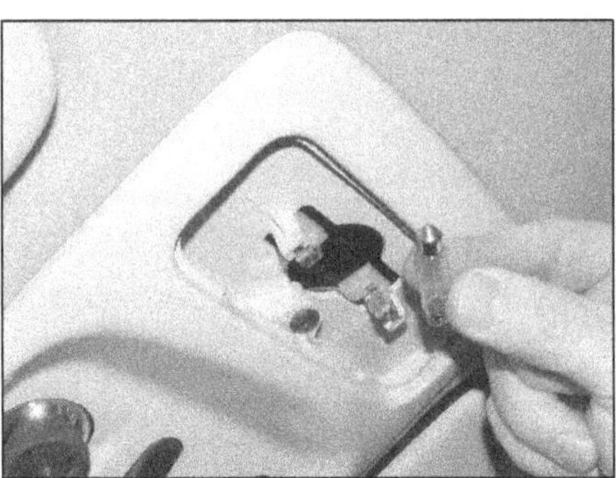
5.22b . . . och ta bort glödlampan

Bagageutrymme (kombi)

10 Bänd försiktigt loss lampans glas med en skruvmejsel **(se bild)**.

11 Ta bort glödlampan från anslutningarna **(se bild)**.

12 Montera den nya glödlampan i omvänd ordning mot demonteringen.

Bagageutrymme (sedan)

13 Bänd försiktigt loss lampans glas från klädselpanelen med en skruvmejsel.

14 Ta bort glödlampan från polerna.

15 Montera den nya glödlampan i omvänd ordning.

Bakluckans lastljus (kombi)

16 Bänd försiktigt loss lampan/glaset från klädselpanelen med en skruvmejsel **(se bild)**.

17 Ta bort glödlampan från anslutningarna **(se bild)**.

18 Montera den nya glödlampan i omvänd ordning mot demonteringen.

Handskfacksbelysning

19 Öppna handskfacket och bänd loss glaset/lampan.

20 Ta loss glödlampan från polerna.

21 Montera den nya glödlampan i omvänd ordning.

Främre innerbelysning/ kartläsarlampa

22 Bänd loss glaset med en liten skruvmejsel och ta loss glödlampan från polerna **(se bilder)**.

23 Skruva loss panelens fästskruv. Om så är tillämpligt, ta bort mikrofonen och temperaturgivaren från panelen **(se bilder)**.

24 För att ta bort spotlightens glödlampa, vrid dess reflektor moturs och dra ut lampan. Ta bort belysningsglödlamporna med hjälp av en bit slang, som du använder för att gripa tag i lampan **(se bilder)**.

25 Montera den nya glödlampan i omvänd ordningsföljd.

Cigarrettändare

26 På modeller med manuell växellåda, bänd loss växelspaksdamasken från mittkonsolen. På modeller med automatväxellåda, bänd upp sargen runt växelväljaren **(se bild)**.

27 Öppna askkoppen och ta bort den yttre (fanerade) panelen tillsammans med askkoppen **(se bild)**.

28 Bänd upp fästflikarna med en skruvmejsel och ta loss askkoppen/förvaringsfacket från mittkonsolen **(se bilder)**. Skydda valnötspanelen med tejp.

29 Skruva loss skruvarna och ta bort kåpan runt växelspaken/växelväljaren **(se bild)**. Märk

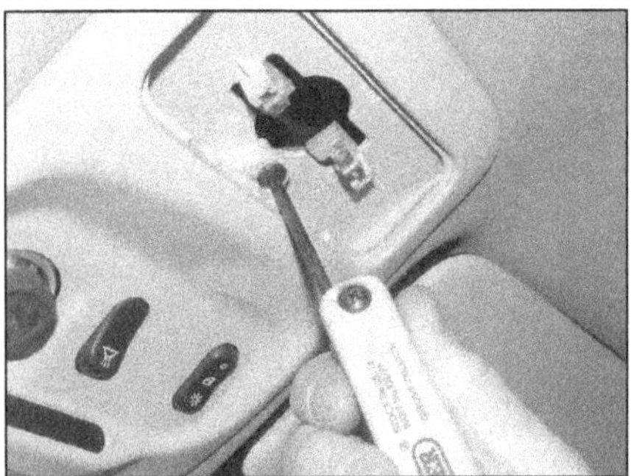
5.23a Lossa fästskruven . . .

5.23b . . . fäll ner panelen . . .

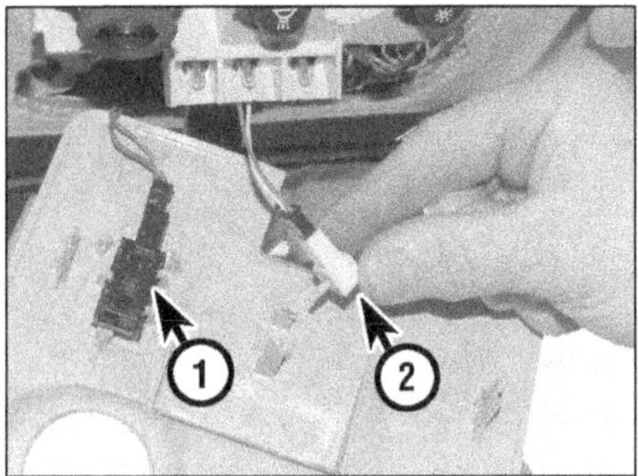

5.23c . . . och ta bort mikrofonen (1) och temperaturgivaren (2)

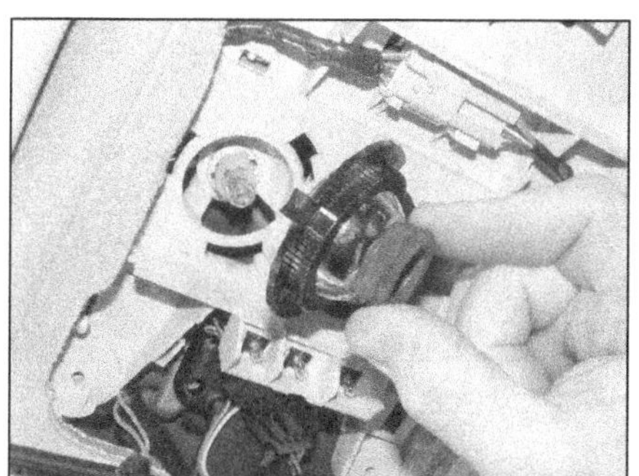

5.24a Vrid ut spotlightens reflektor moturs ur huset . . .

5.24b . . . och dra ut glödlampan

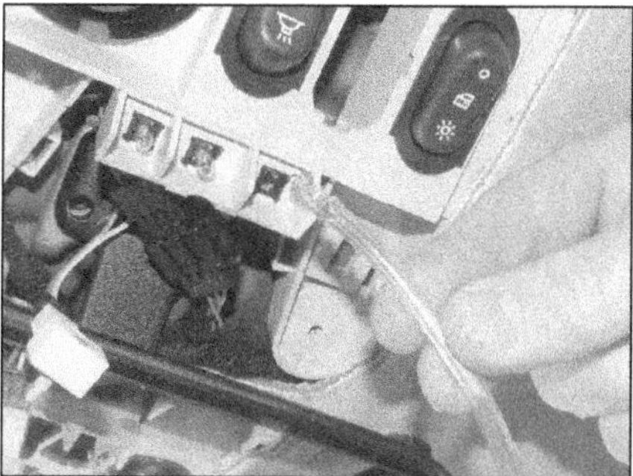

5.24c Använd en bit plastslang till att . .

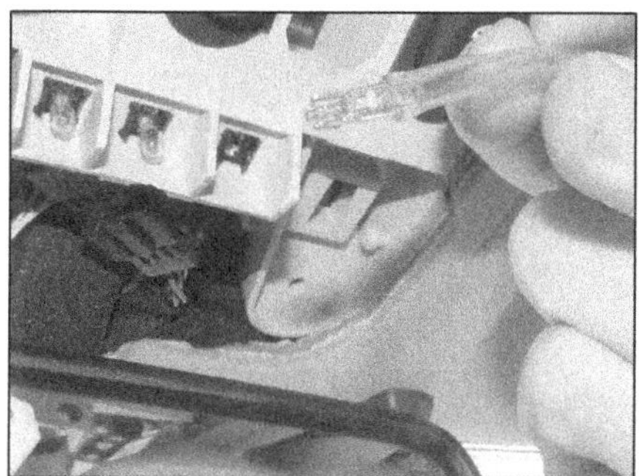

5.24d . . . ta ut belysningsglödlamporna

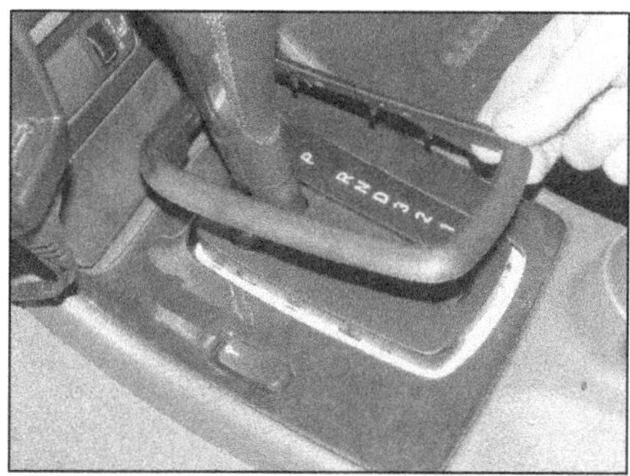

5.26 Ta bort sargen runt växelväljaren (modell med automatväxellåda)

5.27 Ta bort den yttre (dolda) panelen från askkoppen

upp kablarnas placeringar och dra ur kontakterna. Det finns kontakter för sätesvärme, sätesventilation och cigarrettändare. Koppla även loss kablaget från centrallåsbrytaren.

30 När kåpan är borttagen, lossa lampans kablage från cigarettändarens baksida. Ta sedan bort lamphållaren och ta ut lampan.

31 Montera den nya glödlampan i omvänd ordningsföljd.

Belysning till elfönsterhissarnas reglage

32 Ta bort reglagepanelen enligt beskrivningen i avsnitt 4.

33 Ta bort lamphållaren genom att vrida den moturs med en skruvmejsel.

34 Montera den nya glödlampan i omvänd ordning.

Belysning till automatväxellådans växelväljare

35 Ta bort växellägespanelen, den gröna remsan och skjutanordningen **(se bilder)**.

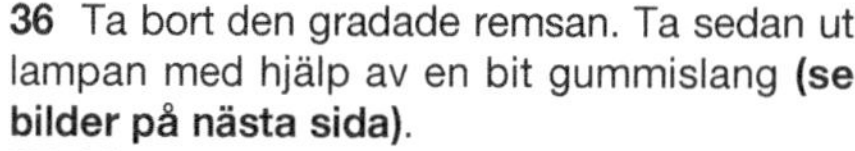

36 Ta bort den gradade remsan. Ta sedan ut lampan med hjälp av en bit gummislang **(se bilder på nästa sida)**.

37 Montera den nya glödlampan i omvänd ordningsföljd.

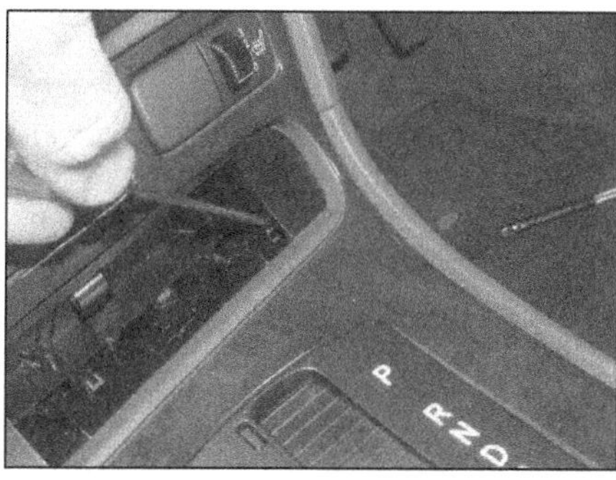

5.28a Bänd upp fästflikarna . . .

5.28b . . . och ta bort askkoppen från mittkonsolen

5.29 Ta bort kåpan över växelspaken

5.35a Ta bort växellägespanelen . . .

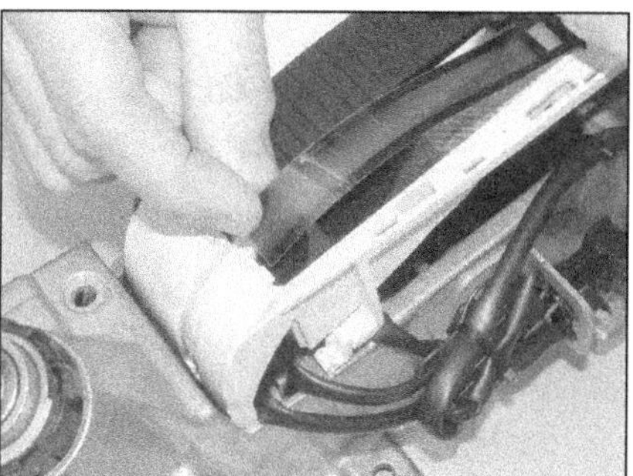

5.35b . . . följt av den gröna remsan . . .

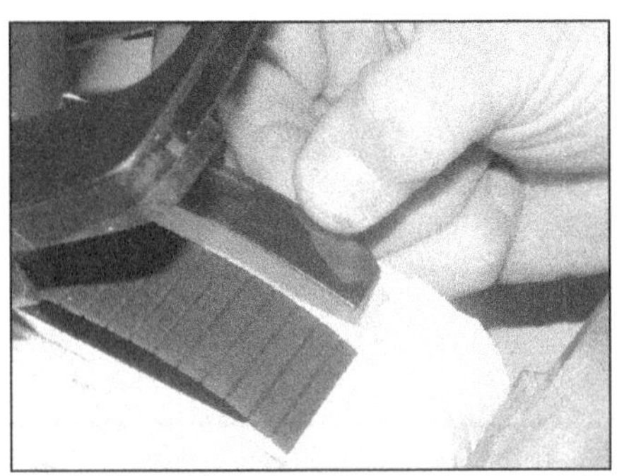
5.35c ... och skjutanordningen

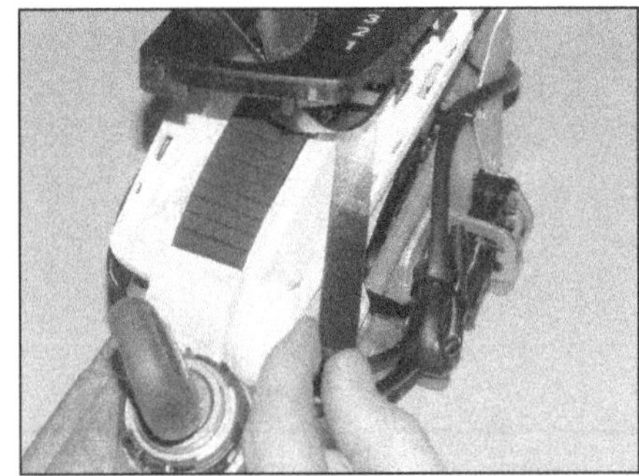
5.36a Ta bort den graderade remsan ...

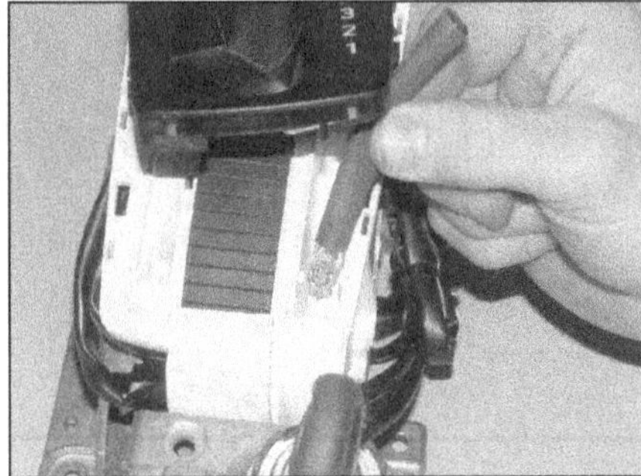
5.36b ... och ta ut glödlampan med en lämplig gummislang

Belysning till SID-modulen (Saab Information Display)

38 Demontera SID-modulen (se avsnitt 10).

39 Vrid lamphållaren moturs med en skruvmejsel och ta bort den från modulen **(se bild)**. Det finns totalt sex lamphållare. Saab rekommenderar att du byter ut alla lampor samtidigt, eftersom de har samma förväntade livslängd.

40 Montera en ny glödlampa i omvänd ordningsföljd.

Strålkastarreglagets belysning

41 Ta loss reglaget (se avsnitt 4).

42 Vrid loss lamphållaren från reglagets baksida **(se bild)**.

43 Montera den nya glödlampan i omvänd ordningsföljd.

Belysning till varningsblinkersbrytaren

44 Ta bort varningsblinkersbrytaren enligt beskrivningen i avsnitt 4.

45 Vrid ut lamphållaren från brytarens sida **(se bild)**.

46 Montera den nya glödlampan i omvänd ordningsföljd.

Belysning till ACC-modulen (automatisk klimatanläggning)

47 Demontera modulen enligt beskrivningen i kapitel 3, avsnitt 9.

48 Vrid lamphållaren med en skruvmejsel och ta bort den från modulens baksida **(se bild)**.

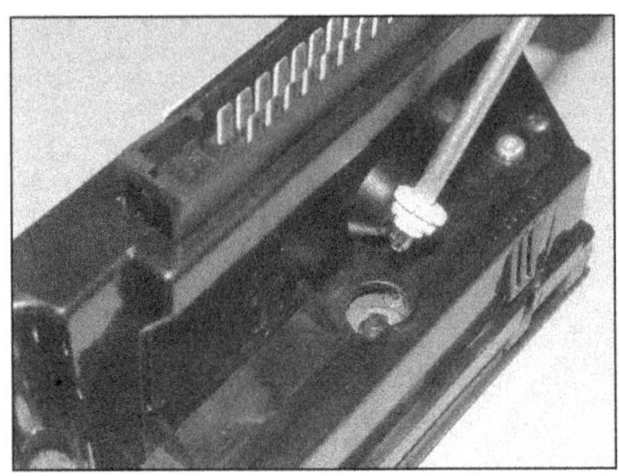
5.39 Ta bort lamphållaren från Saabs informationsdisplay (SID-modul)

49 Montera den nya glödlampan i omvänd ordningsföljd.

6 Yttre glödlampor – byte

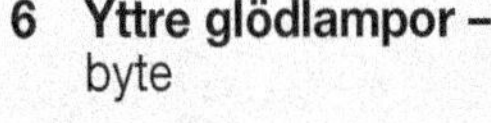

1 Tänk på följande när en glödlampa ska bytas:

a) Slå av all ytterbelysning och tändningen.

b) Kom ihåg att om lyset nyligen har varit tänt kan lampan vara mycket het.

c) Kontrollera alltid hållaren och lampkontakterna. Se till att de är rena och har kontakt med varandra.

d) Se alltid till att den nya lampan har rätt specifikationer och att den är helt ren innan den monteras.

5.42 Ta bort lamphållaren från baksidan av belysningsreglaget

e) Vidrör inte glaset på halogenglödlampor (strålkastare och främre dimljus) med fingrarna, eftersom det kan förkorta lampans livslängd. Om du råkar vidröra glaset, rengör lampan med denaturerad sprit.

Strålkastare (halogen)

2 Öppna motorhuven och vrid loss plastkåpan moturs från strålkastarens baksida **(se bild)**. Du kommer lättare åt den vänstra strålkastaren om du tar bort batterikåpan. Du kommer lättare åt den högra strålkastaren om du flyttar luftintagsslangen åt sidan.

3 Koppla loss kablaget från lampan **(se bild)**.

4 Lossa fjäderklämman och ta bort glödlampan **(se bilder)**. Använd en pappersnäsduk eller en ren trasa för att undvika att vidröra glödlampan.

5 Montera den nya glödlampan i omvänd

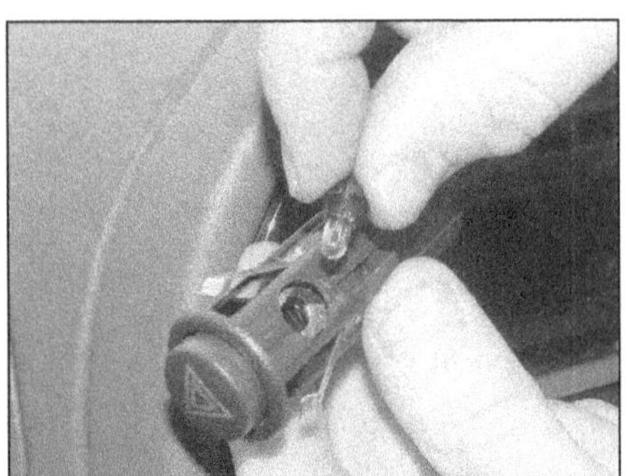
5.45 Ta bort lamphållaren från sidan av varningsblinkersbrytaren

5.48 Ta bort lamphållaren från baksidan av ACC-modulen

6.2 Skruva loss plastkåpan ...

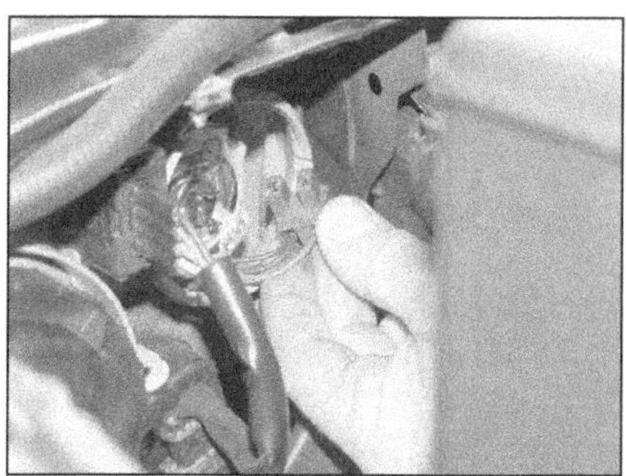
6.3 . . . och koppla loss kablaget

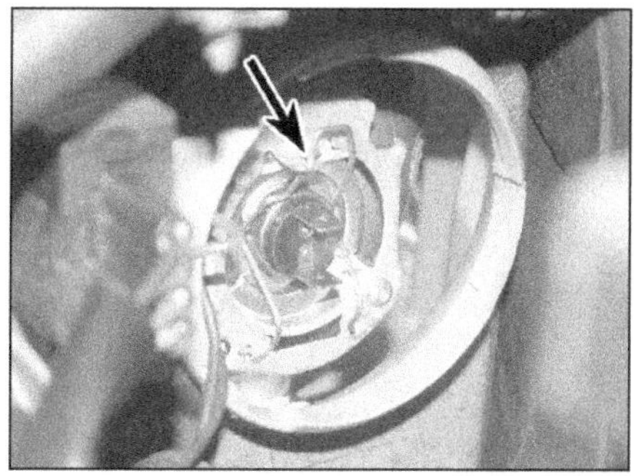
6.4a Ta loss fjäderklämman . . .

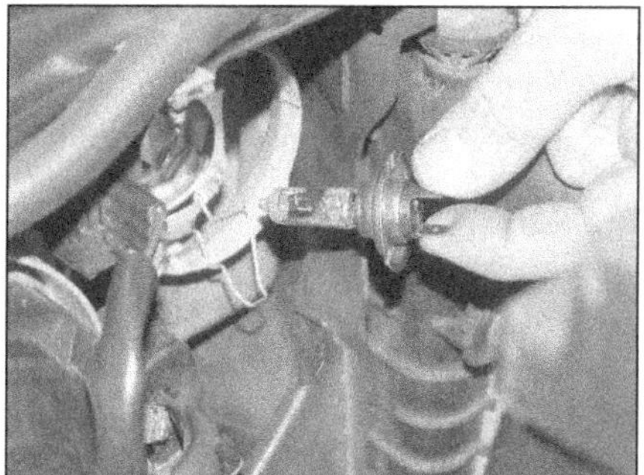
6.4b . . . och ta bort glödlampan

6.7 Ta bort kåpan . . .

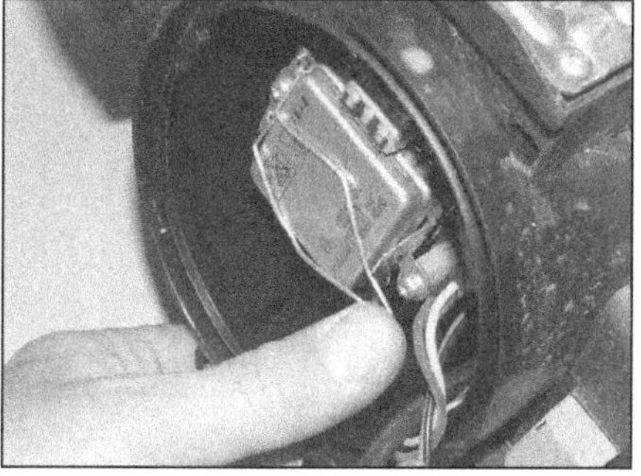
6.8a . . . lossa klämman . . .

6.8b . . . och ta ut glödlampan

ordningsföljd, men se till att glödlampans styrtappar hakar i strålkastarens baksida ordentligt. När du sätter tillbaka plastkåpan ska pilen UP vara vänd uppåt.

Strålkastare (xenon)

Varning: Vi rekommenderar att du använder handskar och skyddsglasögon när du byter ut xenonglödlampor. Lamporna innehåller kvicksilver under högt tryck. Slå inte på strålkastarna när någon lampa är borttagen. Uttagen är strömförande (minst 23 000 volt), och du riskerar att skada dig.

Halvljus

6 Ta bort strålkastaren enligt beskrivningen i avsnitt 7.

7 Ta bort skyddskåpan från baksidan av strålkastaren **(se bild)**.

8 Lossa fjäderklämman och lyft ut xenonlampan från strålkastaren **(se bilder)**.

9 Koppla loss kablaget och ta bort glödlampan **(se bilder)**.

10 Montera den nya glödlampan i omvänd ordningsföljd.

Helljus

11 Öppna motorhuven och vrid loss plastkåpan moturs från strålkastarens baksida **(se bild)**. På senare modeller kommer du lättare åt den vänstra strålkastaren om du tar bort batterikåpan. Du kommer lättare åt den högra strålkastaren om du flyttar luftintagsslangen åt sidan.

12 Koppla loss kablaget från helljuslampan **(se bild)**.

13 Lossa fjäderklämman och ta bort glödlampan **(se bilder på nästa sida)**.

14 Montera den nya glödlampan i omvänd ordningsföljd, men se till att glödlampans styrtappar hakar i strålkastarens baksida ordentligt. På senare modeller måste plastkåpan sättas tillbaka med fliken vänd uppåt.

Främre parkeringsljus

Modeller med halvljuslampor av halogentyp

15 Öppna motorhuven och vrid loss plastkåpan moturs från strålkastarens baksida. Du kommer lättare åt den vänstra strålkastaren om du tar bort batterikåpan. Du kommer lättare åt den högra strålkastaren om du flyttar luftintagsslangen åt sidan.

6.9 Koppla loss kablaget

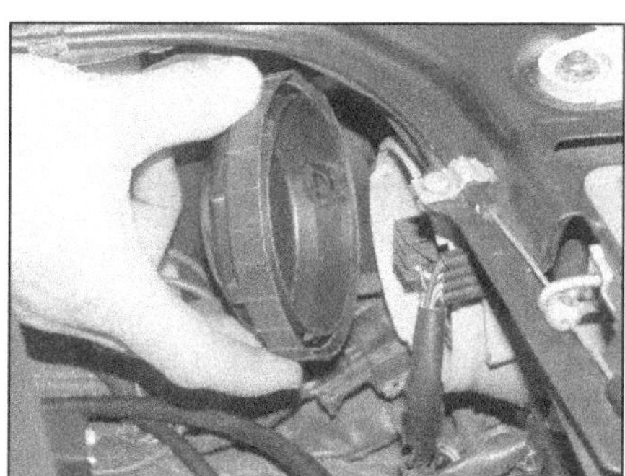
6.11 Skruva loss plastkåpan . . .

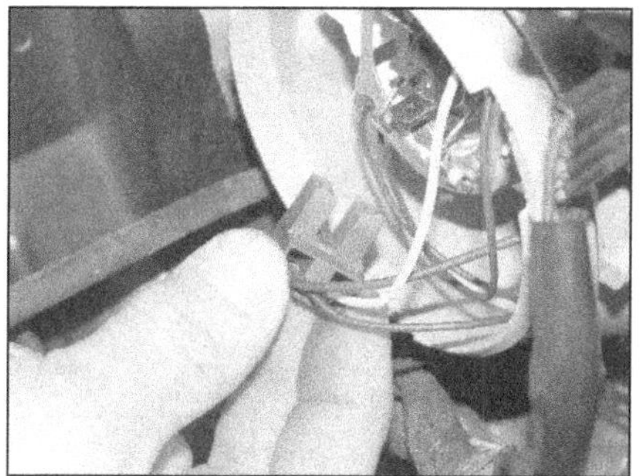
6.12 . . . och koppla loss kablaget

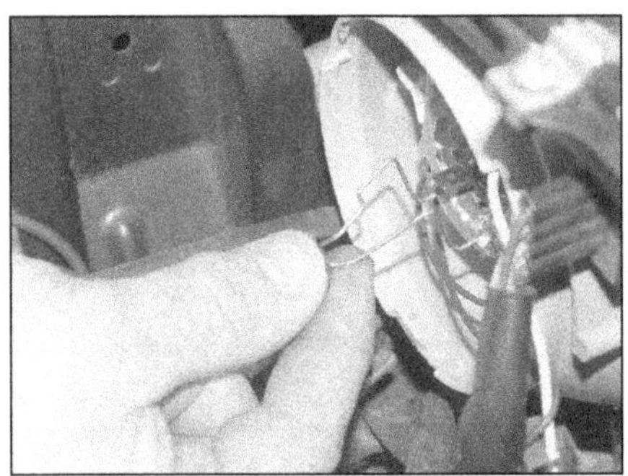
6.13a Ta loss fjäderklämman . . .

6.13b . . . och ta bort glödlampan

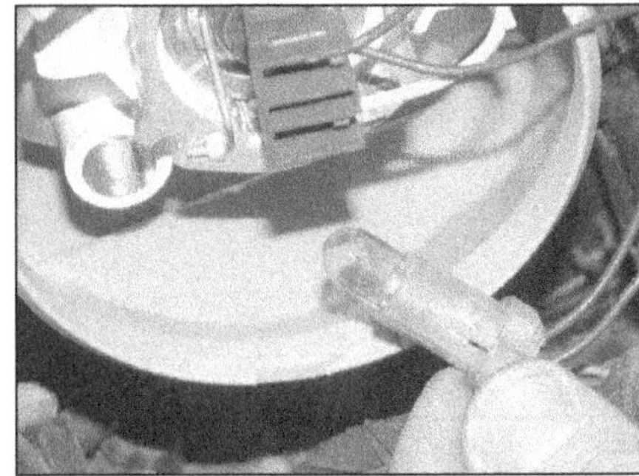
6.16a Dra loss det främre parkeringsljusets lamphållare från strålkastaren . . .

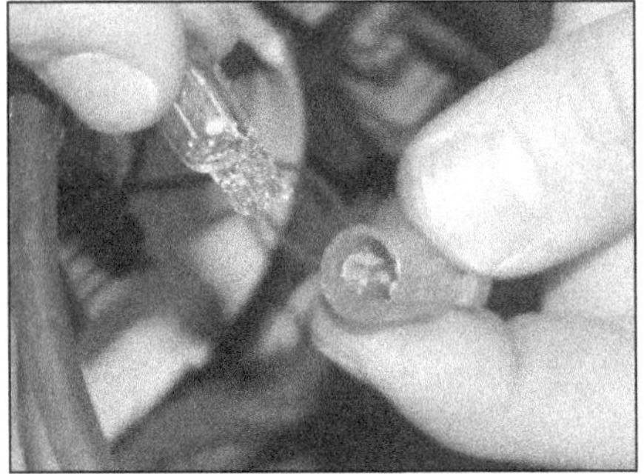
6.16b . . . och dra ut glödlampan

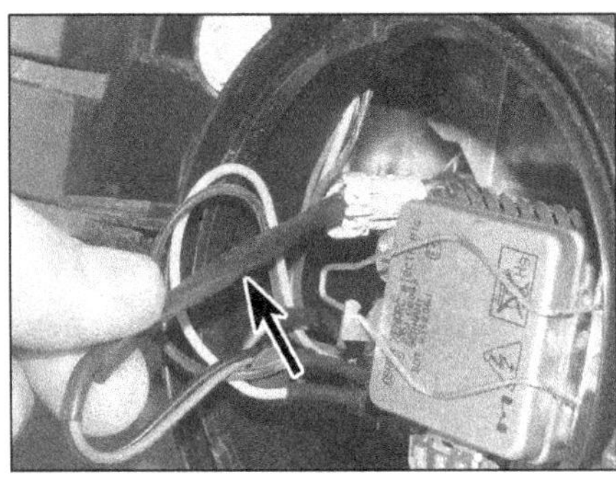
6.19a Dra ut lamphållaren med de förstärkta kablarna . . .

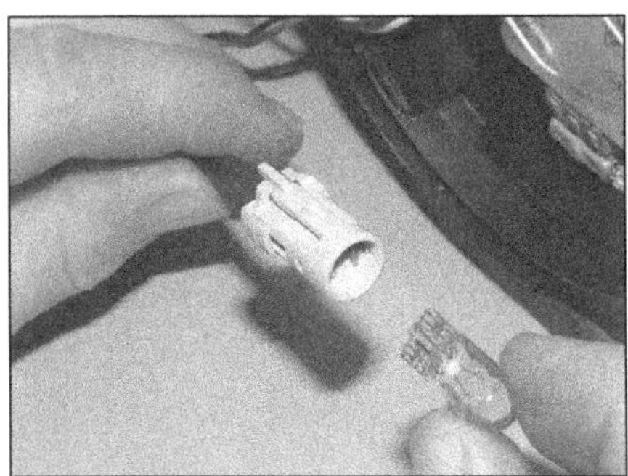
6.19b . . . och dra ut glödlampan

16 Dra loss lamphållaren från strålkastaren. Dra sedan loss glödlampan från lamphållaren **(se bilder)**.

17 Montera den nya glödlampan i omvänd ordningsföljd.

Modeller med halvljuslampor av xenontyp

18 Öppna motorhuven och vrid loss plastkåpan moturs från strålkastarens baksida. Du kommer lättare åt den vänstra strålkastaren om du tar bort batterikåpan. Du kommer lättare åt den högra strålkastaren om du flyttar luftintagsslangen åt sidan.

19 Dra ut lampans kablar och ta bort lamphållaren från strålkastaren. Dra sedan loss glödlampan från lamphållaren. Observera att kablarna är förstärkta **(se bilder)**.

20 Montera den nya glödlampan i omvänd ordning. Om det behövs kan du kontrollera lamphållarens läge om du tittar genom strålkastarglaset.

Främre blinkers

21 Öppna motorhuven. På modeller före 2002, lossa blinkerslampans skruv från motorrummets främre tvärbalk med en nyckel. På modeller från och med 2002, stick in handen i motorrummets främre hörn och tryck ner spärrhaken till blinkersen. Du kommer lättare åt på den vänstra sidan om du tar bort batterikåpan. Du kommer lättare åt på den högra sidan om du flyttar luftintagsslangen åt sidan.

22 Dra blinkersenheten framåt och ta bort lamphållaren genom att vrida den moturs **(se bild)**.

23 Lossa glödlampan genom att trycka in och vrida den **(se bild)**.

24 Montera den nya glödlampan i omvänd ordningsföljd.

Sidoblinkers

25 Tryck försiktigt lampan framåt mot plastklammerns spänning, lossa sedan lampans bakre ände från framskärmen **(se bild)**.

26 Vrid lamphållaren och ta bort glaset, dra därefter ut glödlampan (med glassockel) **(se bilder)**. Låt inte kablarna falla ner i utrymmet bakom skärmen.

27 Montera den nya glödlampan i omvänd ordningsföljd.

Bakljus

Sedanmodeller

28 Bakljusarmaturen består av lampor i den bakre karossen samt i bagageluckan.

6.22 Vrid den främre lamphållaren moturs och ta bort den . . .

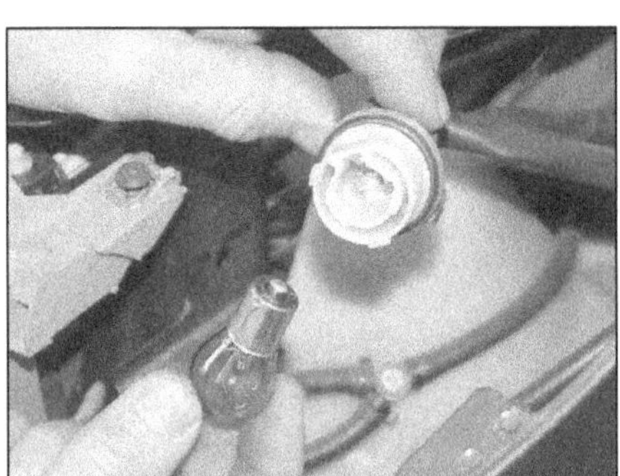
6.23 . . . tryck sedan ner och vrid om glödlampan

6.25 Tryck lampglaset framåt . . .

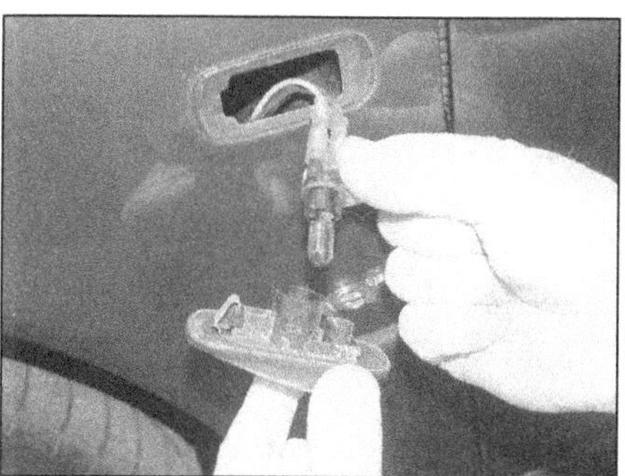

6.26a . . . ta loss lamphållaren . . .

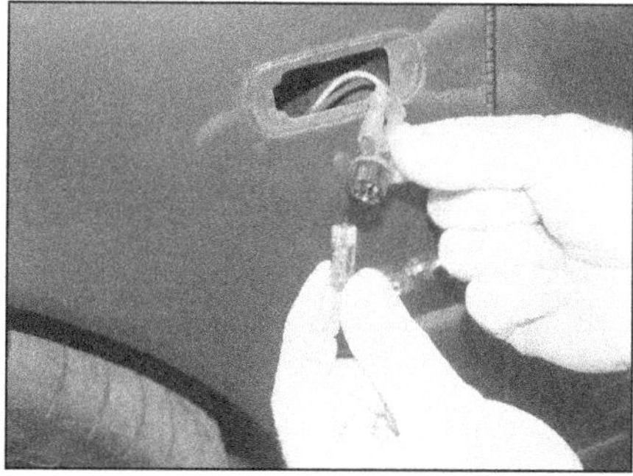

6.26b . . . och dra ut glödlampan

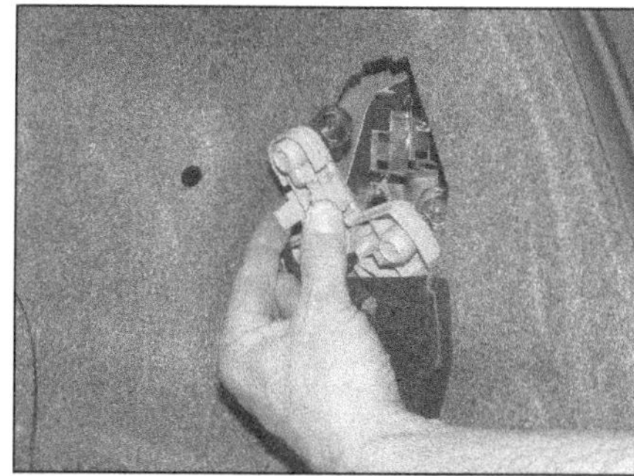

6.30a Kläm ihop låsflikarna och ta bort lamphållaren på karossen . . .

6.30b . . . eller lamphållaren på bagageluckan . . .

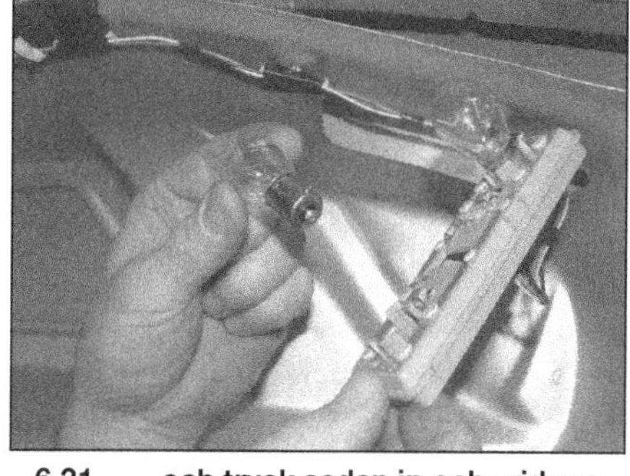

6.31 . . . och tryck sedan in och vrid om glödlampan för att ta bort den

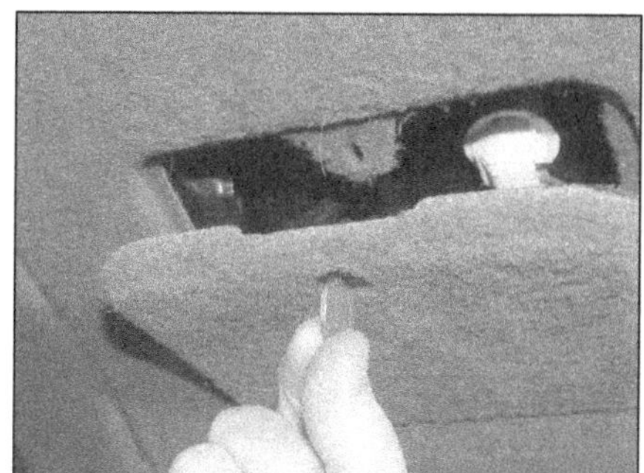

6.34 Öppna luckan så att du kommer åt bakluckans armatur . . .

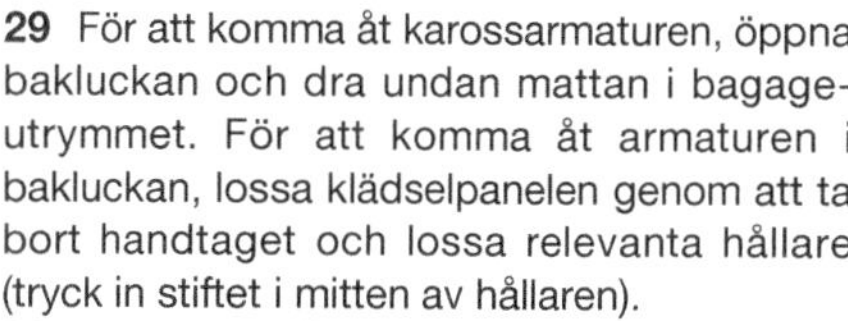

29 För att komma åt karossarmaturen, öppna bakluckan och dra undan mattan i bagageutrymmet. För att komma åt armaturen i bakluckan, lossa klädselpanelen genom att ta bort handtaget och lossa relevanta hållare (tryck in stiftet i mitten av hållaren).

30 Kläm ihop låsflikarna och ta bort lamphållaren från armaturen **(se bilder)**.

31 Tryck in och vrid relevant glödlampa och ta bort den från lamphållaren **(se bild)**.

32 Montera den nya glödlampan i omvänd ordningsföljd. Dra ut hållarnas mittstift innan du monterar dem.

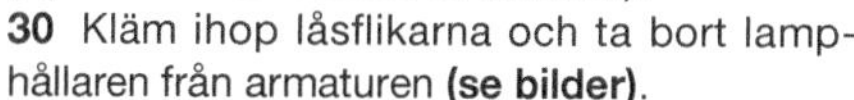

Kombimodeller

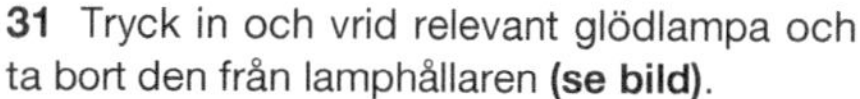

33 Bakljusarmaturen består av lampor i den bakre karossen samt i bakluckan.

34 För att komma åt karossarmaturen, öppna bakluckan, vrid hållarna ett kvarts varv moturs och ta bort kåpan från sidan av bakljusarmaturen. Skruva loss fästskruvarna och ta bort armaturen från karossen, samtidigt som du tippar den utåt. Ta bort fästet från karossen och sätt tillbaka det på armaturen. För att komma åt bakluckans armatur, öppna bakluckan, vrid hållaren ett kvarts varv moturs och öppna luckan **(se bild)**.

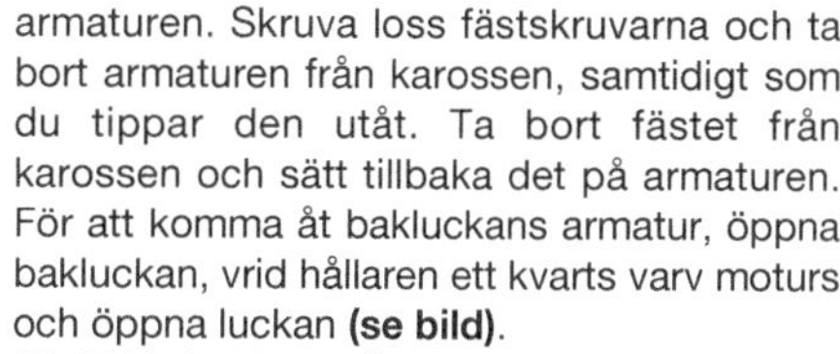

35 Vrid den lamphållare du vill ta bort och ta bort den från armaturen.

36 Tryck in och vrid relevant glödlampa och ta bort den från lamphållaren **(se bilder)**.

37 Montera den nya glödlampan i omvänd ordningsföljd.

Främre dimljus

38 Dra åt handbromsen. Lyft sedan upp framvagnen och ställ den på pallbockar (se *Lyftning och stödpunkter*).

39 Sträck in handen bakom dimljusen. Vrid glödlampshållaren moturs för att ta loss den **(se bild)**. Om det behövs kan lamphållaren kopplas loss från kablaget.

40 Dra ut glödlampan ur lamphållaren **(se bild)**.

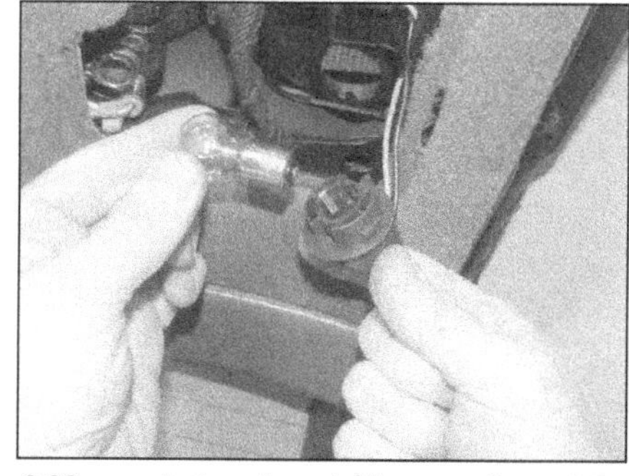

6.36a . . . ta loss lamphållaren och tryck in och vrid om glödlampan för att ta bort den

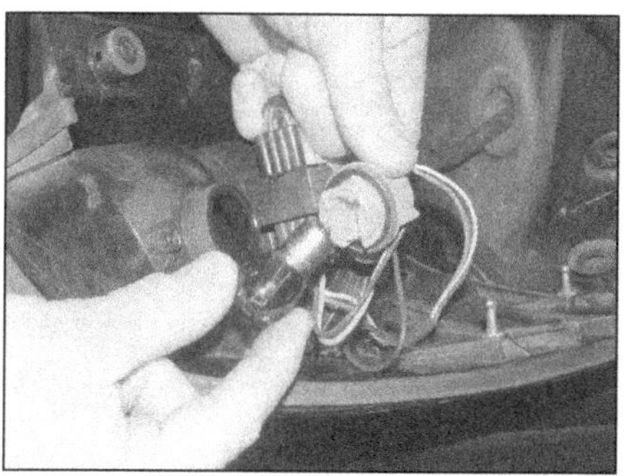

6.36b En glödlampa tas bort från karossens armatur

6.39 Ta bort lamphållaren från det främre dimljuset . . .

6.40 . . . och dra ut glödlampan

6.42a Skruva loss skruvarna . . .

6.42b . . . ta bort glaset . . .

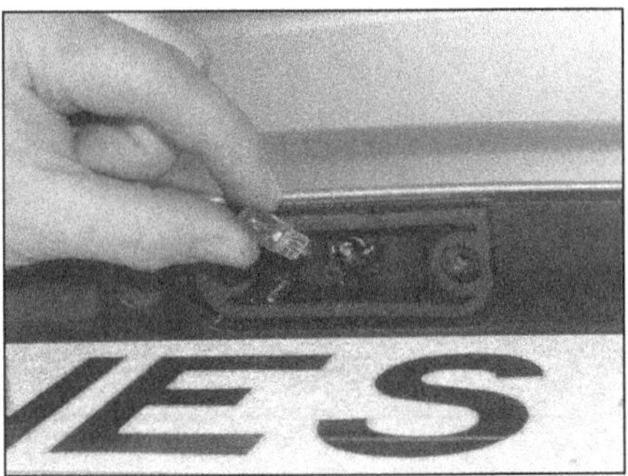
6.43 . . . och dra ut glödlampan

41 Montera den nya glödlampan i omvänd ordningsföljd.

Registreringsskyltens belysning

42 Skruva loss skruvarna och ta bort glaset från registreringsskyltens belysning **(se bilder)**. Ta bort tätningen och kontrollera dess skick.

43 Dra loss glödlampan från lamphållaren **(se bild)**.

44 Montera den nya glödlampan i omvänd ordningsföljd.

Högt monterat bromsljus

Sedanmodeller

45 Ta bort täckpanelen som sitter i den bakre änden av den inre takklädseln, genom att försiktigt trycka in de två klämmorna på sidorna.

46 Lossa lamphållaren från täckpanelen och ta bort den glödlampa du vill byta.

47 Montera den nya glödlampan i omvänd ordningsföljd. Se till att täckpanelen förs in helt i klämmorna.

Kombimodeller

48 Öppna bakluckan, bänd sedan loss täcklocken och lossa skruvarna. Ta bort täcklisterna längs bakrutans sidor och överkant **(se bilder)**.

49 Koppla loss kablaget från det höga bromsljuset. Skruva sedan loss muttrarna och ta bort lampenheten från bakluckan **(se bilder)**.

50 Skruva loss skruvarna och ta bort kretskortet tillsammans med lysdioderna **(se

6.48a Ta bort det två sidopanelerna från bakrutan . . .

bilder)**. Var noga med att inte skada styrsprintarna.

51 Montera det nya kretskortet i omvänd ordningsföljd.

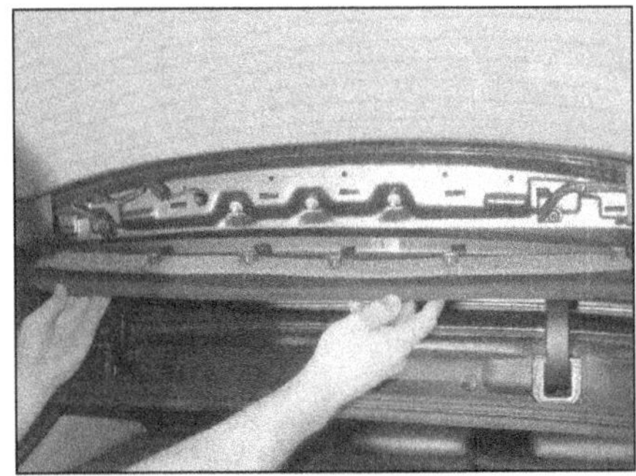
6.48b . . . och den övre panelen

6.49a Koppla loss kablaget . . .

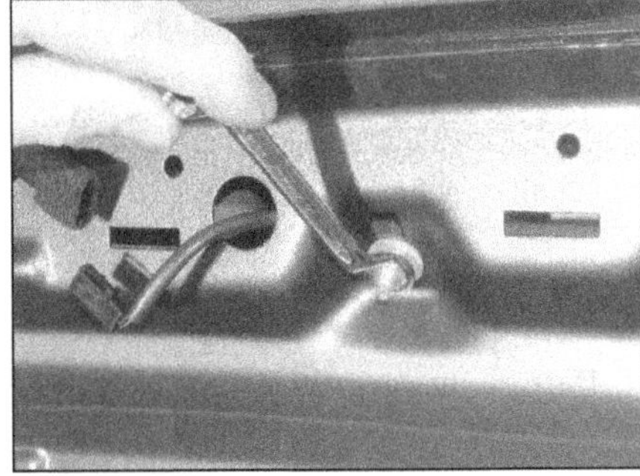
6.49b . . . skruva loss muttrarna . . .

6.49c . . . och dra ut belysningsenheten från bakluckan

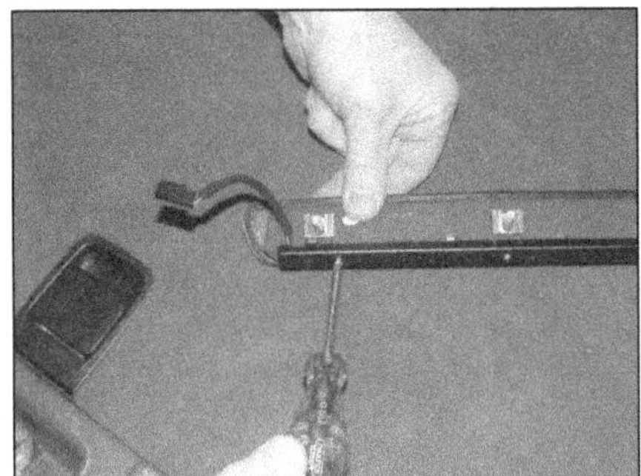
6.50a Lossa skruvarna . . .

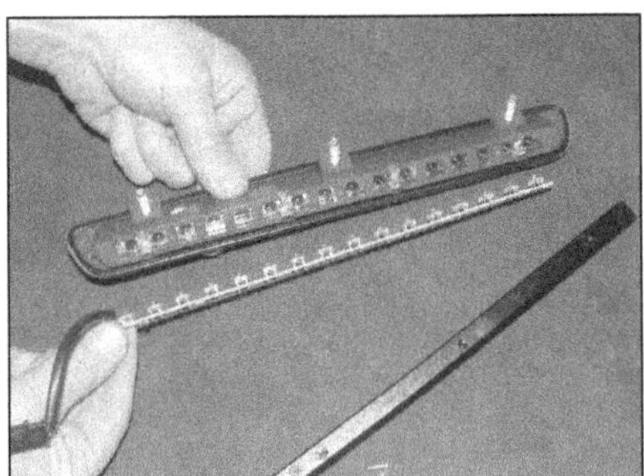
6.50b . . . och ta isär kretskortet och lysdioderna

7.3a Skruva loss strålkastarens övre . . .

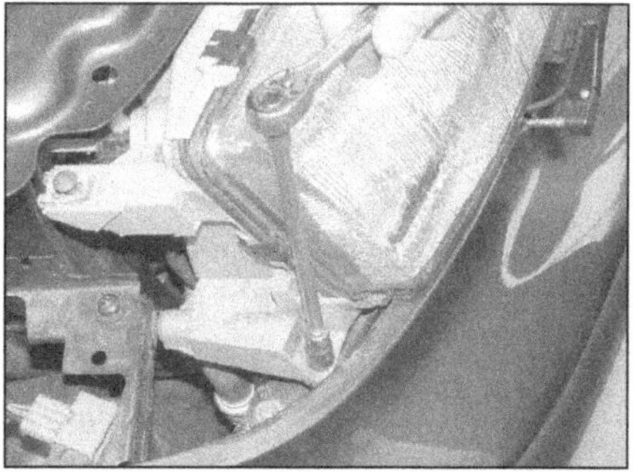
7.3b . . . och nedre fästskruvar

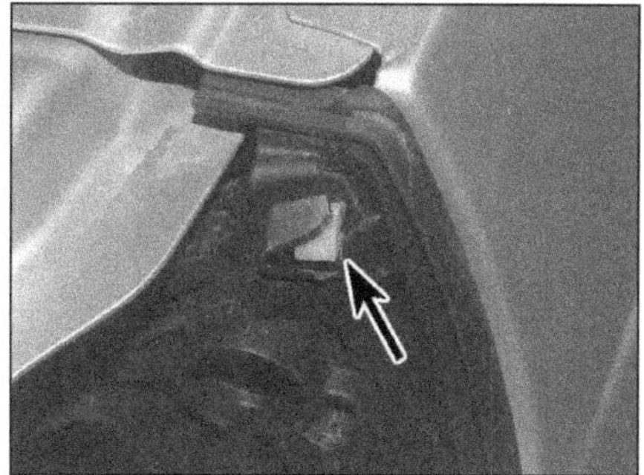
7.3c Klämma på strålkastarens skyddskåpa

7 Yttre armatur – demontering och montering

Strålkastare

Varning: På modeller med xenonstrålkastare måste tändningen vara avslagen och startnyckeln i läget LOCK.

1 Öppna motorhuven och ta bort kylargrillen enligt beskrivningen i kapitel 11. På modeller från och med 2002 behöver du bara ta bort centrum- och sidogrillarna. På modeller före 2002 måste du ta bort den främre stötfångaren enligt beskrivningen i kapitel 11.

2 Demontera aktuell blinkersenhet enligt beskrivningen längre fram i detta avsnitt.

3 Skruva loss strålkastarens övre och nedre fästskruvar. På senare modeller, lossa även skyddskåpan på strålkastarens sida från framskärmen **(se bilder)**.

4 Om bilen har strålkastartorkare, lyft bort torkararmarna från strålkastarna. Dra sedan ut strålkastaren framåt, samtidigt som du lossar den från höjdinställningsarmen.

5 Koppla loss anslutningskontakten och dra ut strålkastaren från bilen. Observera styrstiftet på listen **(se bilder)**.

6 Montering utförs i omvänd ordning mot demonteringen. På modeller från och med 2002, kontrollera att dräneringsslangen till strålkastaren löper fritt och är vänd nedåt. Lämna in bilen snarast, så att strålkastarinställningen kan kontrolleras och vid behov justeras.

Främre blinkers

7 Öppna motorhuven. På modeller före 2002, lossa blinkerslampans skruv från motorrummets främre tvärbalk med en nyckel. På modeller från och med 2002, stick in handen i motorrummets främre hörn och tryck ner spärrhaken till blinkerslampan. Du kommer lättare åt på den vänstra sidan om du tar bort batterikåpan **(se bilder)**. Du kommer lättare åt på den högra sidan om du flyttar luftintagsslangen åt sidan.

8 Dra den främre blinkerslampan framåt och ta bort lamphållaren genom att vrida den moturs **(se bilder)**.

9 Montering görs i omvänd ordning mot demonteringen. Kontrollera att det bakre styrstiftet hamnar rätt i framskärmen och att de främre fästflikarna förs in i spåren i strålkastaren **(se bild på nästa sida)**.

7.5a Koppla loss kontaktdonet

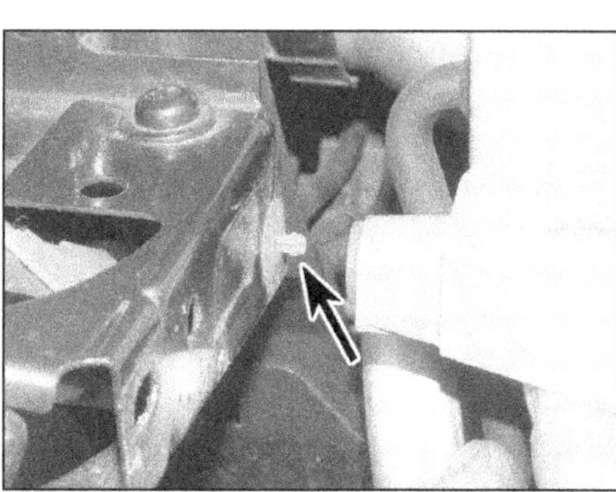
7.5b Strålkastarens styrstift på listen

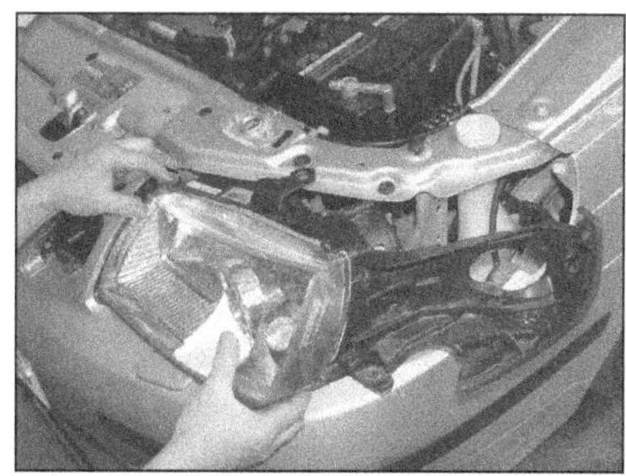
7.5c Demontering av strålkastare på 2002 års modell och framåt

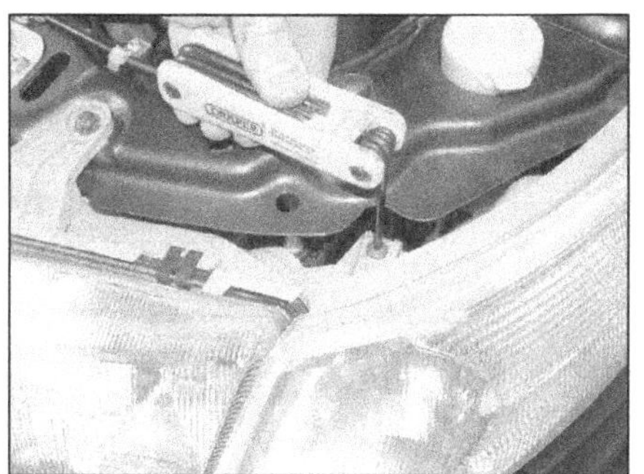
7.7a Lossa skruven . . .

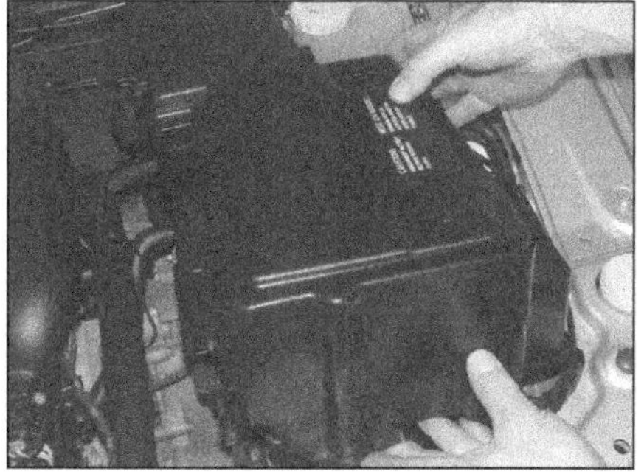
7.7b . . . ta bort batterikåpan på modeller från 2002 eller senare . . .

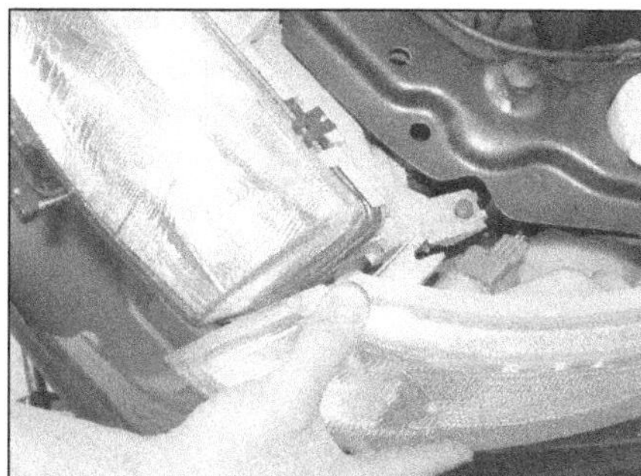
7.8a . . . och dra sedan ut blinkerslampan framåt

7.8b Ta bort lamphållaren

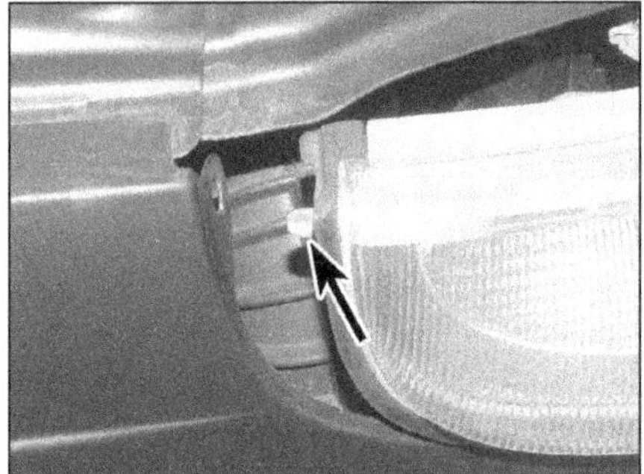
7.9 Främre blinkerslampans styrstift

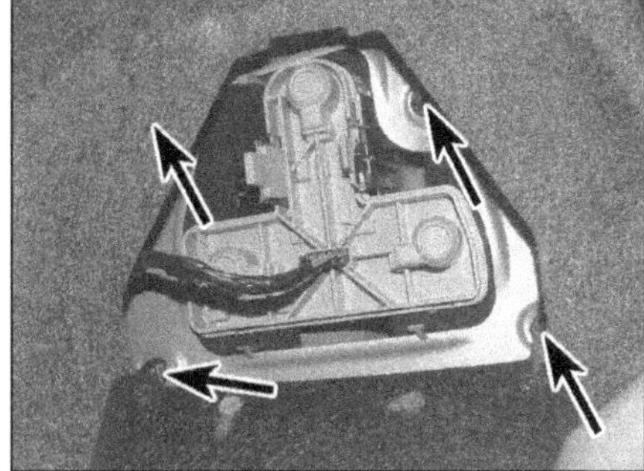
7.16 Bakljusarmaturens fästmuttrar (sedanmodeller)

Sidoblinkers

10 Tryck försiktigt lampan framåt mot plastklammerns spänning, lossa sedan lampans bakre ände från framskärmen.

11 Vrid lamphållaren och ta bort glaset. Låt inte kablaget falla ner i utrymmet bakom skärmen.

12 Montering utförs i omvänd ordning mot demonteringen.

Bakljus

Sedanmodeller

13 Bakljusarmaturen består av lampor i den bakre karossen samt i bagageluckan.

14 För att ta bort karossarmaturen, öppna bagageluckan och dra undan mattan i bagageutrymmet. För att ta bort armaturen i bagageluckan, lossa klädselpanelen genom att ta bort handtaget och lossa hållarna (tryck in mittstiftet). Ta bort registreringsskylten och dekorpanelen om så behövs.

15 Kläm ihop låsflikarna och ta bort lamphållaren från bakljuset.

16 Skruva loss muttrarna och dra ut armaturen **(se bild)**. Lossa bakluckans armatur genom att trycka in hakarna.

17 Monteringen utförs i omvänd ordning mot demonteringen. Dra åt muttrarna ordentligt.

Kombimodeller

18 Bakljusarmaturen består av lampor i den bakre karossen samt i bakluckan.

19 För att ta bort karossarmaturen, börja med att öppna bakluckan. På modeller före 2002, bänd loss täcklocken som sitter över fästskruvarna. På senare modeller, vrid fästena ett kvarts varv moturs och ta bort kåpan från sidan av bakljusarmaturen. Skruva loss fästskruvarna och ta bort armaturen från karossen, samtidigt som du tippar den utåt. Koppla loss kablaget genom att bända upp låset **(se bilder)**.

20 För att ta bort bakluckans armatur, börja med att öppna bakluckan. Bänd försiktigt loss de övre kantlisterna som sitter runt bakrutans öppning inuti bakluckan. Skruva loss skruvarna och ta bort handtaget på insidan. Skruva loss skruvarna från klädselpanelens nedre kant. Dra sedan panelens övre del nedåt för att lossa den från de övre klämmorna. Dra sedan panelen bakåt för att lossa styrsprinten vid handtaget. Om det behövs kan du ta bort registreringsskylten och dekorpanelen. På högerstyrda bilar, ta loss låset och låt det hänga kvar. På vänsterstyrda bilar utan låscylinder, ta bort klämman och kabeln. Skruva loss fästmuttrarna och ta bort klämplattan. Dra sedan ut armaturen och lossa kablaget **(se bilder).**

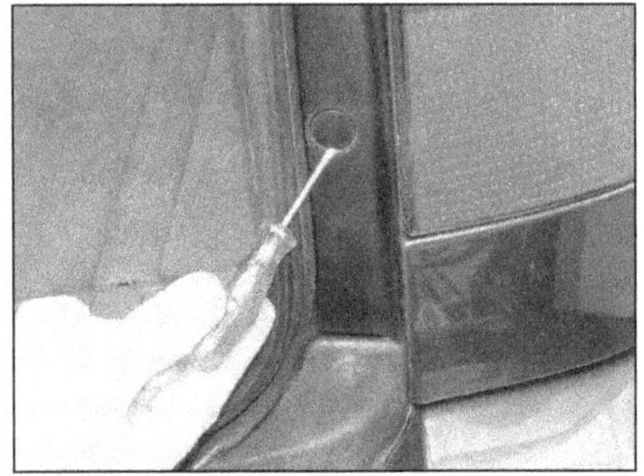
7.19a På modeller före 2002, bänd ut täcklocken

7.19b Lossa fästskruvarna . . .

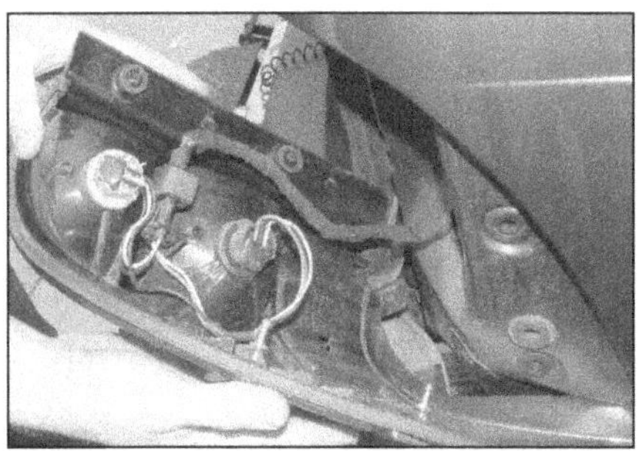
7.19c . . . och ta bort bakljusarmaturen från karossen. Notera styrstiften och motsvarande genomföringar

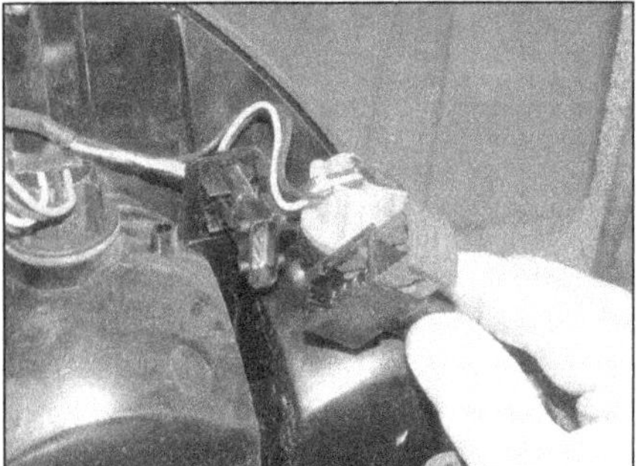
7.19d Koppla loss kablaget

7.20a Ta loss låset . . .

7.20b . . . koppla loss armaturkablaget . . .

21 Montering utförs i omvänd ordning. Innan du monterar armaturen i karossen, ta bort hållaren från karossen och sätt tillbaka den på armaturen. Kontrollera tätningen till bakluckans armatur innan du monterar den.

Främre dimljus

22 Dra åt handbromsen. Lyft sedan upp framvagnen och ställ den på pallbockar (se *Lyftning och stödpunkter*).
23 Sträck in handen bakom dimljusen. Vrid lamphållaren moturs och ta ut den. Om det behövs kan lamphållaren kopplas loss från kablaget.
24 Skruva loss fästmuttern och bultarna efter tillämplighet. Dra sedan bort dimljuset från stötfångaren.
25 Montering utförs i omvänd ordning. Justera dimljuset genom att först parkera bilen 10 meter från en vägg. Gör ett märke i väggen på samma höjd som glasets mitt. Gör ett annat märke 10-20 cm under det första märket. Justera därefter ljusstrålens höjd till detta märke genom att vrida knoppen på baksidan av lampan.

Registreringsskyltens belysning

26 Skruva loss skruvarna och ta loss skyltens belysning från bakluckan.
27 Koppla loss kablaget.
28 Montering utförs i omvänd ordning.

Högt bromsljus

Sedanmodeller

29 Ta bort täckpanelen som sitter i den bakre änden av den inre takklädseln, genom att försiktigt trycka in de två klämmorna på sidorna.
30 Skruva loss konsolens fästskruvar. Koppla därefter loss kablaget och ta bort lampenheten.
31 Montering utförs i omvänd ordning.

Kombimodeller

32 Öppna bakluckan, bänd loss täcklocken, skruva loss skruvarna och ta bort bakrutans täcklister.
33 Skruva loss muttrarna, dra bort det höga bromsljuset och koppla loss kablaget.
34 Skruva loss skruvarna och ta bort kretskortet tillsammans med lysdioderna. Var noga med att inte skada styrsprintarna.
35 Montering utförs i omvänd ordning.

Enhet för manuell strålkastarjustering

36 Enheten för manuell justering kan tas bort utan att strålkastaren behöver tas bort. Sträck in handen bakom strålkastaren och koppla loss kablaget **(se bild)**.
37 Vrid enheten moturs och haka loss armen från strålkastarreflektorn **(se bild)**. Dra ut enheten.
38 Montering utförs i omvänd ordning. Det går lättare att ansluta armen till reflektorn om kåpan tas bort från den yttre strålkastaren och reflektorn dras framåt, mot justeringsenheten.

Styrmodul för xenonstrålkastare

Varning: Läs säkerhetsföreskrifterna för modeller med xenonstrålkastare tidigare i detta kapitel. Observera att modulen också är känslig för statisk elektricitet. Jorda dig själv regelbundet medan du demonterar och monterar enheten.

Observera: *Om modulen byts ut mot en ny, måste den programmeras av en Saabverkstad med speciell utrustning.*
39 Demontera strålkastaren enligt beskrivningen tidigare i detta avsnitt.
40 Skruva loss de sex skruvarna och ta bort modulen från strålkastaren **(se bilder)**.
41 Koppla loss kablaget och ta bort modulen.
42 Kontrollera modultätningens skick och byt ut den om det behövs.
43 Montering utförs i omvänd ordning mot demonteringen.

8 Strålkastarinställning - allmän information

1 Korrekt inställning av strålkastarna kan endast utföras med optisk utrustning och ska därför överlåtas till en Saabverkstad eller en annan lämpligt utrustad verkstad. I nödfall går det att justera strålkastarna genom att vrida knopparna på baksidan av strålkastarna.
2 Vissa modeller är utrustade med inställningsreglage, så att strålkastarna kan justeras efter variationer i bilens last. Strålkastarnas riktning ändras med hjälp av ett reglage på instrumentbrädan som styr de elektriska justermotorerna i strålkastarnas bakre delar. Reglaget ska vara ställt enligt följande, beroende på bilens last:

7.20c . . . skruva loss muttrarna och ta bort klämplattan . . .

7.20d . . . och dra ut bakljusarmaturen från bakluckan

7.36 Koppla loss kablaget . . .

7.37 . . . och vrid justeringsenheten och koppla loss armen

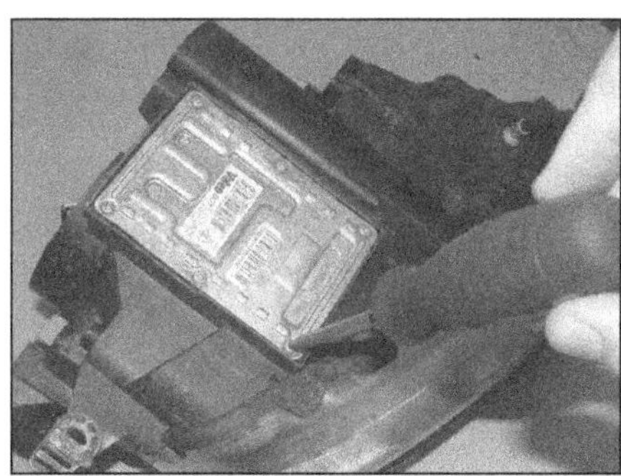

7.40a Skruva loss skruvarna . . .

7.40b . . . och ta bort xenonstrålkastarens styrmodul

Reglagets inställning	Fordonslast
0	*Upp till 3 personer, inklusive föraren (max en i baksätet), inget bagage.*
1	*Upp till 3 passagerare i baksätet, upp till 30 kg bagage.*
2	*Upp till 3 passagerare i baksätet, upp till 80 bagage.*
3	*Upp till 5 personer, inklusive föraren, fullt bagageutrymme – eller upp till 5 personer, fullt bagageutrymme samt släp.*

3 På modeller med xenonstrålkastare finns ett automatiskt nivåregleringssystem. Om systemet går sönder tänds en varningslampa på instrumentpanelen, och strålkastarna vinklas nedåt för att inte mötande trafik ska bländas. I så fall måste du minska hastigheten, eftersom ljuset inte når lika långt.

4 Om du vill justera strålkastarna temporärt, ställ bilen på ett plant underlag 10 m från en vägg. Däcken ska ha specificerat tryck, bränsletanken vara fylld till hälften och en person ska sitta i förarsätet. Slå på tändningen och kontrollera i förekommande fall att inställningsreglaget är i läge 0. Mät sträckan från marken till korset i mitten av strålkastaren. Dra av 5 cm om lamporna är av halogentyp och 7,5 cm om lamporna är av xenontyp. Rita ett märke på väggen vid denna höjd. Justera strålkastarna genom att vrida reglagen på baksidan av strålkastarna **(se bild)** tills ljuskäglans mittpunkt är i höjd med märket.

8.4 Strålkastaren justeras manuellt

9 Instrumentpanel och elektronisk enhet demontering och montering

Instrumentpanel

Demontering

1 Ställ in ratten i det nedersta och bakersta läget och lås den.

2 Ta bort rattstångskåporna. I den övre kåpan sitter två uppåtvända skruvar, och i den nedre sitter en skruv.

3 Tryck in fästklämmorna, ta bort den kombinerade brytaren för blinkers och vindrutetorkare och koppla loss kablaget.

4 Ta bort radion/kassettbandspelaren och dess monteringslåda enligt beskrivningen i avsnitt 17.

5 Demontera SID-enheten enligt beskrivningen i avsnitt 10.

6 Ta bort luftkonditionerings-/värme- och ventilationsenheten enligt beskrivningen i kapitel 3. Låt stolsvärmeenheten sitta kvar.

7 Ta bort brytarna på insidan av rattstången från instrumentbrädan.

8 Ta bort locket från huvudsäkringsdosan i änden av instrumentbrädan. Stick in ett finger i säkringsdosans öppning och tryck ut belysningsbrytarna från baksidan. Koppla loss de svarta, gröna och orangefärgade kontaktdonen. Notera hur de sitter.

9 Bänd försiktigt ut blindknapparna från instrumentbrädan.

10 Skruva loss skruvarna och ta bort den omgivande sargen. Det finns sex skruvar och fyra klämmor inuti öppningarna. Med sargen borttagen kan du, om så önskas, skruva loss fästskruvarna och ta bort mugghållaren **(se bilder)**.

11 Skruva loss instrumentpanelens fästskruvar, dra ut enheten och koppla loss kontaktdonen. Dra bort enheten från torpedväggen **(se bilder)**.

Montering

12 Montering utförs i omvänd ordningsföljd.

Elektronisk enhet

Demontering

13 Demontera instrumentpanelen (se ovan).

14 Skruva loss de åtta skruvarna som håller fast den bakre panelen i modulen. Observera att fyra skruvar är korta och fyra är långa. Notera därför var de sitter.

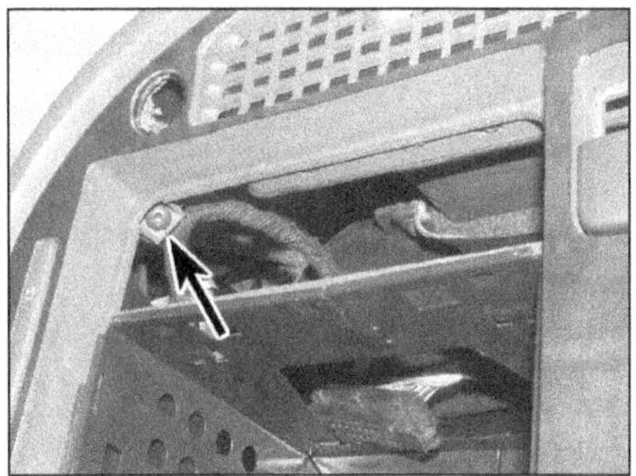

9.10a Fästskruvarna sitter inuti öppningarna

9.10b Ta bort den omgivande panelen

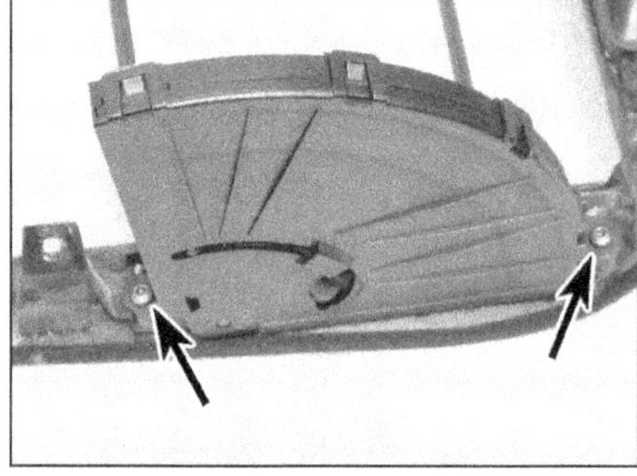

9.10c Skruvar som fäster mugghållaren i den omgivande panelen

9.11a Skruva loss fästskruvarna på sidorna . . .

9.11b . . . dra bort instrumentpanelen från instrumentbrädan . . .

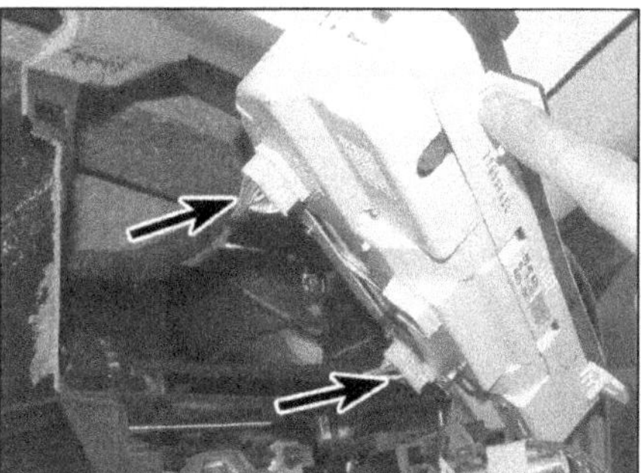

9.11c . . . och koppla loss kablarna

9.16a Skruva loss skruvarna . . .

15 Lossa de två sidoklämmorna och ta bort den bakre panelen.

16 Koppla loss anslutningskontakterna och ta bort kretskorten. Skruva därefter loss skruvarna och ta bort den elektroniska enheten **(se bilder)**.

Montering

17 Montering utförs i omvänd ordning.

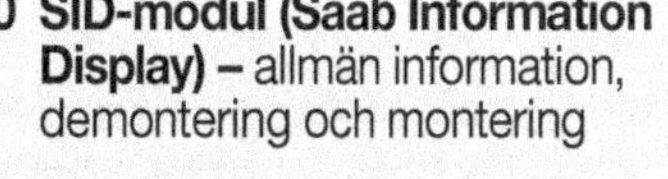

10 SID-modul (Saab Information Display) – allmän information, demontering och montering

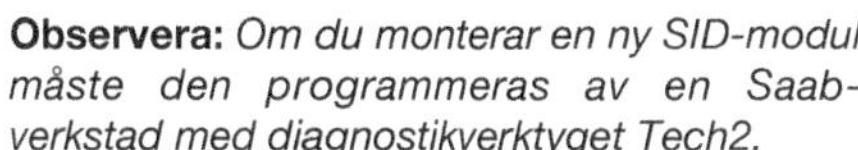

Observera: *Om du monterar en ny SID-modul måste den programmeras av en Saab-verkstad med diagnostikverktyget Tech2.*

Allmän information

1 SID-modulen tillhandahåller information för föraren och styr displaybelysningen och färddatorn. I modulen visas även service-påminnelser. Följande komponenter används:

a) Yttertemperaturgivare.
b) Rattens signalhorn och ljudkontroller.
c) Kylvätskans nivågivare.
d) Spolarvätskans nivågivare.
e) Glödtrådsvakt för strålkastare.
f) Displaybelysningens reostat.
g) Innerbelysningsgivare för automatisk kontroll av displaybelysning.

Demontering

2 SID-modulen sitter i mitten av instrument-brädan ovanför radion. Ta först bort radion/

10.4 . . . och ta loss kablaget

9.16b . . . och ta bort den elektroniska enheten

kassettbandspelaren enligt beskrivningen i avsnitt 17.

3 Sträck in handen bakom SID-modulen och tryck ut den ur instrumentbrädan **(se bilder)**.

4 Koppla loss kablarna och ta bort modulen **(se bild)**.

Montering

5 Montering utförs i omvänd ordning.

11 Cigarrettändare – demontering och montering

Demontering

1 Det finns två cigarrettändare. En sitter ovanför askkoppen och en annan i den bakre änden av mittkonsolen.

Främre cigarrettändare

2 På modeller med manuell växellåda, bänd loss växelspaksdamasken från mittkonsolen. På modeller med automatväxellåda, bänd upp sargen runt växelväljaren med en skruvmejsel.

3 Ta sedan ut askkoppen och hållaren, alternativt förvaringsfacket, med hjälp av en skruvmejsel.

4 Skruva loss skruvarna och ta bort växel-spakskåpan. Märk upp kabelanslutningarna och dra ur kontakterna. Det finns kontakter för sätesvärme, sätesventilation och cigarrett-tändare.

5 Ta bort tändarelementet. Lossa sedan cigarrettändarsockeln och belysningsringen från kåpan.

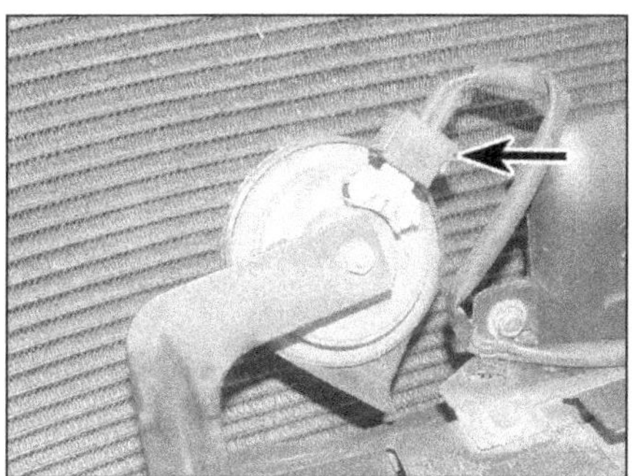

12.2 Signalhornets anslutningskontakt

10.3a Stick in handen genom radions öppning och tryck ut SID-modulen

10.3b Ta bort SID-modulen . . .

Bakre cigarrettändare

6 Ta bort den bakre änden av mittkonsolen genom att lyfta upp den rakt upp och koppla loss kablaget.

7 Ta bort tändarelementet. Lossa sedan cigarrettändarsockeln och belysningsringen.

Montering

8 Montering utförs i omvänd ordning.

12 Signalhorn – demontering och montering

Demontering

1 Demontera kylargrillen enligt beskrivningen i kapitel 11.

2 Koppla loss kablaget från signalhornet **(se bild)**.

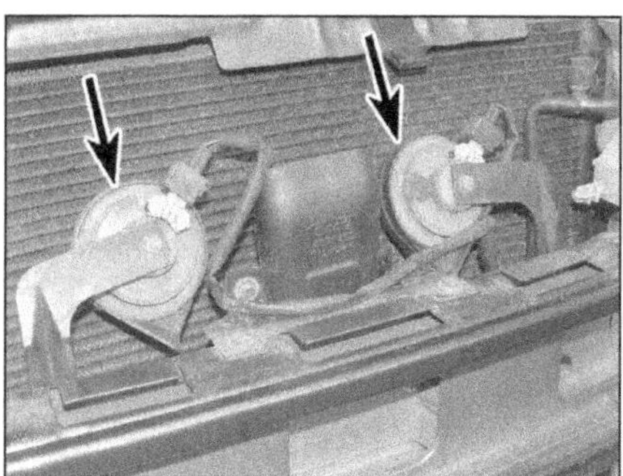

12.4 De två signalhornen

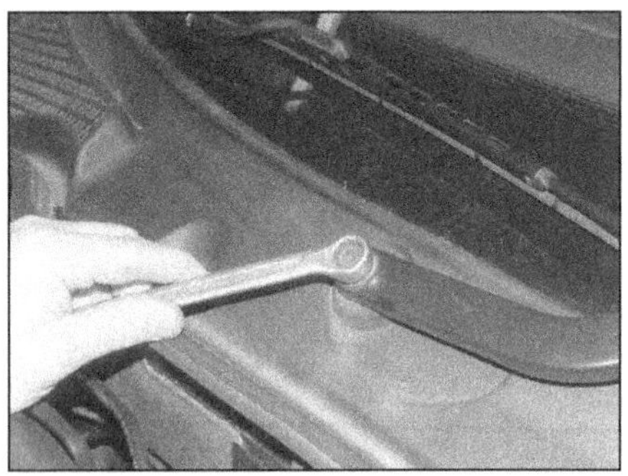
13.3 Skruva loss muttern . . .

13.4 . . . dra sedan loss torkararmen från axeln med en liten avdragare

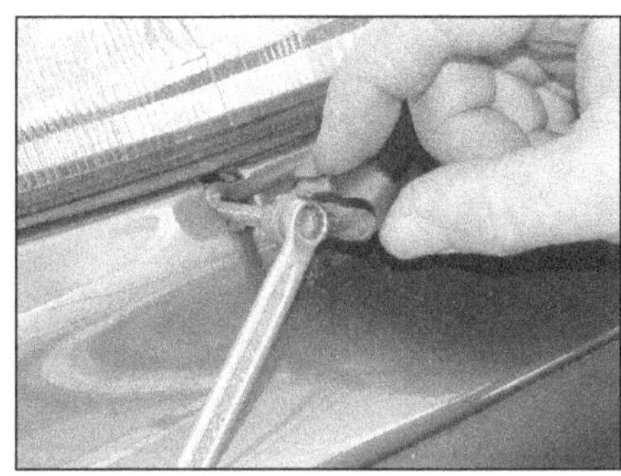
13.12 Demontering av strålkastarens torkararm

3 Observera att signalhornen är markerade med respektive tonhöjder. Signalhornet med hög tonhöjd är märkt med ett H, och hornet med låg tonhöjd är märkt med ett L.

4 Skruva loss fästmuttern och ta ut signalhornet **(se bild på föregående sida)**.

Montering

5 Montering utförs i omvänd ordning. Vid monteringen ska signalhornet vinklas nedåt och utåt 45° på modeller från 1998 till och med 2001. På senare modeller ska det vinklas 15° till 20°.

13 Torkararmar till vindruta, bakruta och strålkastare – demontering och montering

Vindrutans torkararm

1 Se till att vindrutetorkarna är i viloläge. Markera torkararmens placering på rutan med en bit tejp.

2 Bänd loss kåpan från vindrutetorkararmen.

3 Skruva loss muttern som fäster torkararmen vid axeln **(se bild)**.

4 Ta bort armen från axeln genom att försiktigt vicka den fram och tillbaka. Om den sitter hårt kan du dra loss den med en liten avdragare **(se bild)**.

5 Montering utförs i omvänd ordning.

Bakrutans torkararm

6 Se till att de bakre torkarna är i viloläge. Markera torkararmens placering på rutan med en bit tejp.

7 Lyft upp kåpan längst ner på bakrutans torkararm.

8 Skruva loss muttern som fäster torkararmen vid axeln.

9 Ta bort armen från axeln genom att försiktigt vicka den fram och tillbaka. Använd en liten avdragare om den sitter hårt.

10 Montering utförs i omvänd ordning mot demonteringen.

Strålkastarnas torkararmar

Observera: *På senare modeller sitter högtrycks strålkastarspolare i den främre stötfångaren, och då behövs inga torkarblad.*

11 Notera torkararmarnas viloläge. Markera dess placering på strålkastaren med en bit tejp.

12 Skruva loss muttern som fäster torkararmen vid axeln **(se bild)**.

13 Ta loss armen från axeln genom att vicka armen fram och tillbaka, koppla sedan loss spolarröret. Ta bort armen.

14 Montering utförs i omvänd ordning mot demonteringen.

14 Regnsensor – demontering och montering

Demontering

1 Regnsensorn sitter överst i mitten på vindrutan, precis framför backspegeln.

2 En Saabtekniker tar bort kåpan från regnsensorn med ett särskilt verktyg, men du kan använda en passande bit plast eller trä som hävarm. För att sprida kraften och skydda vindrutan, lägg en bit tunt trä mellan vindrutan och demonteringsverktyget. Bänd försiktigt loss kåpan genom att trycka in sidorna en och en mot den inre takklädseln.

3 Tryck försiktigt sensorn mot vindrutan. Böj sedan ut fästklämmorna och ta bort sensorn från fästet. Var försiktig så att du inte skadar vindrutan.

4 Koppla loss kablaget och ta bort sensorn.

Montering

5 Rengör vindrutan noggrant innan du sätter tillbaka givaren. Kontrollera att givarens fästklämmor är i gott skick. Annars måste de bytas.

6 Montering utförs i omvänd ordning mot demonteringen.

15 Torkarmotorer och länksystem – demontering och montering

Vindrutetorkarens motor

Demontering

1 Se till att vindrutetorkarna är i viloläge. Markera torkararmarnas placering med en bit tejp.

2 Om så behövs, använd en skruvmejsel för att bända upp kåporna längst ner på torkararmarna.

3 Skruva loss muttrarna som fäster torkararmarna vid axlarna.

4 Ta bort armarna från axlarna genom att försiktigt vicka dem från sida till sida. Använd en liten avdragare om de sitter hårt.

5 Ta bort gummitätningarna från axlarna **(se bild)**.

6 Dra loss gummitätningslisten längst upp på torpedväggen **(se bild)**.

7 Ta bort hållarna och dra bort vindrutans ventilpanel från axlarna. Notera var hakarna sitter nedanför vindrutan **(se bilder)**.

8 Ta bort plastkåpan och koppla loss kablaget från torkarmotorn **(se bilder)**.

9 Skruva loss fästbultarna och lyft bort torkarmotorn och länksystemet från torpedväggen **(se bild)**.

15.5 Ta bort gummitätningarna från axlarna

15.6 Dra loss gummitätningsremsan

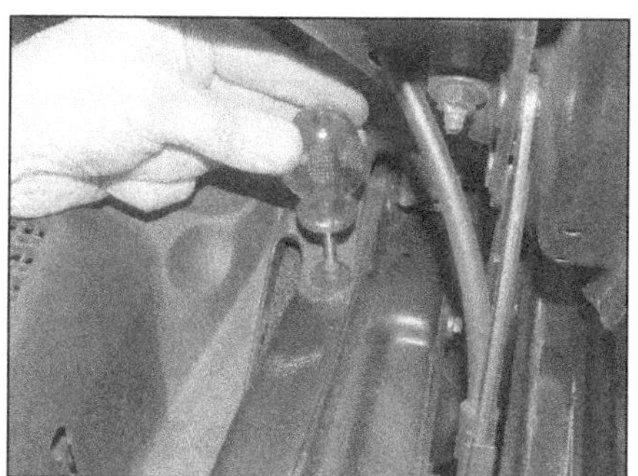

15.7a Skruva loss centrumsprintarna . . .

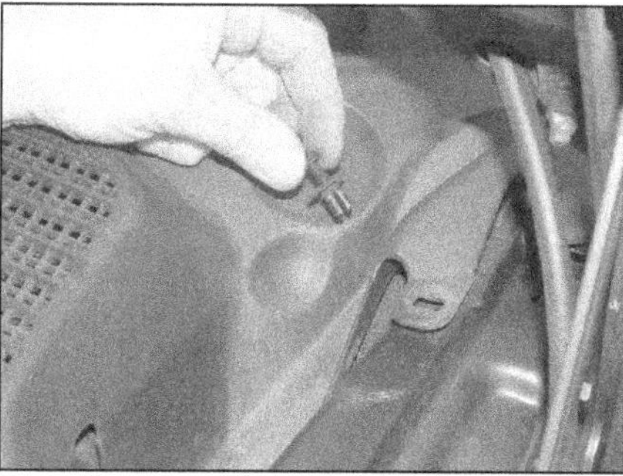

15.7b . . . ta bort fästena . . .

15.7c . . . och dra bort ventilpanelen

15.8a Ta bort plastkåpan . . .

15.8b . . . och koppla loss kablaget från torkarmotorn

15.9 Ta bort torkarmotorn och länksystemet

10 Vid behov kan torkarmotorn skruvas loss från ramen när du har kopplat loss länkarmen och tagit bort den från drivaxeln **(se bild)**. Observera att du kan behöva vrida vevarmen något för att komma åt en av fästbultarna.

Montering

11 Montering utförs i omvänd arbetsordning, men dra åt fästbultarna till angivet moment.

Bakluckans torkarmotor

Demontering

12 Se till att baklucketorkaren står i viloläget. Markera torkararmens placering med en bit tejp.

13 Lyft upp kåpan längst ner på bakrutans torkararm.

14 Skruva loss muttern som fäster torkararmen vid axeln **(se bild)**.

15 Ta bort armen från axeln genom att försiktigt vicka den från sida till sida **(se bild)**. Använd en liten avdragare om den sitter hårt.

16 Öppna bakluckan, bänd loss kåporna, skruva loss skruvarna och ta bort bakrutans täcklister.

17 Lossa skruvarna och ta bort det inre handtaget från bakluckans klädselpanel.

18 Skruva loss skruvarna från klädselpanelens nedre kant. Dra sedan panelens övre kant nedåt för att lossa den från de övre klämmorna. Dra sedan panelen bakåt för att lossa styrsprinten vid handtaget.

19 Koppla loss spolarslangen och kablaget från bakluckans torkarmotor **(se bilder)**.

20 Skruva loss fästbygelns skruvar och ta ut torkarmotorn ur bakluckan medan du för axelhuset genom gummimuffen **(se bilder på nästa sida)**.

21 Skruva loss fästbygeln från torkarmotorn.

Montering

22 Montering utförs i ordning mot demonteringen.

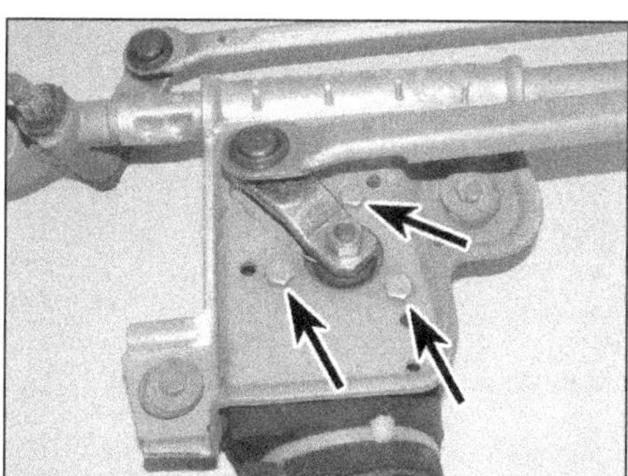

15.10 Fästbultar mellan torkarmotorn och ramen

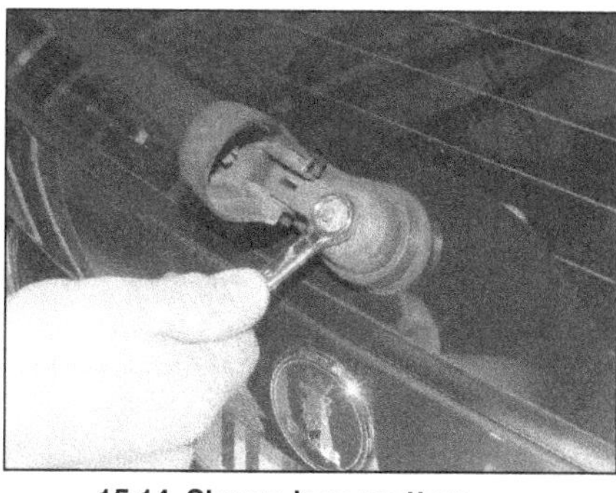

15.14 Skruva loss muttern . . .

15.15 . . . och lossa armen från axeln

15.19a Koppla loss spolarslangen . . .

15.19b . . . och kablaget från bakluckans torkarmotor

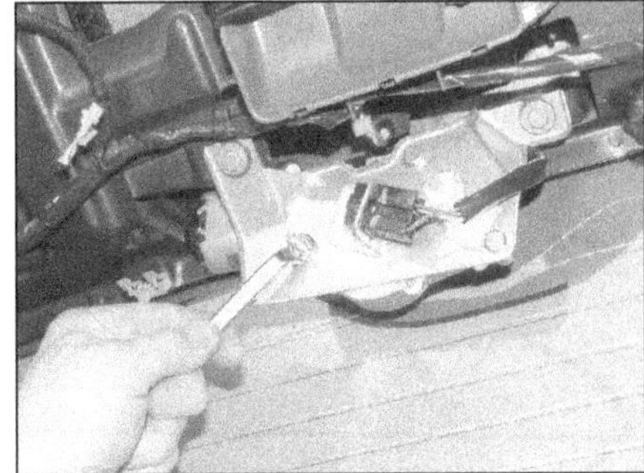
15.20a Skruva loss fästbygelns skruvar . . .

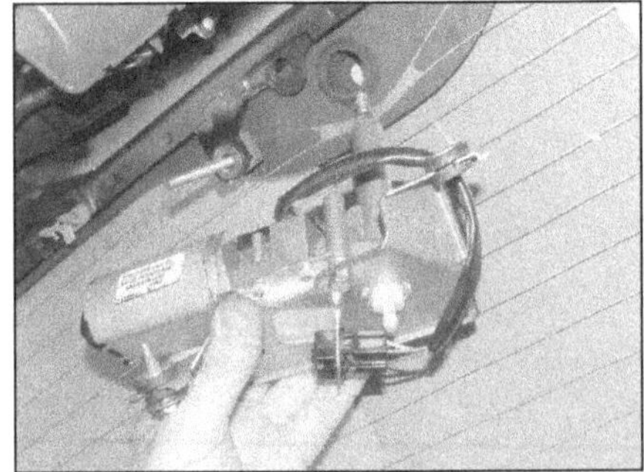
15.20b . . . och ta bort torkarmotorn från bakluckan

Strålkastartorkarmotor

Demontering

23 Demontera strålkastaren och de främre blinkersarmaturerna enligt beskrivningen i avsnitt 7.

24 Koppla loss strålkastarens torkarmotorkablage från kontakten.

25 Koppla loss spolarslangen från torkararmen.

26 Ta bort torkararmen och bladet enligt beskrivningen i avsnitt 13.

27 Skruva loss fästbultarna och ta bort strålkastarens torkarmotor från den främre listen **(se bild)**.

Montering

28 Montering utförs i omvänd ordning mot demonteringen.

16 Spolarsystem till vindruta, bakruta och strålkastare – demontering och montering

Demontering

1 Spolarvätskebehållaren och pumpen är placerade under den vänstra framskärmen **(se bild)**. Du kommer åt dem genom att ta bort hjulhusets innerskärm. Om du behöver mer utrymme kan du ta bort den främre stötfångaren.

2 Placera en behållare under spolarvätskebehållaren, koppla sedan loss pumpens kablage och spolarrören och låt vätskan rinna ut **(se bild)**. Dra ut pumpen ur behållaren, ta sedan bort bussningen.

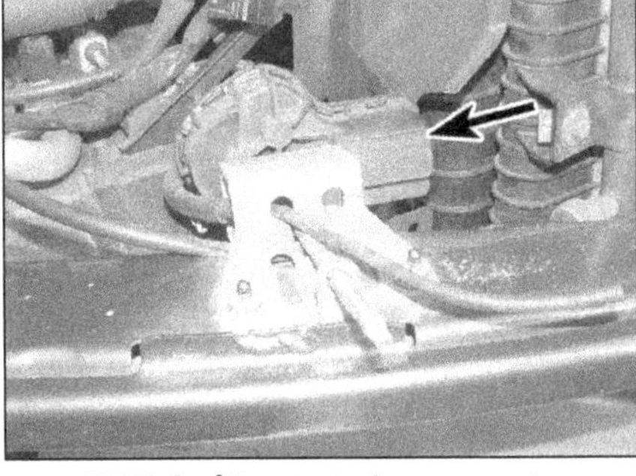
15.27 Strålkastartorkarens motor

3 Pumpen måste tas bort innan spolarvätskebehållaren kan demonteras. Skruva loss muttern och koppla loss det övre påfyllningsröret från behållaren, skruva sedan loss fästbultarna och ta bort spolarvätskebehållaren **(se bild)**. Ta vid behov bort nivågivaren från behållaren.

4 För att ta bort vindrutans spolarmunstycken, lossa isoleringen från motorhuven, koppla loss slangarna, tryck in låsflikarna och dra loss munstyckena från huven. För att ta bort strålkastarens spolarmunstycken, demontera strålkastare och blinkers. Lossa därefter munstycket från den främre stötfångaren genom att trycka in fästflikarna med två skruvmejslar och koppla loss slangen och kåpan.

Montering

5 Montering utförs i omvänd ordningsföljd.

17 Radio/kassettbandspelare – demontering och montering

Varning: Alla modeller har en radio/ kassettbandspelare som är programmerad för just den bil den sitter i. Ingen radiokod finns eller behövs. Om du flyttar en anläggning från en bil till en annan måste den programmeras om av en Saab-återförsäljare som använder instsrumentet Tech2. Observera även att samma utrustning måste användas för att "separera" anläggningen från den första bilen innan den demonteras.

Demontering

1 Standardradion sitter fast med DIN-fästen och det behövs två DIN demonteringsverktyg för att ta loss fästklamrarna. Verktygen kan köpas i biltillbehörsbutiker och sticks in genom hålen på sidorna av anläggningen tills de hakar i fästklamrarna **(se bild)**. Radioapparater som inte är av standardtyp kan sitta fast på andra sätt, men demonteringsmetoden är liknande för alla radioapparater.

2 Dra försiktigt bort radion från instrumentbrädan när klamrarna är lossade. Observera kabel- och antennanslutningarna på baksidan av monteringslådan **(se bild)**.

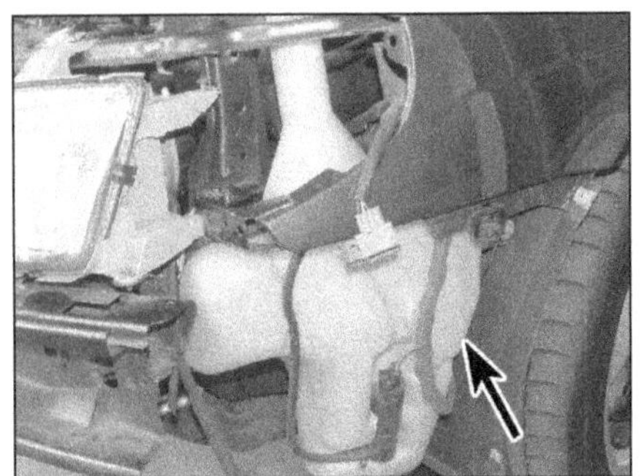
16.1 Spolarvätskebehållare och pump (främre stötfångaren demonterad)

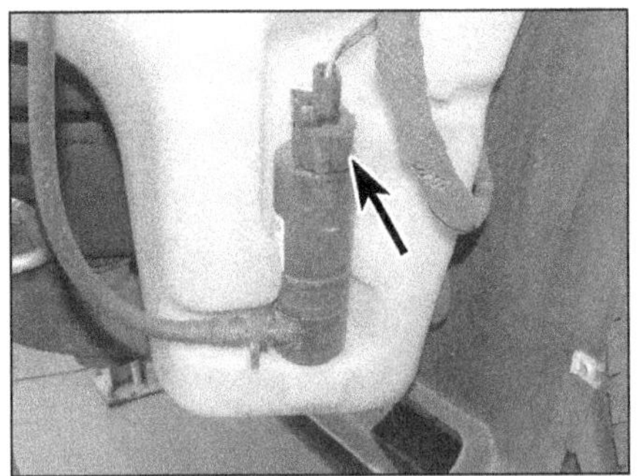
16.2 Spolarpumpens anslutningskontakt

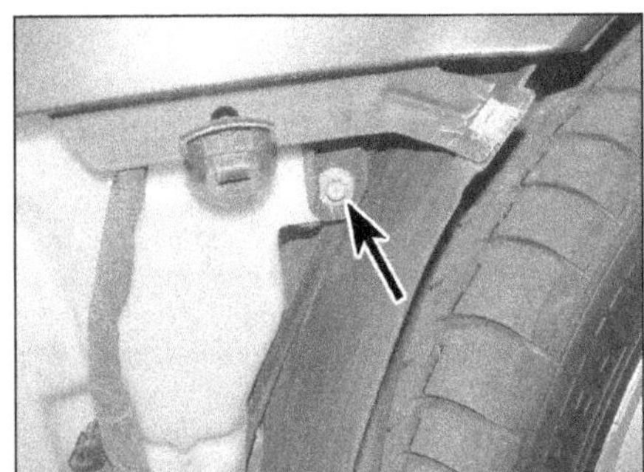
16.3 Spolarvätskebehållarens fästbult

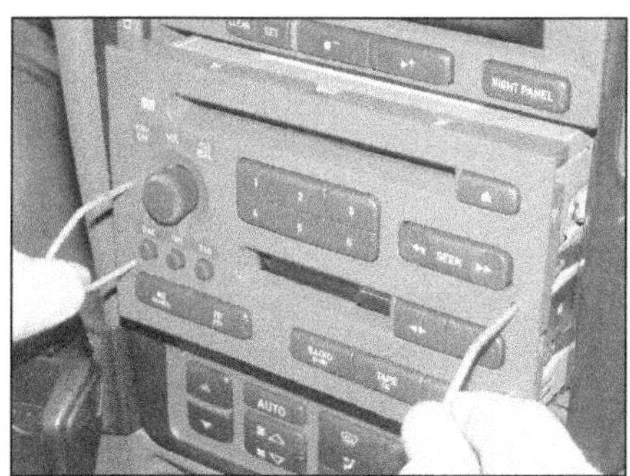

17.1 Lossa radion/kassettbandspelarens fästklämmor med två DIN demonteringsverktyg

17.2 Kablagets och antennkabelns anslutningar på baksidan av radion/kassettbandspelaren

17.3 Koppla loss antenn- och radiokablarna från baksidan av monteringslådan

3 Om så är tillämpligt kan radions monteringslåda lossas från instrumentbrädan. Bänd upp fästflikarna, dra ut lådan och koppla loss kablage- och antennkontakterna **(se bild)**.

Montering

4 Monteringen utförs i omvänd ordning. Tryck in radio-/kassettenheten med ett fast grepp i monteringslådan tills fästremsorna hakar i.

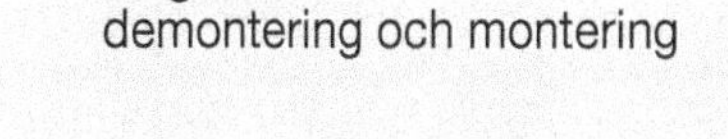

18 Högtalare - demontering och montering

Högtalare på instrumentbrädan

Demontering

1 Bänd försiktigt ut högtalargrillen med en skruvmejsel **(se bild)**.

2 Skruva loss skruvarna som fäster högtalaren i instrumentbrädan med en torxnyckel och lyft försiktigt ut den.

3 Koppla loss kablarna och tejpa fast dem på instrumentbrädan så de inte ramlar tillbaka i hålet **(se bild)**.

Montering

4 Monteringen utförs i omvänd ordning.

Högtalare i dörren

Demontering

5 Ta bort dörrklädseln enligt beskrivningen i kapitel 11.

6 Skruva loss fästskruvarna. Ta loss högtalaren och koppla loss kablaget **(se bilder)**.

Montering

7 Monteringen utförs i omvänd ordning.

Högtalare på bagagehyllan

Demontering

8 Fäll ner baksätets ryggstöd och lossa högtalargrillen.

9 Skruva loss skruvarna, lyft ut högtalaren och koppla loss kablaget.

Montering

10 Monteringen utförs i omvänd ordning.

Högtalare i bagageutrymmet

Demontering

11 Fäll ner baksätets ryggstöd och ta bort den högra sidostoppningen mellan höger dörr och ryggstödet genom att dra ut den upptill och lyfta bort den från det nedre fästet. Ta även bort klädselpanelen.

12 Demontera den högra förvaringslådan från golvet.

13 Ta bort hasplåten i bakluckans öppning genom att bända ut kåporna och lossa skruvarna. Plåten sitter även fast med klämmor.

14 Ta bort den inre takklädselns bakre panel och koppla loss belysningskablaget.

15 Ta loss klädselpanelen från den högra D-stolpen. Skruva sedan loss skruvarna och ta bort bagagehyllans högra stöd.

16 Skruva loss skruvarna och ta bort bagageutrymmets högra klädselpanel.

17 Skruva loss fästbultarna, ta ut bashögtalaren och koppla sedan loss kablarna.

Montering

18 Monteringen utförs i omvänd ordning.

19 Förstärkare - demontering och montering

Observera: *Förstärkarna i sedan- och kombimodellerna ser likadana ut, men de är olika beroende på att modellerna har olika kupéarea.*

Demontering

1 Öppna passagerardörren och ta bort den tröskelns inre panel.

18.1 Bänd ut grillen . . .

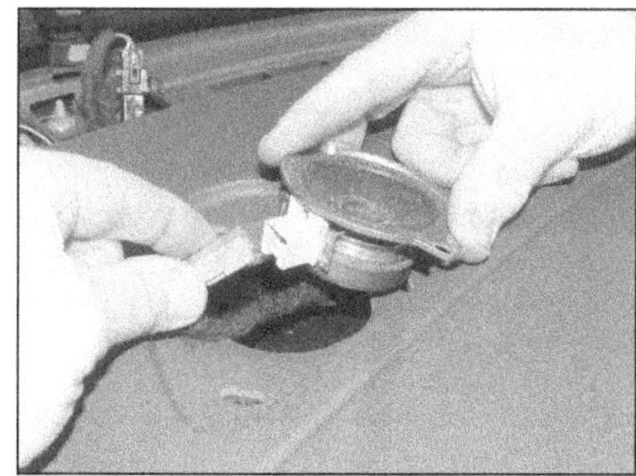

18.3 . . . skruva loss högtalaren och koppla loss kablaget

18.6a Lossa fästskruvarna . . .

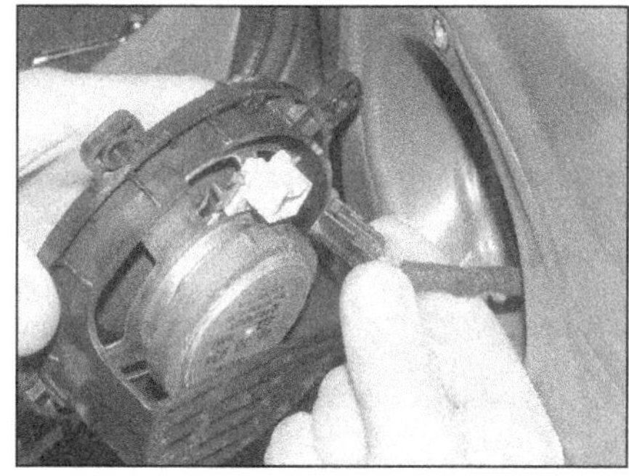

18.6b . . . ta bort högtalaren från dörren och koppla loss kablaget

2 Ta bort instrumentbrädans nedre panel under handskfacket.
3 Vik undan mattan och skruva loss förstärkarens nedre fästmuttrar. Lossa den övre fästmuttern men ta inte bort den.
4 Lyft ut förstärkaren och koppla loss anslutningskontakten.

Montering

5 Monteringen utförs i omvänd ordning.

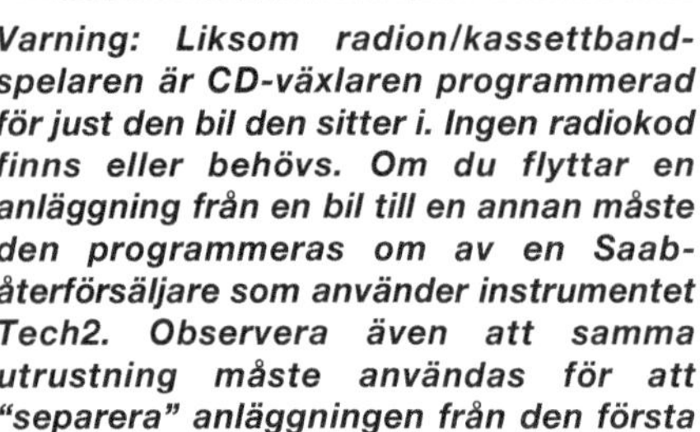

20 CD-växlare - demontering och montering

Varning: Liksom radion/kassettbandspelaren är CD-växlaren programmerad för just den bil den sitter i. Ingen radiokod finns eller behövs. Om du flyttar en anläggning från en bil till en annan måste den programmeras om av en Saab-återförsäljare som använder instrumentet Tech2. Observera även att samma utrustning måste användas för att "separera" anläggningen från den första bilen innan den demonteras.

Demontering

1 CD-växlaren sitter i bagageutrymmet. Skruva loss fästskruvarna - två fram och två bak.
2 Flytta CD-växlaren åt sidan och koppla loss kablarna. Lyft ut enheten ur bagageutrymmet.
3 Om CD-växlaren ska förvaras horisonetllt, måste du ändra slutinställningen så att pekaren står på H-markeringen. Observera att det sitter fyra röda transportskruvar på nya enheter.

Montering

4 Montering utförs i omvänd ordning mot demonteringen.

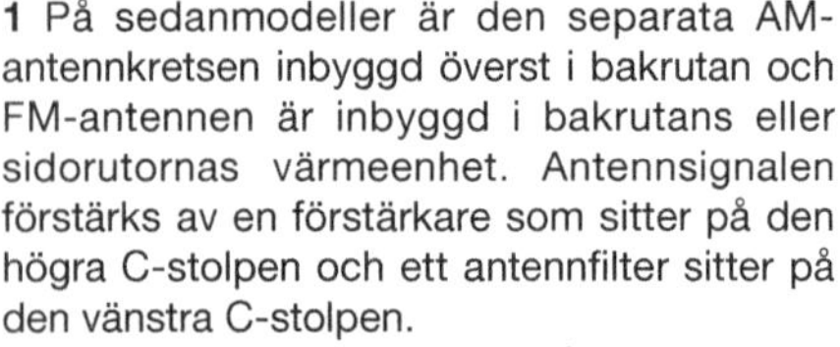

21 Antennförstärkare och filter - demontering och montering

1 På sedanmodeller är den separata AM-antennkretsen inbyggd överst i bakrutan och FM-antennen är inbyggd i bakrutans eller sidorutornas värmeenhet. Antennsignalen förstärks av en förstärkare som sitter på den högra C-stolpen och ett antennfilter sitter på den vänstra C-stolpen.
2 Kombimodeller har ett av två olika system. Det första systemet använder en AM/FM-antenn som är inbyggd i den bakre högra sidorutan och tillhörande förstärkare och filter som sitter på D-stolpen. Det andra systemet använder dessutom en FM-antenn som är inbyggd i den bakre vänstra sidorutan och tillhörande förstärkare och filter som sitter på D-stolpen. Det andra systemet fungerar så att den antenn som har bäst signalmottagning används av radiomottagaren.

Antennförstärkare (sedanmodeller)

Demontering

3 Ta bort panelen från den högra C-stolpen enligt beskrivningen i kapitel 11.
4 Observera hur kablaget går till förstärkaren och koppla sedan loss det.
5 Koppla loss antennen från förstärkaren. Var försiktig så att du inte skadar de invändiga kontakterna.
6 Skruva loss fästmuttrarna och ta loss förstärkaren från bilen.

Montering

7 Montering utförs i omvänd ordning mot demonteringen.

Antennfilter (sedanmodeller)

Demontering

8 Ta bort klädselpanelen från den vänstra C-stolpen enligt beskrivningen i kapitel 11.
9 Koppla loss kabeln som går till filtret vid kontaktdonet.
10 Skruva loss muttern som fäster filtrets ledning i karossen och ta bort filtret från bilen.

Montering

11 Montering utförs i omvänd ordning mot demonteringen.

Antennförstärkare och filter (kombimodeller)

Demontering

12 Se beskrivning i kapitel 11 och ta bort klädselpanelen från D-stolpen, takklädselns bakre panel och de två listerna mellan C- och D-stolparna. Ta loss klämmorna från takklädseln och ta bort bagagenätsfästena. Bänd försiktigt ner takklädseln i bakkant, så att du kommer åt förstärkaren.
13 Notera hur kablaget går till förstärkaren och filtret och koppla sedan loss det.
14 Koppla loss antennen från förstärkaren. Var försiktig så att du inte skadar de invändiga kontakterna.
15 Skruva loss fästmuttrarna och ta loss förstärkaren och filtret från bilen.

Montering

16 Montering utförs i omvänd ordning mot demonteringen.

22 Uppvärmda och ventilerade säten - demontering och montering av komponenter

Allmän information

1 Vissa modeller har fram- och baksäten med termostatreglerad uppvärmning. Sätena har separata reglage med tre inställningar, där värmen kan justeras eller stängas av. Varje säte har två värmeelement - ett i ryggstödet och ett i sätesdynan. Man kommer åt värmeelementen genom att ta bort stoppningen från sätet - något som bör överlåtas till en Saab-verkstad.
2 Ventilerade framsäten finns också på vissa modeller, med separata reglage för varje säte och tre fläkthastigheter samt ett frånläge. Fläktarna suger ut den varma luften från det tyg som har kontakt med kroppen.

Demontering och montering

3 För att ta bort kylfläkten, börja med att demontera framsätet enligt beskrivningen i kapitel 11. Om förarsätet har en programmerbar styrmodul, ta också bort den enligt beskrivningen i kapitel 11, så att du kommer åt kylfläkten. Skruva loss fläktmotorns fästmuttrar, koppla loss kablaget och lossa buntbanden. Monteringen utförs i omvänd ordning.

23 DICE styrmodul - allmän information, demontering och montering

Allmän information

1 DICE-systemet (Dash Integrated Central Electronics) är ett centralt styrsystem för fordonets elektriska huvudkretsar. Styrmodulen kommunicerar med de olika systemen via fordonets kabelnät och instrumentbussen (I-bussen). DICE kan ge en diagnos över kretsfel och generera felkoder som kan användas för att avgöra vilken komponent eller krets som är defekt. DICE kontrollerar följande funktioner:

a) Ytterbelysning.
b) Innerbelysning.
c) Reostatstyrning.
d) Ljudvarningar för tändning och parkeringsljus.
e) Intermittent torkarfunktion mellan 2 och 15 sekunder.
f) Strålkastarnas spolarsystem.
g) Eluppvärmd bakruta och sidospeglar.
h) Kylarfläkt.
i) Luftkonditionering.

2 DICE-styrmodulen kan programmeras efter ursprungsland. För belysningssystemet påverkar detta hel- och halvljusfunktionerna samt huruvida ljus måste användas även dagtid. Modulen sitter bredvid säkringarna på förarsidan av instrumentbrädan.

Demontering

3 Koppla loss batteriets minusledare (se *Koppla ifrån batteriet* i referenskapitlet).
4 Ta bort instrumentbrädans nedre panel på förarsidan.
5 Skruva loss skruven och sänk ner relähållaren från huset så att du lättare kommer åt styrmodulen.
6 Skruva loss skruvarna och lossa modulen från huset **(se bilder)**.
7 Koppla loss kablaget från styrmodulen.

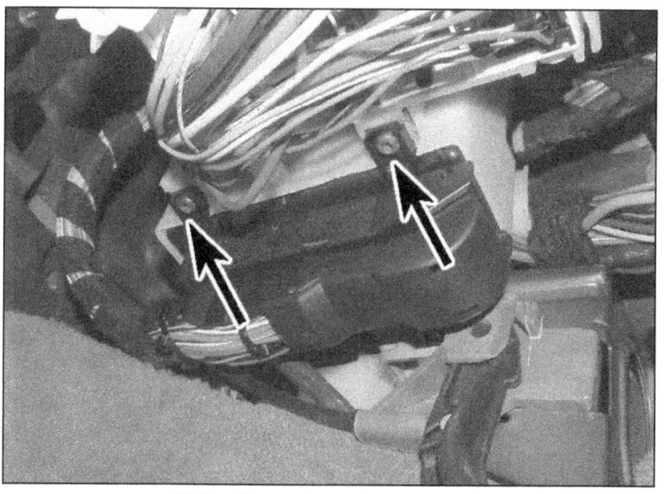

23.6a Skruva loss skruvarna . . .

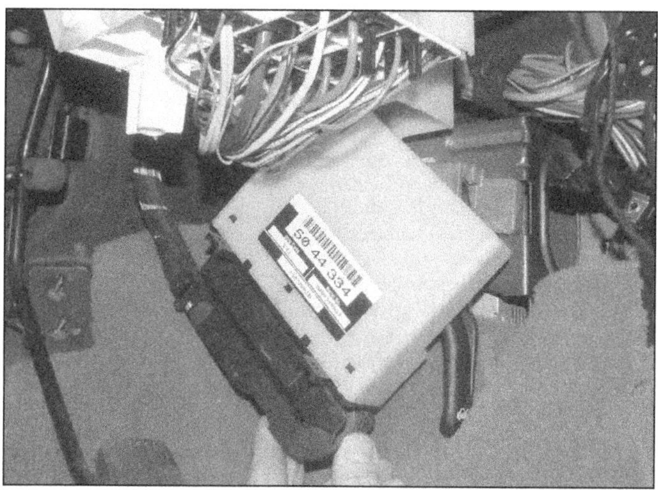
23.6b . . . och lossa modulen från huset

Montering

8 Montering utförs i omvänd ordning mot demonteringen. Om du byter ut modulen måste den programmeras av en Saab-verkstad.

24 Parkeringshjälp – allmän information, demontering och montering av komponenter

Allmän information

1 Saabs parkeringshjälpsystem SPA (Saab Parking Assistance) finns som tillval för modeller från 2000 och framåt. Fyra ultraljudsgivare på den bakre stötfångaren mäter avståndet till det närmaste objektet bakom bilen och meddelar föraren via ljudsignaler genom instrumentbrädans SID-display. Ju närmare objektet är, desto frekventare är ljudsignalerna. Texten PARK ASSIST visas på displayen när du lägger i backen och signalen övergår till en kontinuerlig ton om objektet är närmare än 30 cm.

2 På sedanmodeller sitter SPA-modulen bakom det bakre ryggstödet, under sidopanelen på vänster sida. På kombimodeller sitter den under golvet i bagageutrymmet.

Styrenhet

Sedanmodeller

3 Öppna den vänstra bakdörren och fäll den större baksätesdynan och ryggstödet framåt.

4 Vik undan dörrens tätningslist så att du kommer åt den bakre sidopanelen. Lossa den övre klämman och böj försiktigt ut sidopanelen.

5 Ta bort ljudisoleringen.

6 Lossa styrmodulens fästskruvar. Lyft upp modulen och dra ut skruvarna genom de avlånga hålen.

7 Koppla loss kablaget och ta bort modulen från bilen.

8 Montering utförs i omvänd ordning. Se till att den grå kontakten fästs i det grå uttaget och den svarta kontakten i det svarta uttaget. Om brickor används ska de sättas framför fästplattan.

Kombimodeller

9 Lyft upp baksätesdynorna och fäll fram ryggstödet.

10 Lossa den främre delen av golvet i bagageutrymmet så att du kommer åt den främre änden av den nedre panelen. Lossa den nedre panelen från klämmorna och lyft upp den.

11 Koppla loss kablaget.

12 Skruva loss fästmuttrarna och ta bort modulen från bilen.

13 Montering utförs i omvänd ordning mot demonteringen. Se till att den grå kontakten fästs i det grå uttaget och den svarta kontakten i det svarta uttaget. Om brickor används ska de sättas framför fästplattan.

Givare för trippmätare/total körsträcka

Modeller från 1998 till 2001

14 Tryck med tummen in mitten av körsträcksgivaren i hållaren så att du kommer åt fästklämmorna.

15 Lossa klämmorna med en liten skruvmejsel och ta bort givaren från den bakre stötfångaren **(se bilder)**.

16 Dra av hållaren från givaren och koppla loss kablaget **(se bild)**.

17 Skjut på hållaren på givaren och se till att den upphöjda fliken förs in i det avsedda spåret.

18 Återanslut kablaget och sätt i givaren i den bakre stötfångaren. Se till att kanten hakar i skåran till vänster om hålet i stötfångaren. Tryck fast givaren med ett fast tryck tills fästklämmorna hakar i.

24.15a Ta ut givaren från den bakre stötfångaren . . .

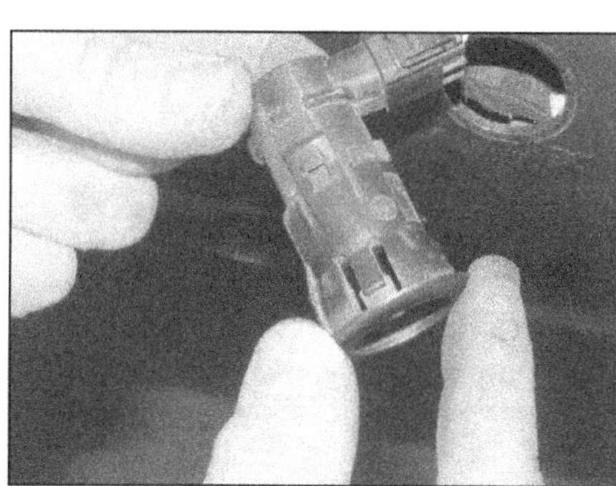
24.15b . . . dra ut hållaren . . .

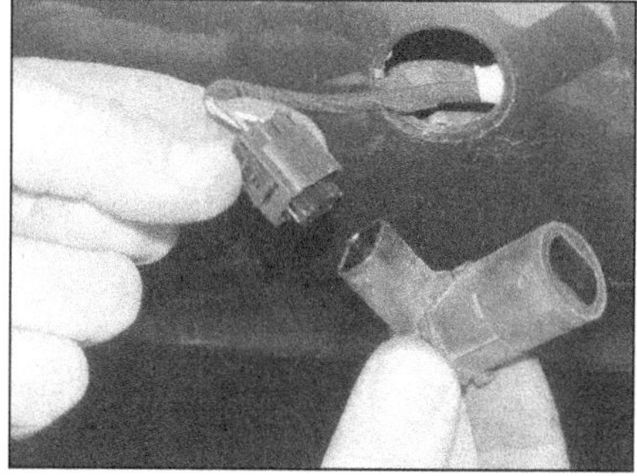
24.16 . . . och ta loss kablaget

Sedanmodeller från 2002 eller senare

19 Arbeta från båda sidorna och bänd försiktigt loss den bakre stötfångarens hörnskyddsremsor där de angränsar till mittremsan. Saabs mekaniker använder ett specialverktyg för detta, men om du är försiktig går det även bra med en skruvmejsel.
20 Bänd ut mittremsan från stötfångaren så att du kommer åt de fyra körsträcksgivarna.
21 Lossa plastklämmorna och ta bort givarna från hållarna, koppla sedan bort kablarna.
22 Tryck in de stora och små fästena och ta bort hållarna från mittremsan.
23 Montering utförs i omvänd ordning mot demonteringen. Tryck in hållarna ordentligt i mittremsan så att fästena hakar i.

Kombimodeller från 2002 eller senare

24 Körsträcksgivarna sitter på den bakre stötfångarens övre mittpanel. Panelen kan tas bort separat från huvuddelen av stötfångaren.
25 Arbeta från båda sidor och bänd försiktigt loss den bakre stötfångarens hörnskyddsremsor.
26 Öppna bakluckan och skruva loss fästskruvarna till den bakre stötfångarens övre mittpanel.
27 Lossa underdelen av mittpanelen från fästklämmorna och lyft på panelen så att flikarna lossnar från skruvarna. Tryck in hörnen på panelen och dra den bakåt.
28 Lossa plastklämmorna och ta bort givarna från hållarna, koppla sedan loss kablarna.
29 Tryck in de stora och små fästena och ta bort hållarna från mittremsan.
30 Montering utförs i omvänd ordning mot demonteringen. Tryck ner hållarna ordentligt i mittremsan så att fästena hakar i.

25 Stöldskyddssystemets komponenter - information, demontering och montering

Allmän information

1 Saabs stöldskyddssystem kallas för TWICE (Theft Warning Integrated Central Electronics). TWICE elektroniska styrenhet styr följande system:

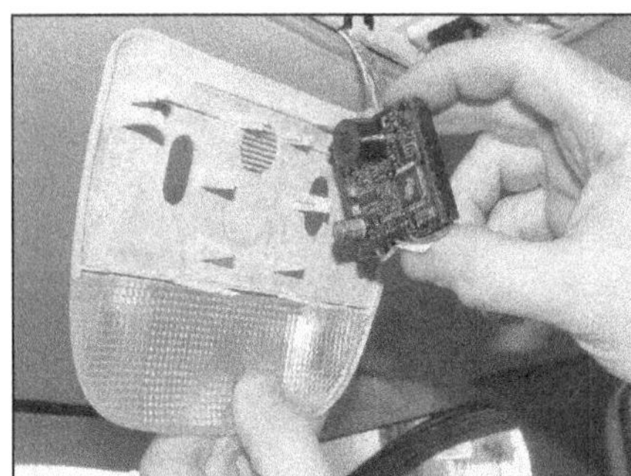

25.8 Glaskrossgivare monterad i innerbelysningen bak

a) Lamptest inklusive parkerings- och bromsljus.
b) Säkerhetsbältesvarning inklusive givare som känner av om någon sitter i passagerarsätet.
c) Eluppvärmt baksäte.
d) Elstyrt passagerarsäte.
e) Centrallås.
f) Elöppning av baklucka.
g) Stöldskyddsspärr.
h) Stöldskyddslarm inklusive glaskross- och vinkelgivare.

Elektronisk styrenhet (ECU)

Varning: Om du monterar en ny elektronisk styrenhet måste den programmeras om av en Saabverkstad som använder instrumentet Tech2. Alla sändare och fjärrkontroller måste bytas ut och alla nya startnycklar måste programmeras samtidigt.

Demontering

2 Demontera vänster framsäte enligt beskrivningen i kapitel 11.
3 Vik undan mattan och ta vid behov bort skyddslisten så att du kommer åt styrenheten på golvpanelen.
4 Koppla loss kablagets multikontakt från styrenheten.
5 Skruva loss plastmuttrarna och ta bort enheten från bilen.

Montering

6 Monteringen utförs i omvänd ordning. Om du byter ut styrenheten måste den programmeras av en Saabverkstad.

Glaskrossgivare

Observera: *På kombimodeller finns det två glaskrossgivare, en central över baksätet och en baktill i bagageutrymmets innerbelysning. Den bakre givaren är inbyggd i armaturen och kan inte bytas ut separat.*

Demontering

7 Bänd försiktigt loss glaset från den bakre innerbelysningen. Lossa sedan lamphållaren med en skruvmejsel och ta loss enheten från takklädseln.
8 Koppla loss kablaget och ta bort glaskrossgivaren från lampan **(se bild)**.

Montering

9 Monteringen utförs i omvänd ordning. Observera att det fins två typer av givare, en för modeller med tygklädsel och en för modeller med läderklädsel.

Varningsdiod ovanpå instrumentbrädan

Demontering

10 Ljusdioden sitter på en platta. Skjut plattan framåt och ta bort den.
11 Tryck bort dioden från plattan, koppla loss kablarna och ta bort dioden. Lysdiodens polstift är sköra. Var försiktig så att du inte bryter av dem.

Montering

12 Monteringen utförs i omvänd ordning.

Motorhuvskontakt

Demontering

13 Motorhuvskontakten sitter på säkringsdosan i motorrummet, baktill till vänster. Öppna motorhuven och dra bort kontakten från säkringsdosan.
14 Koppla loss kablaget.

Montering

15 Montering utförs i omvänd ordning mot demonteringen.

Kontakt i bagageutrymmet

Observera: *På kombimodeller är kontakten inbyggd i bakluckans lås och kan inte bytas ut separat.*

Demontering

16 Ta bort bagageluckans lås enligt beskrivningen i kapitel 11.
17 Lägg låset på en bänk, bänd loss brickorna i handtaget och ta bort kontakten från låset.

Montering

18 Monteringen utförs i omvänd ordning.

Larmets signalhorn/siren

Demontering

19 Dra åt handbromsen. Lyft sedan upp framvagnen och ställ den på pallbockar (se *Lyftning och stödpunkter*). Demontera vänster framhjul.
20 Arbeta under det främre vänstra hjulhuset och ta bort den främre delen av innerskärmen, så att du kommer åt signalhornet.
21 Koppla loss kablaget från signalhornet.
22 Skruva loss fästmuttrarna och bultarna och ta loss signalhornet under framskärmen.

Montering

23 Monteringen utförs i omvänd ordning.

Lutningsgivare

Demontering

24 Ta bort tröskelns inre panel framför och bakom B-stolpen, se instruktionerna i kapitel 11.
25 Ta bort det högra framsätet (kapitel 11). Lossa B-stolpens nedre klämmor och dra ut mattan. Vik undan mattan så att du kommer åt lutningsgivaren.
26 Koppla loss kablaget. Skruva sedan loss fästmuttrarna och ta bort lutningsgivaren från bilen.

Montering

27 Montering utförs i omvänd ordningsföljd. När du har monterat lutningsgivaren, kontrollera systemet genom att aktivera larmet och se efter att dioden glöder i ca 10 sekunder innan den börjar blinka. Vänta i 15 sekunder och avaktivera sedan larmet. Helst bör du låta en Saabverkstad söka igenom systemet efter felkoder.

Fjärkontrollsmottagare

Demontering

28 Lyft upp armstödet på mittkonsolen. Lossa sedan den främre kanten av konsolens bakre panel med en skruvmejsel tills klämman lossnar. Lyft upp den bakre panelen och fäll den utåt. Koppla sedan loss brytarkablaget.

29 Ta bort eventuella klämmor från konsolens sidovägg. Ta bort mottagaren och koppla loss kablaget **(se bilder)**.

Montering

30 Montering utförs i omvänd ordning. Om det behövs kan du använda extra tejp eller en extra klämma för att fästa kablaget i konsolen.

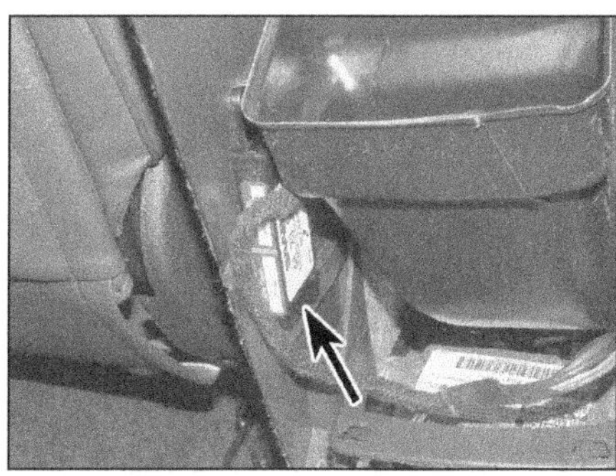

25.29a Fjärrkontrollsmottagarens plats vid mittkonsolens bakre ände

25.29b Mottagaren demonteras

Saab 9-5 kopplingsscheman

Kopplingsschema 1

Förklaringar till symboler

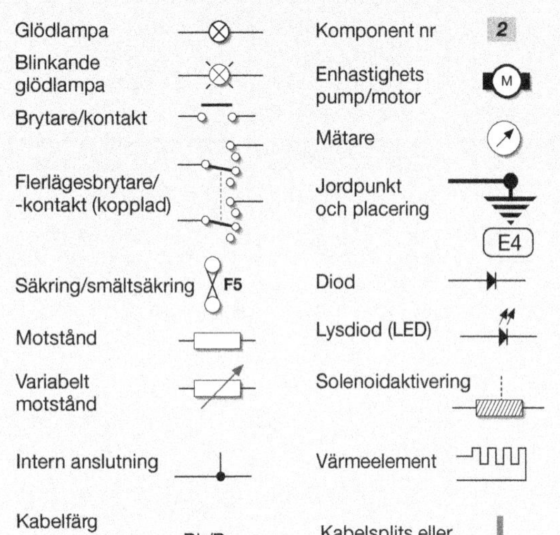

Streckad linje anger del av en större komponent, som i det här fallet innehåller en elektronisk eller halvledarkomponent. T.ex. 30 – anger standard DIN anslutning (batteri +), stift nr 2.

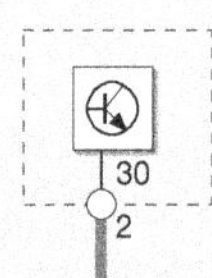

Kretsar

Schema 1	Information om kopplingsscheman
Schema 2	Start, laddning, motorkylfläkt & signalhorn
Schema 3	Parkerings- och bakljus, reg.skyltsbelysning, broms- och backljus
Schema 4	Strålkastare, halogen och xenon
Schema 5	Dimljus, blinkers och varningsblinkers
Schema 6	Instrumentpanel, cigarettändare och elektrisk taklucka
Schema 7	Uppvärmda säten, uppvärmd bakruta, elstyrda backspeglar och tanklucksöppnare
Schema 8	Centrallås och elfönsterhissar
Schema 9	Innerbelysning och ljudanläggning
Schema 10	Strålkastarjustering, främre och bakre torkare/spolare, strålkastarspolare

Jordanslutningar

E1	På motorrummets främre panel bakom vänster strålkastare
E2	I bagageutrymmet under vänster baklykta
E3	På mittkonsolen mellan framsätena
E4	På motorn
E5	På tvärbalken under vänster framsäte
E6	På tvärbalken under höger framsäte
E7	På växellådan
E8	Vänster innerskärm bakom batteriet
E9	På motorrummets främre panel bakom höger strålkastare
E10	Bakom vänster sparkpanel längst ner i den vänstra änden av instrumentbrädan
E11	På vänster A-stolpe i den vänstra änden av instrumentbrädan
E12	Bakom instrumentbrädan i mitten
E13	Bakom instrumentbrädan i mitten
E14	På höger A-stolpe i höger ände av instrumentbrädan
E15	Bakom instrumentbrädan i mitten
E16	På hatthyllan vid höger högtalare
E17	I taken ovan för vänster D-stolpe
E18	På höger innerskärm vid tankluckans öppning

Säkringsdosa i motorrummet (typexempel)

Säkring	Klassning	Skyddad krets
F1	40A	Vä och hö motorkylfläkt
F2	60A	ABS/TCS/ESP
F3	-	-
F4	7,5A	Vinkelgivare belastning
F5	15A	Extra värmare
F6	10A	Larm, A/C-kompressor
F7	15A	Strålkastarblink, helljusrelä
F8	-	-
F9	-	-
F10	15A	Vä helljus
F11	15A	Vä halvljus
F12	15A	Hö helljus
F13	15A	Hö halvljus
F14	30A	Hö kylarfläkt, höghastighet
F15	15A	Dimljus
F16	30A	Bakrutetorkare, strålkastare, strålkastarspolarmotor
F17	15A	Signalhorn

Säkringsdosa i passagerarutrymmet (typexempel)

Säkring	Klassning	Skyddad krets
FA	30A	Lysen släpvagn
FB	10A	Antispinnsystem (TCS)
FC	7,5A	Elstyrda backspeglar, DICE, manuell strålkastarjustering
F1	15A	Bromsljuskontakt
F2	15A	Backljus
F3	10A	Vä parkeringsljus
F4	10A	Hö parkeringsljus
F5	7,5A	DICE/TWICE
F6	30A	Elfönsterhissar hö
F6B	10A	Bromsljus – förinstallerat släpvagnskablage
F7	10A	Bränsleinsprutning
F8	15A	Bagageutrymmesbelysning, bagageutrymmeslås, dörrbelysning, cirkulationspump, parkeringshjälp, SID
F9	15A	Ljudanläggning, CD-växlare
F10	15A	Uppvärmt baksäte, taklucka
F11	30A	Elektriskt justerbart passagerarsäte
F12	7,5A	Antispinnsystem (TCS)
F13	20A	Förstärkare
F14	30A	Motorstyrning
F15	20A	Bränslepump
F16	20A	DICE, blinkers
F16B	7,5A	Krets för vägtullar
F17	20A	Motorstyrning, instrumentpanel, DICE/TWICE
F18	40A	Uppvärmd bakruta och uppvärmda backspeglar
F19	10A	Anslutning för mobiltelefon
F20	15A	Automatisk klimatanläggning, innerbelysning, bakre dimljus
F21	10A	Radio, spegel m automatisk avbländning, navigationssystem, automatisk strålkastarjustering, farthållare
F22	40A	Fläktmotor
F23	15A	Taklucka
F24	40A	Sekundär luftinsprutning
F25	30A	Elektriskt justerbart förarsäte, tanklucka
F26	7,5A	Parkeringshjälp, sätesminne, taklucka, ytterspeglar
F27	10A	Motorstyrning, instrumentpanel, SID
F28	7,5A	Krockkudde
F29	7,5A	ABS, TCS, ESP
F30	7,5A	Startmotor
F31	7,5A	Farthållare, vattenventil, främre dimljus, regnsensor
F32	15A	Sätesventilation
F33	7,5A	Blinkersbrytare
F34	30A	Cigarettändare
F35	15A	Varselljus
F36	30A	Elfönsterhiss vä
F37	30A	Vindrutetorkare
F38	30A	Uppvärmda säten
F39	20A	"Limp-home" soleniod (automatväxellåda), anslutning för mobiltelefon

H32994

Färgkoder

Bu	Blå	**Rd**	Röd
Vt	Lila	**Ye**	Gul
Og	Orange	**Bn**	Brun
Pk	Rosa	**Wh**	Vit
Gy	Grå	**Bk**	Svart
Gn	Grön		

Komponentförteckning

1 Batteri
2 Startmotor
3 Generator
4 Tändningslås
5 Säkringsdosa maxi
6 Säkringsdosa i motorrummet
7 Säkringsdosa i passagerarutrymmet
8 Växellådans lägesbrytare
9 Startmotorrelä
10 Låghastighetsrelä
11 Vä fläkt höghastighetsrelä
12 DICE styrenhet
13 Tvåhastighetsfläkt motstånd
14 Vä motorkylfläkt
15 Hö motorkylfläkt
16 Hö fläkt höghastighetsrelä
17 SID styrenhet
18 Signalhorn
19 Signalhornsrelä
20 Signalhornsbrytare
21 Rattens klockfjäder
22 Ljudanläggning fjärrstyrning

Kopplingsschema 2

H32995

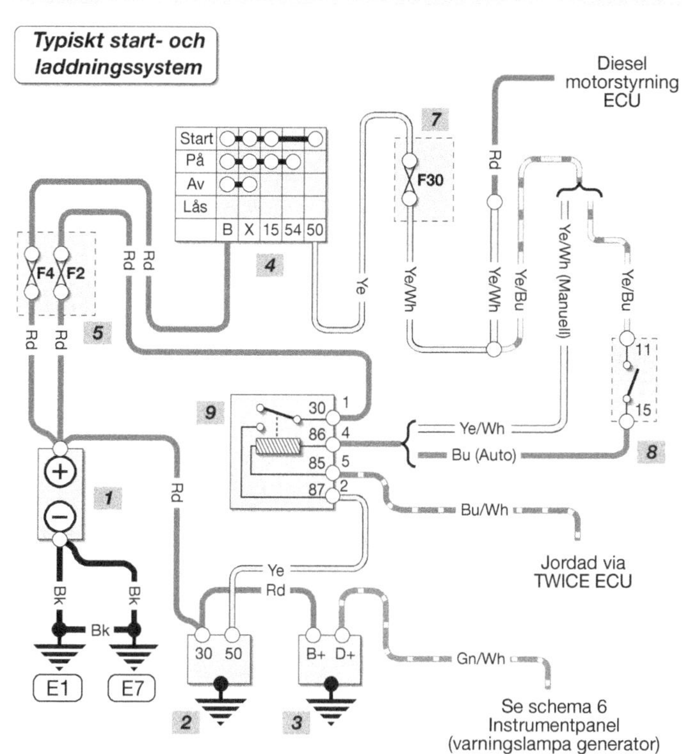

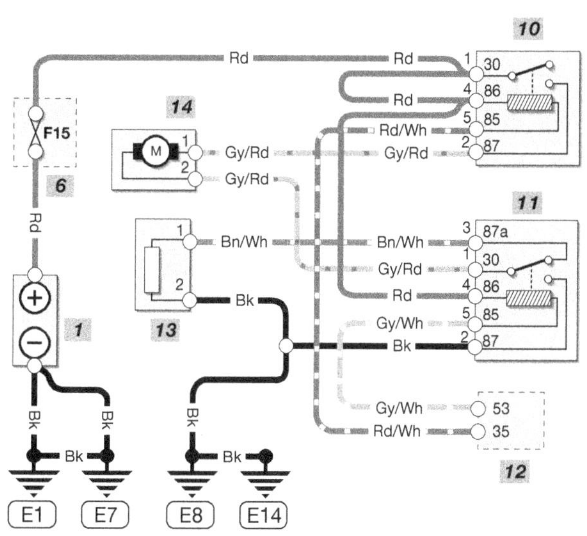

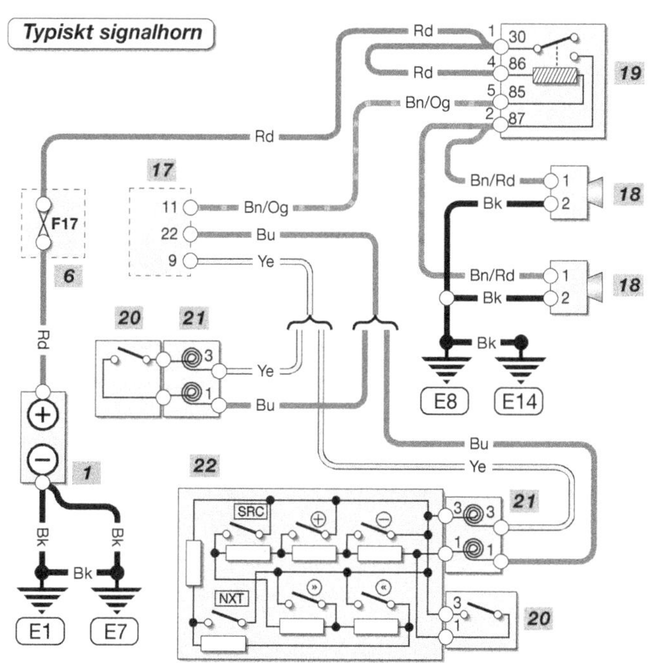

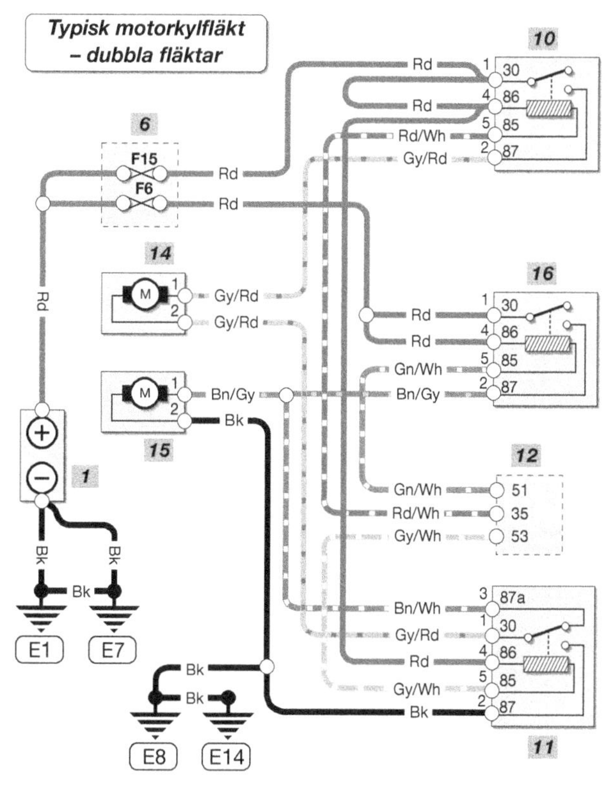

Färgkoder

Bu	Blå	**Rd**	Röd
Vt	Lila	**Ye**	Gul
Og	Orange	**Bn**	Brun
Pk	Rosa	**Wh**	Vit
Gy	Grå	**Bk**	Svart
Gn	Grön		

Komponentförteckning

1 Batteri
4 Tändningslås
5 Säkringsdosa maxi
7 Säkringsdosa i passagerarutrymmet
8 Växellådans lägesbrytare
12 DICE styrenhet
25 Bromsljuskontakt
26 TWICE styrenhet
27 Vä baklykta
a = bromsljus
b = bakljus
28 Hö baklykta
a = bromsljus
b = bakljus
29 Högt monterat bromsljus
30 Backljuskontakt
31 Bak-/bagageluckans lykta vä
a = backljus
b = bakljus
32 Bak-/bagageluckans lykta hö
a = backljus
b = bakljus
33 Reg.skyltsbelysning
34 Vä strålkastare
a = parkeringsljus
35 Hö strålkastare
a = parkeringsljus
36 Kombinerad belysningsströmbrytare
a = brytare
c = brytarens belysning

Kopplingsschema 3

H32996

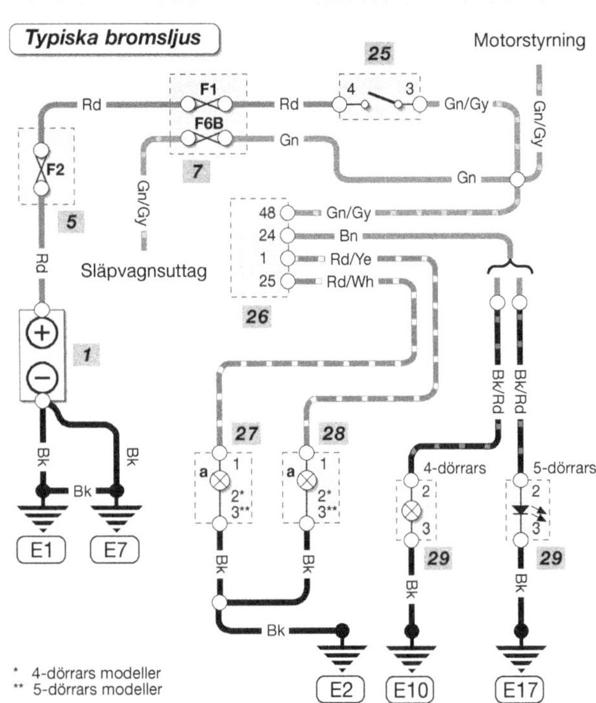

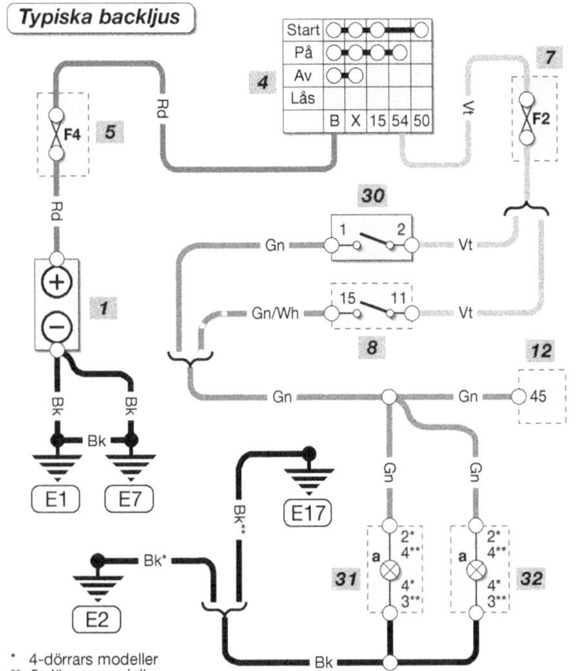

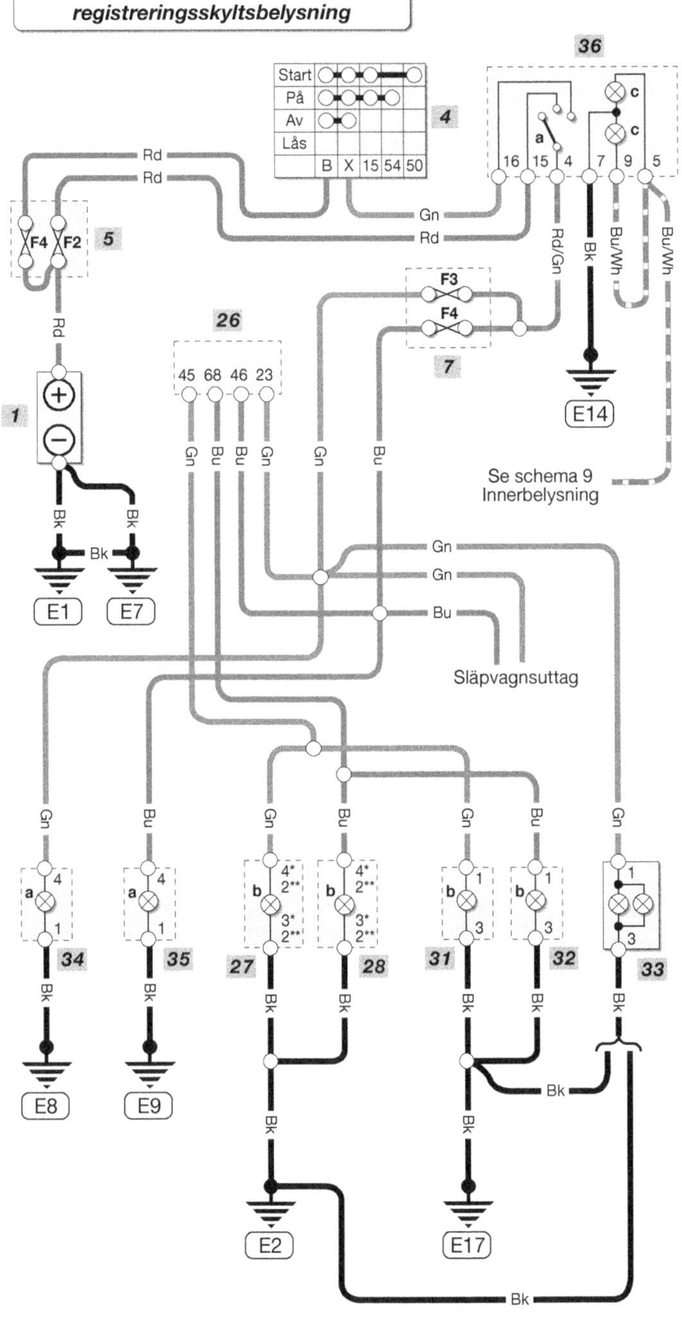

Färgkoder

Bu	Blå	**Rd**	Röd
Vt	Lila	**Ye**	Gul
Og	Orange	**Bn**	Brun
Pk	Rosa	**Wh**	Vit
Gy	Grå	**Bk**	Svart
Gn	Grön		

Komponentförteckning

1 Batteri
4 Tändningslås
5 Säkringsdosa maxi
6 Säkringsdosa i motorrummet
7 Säkringsdosa i passagerarutrymmet
12 DICE styrenhet
34 Vä strålkastare
a = parkeringsljus
b = helljus
c = halvljus
d = xenon lampa
e = inställningsmotor
f = styrenhet automatisk inställning
g = xenon ljussolenoid
35 Hö strålkastare
a = parkeringsljus
b = helljus
c = halvljus
d = xenon lampa
e = inställningsmotor
36 Kombinerad belysningsströmbrytare
a = ljusströmbrytare
39 Halvljusbrytare
40 Glödtrådsvakt
41 Halvljusrelä
42 Helljusrelä

Kopplingsschema 4

H32997

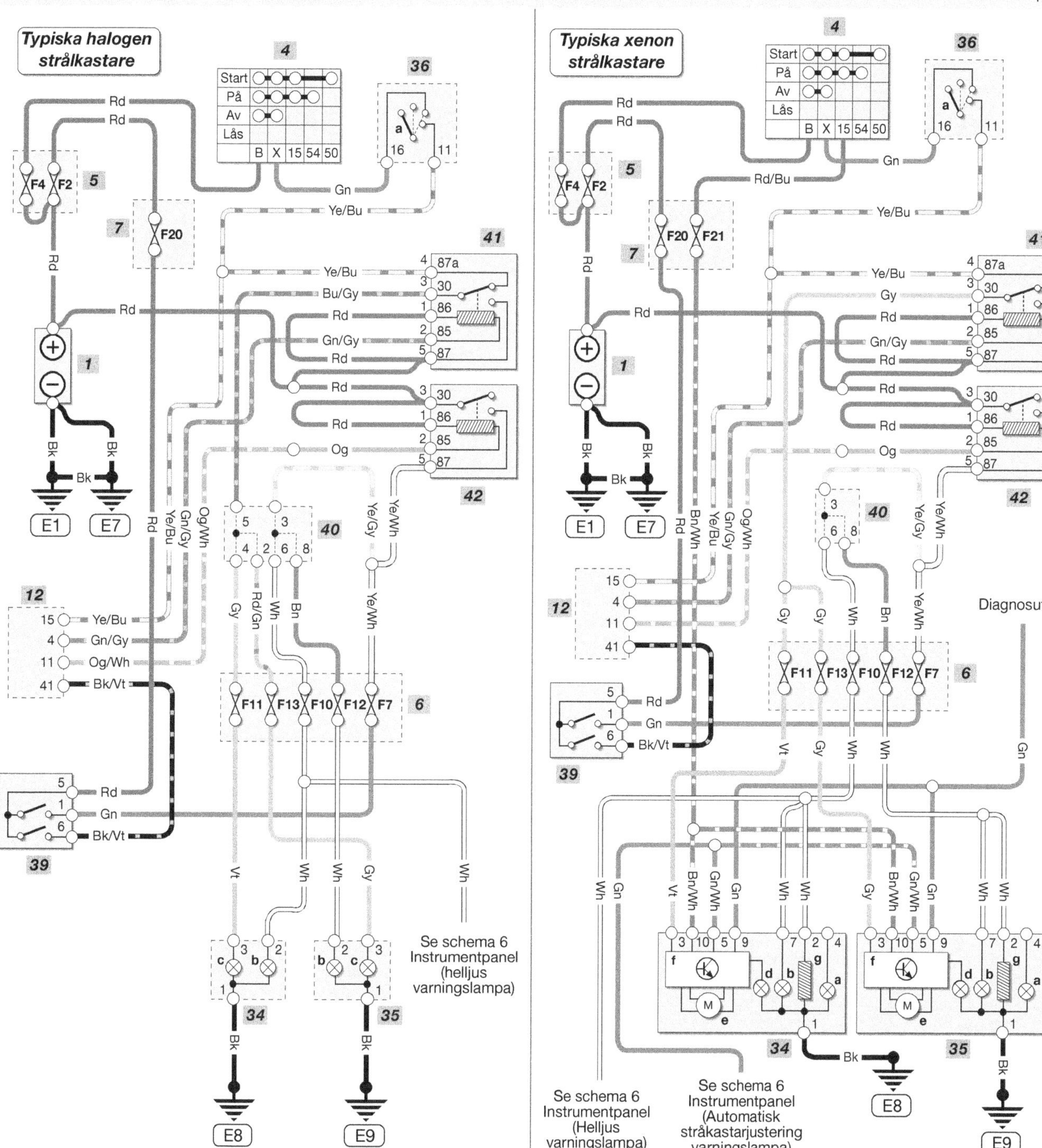

Färgkoder

Bu	Blå	**Rd**	Röd
Vt	Lila	**Ye**	Gul
Og	Orange	**Bn**	Brun
Pk	Rosa	**Wh**	Vit
Gy	Grå	**Bk**	Svart
Gn	Grön		

Komponentförteckning

1 Batteri
4 Tändningslås
5 Säkringsdosa maxi
6 Säkringsdosa i motorrummet
7 Säkringsdosa i passagerarutrymmet
12 DICE styrenhet
27 Vä baklykta
c = blinkers
28 Hö baklykta
c = blinkers
31 Bak-/bagageluckans lykta vä
c = bakre dimljus
32 Bak-/bagageluckans lykta hö
c = bakre dimljus
34 Vä strålkastare
h = blinkers
35 Hö strålkastare
h = blinkers
36 Kombinerad belysningsströmbrytare
a = ljusströmbrytare
b = brytare bakre dimljus
45 Främre dimljus relä
46 Främre dimljus brytare
47 Vä främre dimljus
48 Hö främre dimljus
50 Tändningsrelä
51 Blinkersbrytare
52 Varningsblinkersbrytare
53 Vä sidoblinkers
54 Hö sidoblinkers

Kopplingsschema 5

H32998

Typiska främre dimljus

Typiska bakre dimljus

* 4-dörrars modeller
** 5-dörrars modeller

Släpvagnsuttag Släpvagnsuttag

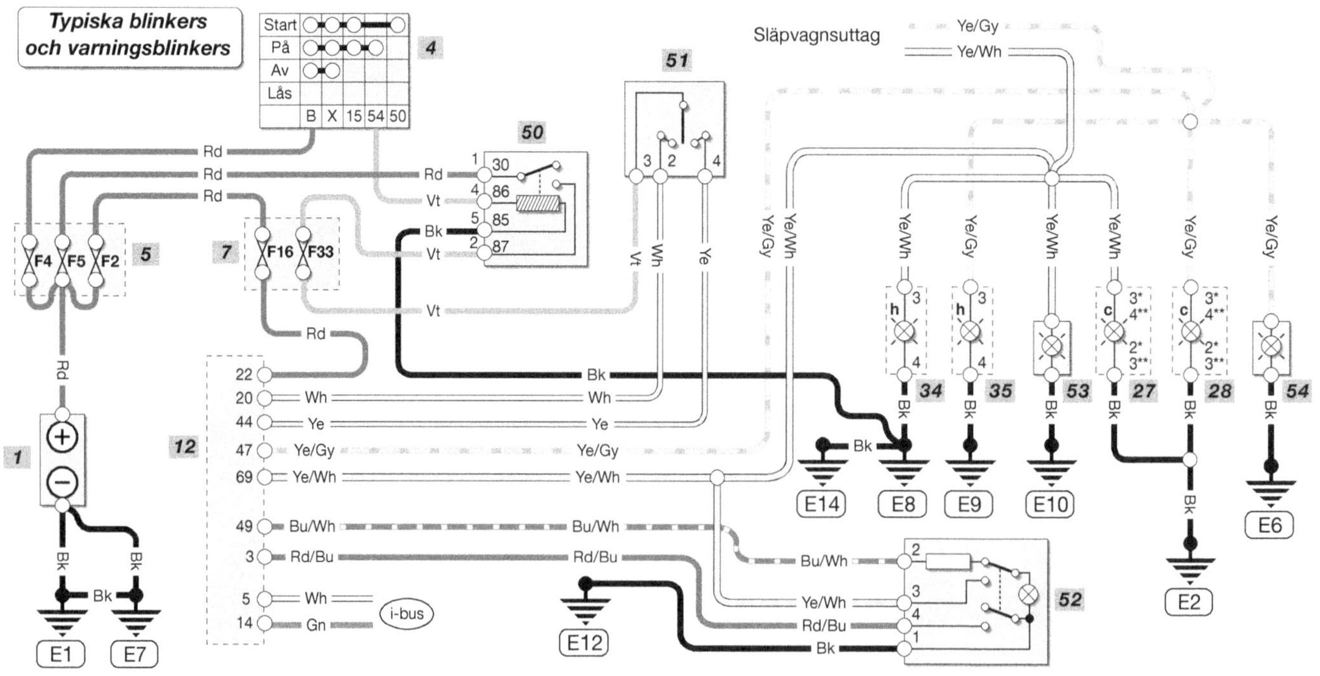

Färgkoder

Bu	Blå	**Rd**	Röd
Vt	Lila	**Ye**	Gul
Og	Orange	**Bn**	Brun
Pk	Rosa	**Wh**	Vit
Gy	Grå	**Bk**	Svart
Gn	Grön		

Komponentförteckning

1 Batteri
4 Tändningslås
5 Säkringsdosa maxi
7 Säkringsdosa i passagerarutrymmet
36 Kombinerad belysningsströmbrytare
a = ljusströmbrytare
50 Tändningsrelä
56 Kontakt för låg bromsvätskenivå
57 Handbromskontakt
58 Bränslemätarens givare
59 Oljetryckskontakt
60 Instrumentpanel
a = instrumentens styrenhet
b = varvräknare
c = hastighetsmätare
d = bränslemätare
e = temperaturmätare
f = turbotrycksmätare
g = vägmätare
h = ”dörr öppen” grafik
i = auto.växellåda grafik
j = alla övriga varningslampor
k = varningslampa auto. strålkastarjustering
61 Främre cigarettändare
62 Bakre cigarettändare
63 Elektrisk taklucka, motor
64 Elektrisk taklucka, brytare

Kopplingsschema 6

H32999

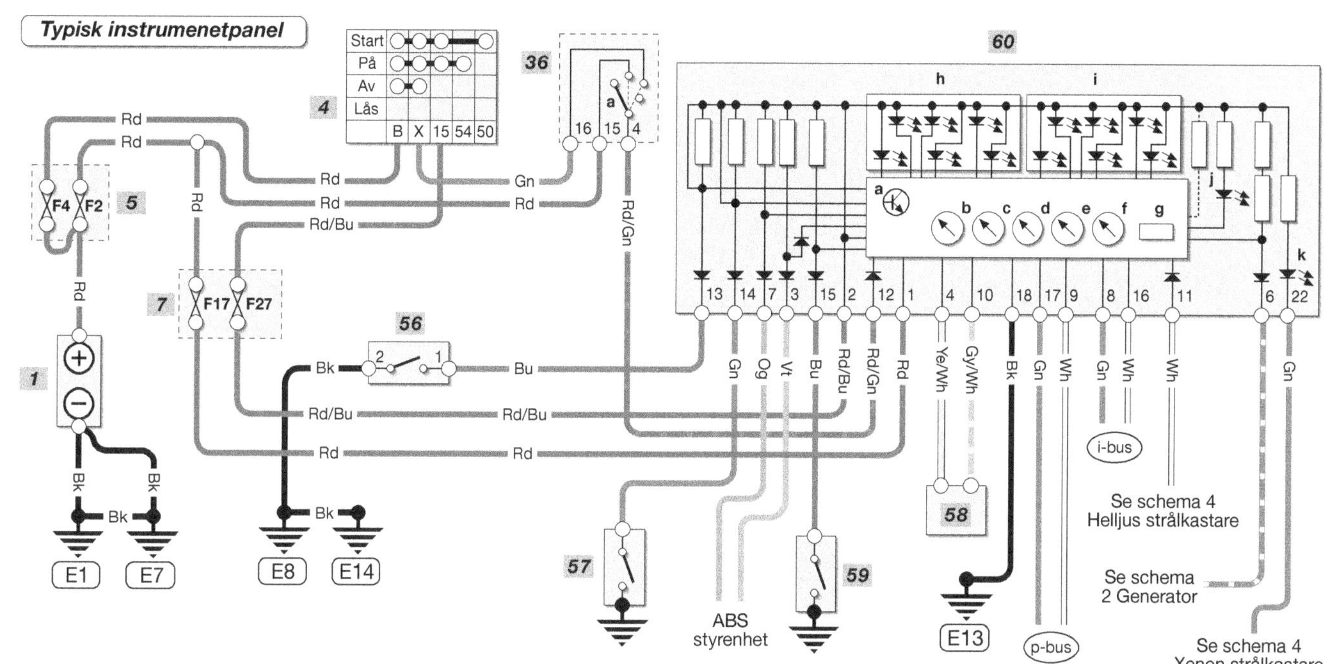

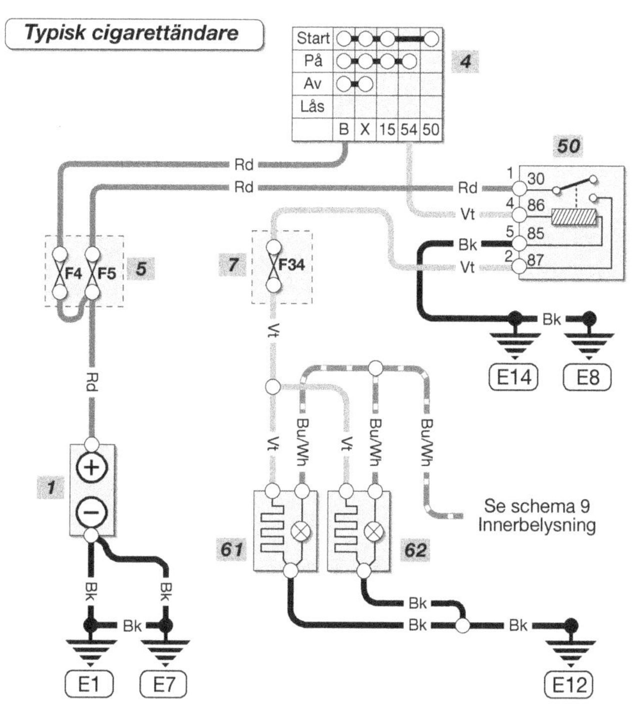

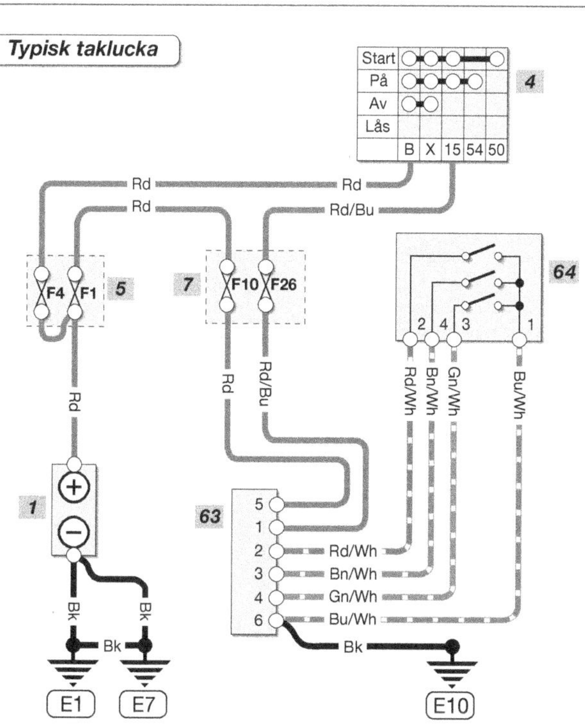

Färgkoder

Bu	Blå	**Rd**	Röd
Vt	Lila	**Ye**	Gul
Og	Orange	**Bn**	Brun
Pk	Rosa	**Wh**	Vit
Gy	Grå	**Bk**	Svart
Gn	Grön		

Komponentförteckning

1 Batteri
4 Tändningslås
5 Säkringsdosa maxi
7 Säkringsdosa i passagerarutrymmet
12 DICE styrenhet
50 Tändningsrelä
67 Brytare vä främre uppvärmt säte
68 Brytare hö främre uppvärmt säte
69 Vä uppvärmd sätesdyna
70 Hö uppvärmd sätesdyna
71 Uppvärmd bakruta
72 Relä uppvärmd bakruta
73 Antennmodul
74 Ljudfilter
75 Brytare för tanklucksöppnare
76 Solenoid för tanklucksöppnare
77 Relä för tanklucksöppnare
78 Brytare elspeglar
79 Förardörrens spegel
80 Passagerardörrens spegel

Kopplingsschema 7

H33000

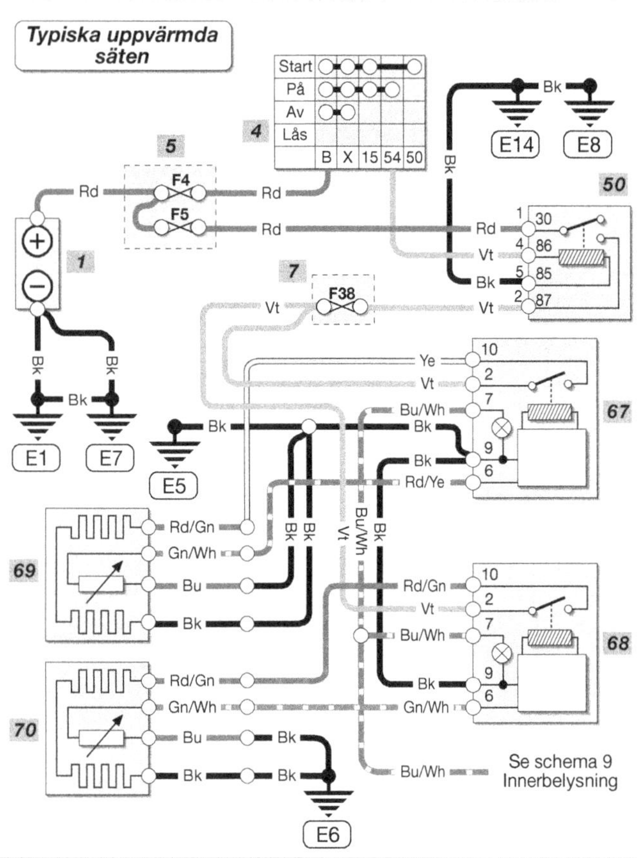

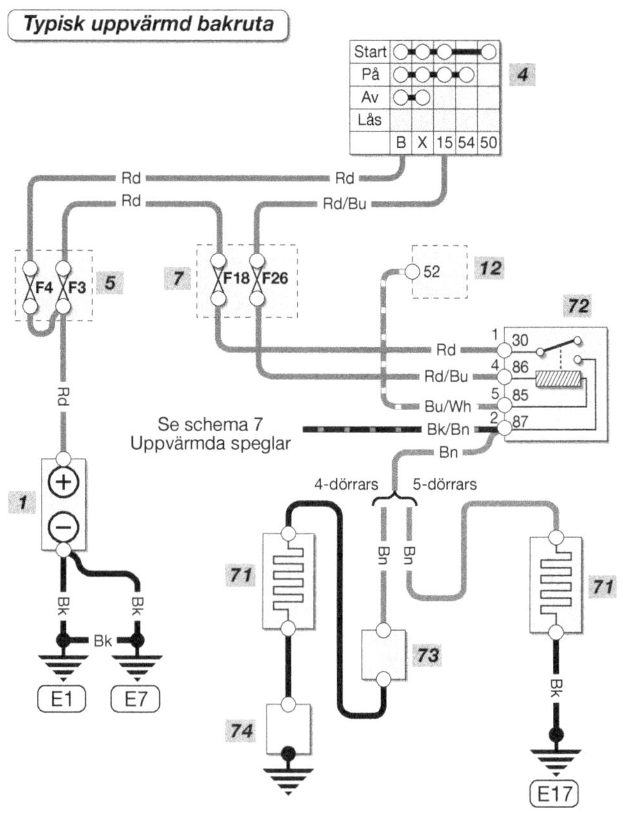

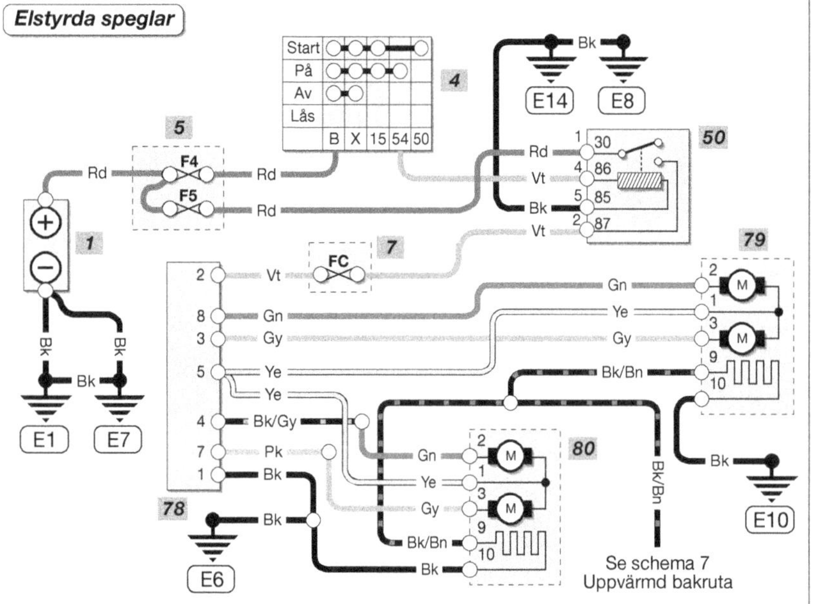

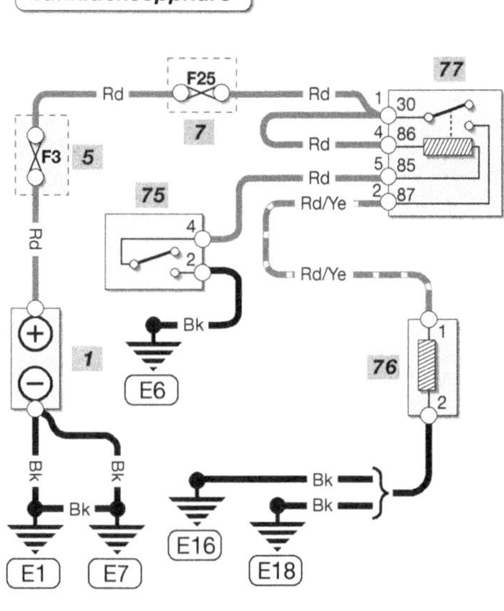

Färgkoder

Bu	Blå	**Rd**	Röd
Vt	Lila	**Ye**	Gul
Og	Orange	**Bn**	Brun
Pk	Rosa	**Wh**	Vit
Gy	Grå	**Bk**	Svart
Gn	Grön		

Komponentförteckning

1 Batteri
4 Tändningslås
5 Säkringsdosa maxi
7 Säkringsdosa i passagerarutrymmet
26 TWICE styrenhet
50 Tändningsrelä
83 Styrenhet elfönsterhissbrytare
84 Fönsterhissmotor förarsida
85 Fönsterhissmotor passagerarsida
86 Vä fönsterhissmotor bak
87 Hö fönsterhissmotor bak
88 Vä fönsterhissbrytare bak
89 Hö fönsterhissbrytare bak
90 Centrallåsets fjärrmottagare
91 Bagageluckans låsmotor (4-dörrars)
92 Bakluckans låsmotor (5-dörrars)
93 Bagageutrymmes belysningsbrytare
94 Mikrobrytare bakluckans lås (5-dörrars)
95 Relä bakluckans lås (5-dörrars)
96 Bak-/bagageluckans öppningsbrytare
97 Centrallåsets huvudbrytare
98 Förardörrens lås
99 Passagerardörrens lås
100 Låsmotor vä bak
101 Låsmotor hö bak

Kopplingsschema 8

H33001

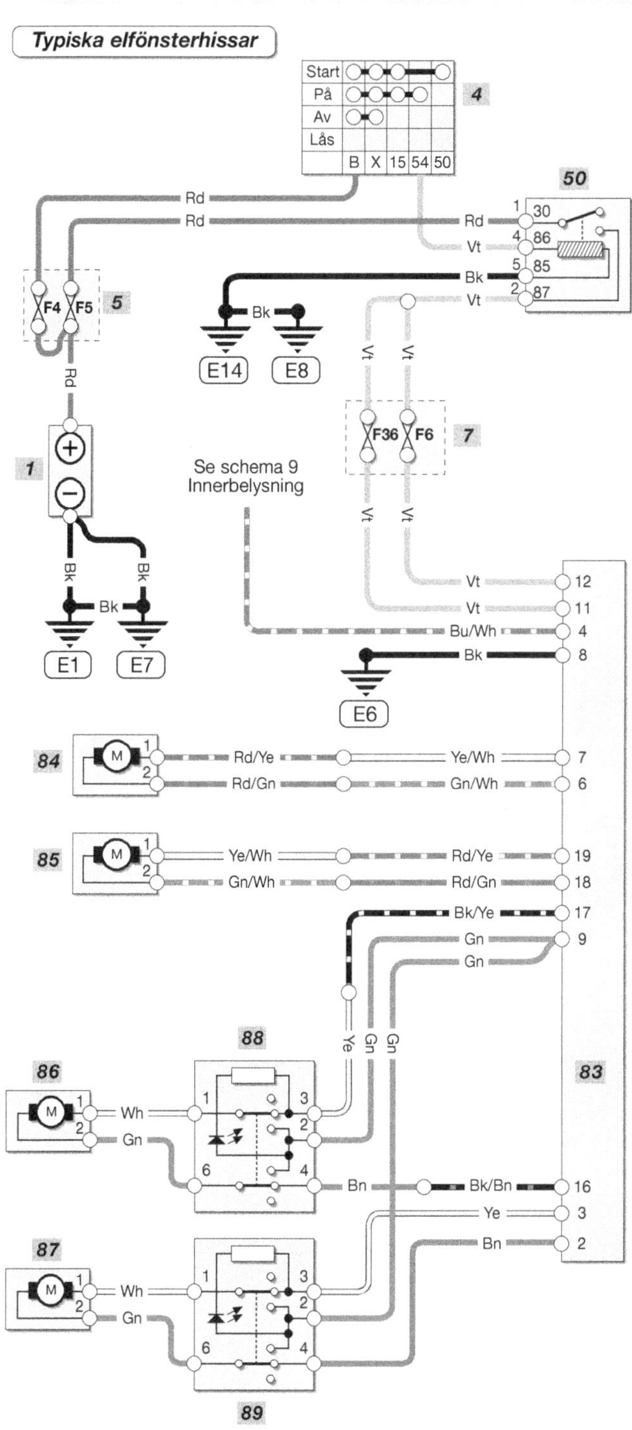

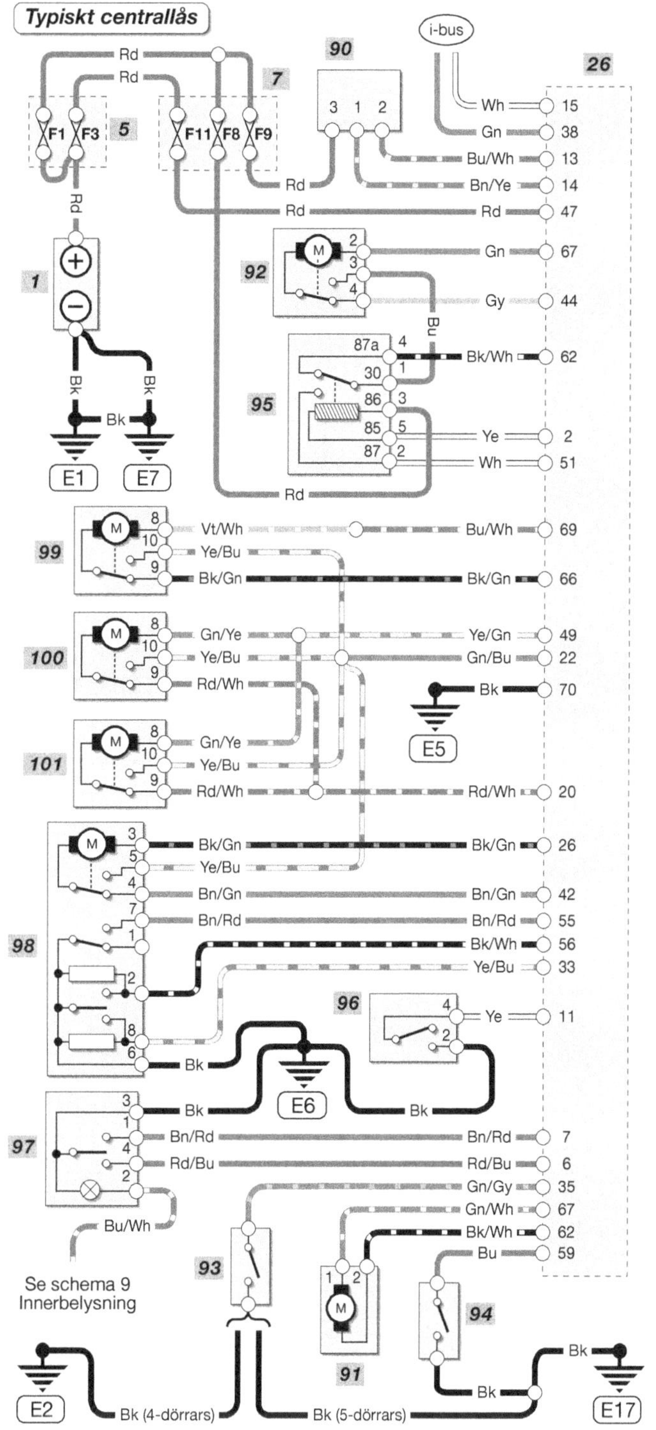

Kopplingsschema 9

Färgkoder

Bu	Blå	**Rd**	Röd
Vt	Lila	**Ye**	Gul
Og	Orange	**Bn**	Brun
Pk	Rosa	**Wh**	Vit
Gy	Grå	**Bk**	Svart
Gn	Grön		

Komponentförteckning

1 Batteri
4 Tändningslås
5 Säkringsdosa maxi
7 Säkringsdosa i passagerarutrymmet
12 DICE styrenhet
17 SID styrenhet
26 TWICE styrenhet
93 Bagageutrymmesbelysning brytare
103 Innerbelysningens reostat
104 Handskfacksbelysning och brytare
105 Belysning vänster fotbrunn
106 Belysning höger fotbrunn
107 Främre takbelysning
a = kartläsarlampa
b = brytare
108 Vä sminkspegel
109 Hö sminkspegel
110 Mittre takbelysning
a = läslampa
b = brytare
111 Lampa i förardörren
112 Lampa i passagerardörren
113 Lampa i vä bakdörr
114 Lampa i hö bakdörr
115 Lampa i bakluckan vä
116 Lampa i bakluckan hö
117 Bagageutrymmesbelysning
118 Ljudanläggning
119 Förstärkare (om monterad)
120 CD-spelare
121 Anslutning för mobiltelefon
122 Vä högtalare i instrumentpanelen
123 Hö högtalare i instrumentpanelen
124 Högtalare vä bakdörr
125 Högtalare hö bakdörr
126 Högtalare förardörr
127 Högtalare passagerardörr

H33002

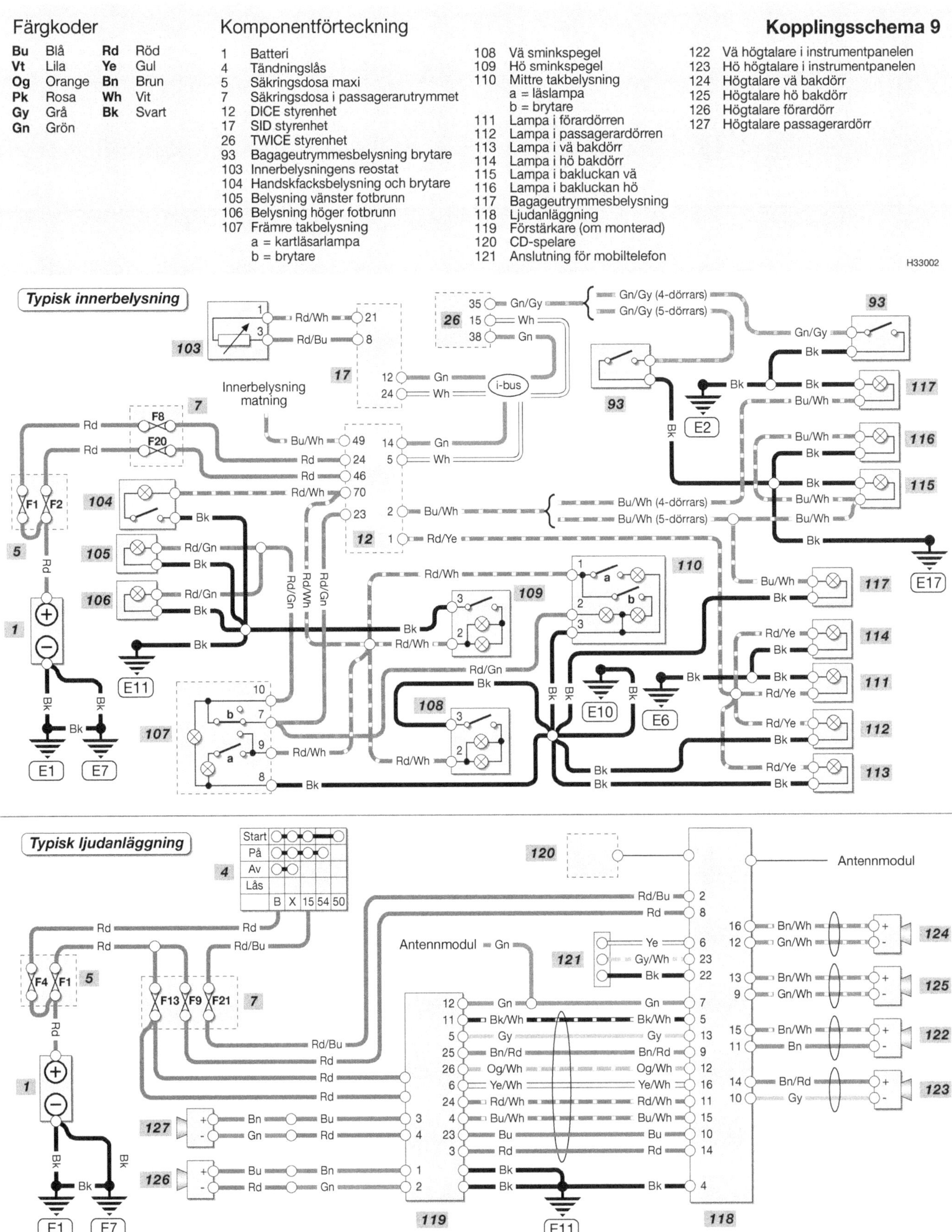

Färgkoder

Bu	Blå	**Rd**	Röd
Vt	Lila	**Ye**	Gul
Og	Orange	**Bn**	Brun
Pk	Rosa	**Wh**	Vit
Gy	Grå	**Bk**	Svart
Gn	Grön		

Komponentförteckning

1 Batteri
4 Tändningslås
5 Säkringsdosa maxi
6 Säkringsdosa i motorrummet
7 Säkringsdosa i passagerarutrymmet
12 DICE styrenhet
50 Tändningsrelä
34 Vä strålkastare
e = nivåjusteringsmotor
35 Hö strålkastare
e = nivåjusteringsmotor
130 Justeringsbrytare strålkastare
131 Främre torkarmotor
132 Främre spolarpump
133 Främre spolar-/torkarbrytare
a = spolarbrytare
b = torkarbrytare
c = torkarrelä
134 Främre torkarrelä
135 Strålkastarspolarrelä
136 Strålkastarspolarpump
137 Bakre torkarrelä
138 Bakre torkarmotor
139 Bakre spolarpump
140 Bakre torkare/spolare brytare
a = spolarbrytare
b = torkarbrytare

Kopplingsschema 10

H33003

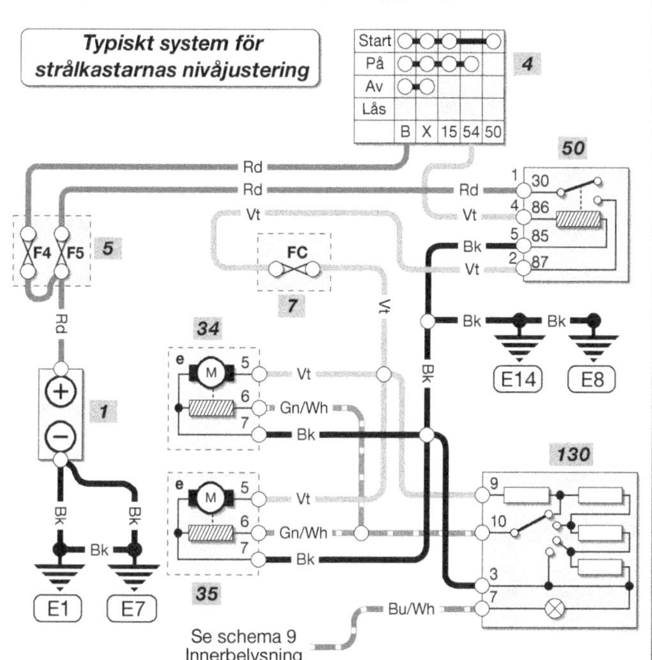

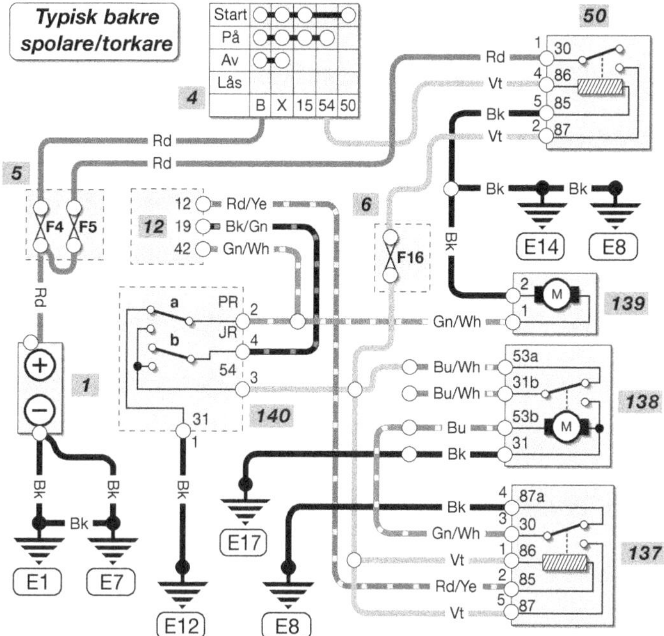

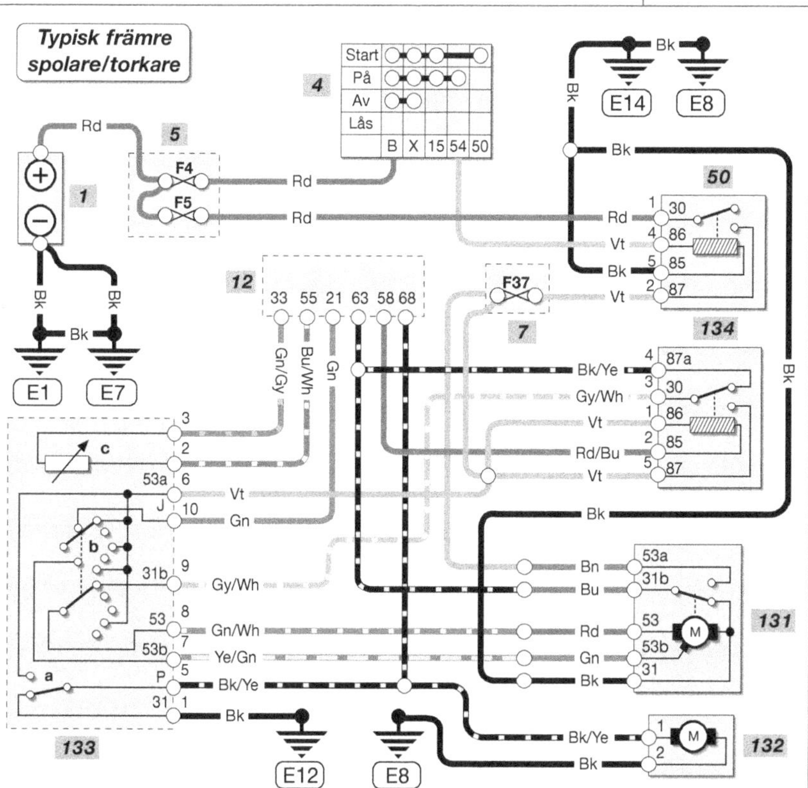

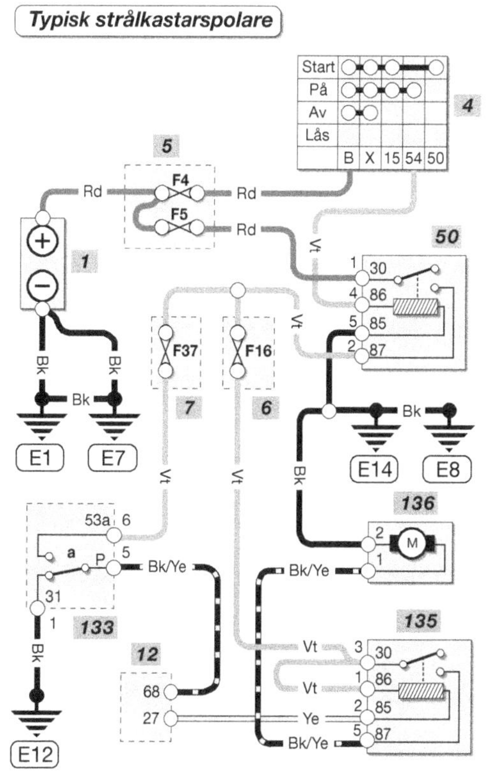

Mått och vikter

Observera: *Alla siffror är ungefärliga och kan variera med modell. Se tillverkarens uppgifter för exakta mått.*

Dimensioner

Total längd (inklusive stötfångare):
- Sedan ... 4827 mm
- Kombi ... 4828 mm

Total bredd (inklusive sidobackspeglar) ... 2042 mm

Total höjd:
- Sedan ... 1475 mm
- Kombi ... 1501 mm

Axelavstånd ... 2703 mm

Spårbredd:
- Fram ... 1522 mm
- Bak ... 1522 mm

Höjd över marken (typisk) ... 116 mm

Vändcirkeldiameter:
- Mellan väggar ... 11,9 m
- Mellan trottoarkanter ... 11,3 m

Bagageutrymmets längd:
- Sedan:
  - Baksätet uppfällt ... 1092 mm
  - Baksätet nedfällt ... 1714 mm
- Kombi:
  - Baksätet uppfällt ... 1087 mm
  - Baksätet nedfällt ... 1732 mm

Vikter

Fordonets vikt utan förare och last:
- Sedan ... 1525 till 1700 kg
- Kombi ... 1590 till 1775 kg

Maximal axelbelastning:
- Sedan:
  - Framaxel ... 1175 kg
  - Bakaxel ... 1050 kg
- Kombi:
  - Framaxel ... 1175 kg
  - Bakaxel ... 1125 kg

Maximal taklast ... 100 kg

Max bogseringsvikt:
- Obromsad släpvagn ... 750 kg
- Släpvagn med bromsar ... 1800 kg

Max belastning på dragkula ... 50 till 75 kg

Reservdelar finns att köpa från ett antal olika ställen, t.ex. Saabverkstäder, tillbehörsbutiker och motorspecialister. För att säkert få rätt del krävs ibland att bilens chassinummer uppges. Ta om möjligt med den gamla delen för säker identifiering. Många delar, t.ex. startmotor och generator, finns att få som fabriksrenoverade utbytesdelar – delar som returneras ska alltid vara rena.

Våra råd när det gäller inköp av reservdelar är följande.

Auktoriserade märkesverkstäder

Det här är det bästa stället för inköp av reservdelar som är specifika för just din bil och inte allmänt tillgängliga (t.ex. märken, klädsel, vissa karosspaneler etc). Det är även det enda ställe man bör köpa reservdelar från om bilens garanti fortfarande gäller.

Tillbehörsbutiker

Dessa är ofta bra ställen för inköp av underhållsmaterial (olje-, luft- och bränslefilter, glödlampor, drivremmar, fett, bromsklossar, bättringslack etc.). Tillbehör av detta slag som säljs av välkända butiker håller ofta samma standard som de som används av biltillverkaren.

Förutom delar säljer dessa butiker även verktyg och allmänna tillbehör. De har ofta bra öppettider och något lägre priser. Vissa tillbehörsbutiker har reservdelsdiskar där så gott som alla typer av komponenter kan köpas eller beställas.

Grossister

Bra grossister lagerhåller alla viktigare komponenter som slits ut relativt snabbt. De kan ibland också tillhandahålla enskilda komponenter som behövs för renovering av större enheter (t.ex. bromstätningar och hydrauldelar, lagerskålar, kolvar och ventiler). Grossister kan i vissa fall också ta hand om arbeten som omborrning av motorblocket, omslipning av vevaxlar etc.

Specialister på däck och avgassystem

Dessa kan vara oberoende återförsäljare eller ingå i större kedjor. De har ofta bra priser jämfört med märkesverkstäder, men det lönar sig alltid att jämföra priser hos flera försäljare. Kontrollera även vad som ingår vid priskontrollen – ibland ingår t.ex. inte ventiler och balansering vid köp av ett nytt däck.

Andra inköpsställen

Var misstänksam när det gäller delar som säljs på loppmarknader och liknande. De är inte alltid av usel kvalitet, men det blir svårt att reklamera köpet om de är otillfredsställande. Köper man komponenter som är avgörande för säkerheten, som bromsklossar, på ett sådant ställe riskerar man inte bara sina pengar utan även sin egen och andras säkerhet.

Begagnade delar eller delar från en bildemontering kan i vissa fall vara prisvärda, men sådana inköp bör endast göras av en mycket erfaren hemmamekaniker.

Inom biltillverkningen utförs modifieringar av modeller fortlöpande, men det är endast de större modelländringarna som publiceras. Reservdelskataloger och listor är vanligen sammanställda på numerisk bas, så bilens identifikationsnummer är viktiga för att man ska få tag i rätt reservdelar.

Lämna alltid så mycket information som möjligt vid beställning av reservdelar. Ange årsmodell, chassinummer och motornummer när det behövs.

Bilens *VIN-nummer* eller *chassinummer* finns på flera platser på bilen:

*a) På en metallplatta fastnitad på insidan av vänster framskärm **(se bild)**.*

*b) Instansat på torpedväggen baktill i motorrummet **(se bild)**.*

c) Till vänster på instrumentbrädan, synligt genom vindrutans nedre vänstra hörn

På tidigare modeller sitter en plåt för *E-godkännande* på insidan av den högra framskärmen **(se bild)**.

Motornumret är instansat till vänster på motorblockets framsida.

Växellådans nummer är tryckt på en plåt upptill på växellådshusets framsida.

Karossnumret är instansat på en metallplatta som sitter fastnitad till vänster på tvärbalken, framtill i motorrummet.

Etiketten med *däcktryck och färgkod* sitter på framsidan av B-stolpen på passagerarsidan **(se bild)**.

Chassinummer på en platta som är fastnitad på insidan av vänster framskärm

Chassinummer instansat på torpedväggen baktill i motorrummet

Plåt för E-godkännande på insidan av höger framskärm

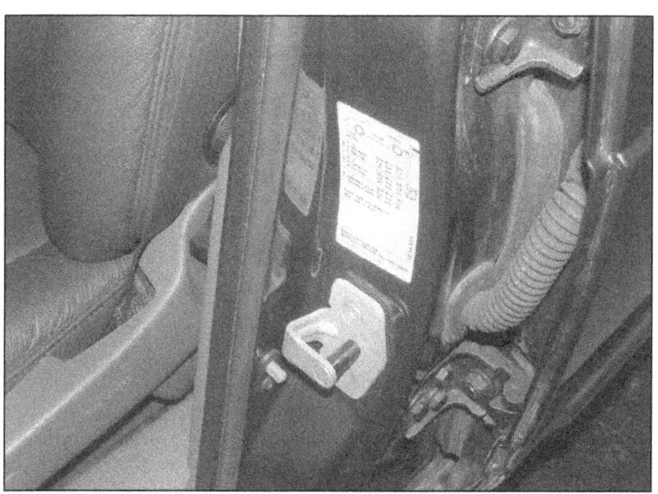

Etikett med däcktryck och färgkod fäst på passagerardörrens B-stolpe

När service, reparationer och renoveringar utförs på en bil eller bildel bör följande beskrivningar och instruktioner följas. Detta för att reparationen ska utföras så effektivt och fackmannamässigt som möjligt.

Tätningsytor och packningar

Vid isärtagande av delar vid deras tätningsytor ska dessa aldrig bändas isär med skruvmejsel eller liknande. Detta kan orsaka allvarliga skador som resulterar i oljeläckage, kylvätskeläckage etc. efter montering. Delarna tas vanligen isär genom att man knackar längs fogen med en mjuk klubba. Lägg dock märke till att denna metod kanske inte är lämplig i de fall styrstift används för exakt placering av delar.

Där en packning används mellan två ytor måste den bytas vid ihopsättning. Såvida inte annat anges i den aktuella arbetsbeskrivningen ska den monteras torr. Se till att tätningsytorna är rena och torra och att alla spår av den gamla packningen är borttagna. Vid rengöring av en tätningsyta ska sådana verktyg användas som inte skadar den. Små grader och repor tas bort med bryne eller en finskuren fil.

Rensa gängade hål med piprensare och håll dem fria från tätningsmedel då sådant används, såvida inte annat direkt specificeras.

Se till att alla öppningar, hål och kanaler är rena och blås ur dem, helst med tryckluft.

Oljetätningar

Oljetätningar kan tas ut genom att de bänds ut med en bred spårskruvmejsel eller liknande. Alternativt kan ett antal självgängande skruvar dras in i tätningen och användas som dragpunkter för en tång, så att den kan dras rakt ut.

När en oljetätning tas bort från sin plats, ensam eller som en del av en enhet, ska den alltid kasseras och bytas ut mot en ny.

Tätningsläpparna är tunna och skadas lätt och de tätar inte annat än om kontaktytan är fullständigt ren och oskadad. Om den ursprungliga tätningsytan på delen inte kan återställas till perfekt skick och tillverkaren inte gett utrymme för en viss omplacering av tätningen på kontaktytan, måste delen i fråga bytas ut.

Skydda tätningsläpparna från ytor som kan skada dem under monteringen. Använd tejp eller konisk hylsa där så är möjligt. Smörj läpparna med olja innan monteringen. Om oljetätningen har dubbla läppar ska utrymmet mellan dessa fyllas med fett.

Såvida inte annat anges ska oljetätningar monteras med tätningsläpparna mot det smörjmedel som de ska täta för.

Använd en rörformad dorn eller en träbit i lämplig storlek till att knacka tätningarna på plats. Om sätet är försedd med skuldra, driv tätningen mot den. Om sätet saknar skuldra bör tätningen monteras så att den går jäms med sätets yta (såvida inte annat uttryckligen anges).

Skruvgängor och infästningar

Muttrar, bultar och skruvar som kärvar är ett vanligt förekommande problem när en komponent har börjat rosta. Bruk av rostupplösningsolja och andra krypsmörjmedel löser ofta detta om man dränker in delen som kärvar en stund innan man försöker lossa den. Slagskruvmejsel kan ibland lossa envist fastsittande infästningar när de används tillsammans med rätt mejselhuvud eller hylsa. Om inget av detta fungerar kan försiktig värmning eller i värsta fall bågfil eller mutterspräckare användas.

Pinnbultar tas vanligen ut genom att två muttrar låses vid varandra på den gängade delen och att en blocknyckel sedan vrider den undre muttern så att pinnbulten kan skruvas ut. Bultar som brutits av under fästytan kan ibland avlägsnas med en lämplig bultutdragare. Se alltid till att gängade bottenhål är helt fria från olja, fett, vatten eller andra vätskor innan bulten monteras. Underlåtenhet att göra detta kan spräcka den del som skruven dras in i, tack vare det hydrauliska tryck som uppstår när en bult dras in i ett vätskefyllt hål

Vid åtdragning av en kronmutter där en saxsprint ska monteras ska muttern dras till specificerat moment om sådant anges, och därefter dras till nästa sprinthål. Lossa inte muttern för att passa in saxsprinten, såvida inte detta förfarande särskilt anges i anvisningarna.

Vid kontroll eller omdragning av mutter eller bult till ett specificerat åtdragningsmoment, ska muttern eller bulten lossas ett kvarts varv och sedan dras åt till angivet moment. Detta ska dock inte göras när vinkelåtdragning använts.

För vissa gängade infästningar, speciellt topplocksbultar/muttrar anges inte åtdragningsmoment för de sista stegen. Istället anges en vinkel för åtdragning. Vanligtvis anges ett relativt lågt åtdragningsmoment för bultar/muttrar som dras i specificerad turordning. Detta följs sedan av ett eller flera steg åtdragning med specificerade vinklar.

Låsmuttrar, låsbleck och brickor

Varje infästning som kommer att rotera mot en komponent eller en kåpa under åtdragningen ska alltid ha en bricka mellan åtdragningsdelen och kontaktytan.

Fjäderbrickor ska alltid bytas ut när de använts till att låsa viktiga delar som exempelvis lageröverfall. Låsbleck som viks över för att låsa bult eller mutter ska alltid byts ut vid ihopsättning.

Självlåsande muttrar kan återanvändas på mindre viktiga detaljer, under förutsättning att motstånd känns vid dragning över gängen. Kom dock ihåg att självlåsande muttrar förlorar låseffekt med tiden och därför alltid bör bytas ut som en rutinåtgärd.

Saxsprintar ska alltid bytas mot nya i rätt storlek för hålet.

När gänglåsmedel påträffas på gängor på en komponent som ska återanvändas bör man göra ren den med en stålborste och lösningsmedel. Applicera nytt gänglåsningsmedel vid montering.

Specialverktyg

Vissa arbeten i denna handbok förutsätter användning av specialverktyg som pressar, avdragare, fjäderkompressorer med mera. Där så är möjligt beskrivs lämpliga lättillgängliga alternativ till tillverkarens specialverktyg och hur dessa används. I vissa fall, där inga alternativ finns, har det varit nödvändigt att använda tillverkarens specialverktyg. Detta har gjorts av säkerhetsskäl, likväl som för att reparationerna ska utföras så effektivt och bra som möjligt. Såvida du inte är mycket kunnig och har stora kunskaper om det arbetsmoment som beskrivs, ska du aldrig försöka använda annat än specialverktyg när sådana anges i anvisningarna. Det föreligger inte bara stor risk för personskador, utan kostbara skador kan också uppstå på komponenterna.

Miljöhänsyn

Vid sluthantering av förbrukad motorolja, bromsvätska, frostskydd etc. ska all vederbörlig hänsyn tas för att skydda miljön. Ingen av ovan nämnda vätskor får hällas ut i avloppet eller direkt på marken. Kommunernas avfallshantering har kapacitet för hantering av miljöfarligt avfall liksom vissa verkstäder. Om inga av dessa finns tillgängliga i din närhet, fråga hälsoskyddskontoret i din kommun om råd.

I och med de allt strängare miljöskyddslagarna beträffande utsläpp av miljöfarliga ämnen från motorfordon har alltfler bilar numera justersäkringar monterade på de mest avgörande justeringspunkterna för bränslesystemet. Dessa är i första hand avsedda att förhindra okvalificerade personer från att justera bränsle/luftblandningen och därmed riskerar en ökning av giftiga utsläpp. Om sådana justersäkringar påträffas under service eller reparationsarbete ska de, närhelst möjligt, bytas eller sättas tillbaka i enlighet med tillverkarens rekommendationer eller aktuell lagstiftning.

Domkraften som följer med bilen bör endast användas för att byta hjul - se *Hjulbyte* i början av den här handboken. Vid alla andra arbeten ska bilen lyftas med en hydraulisk garagedomkraft, som alltid ska åtföljas av pallbockar under bilens stödpunkter.

Använder du en garagedomkraft eller pallbockar, ska du alltid ställa domkraftens eller pallbockens huvud under, eller alldeles intill, någon av de relevanta stödpunkterna **(se bild)**. Båda framhjulen kan lyftas upp genom att domkraften placeras under fronten på fjädringens kryssrambalk. Båda bakhjulen kan lyftas upp genom att domkraften placeras bredvid den bakre bogseröglan, alternativt under dragbalken om en sådan finns.

Försök **inte** hissa upp bilen med domkraften under bakaxeln, golvplåten, motorns sump, växellådans sump eller någon av fjädringens komponenter.

Den domkraft som följer med bilen passar in i stödpunkterna under trösklarna - se *Hjulbyte* i början av den här handboken. Se till att domkraftens huvud sitter korrekt innan du börjar lyfta bilen.

Arbeta **aldrig** under eller i närheten av en lyft bil om den inte har ordentligt stöd på minst två punkter.

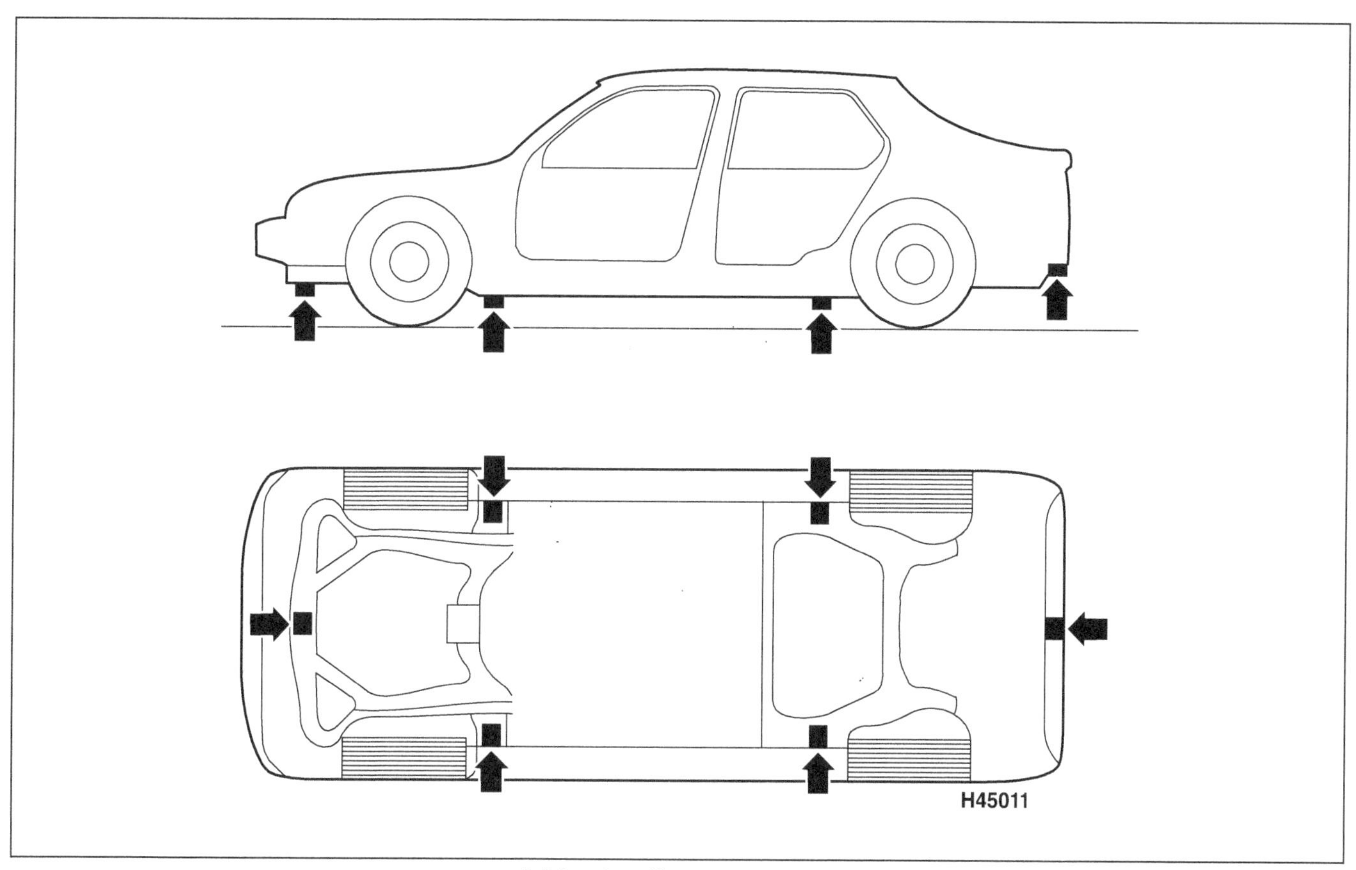

Stödpunkter för garagedomkraft

Batteriet sitter framme till vänster i motorrummet

Koppla alltid loss batteriets minuspol först

Observera: *Om en annan ljudanläggning än den standardmonterade används, måste du anteckna säkerhetskoden innan du kopplar bort batteriet.*

Varning: Koppla aldrig ifrån batteriet när motorn är igång.

Batteriet sitter till vänster i motorrummets främre del. Lyft bort batteriets värmeskydd/låda, lossa kabeln från batteriets minuspol (-) och flytta undan den från batteriet. Koppla alltid loss batteriets minuspol först.

Lossa batteriets pluskabel (+) på samma sätt och ta bort den från batteriet.

När du sätter tillbaka batterikablarna igen, anslut alltid minuskabeln sist.

Stöldskyddssystem för ljudanläggning – föreskrifter

Den radio/kassettbandspelare som är standardmonterad i Saab 9-5 är försedd med ett elektroniskt lås, som är unikt för varje bil. När ljudanläggningen slås på utförs ett test, som kontrollerar att fordonets och ljudanläggningens koder stämmer överens. Stämmer de överens slås anläggningen på. I annat fall visas ett meddelande i displayen om att anläggningen är låst och inte går att slå på.

Om en annan radio/kassettbandspelare än standardanläggningen är monterad, kan den vara utrustad med en inbyggd säkerhetskod för att hindra tjuvar. Om strömmen till anläggningen bryts aktiveras stöldskyddet. Även om strömmen omedelbart återställs kommer enheten inte att fungera förrän korrekt kod har angetts. Om du inte känner till koden för ljudanläggningen ska du därför **inte** lossa batteriets jordledning eller ta ut anläggningen ur bilen.

Om säkerhetskoden har glömts bort, kontakta en Saabverkstad. Vid uppvisande av ägarbevis bör du kunna få en ny säkerhetskod.

Inledning

En uppsättning bra verktyg är ett grundläggande krav för var och en som överväger att underhålla och reparera ett motorfordon. För de ägare som saknar sådana kan inköpet av dessa bli en märkbar utgift, som dock uppvägs till en viss del av de besparingar som görs i och med det egna arbetet. Om de anskaffade verktygen uppfyller grundläggande säkerhets- och kvalitetskrav kommer de att hålla i många år och visa sig vara en värdefull investering.

För att hjälpa bilägaren att avgöra vilka verktyg som behövs för att utföra de arbeten som beskrivs i denna handbok har vi sammanställt tre listor med följande rubriker: *Underhåll och mindre reparationer, Reparation och renovering* samt *Specialverktyg*. Nybörjaren bör starta med det första sortimentet och begränsa sig till enklare arbeten på fordonet. Allt eftersom erfarenhet och självförtroende växer kan man sedan prova svårare uppgifter och köpa fler verktyg när och om det behövs. På detta sätt kan den grundläggande verktygssatsen med tiden utvidgas till en reparations- och renoveringssats utan några större enskilda kontantutlägg. Den erfarne hemmamekanikern har redan en verktygssats som räcker till de flesta reparationer och renoveringar och kommer att välja verktyg från specialkategorin när han känner att utgiften är berättigad för den användning verktyget kan ha.

Underhåll och mindre reparationer

Verktygen i den här listan ska betraktas som ett minimum av vad som behövs för rutinmässigt underhåll, service och mindre reparationsarbeten. Vi rekommenderar att man köper blocknycklar (ring i ena änden och öppen i den andra), även om de är dyrare än de med öppen ände, eftersom man får båda sorternas fördelar.

- ☐ *Blocknycklar - 8, 9, 10, 11, 12, 13, 14, 15, 17 och 19 mm*
- ☐ *Skiftnyckel - 35 mm gap (ca.)*
- ☐ *Tändstiftsnyckel (med gummifoder)*
- ☐ *Verktyg för justering av tändstiftens elektrodavstånd*
- ☐ *Sats med bladmått*
- ☐ *Nyckel för avluftning av bromsar*
- ☐ *Skruvmejslar:*
  Spårmejsel - 100 mm lång x 6 mm diameter
  Stjärnmejsel - 100 mm lång x 6 mm diameter
- ☐ *Kombinationstång*
- ☐ *Bågfil (liten)*
- ☐ *Däckpump*
- ☐ *Däcktrycksmätare*
- ☐ *Oljekanna*
- ☐ *Verktyg för demontering av oljefilter*
- ☐ *Fin slipduk*
- ☐ *Stålborste (liten)*
- ☐ *Tratt (medelstor)*

Reparation och renovering

Dessa verktyg är ovärderliga för alla som utför större reparationer på ett motorfordon och tillkommer till de som angivits för *Underhåll och mindre reparationer*. I denna lista ingår en grundläggande sats hylsor. Även om dessa är dyra, är de oumbärliga i och med sin mångsidighet - speciellt om satsen innehåller olika typer av drivenheter. Vi rekommenderar 1/2-tums fattning på hylsorna eftersom de flesta momentnycklar har denna fattning.

Verktygen i denna lista kan ibland behöva kompletteras med verktyg från listan för *Specialverktyg*.

- ☐ *Hylsor, dimensioner enligt föregående lista*
- ☐ *Spärrskaft med vändbar riktning (för användning med hylsor)* **(se bild)**
- ☐ *Förlängare, 250 mm (för användning med hylsor)*
- ☐ *Universalknut (för användning med hylsor)*
- ☐ *Momentnyckel (för användning med hylsor)*
- ☐ *Självlåsande tänger*
- ☐ *Kulhammare*
- ☐ *Mjuk klubba (plast/aluminium eller gummi)*
- ☐ *Skruvmejslar:*
  Spårmejsel - en lång och kraftig, en kort (knubbig) och en smal (elektrikertyp)
  Stjärnmejsel - en lång och kraftig och en kort (knubbig)
- ☐ *Tänger:*
  Spetsnostång/plattång
  Sidavbitare (elektrikertyp)
  Låsringstång (inre och yttre)
- ☐ *Huggmejsel - 25 mm*
- ☐ *Ritspets*
- ☐ *Skrapa*
- ☐ *Körnare*
- ☐ *Purr*
- ☐ *Bågfil*
- ☐ *Bromsslangklämma*
- ☐ *Avluftningssats för bromsar/koppling*
- ☐ *Urval av borrar*
- ☐ *Stållinjal*
- ☐ *Insexnycklar (inkl Torxtyp/med splines)* **(se bild)**
- ☐ *Sats med filar*
- ☐ *Stor stålborste*
- ☐ *Pallbockar*
- ☐ *Domkraft (garagedomkraft eller stabil pelarmodell)*
- ☐ *Arbetslampa med förlängningssladd*

Specialverktyg

Verktygen i denna lista är de som inte används regelbundet, är dyra i inköp eller som måste användas enligt tillverkarens anvisningar. Det är bara om du relativt ofta kommer att utföra tämligen svåra jobb som många av dessa verktyg är lönsamma att köpa. Du kan också överväga att gå samman med någon vän (eller gå med i en motorklubb) och göra ett gemensamt inköp, hyra eller låna verktyg om så är möjligt.

Följande lista upptar endast verktyg och instrument som är allmänt tillgängliga och inte sådana som framställs av biltillverkaren speciellt för auktoriserade verkstäder. Ibland nämns dock sådana verktyg i texten. I allmänhet anges en alternativ metod att utföra arbetet utan specialverktyg. Ibland finns emellertid inget alternativ till tillverkarens specialverktyg. När så är fallet och relevant verktyg inte kan köpas, hyras eller lånas har du inget annat val än att lämna bilen till en auktoriserad verkstad.

- ☐ *Ventilfjäderkompressor* **(se bild)**
- ☐ *Ventilslipningsverktyg*
- ☐ *Kolvringskompressor* **(se bild)**
- ☐ *Verktyg för demontering/montering av kolvringar* **(se bild)**
- ☐ *Honingsverktyg* **(se bild)**
- ☐ *Kulledsavdragare*
- ☐ *Spiralfjäderkompressor (där tillämplig)*
- ☐ *Nav/lageravdragare, två/tre ben* **(se bild)**
- ☐ *Slagskruvmejsel*
- ☐ *Mikrometer och/eller skjutmått* **(se bilder)**
- ☐ *Indikatorklocka* **(se bild)**
- ☐ *Stroboskoplampa*
- ☐ *Kamvinkelmätare/varvräknare*
- ☐ *Multimeter*

Hylsor och spärrskaft

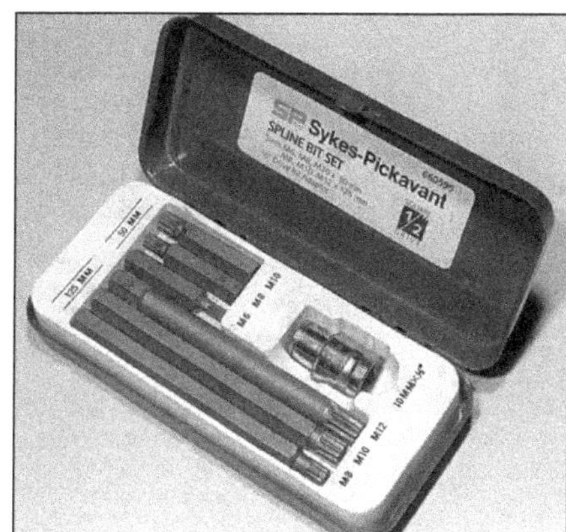

Bits med splines

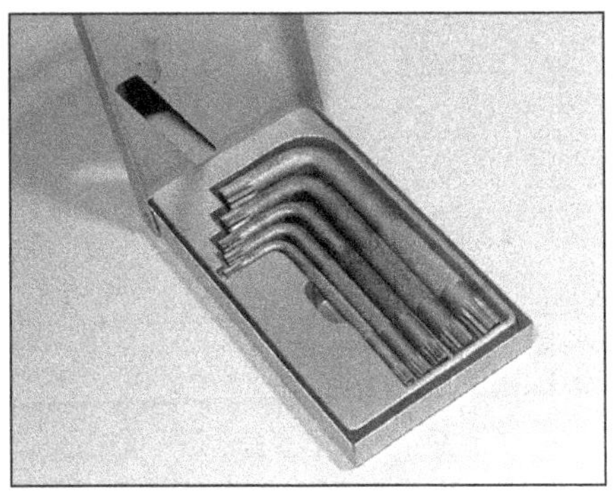
Nycklar med splines

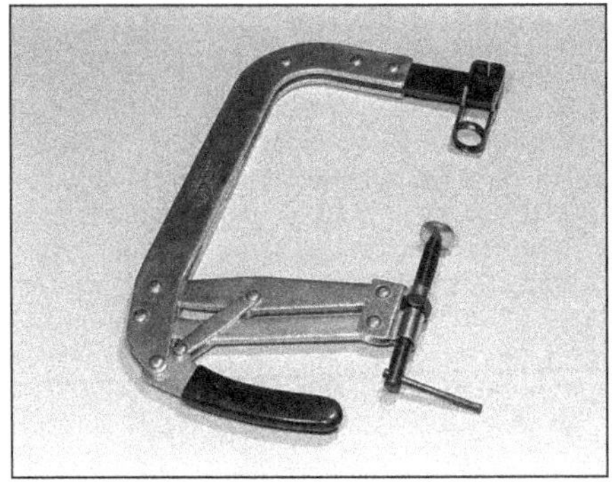
Ventilfjäderkompressor (ventilbåge)

Kolvringskompressor

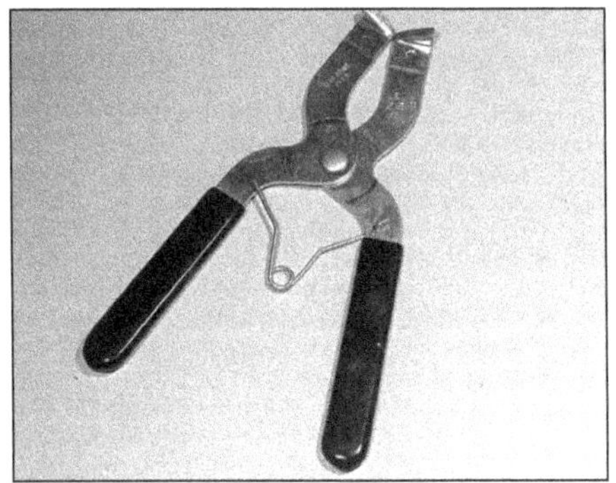
Verktyg för demontering och montering av kolvringar

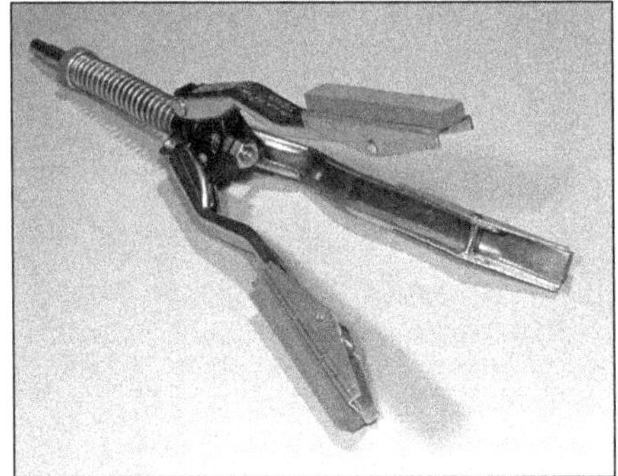
Honingsverktyg

Trebent avdragare för nav och lager

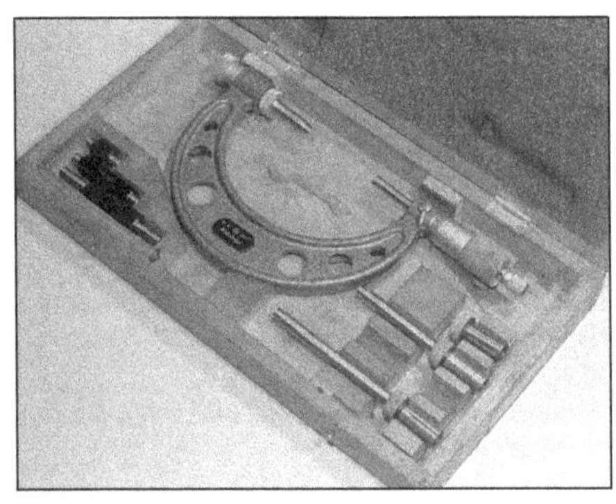
Mikrometerset

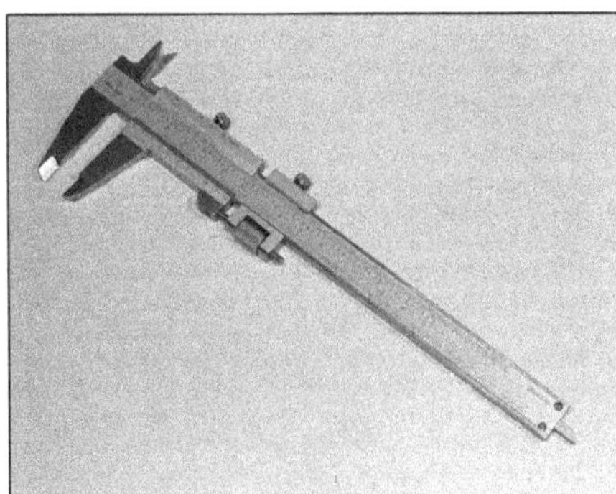
Skjutmått

Indikatorklocka med magnetstativ

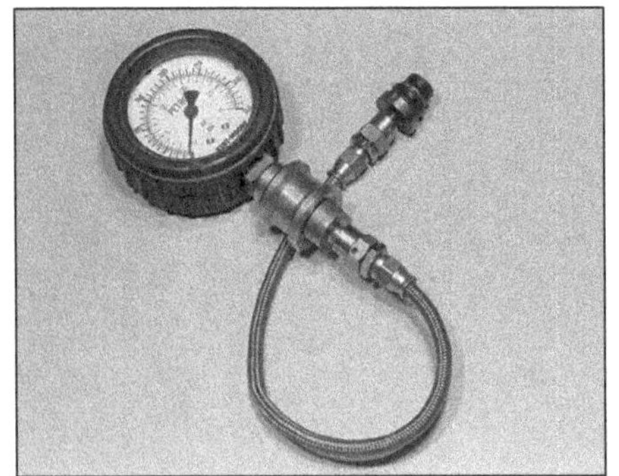
Kompressionsmätare

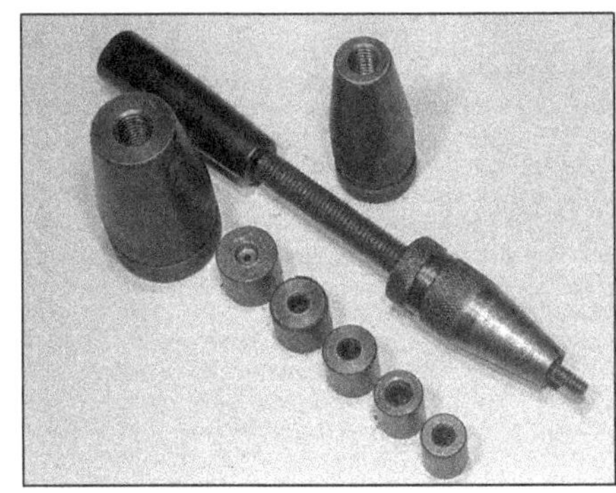
Centreringsverktyg för koppling

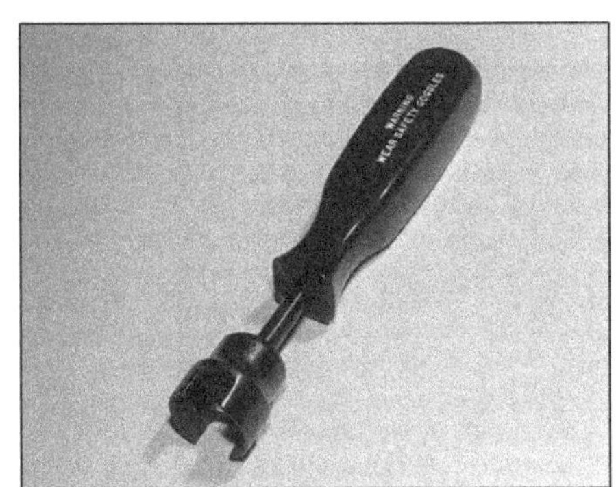

Demonteringsverktyg för bromsbackarnas fjäderskålar

- ☐ *Kompressionsmätare **(se bild)***
- ☐ *Handmanövrerad vakuumpump och mätare*
- ☐ *Centreringsverktyg för koppling **(se bild)***
- ☐ *Verktyg för demontering av bromsbackarnas fjäderskålar **(se bild)***
- ☐ *Sats för montering/demontering av bussningar och lager **(se bild)***
- ☐ *Bultutdragare **(se bild)***
- ☐ *Gängverktygssats **(se bild)***
- ☐ *Lyftblock*
- ☐ *Garagedomkraft*

Inköp av verktyg

När det gäller inköp av verktyg är det i regel bättre att vända sig till en specialist som har ett större sortiment än t ex tillbehörsbutiker och bensinmackar. Tillbehörsbutiker och andra försöljningsställen kan dock erbjuda utmärkta verktyg till låga priser, så det kan löna sig att söka.

Det finns gott om bra verktyg till låga priser, men se till att verktygen uppfyller grundläggande krav på funktion och säkerhet. Fråga gärna någon kunnig person om råd före inköpet.

Vård och underhåll av verktyg

Efter inköp av ett antal verktyg är det nödvändigt att hålla verktygen rena och i fullgott skick. Efter användning, rengör alltid verktygen innan de läggs undan. Låt dem inte ligga framme sedan de använts. En enkel upphängningsanordning på väggen för t ex skruvmejslar och tänger är en bra idé. Nycklar och hylsor bör förvaras i metalllådor. Mätinstrument av skilda slag ska förvaras på platser där de inte kan komma till skada eller börja rosta.

Lägg ner lite omsorg på de verktyg som används. Hammarhuvuden får märken och skruvmejslar slits i spetsen med tiden. Lite polering med slippapper eller en fil återställer snabbt sådana verktyg till gott skick igen.

Arbetsutrymmen

När man diskuterar verktyg får man inte glömma själva arbetsplatsen. Om mer än rutinunderhåll ska utföras bör man skaffa en lämplig arbetsplats.

Vi är medvetna om att många ägare/mekaniker av omständigheterna tvingas att lyfta ur motor eller liknande utan tillgång till garage eller verkstad. Men när detta är gjort ska fortsättningen av arbetet göras inomhus.

Närhelst möjligt ska isärtagning ske på en ren, plan arbetsbänk eller ett bord med passande arbetshöjd.

En arbetsbänk behöver ett skruvstycke. En käftöppning om 100 mm räcker väl till för de flesta arbeten. Som tidigare sagts, ett rent och torrt förvaringsutrymme krävs för verktyg liksom för smörjmedel, rengöringsmedel, bättringslack (som också måste förvaras frostfritt) och liknande.

Ett annat verktyg som kan behövas och som har en mycket bred användning är en elektrisk borrmaskin med en chuckstorlek om minst 8 mm. Denna, tillsammans med en sats spiralborrar, är i praktiken oumbärlig för montering av tillbehör.

Sist, men inte minst, ha alltid ett förråd med gamla tidningar och rena luddfria trasor tillgängliga och håll arbetsplatsen så ren som möjligt.

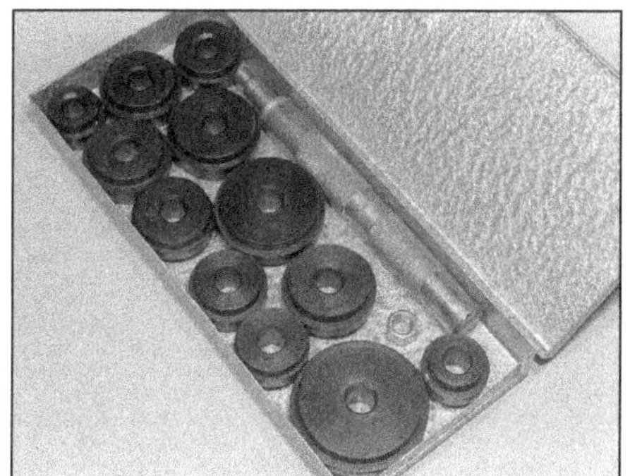
Sats för demontering och montering av lager och bussningar

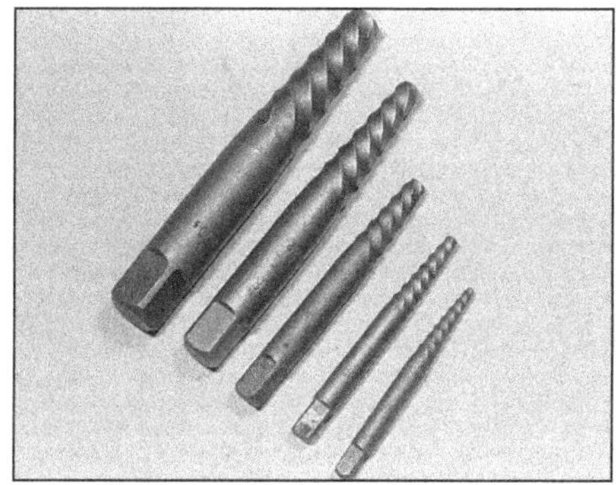
Bultutdragare

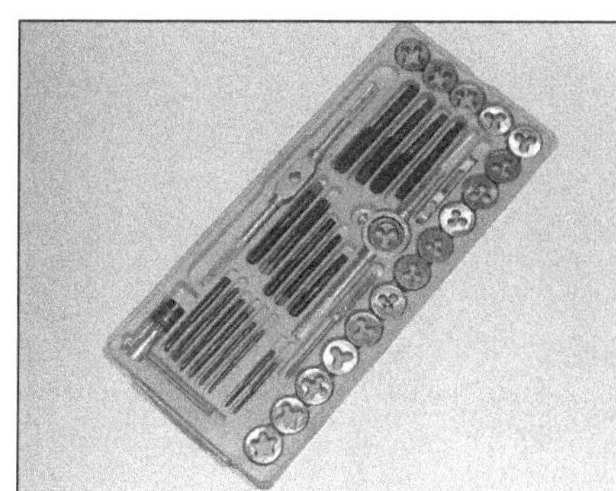
Gängverktygssats

Kontroller inför bilbesiktningen

Det här avsnittet är till för att hjälpa dig att klara bilbesiktningen. Det är naturligtvis inte möjligt att undersöka ditt fordon lika grundligt som en professionell besiktare, men genom att göra följande kontroller kan du identifiera problemområden och ha en möjlighet att korrigera eventuella fel innan du lämnar bilen till besiktning. Om bilen underhålls och servas regelbundet borde besiktningen inte innebära några större problem.

I besiktningsprogrammet ingår kontroll av nio huvudsystem – stommen, hjulsystemet, drivsystemet, bromssystemet, styrsystemet, karosseriet, kommunikationssystemet, instrumentering och slutligen övriga anordningar (släpvagnskoppling etc).

Kontrollerna som här beskrivs har baserats på Svensk Bilprovnings krav aktuella vid tiden för tryckning. Kraven ändras dock kontinuerligt och särskilt miljöbestämmelserna blir allt strängare.

Kontrollerna har delats in under följande fem rubriker:

1 Kontroller som utförs från förarsätet

2 Kontroller som utförs med bilen på marken

3 Kontroller som utförs med bilen upphissad och med fria hjul

4 Kontroller på bilens avgassystem

5 Körtest

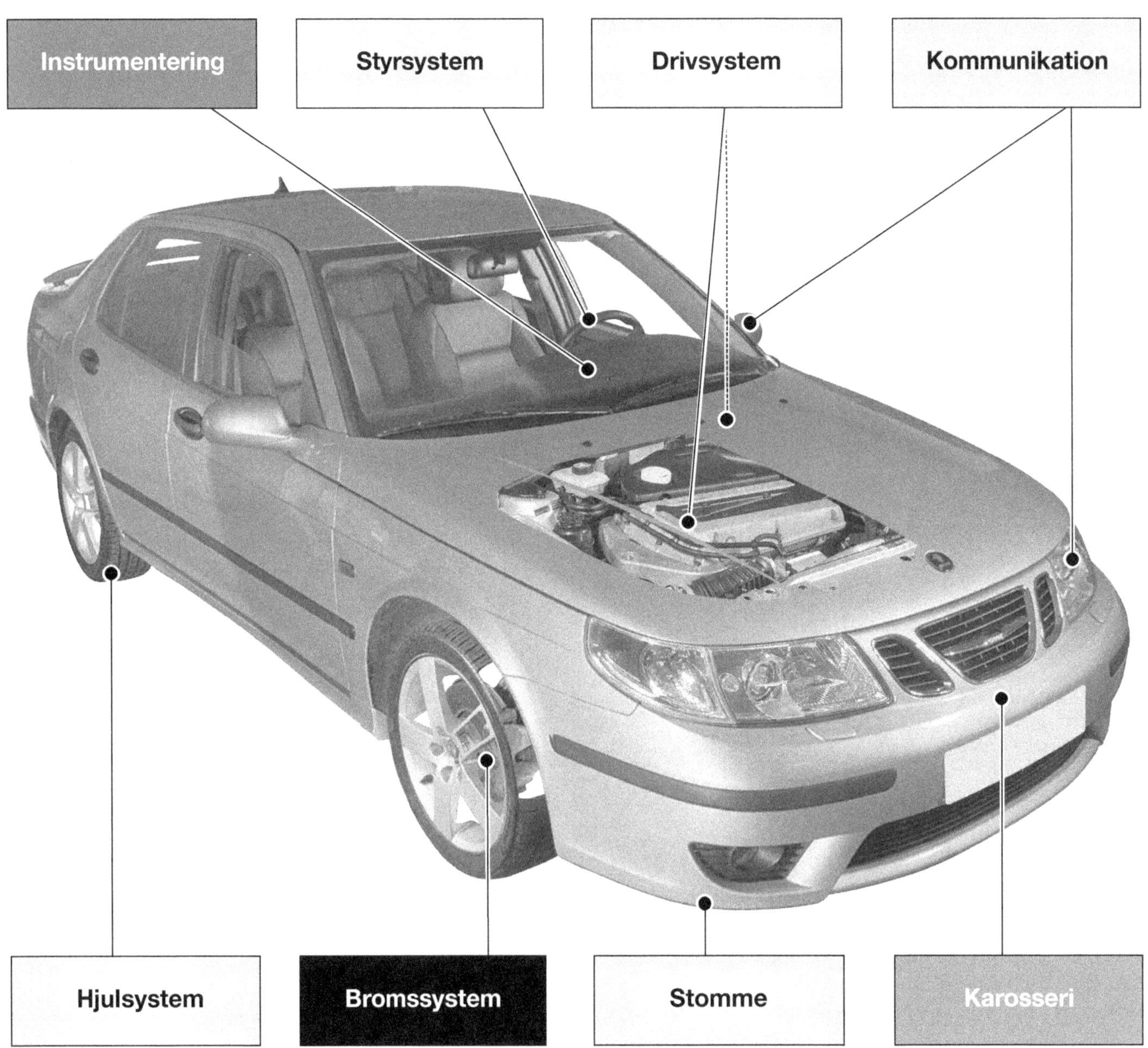

Besiktningsprogrammet

Vanliga personbilar kontrollbesiktigas första gången efter tre år, andra gången två år senare och därefter varje år. Åldern på bilen räknas från det att den tas i bruk, oberoende av årsmodell, och den måste genomgå besiktning inom fem månader.

Tiden på året då fordonet kallas till besiktning bestäms av sista siffran i registreringsnumret, enligt tabellen nedan.

Slutsiffra	Besiktningsperiod
1	*november t.o.m. mars*
2	*december t.o.m. april*
3	*januari t.o.m. maj*
4	*februari t.o.m. juni*
5	*maj t.o.m. september*
6	*juni t.o.m. oktober*
7	*juli t.o.m. november*
8	*augusti t.o.m. december*
9	*september t.o.m. januari*
0	*oktober t.o.m. februari*

Om fordonet har ändrats, byggts om eller om särskild utrustning har monterats eller demonterats, måste du som fordonsägare göra en registreringsbesiktning inom en månad. I vissa fall räcker det med en begränsad registreringsbesiktning, t.ex. för draganordning, taklucka, taxiutrustning etc.

Efter besiktningen

Nedan visas de system och komponenter som kontrolleras och bedöms av besiktaren på Svensk Bilprovning. Efter besiktningen erhåller du ett protokoll där eventuella anmärkningar noterats.

Har du fått en 2x i protokollet (man kan ha max 3 st 2x) behöver du inte ombesiktiga bilen, men är skyldig att själv åtgärda felet snarast möjligt. Om du inte åtgärdar felen utan återkommer till Svensk Bilprovning året därpå med samma fel, blir dessa automatiskt 2:or som då måste ombesiktigas. Har du en eller flera 2x som ej är åtgärdade och du blir intagen i en flygande besiktning av polisen, blir dessa automatiskt 2:or som måste ombesiktigas. I detta läge får du även böta.

Om du har fått en tvåa i protokollet är fordonet alltså inte godkänt. Felet ska åtgärdas och bilen ombesiktigas inom en månad.

En trea innebär att fordonet har så stora brister att det anses mycket trafikfarligt. Körförbud inträder omedelbart.

Kommunikation

- **Vindrutetorkare**
- **Vindrutespolare**
- **Backspegel**
- **Strålkastarinställning**
- **Strålkastare**
- **Signalhorn**
- **Sidoblinkers**
- **Parkeringsljus fram**
bak
- **Blinkers**
- **Bromsljus**
- **Reflex**
- **Nummerplåts-belysning**
- **Övrigt**

Vanliga anmärkningar:
Felaktig ljusbild
Skadad strålkastare
Ej fungerande parkeringsljus
Ej fungerande bromsljus

Drivsystem

- **Avgasrening, EGR-system (-88)**
- **Avgasrening**
- **Bränslesystem**
- **Avgassystem**
- **Avgaser (CO, HC)**
- **Kraftöverföring**
- **Drivknut**
- **Elförsörjning**
- **Batteri**
- **Övrigt**

Vanliga anmärkningar:
Höga halter av CO
Höga halter av HC
Läckage i avgassystemet
Ej fungerande EGR-ventil
Skadade drivknutsdamasker
Löst batteri

Styrsystem

- **Styrled**
- **Styrväxel**
- **Hjälpstyrarm**
- **Övrigt**

Vanliga anmärkningar:
Glapp i styrleder
Skadade styrväxeldamasker

Instrumentering

- **Hastighetsmätare**
- **Taxameter**
- **Varningslampor**
- **Övrigt**

Karosseri

- **Dörr**
- **Skärm**
- **Vindruta**
- **Säkerhetsbälten**
- **Lastutrymme**
- **Övrigt**

Vanliga anmärkningar:
Skadad vindruta
Vassa kanter
Glappa gångjärn

Stomme

- **Sidobalk**
- **Tvärbalk**
- **Golv**
- **Hjulhus**
- **Övrigt**

Vanliga anmärkningar:
Rostskador i sidobalkar, golv och hjulhus

Hjulsystem

- **Däck**
- **Stötdämpare**
- **Hjullager**
- **Spindelleder**
- **Länkarm fram**
bak
- **Fjäder**
- **Fjädersäte**
- **Övrigt**

Vanliga anmärkningar:
Glapp i spindelleder
Utslitna däck
Dåliga stötdämpare
Rostskadade fjädersäten
Brustna fjädrar
Rostskadade länkarms-infästningar

Bromssystem

- **Fotbroms fram**
bak
rörelseres.
- **Bromsrör**
- **Bromsslang**
- **Handbroms**
- **Övrigt**

Vanliga anmärkningar:
Otillräcklig bromsverkan på handbromsen
Ojämn bromsverkan på fotbromsen
Anliggande bromsar på fotbromsen
Rostskadade bromsrör
Skadade bromsslangar

1 Kontroller som utförs från förarsätet

Handbroms

☐ Kontrollera att handbromsen fungerar ordentligt utan för stort spel i spaken. För stort spel tyder på att bromsen eller bromsvajern är felaktigt justerad.

☐ Kontrollera att handbromsen inte kan läggas ur genom att spaken förs åt sidan. Kontrollera även att handbromsspaken är ordentligt monterad.

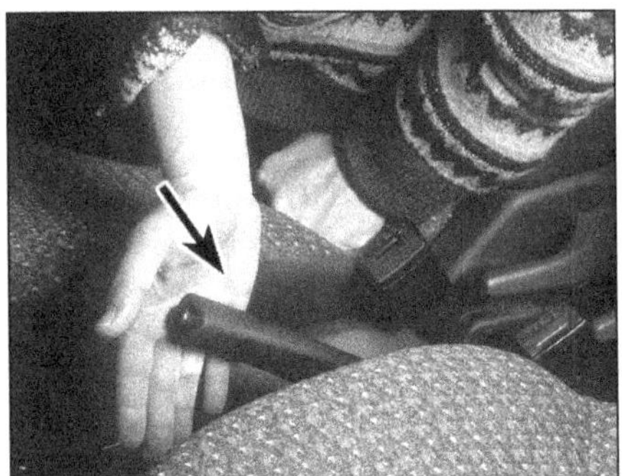

Fotbroms

☐ Tryck ner bromspedalen och håll den nedtryckt i ca 30 sek. Kontrollera att den inte sjunker ner mot golvet, vilket tyder på fel på huvudcylindern. Släpp pedalen, vänta ett par sekunder och tryck sedan ner den igen. Om pedalen tar långt ner måste broms-arna justeras eller repareras. Om pedalens rörelse känns "svampig" finns det luft i bromssystemet som då måste luftas.

☐ Kontrollera att bromspedalen sitter fast ordentligt och att den är i bra skick. Kontrollera även om det finns tecken på oljeläckage på bromspedalen, golvet eller mattan eftersom det kan betyda att packningen i huvudcylindern är trasig.

☐ Om bilen har bromsservo kontrolleras denna genom att man upprepade gånger trycker ner bromspedalen och sedan startar motorn med pedalen nertryckt. När motorn startar skall pedalen sjunka något. Om inte kan vakuumslangen eller själva servoenheten vara trasig.

Ratt och rattstång

☐ Känn efter att ratten sitter fast. Undersök om det finns några sprickor i ratten eller om några delar på den sitter löst.

☐ Rör på ratten uppåt, nedåt och i sidled. Fortsätt att röra på ratten samtidigt som du vrider lite på den från vänster till höger.

☐ Kontrollera att ratten sitter fast ordentligt på rattstången, vilket annars kan tyda på slitage eller att fästmuttern sitter löst. Om ratten går att röra onaturligt kan det tyda på att rattstångens bärlager eller kopplingar är slitna.

Rutor och backspeglar

☐ Vindrutan måste vara fri från sprickor och andra skador som kan vara irriterande eller hindra sikten i förarens synfält. Sikten får inte heller hindras av t.ex. ett färgat eller reflekterande skikt. Samma regler gäller även för de främre sidorutorna.

☐ Backspeglarna måste sitta fast ordentligt och vara hela och ställbara.

Säkerhetsbälten och säten

Observera: *Kom ihåg att alla säkerhetsbälten måste kontrolleras - både fram och bak.*

☐ Kontrollera att säkerhetsbältena inte är slitna, fransiga eller trasiga i väven och att alla låsmekanismer och rullmekanismer fungerar obehindrat. Se även till att alla infästningar till säkerhetsbältena sitter säkert.

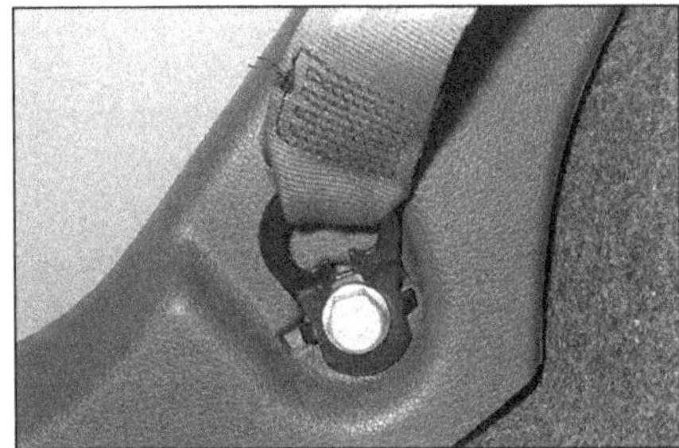

☐ Framsätena måste vara ordentligt fastsatta och om de är fällbara måste de vara låsbara i uppfällt läge.

Dörrar

☐ Framdörrarna måste gå att öppna och stänga från både ut- och insidan och de måste gå ordentligt i lås när de är stängda. Gångjärnen ska sitta säkert och inte glappa eller kärva onormalt.

2 Kontroller som utförs med bilen på marken

Registreringsskyltar

☐ Registreringsskyltarna måste vara väl synliga och lätta att läsa av, d v s om bilen är mycket smutsig kan det ge en anmärkning.

Elektrisk utrustning

☐ Slå på tändningen och kontrollera att signalhornet fungerar och att det avger en jämn ton.

☐ Kontrollera vindrutetorkarna och vindrutespolningen. Svephastigheten får inte vara extremt låg, svepytan får inte vara för liten och torkarnas viloläge ska inte vara inom förarens synfält. Byt ut gamla och skadade torkarblad.

☐ Kontrollera att strålkastarna fungerar och att de är rätt inställda. Reflektorerna får inte vara skadade, lampglasen måste vara hela och lamporna måste vara ordentligt fastsatta. Kontrollera även att bromsljusen fungerar och att det inte krävs högt pedaltryck för att tända dem. (Om du inte har någon medhjälpare kan du kontrollera bromsljusen genom att backa upp bilen mot en garageport, vägg eller liknande reflekterande yta.)

☐ Kontrollera att blinkers och varningsblinkers fungerar och att de blinkar i normal hastighet. Parkeringsljus och bromsljus får inte påverkas av blinkers. Om de påverkas beror detta oftast på jordfel. Se också till att alla övriga lampor på bilen är hela och fungerar som de ska och att t.ex. extraljus inte är placerade så att de skymmer föreskriven belysning.

☐ Se även till att batteri, elledningar, reläer och liknande sitter fast ordentligt och att det inte föreligger någon risk för kortslutning

Fotbroms

☐ Undersök huvudbromscylindern, bromsrören och servoenheten. Leta efter läckage, rost och andra skador.

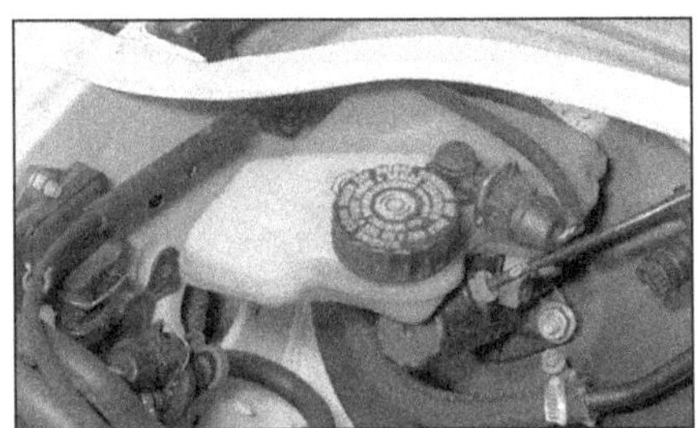

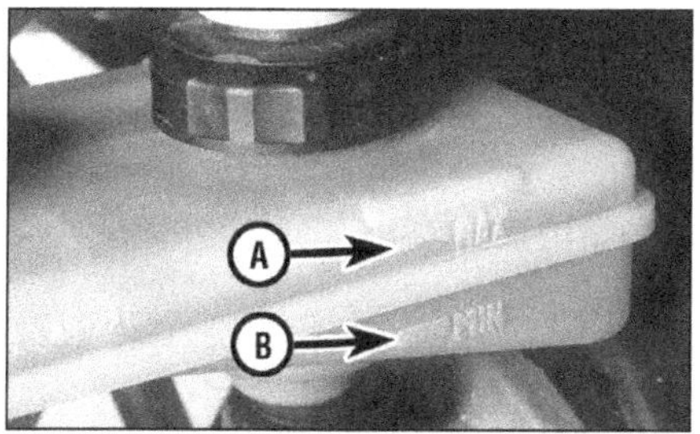

☐ Bromsvätskebehållaren måste sitta fast ordentligt och vätskenivån skall vara mellan max- (A) och min- (B) markeringarna.

☐ Undersök båda främre bromsslangarna efter sprickor och förslitningar. Vrid på ratten till fullt rattutslag och se till att bromsslangarna inte tar i någon del av styrningen eller upphängningen. Tryck sedan ner bromspedalen och se till att det inte finns några läckor eller blåsor på slangarna under tryck.

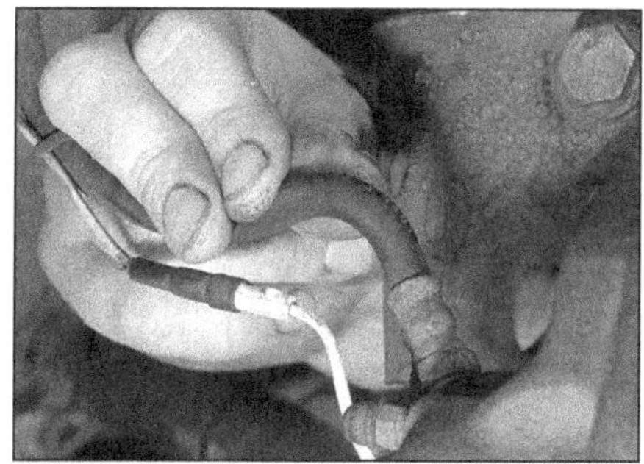

Styrning

☐ Be någon vrida på ratten så att hjulen vrids något. Kontrollera att det inte är för stort spel mellan rattutslaget och styrväxeln vilket kan tyda på att rattstångslederna, kopplingen mellan rattstången och styrväxeln eller själva styrväxeln är sliten eller glappar.

☐ Vrid sedan ratten kraftfullt åt båda hållen så att hjulen vrids något. Undersök då alla damasker, styrleder, länksystem, rörkopplingar och anslutningar/fästen. Byt ut alla delar som verkar utslitna eller skadade. På bilar med servostyrning skall servopumpen, drivremmen och slangarna kontrolleras.

Stötdämpare

☐ Tryck ned hörnen på bilen i tur och ordning och släpp upp. Bilen skall gunga upp och sedan gå tillbaka till ursprungsläget. Om bilen fortsätter att gunga är stötdämparna dåliga. Stötdämpare som kärvar påtagligt gör också att bilen inte klarar besiktningen. (Observera att stötdämpare kan saknas på vissa fjädersystem.)

☐ Kontrollera också att bilen står rakt och ungefär i rätt höjd.

Avgassystem

☐ Starta motorn medan någon håller en trasa över avgasröret och kontrollera sedan att avgassystemet inte läcker. Reparera eller byt ut de delar som läcker.

Kaross

☐ Skador eller korrosion/rost som utgörs av vassa eller i övrigt farliga kanter med risk för personskada medför vanligtvis att bilen måste repareras och ombesiktas. Det får inte heller finnas delar som sitter påtagligt löst.

☐ Det är inte tillåtet att ha utskjutande detaljer och anordningar med olämplig utformning eller placering (prydnadsföremål, antennfästen, viltfångare och liknande).

☐ Kontrollera att huvlås och säkerhetsspärr fungerar och att gångjärnen inte sitter löst eller på något vis är skadade.

☐ Se också till att stänkskydden täcker däckens slitbana i sidled.

3 Kontroller som utförs med bilen upphissad och med fria hjul

Lyft upp både fram- och bakvagnen och ställ bilen på pallbockar. Placera pallbockarna så att de inte tar i fjäderupphängningen. Se till att hjulen inte tar i marken och att de går att vrida till fullt rattutslag. Om du har begränsad utrustning går det naturligtvis bra att lyfta upp en ände i taget.

Styrsystem

☐ Be någon vrida på ratten till fullt rattutslag. Kontrollera att alla delar i styrningen går mjukt och att ingen del av styrsystemet tar i någonstans.

☐ Undersök kuggstångsdamaskerna så att de inte är skadade eller att metallklämmorna glappar. Om bilen är utrustad med servostyrning ska slangar, rör och kopplingar kontrolleras så att de inte är skadade eller

läcker. Kontrollera också att styrningen inte är onormalt trög eller kärvar. Undersök länkarmar, krängningshämmare, styrstag och styrleder och leta efter glapp och rost.

☐ Se även till att ingen saxpinne eller liknande låsmekanism saknas och att det inte finns gravrost i närheten av någon av styrmekanismens fästpunkter.

Upphängning och hjullager

☐ Börja vid höger framhjul. Ta tag på sidorna av hjulet och skaka det kraftigt. Se till att det inte glappar vid hjullager, spindelleder eller vid upphängningens infästningar och leder.

☐ Ta nu tag upptill och nedtill på hjulet och upprepa ovanstående. Snurra på hjulet och undersök hjullagret angående missljud och glapp.

☐ Om du misstänker att det är för stort spel vid en komponents led kan man kontrollera detta genom att använda en stor skruvmejsel eller liknande och bända mellan infästningen och komponentens fäste. Detta visar om det är bussningen, fästskruven eller själva infästningen som är sliten (bulthålen kan ofta bli uttänjda).

☐ Kontrollera alla fyra hjulen.

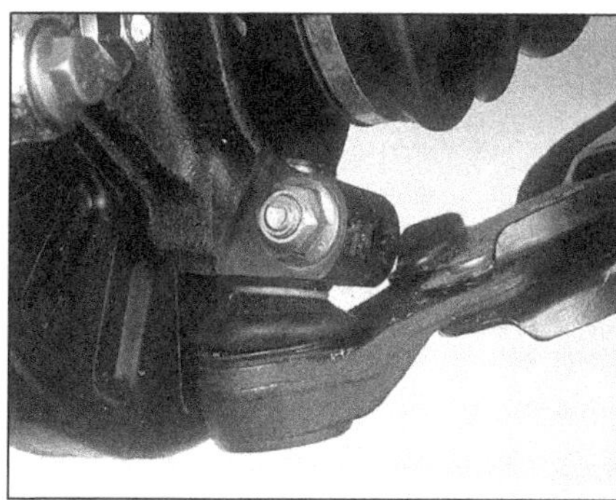

Fjädrar och stötdämpare

☐ Undersök fjäderbenen (där så är tillämpligt) angående större läckor, korrosion eller skador i godset. Kontrollera också att fästena sitter säkert.

☐ Om bilen har spiralfjädrar, kontrollera att dessa sitter korrekt i fjädersätena och att de inte är utmattade, rostiga, spruckna eller av.

☐ Om bilen har bladfjädrar, kontrollera att alla bladen är hela, att axeln är ordentligt fastsatt mot fjädrarna och att fjäderöglorna, bussningarna och upphängningarna inte är slitna.

☐ Liknande kontroll utförs på bilar som har annan typ av upphängning såsom torsionfjädrar, hydraulisk fjädring etc. Se till att alla infästningar och anslutningar är säkra och inte utslitna, rostiga eller skadade och att den hydrauliska fjädringen inte läcker olja eller på annat sätt är skadad.

☐ Kontrollera att stötdämparna inte läcker och att de är hela och oskadade i övrigt samt se till att bussningar och fästen inte är utslitna.

Drivning

☐ Snurra på varje hjul i tur och ordning. Kontrollera att driv-/kardanknutar inte är lösa, glappa, spruckna eller skadade. Kontrollera också att skyddsbälgarna är intakta och att driv-/kardanaxlar är ordentligt fastsatta, raka och oskadade. Se även till att inga andra detaljer i kraftöverföringen är glappa, lösa, skadade eller slitna.

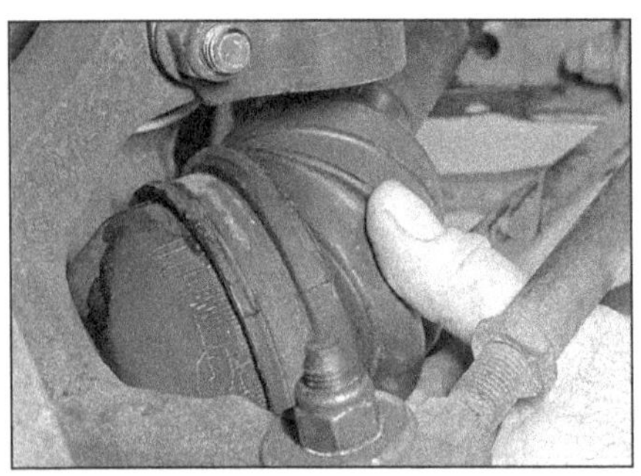

Bromssystem

☐ Om det är möjligt utan isärtagning, kontrollera hur bromsklossar och bromsskivor ser ut. Se till att friktionsmaterialet på bromsbeläggen (A) inte är slitet under 2 mm och att bromsskivorna (B) inte är spruckna, gropiga, repiga eller utslitna.

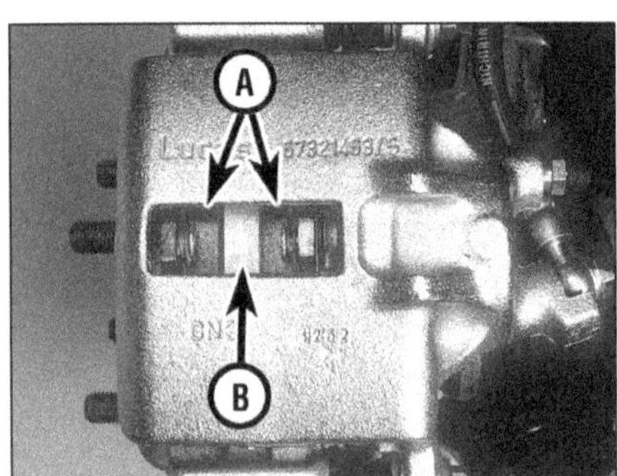

☐ Undersök alla bromsrör under bilen och bromsslangarna bak. Leta efter rost, skavning och övriga skador på ledningarna och efter tecken på blåsor under tryck, skavning, sprickor och förslitning på slangarna. (Det kan vara enklare att upptäcka eventuella sprickor på en slang om den böjs något.)

☐ Leta efter tecken på läckage vid bromsoken och på bromssköldarna. Reparera eller byt ut delar som läcker.

☐ Snurra sakta på varje hjul medan någon trycker ned och släpper upp bromspedalen. Se till att bromsen fungerar och inte ligger an när pedalen inte är nedtryckt.

☐ Undersök handbromsmekanismen och kontrollera att vajern inte har fransat sig, är av eller väldigt rostig eller att länksystemet är utslitet eller glappar. Se till att handbromsen fungerar på båda hjulen och inte ligger an när den läggs ur.

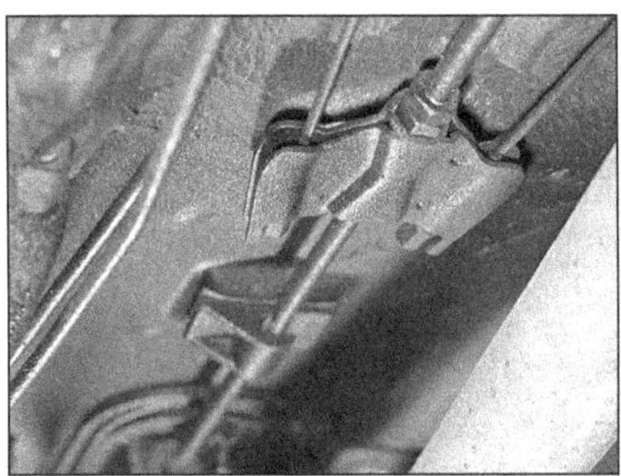

☐ Det är inte möjligt att prova bromsverkan utan specialutrustning, men man kan göra ett körtest och prova att bilen inte drar åt något håll vid en kraftig inbromsning.

Bränsle- och avgassystem

☐ Undersök bränsletanken (inklusive tanklock och påfyllningshals), fastsättning, bränsleledningar, slangar och anslutningar. Alla delar måste sitta fast ordentligt och får inte läcka.

☐ Granska avgassystemet i hela dess längd beträffande skadade, avbrutna eller saknade upphängningar. Kontrollera systemets skick beträffande rost och se till att rörklämmorna är säkert monterade. Svarta sotavlagringar på avgassystemet tyder på ett annalkande läckage.

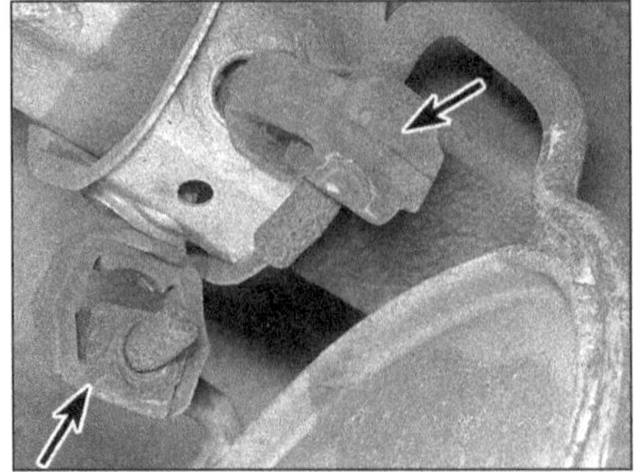

Hjul och däck

☐ Undersök i tur och ordning däcksidorna och slitbanorna på alla däcken. Kontrollera att det inte finns några skärskador, revor eller bulor och att korden inte syns p g a utslitning eller skador. Kontrollera att däcket är korrekt monterat på fälgen och att hjulet inte är deformerat eller skadat.

☐ Se till att det är rätt storlek på däcken för bilen, att det är samma storlek och däcktyp på samma axel och att det är rätt lufttryck i däcken. Se också till att inte ha dubbade och odubbade däck blandat. (Dubbade däck får användas under vinterhalvåret, från 1 oktober till första måndagen efter påsk.)

☐ Kontrollera mönsterdjupet på däcken – minsta tillåtna mönsterdjup är 1,6 mm. Onormalt däckslitage kan tyda på felaktig framhjulsinställning.

Korrosion

☐ Undersök alla bilens bärande delar efter rost. (Bärande delar innefattar underrede, tröskellådor, tvärbalkar, stolpar och all upphängning, styrsystemet, bromssystemet samt bältesinfästningarna.) Rost som avsevärt har reducerat tjockleken på en bärande yta medför troligtvis en tvåa i besiktningsprotokollet. Sådana skador kan ofta vara svåra att reparera själv.

☐ Var extra noga med att kontrollera att inte rost har gjort det möjligt för avgaser att tränga in i kupén. Om så är fallet kommer fordonet ovillkorligen inte att klara besiktningen och dessutom utgör det en stor trafik- och hälsofara för dig och dina passagerare.

4 Kontroller som utförs på bilens avgassystem

Bensindrivna modeller

☐ Starta motorn och låt den bli varm. Se till att tändningen är rätt inställd, att luftfiltret är rent och att motorn går bra i övrigt.

☐ Varva först upp motorn till ca 2500 varv/min och håll den där i ca 20 sekunder. Låt den sedan gå ner till tomgång och iaktta avgasutsläppen från avgasröret. Om tomgången är onaturligt hög eller om tät blå eller klart synlig svart rök kommer ut med avgaserna i mer än 5 sekunder så kommer bilen antagligen inte att klara besiktningen. I regel tyder blå rök på att motorn är sliten och förbränner olja medan svart rök tyder på att motorn inte förbränner bränslet ordentligt (smutsigt luftfilter eller annat förgasar- eller bränslesystemfel).

☐ Vad som då behövs är ett instrument som kan mäta koloxid (CO) och kolväten (HC). Om du inte har möjlighet att låna eller hyra ett dylikt instrument kan du få hjälp med det på en verkstad för en mindre kostnad.

CO- och HC-utsläpp

☐ För närvarande är högsta tillåtna gränsvärde för CO- och HC-utsläpp för bilar av årsmodell 1989 och senare (d v s bilar med katalysator enligt lag) 0,5% CO och 100 ppm HC.

På tidigare årsmodeller testas endast CO-halten och följande gränsvärden gäller:

årsmodell 1985-88	3,5% CO
årsmodell 1971-84	4,5% CO
årsmodell -1970	5,5% CO.

Bilar av årsmodell 1987-88 med frivilligt monterad katalysator bedöms enligt 1989 års komponentkrav men 1985 års utsläppskrav.

☐ Om CO-halten inte kan reduceras tillräckligt för att klara besiktningen (och bränsle- och tändningssystemet är i bra skick i övrigt) ligger problemet antagligen hos förgasaren/bränsleinsprutningssystemet eller katalysatorn (om monterad).

☐ Höga halter av HC kan orsakas av att motorn förbränner olja men troligare är att motorn inte förbränner bränslet ordentligt.

Dieseldrivna modeller

☐ Det enda testet för avgasutsläpp på dieseldrivna bilar är att man mäter röktätheten. Testet innebär att man varvar motorn kraftigt upprepade gånger.

Observera: *Det är oerhört viktigt att motorn är rätt inställd innan provet genomförs.*

☐ Mycket rök kan orsakas av ett smutsigt luftfilter. Om luftfiltret inte är smutsigt men bilen ändå avger mycket rök kan det vara nödvändigt att söka experthjälp för att hitta orsaken.

5 Körtest

☐ Slutligen, provkör bilen. Var extra uppmärksam på eventuella missljud, vibrationer och liknande.

☐ Om bilen har automatväxellåda, kontrollera att den endast går att starta i lägena P och N. Om bilen går att starta i andra växellägen måste växelväljarmekanismen justeras.

☐ Kontrollera också att hastighetsmätaren fungerar och inte är missvisande.

☐ Se till att ingen extrautrustning i kupén, t ex biltelefon och liknande, är placerad så att den vid en eventuell kollision innebär ökad risk för personskada.

☐ Gör en hastig inbromsning och kontrollera att bilen inte drar åt något håll. Om kraftiga vibrationer känns vid inbromsning kan det tyda på att bromsskivorna är skeva och bör bytas eller fräsas om. (Inte att förväxlas med de låsningsfria bromsarnas karakteristiska vibrationer.)

☐ Om vibrationer känns vid acceleration, hastighetsminskning, vid vissa hastigheter eller hela tiden, kan det tyda på att drivknutar eller drivaxlar är slitna eller defekta, att hjulen eller däcken är felaktiga eller skadade, att hjulen är obalanserade eller att styrleder, upphängningens leder, bussningar eller andra komponenter är slitna.

Motor

- ☐ Motorn går inte runt vid startförsök
- ☐ Startmotorn drar runt motorn långsamt
- ☐ Motorn går runt, men startar inte
- ☐ Motorn är svårstartad när den är kall
- ☐ Motorn är svårstartad när den är varm
- ☐ Startmotorn ger i från sig oljud eller kärvar
- ☐ Motorn startar, men stannar omedelbart
- ☐ Ojämn tomgång
- ☐ Motorn feltänder vid tomgång
- ☐ Motorn feltänder vid alla varvtal
- ☐ Motorstopp
- ☐ Långsam acceleration
- ☐ Kraftlöshet
- ☐ Motorn baktänder
- ☐ Varningslampan för oljetryck lyser när motorn är igång
- ☐ Glödtändning
- ☐ Oljud från motorn

Kylsystem

- ☐ Överhettning
- ☐ Alltför stark avkylning
- ☐ Yttre kylvätskeläckage
- ☐ Inre kylvätskeläckage
- ☐ Korrosion

Bränsle- och avgassystem

- ☐ Överdriven bränsleförbrukning
- ☐ Bränsleläckage och/eller bränslelukt
- ☐ Störande oljud eller för mycket avgaser från avgassystemet

Koppling

- ☐ Pedalen går i golvet – inget tryck eller mycket litet motstånd
- ☐ Kopplingen frikopplar inte (det går inte att lägga i växlar)
- ☐ Kopplingen slirar (motorns varvtal ökar men inte bilens hastighet)
- ☐ Skakningar vid frikoppling
- ☐ Missljud när kopplingspedalen trycks ner eller släpps upp

Manuell växellåda

- ☐ Skramlande ljud från växelspak
- ☐ Svårt att lägga i växlar
- ☐ Växeln hoppar ur
- ☐ Vibrationer
- ☐ Missljud i friläge när motorn går
- ☐ Missljud när en speciell växel ligger i
- ☐ Oljeläckage

Automatväxellåda

- ☐ Oljeläckage
- ☐ Växellådsoljan är brun eller luktar bränt
- ☐ Allmänna problem med växlingen
- ☐ Växellådan växlar inte ner (kickdown) när gaspedalen är helt nedtryckt
- ☐ Motorn startar inte i någon växel, eller startar i andra växlar än Park eller Neutral
- ☐ Växellådan slirar, växlar trögt, låter illa eller är utan drift i framväxlarna eller backen

Drivaxlar

- ☐ Klickande eller knackande ljud vid svängar (i låg fart med fullt rattutslag)
- ☐ Vibrationer vid acceleration eller inbromsning

Bromssystem

- ☐ Bilen drar åt ena sidan vid inbromsning
- ☐ Oljud (slipljud eller högt gnisslande) vid inbromsning
- ☐ Bromspedalen känns "svampig" vid nedtryckning
- ☐ Överdriven pedalväg
- ☐ Överdriven pedalkraft krävs för att stanna bilen
- ☐ Skakningar i bromspedal eller ratt vid inbromsning
- ☐ Bromsarna kärvar
- ☐ Bakhjulen låser sig vid normal inbromsning

Fjädring och styrning

- ☐ Bilen drar åt ena sidan
- ☐ Hjulen vinglar och skakar
- ☐ Kraftiga krängningar och/eller nigningar vid kurvtagning eller inbromsning
- ☐ Bilen vandrar eller känns allmänt instabil
- ☐ Överdrivet stel styrning
- ☐ Överdrivet spel i styrningen
- ☐ Bristande servoeffekt
- ☐ Ovanligt kraftigt däckslitage

Elsystem

- ☐ Batteriet laddar ur på bara ett par dagar
- ☐ Tändningslampan lyser när motorn går
- ☐ Tändningslampan tänds inte
- ☐ Ljusen fungerar inte
- ☐ Instrumentavläsningarna är missvisande eller ryckiga
- ☐ Signalhornet fungerar dåligt eller inte alls
- ☐ Vindrute-/bakrutetorkarna fungerar dåligt eller inte alls
- ☐ Vindrute-/bakrutespolarna fungerar dåligt eller inte alls
- ☐ De elektriska fönsterhissarna fungerar dåligt eller inte alls
- ☐ Centrallåset fungerar dåligt eller inte alls

Inledning

De fordonsägare som underhåller sina bilar med rekommenderad regelbundenhet kommer inte att behöva använda den här delen av handboken ofta. Idag är bildelar så pålitliga att om de inspekteras eller byts med rekommenderade mellanrum, är plötsliga haverier tämligen sällsynta. Fel uppstår vanligen inte plötsligt, de utvecklas med tiden. Speciellt större mekaniska haverier föregås vanligen av karakteristiska symptom under hundratals eller tusentals kilometer. De komponenter som vanligen havererar utan föregående varning är i regel små och lätta att ha med i bilen.

Vid all felsökning är det första steget att bestämma var man ska börja söka. Ibland är detta uppenbart, men ibland behövs lite detektivarbete. En ägare som gör ett halvdussin slumpmässiga justeringar eller komponentbyten kanske lyckas åtgärda felet (eller undanröja symptomen), men om felet uppstår igen vet hon eller han ändå inte var felet sitter och måste spendera mer tid och pengar än vad som är nödvändigt för att åtgärda det. Ett lugnt och metodiskt tillvägagångssätt är bättre i det långa loppet. Ta alltid hänsyn till varningstecken eller ovanligheter som uppmärksammats före haveriet – kraftförlust, höga/låga mätaravläsningar, ovanliga lukter etc. – och kom ihåg att trasiga säkringar eller defekta tändstift kanske bara är symptom på ett underliggande problem.

Följande sidor utgör en enkel guide till de vanligaste problemen som kan uppstå med bilen. Problemen och deras möjliga orsaker samlas under rubriker för olika komponenter eller system, som Motor, Kylsystem etc. Det kapitel som tar upp detta problem visas inom parentes – se relevant del av kapitlet för systemspecifik information. Oavsett fel finns vissa grundläggande principer. Dessa är:

Bekräfta felet. Detta görs helt enkelt för att kontrollera att symptomen är kända innan arbetet påbörjas. Detta är extra viktigt om du undersöker ett fel åt någon annan som kanske inte har beskrivit problemet korrekt.

Förbise inte det självklara. Om bilen t.ex. inte startar, finns det verkligen bensin i tanken? (Ta inte någon annans ord för givet på denna punkt och lita inte heller på bränslemätaren!) Om ett elektriskt fel indikeras, leta efter lösa eller trasiga ledningar innan testutrustningen tas fram.

Åtgärda det underliggande felet, undanröj inte bara symptomen. Att byta ett urladdat batteri mot ett fulladdat tar dig från vägkanten, men om orsaken inte åtgärdas kommer det nya batteriet snart att vara urladdat. Byts nedoljade tändstift ut mot nya rullar bilen vidare, men orsaken till nedsmutsningen måste fortfarande fastställas och åtgärdas (om problemet inte berodde på att tändstiften hade fel värmetal).

Ta inte någonting för givet. Glöm inte att även "nya" delar kan vara defekta (särskilt om de skakat runt i bagageutrymmet i flera månader). Utelämna inte några komponenter vid en felsökning bara för att de är nya eller nymonterade. När felet slutligen upptäcks inser du antagligen att det fanns tecken på felet redan från början.

Motor

Motorn går inte runt vid startförsök

- ☐ Batterianslutningarna sitter löst eller är korroderade (*Veckokontroller*).
- ☐ Batteriet urladdat eller defekt (kapitel 5A)
- ☐ Trasiga, lösa eller urkopplade ledningar i startmotorkretsen (kapitel 5A)
- ☐ Defekt solenoid eller brytare (kapitel 5A)
- ☐ Defekt startmotor (kapitel 5A)
- ☐ Startmotorns drev eller svänghjulets/drivplattans startkrans har lösa eller trasiga kuggar (kapitel 2A eller 5A).
- ☐ Motorns jordkabel trasig eller urkopplad (kapitel 2A).

Startmotorn drar runt motorn långsamt

- ☐ Delvis urladdat batteri (ladda batteriet eller använd startkablar) (kapitel 5A).
- ☐ Batteripolerna är lösa eller korroderade (*Veckokontroller*).
- ☐ Batteriets jord till karossen defekt (kapitel 5A).
- ☐ Motorns jordledning lös (kapitel 2A).
- ☐ Startmotorns (eller solenoidens) kablar lösa (kapitel 5A).
- ☐ Startmotorn defekt invändigt (kapitel 5A).

Motorn går runt, men startar inte

- ☐ Bränsletanken tom.
- ☐ Batteriet urladdat (motorn roterar långsamt) (kapitel 5A)
- ☐ Batterianslutningarna sitter löst eller är korroderade (*Veckokontroller*)
- ☐ Tändningskomponenterna fuktiga eller skadade (kapitel 1 och 5B).
- ☐ Trasiga, lösa eller urkopplade kablar i tändningskretsen (kapitel 1 och 5B).
- ☐ Utslitna, defekta eller felaktigt inställda tändstift (kapitel 1)
- ☐ Bränsleinsprutningssystemet defekt (kapitel 4A).
- ☐ Större mekaniskt fel (t.ex. trasig kamkedja) (kapitel 2A).

Motorn är svårstartad när den är kall

- ☐ Batteriet urladdat (kapitel 5A)
- ☐ Batterianslutningarna sitter löst eller är korroderade (*Veckokontroller*)
- ☐ Utslitna, defekta eller felaktigt inställda tändstift (kapitel 1)
- ☐ Bränsleinsprutningssystemet defekt (kapitel 4A).
- ☐ Övriga fel på tändsystemet (kapitel 1 och 5B).
- ☐ Låg cylinderkompression (kapitel 2A)

Motorn är svårstartad när den är varm

- ☐ Smutsigt eller igensatt luftfilter (kapitel 1)
- ☐ Bränsleinsprutningssystemet defekt (kapitel 4A).
- ☐ Låg cylinderkompression (kapitel 2A)

Startmotorn ger ifrån sig oljud eller kärvar

- ☐ Startmotorns drev eller svänghjulets/drivplattans startkrans har lösa eller trasiga kuggar (kapitel 2A eller 5A).
- ☐ Startmotorns fästbultar lösa eller saknas (kapitel 5A)
- ☐ Startmotorns inre delar slitna eller skadade (kapitel 5A)

Motorn startar, men stannar omedelbart

- ☐ Lösa eller defekta anslutningar i tändningskretsen (kapitel 1 och 5B).
- ☐ Vakuumläckage i gasspjällshuset eller insugsröret (kapitel 4A).
- ☐ Bränsleinsprutningssystemet defekt (kapitel 4A).

Ojämn tomgång

- ☐ Igensatt luftfilter (kapitel 1)
- ☐ Vakuumläckage i gasspjällshuset, insugsröret eller tillhörande slangar (kapitel 4A eller 4B).
- ☐ Utslitna, defekta eller felaktigt inställda tändstift (kapitel 1)
- ☐ Ojämn eller låg cylinderkompression (kapitel 2A)
- ☐ Slitna kamlober (kapitel 2A)
- ☐ Bränsleinsprutningssystemet defekt (kapitel 4A).

Motorn feltänder vid tomgång

- ☐ Utslitna, defekta eller felaktigt inställda tändstift (kapitel 1)
- ☐ Defekt DI-kassett (kapitel 5B).
- ☐ Vakuumläckage i gasspjällshuset, insugsröret eller tillhörande slangar (kapitel 4A eller 4B).
- ☐ Bränsleinsprutningssystemet defekt (kapitel 4A).
- ☐ Ojämn eller låg cylinderkompression (kapitel 2A)
- ☐ Lösa, läckande eller trasiga slangar i vevhusventilationen (kapitel 4B).

Motorn feltänder vid alla varvtal

- ☐ Igentäppt bränslefilter (kapitel 1)
- ☐ Defekt bränslepump eller lågt tillförseltryck (kapitel 4A).
- ☐ Blockerad bensintanksventil eller delvis igentäppta bränslerör (kapitel 4A).
- ☐ Vakuumläckage i gasspjällshuset, insugsröret eller tillhörande slangar (kapitel 4A).
- ☐ Utslitna, defekta eller felaktigt inställda tändstift (kapitel 1)
- ☐ Defekt DI-kassett (kapitel 5B).
- ☐ Ojämn eller låg cylinderkompression (kapitel 2A)
- ☐ Bränsleinsprutningssystemet defekt (kapitel 4A).

Motorstopp

- ☐ Vakuumläckage i gasspjällshuset, insugsröret eller tillhörande slangar (kapitel 4A eller 4B).
- ☐ Igentäppt bränslefilter (kapitel 1)
- ☐ Defekt bränslepump eller lågt tillförseltryck (kapitel 4A).
- ☐ Blockerad bensintanksventil eller delvis igentäppta bränslerör (kapitel 4A).
- ☐ Bränsleinsprutningssystemet defekt (kapitel 4A).

Långsam acceleration

- ☐ Utslitna, defekta eller felaktigt inställda tändstift (kapitel 1)
- ☐ Vakuumläckage i gasspjällshuset, insugsröret eller tillhörande slangar (kapitel 4A eller 4B).
- ☐ Bränsleinsprutningssystemet defekt (kapitel 4A).

Motor (fortsättning)

Kraftlöshet

- ☐ Igentäppt bränslefilter (kapitel 1)
- ☐ Defekt bränslepump eller lågt tillförseltryck (kapitel 4A).
- ☐ Ojämn eller låg cylinderkompression (kapitel 2A)
- ☐ Utslitna, defekta eller felaktigt inställda tändstift (kapitel 1)
- ☐ Vakuumläckage i gasspjällshuset, insugsröret eller tillhörande slangar (kapitel 4A eller 4B).
- ☐ Bränsleinsprutningssystemet defekt (kapitel 4A).
- ☐ Defekt turboaggregat (kapitel 4A).
- ☐ Bromsarna kärvar (kapitel 1 och 9)
- ☐ Kopplingen slirar (kapitel 6)

Motorn baktänder

- ☐ Vakuumläckage i gasspjällshuset, insugsröret eller tillhörande slangar (kapitel 4A eller 4B).
- ☐ Bränsleinsprutningssystemet defekt (kapitel 4A).

Varningslampan för oljetryck lyser när motorn är igång

- ☐ Låg oljenivå eller felaktig oljekvalitet (*Veckokontroller*)
- ☐ Defekt oljetrycksgivare (kapitel 2A).
- ☐ Slitna motorlager och/eller sliten oljepump (kapitel 2A eller 2B)
- ☐ Motorns arbetstemperatur för hög (kapitel 3).
- ☐ Defekt oljetrycksventil (kapitel 2A)
- ☐ Oljeupptagarens sil igentäppt (kapitel 2A).

Observera: *Lågt oljetryck vid tomgång i en motor som har gått långt behöver inte betyda att något är fel. Hastig tryckminskning vid körning är betydligt allvarligare. Kontrollera alltid mätaren eller varningslampans givare innan motorn döms ut.*

Glödtändning

- ☐ För mycket sotavlagringar i motorn (kapitel 2A eller 2B)
- ☐ Motorns arbetstemperatur för hög (kapitel 3).

Oljud från motorn

Förtändning (spikning) eller knackning under acceleration eller belastning

- ☐ Fel på tändsystemet (kapitel 1 och 5B).
- ☐ Fel typ av tändstift (kapitel 1).
- ☐ Fel bränslekvalitet (kapitel 4A)
- ☐ Vakuumläckage i gasspjällshuset, insugsröret eller tillhörande slangar (kapitel 4A eller 4B).
- ☐ För mycket sotavlagringar i motorn (kapitel 2A eller 2B)
- ☐ Bränsleinsprutningssystemet defekt (kapitel 4A).

Visslande eller väsande ljud

- ☐ Läckage i insugsrörets eller gasspjällshusets packning (kapitel 4A).
- ☐ Läckage i avgasgrenrörets packning (kapitel 4A).
- ☐ Läckande vakuumslang (kapitel 4A, 4B och 9).
- ☐ Trasig topplockspackning (kapitel 2A)

Knackande eller skallrande ljud

- ☐ Sliten ventilreglering, kamkedja eller kamaxel eller slitna hydrauliska ventillyftare (kapitel 2A).
- ☐ Defekt hjälpaggregat (vattenpump, generator, etc) (kapitel 3, 5A, etc).

Knackande ljud eller slag

- ☐ Slitna vevstakslager (regelbundna hårda knackningar som eventuellt minskar vid belastning) (kapitel 2B)
- ☐ Slitna ramlager (muller och knackningar som eventuellt tilltar vid belastning) (kapitel 2B)
- ☐ Kolvslammer (hörs mest vid kyla) (kapitel 2B).
- ☐ Defekt hjälpaggregat (vattenpumpgenerator, etc) (kapitel 3, 5A, etc).

Kylsystem

Överhettning

- ☐ Trasig drivrem – eller, om tillämpligt, felaktigt justerad (kapitel 1).
- ☐ För lite kylvätska i systemet (*Veckokontroller*)
- ☐ Defekt termostat (kapitel 3)
- ☐ Igensatt kylare eller grill (kapitel 3)
- ☐ Defekt elektrisk kylfläkt eller termostatbrytare (kapitel 3)
- ☐ Defekt trycklock (kapitel 3)
- ☐ Tändningsinställningen felaktig eller tändsystemet defekt (kapitel 1 och 5B).
- ☐ Defekt givare till temperaturmätaren (kapitel 3)
- ☐ Luftbubbla i kylsystemet (kapitel 1).

Alltför stark avkylning

- ☐ Defekt termostat (kapitel 3).
- ☐ Defekt givare till temperaturmätaren (kapitel 3).

Yttre kylvätskeläckage

- ☐ Åldrade eller skadade slangar eller slangklämmor (kapitel 1).
- ☐ Läckage i kylare eller värmepaket (kapitel 3).
- ☐ Defekt trycklock (kapitel 3).
- ☐ Vattenpumpens inre tätning läcker (kapitel 3).
- ☐ O-ringstätningen mellan vattenpumpen och motorblocket eller husets packning läcker (kapitel 3).
- ☐ Kokning på grund av överhettning (kapitel 3).
- ☐ Läckande frostplugg (kapitel 2B).

Inre kylvätskeläckage

- ☐ Läckande topplockspackning (kapitel 2A).
- ☐ Sprucket topplock eller motorblock (kapitel 2A eller 2B).

Korrosion

- ☐ Bristfällig avtappning och spolning (kapitel 1).
- ☐ Felaktig kylvätskeblandning eller fel typ av kylvätska (*Veckokontroller*).

Bränsle- och avgassystem

Överdriven bränsleförbrukning

- ☐ Smutsigt eller igensatt luftfilter (kapitel 1).
- ☐ Bränsleinsprutningssystemet defekt (kapitel 4A).
- ☐ Fel på tändningssystemet (kapitel 1 och 5B).
- ☐ Bromsarna kärvar (kapitel 9).
- ☐ För lite luft i däcken (*Veckokontroller*).

Bränsleläckage och/eller bränslelukt

- ☐ Skadad bensintank eller skadade rör eller anslutningar (kapitel 1 och 4A).

Störande hög ljudnivå eller för mycket avgaser från avgassystemet

- ☐ Läckande skarvar i avgassystem eller grenrör (kapitel 1 och 4A).
- ☐ Läckande, korroderad eller skadad ljuddämpare eller ledning (kapitel 1 och 4A).
- ☐ Kontakt med karossen eller fjädringen på grund av trasiga fästen (kapitel 4A).

Koppling

Pedalen går i golvet – inget tryck eller mycket litet motstånd

- ☐ Trasigt urtrampningslager (kapitel 6).
- ☐ Trasig tallriksfjäder i kopplingens tryckplatta (kapitel 6).

Kopplingen frikopplar inte (det går inte att lägga i växlar)

- ☐ Lamellen har fastnat på splinesen på växellådans ingående axel (kapitel 6).
- ☐ Lamellen fastnar på svänghjul eller tryckplatta (kapitel 6).
- ☐ Defekt tryckplatta (kapitel 6).
- ☐ Urtrampningsmekanismen sliten eller felaktigt ihopsatt (kapitel 6).

Kopplingen slirar (motorns varvtal ökar men inte bilens hastighet)

- ☐ Lamellbeläggen är mycket slitna (kapitel 6).
- ☐ Lamellbeläggen förorenade med olja eller fett (kapitel 6).
- ☐ Defekt tryckplatta eller svag tallriksfjäder (kapitel 6).

Skakningar vid frikoppling

- ☐ Lamellbeläggen förorenade med olja eller fett (kapitel 6).
- ☐ Lamellbeläggen är mycket slitna (kapitel 6).
- ☐ Defekt eller skev tryckplatta eller tallriksfjäder (kapitel 6).
- ☐ Slitna eller lösa fästen till motor eller växellåda (kapitel 2A eller 2B).
- ☐ Slitage på lamellnavet eller splinesen på växellådans ingående axel (kapitel 6).

Missljud när kopplingspedalen trycks ner eller släpps upp

- ☐ Slitet urtrampningslager (kapitel 6).
- ☐ Slitna eller torra pedalbussningar (kapitel 6).
- ☐ Defekt tryckplatta (kapitel 6).
- ☐ Tryckplattans tallriksfjäder trasig (kapitel 6).
- ☐ Lamellens dämpfjädrar defekta (kapitel 6).

Manuell växellåda

Skramlande ljud från växelspak

- ☐ Montera en nya O-ring i kultappshylsan (kapitel 7A, avsnitt 4).

Svårt att lägga i växlar

- ☐ Defekt koppling (kapitel 6).
- ☐ Slitet eller skadat växellänkage (kapitel 7A).
- ☐ Felaktigt inställt växellänkage (kapitel 7A).
- ☐ Slitna synkroniseringsenheter (kapitel 7A).*

Växeln hoppar ur

- ☐ Slitet eller skadat växellänkage (kapitel 7A).
- ☐ Felaktigt inställt växellänkage (kapitel 7A).
- ☐ Slitna synkroniseringsenheter (kapitel 7A).*
- ☐ Slitna väljargafflar (kapitel 7A).*

Vibrationer

- ☐ För lite olja (kapitel 1).
- ☐ Slitna lager (kapitel 7A).*

Missljud i friläge när motorn går

- ☐ Slitage i ingående axelns lager (missljud med uppsläppt men inte med nedtryckt kopplingspedal) (kapitel 7A).*
- ☐ Slitet urtrampningslager (missljud med nedtryckt pedal som möjligen minskar när pedalen släpps upp) (kapitel 6).

Missljud när en speciell växel ligger i

- ☐ Slitna eller skadade kuggar på växellådsdreven (kapitel 7A).*

Oljeläckage

- ☐ Läckande oljetätning (kapitel 7A).
- ☐ Läckande husfog (kapitel 7A).*

**Även om de nödvändiga åtgärderna för de beskrivna symptomen är för komplicerade för att behandlas i den här handboken, är informationen till hjälp vid spårning av felkällan, så att man tydligt kan beskriva felet för en yrkesmekaniker.*

Automatväxellåda

Observera: *På grund av automatväxelns komplicerade sammansättning är det svårt för en hemmamekaniker att ställa riktiga diagnoser och serva enheten. Om andra problem än följande uppstår ska bilen tas till en verkstad eller till en specialist på växellådor.*

Oljeläckage

- ☐ Automatväxellådans olja är oftast tydligt rödfärgad. Oljeläckage från växellådan bör inte blandas ihop med läckande motorolja, som lätt kan blåsas upp på växellådan av luftflödet.
- ☐ För att hitta läckan, använd avfettningsmedel eller en ångtvätt och rengör växellådshuset och områdena runt omkring från smuts och avlagringar. Kör bilen med låg fart så att luftflödet inte blåser stänk från läckan för långt från källan. Hissa upp bilen och stöd den på pallbockar, och leta reda på varifrån läckan kommer. Läckage uppstår ofta i följande områden.

a) Växellådans "sump".
b) Röret till oljemätstickan (kapitel 1).
c) Oljerören/anslutningarna mellan växellådan och oljekylaren (kapitel 7B).

Växellådsoljan är brun eller luktar bränt

- ☐ Växellådsoljan behöver fyllas på eller bytas (kapitel 1).

Allmänna problem med växlingen

- ☐ Den troligaste orsaken till växlingsproblemet är en defekt eller felaktigt inställd växelväljarmekanism. Följande problem är vanliga vid en defekt väljarmekanism:

a) Motorn startar i andra växlar än Park eller Neutral.
b) Växelväljaren visar en annan växel än den som faktiskt ligger i.
c) Bilen rör sig när växlarna Park eller Neutral ligger i.
d) Dålig eller ojämn utväxling.

Upplys en Saabverkstad eller en specialist på automatväxellådor om felen.

Växellådan växlar inte ner (kickdown) när gaspedalen är helt nedtryckt

- ☐ Växellådans oljenivå är låg (kapitel 1).
- ☐ Felaktig inställning av växelvajer (kapitel 7B).

Motorn startar inte i någon växel, eller startar i andra växlar än Park eller Neutral

- ☐ Startspärrens kontakt felaktigt inställd – i förekommande fall (kapitel 7B).
- ☐ Felaktig inställning av växelvajer (kapitel 7B).

Växellådan slirar, växlar trögt, låter illa eller är utan drift i framväxlarna eller backen

- ☐ Ovanstående fel kan ha flera möjliga orsaker, men hemmamekanikern bör endast bry sig om en av de möjliga orsakerna – för hög eller för låg växeloljenivå. Innan du tar bilen till en verkstad eller växellådsspecialist, kontrollera vätskenivån och vätskans skick enligt beskrivningen i kapitel 1. Korrigera vätskenivån om det behövs. Byt vätskan och filtret vid behov. Om problemet kvarstår behövs professionell hjälp.

Drivaxlar

Klickande eller knackande ljud vid svängar (i låg hastighet med fullt rattutslag)

- ☐ Bristfällig smörjning i drivknut, eventuellt på grund av defekt damask (kapitel 8).
- ☐ Sliten yttre drivknut (kapitel 8).

Vibrationer vid acceleration eller inbromsning

- ☐ Sliten inre drivknut (kapitel 8).
- ☐ Skadad eller skev drivaxel (kapitel 8).

Bromssystem

Observera: *Innan bromsarna antas vara defekta, kontrollera däckens skick och lufttryck, framvagnens inställning samt att bilen inte är ojämnt lastad. Alla åtgärder i ABS-systemet, utom kontroll av rör- och slanganslutningar, ska utföras av en Saabverkstad.*

Bilen drar åt ena sidan vid inbromsning

- ☐ Slitna, defekta, skadade eller förorenade bromsklossar på en sida (kapitel 1 och 9).
- ☐ Skuren eller kärvande främre eller bakre bromsokskolv (kapitel 9).
- ☐ Olika sorters friktionsmaterial på bromsklossarna (kapitel 9).
- ☐ Bromsokets fästbultar lösa (kapitel 9).
- ☐ Slitna eller skadade komponenter i styrning eller fjädring (kapitel 1 och 10).

Oljud (slipljud eller högt gnisslande) vid inbromsning

- ☐ Bromsklossarnas friktionsmaterial nedslitet till stödplattan (kapitel 1 och 9).
- ☐ Kraftig korrosion på bromsskiva – kan framträda när bilen stått stilla ett tag (kapitel 1 och 9).

Bromspedalen känns "svampig" vid nedtryckning

- ☐ Luft i bromssystemet (kapitel 9).
- ☐ Åldrade bromsslangar (kapitel 1 och 9).
- ☐ Huvudcylinderns fästen lösa (kapitel 9).
- ☐ Defekt huvudcylinder (kapitel 9).

Överdriven pedalväg

- ☐ Defekt huvudcylinder (kapitel 9).
- ☐ Luft i bromssystemet (kapitel 9).
- ☐ Defekt vakuumservo (kapitel 9).

Överdriven pedalkraft krävs för att stanna bilen

- ☐ Luft i bromssystemet (kapitel 9).
- ☐ Bromsvätskan behöver bytas (kapitel 1).
- ☐ Defekt vakuumservo (kapitel 9).
- ☐ Bromsservons vakuumslang urkopplad, skadad eller lös (kapitel 1 och 9).
- ☐ Defekt primär- eller sekundärkrets (kapitel 9).
- ☐ Kärvande bromsokskolv(ar) (kapitel 9).
- ☐ Bromsklossarna felmonterade (kapitel 9).
- ☐ Fel typ av klossar monterade (kapitel 9).
- ☐ Förorenade bromsklossar (kapitel 9).

Skakningar i bromspedal eller ratt vid inbromsning

- ☐ Påtagligt skev bromsskiva (kapitel 9).
- ☐ Bromsklossarnas friktionsmaterial slitet (kapitel 1 och 9).
- ☐ Bromsokets fästbultar lösa (kapitel 9).
- ☐ Slitage i fjädringens eller styrningens komponenter eller fästen (kapitel 1 och 10).

Bromsarna kärvar

- ☐ Kärvande bromsokskolv(ar) (kapitel 9).
- ☐ Feljusterad handbromsmekanism (kapitel 9).
- ☐ Defekt huvudcylinder (kapitel 9).

Bakhjulen låser sig vid normal inbromsning

- ☐ Kärvande bromsokskolv(ar) (kapitel 9).
- ☐ Defekt bromstrycksregulator (kapitel 9).

Fjädring och styrning

Observera: *Innan fjädringen eller styrningen antas vara defekt, kontrollera att felet inte beror på fel lufttryck i däcken, blandade däcktyper eller kärvande bromsar.*

Bilen drar åt ena sidan

- ☐ Defekt däck (*Veckokontroller*).
- ☐ För stort slitage i fjädring eller styrning (kapitel 1 och 10).
- ☐ Felaktig framhjulsinställning (kapitel 10).
- ☐ Skadade styrnings- eller fjädringskomponenter efter krock (kapitel 1 och 10).

Hjulen vinglar och skakar

- ☐ Framhjulen obalanserade (vibrationerna känns huvudsakligen i ratten) (*Veckokontroller*).
- ☐ Bakhjulen obalanserade (vibrationerna känns i hela bilen) (*Veckokontroller*).
- ☐ Hjulen skadade eller skeva (*Veckokontroller*).
- ☐ Defekt eller skadat däck (*Veckokontroller*).
- ☐ Slitage i styrning eller fjädring (kapitel 1 och 10).
- ☐ Lösa hjulbultar.

Kraftiga krängningar och/eller nigningar vid kurvtagning eller inbromsning

- ☐ Defekta stötdämpare (kapitel 1 och 10).
- ☐ Trasig eller svag spiralfjäder och/eller fjädringskomponent (kapitel 1 och 10).
- ☐ Slitage eller skada på krängningshämmare eller fästen (kapitel 10).

Bilen vandrar eller känns allmänt instabil

- ☐ Felaktig framhjulsinställning (kapitel 10).
- ☐ Slitage i styrningens eller fjädringens leder (kapitel 1 och 10).
- ☐ Hjulen obalanserade (*Veckokontroller*).
- ☐ Defekt eller skadat däck (*Veckokontroller*).
- ☐ Lösa hjulbultar.
- ☐ Defekta stötdämpare (kapitel 1 och 10).

Överdrivet stel styrning

- ☐ För lite smörjmedel i styrväxeln (kapitel 10).
- ☐ Styrled eller spindelled kärvar (kapitel 1 och 10).
- ☐ Trasig eller felaktigt justerad drivrem (kapitel 1).
- ☐ Felaktig framhjulsinställning (kapitel 10).
- ☐ Kuggstången eller rattstången böjd eller skadad (kapitel 10).

Överdrivet spel i styrningen

- ☐ Slitage i rattstångens kardanknut(ar) (kapitel 10).
- ☐ Styrleder slitna (kapitel 1 och 10).
- ☐ Sliten kuggstångsstyrning (kapitel 10).
- ☐ Slitage i styrningens eller fjädringens leder, bussningar eller komponenter (kapitel 1 och 10).

Bristande servoeffekt

- ☐ Trasig eller felaktigt justerad drivrem (kapitel 1).
- ☐ För hög eller låg nivå av servostyrningsvätska (*Veckokontroller*).
- ☐ Styrservons vätskeslangar igensatta (kapitel 1).
- ☐ Defekt servostyrningspump (kapitel 10).
- ☐ Defekt kuggstångsstyrning (kapitel 10).

Ovanligt kraftigt däckslitage

Däcken slitna på inner- eller ytterkanten

- ☐ För lite luft i däcken (slitage på båda sidorna) (*Veckokontroller*).
- ☐ Felaktiga camber- eller castervinklar (slitage på ena sidan) (kapitel 10).
- ☐ Slitage i styrningens eller fjädringens leder, bussningar eller komponenter (kapitel 1 och 10).
- ☐ Alltför hård kurvtagning.
- ☐ Skada efter krock.

Däckmönster har fransiga kanter

- ☐ Felaktig toe-inställning (kapitel 10).

Slitage i mitten av däckmönstret

- ☐ För mycket luft i däcken (*Veckokontroller*).

Däcken slitna på inner- och ytterkanten

- ☐ För lite luft i däcken (*Veckokontroller*).
- ☐ Slitna stötdämpare (kapitel 1 och 10).

Ojämnt däckslitage

- ☐ Däcken obalanserade (*Veckokontroller*).
- ☐ Stort kast i hjul eller däck (*Veckokontroller*).
- ☐ Slitna stötdämpare (kapitel 1 och 10).
- ☐ Defekt däck (*Veckokontroller*).

Elsystem

Observera: *Vid problem med start, se felen under Motor tidigare i detta avsnitt.*

Batteriet laddar ur på bara ett par dagar

- ☐ Batteriet defekt invändigt (kapitel 5A).
- ☐ Batteriets elektrolytnivå låg – om tillämpligt (kapitel 5A).
- ☐ Batterianslutningarna sitter löst eller är korroderade (*Veckokontroller*).
- ☐ Sliten drivrem (kapitel 1).
- ☐ Generatorn laddar inte vid korrekt effekt (kapitel 5A).
- ☐ Generatorn eller spänningsregulatorn defekt (kapitel 5A).
- ☐ Kortslutning orsakar kontinuerlig urladdning av batteriet (kapitel 5A och 12).

Tändningslampan lyser när motorn går

- ☐ Trasig eller sliten drivrem (kapitel 1).
- ☐ Generatorns borstar slitna, smutsiga eller kärvar (kapitel 5A).
- ☐ Fjädrarna till generatorns borstar svaga eller trasiga (kapitel 5A).
- ☐ Internt fel i generatorn eller spänningsregulatorn (kapitel 5A).
- ☐ Trasigt, urkopplat eller löst kablage i laddningskretsen (kapitel 5A).

Tändningslampan tänds inte

- ☐ Varningslampans glödlampa trasig (kapitel 12).
- ☐ Trasigt, urkopplat eller löst kablage i varningslampans krets (kapitel 12).
- ☐ Defekt generator (kapitel 5A).

Ljusen fungerar inte

- ☐ Trasig glödlampa (kapitel 12).
- ☐ Korrosion på glödlampa eller sockel (kapitel 12).
- ☐ Trasig säkring (kapitel 12).
- ☐ Defekt relä (kapitel 12).
- ☐ Trasigt, löst eller urkopplat kablage (kapitel 12).
- ☐ Defekt brytare (kapitel 12).

Instrumentavläsningarna är missvisande eller ryckiga

Instrumentavläsningarna stiger med motorvarvtalet

- ☐ Defekt spänningsregulator (kapitel 12).

Bränsle- eller temperaturmätaren ger inget utslag

- ☐ Defekt givarenhet (kapitel 3 och 4).
- ☐ Kretsavbrott (kapitel 12).
- ☐ Defekt mätare (kapitel 12).

Bränsle- eller temperaturmätaren ger hela tiden maximalt utslag

- ☐ Defekt givarenhet (kapitel 3 och 4).
- ☐ Kortslutning (kapitel 12).
- ☐ Defekt mätare (kapitel 12).

Signalhornet fungerar dåligt eller inte alls

Signalhornet tjuter hela tiden

- ☐ Signalhornets kontakter är kortslutna eller tryckplattan har fastnat (kapitel 12).

Signalhornet fungerar inte

- ☐ Trasig säkring (kapitel 12).
- ☐ Kabel eller anslutningar lösa, trasiga eller urkopplade (kapitel 12.)
- ☐ Defekt signalhorn (kapitel 12).

Signalhornet avger ryckigt eller otillfredsställande ljud

- ☐ Lösa vajeranslutningar (kapitel 12).
- ☐ Signalhornets fästen sitter löst (kapitel 12).
- ☐ Defekt signalhorn (kapitel 12).

Vindrute-/bakrutetorkarna fungerar dåligt eller inte alls

Torkarna fungerar inte eller går mycket långsamt

- ☐ Torkarbladen har fastnat vid rutan eller länksystemet kärvar eller har skurit (*Veckokontroller* och kapitel 12).
- ☐ Trasig säkring (kapitel 12).
- ☐ Vajer eller vajeranslutningar lösa, trasiga eller urkopplade (kapitel 12).
- ☐ Defekt relä (kapitel 12).
- ☐ Defekt torkarmotor (kapitel 12).

Torkarbladen sveper över för stort/litet område av rutan

- ☐ Torkararmarna felaktigt placerade i spindlarna (kapitel 12).
- ☐ Påtagligt slitage i torkarnas länksystem (kapitel 12).
- ☐ Torkarmotorns eller länksystemets fästen sitter löst (kapitel 12).

Torkarbladen rengör inte rutan effektivt

- ☐ Torkarbladens gummi slitet eller saknas (*Veckokontroller*).
- ☐ Torkararmens fjäder trasig eller spindeln har skurit (kapitel 12).
- ☐ Spolarvätskan har för låg koncentration för att beläggningen ska kunna tvättas bort (*Veckokontroller*).

Vindrute-/bakrutespolarna fungerar dåligt eller inte alls

Ett eller flera spolarmunstycken sprutar inte

- ☐ Igentäppt spolarmunstycke.
- ☐ Urkopplad, veckad eller igensatt spolarslang (kapitel 12).
- ☐ För lite spolarvätska i spolarvätskebehållaren (*Veckokontroller*).

Spolarpumpen fungerar inte

- ☐ Trasiga eller lösa kablar eller anslutningar (kapitel 12).
- ☐ Trasig säkring (kapitel 12).
- ☐ Defekt spolarbrytare (kapitel 12).
- ☐ Defekt spolarpump (kapitel 12).

Spolarpumpen går ett tag innan det kommer någon spolarvätska

- ☐ Defekt envägsventil i vätskematarslangen (kapitel 12).

De elektriska fönsterhissarna fungerar dåligt eller inte alls

Fönsterrutan rör sig bara i en riktning

- ☐ Defekt brytare (kapitel 12).

Fönsterrutan rör sig långsamt

- ☐ Fönsterhissen har skutir, är skadad eller i behov av smörjning (kapitel 11).
- ☐ Dörrens inre komponenter eller klädsel hindrar fönsterhissen (kapitel 11).
- ☐ Defekt motor (kapitel 11).

Fönsterrutan rör sig inte

- ☐ Trasig säkring (kapitel 12).
- ☐ Fönsterhissen har skurit eller fastnat i något (kapitel 12).
- ☐ Defekt relä (kapitel 12).
- ☐ Trasiga eller lösa kablar eller anslutningar (kapitel 12).
- ☐ Defekt motor (kapitel 11).

Centrallåset fungerar dåligt eller inte alls

Totalt systemhaveri

- ☐ Trasig säkring (kapitel 12).
- ☐ Defekt relä (kapitel 12).
- ☐ Trasiga eller lösa kablar eller anslutningar (kapitel 12).

A

ABS (Anti-lock brake system) Låsningsfria bromsar. Ett system, vanligen elektroniskt styrt, som känner av påbörjande låsning av hjul vid inbromsning och lättar på hydraultrycket på hjul som ska till att låsa.

Air bag (krockkudde) En uppblåsbar kudde dold i ratten (på förarsidan) eller instrumentbrädan eller handskfacket (på passagerarsidan) Vid kollision blåses kuddarna upp vilket hindrar att förare och framsätespassagerare kastas in i ratt eller vindruta.

Ampere (A) En måttenhet för elektrisk ström. 1 A är den ström som produceras av 1 volt gående genom ett motstånd om 1 ohm.

Anaerobisk tätning En massa som används som gänglås. Anaerobisk innebär att den inte kräver syre för att fungera.

Antikärvningsmedel En pasta som minskar risk för kärvning i infästningar som utsätts för höga temperaturer, som t.ex. skruvar och muttrar till avgasrenrör. Kallas även gängskydd.

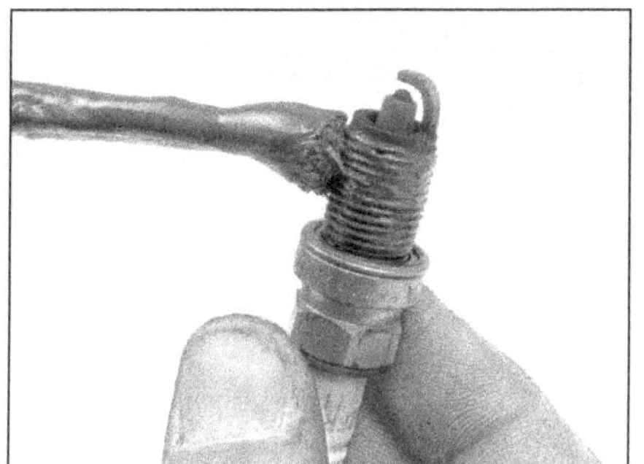

Antikärvningsmedel

Asbest Ett naturligt fibröst material med stor värmetolerans som vanligen används i bromsbelägg. Asbest är en hälsorisk och damm som alstras i bromsar ska aldrig inandas eller sväljas.

Avgasgrenrör En del med flera passager genom vilka avgaserna lämnar förbränningskamrarna och går in i avgasröret.

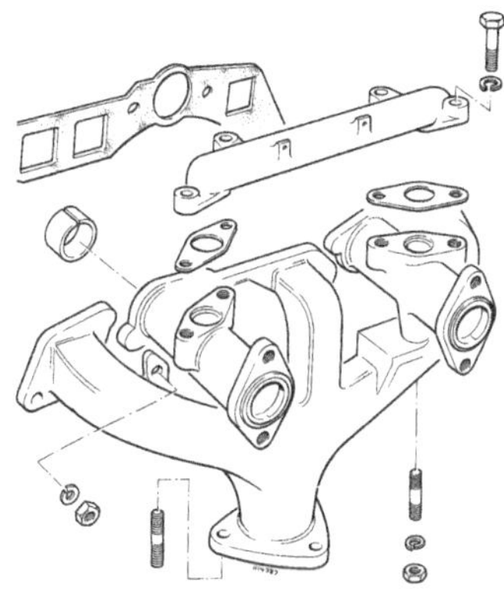

Avgasgrenrör

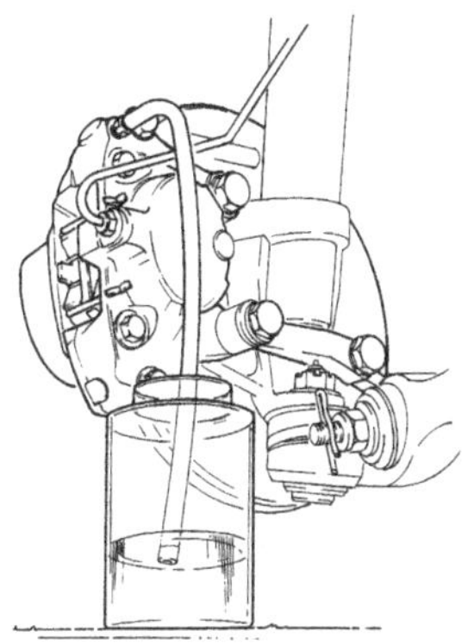

Avluftning av bromsarna

Avluftning av bromsar Avlägsnande av luft från hydrauliskt bromssystem.

Avluftningsnippel En ventil på ett bromsok, hydraulcylinder eller annan hydraulisk del som öppnas för att tappa ur luften i systemet.

Axel En stång som ett hjul roterar på, eller som roterar inuti ett hjul. Även en massiv balk som håller samman två hjul i bilens ena ände. En axel som även överför kraft till hjul kallas drivaxel.

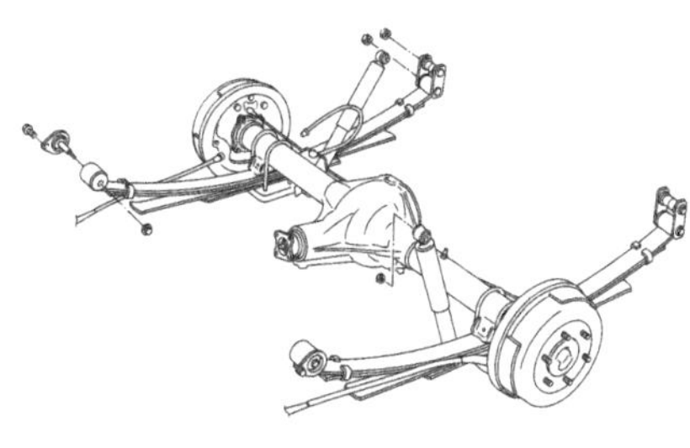

Axel

Axialspel Rörelse i längdled mellan två delar. För vevaxeln är det den distans den kan röra sig framåt och bakåt i motorblocket.

B

Belastningskänslig fördelningsventil En styrventil i bromshydrauliken som fördelar bromseffekten, med hänsyn till bakaxelbelastningen.

Bladmått Ett tunt blad av härdat stål, slipat till exakt tjocklek, som används till att mäta spel mellan delar.

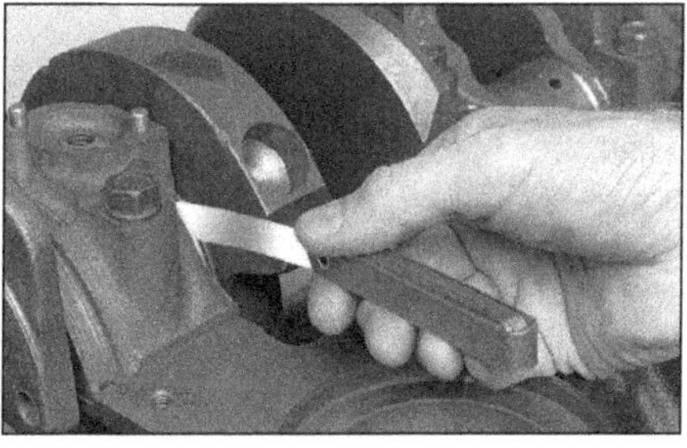

Bladmått

Bromsback Halvmåneformad hållare med fastsatt bromsbelägg som tvingar ut beläggen i kontakt med den roterande bromstrumman under inbromsning.

Bromsbelägg Det friktionsmaterial som kommer i kontakt med bromsskiva eller bromstrumma för att minska bilens hastighet. Beläggen är limmade eller nitade på bromsklossar eller bromsbackar.

Bromsklossar Utbytbara friktionsklossar som nyper i bromsskivan när pedalen trycks ned. Bromsklossar består av bromsbelägg som limmats eller nitats på en styv bottenplatta.

Bromsok Den icke roterande delen av en skivbromsanordning. Det grenslar skivan och håller bromsklossarna. Oket innehåller även de hydrauliska delar som tvingar klossarna att nypa skivan när pedalen trycks ned.

Bromsskiva Den del i en skivbromsanordning som roterar med hjulet.

Bromstrumma Den del i en trumbromsanordning som roterar med hjulet.

C

Caster I samband med hjulinställning, lutningen framåt eller bakåt av styrningens axialled. Caster är positiv när styrningens axialled lutar bakåt i överkanten.

CV-knut En typ av universalknut som upphäver vibrationer orsakade av att drivkraft förmedlas genom en vinkel.

D

Diagnostikkod Kodsiffror som kan tas fram genom att gå till diagnosläget i motorstyrningens centralenhet. Koden kan användas till att bestämma i vilken del av systemet en felfunktion kan förekomma.

Draghammare Ett speciellt verktyg som skruvas in i eller på annat sätt fästs vid en del som ska dras ut, exempelvis en axel. Ett tungt glidande handtag dras utmed verktygsaxeln mot ett stopp i änden vilket rycker avsedd del fri.

Drivaxel En roterande axel på endera sidan differentialen som ger kraft från slutväxeln till drivhjulen. Även varje axel som används att överföra rörelse.

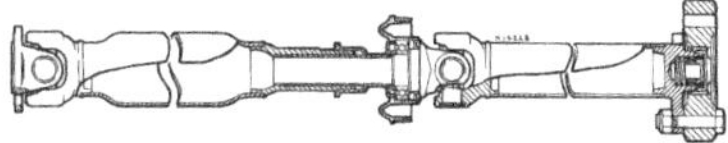

Drivaxel

Drivrem(mar) Rem(mar) som används till att driva tillbehörsutrustning som generator, vattenpump, servostyrning, luftkonditioneringskompressor mm, från vevaxelns remskiva.

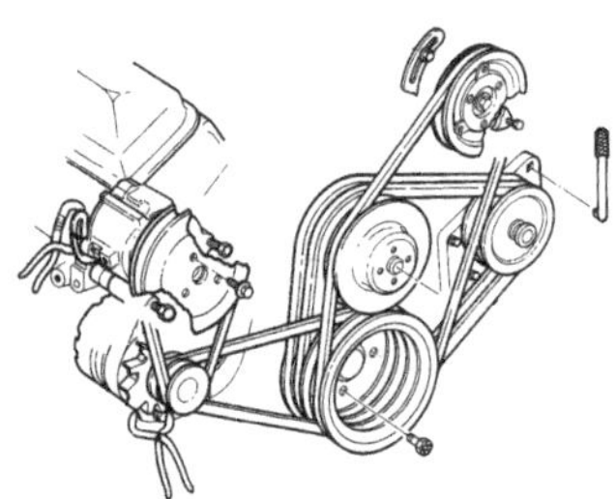
Drivremmar till extrautrustning

Dubbla överliggande kamaxlar (DOHC) En motor försedd med två överliggande kamaxlar, vanligen en för insugsventilerna och en för avgasventilerna.

E

EGR-ventil Avgasåtercirkulationsventil. En ventil som för in avgaser i insugsluften.

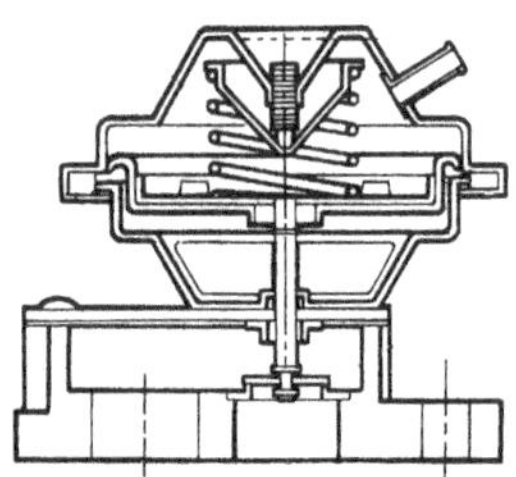
Ventil för avgasåtercirkulation (EGR)

Elektrodavstånd Den distans en gnista har att överbrygga från centrumelektroden till sidoelektroden i ett tändstift.

Justering av elektrodavståndet

Elektronisk bränsleinsprutning (EFI) Ett datorstyrt system som fördelar bränsle till förbränningskamrarna via insprutare i varje insugsport i motorn.
Elektronisk styrenhet En dator som exempelvis styr tändning, bränsleinsprutning eller låsningsfria bromsar.

F

Finjustering En process där noggranna justeringar och byten av delar optimerar en motors prestanda.
Fjäderben Se MacPherson-ben.
Fläktkoppling En viskös drivkoppling som medger variabel kylarfläkthastighet i förhållande till motorhastigheten.
Frostplugg En skiv- eller koppformad metallbricka som monterats i ett hål i en gjutning där kärnan avlägsnats.
Frostskydd Ett ämne, vanligen etylenglykol, som blandas med vatten och fylls i bilens kylsystem för att förhindra att kylvätskan fryser vintertid. Frostskyddet innehåller även kemikalier som förhindrar korrosion och rost och andra avlagringar som skulle kunna blockera kylare och kylkanaler och därmed minska effektiviteten.
Fördelningsventil En hydraulisk styrventil som begränsar trycket till bakbromsarna vid panikbromsning så att hjulen inte låser sig.
Förgasare En enhet som blandar bränsle med luft till korrekta proportioner för önskad effekt från en gnistantänd förbränningsmotor.

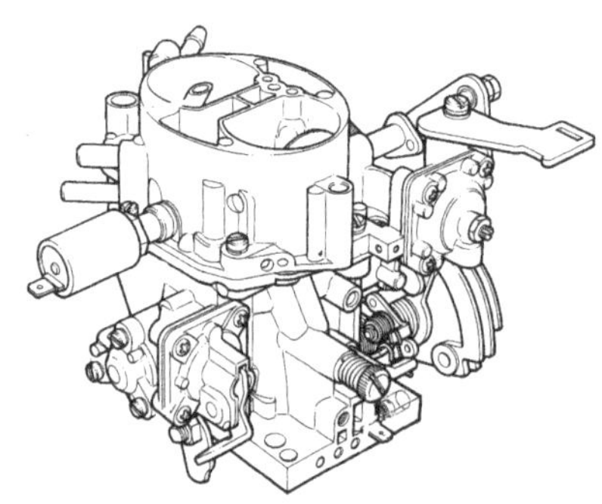
Förgasare

G

Generator En del i det elektriska systemet som förvandlar mekanisk energi från drivremmen till elektrisk energi som laddar batteriet, som i sin tur driver startsystem, tändning och elektrisk utrustning.

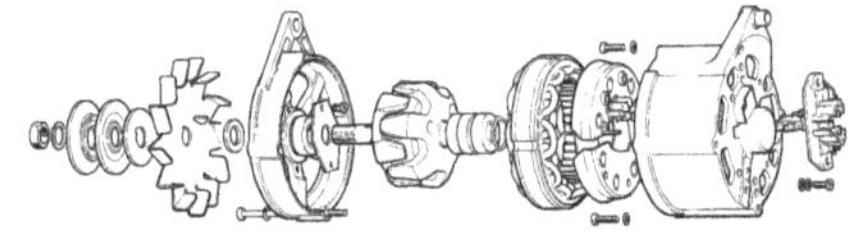
Generator (genomskärning)

Glidlager Den krökta ytan på en axel eller i ett lopp, eller den del monterad i endera, som medger rörelse mellan dem med ett minimum av slitage och friktion.
Gängskydd Ett täckmedel som minskar risken för gängskärning i bultförband som utsätts för stor hetta, exempelvis grenrörets bultar och muttrar. Kallas även antikärvningsmedel.

H

Handbroms Ett bromssystem som är oberoende av huvudbromsarnas hydraulikkrets. Kan användas till att stoppa bilen om huvudbromsarna slås ut, eller till att hålla bilen stilla utan att bromspedalen trycks ned. Den består vanligen av en spak som aktiverar främre eller bakre bromsar mekaniskt via vajrar och länkar. Kallas även parkeringsbroms.
Harmonibalanserare En enhet avsedd att minska fjädring eller vridande vibrationer i vevaxeln. Kan vara integrerad i vevaxelns remskiva. Även kallad vibrationsdämpare.
Hjälpstart Start av motorn på en bil med urladdat eller svagt batteri genom koppling av startkablar mellan det svaga batteriet och ett laddat hjälpbatteri.
Honare Ett slipverktyg för korrigering av smärre ojämnheter eller diameterskillnader i ett cylinderlopp.
Hydraulisk ventiltryckare En mekanism som använder hydrauliskt tryck från motorns smörjsystem till att upprätthålla noll ventilspel (konstant kontakt med både kamlob och ventilskaft). Justeras automatiskt för variation i ventilskaftslängder. Minskar även ventilljudet.

I

Insexnyckel En sexkantig nyckel som passar i ett försänkt sexkantigt hål.
Insugsrör Rör eller kåpa med kanaler genom vilka bränsle/luftblandningen leds till insugsportarna.

K

Kamaxel En roterande axel på vilken en serie lober trycker ned ventilerna. En kamaxel kan drivas med drev, kedja eller tandrem med kugghjul.
Kamkedja En kedja som driver kamaxeln.
Kamrem En tandrem som driver kamaxeln. Allvarliga motorskador kan uppstå om kamremmen brister vid körning.
Kanister En behållare i avdunstningsbegränsningen, innehåller aktivt kol för att fånga upp bensinångor från bränslesystemet.

Kanister

Kardanaxel Ett långt rör med universalknutar i bägge ändar som överför kraft från växellådan till differentialen på bilar med motorn fram och drivande bakhjul.
Kast Hur mycket ett hjul eller drev slår i sidled vid rotering. Det spel en axel roterar med. Orundhet i en roterande del.
Katalysator En ljuddämparliknande enhet i avgassystemet som omvandlar vissa föroreningar till mindre hälsovådliga substanser.

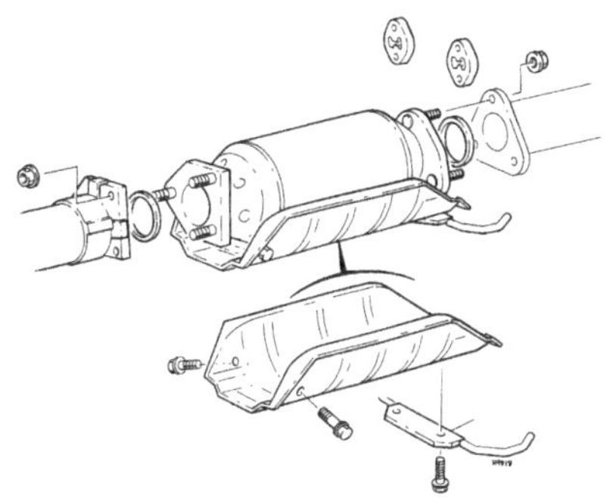
Katalysator

Kompression Minskning i volym och ökning av tryck och värme hos en gas, orsakas av att den kläms in i ett mindre utrymme.
Kompressionsförhållande Skillnaden i cylinderns volymer mellan kolvens ändlägen.
Kopplingsschema En ritning över komponenter och ledningar i ett fordons elsystem som använder standardiserade symboler.
Krockkudde (Airbag) En uppblåsbar kudde dold i ratten (på förarsidan) eller instrumentbrädan eller handskfacket (på passagerarsidan) Vid kollision blåses kuddarna upp vilket hindrar att förare och framsätespassagerare kastas in i ratt eller vindruta.
Krokodilklämma Ett långkäftat fjäderbelastat clips med ingreppande tänder som används till tillfälliga elektriska kopplingar.
Kronmutter En mutter som vagt liknar kreneleringen på en slottsmur. Används tillsammans med saxsprint för att låsa bultförband extra väl.

Kronmutter

Krysskruv Se Phillips-skruv
Kugghjul Ett hjul med tänder eller utskott på omkretsen, formade för att greppa in i en kedja eller rem.
Kuggstångsstyrning Ett styrsystem där en pinjong i rattstångens ände går i ingrepp med en kuggstång. När ratten vrids, vrids även pinjongen vilket flyttar kuggstången till höger eller vänster. Denna rörelse överförs via styrstagen till hjulets styrleder.
Kullager Ett friktionsmotverkande lager som består av härdade inner- och ytterbanor och har härdade stålkulor mellan banorna.
Kylare En värmeväxlare som använder flytande kylmedium, kylt av fartvinden/fläkten till att minska temperaturen på kylvätskan i en förbränningsmotors kylsystem.
Kylmedia Varje substans som används till värmeöverföring i en anläggning för luftkonditionering. R-12 har länge varit det huvudsakliga kylmediet men tillverkare har nyligen börjat använda R-134a, en CFC-fri substans som anses vara mindre skadlig för ozonet i den övre atmosfären.

L

Lager Den böjda ytan på en axel eller i ett lopp, eller den del som monterad i någon av dessa tillåter rörelse mellan dem med minimal slitage och friktion.

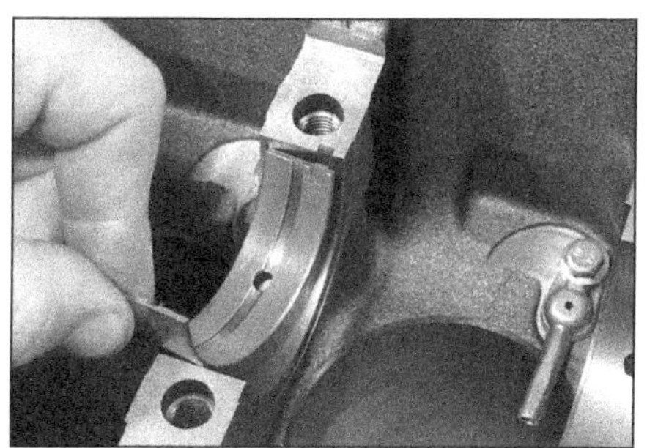
Lager

Lambdasond En enhet i motorns grenrör som känner av syrehalten i avgaserna och omvandlar denna information till elektricitet som bär information till styrelektroniken. Även kallad syresensor.
Luftfilter Filtret i luftrenaren, vanligen tillverkat av veckat papper. Kräver byte med regelbundna intervaller.

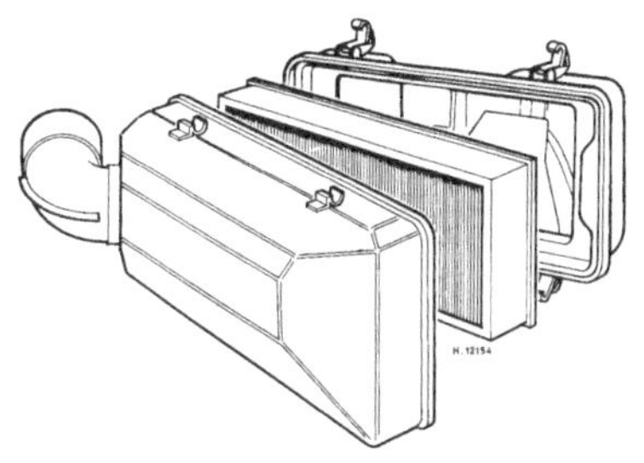
Luftfilter

Luftrenare En kåpa av plast eller metall, innehållande ett filter som tar undan damm och smuts från luft som sugs in i motorn.
Låsbricka En typ av bricka konstruerad för att förhindra att en ansluten mutter lossnar.
Låsmutter En mutter som låser en justermutter, eller annan gängad del, på plats. Exempelvis används låsmutter till att hålla justermuttern på vipparmen i läge.
Låsring Ett ringformat clips som förhindrar längsgående rörelser av cylindriska delar och axlar. En invändig låsring monteras i en skåra i ett hölje, en yttre låsring monteras i en utvändig skåra på en cylindrisk del som exempelvis en axel eller tapp.

M

MacPherson-ben Ett system för framhjulsfjädring uppfunnet av Earle MacPherson vid Ford i England. I sin ursprungliga version skapas den nedre bärarmen av en enkel lateral länk till krängningshämmaren. Ett fjäderben - en integrerad spiralfjäder och stötdämpare - finns monterad mellan karossen och styrknogen. Många moderna MacPherson-ben använder en vanlig nedre A-arm och inte krängningshämmaren som nedre fäste.
Markör En remsa med en andra färg i en ledningsisolering för att skilja ledningar åt.
Motor med överliggande kamaxel (OHC) En motor där kamaxeln finns i topplocket.
Motorstyrning Ett datorstyrt system som integrerat styr bränsle och tändning.
Multimätare Ett elektriskt testinstrument som mäter spänning, strömstyrka och motstånd. Även kallad multimeter.
Mätare En instrumentpanelvisare som används till att ange motortillstånd. En mätare med en rörlig pekare på en tavla eller skala är analog. En mätare som visar siffror är digital.

N

NOx Kväveoxider. En vanlig giftig förorening utsläppt av förbränningsmotorer vid högre temperaturer.

O

O-ring En typ av tätningsring gjord av ett speciellt gummiliknande material. O-ringen fungerar så att den trycks ihop i en skåra och därmed utgör tätningen.

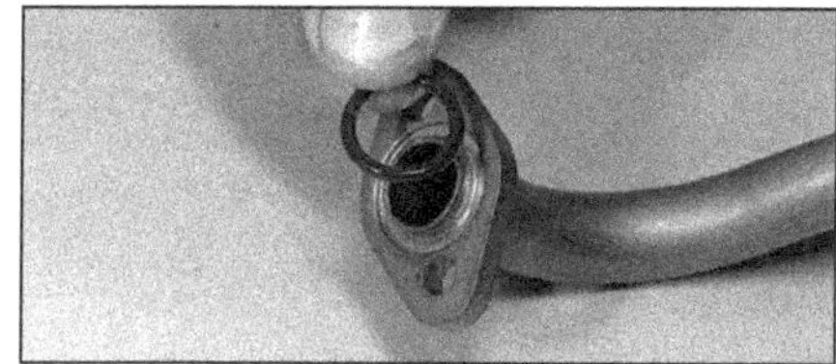
O-ring

Ohm Enhet för elektriskt motstånd. 1 volt genom ett motstånd av 1 ohm ger en strömstyrka om 1 ampere.

Ohmmätare Ett instrument för uppmätning av elektriskt motstånd.

P

Packning Mjukt material - vanligen kork, papp, asbest eller mjuk metall - som monteras mellan två metallytor för att erhålla god tätning. Exempelvis tätar topplockspackningen fogen mellan motorblocket och topplocket.

Packning

Phillips-skruv En typ av skruv med ett korsspår istället för ett rakt, för motsvarande skruvmejsel. Vanligen kallad krysskruv.

Plastigage En tunn plasttråd, tillgänglig i olika storlekar, som används till att mäta toleranser. Exempelvis så läggs en remsa Plastigage tvärs över en lagertapp. Delarna sätts ihop och tas isär. Bredden på den klämda remsan anger spelrummet mellan lager och tapp.

Plastigage

R

Rotor I en fördelare, den roterande enhet inuti fördelardosan som kopplar samman mittelektroden med de yttre kontakterna vartefter den roterar, så att högspänningen från tändspolens sekundärlindning leds till rätt tändstift. Även den del av generatorn som roterar inuti statorn. Även de roterande delarna av ett turboaggregat, inkluderande kompressorhjulet, axeln och turbinhjulet.

S

Sealed-beam strålkastare En äldre typ av strålkastare som integrerar reflektor, lins och glödtrådar till en hermetiskt försluten enhet. När glödtråden går av eller linsen spricker byts hela enheten.

Shims Tunn distansbricka, vanligen använd till att justera inbördes lägen mellan två delar. Exempelvis sticks shims in i eller under ventiltryckarhylsor för att justera ventilspelet. Spelet justeras genom byte till shims av annan tjocklek.

Skivbroms En bromskonstruktion med en roterande skiva som kläms mellan bromsklossar. Den friktion som uppstår omvandlar bilens rörelseenergi till värme.

Skjutmått Ett precisionsmätinstrument som mäter inre och yttre dimensioner. Inte riktigt lika exakt som en mikrometer men lättare att använda.

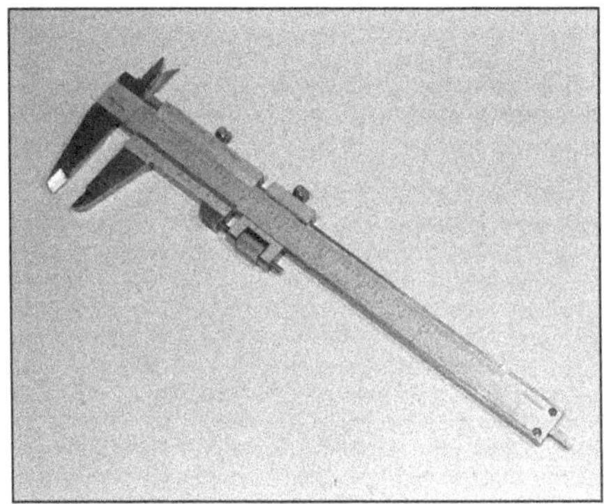

Skjutmått

Smältsäkring Ett kretsskydd som består av en ledare omgiven av värmetålig isolering. Ledaren är tunnare än den ledning den skyddar och är därmed den svagaste länken i kretsen. Till skillnad från en bränd säkring måste vanligen en smältsäkring skäras bort från ledningen vid byte.

Spel Den sträcka en del färdas innan något inträffar. "Luften" i ett länksystem eller ett montage mellan första ansatsen av kraft och verklig rörelse. Exempelvis den sträcka bromspedalen färdas innan kolvarna i huvudcylindern rör på sig. Även utrymmet mellan två delar, till exempel kolv och cylinderlopp.

Spiralfjäder En spiral av elastiskt stål som förekommer i olika storlekar på många platser i en bil, bland annat i fjädringen och ventilerna i topplocket.

Startspärr På bilar med automatväxellåda förhindrar denna kontakt att motorn startas annat än om växelväljaren är i N eller P.

Storändslager Lagret i den ände av vevstaken som är kopplad till vevaxeln.

Svetsning Olika processer som används för att sammanfoga metallföremål genom att hetta upp dem till smältning och sammanföra dem.

Svänghjul Ett tungt roterande hjul vars energi tas upp och sparas via moment. På bilar finns svänghjulet monterat på vevaxeln för att utjämna kraftpulserna från arbetstakterna.

Syresensor En enhet i motorns grenrör som känner av syrehalten i avgaserna och omvandlar denna information till elektricitet som bär information till styrelektroniken. Även kalla Lambdasond.

Säkring En elektrisk enhet som skyddar en krets mot överbelastning. En typisk säkring innehåller en mjuk metallbit kalibrerad att smälta vid en förbestämd strömstyrka, angiven i ampere, och därmed bryta kretsen.

T

Termostat En värmestyrd ventil som reglerar kylvätskans flöde mellan blocket och kylaren vilket håller motorn vid optimal arbetstemperatur. En termostat används även i vissa luftrenare där temperaturen är reglerad.

Toe-in Den distans som framhjulens framkanter är närmare varandra än bakkanterna. På bakhjulsdrivna bilar specificeras vanligen ett litet toe-in för att hålla framhjulen parallella på vägen, genom att motverka de krafter som annars tenderar att vilja dra isär framhjulen.

Toe-ut Den distans som framhjulens bakkanter är närmare varandra än framkanterna. På bilar med framhjulsdrift specificeras vanligen ett litet toe-ut.

Toppventilsmotor (OHV) En motortyp där ventilerna finns i topplocket medan kamaxeln finns i motorblocket.

Torpedplåten Den isolerade avbalkningen mellan motorn och passagerarutrymmet.

Trumbroms En bromsanordning där en trumformad metallcylinder monteras inuti ett hjul. När bromspedalen trycks ned pressas böjda bromsbackar försedda med bromsbelägg mot trummans insida så att bilen saktar in eller stannar.

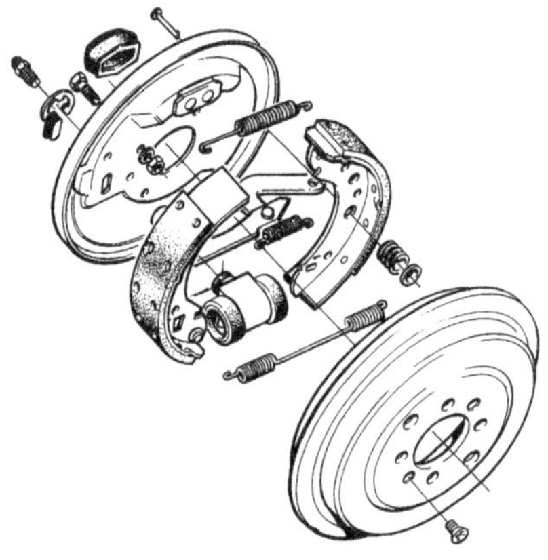

Trumbroms, montage

Turboaggregat En roterande enhet, driven av avgastrycket, som komprimerar insugsluften. Används vanligen till att öka motoreffekten från en given cylindervolym, men kan även primäranvändas till att minska avgasutsläpp.

Tändföljd Turordning i vilken cylindrarnas arbetstakter sker, börjar med nr 1.

Tändläge Det ögonblick då tändstiftet ger gnista. Anges vanligen som antalet vevaxelgrader för kolvens övre dödpunkt.

Tätningsmassa Vätska eller pasta som används att täta fogar. Används ibland tillsammans med en packning.

U

Universalknut En koppling med dubbla pivåer som överför kraft från en drivande till en driven axel genom en vinkel. En universalknut består av två Y-formade ok och en korsformig del kallad spindeln.

Urtrampningslager Det lager i kopplingen som flyttas inåt till frigöringsarmen när kopplingspedalen trycks ned för frikoppling.

V

Ventil En enhet som startar, stoppar eller styr ett flöde av vätska, gas, vakuum eller löst material via en rörlig del som öppnas, stängs eller delvis maskerar en eller flera portar eller kanaler. En ventil är även den rörliga delen av en sådan anordning.

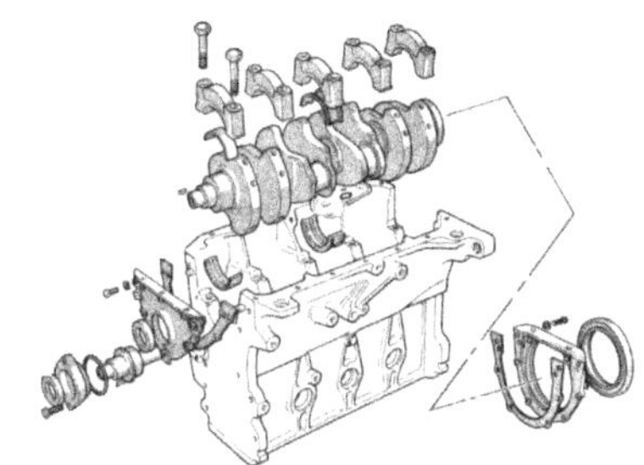

Vevaxel, montage

Ventilspel Spelet mellan ventilskaftets övre ände och ventiltryckaren. Spelet mäts med stängd ventil.

Ventiltryckare En cylindrisk del som överför rörelsen från kammen till ventilskaftet, antingen direkt eller via stötstång och vipparm. Även kallad kamsläpa eller kamföljare.

Vevaxel Den roterande axel som går längs med vevhuset och är försedd med utstickande vevtappar på vilka vevstakarna är monterade.

Vevhus Den nedre delen av ett motorblock där vevaxeln roterar.

Vibrationsdämpare En enhet som är avsedd att minska fjädring eller vridande vibrationer i vevaxeln. Enheten kan vara integrerad i vevaxelns remskiva. Kallas även harmonibalanserare.

Vipparm En arm som gungar på en axel eller tapp. I en toppventilsmotor överför vipparmen stötstångens uppåtgående rörelse till en nedåtgående rörelse som öppnar ventilen.

Viskositet Tjockleken av en vätska eller dess flödesmotstånd.

Volt Enhet för elektrisk spänning i en krets 1 volt genom ett motstånd av 1 ohm ger en strömstyrka om 1 ampere.

Observera: *Hänvisningarna i sakregistret är i formen "Kapitelnummer" • "Sidnummer"*

A

B

C

D

E

U

V

X

Ö